DATEV ArbeitnehmerScout
Ihr privater Finanzplaner

Ausgabe 2022/23
DATEV© eG

In Kooperation mit finanztip.de und dem Deutschen Verband vermögensberatender Steuerberater DVVS e.V.

Stand der Bearbeitung: 31. März 2022

Herausgeber

DATEV eG, 90329 Nürnberg (Verlag)

© Alle Rechte, insbesondere das Verlagsrecht, allein beim Herausgeber.
Dieses Buch und alle in ihm enthaltenen Beiträge und Abbildungen sind urheberrechtlich geschützt. Mit Ausnahme der gesetzlich zugelassenen Fälle ist eine Verwertung ohne Einwilligung der DATEV eG unzulässig.

Printed in Germany

appl druck GmbH, 86650 Wemding

Druckerei C. H. Beck, 86720 Nördlingen

Verlag C. H. Beck oHG, 80801 München (Vertrieb)

MPACT Werbeagentur GmbH, 90419 Nürnberg (Layout & Illustration)

Typo Art Dieter Spreng GmbH, 68229 Mannheim (Publishing)

Serviceplan Campaign 4 GmbH &Co. KG, 90409 Nürnberg (Umschlag)

Infografiken (falls keine anderweitige Quelle angegeben): Quelle DATEV

Alle Angaben ohne Gewähr

DATEV-Artikelnummer: 30889

ISBN: 978-3-96276-080-9

E-Mail: tabinf@service.datev.de

Bearbeitung

DATEV eG
Dr. Reinhard Gabler

Finanztip Verbraucherinformation GmbH
Redaktion finanztip.de
Isabelle Modler

DVVS Deutscher Verband Vermögensberatender Steuerberater e.V.
RA Tomas Boennecken
StB/RB Alexander Ficht
StB Markus Schmetz
StB Joachim Schoth

Die in dieser Publikation gewählte männliche Form bezieht sich immer zugleich auf weibliche, männliche und diverse Personen. Auf eine Mehrfachbezeichnung wird in aller Regel verzichtet.

Inhalt

1 Absicherung

1.1 Risikoversicherung
1.1.1 Privathaftpflichtversicherung	12
1.1.2 Berufsunfähigkeitsversicherung	18
1.1.3 Alternativen zur Berufsunfähigkeitsversicherung	41
1.1.4 Erwerbsunfähigkeitsversicherung	46
1.1.5 Hausratversicherung	56
1.1.6 Risikolebensversicherung	70
1.1.7 Rechtsschutzversicherung	84
1.1.8 Wohngebäudeversicherung	98
1.1.9 Private Unfallversicherung	109
1.1.10 Vollkasko oder Teilkasko	120
1.1.11 Hundehaftpflichtversicherung	126
1.1.12 Pflegezusatzversicherung	133

1.2 Krankenversicherung
1.2.1 Krankenversicherung: GKV vs. PKV	147
1.2.2 Gesetzliche Krankenversicherung (GKV)	157
1.2.3 Freiwillig gesetzlich krankenversichert	163
1.2.4 Zahnzusatzversicherung	170
1.2.5 Private Krankenversicherung (PKV)	179
1.2.6 Rückkehr in die GKV	195
1.2.7 Krankentagegeld	203
1.2.8 Auslandskrankenversicherung	212

1.3 Gesetzliche Pflegeversicherung — 223

Sonderthema
Steuerliche Optimierung von Abfindungen — 238

2 Vorsorge

2.1 Basisvorsorge
2.1.1 Drei Säulen der Altersvorsorge — 262
2.1.2 Gesetzliche Rentenversicherung — 279
2.1.3 Versorgungswerke — 291
2.1.4 Rürup-Rente (Basisrente) — 295

2.2 Geförderte Vorsorge
2.2.1 Riester-Rente — 302
2.2.2 Betriebliche Altersvorsorge — 314
2.2.3 Direktversicherung — 332

2.3 Private Vorsorge
2.3.1 Indexfonds (ETFs) — 342
2.3.2 ETF-Sparplan — 353
2.3.3 Kapitallebensversicherung — 363
2.3.4 Private Rentenversicherung — 371

2.4 Immobilien
2.4.1 Mieten oder Kaufen — 380
2.4.2 Baufinanzierung — 396
2.4.3 Bausparvertrag — 407
2.4.4 Immobilien als Kapitalanlage — 419
2.4.5 Immobilienrente — 430

3 Familie

3.1 Ehe
3.1.1 Ehevertrag	440
3.1.2 Trennung	449
3.1.3 Ehegattenunterhalt	461

3.2 Kinder
3.2.1 Kindergeld	470
3.2.2 Kinderfreibetrag	480
3.2.3 Elternzeit	496
3.2.4 Kindesunterhalt	504

3.3 Eltern
3.3.1 Vorsorgevollmacht	512
3.3.2 Patientenverfügung	521
3.3.3 Betreuungsverfügung	528
3.3.4 Elternunterhalt	534

3.4 Erben
3.4.1 Testament	541
3.4.2 Erbrecht	550
3.4.3 Gesetzliche Erbfolge	558
3.4.4 Pflichtteil	566
3.4.5 Erbe ausschlagen	576

Fi|nanz|ex|per|te/-tin
[fiˈnantsʔɛkspɛrtə/-tɪn];
m/w/d

Person, die sich in den eigenen finanziellen Angelegenheiten insbesondere in punkto Absicherung, Vorsorge und Familie infolge der Lektüre dieser Publikation bestens auskennt.

Vorwort

Liebe Leserinnen und Leser,

wir alle stehen von Beginn des Berufslebens an vor der Frage, wie wir uns absichern und für den Ruhestand vorsorgen wollen. Und viele von uns haben dabei bereits Erfahrungen mit Verkäufern von Finanzprodukten gesammelt, die weniger die Kundenbedürfnisse als eigene Provisionsinteressen im Auge hatten.

Jene unter uns, die ihre Geldangelegenheiten deshalb lieber selbst in die Hand nehmen wollten, sahen sich dann aber schnell von der Informationsfülle und dem unüberschaubaren Angebot überfordert.

Daher haben wir zusammen mit unseren renommierten Partnern den DATEV-ArbeitnehmerSCOUT entwickelt – für alle, die ihre Finanzen selbst im Griff haben wollen. Er versorgt Sie mit den in Ihrer Situation wichtigen Informationen, bietet Orientierung und zeigt Ihnen den Weg zu der für Sie richtigen Entscheidung.

Einer der erfolgversprechendsten Wege dahin führt übrigens über eine steuerliche Beratung. Blättern Sie doch mal zum Sonderthema und sehen Sie selbst, wie wir das meinen ...

Ihr

Dr. Reinhard Gabler

Liebe Leserinnen und Leser,

vor den eigenen Finanzen scheuen leider noch viel zu viele Menschen zurück. „Zu kompliziert", „zu lästig" oder „zu unübersichtlich" höre ich immer wieder. Anbieter hören das oft sogar ganz gerne, es erspart ihnen mündige Kunden und kritische Nachfragen. Doch sich selbst um sein Geld zu kümmern ist einfacher als viele denken. Man muss nur wissen, wie.

Genau deshalb arbeite ich bei Finanztip. Wir zeigen Menschen, wie sie ihre Geldangelegenheiten einfach selbst machen können. Und zwar mit verständlichen Ratgebern, die den Menschen ganz konkret erklären, was sie genau tun sollen.

Normalerweise präsentieren wir diese Ratgeber nur im Netz. Mit dem DATEV-ArbeitnehmerScout halten Sie nun einige davon als Buch in den Händen.

Hier lesen Sie unter anderem, welche Versicherungen wichtig sind, wie Sie sich selbst um ihre Altersvorsorge kümmern und was Sie beim Eintritt in die Rente beachten sollten.

Normalerweise bieten wir die Lösung, zum Beispiel einen guten Versicherungstarif, gleich mit. Da sich Konditionen aber kontinuierlich ändern (und seit dem Redaktionsschluss vielleicht geändert haben könnten), haben wir sie in diesem Buch ausgespart. Stattdessen gibt es einen Hinweis, unter welchem Link Sie diese Info im Netz finden.

Für die Inhalte der Ratgeber ist unsere unabhängige Experten-Redaktion verantwortlich. Die recherchiert jeden Tag die Finanzthemen, die für Verbraucher wichtig sind. Wann immer sich etwas ändert – sich zum Beispiel der Zusatzbeitrag bei der gesetzlichen Krankenversicherung erhöht – aktualisiert unsere Experten-Redaktion das im entsprechenden Ratgeber.

Hier im Buch lesen Sie immer den aktuellen Stand zum Redaktionsschluss. Aktuellere Daten finden Sie dann entsprechend im Netz. An dieser Stelle möchte ich mich noch bei Isabelle Modler bedanken, die unsere Online-Ratgeber für den Einsatz in dem DATEV-ArbeitnehmerSCOUT entsprechend aufbereitet hat.

Ich wünsche Ihnen viel Spaß beim Lesen und freue mich, wenn auch für Sie der eine oder andere gute Finanztipp dabei ist.

Ihr

H.-J. Tenhagen

Hermann-Josef Tenhagen
(Chefredakteur von Finanztip)

PS:
Persönlich empfehle ich oft die „Abendessen-Strategie".

Nehmen Sie sich an einem nicht so vollgepackten Abend eines der Themen vor. Finden Sie mit Ihrem Mann, Ihrer Frau das bessere Angebot und sparen Sie 150 Euro. Anschließend bestellen Sie ein gutes Abendessen bei Ihrem Lieblingswirt und entkorken eine gute Flasche Wein. Belohnen Sie sich für Ihren Fortschritt – und nächste Woche wieder.

1.1.1 Privathaftpflichtversicherung

» Gut geschützt schon für 5 Euro im Monat «

von Henriette Neubert Stand: 26. Januar 2022
www.finanztip.de/haftpflichtversicherung/privathaftpflicht/

Was versichert die private Haftpflichtversicherung? // Was ist bei der Privathaftpflichtversicherung wichtig? // Wann ist der Wechsel in einen neuen Vertrag sinnvoll? // In welchen Fällen brauchen Sie einen besonderen Vertrag?

Das Wichtigste in Kürze

- Eine private Haftpflichtversicherung zahlt für **Schäden, die Sie** verursachen. Ohne sie müssen Sie solche Kosten selbst tragen. Das kann teuer werden, vor allem wenn Sie Menschen verletzt haben.
- Eine **gute** private Haftpflicht springt auch dann ein, wenn ein anderer Ihnen einen Schaden zufügt, für den **er nicht aufkommt**. Zudem wehrt sie unberechtigte Forderungen gegen Sie ab.

So gehen Sie vor

- Falls Sie **noch keine** haben: Schließen Sie jetzt eine private Haftpflichtversicherung ab. Eine gute bekommen Sie schon für unter 60 Euro im Jahr.
- Haben Sie einen **älteren Vertrag**, kann sich ein **Wechsel** lohnen. Neue Verträge bieten oft bessere Leistungen.
- Behalten Sie daher Ihren **Kündigungstermin** im Blick. Erhöht Ihr Versicherer den Beitrag, ohne die Leistungen zu verbessern, können Sie **außerordentlich** kündigen.

Was versichert die private Haftpflichtversicherung?

Es ist schnell passiert: Sie rennen bei Rot über die Straße, um den Bus noch zu erwischen. Ein Auto muss bremsen und verursacht einen Auffahrunfall. Oder Ihr Kind spielt im Garten Fußball und kickt das Leder aus Versehen in die **Fensterscheibe** des Nachbarn.

Wenn Sie für die entstandenen Schäden **zahlen** müssen, kann Sie das im schlimmsten Fall **ruinieren**. Es sei denn, Ihre Privathaftpflicht springt ein.

Eine Privathaftpflicht versichert **Personen-, Sach- und Vermögensschäden**. Sachschäden kosten in aller Regel ein paar Tausend Euro. Richtig teuer kann es dagegen werden, wenn **Menschen** verletzt werden.

Ein **Beispiel**: Eine Radfahrerin stürzt Ihretwegen und muss ins Krankenhaus sowie mehrere Wochen in die Reha. Dann zahlen Sie nicht nur Schmerzensgeld und die Behandlung, sondern auch den Verdienstausfall der Radlerin – also den **Vermögensschaden**, der ihr entsteht, weil sie nicht arbeiten kann. Stirbt die Radfahrerin durch Ihr Verschulden, können die Forderungen der Hinterbliebenen in die Millionen gehen. Sie haften für den entstandenen Schaden – und zwar bis zu Ihrer persönlichen Pfändungsgrenze.

Was ist bei der Privathaftpflichtversicherung wichtig?

Es sind nur wenige, aber dafür wichtige Punkte, in denen sich die von Finanztip empfohlenen privaten Haftpflicht-Tarife von den vielen guten Tarifen am Markt unterscheiden.

▷ **Deckungssummen müssen hoch genug sein**

Die oberste Regel bei der Privathaftpflichtversicherung ist: Wählen Sie eine **möglichst hohe Versicherungssumme**. Eine höhere Deckungssumme kostet nur

> **Die private Haftpflicht zahlt unter anderem nicht für**
> - *Verletzungen am eigenen Körper, die Sie sich (versehentlich) selbst zugefügt haben,*
> - *vorsätzlich verursachte Schäden,*
> - *Schäden aus strafbaren Vergehen,*
> - *Geldstrafen und Schäden durch Vertragspflichtverletzungen,*
> - *Schäden, die die Kfz-Haftpflichtversicherung abdeckt,*
> - *Schäden durch Hunde.*

wenig mehr und zahlt sich besonders bei teuren Personenschäden aus. Weil die gesetzliche **Haftung unbegrenzt** ist, sollte auch die Deckung Ihres Vertrages sehr hoch sein, denn einen eventuellen Rest müssen Sie sonst aus Ihrem **Privatvermögen** tragen.

Mit **50 Millionen** Euro Deckungssumme sind Sie sehr gut abgesichert. Achten Sie darauf, dass außerdem je geschädigter Person **mindestens 10 Millionen** Deckungssumme zur Verfügung stehen.

▷ Die Best-Leistungs-Garantie füllt den Schutz auf

Bei einer Best-Leistungs-Garantie verspricht Ihnen der Versicherer, sich im Schadensfall so zu verhalten **wie der beste Versicherer am deutschen Markt**. Wichtig wird das, wenn Sie einen Schaden verursacht haben, Ihr Versicherer sich aber auf den Standpunkt stellt, dieser Lebensbereich sei nicht abgesichert oder die Entschädigungsgrenze reiche nicht aus.

Können Sie nachweisen, dass ein anderer Versicherer in diesem Fall zahlen würde, gelten **die Leistungen des anderen Versicherers** dann auch für Ihren Vertrag. Die Best-Leistungs-Garantie hebt also den Versicherungsschutz auf das höchste in Deutschland erhältliche Niveau.

Ein Tarif, der eine umfassende Best-Leistungs-Garantie beinhaltet, ist im Grundsatz besser als ein Tarif, der alle denkbaren Leistungen aufführt, aber auf eine Best-Leistungs-Garantie verzichtet oder diese einschränkt. Die Best-Leistungs-Garantie hat aber **trotzdem Grenzen**. Sie gilt nur für deutsche Versicherer und nur **für Leistungen auf derselben Tarifstufe**. Wenn Sie einen Basisschutz haben, können Sie also nicht den Exklusivtarif eines anderen Versicherers heranziehen.

▷ Forderungsausfall: Gut versichert, wenn andere Sie schädigen

Genauso wichtig wie eine hohe Versicherungssumme ist die **Deckung bei Forderungsausfall**. Sie funktioniert wie eine **umgekehrte Haftpflichtversicherung**: Sie haben einen Schaden erlitten, für den der Verursacher nicht aufkommen kann – dann übernimmt Ihre eigene Versicherung die Kosten, einige Versicherer aber erst für Schäden ab 2.500 Euro.

Achten Sie bei Ihrem Haftpflicht-Vergleich auf diese Klausel. Da 15 Prozent aller Haushalte in Deutschland nicht haftpflichtversichert sind, ist es wichtig, diese **Lücke im Versicherungsschutz zu schließen**.

Einige Tarife fordern, dass Sie gegen den Schädiger ein rechtskräftiges Urteil erwirken. Anderen Anbietern genügt, wenn Sie sich nachweislich bemüht haben, an Ihr Geld zu kommen. Je nach Schadenshöhe lohnt die Mühe durchaus, wenn Sie dafür Ihre Schäden ersetzt bekommen.

▷ Haftpflichtversicherung-Vergleich: Familien brauchen nur einen Vertrag

Wenn Sie verheiratet sind oder in einer Lebenspartnerschaft leben, reicht eine Haftpflichtpolice pro Haushalt. Kinder sind bis zum Ende ihrer ersten Berufsausbildung immer über die Eltern in der Familienpolice mitversichert. Kinder unter sieben Jahren sind nur mitversichert, wenn die Klausel „deliktunfähige Personen" im Tarif enthalten ist.

Auch bei einem Familienvertrag sind Schadensersatzansprüche gegen mitversicherte oder im Haushalt lebende **Angehörige** teilweise ausgeschlossen. Das kann vor allem zum Problem werden, falls ein Partner den anderen versehentlich verletzt. Denn dann fordert die Krankenkasse des Geschädigten vom Unfallverursacher die entstandenen Behandlungskosten zurück (Regressansprüche) – und das kann **bei schweren Verletzungen schnell teuer** werden.

Empfehlungen von Finanztip beinhalten auch Haftpflichtansprüche untereinander. Damit sind solche **Regressansprüche von Sozialversicherungsträgern explizit mitabgedeckt**.

Paare, die nicht miteinander verheiratet sind, sollten darauf achten, dass die mitversicherte Person namentlich im Vertrag genannt ist.

Vereinbaren Sie eine Selbstbeteiligung
Mit einer Selbstbeteiligung können Sie den Beitrag senken. **Sinnvoll** sind etwa **150 Euro** im Jahr. Ohne Selbstbehalt können Sie zwar auch kleinere Schäden bei der Versicherung melden. Allerdings kann es sein, dass der Versicherer Ihnen kündigt, sobald der Schaden beglichen ist. Nach einem Versicherungsfall hat er ein **Sonderkündigungsrecht**.

Aus dem Gericht
AG Bonn, Az. 11C 463/84; LG Augsburg, Az. 4 S 2099/84; OLG Celle, Az. U 64/85

Katze auf Goldfischjagd

Wenn eine Katze Goldfische aus dem Gartenteich des Nachbarn fängt, haftet der Katzenhalter für den entstandenen Schaden genauso, als hätte er selbst dort gefischt.

Die Beweislast für die Untaten des Stubentigers liegt allerdings in vollem Umfang beim Gartenteichbesitzer.

Der Katzenhalter muss zwar den Schaden begleichen, den Auslauf darf er seiner Katze jedoch weiterhin gewähren.

Quelle: Ein Herz für Tiere

▷ **Manchmal wichtig: Schlüsselverlust**
Diese Klausel ist kein Muss, aber sie spart eine Menge Geld, falls Sie einmal den Schlüssel zu Ihrer Mietwohnung oder zum Büro verlieren. Denn oft muss anschließend die gesamte **Schließanlage im Haus ausgetauscht** werden. Die Schlüsselversicherung übernimmt in so einem Fall die Kosten. Wenn Sie in einem **Mehrfamilienhaus mit vielen Nachbarn** wohnen, empfehlen wir Ihnen diese Klausel.

Viele Zutrittssysteme zu Bürogebäuden sind anonymisiert, man sieht dem Schlüssel oder der Karte oft nicht an, zu welchem Komplex er gehört. In diesen Fällen brauchen Sie eine solche Klausel für berufliche Schlüssel eher nicht. Sobald aber eine **exakte Zuordnung zwischen Schlüssel und Bürohaus** möglich ist, empfiehlt sich die Klausel. Das gilt vor allem für Lehrer, weil in Schulen auch praktisch jeder Schlüssel ein Generalschlüssel ist.

Empfehlenswerte Tarife enthalten eine hohe Deckungssumme, eine Best-Leistungs-Garantie, zudem decken sie auch Forderungsausfälle, deliktunfähige Kinder sowie Schlüsselverlust ab.

Wann ist der Wechsel in einen neuen Vertrag sinnvoll?

In den vergangenen Jahren haben sich die **Tarife stark verbessert**: Anbieter haben ihre Versicherungssummen erhöht und neue Leistungen aufgenommen. So zahlen viele Versicherungen anders als noch vor wenigen Jahren für Schäden, die **Computerviren** oder deliktunfähige Kinder verursacht haben. Ebenso sind **Gefälligkeitsschäden** fester Bestandteil der Tarife geworden. Also Schäden, die im Rahmen unentgeltlicher Gefälligkeiten entstehen, etwa bei Nachbarschaftshilfe oder Freundschaftsdienst.

Falls Ihr Vertrag schon mehrere Jahre alt ist, lohnt es sich deshalb oft, in einen Tarif zu wechseln, der auf dem neuesten Stand ist. Um den **alten Vertrag** ordentlich zu kündigen, müssen Sie ihn **drei Monate vor Hauptfälligkeit kündigen**. Danach können Sie sich in Ruhe bis zum Vertragsablauf eine neue, leistungsstarke und günstige Haftpflichtversicherung suchen.

Seit einigen Jahren sind auch **Drohnen** in Mode. Wenn Sie eine Drohne privat nutzen, erkundigen Sie sich bei Ihrer Privathaftpflichtversicherung, ob ein Drohnenschutz enthalten ist. Bewahren Sie die schriftliche Bestätigung auf. Andernfalls erweitern Sie Ihre Versicherung entsprechend oder schauen Sie nach einer neuen, passenderen Police. Wenn Sie die Drohne gewerblich nutzen, müssen Sie eine spezielle Drohnen-Haftpflichtversicherung abschließen.

Doch auch wenn Ihr Vertrag erst ein Jahr alt ist, kann sich ein Wechsel lohnen. Einmal im Jahr, meist Mitte des Jahres, werden die Risiken des vergangenen Jahres berechnet. Haben sie sich verändert, passen Versicherungen die Beiträge an. Dies ist in den Vertragsbedingungen auch festgelegt. So kommt es immer wieder vor, dass **Versicherungen Beiträge um einen bestimmten Prozentsatz erhöhen.** Das passiert häufiger, wenn die sehr günstigen Beiträge auch zur Neukundengewinnung genutzt wurden.

Kündigt Ihre Versicherung eine Preiserhöhung an, ohne dass sich die Leistungen erhöhen, **können Sie Ihren Vertrag sofort kündigen, ohne die Kündigungsfrist zu beachten.** Aber denken Sie daran, sich vorher einen neuen Anbieter zu suchen, damit keine Lücke im Versicherungsschutz entsteht.

In welchen Fällen brauchen Sie einen besonderen Vertrag?

Auch wenn Sie einen sehr guten Tarif gewählt haben, sind nicht unbedingt alle Risiken versichert. Es gibt einige Bereiche, für die Sie eine **spezielle Haftpflichtversicherung** abschließen müssen.

Tierhalterhaftpflicht – In **sechs Bundesländern** ist eine spezielle Tierhalterhaftpflicht für **Hunde Pflicht** (siehe auch hierzu Kapitel 1.1.11). Erkundigen Sie sich, was für Ihre Region gilt. Pferdehaltern empfehlen wir den Abschluss einer **Pferdehaftpflichtversicherung.**

Abgesichert auf dem Bau – Als Bauherr sind Sie für das verantwortlich, was auf der Baustelle passiert. Die **Bauherrenhaftpflichtversicherung** springt ein, falls es zu Personen- oder Sachschäden auf dem Bau kommt. Die schützt Sie bei Schäden durch Sturm oder Vandalismus am Rohbau. Brennt das Haus während der Bauphase ab, bezahlt eine **Feuerrohbauversicherung** den entstandenen Schaden.

Haus- und Grundbesitzerhaftpflichtversicherung – Sofern Sie ein **Miethaus besitzen** oder in einer **Wohneigentumsgemeinschaft** wohnen, brauchen Sie unbedingt eine Haus- und Grundbesitzerhaftpflichtversicherung. Diese springt ein, wenn Sie Ihre sogenannten **Verkehrssicherungspflichten** verletzt haben. Rutscht beispielsweise ein Fußgänger im Winter auf dem vereisten Gehweg aus und bricht sich ein Bein, weil Sie nicht gestreut haben, zahlt die Grundbesitzerhaftpflicht Schadensersatz. Gehört Ihnen dagegen ein Einfamilienhaus, in dem Sie selbst wohnen, reicht in solchen Fällen die normale **Privathaftpflichtversicherung.**

Konkrete Produktempfehlungen finden Sie unter:

www.finanztip.de/
haftpflichtversicherung/
privathaftpflicht/

1 Absicherung/Risikoversicherung/**Berufsunfähigkeitsversicherung**

1.1.2 Berufsunfähigkeitsversicherung

» Diese Versicherung rettet Sie vor der Pleite «

von Julia Rieder, Martin Klotz & Barbara Weber Stand: 15. April 2021
www.finanztip.de/berufsunfaehigkeitsversicherung/

Wie funktioniert die Berufsunfähigkeitsversicherung? // Für wen ist eine Berufsunfähigkeitsversicherung sinnvoll? // Was sind die Ursachen für Berufsunfähigkeit? // Was kostet eine BU im Monat? // Wo kann ich mich beraten lassen? // BU mit Vorerkrankungen - geht das? // Was tun, wenn die BU-Versicherung zu teuer ist? // Welche Alternativen gibt es?

Das Wichtigste in Kürze

- Eine Berufsunfähigkeitsversicherung (BU) ist sinnvoll für alle, die von ihrem **Arbeitseinkommen leben**.
- Wenn Sie aus bestimmten gesundheitlichen Gründen nicht mehr arbeiten können, bekommen Sie jeden Monat einen festen Betrag.
- Schließen Sie den **Vertrag so früh und gesund wie möglich** ab.

So gehen Sie vor

- Lassen Sie sich vor Abschluss einer BU **beraten** und holen Sie **Angebote** ein.
- Beantworten Sie die **Gesundheitsfragen** im Antrag **unbedingt wahrheitsgemäß** und mithilfe Ihrer Ärzte und Behandlungsunterlagen.
- BU-Tarife sind heute deutlich **besser als früher**. Worauf Sie achten sollten, haben wir für Sie in unserer BU-Checkliste zusammengestellt.

Bandscheibenvorfall, Depression, Krebs – eine solche Diagnose kann das **berufliche Ende** bedeuten. Wer dann **ohne Einkommen** dasteht, dem droht der finanzielle Ruin. Die staatliche Absicherung durch die Erwerbsminderungsrente ist knapp bemessen und greift nicht in allen Fällen. Deswegen sollte **jeder Berufstätige** über eine Berufsunfähigkeitsversicherung (BU) nachdenken. Schüler und Studenten können sie auch bereits **vor** dem **Berufseinstieg** abschließen.

Wie funktioniert die Berufsunfähigkeitsversicherung?

Die Berufsunfähigkeitsversicherung zahlt eine **monatliche Rente**, wenn Sie Ihren zuletzt ausgeübten Beruf, so wie er ohne gesundheitliche Beeinträchtigung ausgestaltet war, **voraussichtlich auf Dauer nicht mehr machen können** (§ 172 Abs. 2 VVG). Das bedeutet, eine Leistung aus der BU-Versicherung ist an den letzten Beruf gekoppelt. Ob Sie noch einen anderen Job machen könnten, ist unwichtig.

Ob ein Unfall oder eine Krankheit der Grund für die Berufsunfähigkeit ist, spielt für die Versicherung keine Rolle. Diese zahlt, wenn Sie nach deren Einschätzung zu mindestens **50 Prozent berufsunfähig** sind. Das bedeutet, Sie haben mindestens die Hälfte Ihrer Leistungsfähigkeit verloren und können für Ihren Beruf wichtige Tätigkeiten nicht mehr ausüben oder nur noch eine geringe Anzahl an Stunden arbeiten.

Um das nachzuweisen, müssen Betroffene zahlreiche Unterlagen bei der Versicherung einreichen, darunter Arztberichte und Beschreibungen ihrer Tätigkeit. Wenn die Berufsunfähigkeit feststeht, zahlt der Versicherer die im Vertrag vereinbarte monatliche Rente an den Versicherten. Das zuvor erzielte Einkommen hat dabei keine Bedeutung.

Für wen ist eine Berufsunfähigkeitsversicherung sinnvoll?

Die staatliche Absicherung für Menschen, die aus gesundheitlichen Gründen nicht mehr arbeiten können, reicht für den Lebensunterhalt selten aus. Jedem, der in den vergangenen fünf Jahren mindestens 36 Monate in die gesetzliche Rentenversicherung eingezahlt hat, steht zwar grundsätzlich eine Erwerbsminderungsrente zu. Diese lag im Jahr 2019 aber **durchschnittlich nur bei 806 Euro pro Monat**. Das geht aus Statistiken der Deutschen Rentenversicherung hervor. Wie hoch Ihre Erwerbsminderungsrente nach jetzigem Stand ausfallen würde, sehen Sie in Ihrer jährlichen **Renteninformation**.

Eine **Erwerbsminderungsrente** bekommt außerdem nur, wer in keinem Beruf länger als drei Stunden arbeiten kann. Ein leitender Angestellter, der noch als Pförtner arbeiten kann, geht also leer aus. Menschen, die noch drei bis sechs Stunden pro Tag in irgendeinem Beruf arbeiten können, wird nur die halbe Erwerbsminderungsrente zugesprochen. 2014 wurde etwa die Hälfte der Anträge auf Erwerbsminderungsrente abgelehnt.

> **Besonders wichtig ist eine Berufsunfähigkeitsversicherung für**
> - **alle Erwerbstätigen**, die nicht auf ihr Einkommen verzichten können;
> - **Selbstständige**, da sie oft nicht gesetzlich rentenversichert sind (obwohl in einigen Fällen eine Erwerbsunfähigkeitsversicherung sinnvoller sein kann); und
> - **Berufsanfänger**, weil sich junge Menschen mit guter Gesundheit noch recht günstig versichern können.

Es ist **notwendig, privat vorzusorgen** für den Fall, dass Sie nicht mehr arbeiten können. Darauf verzichten können Sie nur dann, wenn Sie durch vorhandenes Vermögen oder durch Ihre Familie bereits ausreichend versorgt sind, also auf Ihr Arbeitseinkommen nicht angewiesen sind. Die Berufsunfähigkeitsversicherung bietet die **umfassendste Möglichkeit zur Absicherung Ihrer Arbeitskraft**, ist in vielen Fällen aber auch sehr teuer. Die Kernfrage ist deshalb weniger, ob eine BU-Versicherung sinnvoll ist, sondern eher, ob Sie sich den BU-Schutz leisten können und wollen.

Beamte können eine Dienstunfähigkeitsversicherung abschließen

Eher optional ist eine BU hingegen für **Beamte** nach mehr als fünfjähriger Dienstzeit. Sie erhalten ein Ruhegehalt, das deutlich über dem Niveau der Erwerbsminderungsrente liegt. Falls ihre Lebenshaltungskosten höher sind als ihr Anspruch auf Ruhegehalt, können Beamte zusätzlich eine **Dienstunfähigkeitsversicherung** abschließen. Berufsanfänger mit weniger als fünf Jahren Dienstzeit haben noch keinen Anspruch auf ein Ruhegehalt und sind daher am ehesten gefährdet.

Wer einen Haushalt führt, bekommt schwer BU-Schutz

Den Abschluss einer BU-Versicherung ebenfalls genau überlegen sollten sich **Hausfrauen und -männer**. Zwar können Kosten für ein Kindermädchen oder eine Haushaltshilfe entstehen, wenn sie ausfallen. Allerdings sind gute BU-Verträge für Hausfrauen nur schwer zu bekommen, oft teuer und meist nur mit einer sehr niedrigen Rentenhöhe abschließbar. Wer hingegen schon einen BU-Vertrag hat und womöglich irgendwann wieder arbeiten geht, sollte die Berufsunfähigkeitsversicherung möglichst behalten.

Geld sparen ist nur selten eine Alternative

Den Beitrag für eine Berufsunfähigkeitsversicherung zu sparen und stattdessen regelmäßig Geld für schlechte Zeiten zur Seite zu legen, erscheint **zunächst verlockend**. Werden Sie nur für kurze Zeit oder erst gegen Ende Ihres Arbeitslebens berufsunfähig, mag das funktionieren. Allerdings zahlen Sie nicht in die Rentenkasse ein, wenn Sie nicht mehr arbeiten können. Das bedeutet, Sie müssen trotz Berufsunfähigkeit privat vorsorgen, wenn Sie im Alter nicht mit einem sehr niedrigen Einkommen dastehen wollen.

Menschen, die aus Gesundheitsgründen nicht mehr arbeiten können, sind nach Angaben der Deutschen Rentenversicherung zufolge **im Schnitt erst 52 Jahre alt**. Wenn Sie in diesem Alter berufsunfähig werden und die Zeit bis zur regulären Rente mit 67 mit Ihren Ersparnissen überbrücken wollen, brauchen Sie ein großes Vermögen. Um sich 2.000 Euro im Monat auszahlen zu können, müssten Sie 360.000 Euro gespart haben; je nachdem wie sich die Zinsen entwickeln vielleicht auch etwas weniger. Das dürfte nur den wenigsten gelingen.

Was sind die Ursachen für Berufsunfähigkeit?

Berufsunfähig ist, wer aus gesundheitlichen Gründen seinen Beruf mindestens **sechs Monate** nicht ausüben kann. Die Wahrscheinlichkeit, berufsunfähig zu werden, hängt stark vom Beruf ab: Wer körperlich arbeitet, hat grundsätzlich ein höheres Risiko als jemand mit einem Bürojob.

Allerdings sind psychische Erkrankungen mittlerweile die häufigste Ursache für Berufsunfähigkeit. Und von diesen sind sowohl körperlich als auch nicht-körperlich Tätige betroffen.

Was kostet eine BU im Monat?

Die Berufsunfähigkeitsversicherung bietet den **umfassendsten Schutz** für den Fall, dass Sie nicht mehr arbeiten können. Denn in der BU spielt es **keine Rolle, aus welchem Grund** Sie Ihren Beruf nicht mehr ausüben können. Andere Versicherungen wie die Unfall- oder Dread-Disease-Versicherung zahlen nur bei bestimmten Ereignissen. (Mehr dazu im Kapitel 1.1.3 auf Seite 41). Allerdings ist der **Beitragsunterschied** zwischen den verschiedenen Anbietern und für verschiedene Berufsgruppen drastisch: Ein Maurer zahlt in der Berufsunfähigkeitsversicherung mehr als viermal so viel Beitrag wie eine Mathematikerin oder ein Maschinenbauingenieur, die ihre Arbeitszeit überwiegend am Schreibtisch verbringen. Die Kosten sind von Versicherer zu Versicherer sehr unterschiedlich. Einige Produkte sind bei gleichem Schutz dreimal so teuer wie andere. Wichtig ist: Es zählt nur der Beruf, den Sie zum Zeitpunkt des Antrags ausüben. Frühere oder spätere Tätigkeiten beeinflussen Ihren Beitrag nicht.

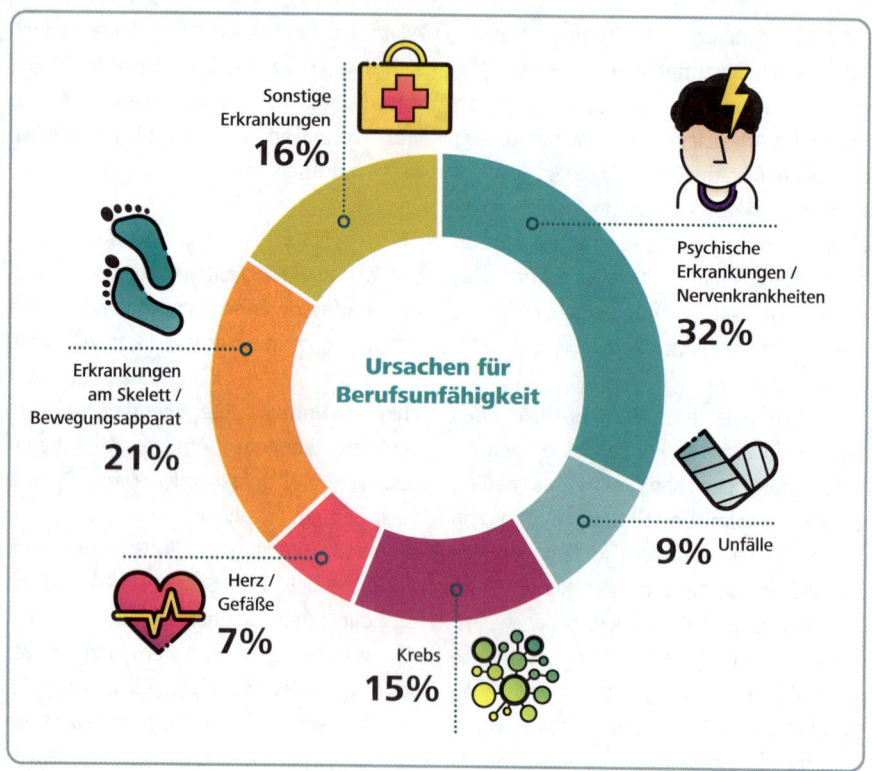

Quelle: Morgen & Morgen (Stand: 7. Mai 2018).

Wer sehr viel für den BU-Schutz zahlen muss, sollte abwägen, ob er sich eine Berufsunfähigkeitsversicherung dauerhaft leisten kann oder ob möglicherweise auch eine Alternative infrage kommt, die allerdings weniger Schutz bietet.

Riskante Berufe oder Hobbys machen die BU teuer

Die Versicherung setzt den Beitrag danach fest, für wie wahrscheinlich sie es hält, dass der Kunde tatsächlich berufsunfähig wird. Körperlich Tätige in **sozialen und handwerklichen Berufen** sind klar **im Nachteil**, denn sie halten statistisch gesehen seltener bis zur normalen Altersrente durch. Das führt dazu, dass gerade Menschen, die den BU-Schutz am dringendsten bräuchten, ihn oft nicht bezahlen können. Künstler, Flugbegleiter und Piloten, aber auch

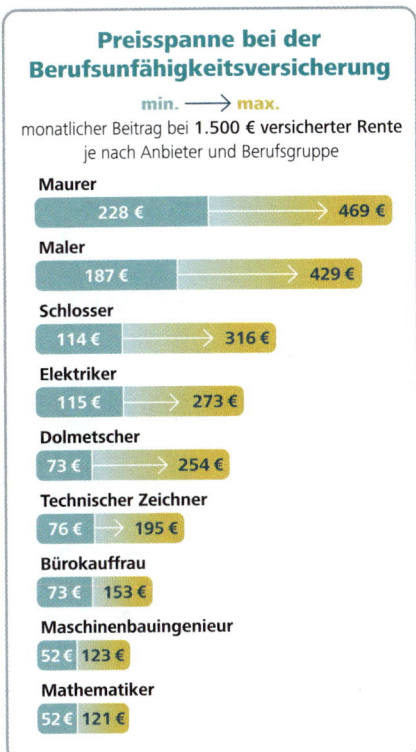

Annahmen: Angestellter in Vollzeit mit abgeschlossener Ausbildung, Eintrittsalter 35 Jahre, Endalter 67 Jahre, Beitragsverrechnung, Preise gerundet.
Quelle: Franke & Bornberg (Stand: 5. September 2016).

Risiken sehr unterschiedlich ein. Berufe und Hobbys, die den Beitrag bei einem Anbieter extrem verteuern, können bei einem anderen kaum ins Gewicht fallen.

Auch hier gilt: Nur Risiken, die zum Antragszeitpunkt bekannt sind, zählen. Fangen Sie erst zwei Jahre nach Vertragsabschluss mit dem Tauchen oder Fallschirmspringen an, spielt dieses Hobby keine Rolle.

Krankheiten mit Folgen

Der **Gesundheitszustand** ist noch entscheidender als der Beruf dafür, ob es bezahlbaren BU-Schutz gibt. Mit einigen Erkrankungen wie **Diabetes** Typ 1 oder **Epilepsie** ist es schwer, überhaupt einen Vertrag zu bekommen. Aber auch vergleichsweise harmlose Leiden wie **Allergien** oder ausgeheilte **Rückenbeschwerden** können dazu führen, dass Anbieter erhöhte Beiträge verlangen oder ganze Körperbereiche vom Versicherungsschutz ausschließen.

Tauchlehrer oder Barkeeper **bekommen oft überhaupt keine** BU-Versicherung. Wer in seiner Freizeit gerne Eishockey spielt, klettert oder reitet, zahlt ebenfalls oft drauf, denn die Anbieter verlangen auch für **risikoreiche Hobbys** einen höheren Beitrag. Dennoch lohnt es sich, nicht gleich aufzugeben, denn verschiedene Versicherer **schätzen**

Vorerkrankungen deshalb zu verschweigen, ist aber keine Lösung. Denn im Leistungsfall forscht der Versicherer genau nach. Sollte er feststellen, dass Sie beim Vertragsabschluss Gesundheitsfragen falsch beantwortet haben, kann er vom Vertrag zurücktreten und sich weigern, die Rente zu zahlen. Erkrankungen, die erst während der Vertragslaufzeit auftreten, müssen Sie allerdings nicht nachträglich melden.

Besser ist es, gemeinsam mit einem Makler oder Versicherungsberater eine **Risikovoranfrage** bei mehreren Versicherungen zu stellen. So können Sie vergleichen, zu welchen Konditionen verschiedene Anbieter Sie versichern würden, ohne zu riskieren, dass einer Ihren Antrag ablehnt.

Auch das ist zu beachten: Eine Ablehnung kann Ihre Chance schmälern, überhaupt einen Vertrag zu bekommen, weil die Versicherungen negative Informationen über Kunden untereinander austauschen.

Berufsunfähigkeitsversicherung und Corona

Wie die Versicherer mit einer Covid-19-Erkrankung umgehen, ist äußerst unterschiedlich. Das hat eine Finanztip-Befragung vom März 2021 unter den 20 nach Marktanteil größten BU-Versicherern in Deutschland ergeben.

Entscheidend ist in erster Linie, wie Ihre **Erkrankung verlaufen** ist. Hatten Sie beispielsweise keine oder nur leichte Symptome und sind Sie schon seit einem Monat gesund, führt Covid-19 bei der Hälfte der Versicherer nicht zu erschwerten Bedingungen. Eine Firma bietet bei leichtem Verlauf sogar ungeachtet einer akuten Erkrankung normalen Versicherungsschutz an.

Bei mittlerem und schwerem Verlauf, zum Beispiel mit Krankenhausaufenthalt, müssen Sie mit einer Zurückstellung Ihres Antrags rechnen, da die Versicherer erst sicher gehen wollen, dass Sie wirklich wieder fit sind. Einigen reichen dafür drei Monate, andere fordern zwölf.

Wenn Sie nach einer Erkrankung **dauerhaft beeinträchtigt** sind, wird Ihr Antrag kurzfristig kaum Chancen haben. Von langfristiger Zurückstellung bis hin zu Ablehnung ist alles möglich. Immerhin wird jeder Fall individuell geprüft.

Haben Sie **bereits** eine **Berufsunfähigkeitsversicherung** abgeschlossen, brauchen Sie sich keine Gedanken zu machen. Wenn Sie in Folge einer Covid-Erkrankung berufsunfähig werden, zum Beispiel durch **Long Covid**, ist das ein klassisches Beispiel für einen **Versicherungsfall**.

BU-Checkliste vor Vertragsabschluss

Die wichtigsten Punkte, auf die Sie bei der Auswahl Ihrer BU-Versicherung achten müssen, haben wir in einer Checkliste zusammengestellt.

▷ **BU-Versicherung so früh wie möglich abschließen**

Je gesünder Sie sind, wenn Sie die Berufsunfähigkeitsversicherung beantragen, desto günstiger ist Ihr Beitrag und desto geringer ist das Risiko, dass Versicherer Sie ablehnen. Deshalb sollten Sie sich mit der BU-Versicherung möglichst befassen, sobald Sie Ihr **erstes regelmäßiges Einkommen** beziehen.

Manchmal kann sich auch ein Vertragsabschluss noch während der **Schulzeit** oder des **Studiums** für Sie rechnen. Dabei kommt es auf den Beruf an, den Sie dadurch anstreben. Ist dieser schlechter eingestuft, können Sie sich später viel Geld sparen, wenn Sie Ihre Berufsunfähigkeitsversicherung noch vorher abschließen. Allerdings müssen Sie sich das als Schüler oder Student auch erst einmal leisten können.

Falls es auf das Jahresende zugeht, kann es sinnvoll sein, sich mit dem Antrag zu beeilen. Denn bei einigen Versicherungen wird der Versicherungsnehmer **per Vertrag immer an Silvester ein Jahr älter**, nicht am tatsächlichen Geburtstag. Es kann daher sein, dass die Beiträge höher sind, wenn Sie erst im neuen Jahr den Vertrag abschließen. Manche Gesellschaften bieten allerdings kurz nach dem Jahreswechsel oder dem Geburtstag an, den Vertrag zurückzudatieren. Den Beitrag berechnen sie dann noch nach dem vorherigen Alter. Ob das möglich ist, können Sie mit einem Anruf bei der Versicherung klären.

▷ **Kombiprodukte mit Lebens- oder Rentenversicherungen meiden**
In der Regel sollten Sie eine **selbstständige** BU-Versicherung wählen. In seltenen Fällen ist die Kombination mit einer Risikolebensversicherung aber günstiger. Die Todesfallsumme für die Risikolebensversicherung sollte dann aber möglichst gering sein, damit der Beitrag für die Kombination günstig bleibt.

Wer Angehörige absichern will und deshalb eine hohe Todesfallsumme braucht, sollte sich **lieber separat versichern**. Der Vorteil von zwei getrennten Verträgen ist, dass Sie flexibler bleiben.

Brauchen Sie die Risikolebensversicherung nicht mehr, weil Sie beispielsweise das Eigenheim abgezahlt haben oder die Kinder erwachsen sind, können Sie die Police kündigen, ohne Ihre BU-Versicherung anzutasten.

Von einer **Kombination** der BU-Versicherung mit einer Kapitallebens- oder Rentenversicherung ist eher **abzuraten**. Der zusätzliche Anteil für die Kapitalanlage macht den ohnehin recht hohen Beitrag für die Berufsunfähigkeitsversicherung nochmal deutlich teurer. Das verleitet dazu, eine zu niedrige Berufsunfähigkeitsrente zu vereinbaren. Wer sich wegen Arbeitslosigkeit, Elternzeit oder anderer finanzieller Engpässe den Beitrag nicht mehr leisten kann, verliert zusammen mit der Altersvorsorge auch den BU-Schutz.

Wir empfehlen deshalb grundsätzlich, **Sparverträge und die Versicherung gegen existenzielle Risiken zu trennen.**

Makler bewerben solche Berufsunfähigkeitszusatzversicherungen (BUZ) häufig mit dem Argument, dass mit ihnen die Altersvorsorge auch bei Berufsunfähigkeit gesichert sei. Denn einige Versicherer zahlen im Fall der Berufsunfähigkeit anstelle des Kunden weiter in die Lebens- oder Rentenversicherung ein. Aus unserer Sicht die **bessere Variante:** Berücksichtigen Sie die Kosten für die Altersvorsorge bei der Höhe der Berufsunfähigkeitsrente, die Sie versichern.

Sie können eine BU-Versicherung in drei verschiedenen Formen abschließen:

- *als selbstständige Berufsunfähigkeitsversicherung,*
- *als Zusatzversicherung zu einer Risikolebensversicherung (siehe Kapitel 1.1.6) oder*
- *als Zusatzversicherung zu einer Kapitallebens- oder Rentenversicherung.*

▷ Die BU-Rente hoch genug ansetzen

Viele BU-Renten sind **viel zu niedrig**. Achten Sie darauf, dass die versicherte Summe reicht, um Ihre **laufenden Kosten** für Familie, Wohnung, Versicherungen und Lebensmittel zu finanzieren. Bedenken Sie außerdem, dass Sie nicht in die gesetzliche Rentenversicherung einzahlen, wenn Sie nicht mehr arbeiten können. Das bedeutet, die BU-Rente muss ausreichen, um weiter für das Alter vorzusorgen. Dabei müssen Sie eigentlich sogar mehr Geld als zuvor in die Altersvorsorge stecken, um die fehlenden Einzahlungen in die gesetzliche Rentenversicherung auszugleichen.

Wie viel BU-Rente Sie bräuchten, können Sie bestimmen, indem Sie Ihre jährlichen **Ausgaben aufschreiben.** Überlegen Sie, welche Ausgaben Sie weiterhin haben werden im Fall, dass Sie nicht mehr arbeiten können. Dann teilen Sie diese durch zwölf.

Einnahmen aus Vermietung oder Kapitalanlagen können den Absicherungsbedarf verringern. Gleiches gilt, falls Sie eine private Rentenversicherung haben, deren Beginn sich notfalls vorverlegen lässt.

Eine Rentenhöhe von weniger als 1.000 Euro ist in der Regel wenig sinnvoll – es sei denn, Sie sind noch anderweitig abgesichert. Denn sollten Sie die staatliche Grundsicherung in Anspruch nehmen müssen, wird die BU-Rente mit den Sozialleistungen verrechnet. Die Ausnahme von der Regel: Ist eine deutliche Gehaltssteigerung absehbar und Sie haben einen Vertrag mit Nachversicherungsgarantie, kann es sich auch lohnen, aus Budgetgründen zunächst eine niedrige BU-Ren-

te zu vereinbaren. Das gilt zum Beispiel für Berufsanfänger oder Studenten.

▷ **Wählen Sie nur einen Versicherer mit Erfahrung und hoher Finanzkraft**
Werden Sie berufsunfähig, ist es entscheidend, dass der Versicherer Ihre Rente auch tatsächlich bezahlen kann. Daher ist es sehr wichtig, einen **finanziell soliden Anbieter** zu wählen, den es **auch in 20 oder 30 Jahren noch gibt**. Fragen Sie Ihren Makler oder Versicherungsberater deshalb nach der Finanzkraft des Versicherers, bevor Sie sich für ein Angebot entscheiden. Zudem raten wir von Firmen ab, die erst wenige Jahre am Markt sind.

▷ **Tarife mit guten Bewertungen wählen**
Analysehäuser wie Morgen & Morgen oder Franke & Bornberg vergleichen die Versicherungsbedingungen unterschiedlicher BU-Anbieter. Schließen Sie nur Tarife ab, deren Bedingungen die **höchstmögliche Bewertung** haben. Bei Morgen & Morgen sind das fünf Sterne und bei Franke & Bornberg ist es ein „FFF".

Neben der Gesamtbewertung ist bei Morgen & Morgen auch das Teilrating „BU-Kompetenz" interessant. Die Kompetenz des Versicherers sollte mit mindestens vier Sternen bewertet sein. Geprüft werden die Erfahrung mit Berufsunfähigkeitsversicherungen

---

» Nachversicherungsgarantie «

Wer eine Berufsunfähigkeitsversicherung (BU) abschließt, sollte darauf achten, dass er die **versicherte Rente ohne erneute Gesundheitsprüfung aufstocken kann.** Denn durch neue Lebensumstände wie eine **Familiengründung** kann eine höhere Absicherung nötig werden. Außerdem führt die Inflation dazu, dass die ursprünglich vereinbarte Rente an Wert verliert. Mit einer Nachversicherungsgarantie können Kunden die vereinbarte BU-Rente auf einen Schlag erhöhen. Ist im Vertrag eine Dynamik vereinbart, steigt die Rente automatisch jedes Jahr um einen festgelegten Prozentsatz. Die höhere Rente kostet allerdings auch mehr Beitrag. Wählen Sie einen Tarif mit Nachversicherungs-

garantie. Auch eine **Beitragsdynamik** können Sie erwägen. Denken Sie daran, Ereignisse wie Hochzeit oder Gehaltserhöhung dem Versicherer rechtzeitig zu **melden**, wenn Sie die Nachversicherungsgarantie nutzen möchten. Bei der Beitragsdynamik müssen Sie nicht selbst aktiv werden. Sie können den automatischen Erhöhungsschritten auch widersprechen, damit der Beitrag nicht zu teuer wird – wie häufig, steht in Ihrem Vertrag. Weitere Details zum Thema Nachversicherungsgarantie finden Sie unter:

 https://www.finanztip.de/berufsunfaehigkeitsversicherung/nachversicherungsgarantie/

sowie eine professionelle und faire Bearbeitung der Leistungsfälle.

▷ **Möglichst geringe Spanne zwischen Brutto- und Nettobeitrag**

Wer Berufsunfähigkeitsversicherungen vergleicht, findet bei jedem Tarif zwei Preise: Netto- und Bruttoprämie. Den Nettobeitrag zahlen Sie zum Start der BU-Versicherung. Er nennt sich deshalb auch Zahlbeitrag. Der Anbieter kann diesen Beitrag allerdings bis zum sogenannten Bruttobeitrag erhöhen, wenn er die Risiken oder seine Anlagegewinne nicht richtig kalkuliert hat.

Versicherer, die ihr Geschäft ankurbeln möchten, **locken** Kunden mit geringen Zahlbeiträgen bei gleichzeitig hohen Bruttoprämien. Für Kunden besteht dann aber das Risiko, dass die **Beiträge in Zukunft deutlich steigen**. In den vergangenen Jahren mussten bereits einige Versicherungen den Zahlbeitrag von laufenden Verträgen anheben. Weil der Wettbewerb zwischen den Anbietern hart ist und auch Versicherungen mit den niedrigen Zinsen an den Kapitalmärkten zu kämpfen haben, ist damit zu rechnen, dass Beiträge auch in Zukunft öfter **erhöht** werden.

Schauen Sie deshalb bei der Auswahl eines Angebots nicht nur auf einen niedrigeren Nettobeitrag. Vergleichen Sie auch, wie stark die Versicherungen den Beitrag anheben können. Die Spanne zwischen den beiden Beiträgen sollte möglichst gering sein. Akzeptieren Sie im Zweifel einen etwas höheren Nettobeitrag, wenn dafür der Bruttobeitrag deutlich geringer ist.

▷ **Die Versicherung zahlt nicht immer**

Ob in einem konkreten Fall tatsächlich 50 Prozent Berufsunfähigkeit vorliegt, ist häufig nicht ganz eindeutig. Das führt dazu, dass Versicherer Anträge auf eine BU-Rente oft zunächst ablehnen. Laut dem Versicherungsverband GDV zahlen die Anbieter in etwa **einem Viertel der Fälle nicht**.

Zu ähnlichen Ergebnissen kommt auch eine Studie von Premium Circle. Nach Erkenntnissen des Beratungsunternehmens aus dem Jahr 2016 lehnen einzelne Versicherer sogar mehr als die Hälfte aller Leistungsanträge ab. Immer wieder kommt es deswegen zu Gerichtsverfahren. Einer Stichprobe des Analysehauses Franke & Bornberg zufolge wurden 2014 bis 2016 rund 3 Prozent der BU-Fälle vor Gericht geklärt.

Eine **Rechtsschutzversicherung** (siehe Kapitel 1.1.7) deckt die Anwalts- und Gerichtskosten ab und erleichtert es damit, Leistungsansprüche gegen den Versicherer juristisch durchzusetzen oder zumindest einen Vergleich zu erwirken. Nach Möglichkeit sollten Sie die Rechtsschutzversicherung nicht beim selben Versicherungsunternehmen wie die BU-Versicherung abschließen.

Früher war es notwendig, die Rechtsschutzversicherung schon vor dem BU-Vertrag abzuschließen, damit auch wirklich alle Streitfälle rund um die Berufsunfähigkeitsversicherung abgedeckt waren. Häufig weigert sich diese zu zahlen, weil der Versicherte angeblich die Gesundheitsfragen im Antrag falsch beantwortet hat – und das liegt oft lange zurück. Hat der Betroffene erst später eine Rechtsschutzversicherung abgeschlossen, konnte diese die Deckung für einen solchen Streit verweigern, weil der vermutete Rechtsverstoß vor Vertragsbeginn lag.

Inzwischen hat der **Bundesgerichtshof** in einigen Urteilen den Versicherungsfall **verbraucherfreundlicher** definiert. Dennoch gibt es laut dem Versicherungsombudsmann immer wieder Streit darum, welcher Zeitpunkt als Rechtsschutzfall gilt. Wer dem aus dem Weg gehen will, kann die Rechtsschutzversicherung **drei Monate vor** dem **BU-Vertrag** abschließen.

Was Sie noch über den Versicherungsombudsmann wissen müssen, finden Sie unter „1.1.5 Hausratversicherung".

Wo kann ich mich beraten lassen?

Welche ist die beste Berufsunfähigkeitsversicherung? Die Antwort auf diese Frage ist bei jedem Menschen unterschiedlich. Eine Berufsunfähigkeitsversicherung ist ein **sehr individuelles Produkt**. Welcher Versicherer und welcher Tarif für Sie passend ist, hängt unter anderem von Ihrem Alter, Ihrem Beruf und Ihrem Gesundheitszustand ab. So kann etwa ein grundsätzlich leistungsstarker und günstiger Tarif für Sie nicht der richtige sein, wenn Sie in der Vergangenheit bereits gesundheitliche Probleme hatten und Sie deshalb schlechtere Konditionen bekommen.

ABGELEHNT

Ablehnungsgründe in der Leistungsprüfung der Berufsunfähigkeitsversicherung

- **46%** Nichterreichen des versicherten BU-Grads
- **14%** Verletzung der vorvertraglichen Anzeigepflicht
- **13%** keine Reaktion des Kunden
- **8%** Anfechtung bzw. Betrugsfall
- **3%** Ausschlussklauseln
- **0,9%** Konkrete Verweisung
- **0,3%** Abstrakte Verweisung
- **15%** Sonstige Gründe

Quelle: GDV 2018

Ø 106 TAGE

Von der ersten Meldung beim Versicherer bis zur Auszahlung der Leistungen, davon z.B. ...

... **9 Tage** zur Prüfung und Bewilligung – sobald dem Versicherer alle erforderlichen Unterlagen vorliegen.

Achtung: Ob alle erforderlichen Unterlagen vorliegen, entscheidet allein die Versicherung!

In **6%** aller Fälle ließen die Versicherer ein neutrales Gutachten zur Leistungsprüfung erstellen.

63% dieser Gutachten fielen positiv für die Versicherten aus.

BU-RENTE

Der Weg zur Berufsunfähigkeitsrente ist oft lang und steinig.

Die Strategie des Mürbemachens der Versicherungsnehmer ist eine gängige Taktik mancher Versicherer.

Deshalb: Im Versicherungsfall einen Fachanwalt für Versicherungsrecht beauftragen – je früher, umso besser sind die Erfolgsaussichten!

Quelle: WISO, Spiegel, Focus, eigene Recherchen

BEWILLIGT

80%

aller Leistungsanträge im Jahr 2018.

Quelle: Versicherungsbote

+658 €
Monatsrente

werden von den Versicherern an Berufsunfähige ausgezahlt, das sind im Jahr **7.900 €**.

Viele Versicherte haben eine viel zu geringe Rentenleistung vereinbart!

Faustregel: Die Rente bei Berufsunfähigkeit sollte mindestens zwei Drittel des letzten Nettoeinkommens betragen.

An einer individuellen Beratung kommen Sie beim komplexen Thema Berufsunfähigkeitsversicherung in aller Regel nicht vorbei. Vergleichsportale oder Direktversicherer können Sie höchstens nutzen, um sich einen Überblick über die Kosten und das Preis-Leistungsverhältnis zu verschaffen.

Der Online-Vergleich kann jedoch keine Beratung ersetzen. Die ist aber wichtig, wenn Sie sich nicht alleine durch das Dickicht der zahlreichen Tarife und Versicherungsbedingungen kämpfen wollen.

Denn bei der Berufsunfähigkeitsversicherung zählt am Ende vor allem die **Leistung, nicht vorrangig der Preis**.

Zudem sind die Gesundheitsfragen verschieden, oft komplex formuliert und es gibt Tücken. Ein Versicherungsvermittler kann anonymisierte Risikovoranfragen bei verschiedenen Unternehmen stellen und so die Versicherung finden, die für Ihren persönlichen Fall die günstigsten Bedingungen bietet.

BU mit Vorerkrankungen – geht das?

Ihr **Gesundheitszustand** spielt beim Abschluss einer Berufsunfähigkeitsversicherung eine **große Rolle**. Aber auch wenn Sie in den vergangenen Jahren häufiger beim Arzt waren, haben Sie eine Chance, einen guten BU-Vertrag zu bekommen. Auf die folgenden Punkte müssen Sie achten:

▷ **Beantworten Sie alle Gesundheitsfragen wahrheitsgemäß**

Beim Abschluss einer BU ist es immens wichtig, sämtliche Gesundheitsfragen wahrheitsgemäß zu beantworten. Das gilt erst recht für alle Sachverhalte, zu denen Unterlagen vorliegen und die Versicherung nachprüfen kann. Machen Sie falsche Angaben oder vergessen Erkrankungen, kann die Versicherung sich im schlimmsten Fall weigern zu zahlen.

Deshalb sollten Sie dem mehrseitigen Gesundheitsfragebogen besondere Aufmerksamkeit widmen. Füllen Sie ihn **auf keinen Fall direkt im Gespräch mit dem Versicherungsmakler aus**. Fordern Sie stattdessen zunächst Ihre Patientenakten von allen Ärzten an, bei denen Sie im gefragten Zeitraum waren. Bei guten Verträgen sind das höchstens die vergangenen fünf Jahre für ambulante Behandlungen und zehn Jahre bei Krankenhausaufenthalten. Sie können auch bei der Krankenkasse erfragen, welche Daten und Diagnosen dort über Sie gespeichert sind.

In einigen Fällen kann es sich lohnen, zu warten, bis Sie kritische Behandlungen nicht mehr angeben müssen. Waren Sie beispielsweise vor vier Jahren in Psychotherapie, ist es sinnvoll, erst in einem Jahr eine BU abzuschließen. Der Blick in die Krankenunterlagen und das Gespräch mit Ihren Ärzten ist wichtig, damit Sie keine Behandlungen der vergangenen Jahre vergessen oder falsch bezeichnen. Außerdem finden sich in den Akten manchmal **falsche Diagnosen** oder Einträge, von denen Sie gar nichts wissen. Falsche Einträge sollten Sie korrigieren lassen.

Beim Ausfüllen des Gesundheitsfragebogens müssen Sie nur das angeben, wonach explizit gefragt wird. Bei Fragen, die sich nicht eindeutig mit „ja" oder „nein" beantworten lassen, sollten Sie die Antwort ausformulieren. Reicht der Platz nicht aus, nutzen Sie einfach ein zusätzliches Blatt.

Im Versicherungsantrag werden Sie außerdem aufgefordert, Ihre Ärzte von der **Schweigepflicht** zu entbinden. Es ist sinnvoll, das nicht pauschal für alle Ärzte zu tun, sondern nur im Einzelfall, sollte der Versicherer konkrete Rückfragen haben. So können Sie nochmal mit dem betreffenden Arzt sprechen und ihn bitten, seine Auskünfte streng auf den im Antrag erfragten Zeitraum zu begrenzen.

Das alles ist mühsam, aber Ihre finanzielle Existenz kann viele Jahre später davon abhängen. Bewahren Sie eine **Kopie der unterschriebenen Gesundheitsfragen** gut auf, sodass diese beim Rentenantrag vorliegen und Sie die Angaben vergleichen können.

▷ **Bei schwierigen Fällen Angebote vergleichen**
Zeichnet sich ab, dass es wegen gesundheitlicher Probleme **schwierig** wird, eine Berufsunfähigkeitsversicherung zu bekommen, lautet der oberste Grundsatz: **anonymisierte Risikovoranfragen bei möglichst vielen** Versicherungen stellen. Wie eine Erkrankung bewertet wird, unterscheidet sich von Anbieter zu Anbieter nämlich erheblich. Es kommt immer wieder vor, dass Kunden, die von einem Unternehmen abgelehnt wurden, sich bei einem anderen zu Normalbedingungen versichern können.

Sinnvoll kann es auch sein, mit Ihrem Berater die genaue Formulierung der Gesundheitsfragen unterschiedlicher Anbieter zu vergleichen. Denn angeben müssen Sie nur, wonach direkt gefragt wird.

Es kann passieren, dass Sie nur Angebote mit einer **Ausschlussklausel** bekommen. Das bedeutet, der Anbieter schließt ein bestimmtes Leiden oder einen bestimmten Körperbereich vom Versicherungsschutz aus. Werden Sie dann berufsunfähig und die Ursache dafür steht in der Ausschlussklausel, bekommen Sie kein Geld.

Deshalb sollten Sie die **genauen Formulierungen der Klauseln** bei verschiedenen Versicherern vergleichen und gegebenenfalls durch den Berater oder Makler verhandeln lassen. Je präziser und begrenzter formuliert ist, was der Anbieter vom Versicherungsschutz ausschließt, desto besser. Nach einem Bandscheibenvorfall schließen einige Anbieter die komplette Wirbelsäule samt aller damit zusammenhängenden Erkrankungen aus. Besser ist es, wenn die Versicherung wenigstens bei Tumoren, Brüchen oder Infektionen an der Wirbelsäule zahlt.

Es ist auch möglich, dass Sie einen **Risikozuschlag** zahlen sollen, also einen höheren Beitrag aufgrund der gesundheitlichen Beeinträchtigung. Ein Risikozuschlag ist gegenüber einer Ausschlussklausel oft das **kleinere Übel**, weil Versicherungsschutz für alle Erkrankungen besteht. Das gilt allerdings nur, falls der Beitrag dadurch nicht zu teuer wird. Haben Sie eine Ausschlussklausel im Vertrag und **seit mehreren Jahren keine Beschwerden mehr**, können Sie um eine **Überprüfung** bitten. Mit aktuellen Unterlagen vom Arzt ist es in der Regel möglich, Ausschlüsse nach ein bis zwei Jahren aus dem Vertrag zu streichen.

▷ Berufsunfähigkeitsversicherung ohne Gesundheitsfragen

Eine **BU ganz ohne Gesundheitsfragen** ist **praktisch nicht zu bekommen**. Manche Versicherer bieten zwar an, die sogenannte „Beitragsbefreiung bei BU" ohne Gesundheitsprüfung zu versichern, allerdings ist das nur in Einzelfällen sinnvoll.

Hin und wieder bieten einzelne Versicherer **Sonderaktionen** an, bei denen andere Gesundheitsfragen gestellt werden als gewöhnlich. Diese können, je nach Ihrer Erkrankung, vorteilhaft für Sie sein. Sie werden allerdings selten öffentlich gemacht, sondern **meist nur Versicherungsvermittlern und -beratern mitgeteilt**. Gut informierte Berater kennen die aktuellen Aktionen der Versicherer. Sollten Sie im ersten Versuch keine BU bekommen, bitten Sie Ihren Vermittler, Ihren Fall für künftige Aktionen der Versicherer im Hinterkopf zu behalten.

Eine gute Möglichkeit trotz Vorerkrankungen an eine BU zu kommen, ist ein **Gruppenvertrag über den Arbeitgeber** – meist in Kombination mit einer betrieblichen Altersvorsorge. Der Vorteil solcher Gruppenversicherungen: Die **detaillierte Gesundheitsprüfung entfällt**. Stattdessen muss der Arbeitgeber nur angeben, ob der Mitarbeiter in einem bestimmten Zeitraum länger krankgeschrieben war.

Auch Menschen in „Risikoberufen" kann ein Gruppenvertrag zu bezahlbarem BU-Schutz verhelfen. Das funktioniert allerdings nur, wenn **Angehörige verschiedener Risikogruppen in einem Unternehmen** arbeiten, also Büroangestellte und körperlich Tätige gleichermaßen. Denn die Versicherung berechnet das durchschnittliche Risiko für alle Mitarbeiter und bietet allen den gleichen

Tarif an. Es kann sich also lohnen, mal bei der Chefin nachzufragen.

Wenn Sie Mitglied in einem **Berufsverband** sind, gibt es unter Umständen auch die Chance, eine Berufsunfähigkeitsversicherung mit vereinfachter Gesundheitsprüfung abzuschließen. Bei einigen Verbänden reicht es sogar, einfach nur dem **Berufsstand anzugehören**. Sie müssen also kein Mitglied im Verband sein, um die Konditionen zu bekommen.

BU-Vertrag: Darauf sollten Sie achten

Wenn Sie den richtigen Tarif für sich gefunden haben, geht es an den Abschluss des Vertrags. Auch dabei gibt es einige Dinge zu beachten.

▷ **Rente anpassen mit Nachversicherungsgarantie oder Dynamik**

Damit die BU-Rente auch in 20 oder 30 Jahren noch reicht, ist es wichtig, dass Sie die Rentenhöhe nachträglich anpassen können. Denn durch neue Lebensumstände wie eine Familiengründung können die Kosten für den Lebensunterhalt im Lauf der Zeit steigen. Gleichzeitig führt die Inflation dazu, dass die ursprünglich vereinbarte Rente an Wert verliert. Um die BU-Rente nachträglich zu erhöhen, gibt es zwei Möglichkeiten: die Nachversicherungsgarantie oder eine Dynamisierung der Beiträge.

Nachversicherungsgarantie – haben Sie die Möglichkeit, **zu bestimmten Anlässen** wie Heirat, Geburt eines Kindes oder Gehaltserhöhung die versicherte BU-Rente auf einen Schlag hochzusetzen. Allerdings müssen Sie selbst dafür aktiv werden und die Erhöhung innerhalb von drei Monaten nach dem Ereignis beantragen.

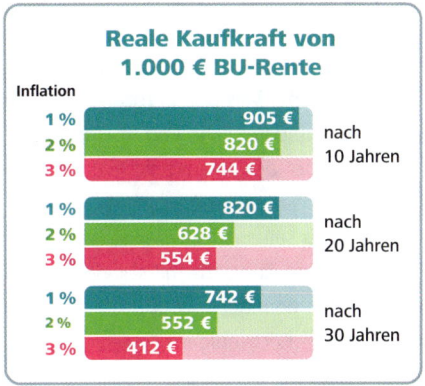

Werte gerundet/ Quelle: Finanztip-Berechnung (Stand: 13. April 2021).

Eine erneute Gesundheitsprüfung ist nicht nötig. Allerdings wird für den Teil der Rente, den Sie aufstocken, wie bei einem Neuabschluss der Versicherung Ihr aktuelles Lebensalter zugrunde gelegt. So kostet die nachträglich erhöhte Rente mehr als eine gleich hohe Rente, die direkt bei Vertragsbeginn vereinbart wurde.

Gerade junge Kunden sollten dennoch **unbedingt** einen Vertrag mit Nachversicherungsgarantie wählen, um die Rente flexibel an ihr steigendes Einkommen anpassen zu können. Wichtig zu beachten: Die Rente darf meist nur bis zu einer bestimmten Summe und einem festgelegten Alter, in der Regel 45 Jahre, erhöht werden.

Dynamik – Mit einer Beitragsdynamik steigt der Beitrag jährlich um einen festgelegten Prozentsatz, beispielsweise um 3 Prozent. Dafür erhöht sich auch Ihre BU-Rente, allerdings nicht ebenfalls um 3 Prozent, sondern in etwas geringerem Umfang als der Beitrag. Denn wie bei der Nachversicherungsgarantie wird für jeden Erhöhungsschritt Ihr aktuelles Lebensalter zugrunde gelegt. Damit fällt der Rentenzuwachs mit zunehmendem Alter immer geringer aus und die Dynamik lohnt sich immer weniger.

Der Vorteil der Dynamik ist, dass es **keiner besonderen Anlässe bedarf**, um die Rente zu erhöhen. So können Sie nach und nach den Wertverlust durch die Inflation ausgleichen und die Rente automatisch steigern. Wie die folgende Tabelle zeigt, sind bei einer Inflation von 2 Prozent von 1.000 Euro Rente nach 20 Jahren nur noch 628 Euro reale Kaufkraft übrig. Wie bei der Nachversicherungsgarantie verzichten die Anbieter auf eine erneute Gesundheitsprüfung.

Sofern Sie Ihre Rente mit dieser Option erhöhen möchten, sollten Sie darauf achten, dass die Versicherung **nicht zu teuer wird**. Die Beitragsdynamik ist ein Recht des Kunden, keine Pflicht. Das bedeutet, **Sie können der Erhöhung auch widersprechen**. Dann bleiben Beitrag und Rente gleich. Wie oft Sie die Erhöhung aussetzen können, steht in Ihrem Vertrag. Bei vielen Anbietern gilt: Lehnen Sie die Dynamik dreimal hintereinander ab, gibt es keine weiteren Erhöhungen, und die versicherte Rente bleibt konstant.

Soll der Beitrag nur moderat steigen, können Sie also einfach jeden dritten Erhöhungsschritt mitmachen und behalten so das Recht auf weitere Erhöhungen. Als Faustregel sollten Sie ab dem 45. Geburtstag jedoch prüfen, ob sich die Dynamik durch das höhere Lebensalter **noch rechnet**.

▷ **Jährlich steigende Rente**
Auch nach Eintritt der Berufsunfähigkeit kann die Inflation an der Kaufkraft der BU-Rente nagen. Das ist vor allem problematisch, wenn Sie in jungen Jahren berufsunfähig werden und dann für mehrere Jahrzehnte mit einer konstanten Rente auskommen müssen. Deshalb stellen viele Versicherer in Aussicht, dass die BU-Rente jährlich steigt, falls das Unternehmen weiter Gewinne macht. Darauf ist aber kein Verlass.

Wer sichergehen will, kann eine **garantierte Leistungsdynamik** vereinbaren. Diese Klausel ist grundsätzlich **sinnvoll, kostet aber**.

Für eine jährliche Rentenerhöhung von zwei Prozent wurden in einer Finanztip-Stichprobe unter acht BU-Anbietern durchschnittlich 13 Prozent mehr Beitrag fällig. Achten Sie unbedingt darauf, dass die Versicherung für Sie langfristig bezahlbar bleibt.

▷ Akzeptieren Sie keine abstrakte Verweisung

Abstrakte Verweisung bedeutet, dass der Anbieter die Leistung verweigern kann, falls der Betroffene theoretisch noch in der Lage ist, **in einem anderen, gleichwertigen Beruf zu arbeiten**. Dabei kommt es nicht darauf an, ob der Versicherte tatsächlich eine solche Anstellung **findet**.

Diese Klausel war **früher** vergleichsweise **häufig** in den Bedingungen zu finden. Heute wird sie meist nur noch als Möglichkeit angeboten, um Beiträge zu senken. Stellen Sie sicher, dass Ihr Vertrag auf diese Klausel komplett verzichtet, damit Sie nicht krank ohne Geld dasitzen, falls Sie keinen Job finden.

▷ Versicherungs- und Leistungszeit möglichst bis 67 Jahre

Die Versicherungszeit ist der Zeitraum, in dem die Berufsunfähigkeit eintreten muss, damit die Versicherung eine Rente zahlt. Endet dieser Zeitraum mit dem 50. Lebensjahr und Sie werden mit 51 Jahren berufsunfähig, bekommen Sie kein Geld.

Als Leistungszeit wird das Alter bezeichnet, bis zu dem Versicherte ihre BU-Rente ausbezahlt bekommen. Um Absicherungslücken vor Beginn der Altersrente zu vermeiden, sollten Sie sich möglichst bis zum 67. Lebensjahr versichern. Ist das zu teuer, können Sie auch eine etwas kürzere Leistungszeit vereinbaren, zum Beispiel bis zum 65. Lebensjahr. Dann ist der Beitrag um bis zu 15 Prozent günstiger.

▷ Achten Sie auf einen kurzen Prognosezeitraum

Der Prognosezeitraum ist die Dauer, für die Sie nach ärztlicher Einschätzung berufsunfähig sein werden. Ihr Vertrag sollte die Rentenzahlung vorsehen, wenn ein Arzt die Berufsunfähigkeit für **sechs Monate** prognostiziert. Je länger der Prognosezeitraum, desto schwieriger ist eine zuverlässige medizinische Einschätzung.

▷ Rückwirkende Leistung vereinbaren und Wartezeiten meiden

Vergleichen Sie die in den Verträgen vorgesehenen **Meldefristen** für die Berufsunfähigkeit. Am vorteilhaftesten ist es, wenn der Anbieter bei verspäteter Meldung bis zu drei Jahre rückwirkend BU-Rente zahlt. Das ist wichtig, weil eine Berufsunfähigkeit oft erst mit Verzögerung festgestellt wird. Einige Versicherungen zahlen erst sechs Monate, nachdem die Berufsunfähigkeit festgestellt wurde oder sogar noch später. Dafür sind die Beiträge bei Tarifen mit einer solchen Karenzzeit etwas niedriger. Wenn Sie über keine großen Ersparnisse verfügen, sollten Sie eine Wartezeit aber vermeiden. Denn die alltäglichen Rechnungen müssen Sie ja auch während dieser Zeit zahlen.

▷ Bevorzugen Sie die Pauschalregelung zur Rentenzahlung

Nach der Pauschalregelung erhält der Versicherte die volle Rentenzahlung, wenn er zu mindestens 50 Prozent berufsunfähig ist. Bei der Staffelregelung hätte er nur Anspruch auf die halbe Rente. Zwar gibt es bereits bei 25-prozentiger Berufsunfähigkeit ein Viertel der Rente, die volle Rente aber erst bei 75 Prozent. Da es **schnell zu Auseinandersetzungen** um jeden Prozentpunkt kommen kann, sollten Sie die **Pauschalregelung vorziehen**.

▷ Verzicht auf befristete Anerkenntnisse

Wenn der Versicherer den Rentenanspruch nur befristet anerkennt, müssen Sie nach Ablauf der Frist oftmals erneut Ihre Berufsunfähigkeit nachweisen. Ersparen können Sie sich dieses Risiko, indem Sie einen Anbieter wählen, der auf befristete Anerkenntnisse grundsätzlich verzichtet.

▷ Keine Anzeigepflicht nach Vertragsabschluss

Der Versicherer sollte darauf verzichten, dass Sie ihn nach Vertragsabschluss über einen Berufswechsel oder ein erhöhtes Risiko informieren müssen, zum Beispiel wenn Sie sich ein gefährliches Hobby wie Gleitschirmfliegen zugelegt haben.

Was tun, wenn die BU-Versicherung zu teuer ist?

Die BU-Versicherer sind sehr kritisch bei der Auswahl ihrer Kunden. Gerade für Menschen mit einem Beruf, den die Versicherer als risikoreich betrachten, ist der BU-Schutz **oft unerschwinglich**. Die genaue Berufsbezeichnung und Eingruppierung in Risikogruppen unterscheidet sich von Anbieter zu Anbieter.

Vergleichen Sie deshalb **mehrere Angebote**, im Zweifel mittels einer anonymisierten Risikovoranfrage. Entspricht Ihre Tätigkeit nicht dem gängigen Berufsbild, kann eine konkrete Tätigkeitsbeschreibung helfen, einen günstigeren Tarif zu bekommen. Das gilt zum Beispiel, wenn Sie Dachdecker sind, der hauptsächlich vom Büro aus Angebote erstellt und Aufträge koordiniert.

Um Beiträge zu sparen, gibt es noch eine weitere Möglichkeit: Sie können **auf einzelne Vertragsmerkmale verzichten**, zum Beispiel auf die garantierte Rentensteigerung im

Leistungsfall. Damit wird die Berufsunfähigkeitsversicherung bei einigen Anbietern um bis zu 15 Prozent günstiger.

Darüber hinaus bieten einige Versicherer sogenannte **Starter-Tarife** an. Dabei ist der Beitrag in den ersten drei oder fünf Jahren deutlich geringer und steigt erst dann auf den dauerhaften Betrag. Solch ein Vertrag kann sinnvoll sein, wenn Sie nur temporär wenig Einkommen haben, zum Beispiel im Studium.

Wenn Sie während der Vertragslaufzeit Schwierigkeiten haben, die Beiträge Ihrer Berufsunfähigkeitsversicherung zu zahlen, sollten Sie mit Ihrem Versicherer Kontakt aufnehmen. Denn wenn Sie einfach ohne Absprache die Zahlungen stoppen, riskieren Sie damit Ihre Absicherung. Auch **von einer vorschnellen Kündigung raten wir ab**.

Viele Versicherer bieten an, dass Sie die Beiträge für Ihre BU erst später zahlen (**Stundung**). In diesem Fall bleibt die Absicherung gleich.

Eine andere Möglichkeit ist eine vorübergehende Beitragspause ohne Nachzahlung (**Freistellung**) – wahrscheinlich sinkt dadurch aber die Leistung, falls Sie berufsunfähig werden. Eventuell droht sogar eine **neue Risikoprüfung**, die für Sie zu schlechteren Bedingungen führen kann. Das sollten Sie vorher klären. Die Ausnahmeregelungen können je nach Versicherer für drei, sechs oder sogar zwölf Monate gelten.

Auch eine kürzere Versicherungszeit bringt Ersparnisse. Endet Ihre Versicherung mit dem 65. statt dem 67. Lebensjahr, zahlen Sie etwa 15 Prozent niedrigere Beiträge. Eine verkürzte Laufzeit birgt aber das Risiko, dass Sie einige Jahre ohne Einkommen dastehen, wenn Sie berufsunfähig werden. Wägen Sie also gut ab, wie viel Zeit Sie bis zur Altersrente überbrücken können.

Welche Alternativen gibt es?

Die Berufsunfähigkeitsversicherung ist die **beste Absicherung** der eigenen Arbeitskraft, und jeder sollte zunächst versuchen, eine zu bekommen.

Ist das nicht möglich, gibt es mittlerweile einige Alternativen zur BU. Sie bieten jedoch **alle einen geringeren Schutz** und sind auch nicht in jedem Fall günstiger. Deshalb ist auch vor dem Abschluss eines solchen Vertrags eine **umfassende Beratung wichtig**.

Konkrete Produktempfehlungen finden Sie unter:

 www.finanztip.de/berufsunfaehigkeitsversicherung/

DAX-LANGZEITCHART
1987 – 1.000 PUNKTE
2021 – >13.000 PUNKTE

Quelle: Sparbuch-Test.de

SAFETY FIRST:
GIROKONTO
PRIVATHAFTPFLICHT
BU
GELDMARKTFONDS

SmartKnowHow

Wichtig für BERUFSANFÄNGER:

» GIROKONTO

» PRIVATHAFTPFLICHT-VERSICHERUNG

» BERUFSUNFÄHIGKEITS-VERSICHERUNG

BEIDE VERSICHERUNGEN ZUM SCHUTZ GEGEN RUIN » **ALS EINZELVERTRAG**, NICHT IN IRGENDWELCHEN PAKETEN!

Erst danach:

» GELDMARKTFONDS ALS NOTGROSCHEN (FÜNFSTELLIG!).

Und zu guter Letzt – langfristiges Sparziel:

» ENTWEDER ETAGENWOHNUNG ODER HÄUSCHEN ODER, WENN NICHT GEWÜNSCHT/UNREALISTISCH:

» LANGFRISTIGE SPARPLÄNE, AM BESTEN MIT AKTIEN, BEVORZUGT ETFS

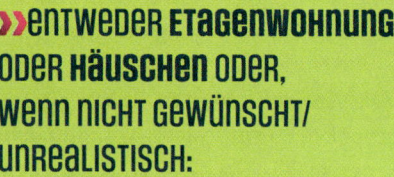

ACHTUNG: KEINE RENDITE OHNE RISIKO, NIEMALS!

RÜCKSCHLÄGE UND ERHOLUNG = NORMALFALL » BEWEIS: DAX-LANGZEITCHART

Fazit: Nichts für schwache Nerven – lohnt sich aber!

Quelle: Quelle: FAZ, Statistisches Bundesamt

1.1.3 Alternativen zur Berufsunfähigkeitsversicherung

» Ein wenig Schutz ist besser als gar keine Absicherung «

von Julia Rieder Stand: 10. Mai 2019
www.finanztip.de/berufsunfaehigkeitsversicherung/bu-alternativen/

 Das Wichtigste in Kürze

- Für Menschen mit einem körperlich fordernden Beruf oder Vorerkrankungen ist es oft **schwierig**, eine Berufsunfähigkeitsversicherung (BU) zu bekommen.
- Es gibt **keinen gleichwertigen Ersatz** für eine BU. Dennoch ist eine alternative Absicherung oft besser als gar kein Schutz.
- Die umfassendste **Alternative** zu einer BU ist eine **Erwerbsunfähigkeitsversicherung**. Diese zahlt, falls Sie in keinem Beruf mehr arbeiten können.
- Kommt diese auch nicht infrage, bleiben noch eine Multi-Risk-Versicherung, eine Dread-Disease-Versicherung, eine Grundfähigkeitsversicherung oder eine Unfallversicherung.

 So gehen Sie vor

- Prüfen Sie zunächst gemeinsam mit einem **Makler oder Versicherungsberater**, ob Sie nicht doch eine Berufsunfähigkeitsversicherung bekommen können.
- Ist das nicht möglich, lassen Sie sich dazu beraten, welche Alternative am besten zu Ihrer persönlichen Situation passt.
- Beantworten Sie die **Gesundheitsfragen** im Antrag **ehrlich** und ziehen Sie vorher Ihre **Ärzte** und **Krankenakten** zurate.

Die Berufsunfähigkeitsversicherung (BU) ist eine der wichtigsten privaten Versicherungen und für die meisten Berufstätigen sinnvoll. Allerdings ist es in den vergangenen Jahren immer schwerer geworden, eine BU zu bekommen. Und zwar ausgerechnet für diejenigen, die sie am dringendsten benötigen: körperlich Tätige wie Handwerker und chronisch Kranke. In manchen Fällen gibt es **andere Möglichkeiten**, sich zu versichern.

Welche Alternativen gibt es zur Berufsunfähigkeitsversicherung?

Es gibt **zwei Gründe**, warum es für manche Menschen so schwierig ist, eine BU abzuschließen. Denn die Versicherer haben zum einen die Preise für bestimmte Berufsgruppen stark angehoben, sodass eine Berufsunfähigkeitsversicherung oftmals schlicht **unbezahlbar** ist.

Zum anderen bereitet vielen Interessenten die **strenge Gesundheitsprüfung** Schwierigkeiten. Wer beispielsweise in den fünf Jahren vor dem Antrag auf eine Berufsunfähigkeitsversicherung in psychologischer Behandlung war, hat häufig Probleme, einen guten Vertrag zu finden.

Einen **gleichwertigen Ersatz für eine Berufsunfähigkeitsversicherung gibt es nicht**. Keine andere Kombination von Versicherungen deckt dieselben Risiken ab wie eine gute BU-Versicherung. Wenn Sie also keine BU bekommen oder sie sich nicht leisten können oder wollen, müssen Sie immer **Abstriche** beim Versicherungsschutz machen.

Alternativen zur Berufsunfähigkeitsversicherung (BU) im Überblick

- **Erwerbsunfähigkeitsversicherung**
  – versichert auch psychische Erkrankungen;
  – zahlt Rente nur, wenn Sie gar nicht mehr arbeiten können.
- **Dread-Disease-Versicherung**
  – Einmalbetrag statt Rente;
  – zahlt nur bei bestimmten Krankheiten, nicht bei psychischen Leiden.
- **Multi-Risk-Versicherung**
  – Rente bei schwerer Behinderung, Verlust grundlegender Fähigkeiten oder Pflegefall;
  – nicht versichert sind psychische Leiden und orthopädische Probleme.
- **Grundfähigkeitsversicherung**
  – Rente nur bei Verlust grundlegender Fähigkeiten (wie Gehen oder Tragen);
  – einfache Prüfung des Rentenanspruchs.

▷ **Das leistet eine Erwerbsunfähigkeitsversicherung**

Der Berufsunfähigkeitsversicherung am ähnlichsten ist die Erwerbsunfähigkeitsversicherung (EU). Denn diese zahlt, wenn Sie **weniger als drei Stunden am Tag arbeiten können**, unabhängig davon, ob die Ursache dafür eine Krankheit oder ein Unfall ist. Allerdings sind die Hürden höher als bei einer BU, denn die Erwerbsunfähigkeitsversicherung deckt nur den Fall ab, dass Sie weder Ihren **zuletzt ausgeübten Beruf noch einen anderen** Job machen können. Diese Einschränkung kann für körperlich arbeitende Versicherte zum **Problem** werden, denn sofern sie im Krankheitsfall noch im Büro arbeiten könnten, bekommen sie kein Geld von der Versicherung. Tatsächlich einen Schreibtischjob zu finden, ist für die Betroffenen aber oft schwierig.

Die Gesundheitsprüfung ist ähnlich der BU-Versicherung. Wer wegen einer psychologischen Behandlung keinen BU-Vertrag bekommt, erhält in der Regel auch keine Erwerbsunfähigkeitsversicherung. In Bezug auf **andere Vorerkrankungen können die Annahmerichtlinien jedoch weniger streng sein.** Mehr zum Thema Erwerbsunfähigkeitsversicherung finden Sie in Kapitel 1.1.4.

▷ **Das leistet eine Dread-Disease-Versicherung**

Eine sogenannte Dread-Disease-Versicherung, auch **Schwere-Krankheiten-Versicherung** genannt, springt ein, falls der Versicherte bestimmte Krankheiten bekommt, etwa Krebs, einen Schlaganfall oder einen Herzinfarkt. Der Schutz ist **unabhängig davon, ob der Betroffene noch arbeiten kann** oder nicht. Im Krankheitsfall leistet der Anbieter eine **Einmalzahlung**, er zahlt keine Rente.

Wer einen Dread-Disease-Vertrag abschließt, muss sich bewusst sein, dass er sich ausschließlich gegen **genau definierte Krankheitsbilder versichert**. Steht ein Leiden nicht auf der Liste der versicherten Krankheiten oder ist der im Vertrag festgelegte Schweregrad noch nicht erreicht, gibt es kein Geld. Damit bietet die Dread-Disease-Versicherung nur eingeschränkten Schutz.

Freiberuflern und Selbstständigen kann die Einmalzahlung aus einer Schwere-Krankheiten-Versicherung helfen, den Betrieb während einer Erkrankung eine Weile am Laufen zu halten. Allerdings sind psychische Krankheiten und chronische Skeletterkrankungen wie Rückenleiden nicht versichert. Damit deckt die Versicherung die **häufigsten Ursachen für** eine **Berufsunfähigkeit nicht ab**. Soll die Zahlung der Dread-Disease-Versicherung für das gesamte restliche Berufsleben ausreichen, müssen Kunden außerdem eine **hohe Versicherungssumme** vereinbaren. Das macht die Versicherung **teuer**. Mehr Informationen dazu unter:

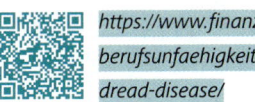
https://www.finanztip.de/berufsunfaehigkeitsversicherung/dread-disease/

▷ **Grundfähigkeitsversicherung**

Die Grundfähigkeitsversicherung deckt bestimmte **elementare Fähigkeiten** wie Sehen, Hände gebrauchen oder Knien und Bücken ab. Versicherte bekommen eine **Rente**, falls sie eine oder mehrere dieser Fähigkeiten verlieren – je nach Tarif. Wann eine Fähigkeit als verloren gilt, ist jeweils **ganz genau in den Bedingungen geregelt**. Dadurch ist die Prüfung, ob jemand Anspruch auf Rente hat, relativ einfach. Verschiedene Angebote zu vergleichen, wird durch die unterschiedlichen Definitionen derselben Fähigkeit jedoch schwierig.

Die **Hürden** für den Leistungsfall sind bei der Grundfähigkeitsversicherung **hoch**, sodass sie ein relativ schlechter Ersatz für die BU ist. Wer beispielsweise in seinem Beruf Kundenkontakt hat, kann aufgrund von Sprachstörungen vielleicht schon lange nicht mehr arbeiten, bevor er die Sprechfähigkeit komplett verloren hat. Für **Menschen mit handwerklichen Berufen**, die ihren Job nicht ausüben können, ohne sich hinzuknien oder zu bücken, kann die Grundfähigkeitsversicherung **im Einzelfall** eine **Option** sein. Weitere Informationen zur Grundfähigkeitsversicherung erhalten Sie online unter:

https://www.finanztip.de/berufsunfaehigkeitsversicherung/grundfaehigkeitsversicherung/

▷ **Das leistet eine Multi-Risk-Versicherung**

Noch relativ unbekannt sind Multi-Risk-Versicherungen, manchmal auch Funktionsinvaliditätsversicherungen oder Multirenten genannt. Sie **kombinieren verschiedene**

Aus dem Gericht
SG Dortmund, Urteil v. 23.09.1998, Az.: S 36 U 294/97

Arbeitsunfall im Schlaf

Ein übermüdeter Beamter brach sich die Nase, als er während der Arbeitszeit einschlief und deshalb vom Stuhl fiel.

Das Gericht bewertete das Missgeschick als Arbeitsunfall und urteilte, dass in diesem Fall die gesetzliche Unfallversicherung einspringen muss.

Bausteine anderer Versicherungen und decken so verschiedene Risiken ab: Behinderungen nach Unfällen, schwere Krankheiten, Pflegebedürftigkeit und den Verlust grundlegender Fähigkeiten.

Was nach einem sehr umfassenden Schutz klingt, beinhaltet **oft eher geringe Leistungen**. Im Allgemeinen sind die **Hürden**, die der Kunde nehmen muss, um Geld von der Multi-Risk-Versicherung zu bekommen, **recht hoch**. Das bedeutet, die Versicherung zahlt erst bei schweren, dauerhaften Beeinträchtigungen. Zudem sind die einzelnen Leistungen der Multi-Risk-Versicherung oft schlechter als bei Verträgen, die sich nur auf einen Bereich konzentrieren, etwa den Schutz bei schweren Krankheiten.

Wie bei Dread-Disease- und Grundfähigkeitsversicherung sind auch bei der Multi-Risk-Versicherung **psychische Krankheiten nicht abgedeckt**. Deshalb kommt sie nur infrage, falls keine Berufs- oder Erwerbsunfähigkeitsversicherung möglich ist. Mehr Informationen zur Multi-Risk-Versicherung finden Sie online unter:

https://www.finanztip.de/ berufsunfaehigkeitsversicherung/ multi-risk-versicherung/

▷ **Unfallversicherung**
Eine Unfallversicherung ist vergleichsweise **günstig** zu haben, sie deckt dafür aber auch nur einen kleinen Teil des Risikos ab: Nur einer von zehn Menschen, die berufsunfähig sind, hatte einen Unfall – die übrigen neun sind erkrankt. Daher ist eine Unfallversicherung ein **schlechter Ersatz** für eine **Berufsunfähigkeitsversicherung**. Denn eine private Unfallversicherung zahlt auch nur, falls nach einem Unfall eine dauerhafte Behinderung zurückbleibt.

Kommt keine der anderen BU-Alternativen infrage, bietet die Unfallversicherung **wenigstens** ein **geringes Maß an Schutz**. Auch für **Extremsportler** kann die Versicherung eine Überlegung wert sein. Denn manchmal verlangen Berufsunfähigkeitsversicherungen für gefährliche Hobbys hohe Risikozuschläge. In solchen Fällen kann es sich preislich hin und wieder lohnen, den Risikosport vom BU-Schutz auszuklammern und zusätzlich eine Unfallversicherung abzuschließen, die Sportunfälle abdeckt. Weitere Informationen zur Unfallversicherung gibt es diesem Buch ab Seite 109.

Konkrete Produktempfehlungen finden Sie unter:

www.finanztip.de/ berufsunfaehigkeitsversicherung/ bu-alternativen/

1.1.4 Erwerbsunfähigkeitsversicherung

» Wenn es mit der Versicherung gegen Berufsunfähigkeit nicht klappt «

von Julia Rieder & Annika Krempel Stand: 10. Mai 2019
www.finanztip.de/berufsunfaehigkeitsversicherung/erwerbsunfaehigkeitsversicherung/

Welchen Schutz bietet der Staat bei Erwerbsunfähigkeit? // Wie funktioniert die Erwerbsunfähigkeitsversicherung? // Für wen ist eine Erwerbsunfähigkeitsversicherung sinnvoll? // Was ist vor Abschluss der Versicherung zu beachten? // Welche Punkte im Vertrag sind wichtig? // Warum ist individuelle Beratung sinnvoll?

Das Wichtigste in Kürze

- Wer aus gesundheitlichen Gründen kaum noch arbeiten kann, muss mit **drastischen Einkommensverlusten** rechnen. Denn die gesetzliche **Erwerbsminderungsrente** ist oft **sehr niedrig**.
- Daher ist es **sinnvoll, sich privat** für den Verlust der Arbeitskraft **abzusichern**.
- Den umfassendsten Schutz bietet eine Berufsunfähigkeitsversicherung (BU).
- Die kann aber unter Umständen sehr teuer sein oder ist schwer zu bekommen. Dann ist die Erwerbsunfähigkeitsversicherung (EU) eine **Alternative**.
- Diese Versicherung zahlt eine Rente, falls Sie weniger als drei Stunden am Tag arbeiten können – in irgendeinem Beruf.

So gehen Sie vor

- Lassen Sie sich vor Abschluss einer Erwerbsunfähigkeitsversicherung **beraten** und vergleichen Sie mit Hilfe eines Spezialisten mehrere Angebote.
- Beantworten Sie die Fragen im Antrag **ehrlich**. Fragen Sie vorher unbedingt Ihre Ärzte, und schauen Sie in Ihre **Krankenakten**.
- Falls Sie **Gesundheitsprobleme** oder ein **riskantes Hobby** haben, lassen Sie einen Vermittler eine **anonyme Risikovoranfrage** stellen, bevor Sie sich für ein Angebot entscheiden.

Wie finanzieren Sie Ihr Leben, falls Sie für längere Zeit **nicht mehr arbeiten** können? Für diesen Fall bietet eine Berufsunfähigkeitsversicherung (BU) die beste und umfassendste Absicherung. Doch sie ist besonders für körperlich arbeitende und für gesundheitlich vorbelastete Menschen kaum erschwinglich. Die private **Erwerbsunfähigkeitsversicherung** deckt weniger Risiken ab, ist dafür aber **günstiger**.

Welchen Schutz bietet der Staat bei Erwerbsunfähigkeit?

Der Staat zahlt durchaus eine Rente für den Fall, dass Sie nicht mehr arbeiten können, weil Sie dauerhaft krank sind. Seit 2001 ersetzt die sogenannte **Erwerbsminderungsrente** die frühere gesetzliche Erwerbsunfähigkeitsrente. Seither bekommen alle ab 1961 Geborenen nur noch dann eine volle Rente, wenn sie **weniger als drei Stunden am Tag** arbeiten können – egal, in welchem Beruf.

Die **Höhe** der Erwerbsminderungsrente hängt ab vom letzten Bruttogehalt und der Zahl der Versicherungsjahre. Oft beträgt die Rente weniger als ein Drittel des letzten Bruttogehalts. Wer 2017 erstmals eine Erwerbsminderungsrente bezog, bekam nach Angaben der Deutschen Rentenversicherung **durchschnittlich 716 Euro im Monat**. Wem diese Rente nicht für den Lebensunterhalt reicht, der sollte zusätzlich privat vorsorgen.

Wie funktioniert die Erwerbsunfähigkeitsversicherung?

Eine Erwerbsunfähigkeitsversicherung soll Sie unterstützen für den **Fall**, dass Sie **nicht mehr arbeiten können**. Damit erbringt sie in ähnlichen Situationen Leistungen wie eine Berufsunfähigkeitsversicherung.

Es gibt jedoch einen **deutlichen Unterschied beim Schutz**: Eine BU zahlt, sobald der Versicherte höchstens noch 50 Prozent seiner letzten beruflichen Tätigkeit ausüben kann. Geld von der Erwerbsunfähigkeits-

Achtung Berufsanfänger

*In den **ersten fünf Jahren** Ihres **Berufslebens** sind Sie **kaum abgesichert**, da eine gesetzliche Erwerbsminderungsrente erst nach dieser Zeit gewährt wird. Nur bei Arbeitsunfällen und Berufskrankheiten gibt es schon vorher eine Rente.*

versicherung (EU-Versicherung) bekommt hingegen erst, wer **weniger als drei Stunden** in **irgendeinem Beruf** arbeiten kann. Ein Handwerksmeister, der noch im Büro oder als **Pförtner** arbeiten kann, würde also kein Geld bekommen. Die Erwerbsunfähigkeitsversicherung bietet einen weniger umfassenden Schutz, ist dafür in einigen Fällen aber auch günstiger.

Die EU-Versicherung zahlt eine vereinbarte monatliche Rente, sobald die Voraussetzungen für Erwerbsunfähigkeit vorliegen. Warum der Versicherte erwerbsunfähig ist, spielt keine Rolle. Auch **psychische Ursachen sind versichert**.

Sie können die Versicherung in drei verschiedenen Formen abschließen:
- als **selbstständige** Erwerbsunfähigkeitsversicherung,
- als **Zusatzversicherung zu** einer **Risikolebensversicherung** oder
- als **Zusatzversicherung zu** einer **Kapitallebens- oder Rentenversicherung**.

Für Menschen, die ohnehin eine Absicherung für den Todesfall brauchen, kann die Erwerbsunfähigkeitsversicherung als Zusatz zur Risikolebensversicherung **günstiger** sein als zwei separate Verträge. Wer keine Angehörigen absichern muss oder bereits eine Risikolebensversicherung hat, kann eine eigenständige Erwerbsunfähigkeitsversicherung abschließen. Von der Kombination mit einer Kapitallebens- oder Rentenversicherung **raten wir ab**: Sparen und Schutz vor Risiken sollten Sie voneinander trennen. Vielleicht wollen Sie irgendwann einen Vertrag beenden, den anderen aber fortführen.

Für wen ist eine Erwerbsunfähigkeitsversicherung sinnvoll?

Die private Erwerbsunfähigkeitsversicherung ist für alle geeignet, die eine **Alternative zum BU-Schutz** suchen – zum Beispiel aus Kostengründen. Die Beiträge für die Berufsunfähigkeitsversicherung variieren je nach Berufsgruppe enorm. Der Grund dafür liegt in dem unterschiedlichen **Risikoprofil** verschiedener Berufe: Maurer werden deutlich öfter berufsunfähig als zum Beispiel Mathematiker. Für Menschen, die vorwiegend körperlich arbeiten, ist die Berufsunfähigkeitsversicherung daher oft nicht finanzierbar. Für ein Mindestmaß an Schutz können sie stattdessen eine Erwerbsunfähigkeitsversicherung abschließen.

Gerade für sogenannte **Risikoberufe** ist diese Versicherung **deutlich günstiger**: Ein 35-jähriger Maurer zahlt bei einem bekannten Direktversicherer für eine versicherte Rente von 1.500 Euro einen Monatsbeitrag von 49 Euro. Eine Berufsunfähigkeitsversicherung würde ihn beim gleichen Anbieter rund 118 Euro kosten. Für Büroarbeiter lohnt sich die Erwerbsunfähigkeitsversicherung preislich nur selten.

Allerdings gibt es für Menschen mit körperlich fordernden Berufen auch bei der Erwerbsunfähigkeitsversicherung **oft Einschränkungen**. Im Beispiel würde der Anbieter den Maurer höchstens bis zum 60. Lebensjahr versichern – in den gesundheitlich besonders kritischen Jahren vor Rentenbeginn hätte er also keinen Schutz. Andere Anbieter begrenzen stattdessen die versicherbare Rente auf relative niedrige Summen wie 1.000 Euro.

▷ **Für Selbstständige manchmal die bessere Wahl**

Für selbstständige Unternehmer kann die Erwerbsunfähigkeitsversicherung ebenfalls eine Alternative zur Berufsunfähigkeitsversicherung sein. Denn bevor die **BU-Versicherung** zahlt, prüft sie, **ob Selbstständige** ihren Betrieb theoretisch so **umorganisieren könnten**, dass Angestellte Tätigkeiten übernehmen, die der Versicherte selbst nicht mehr schafft.

Darüber, ob eine solche **Umorganisation zumutbar** ist, gibt es oft **Streit**. Im schlechtesten Fall wird die Berufsunfähigkeit erst dann anerkannt, wenn der Selbstständige überhaupt nicht mehr arbeiten kann. Deshalb können selbstständige Unternehmer erwägen, von vornherein die preiswertere Erwerbsunfähigkeitsversicherung abzuschließen.

▷ **Nur in einigen Fällen eine Alternative für bereits Erkrankte**

Mit **gesundheitlichen Vorbelastungen** ist es **oftmals schwierig**, eine Berufsunfähigkeitsversicherung zu bekommen. Auch bei der Erwerbsunfähigkeitsversicherung müssen Kunden eine Reihe von Gesundheitsfragen beantworten. Allerdings beurteilen manche Versicherer **Vorerkrankungen** bei der Erwerbsunfähigkeitsversicherung etwas **weniger streng** oder verwenden nur einen eingeschränkten Fragenkatalog. Dennoch: Menschen mit gesundheitlichen Problemen müssen auch bei der Erwerbsunfähigkeitsversicherung mit **Risikozuschlägen** auf den Beitrag oder **Leistungsausschlüssen** für bestimmte Erkrankungen rechnen. Wer in den **vergangenen fünf Jahren** in psychotherapeutischer Behandlung war, bekommt **meist weder** eine **Berufs- noch** eine **Erwerbsunfähigkeitsversicherung**. In solchen Fällen kommen dann andere Alternativen zur Absicherung der Arbeitskraft wie eine Dread-Disease-Versicherung oder eine Grundfähigkeits-Versicherung in Betracht.

Was ist vor Abschluss der Versicherung zu beachten?

Eine gute Erwerbsunfähigkeitsversicherung zu finden, ist gar nicht so einfach. Bevor Sie sich für einen Vertrag entscheiden, gibt es einige Aspekte, die Sie bedenken sollten.

▷ **Erwerbsunfähigkeitsversicherung so früh wie möglich abschließen**

Je jünger und gesünder Sie sind, wenn Sie die Versicherung abschließen, desto niedriger ist der Beitrag. Hinzu kommt: Je früher im Berufsleben Sie erwerbsunfähig werden, desto länger sind Sie auf die Zahlungen angewiesen. Sobald Sie Ihr **erstes regelmäßiges Einkommen** beziehen, sollten Sie über eine Absicherung nachdenken für den Fall, dass Sie nicht mehr arbeiten können. Für Auszubildende und **Studenten** sind besonders Tarife interessant, die sie später **ohne erneute Gesundheitsprüfung** in eine Berufsunfähigkeitsversicherung **umwandeln** können.

▷ **Auf möglichst geringe Spanne zwischen Brutto- und Nettoprämie achten**

Die Nettoprämie, auch Zahlbeitrag genannt, ist der Beitrag, den Kunden zum Beginn der Versicherung zahlen müssen. Der Versicherer kann diesen Beitrag bis zur Bruttoprämie erhöhen, wenn er **weniger Überschüsse erwirtschaftet** als erwartet. Das kann passieren, wenn der Anbieter seine Kosten und Anlagegewinne nicht richtig vorhergesagt hat. Angesichts der aktuell sehr niedrigen Zinsen an den Kapitalmärkten wird das **wahrscheinlicher**.

▷ **Bevorzugen Sie Versicherer mit hoher Finanzkraft**

Werden Sie berufsunfähig, ist es entscheidend, dass der Versicherer Ihre Rente auch **tatsächlich zahlen kann**. Daher ist es sehr wichtig, einen finanziell **soliden Anbieter** zu wählen, den es auch in 20 oder 30 Jahren noch gibt. Fragen Sie Ihren Makler oder Versicherungsberater deshalb nach der Finanzkraft des Versicherers, bevor Sie sich für ein Angebot entscheiden.

▷ **Seien Sie bei den Gesundheitsfragen ehrlich**

Sie sollten **unbedingt alle Gesundheitsfragen wahrheitsgemäß beantworten**. Das gilt ganz **besonders für alle** Sachverhalte, zu denen **Unterlagen vorliegen** und die **nachprüfbar** sind. Denn wenn der Anbieter feststellt, dass Sie Fragen **falsch beantwortet** haben, kann er vom **Vertrag zurücktreten** und sich weigern, eine Rente zu zahlen. Bei Fragen, die sich nicht eindeutig mit „ja" oder „nein" beantworten lassen, sollten Sie Ihre Antwort auf dem Antragsbogen ausformulieren. Fragen Sie bei Ihren Ärzten und Ihrer Krankenkasse nach und lassen Sie sich **Kopien Ihrer Krankenakten** geben, damit Sie auch wirklich nichts übersehen. Sonst ist es möglich, dass Sie Behandlungen vergessen, falsch bezeichnen oder ein Arzt Einträ-

 Tipp

*Schauen Sie beim Preisvergleich deshalb auf den **Bruttobeitrag** und akzeptieren Sie im Zweifel einen etwas höheren Nettobeitrag, wenn dafür der Bruttobeitrag deutlich geringer ist. So sind sie vor extremen Beitragssteigerungen gefeit.*

ge in Ihren Akten gemacht hat, von denen Sie nichts wissen. Sprechen Sie die Akten mit Ihrem Hausarzt durch, um alles einordnen zu können. Leider kann es vorkommen, dass Ärzte **falsche Diagnosen** eintragen, um bei der Kasse mehr abrechnen zu können. Lassen Sie solche Einträge korrigieren. Das alles ist mühsam, aber davon kann die Entscheidung abhängen, ob Sie im Ernstfall eine Rente bekommen. Der Versicherer kann die Gesundheitsunterlagen noch **zehn Jahre lang** heranziehen, um Ihnen die Leistung zu verweigern. Behalten Sie eine Kopie der unterschriebenen Gesundheitsfragen, so dass Sie Ihre Angaben nachvollziehen können, wenn Sie eine Rente beantragen.

▷ **Nutzen Sie Risikovoranfragen, wenn Sie gesundheitlich vorbelastet sind**

Wenn Sie gesundheitliche Probleme haben, sollten Sie mit einer sogenannten **anonymisierten Risikovoranfrage** Angebote verschiedener Versicherungsunternehmen einholen. Ein **Versicherungsmakler oder -berater** fragt für Sie bei verschiedenen Anbietern an, zu welchen Konditionen diese Sie versichern würden. Dabei nennt er alle Daten, die wichtig sind, um das Angebot zu erstellen, **schwärzt** aber **persönliche Informationen** wie Name und Adresse.

Damit vermeiden Sie, dass ein Unternehmen Ihren Antrag ablehnt und das der zentralen Wagnisdatei (**HIS**) meldet. In dieser Datei sammeln Versicherer Daten über ihre Kunden und eingegangene Anträge. Wenn ein Anbieter Ihren Antrag ablehnt, kann das die Chance verringern, bei anderen einen Vertrag zu bekommen. Lassen Sie sich deshalb von einem qualifizierten Makler oder Versicherungsberater bei den anonymisierten Risikoanfragen unterstützen. Mehr Informationen dazu finden Sie online unter:

 *https://www.finanztip.de/ sinnvolle-versicherungen/ versicherungsberater/*

Welche Punkte im Vertrag sind wichtig?

Wie bei allen Versicherungen entscheidet auch bei der Erwerbsunfähigkeitsversicherung das **Kleingedruckte** darüber, was der Vertrag am Ende wirklich taugt. Die folgenden Tipps helfen Ihnen dabei, ein möglichst verbraucherfreundliches Angebot auszuwählen.

▷ **Versicherungs- und Leistungszeit bis zur regulären Rente**

Die **Versicherungszeit** ist der Zeitraum, innerhalb dessen die Berufsunfähigkeit eintreten muss, damit die Versicherung eine Rente zahlt. Endet dieser Zeitraum mit dem 50. Lebensjahr und Sie werden mit 51 Jahren erwerbsunfähig, erhalten Sie keine Rente. Die **Leistungszeit** bestimmt, bis zu welchem Alter der Versicherte die Rente ausbezahlt bekommt.

Um **Absicherungslücken** vor Beginn der Altersrente auszuschließen, sollten Sie sich am besten **bis zum 67. Lebensjahr versichern**. Ist der Beitrag dafür zu teuer, sollte die Versicherung wenigstens bis zum 65. oder 63. Lebensjahr laufen. Bei Risikoberufen lassen sich die Versicherer allerdings oft nur auf verkürzte Versicherungszeiten ein.

▷ **Achten Sie auf einen kurzen Prognosezeitraum**

Der Prognosezeitraum ist die Dauer, für die Sie nach ärztlicher Einschätzung erwerbs-

Für Kinder sparen

Vom Zinseszins profitieren

Effektiver Vermögensaufbau mit monatlichen Sparraten – später übernimmt das Kind die Einzahlungen selbst, z. B. über einen ETF-Sparplan mit durchschnittlichen 3,5% Rendite.

GUTHABEN

159.719,20 € — 50 JAHRE
davon eingezahlt 60.000 €

Einzahlung: 100 € pro Monat
Zinssatz: ø 3,5 %

103.087,93 € — 40 JAHRE
davon eingezahlt 48.000 €

62.940,95 € — 30 JAHRE
davon eingezahlt 36.000 €

34.480,00 € — 20 JAHRE
davon eingezahlt 24.000 €

14.303,50 € — 10 JAHRE
davon eingezahlt 12.000 €

0 – 20 JAHRE

Ausbildung finanzieren

1. Bafög-Anspruch prüfen: das Darlehen ist für Studenten zur Hälfte zinslos

2. Spezielle Kredite mit günstigen Konditionen: z.B. Bildungskredit oder KfW-Studienkredit

So finanzieren junge Leute ihr Studium:

%	Quelle
64 %	Geld von den Eltern
58 %	Jobben, nebenher Arbeiten
33 %	Bafög
25 %	Eigenes Vermögen, Erspartes
8 %	Geld von Angehörigen (außer Eltern)
6 %	Darlehen (außer Bafög)
5 %	Staatliche Zuwendungen
4 %	Duales Studium
4 %	Stipendium
2 %	Andere Geldquellen

Quellen: Unicum, Süddeutsche Zeitung, eigene Recherchen

unfähig sein werden. Ihr Vertrag sollte die Rentenzahlung vorsehen, wenn ein Arzt die Erwerbsunfähigkeit für **sechs Monate prognostiziert**. Je länger der Prognosezeitraum, desto schwieriger ist eine zuverlässige medizinische Einschätzung. Vorteilhaft ist es, wenn die Versicherung auch zahlt, wenn Sie bereits die vergangenen sechs Monate erwerbsunfähig waren.

▷ **Rente durch Dynamik und Nachversicherungsgarantie erhöhen**
Die Kosten für den Lebensunterhalt steigen im Laufe der Zeit – aufgrund der Inflation aber auch durch sich verändernde Lebensumstände, wie eine Familiengründung. Deshalb ist es wichtig, dass Sie die Rente an solche Veränderungen anpassen können. Dafür gibt es **zwei Möglichkeiten**:
- 1. **Nachversicherungsgarantie** und
- 2. **Dynamisierung** der Beiträge.

Zu 1.) Eine Nachversicherungsgarantie erlaubt es, die versicherte EU-Rente auf einen Schlag **hochzusetzen**. So können Sie die Rentenhöhe **ohne erneute Gesundheitsprüfung** anpassen, wenn sich Ihre Lebensumstände geändert haben. Die meisten Versicherer erlauben das aber nur zu bestimmten Anlässen wie Heirat, Geburt eines Kindes oder Gehaltserhöhung und nur bis zum 45. Lebensjahr.

Die Rente steigt nicht automatisch. Sie müssen selbst aktiv werden und der Versicherung mitteilen, dass Sie die Nachversicherungsgarantie nutzen möchten. Achten Sie außerdem darauf, ob in den Versicherungsbedingungen eine **Maximalrente** festgelegt ist, die die Möglichkeit der Rentenerhöhung begrenzt.

Achtung
Für den Teil der Rente, den Sie aufstocken, wird Ihr jeweiliges Lebensalter zugrunde gelegt. Die nachträglich erhöhte Rente kostet deshalb mehr als eine von Anfang an in dieser Höhe vereinbarte Rente. Dynamik und Nachversicherung lohnen sich mit zunehmendem Alter immer weniger.

Zu 2.) Mit der Dynamik **steigen die Beiträge jährlich** um einen festgelegten Prozentsatz. Gleichzeitig erhöht sich auch Ihr Rentenanspruch. Damit der Beitrag Ihr Budget nicht übersteigt, können Sie die Beitragssteigerungen in einzelnen Jahren **aussetzen**. Lehnen Sie die Dynamik jedoch dreimal hintereinander ab, gibt es keine weitere Steigerung und die Rente bleibt konstant.

▷ **Rentensteigerung auch nach Eintreten der Erwerbsunfähigkeit**
Wer in jungen Jahren erwerbsunfähig wird, muss viele Jahrzehnte mit seiner monatlichen Erwerbsunfähigkeitsrente auskommen. Um den **Wertverlust durch** die **Inflation aufzufangen**, können Versicherte deshalb

vereinbaren, dass sich die Rente nach Eintreten der Erwerbsunfähigkeit jährlich um einen garantierten Prozentwert **erhöht**. Mit einem jährlichen **Inflationsausgleich** von etwa 2 Prozent lässt sich so die Kaufkraft der Rente erhalten. Allerdings macht eine solche Klausel die Versicherung teurer. Wägen Sie also ab, ob Sie sich den zusätzlichen Schutz leisten können.

▷ **Vereinbaren Sie rückwirkende Leistung**
Achten Sie außerdem darauf, dass der Versicherer **drei Jahre rückwirkend** zahlt, wenn Sie den Versicherungsfall erst verspätet melden. Das ist wichtig, weil eine Erwerbsunfähigkeit **oft erst mit Verzögerung festgestellt** wird.

▷ **Vermeiden Sie ein befristetes Anerkenntnis**
Wenn der Versicherer den Rentenanspruch nur befristet anerkennt, müssen Sie nach Ablauf der Frist **meist erneut Ihre Erwerbsunfähigkeit nachweisen**. Sie können diesen Aufwand und das Risiko vermeiden, wenn der Versicherer auf befristete Anerkenntnisse verzichtet.

▷ **Achten Sie darauf, dass keine Anzeigepflicht nach Vertragsabschluss besteht**
Der Versicherer sollte darauf verzichten, dass Sie nach Vertragsabschluss einen **Berufs**wechsel oder ein **erhöhtes Risiko** melden müssen, zum Beispiel wenn Sie neuerdings eine gefährliche Sportart ausüben.

Warum ist individuelle Beratung sinnvoll?

Bei der Suche nach dem besten Tarif sollten Sie sich von einem qualifizierten **Versicherungsmakler** oder **Honorarberater** unterstützen lassen. Gemeinsam mit ihm können Sie die Angebote verschiedener Versicherungen vergleichen und klären, ob eine Berufsunfähigkeitsversicherung für Sie nicht doch erschwinglich und sinnvoll wäre.

Auch wenn Sie später eine Erwerbsunfähigkeitsrente beantragen wollen, sollten Sie sich fachmännisch beraten lassen. Ein **Fachanwalt für Versicherungsrecht** kann helfen, Fehler beim Ausfüllen des Rentenantrags und langwierige Nachfragen des Versicherers zu vermeiden. Mehr dazu online unter:

 https://www.finanztip.de/berufsunfaehigkeitsversicherung/berufsunfaehigkeit-beantragen/

Konkrete Produktempfehlungen finden Sie unter:

 www.finanztip.de/berufsunfaehigkeitsversicherung/erwerbsunfaehigkeitsversicherung

1.1.5 Hausratversicherung

» Schutz bei Einbruch, Brand und Wasserschäden «

von Henriette Neubert, Dirk Eilinghoff & Silke Kursawe Stand: 28. Juli 2021
www.finanztip.de/hausratversicherung/

Wer braucht eine Hausratversicherung? // Was zahlt die Hausratversicherung? // Wo bekommen Sie die beste Hausratversicherung? // Was ist bei der Tarifauswahl wichtig?

 Das Wichtigste in Kürze
- Überlegen Sie, **wie viel Ihr Hausrat wert** ist und ob Sie im Schadensfall selbst dafür aufkommen können. Bedenken Sie, dass Sie beschädigte oder gestohlene Sachen wahrscheinlich zum **Neupreis** wiederbeschaffen müssen.
- Schauen Sie sich die von uns aufgeführten Punkte an, die in Ihrem Versicherungsvertrag besonders wichtig sind. Achten Sie auch darauf, ob Sie besonderen Schutz für Ihr **Fahrrad** brauchen, oder gegen **Elementarschäden** wie Überschwemmung.
- Nutzen Sie dann ein **Vergleichsportal**, um den für Sie passenden Tarif zu finden.

 So gehen Sie vor
- Mit einer Hausratversicherung sichern Sie Ihr **Hab und Gut** finanziell ab. Sie springt ein bei Schäden durch Feuer, ausgetretenes Leitungswasser, Sturm; aber auch bei Einbruchdiebstahl, Vandalismus und Raub.
- Eine Hausratversicherung ist immer dann sinnvoll, wenn Sie den Verlust Ihrer Sachen nicht selbst ausgleichen können oder wollen.
- Bei der Hausratversicherung gibt es Klauseln, auf die Sie besonders achten sollten.

Absicherung/Risikoversicherung/**Hausratversicherung**

Ein Wasserrohrbruch kann die Möbel und den Fußbodenbelag ruinieren, eine vergessene Kerze verursacht einen Wohnzimmerbrand, ein Einbrecher klaut Bargeld und den teuren Fernseher oder randaliert, weil er nichts findet.

All diese Ereignisse strapazieren nicht nur die Nerven, sondern verursachen auch **Kosten**. Wie hoch diese sind, hängt davon ab, wie viel Ihr Hausrat wert und wie groß der entstandene Schaden ist. Vor allem wenn Sie sich gerade **komplett neu eingerichtet** haben oder **hochpreisige Möbel** besitzen, können Schäden teuer werden. Eine Hausratversicherung hilft, nicht auf den Kosten sitzen zu bleiben. Doch nur, wenn Sie die richtige habe. Denn ob sie im Fall der Fälle zahlt, hängt nicht nur davon ab, was passiert ist, sondern auch, **welchen Schutz** Sie gewählt haben.

Wer braucht eine Hausratversicherung?

Ob Sie eine Hausratversicherung abschließen, ist Ihre persönliche Entscheidung, es gibt **keine Versicherungspflicht**, wie etwa bei der Kfz-Versicherung. Wenn Sie das Risiko eines Schadens in Ihren vier Wänden als gering einschätzen oder Sie Ihren Hausrat zur Not auch aus der eigenen Tasche nochmal anschaffen können, benötigen Sie keine Hausratversicherung.

Möchten Sie das finanzielle Risiko eines eventuell eintretenden Schadens dagegen nicht allein tragen, können Sie eine Hausratversicherung abschließen. Sie deckt alles ab, was in Ihrer **Wohnung, aber nicht fest am Haus verbaut** ist: Möbel, Teppiche, Kleidung, Bücher oder Fahrräder. Außerdem auch die Einbauküche, wenn sie Ihnen gehört.

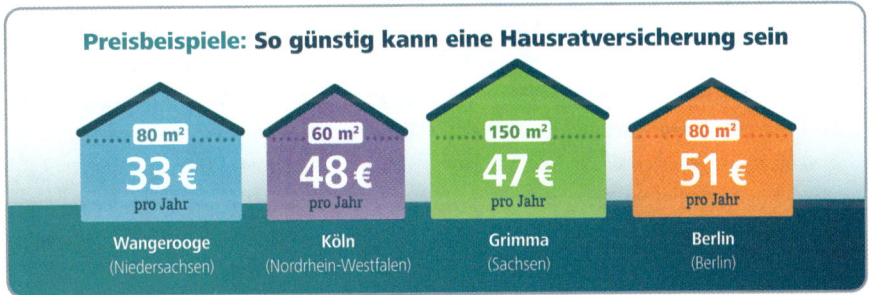

Alle Tarife mit 150 Euro Selbstbeteiligung, ohne Elementarversicherung.
Laufzeit 1 Jahr.

Quelle: Mr-Money (Stand: 17. Dezember 2020).

Sinnvoll ist diese Versicherung also vor allem, wenn Sie **viel Geld in** Ihre **Einrichtung gesteckt** haben und zum Beispiel nach einem Brand oder Einbruchdiebstahl die beschädigten oder gestohlenen Gegenstände nicht auf eigene Kosten neu anschaffen können oder möchten. Denken Sie aber auch daran: Die Hausratversicherung soll ein **Schutz** vor dem **finanziellen Ruin** sein und nicht jeden kleinen Schaden absichern.

Was zahlt die Hausratversicherung?

Für welche Schäden Ihre Hausratversicherung in welcher Höhe einspringt und welche Gegenstände versichert sind, ist ganz genau in den **Vertragsbedingungen** geregelt. Auch wenn sich die einzelnen Tarife voneinander unterscheiden, gibt es einige Regelungen, die in allen Tarifen enthalten sind.

▷ Der Versicherungsort

Der Versicherungsschutz gilt für Ihre **Wohnung** oder Ihr **Haus**, also den Ort, an dem Sie **dauerhaft wohnen** und den Sie bei Vertragsabschluss angegeben haben. Zur Wohnung gehören auch Terrasse und Anbauten, Kellerräume sowie privat genutzte Räume oder Garagen in der Nähe der Wohnung.

Räume, die Sie ausschließlich gewerblich oder beruflich nutzen, gehören nicht zum versicherten Wohnort, wenn Sie diese über einen **separaten Eingang** betreten können. Ihre berufliche Werkstatt in der Garage neben Ihrem Einfamilienhaus ist demnach nicht in den Versicherungsschutz eingeschlossen, ein häusliches Arbeitszimmer hingegen schon.

» Wertsachen «

Die Hausratversicherung ersetzt auch Schäden an Wertsachen, etwa wenn Ihr **Schmuck** bei einem Wohnungseinbruch gestohlen worden ist. Für die Schäden gilt eine **Höchstgrenze**, diese liegt meist bei mindestens 20 Prozent der Versicherungssumme. Besitzen Sie sehr teure Gegenstände, können Sie höhere Obergrenzen vereinbaren oder eine Versicherung wählen, die von vornherein eine höhere Grenze anbietet.

Halten Sie alle Unterlagen zusammen, die im Schadensfall den Wert Ihrer Wertsachen belegen.

Bei besonderen **Kostbarkeiten** brauchen Sie **Gutachten oder Expertisen** von Fachleuten. Passen Sie Ihre Versicherungssumme an, sobald Sie größere oder teure Wertsachen kaufen. Prüfen Sie, welche Höchstentschädigungen für Wertsachen Ihre Hausratversicherung bietet. Prüfen Sie auch die besseren Tarifvarianten Ihres Anbieters. Mehr Informationen dazu finden Sie unter:

 https://www.finanztip.de/ hausratversicherung/ wertsachen/

Nicht immer müssen die versicherten Gegenstände aber bei Ihnen zuhause lagern. Wird Ihnen etwa während eines **Urlaubs** die Uhr aus dem Hotelzimmer geklaut, ist das ebenfalls versichert. Doch Achtung: Eine solche Außenversicherung greift **zeitlich nur begrenzt** – meist für maximal drei Monate, wenn Sie oder eine mitversicherte Person **auf Reisen** sind.

Wenn Sie **Kinder** haben, die in einer eigenen Wohnung leben und gerade eine Ausbildung oder ein freiwilliges Jahr absolvieren, gilt auch für sie beziehungsweise deren Hausrat die Außenversicherung.

- **Einbruchdiebstahl** (auch der Versuch) und **Vandalismus**;
- Austritt von **Leitungswasser**;
- **Naturgefahren** wie Sturm oder Hagel.

Sie sind also zum Beispiel versichert, wenn der **Blitz** in Ihrem Wohnhaus einschlägt und durch Überspannung Ihren Fernseher zerstört. Auch wenn Hagel Ihre Markise zerschlägt oder ein Wasserrohrbruch Ihren Teppich ruiniert, sind das Fälle für Ihre Hausratversicherung.

Auch der klassische **Wohnungseinbruch** ist versichert. Die Versicherung kommt in diesem Fall nicht nur für gestohlene Gegenstände auf, sondern auch für das zerstörte Türschloss oder Fenster. Wenn Ihnen der Schlüssel geklaut wird und in der Folge ein Diebstahl passiert, ist auch das abgesichert. Ebenso der räuberische Diebstahl, also Diebstahl unter Gewaltandrohung.

> » **Fahrradversicherung** «
>
> *Die Hausratversicherung zahlt immer, wenn ein Fahrrad bei einem Einbruch in Wohnung oder Keller gestohlen wird. Sie können zusätzlich vereinbaren, dass auch der Diebstahl auf der Straße versichert ist, sofern das Rad angeschlossen war. Das ist vor allem bei teuren Rädern sinnvoll. Spezielle Fahrradversicherungen schützen außerdem bei Schäden durch Unfälle, Sturz oder Vandalismus. Mehr dazu unter:*
>
> https://www.finanztip.de/hausratversicherung/fahrradversicherung/

▷ **Das decken alle Hausratversicherungen ab**

Die Hausratversicherung zahlt, wenn Ihr Hausrat **durch klar definierte Ereignisse** beschädigt wird oder abhandenkommt. Zu diesen Ereignissen zählen:

- **Brand, Blitzschlag** und daraus resultierende **Überspannung, Explosion, Implosion**;

Im Zusammenhang mit einem Einbruch ebenfalls von der Hausratversicherung gedeckt ist **Vandalismus** – also wenn ein Einbrecher Ihre Einrichtung mutwillig beschädigt oder zerstört.

▷ Das gehört alles zum Hausrat

Zum Hausrat gehören zum Beispiel **Möbel, Haushaltsgegenstände und -geräte** sowie **Kleidung**. Auch geliehene Gegenstände sind durch die Hausratversicherung geschützt. Die Einbauküche gehört zum Hausrat, falls Sie die Küche eingebaut und bezahlt haben. Dies gilt auch für Laminat, das Sie als **Mieter** in der Wohnung verlegt haben.

Die Versicherung deckt auch Schäden an privat genutzten Antennen und Markisen ab. Ob Gartenmöbel versichert sind und in welchen Ausmaß, ist vom Anbieter abhängig.

Wahlweise können Sie Ihr Fahrrad oder Glas mitversichern.

▷ So viel erstattet die Hausratversicherung

Im Schadensfall ersetzt Ihnen die Versicherung den Schaden zum **Neuwert**. Auch wenn Ihre Couch schon fünf Jahre alt war, erhalten Sie einen Betrag, der ausreicht, um sich eine gleichartige, neue Couch zu kaufen.

Wertsachen wie Schmuck und Bargeld erstattet die Hausratversicherung in aller Regel nur bis zu einer bestimmten **Obergrenze**, meist liegt diese bei 20 bis 25 Prozent der Versicherungssumme. Außerdem gibt es Obergrenzen für Bargeld, Schmuck, Briefmarken, Münzen sowie Urkunden wie Wertpapiere oder Sparbücher, wenn Sie solche Wertsachen ungesichert in der Wohnung

» Elementarschädenversicherung «

Als Elementarschäden bezeichnen Versicherungen Schäden, die durch Naturgewalten wie Hochwasser oder Starkregen verursacht werden. Wohnen Sie in einem Gebiet, in dem es öfter zu Überschwemmungen, Erdbeben, Lawinen oder Erdrutschen kommt, ist eine Elementarschadenversicherung sinnvoll. Die Versicherung funktioniert als Zusatzbaustein zur Hausrat- oder Wohngebäudeversicherung. Der Finanztip-Test für Wohngebäudeversicherungen hat gezeigt, dass die Absicherung gegen Naturgewalten teuer sein kann. Ausgerechnet in Nicht-Risikogebieten ist der Baustein überdurchschnittlich teuer. Steht Ihr Haus oder Ihre Wohnung also in einem solchen Gebiet, können Sie sich den Zusatz sparen – und damit viel Geld. Mehr Informationen dazu finden Sie unter:

 https://www.finanztip.de/ wohngebaeudeversicherungen/ elementarschaedenversicherung/

aufbewahren. Über diesen versicherten Wert hinaus müssen Wertgegenstände in speziellen Schutzschränken (Safe oder Tresor) aufbewahrt werden, damit Versicherungsschutz besteht.

▷ Diese Kosten ersetzt die Versicherung

Zu den versicherten Kosten zählt aber nicht nur der **Neuwert** Ihres zerstörten oder gestohlenen Hausrates. Auch **weitere Kosten**, die durch den Schadensfall verursacht wurden, sind versichert. Hierzu zählen zum Beispiel die Kosten für das Aufräumen, **Reparaturen**, ein **Hotel**, wenn Sie nach einem Brand Ihre Wohnung nicht nutzen können (zeitlich begrenzt, je nach Tarif) oder die Bewachung Ihrer Wohnung, falls sie sich nicht mehr verschließen lässt.

Haben Sie eine **Selbstbeteiligung** gewählt, ist das die Summe, die Sie bei jedem Schaden maximal selbst tragen. Die Versicherung kürzt Ihre Zahlung um diesen Betrag.

▷ In einigen Fällen zahlt die Hausratversicherung nicht

Fällt ein Gegenstand anlasslos herunter oder geht einfach kaputt, ist er nicht versichert. Die Versicherung zahlt in der Regel auch nicht, wenn Sie ohne Gewaltanwendung auf der Straße bestohlen werden. Auch Schäden infolge von Krieg, inneren Unruhen und durch Kernenergie sind nicht abgesichert.

Wird Ihnen Ihr **Fahrrad** außerhalb Ihrer vier Wände geklaut, ist dies in den meisten Tarifen nicht von der Hausratversicherung abgedeckt. Auch bei einem **Einbruchdiebstahl** sind Fahrräder in der Regel nur bis zu 1 Prozent der Versicherungssumme abgesichert. Allerdings können Sie es mit einer Zusatzvereinbarung, der sogenannten **Fahrradklausel**, umfangreicher absichern. Dadurch wird die Versicherung allerdings teurer. Um wie viel, hängt vom Wert Ihres Fahrrads ab.

Tipp
Wenn Sie ein teures Rad haben, vergleichen Sie, ob eine extra Fahrradversicherung die bessere Wahl ist. Vergleichen Sie dabei nicht nur die Beiträge, sondern auch die Leistungen.

Inzwischen bieten einige Hausratversicherer auch umfangreichere Fahrradabsicherungen an, zu relativ günstigen Beiträgen. Bevor Sie ein solches Angebot annehmen, schauen Sie unbedingt in das Kleingedruckte: Was ist genau im Schadensfall geregelt, wenn das Fahrrad nachts auf der Straße angeschlossen steht und geklaut wird? Es kann durchaus sein, dass die hohe Versicherungssumme fürs Rad **nachts nur gilt**, wenn das teure Fahrrad in einem **abgeschlossenen Raum** abgestellt war. Die Versicherer werben dann eventuell mit ihrer hohen Versicherungssumme für Fahrräder, diese gilt zwischen 22 bis 6 Uhr aber nur eingeschränkt.

Bei den meisten Versicherungen ebenfalls nicht im Grundtarif enthalten sind sogenannte **Sengschäden**, also Schäden, die durch Hitze ohne Feuer entstehen. Auch **Wasserschäden**, verursacht durch Plansch-, Reinigungs- oder Aquariumwasser, müssen zusätzlich abgesichert werden. Wenn Sie ein großes Aquarium haben, kann sich auch eine zusätzliche Glasversicherung lohnen, in den meisten Fällen ist aber von dieser Zusatzleistung abzuraten.

Um auch im Fall von Überschwemmungen, Hochwasser oder Erdbeben versichert zu sein, können Sie Ihre Hausratversicherung um den Punkt **Elementarschäden** erweitern. Denn in diesen Fällen zahlt die Hausratversicherung standardmäßig nicht. Eine Elementarschadenversicherung macht den Vertrag aber deutlich teurer. Schauen Sie also genau, ob Sie diesen Zusatz wirklich brauchen.

▷ Was kostet eine Hausratversicherung?

Wieviel eine Hausratversicherung kostet, hängt stark von Ihrer **individuellen Situation** ab, also beispielsweise davon, wo Sie wohnen. In **Großstädten** ist die Versicherung meist teurer als in ländlichen Regionen, da die Anbieter dort die Gefahr eines Einbruchs in Wohnung oder Keller als höher einschätzen. Wohnen Sie in einer Gegend, in der es häufig zu Stürmen oder Hochwasser kommt, müssen Sie ebenfalls mehr zahlen.

Je größer Ihr **Wohnraum**, desto höher die Beiträge, denn die Versicherungen gehen davon aus, dass Sie mehr Hausrat besitzen, der versichert werden muss. Außerdem kostet jeder Zusatzbaustein im Vertrag extra, zum Beispiel für Glas-, Fahrrad- oder Wasserschäden.

Bei welchem Anbieter Sie den günstigsten Preis bekommen, lässt sich deshalb nicht pauschal sagen. Deshalb empfehlen wir Ihnen, ein **Vergleichsportal** zu benutzen, um den für Sie besten Vertrag zu finden.

Wo bekommen Sie die passende Hausratversicherung?

Hausrat-Tarife bieten **viele Wahlmöglichkeiten**, über die Sie Ihren Versicherungsschutz individuell anpassen können. **Vergleichsportale** im Internet sind die beste Möglichkeit, eine gute und passende Hausratversicherung zu finden, die außerdem noch günstig ist.

Vergleichsportale handeln als **Versicherungsmakler** und sind deswegen gesetzlich dazu verpflichtet, ihre Kunden nach deren Wünschen und Bedürfnissen zum Versicherungsschutz zu befragen. Die Portale setzen das um, indem sie entweder **konkrete Fragen** formulieren oder **Filter** bereitstellen, mit denen Sie bestimmte Leistungen gezielt auswählen können.

Schutz vor Einbruch

Sichern und abschrecken – vieles lässt sich nachrüsten!

Fenster
verschließbare Fenstergriffe oder abschließbare Fenstersicherung
Kosten: ab 10 € pro Fenster

Pilzkopfbeschläge, Bandsicherung und Fensterstangenverschluss
Kosten: ab 200 € pro Fenster

Alarmanlage
Kosten: ab 400 €

Rollläden
Sperrstift oder massive Riegelbolzen
Kosten: ab 15 €

Eingangsbereich
Schloss mit Sicherheits-Profilzylindern, Schutzbeschlägen und zusätzlicher Zylinderabdeckung
Kosten: ab 200 €

Terrassen- und Balkontüren
Bandseitensicherung, Stangenschloss und abschließbarer Türgriff, Einbruchschutzfolien gegen Scheibeneinschlag
Kosten: ca. 600 €

Kellereingänge
Schanierseitensicherungen oder Querriegelschlösser
Kosten: ab 100 bis 250 €

Kellerschächte
Gitterrostsicherungen
Kosten: 20 bis 50 €

Quelle: www.selbst.de

Was ist bei der Tarifauswahl wichtig?

Eine Hausratversicherung sollte **bestimmte Bausteine unbedingt enthalten.** Daneben gibt es Punkte, die zwar hilfreich, aber nicht unbedingt nötig sind sowie Bestandteile, auf die man oft verzichten kann. Wenn Sie eine Hausratversicherung suchen, achten Sie darauf, dass das Angebot alle Ihnen wichtigen Kriterien erfüllt.

▷ Absolute Muss-Bausteine

Grobe Fahrlässigkeit – Wenn Sie Ihr Haus mit offener Terrassentür verlassen und es ein Dieb dadurch leichter hat einzudringen, kann Ihnen die Versicherung vorwerfen, **grob fahrlässig** gehandelt zu haben. Dies gilt auch, wenn Sie eine Kerze anzünden, diese für längere Zeit unbeaufsichtigt lassen und das ein Feuer verursacht.

Die Versicherung kann die Leistung grundsätzlich **kürzen** oder die Zahlung komplett **ablehnen**, wenn Sie grob fahrlässig gehandelt haben. Es gibt allerdings die Möglichkeit, im Vertrag den Zusatz „**Verzicht auf die Einrede der groben Fahrlässigkeit**" zu vereinbaren. Dann zahlt der Anbieter auch in solchen Fällen. Bei einigen Tarifen gilt das nur bis zu einer niedrigeren Schadenssumme. Achten Sie deshalb darauf, dass dieser Schutz bis zur **vollen** Versicherungssumme gilt.

Erweiterung des Brandbegriffs – Mit drei zusätzlichen Bausteinen erhöhen Sie den Versicherungsschutz für Schäden durch Brand. Nehmen Sie **erstens Schäden durch Rauch und Ruß** sowie **zweitens Seng- und Schmorschäden** dazu. **Drittens** empfehlen wir die Ergänzung um **Überspannungsschäden**. Dann muss nicht erst ein Blitz in Ihr Haus eingeschlagen haben, damit Sie den Kurzschlussschaden am Fernseher ersetzt bekommen.

▷ Diese Bausteine sollten Sie prüfen

Die meisten Zusatzoptionen, die Sie auswählen können, erhöhen Ihren Versicherungsbeiträge zum Teil sehr stark. Deswegen sind diese Ergänzungen für einige Menschen Geldverschwendung, während sie für andere sehr sinnvoll sein können.

Elementarschadenversicherung – Die Elementarschadenversicherung greift bei den Folgen von Naturkatastrophen. Dazu gehören zum Beispiel Überschwemmung, Erdbeben, Erdsenkung und Schneelast. In Hochwassergebieten ist dieser Schutz oft teuer. Bei unserer Stichprobe verteuerte er den Tarif im mittleren Risikobereich um fast das Doppelte (120 Quadratmeter Wohnung: von 35 Euro ohne Elementarschaden auf 64 Euro mit pro Jahr).

Auch tragen Sie bei einem Elementarschaden meistens einen **hohen Selbstbehalt**, oft

10 Prozent des Schadens oder bis 500 Euro. Wenn Sie in einer Region wohnen, die regelmäßig von Naturereignissen betroffen ist, kann sich dieser Schutz **trotzdem lohnen**. Sie können aber nicht nur einen einzelnen Elementarschaden wie Erdsenkung versichern, sondern müssen immer alle gemeinsam in einem **Paket** nehmen.

Möchten Sie Elementarschäden mitversichern und leben in einem **Gefahrengebiet** für Naturkatastrophen, kann es sein, dass Sie über ein **Vergleichsportal kein Angebot** finden. Bei unserem Test war dies bei zwei der von uns abgefragten Adressen der Fall. Dann müssen Sie bei den Versicherungsgesellschaften **direkt** nachfragen, ob Elementargefahren an Ihrer Adresse abgesichert werden und was das kostet. Fragen Sie am besten bei mehreren Versicherungen nach, um die Angebote und Beitragshöhe miteinander zu vergleichen.

Fahrradversicherung – Wird das Fahrrad auf der **Straße** gestohlen, greift die Hausratversicherung nicht automatisch. Sie zahlt normalerweise nur bei Einbruch mit Diebstahl aus **verschlossenen Räumen**. Wollen Sie, dass Ihr Fahrrad auch draußen auf der Straße versichert ist, kann sich eine **Fahrradklausel** lohnen. Achten Sie hier aber darauf, dass Ihr Fahrrad gegen Diebstahl bis zur **vollen Versicherungssumme** abgesichert ist, wenn Sie es nachts vor dem Haus abstellen. Dafür müssen Sie bei einigen Versicherern genauer ins Kleingedruckte schauen.

Haben Sie ein besonders teures Rad, ist vielleicht eine **extra Fahrradversicherung** das Richtige für Sie. In diesem Vertrag sind dann auch Schäden durch Unfälle versichert.

Wasserschadenversicherung – Wenn Sie ein Aquarium oder Wasserbett besitzen, wird eine solche Erweiterung interessant. Denn der Grundtarif deckt meist nur Schäden durch Leitungswasser aus dem Rohrsystem ab.

Wertsachen – Bei Wertsachen wie Schmuck, Kunst und Antiquitäten greift die Versicherung in der **Regel zu 20 bis 25 Prozent der Versicherungssumme**. Sofern das für Ihre Wertsachen nicht ausreicht, sollten Sie sich für eine höhere Deckung entscheiden.

▷ Weniger wichtige Bausteine

Diebstahl aus dem Auto – Sie können Gegenstände, die in Ihrem Auto nicht fest verbaut sind, wie Handy, Kamera oder Kindersitze, über Ihre Hausratversicherung **extra** gegen Diebstahl absichern. Bei dem Diebstahl von Wertsachen bekommen Sie den Schaden nur dann ersetzt, wenn sie von **außen nicht sichtbar** waren.

Glasversicherung – Eine extra Glasversicherung **lohnt** sich in den meisten Fällen **nicht**.

Lediglich bei teuren Glasbauten wie einem Wintergarten oder großen Aquarium kann das sinnvoll sein.

Tipp

Um besser zu entscheiden, ob sich ein Zusatzbaustein in Ihrer Hausratversicherung lohnt, schreiben Sie auf, wie viele solcher Schäden in den **letzten fünf Jahren entstanden** sind und in welcher Höhe. Berechnen Sie, wie viel Sie der Schutz für diese fünf Jahre gekostet hätte und vergleichen Sie beide Beträge miteinander.

Es gibt insgesamt viele Details, die Sie zusätzlich versichern können. Das reicht von Wäsche auf der Leine über Kinderwagen und Rollatoren im gemeinschaftlichen Hausflur. Natürlich müssen Sie dafür auch mehr zahlen. Die Frage, die Sie sich stellen sollten, ist, ob Sie jeden möglichen Schaden versichern müssen. Denn jeder zusätzliche Baustein kostet Aufpreis. Da solche Schäden oft wenige 100 Euro kosten, sind die Ergänzungen **noch weniger sinnvoll, wenn** Sie eine **Selbstbeteiligung** gewählt haben. Denn dann zahlen Sie den Schaden bis zur Höhe der Selbstbeteiligung. Die Versicherung übernimmt nur den restlichen Anteil, der bei solchen Kleinschäden gering ist.

Worauf sollten Sie noch achten?

Es gibt neben den Muss- und den Kann-Bausteinen bei der Hausratversicherung noch einige **weitere wichtige Punkte**, die Sie bei der Auswahl und während der Laufzeit des Vertrags im Blick haben sollten.

» Versicherungsombudsmann «

Der Versicherungsombudsmann vermittelt bei Problemen, die Verbraucher mit ihren Versicherern haben. **Besonders oft** geht es um **Rechtsschutz- und Lebensversicherungen**. Fast alle Versicherer in Deutschland nehmen am Ombudsverfahren teil. Das **Schlichtungsverfahren ist für Verbraucher kostenlos**. Geht es bei dem Streit um weniger als 10.000 Euro, muss sich die Versicherung an die Entscheidung des Schlichters halten. Bei Beträgen bis 100.000 Euro spricht der Ombudsmann eine **Empfehlung** aus. Seit 2007 ist er auch zuständig, wenn sich Kunden mit ihrem **Versicherungsvermittler** streiten. In diesen Fällen hat seine Meinung weniger Gewicht. Für andere Themen gibt es branchenspezifische Ombudsleute sowie eine allgemeine Schlichtungsstelle Weitere Details dazu finden Sie unter:

 https://www.finanztip.de/schlichtungsstelle/

▷ **Darauf kommt es beim Vertragsabschluss an**

Vermeiden Sie **Unterversicherung**. Wenn Sie sparen möchten, indem Sie eine niedrige Versicherungssumme angeben, riskieren Sie, dass der Versicherer Schäden **nicht in voller Höhe ersetzt**. Ist also der Hausrat 80.000 Euro wert und nur mit 40.000 Euro versichert, ersetzt der Versicherer Schäden nur zur Hälfte. Der Versicherer spricht dann von einer Unterversicherung. Für einen Schaden in Höhe von 1.000 Euro muss er dann nur anteilig 500 Euro erstatten.

Vermeiden können Sie das, indem Sie die Option **Unterversicherungsverzicht** wählen. Dann setzt der Versicherer einen **festen Betrag** (meist 650 Euro) pro Quadratmeter Wohnfläche als Versicherungssumme fest und prüft im Schadensfall nicht, ob Sie unterversichert sind:

 https://www.finanztip.de/hausratversicherung/unterversicherungsverzicht

Wählen Sie einen Tarif mit **Selbstbeteiligung**. Das ist empfehlenswert, weil die Selbstbeteiligung den Beitrag für die Versicherung senkt und es sich fast jeder leisten kann, kleine Schäden selbst zu zahlen.

▷ **Darauf kommt es während der Vertragslaufzeit an**

Heben Sie **Kaufbelege** für teure Anschaffungen auf. Damit können Sie bei Bedarf nachweisen, wie viel ein zerstörter Gegenstand gekostet hat. Mit einem **Foto** dokumentieren Sie, wie er aussah und wo Sie ihn üblicherweise in Ihrer Wohnung aufbewahrt haben. Bewahren Sie die Nachweise für den Fall eines Brands außerhalb der Wohnung auf, zum Beispiel indem Sie die **Dokumente online speichern**.

Bei **sehr teuren** Anschaffungen müssen Sie gegebenenfalls die **Versicherungssumme anpassen**. Melden Sie solche Käufe **unbedingt** der Versicherung.

Wenn Sie ein Haus besitzen, schließen Sie die **Gebäudeversicherung** und die **Hausratversicherung** am besten bei **demselben Anbieter** ab. So lässt sich **Gerangel** zwischen verschiedenen Versicherern vermeiden, wenn es zu einem Schaden kommt. Mehr Informationen zur Wohngebäudeversicherung finden Sie in diesem Buch in Kapitel 1.1.8.

Ziehen Sie um, müssen Sie Ihrem Versicherer das **mitteilen**. Ansonsten ist Ihr Hausrat in der neuen Wohnung nicht mehr geschützt. Für einen gewissen **Zeitraum während des Umzugs gilt Versicherungsschutz** allerdings in beiden Wohnungen. Wie lange genau, steht in den **Vertragsbedingungen**. Falls Ihr neues Zuhause größer ist als Ihr altes, kostet die Versicherung entweder automatisch mehr oder Sie nutzen eine Wertermittlungstabelle, um den Wert Ihrer Besitztümer zu bestimmen und nicht zu viel zu zahlen.

Melden Sie eine **Gefahrenerhöhung**. Wird zum Beispiel ein **Gerüst** am Haus errichtet, sollten Sie das Ihrem Versicherer melden. Denn das Gerüst erhöht die Gefahr eines Einbruchs. Bricht bei Ihnen jemand ein und Sie haben das Gerüst vorher nicht gemeldet, kann die Versicherung auf die versäumte Meldung verweisen und versuchen, die Zahlung zu kürzen oder gar zu verweigern. Spielt das Gerüst allerdings für den Schaden gar keine Rolle, etwa wenn ein Brand entsteht, müssen Sie keine Kürzung der Zahlung befürchten.

Auch wenn Sie länger nicht zu Hause sind, müssen Sie Ihre Hausratversicherung **informieren**. Denn auch **Abwesenheit gilt als Gefahrenerhöhung**. Ob das bereits nach sechs Wochen oder erst nach drei Monaten der Fall ist, hängt vom Vertrag ab.

Was müssen Sie im Schadensfall tun?

Je mehr versichert ist, desto eher werden Sie die Versicherung in Anspruch nehmen wollen. Die Unternehmen schauen oft genau, **wie viele Schäden in welcher Höhe** ein Kunde meldet. Wird der Kunde **zu teuer**, **kündigen sie** möglicherweise beim nächsten Schaden, und es wird schwer, mit dieser Vorgeschichte einen neuen Anbieter zu finden. Überlegen Sie daher genau, ob Sie wirklich jeden kleinen Schaden ersetzen lassen müssen.

Wollen Sie die Versicherung **in Anspruch nehmen**, sollten Sie auf Folgendes achten: Ist ein Schaden eingetreten, müssen Sie diesen der Versicherung so schnell wie möglich melden. In den Bedingungen steht „**unverzüglich**". Sie können natürlich nur die Schäden melden, von denen Sie wissen. Daher kommt es darauf an, wann Sie von dem Schaden erfahren haben.

Sie müssen außerdem **sofort** etwas unternehmen, um zu verhindern, dass der **Schaden größer** wird. Dazu zählt beispielsweise, dass Sie den Hauptwasserhahn abdrehen, wenn das Wasser durch ein gebrochenes Rohr in Ihre Küche sprudelt.

Wenn Sie auf dem Weg zum Hauptwasseranschluss in aller Eile hängenbleiben und Ihr Pullover reißt oder Sie eine teure Decke auf die brennende Kerze werfen, um das Feuer zu löschen, bekommen Sie diese Schäden **ersetzt**. Und zwar ohne Prüfung von Unterversicherung und auch ohne Selbstbeteiligung. Denn das sind **Schadenminderungskosten**. Wichtig: Bringen Sie sich nicht in Gefahr.

Wenn ein **Schaden** entstanden ist, müssen Sie **beweisen**, wie er entstanden ist. Bei Blitz- und Sturmschäden können Sie auf die Wettermeldungen des Deutschen Wetterdienstes zurückgreifen. Bei einem **Einbruch** müssen Sie eine **Anzeige bei der Polizei nachweisen**. Hier helfen außerdem Fotos.

Ist ein Brand für den Schaden verantwortlich, müssen Sie nachweisen, wie genau der Schaden entstanden ist. Je weiter Ihr Vertrag den Brandbegriff fasst (Ruß- oder Sengschäden mitversichert), desto einfacher ist es für Sie, Ihrer **Beweis- und Darlegungslast** nachzukommen.

Falls Sie **unzufrieden** mit der Entscheidung Ihres Versicherers sind, weil er den Schaden komplett oder teilweise **abgelehnt** hat, können Sie sich an den **Versicherungsombudsmann** wenden.

Konkrete Produktempfehlungen finden Sie unter:

www.finanztip.de/
hausratversicherung/

1.1.6 Risikolebensversicherung

» So schützen Sie Ihre Angehörigen vor dem Ruin «

von Julia Rieder & Annika Krempel Stand: 11. November 2019
www.finanztip.de/risikolebensversicherung/

Für wen ist eine Risikolebensversicherung sinnvoll? // Welche Variante der Risikolebensversicherung ist die richtige? // Welche Versicherungssumme brauche ich? // Wie lang sollte der Vertrag laufen? // Was kostet eine Risikolebensversicherung? // Welche Anbieter sind am günstigsten? // Sind Zusatzleistungen sinnvoll? // Was ist im Todesfall zu tun?

Das Wichtigste in Kürze

- Die Risikolebensversicherung zahlt eine festgelegte Summe an Ihre **Hinterbliebenen**, falls Sie sterben.
- Die Versicherung ist sinnvoll, wenn Sie einen **Baukredit** haben oder Ihre Familie auf Ihr Einkommen **angewiesen** ist.
- Wie **teuer** eine Risikolebensversicherung ist, hängt von Faktoren ab wie Rauchen, Übergewicht, Krankheiten, Beruf und riskanten Hobbys.

So gehen Sie vor

- Entscheiden Sie sich für eine Art der Versicherungssumme. Meist ist eine **gleichbleibende** Summe das Richtige.
- Berechnen Sie mit unseren Tipps, **wie hoch** die Versicherungssumme sein muss und wie lange der Vertrag laufen soll.
- Haben Sie Gesundheitsprobleme, kann ein **Makler** eine **anonyme Risikovoranfrage** für Sie verschicken.

Haben Sie ein Haus gekauft, Kinder bekommen oder gerade geheiratet? Das ist ein guter Zeitpunkt, um darüber nachzudenken, wie Ihre Angehörigen **im Falle Ihres Todes** finanziell abgesichert sind. Da die wenigsten Familien auf ein großes Vermögen zurückgreifen können, ist eine Risikolebensversicherung für viele eine **wichtige Absicherung**.

Für wen ist eine Risikolebensversicherung sinnvoll?

Nicht jeder lebt bis ins hohe Alter: **Unfälle** oder **schwere Krankheiten** verhindern das oft. Laut Statistischem Bundesamt waren rund **15 Prozent** der Menschen, die 2017 starben, **jünger als 65 Jahre**. Damit Ihre Hinterbliebenen schlimmstenfalls nicht mittellos dastehen, können Sie eine Risikolebensversicherung abschließen.

Das **Prinzip** ist einfach: Stirbt die versicherte Person während der Vertragslaufzeit, zahlt die Versicherung eine vereinbarte Summe an die Hinterbliebenen. Damit kann die Familie beispielsweise den Kredit für Ihre Immobilie ablösen oder den Unterhalt der Kinder finanzieren. Über eine Risikolebensversicherung sollten Sie besonders in den folgenden zwei Fällen nachdenken:

Sie haben eine Immobilie auf Kredit gekauft – Dabei sollte Ihr **Partner abgesichert** sein, damit er oder sie den Kredit bei der Bank tilgen kann und so keine Schulden alleine stemmen muss, falls Sie früh sterben. Diese Empfehlung gilt auch für unverheiratete Paare, die zusammen eine Immobilie erworben haben. Eine Risikolebensversicherung ist besser geeignet als eine Restschuldversicherung.

Sie wollen Ihre Familie absichern – Die Risikolebensversicherung ist besonders sinnvoll, wenn die **Familie einen Haupt- oder gar Alleinverdiener** hat. Doch auch wenn

> Bevor Sie eine Risikolebensversicherung abschließen, gibt es drei Dinge zu bedenken:
> - *Wer soll abgesichert werden – nur ein Partner oder beide?*
> - *Wie hoch muss die Versicherungssumme sein? Und soll die Summe über die Jahre gleichbleiben oder sinken?*
> - *Wie viele Jahre soll der Vertrag laufen?*

beide Partner arbeiten, sollten Sie sich fragen: Reicht das Einkommen des Partners, um zusammen mit der **Witwen- und Waisenrente** den Lebensunterhalt zu finanzieren? Müsste ein Partner als Alleinerziehender seine Berufstätigkeit und damit sein Einkommen einschränken, wenn er plötzlich allein für die Kinder da ist?

Welche Variante der Risikolebensversicherung ist die richtige?

Oft ist es ratsam, dass Paare sich gegenseitig absichern. Verheiratete Paare können dafür eine verbundene Risikolebensversicherung (oft kurz „**verbundene Leben**" genannt) abschließen. Damit sind **beide Partner in einem gemeinsamen Vertrag versichert**. Stirbt ein Partner oder kommen beide Partner gleichzeitig ums Leben, etwa durch einen Autounfall, zahlt der Anbieter – aber nur einmal die versicherte Summe. Das kann ausreichen, wenn es nur um die Absicherung eines Kredits geht.

Allerdings hat die verbundene Leben **mehrere Nachteile**. Nach einer **Trennung** können Sie die verbundene Leben nicht in zwei separate Verträge teilen. Sie müssen die Versicherung kündigen (mit Zustimmung beider Partner) und stehen dann ohne Versicherungsschutz da.

Ein weiterer Nachteil: Falls ein Partner stirbt und die Versicherungssumme ausgezahlt wird, **erlischt** der Vertrag. Die Hinterbliebenen haben dann keinen Versicherungsschutz mehr für den Fall, dass auch dem zweiten Partner etwas passiert. Ein gemeinsamer Vertrag ist zudem nicht unbedingt günstiger als zwei separate Verträge.

▷ **Zwei einzelne Verträge sind flexibler**

Flexibler bleiben Sie mit zwei separaten Risikolebensversicherungen. Dort setzen Sie den jeweils anderen als Bezugsberechtigten ein. Sie können den **Bezugsberechtigten jederzeit ändern**, etwa im Falle einer **Trennung**. Auch unterschiedlich lange Laufzeiten beider Verträge oder verschieden hohe Versicherungssummen sind möglich. Darüber können Sie nachdenken, falls ein Partner weniger verdient und deshalb eine höhere Absicherung braucht für den Fall, dass das zweite Einkommen wegbricht.

Alleinerziehende können ihre minderjährigen Kinder als Bezugsberechtigte bestimmen. In diesem Fall ist es aber **sinnvoll, gleichzeitig einen Vormund festzulegen**, der das Geld verwalten soll. Ist dieser nicht bestimmt, ernennt das Gericht einen Vormund. Die Versicherungssumme wird dann erst ausgezahlt, sobald dieser feststeht. Sind die Kinder volljährig, erhalten sie das Geld direkt ausgezahlt.

▷ **Wie sich Unverheiratete gegenseitig absichern**

Nicht verheiratete Paare sollten über eine besondere Variante der Risikolebensversicherung nachdenken, die sich **Über-Kreuz-Versicherung** nennt. Grund dafür ist die **Erbschaftsteuer**: Während Ehepartner einen hohen Freibetrag von 500.000 Euro haben, beträgt er bei Unverheirateten gerade mal 20.000 Euro. Das bedeutet, mit einem „normalen" Vertrag wird Unverheirateten von der Zahlung aus der Risikolebensversicherung Erbschaftssteuer abgezogen.

Diese Besteuerung der Auszahlung fällt allerdings nicht an, wenn Sie zwei getrennte Über-Kreuz-Verträge abschließen. In Ihrem Vertrag ist festgelegt, dass Sie von Ihrer **eigenen Versicherung Geld erhalten**, falls Ihr **Partner stirbt**. Im Vertrag Ihres Partners ist es umgekehrt.

Zum besseren Verständnis ein **Beispiel**: Ben und Jana schließen Über-Kreuz-Verträge ab. Das bedeutet, Ben erhält Geld aus seinem eigenen Versicherungsvertrag, falls Jana stirbt. Er muss dann **keine Erbschaftssteuer** zahlen, denn das Geld bekommt er aus einem Vertrag, der ihm ohnehin gehört. Bei einer

Quelle: Finanztip-Darstellung (Stand: Oktober 2019).

"normalen" Risikolebensversicherung wäre das anders. Er bekäme in diesem Fall Geld von Janas Versicherung. Denn Jana hätte ihn in ihrem Vertrag als Begünstigten festgelegt. Das Geld von Janas Versicherung müsste er dann versteuern.

Es ist möglich, die einzelnen Über-Kreuz-Verträge bei verschiedenen Anbietern abzuschließen – je nachdem, welcher Anbieter für welchen Partner am günstigsten ist. **Wichtig** ist, dass jeder Partner die Beiträge für den eigenen Vertrag auch von einem eigenen Konto zahlt, und **nicht von einem Gemeinschaftskonto**.

Die Verträge eigenen sich auch für Ehepaare, die mehr als 500.000 Euro Versicherungssumme wählen möchten, etwa weil sie einen Hauskredit und zusätzlich noch den Lebensunterhalt der Familie absichern möchten. Allerdings hat auch diese Konstruktion **Nachteile**. Im Falle einer **Trennung** müssen Sie **diese wieder aufheben**. Schließlich sollen dann etwa Ihre Kinder die Auszahlung aus der Versicherung erhalten, wenn Ihnen etwas zustößt, und nicht Ihr Ex-Partner oder Ihre Ex-Partnerin.

Um diese Schieflage zu beheben, sollte dann jeder der beiden Partner wieder den „eigenen" Vertrag übernehmen, sprich: Sie werden mit Einverständnis Ihres Ex-Partners in dem Vertrag zum Versicherungsnehmer, in dem Sie auch als versicherte Person eingetragen sind – und umgekehrt. Damit zahlen Sie künftig für den Vertrag, in dem Sie selbst versichert sind und können dann auch bestimmen, wer im Fall Ihres Todes die Versicherungssumme bekommen soll. Dieses „**Tauschgeschäft**", das aus Über-Kreuz-Verträgen zwei „normale" Risikolebensversicherungen macht, **funktioniert** jedoch **nur mit Zustimmung beider Partner.**

Welche Versicherungssumme brauche ich?

Bei Risikolebensversicherungen gibt es zwei Varianten, wie sich die Versicherungssumme gestalten lässt – mit einer konstanten oder einer fallenden Versicherungssumme.

▷ Konstante Versicherungssumme

Bei dieser Variante bleibt die Versicherungssumme über die gesamte Laufzeit des Vertrags gleich. Beträgt die Versicherungssumme 200.000 Euro, erhalten die Hinterbliebenen diesen Betrag ausgezahlt, unabhängig davon, wann die versicherte Person während der Laufzeit des Vertrags stirbt. Ein Vertrag mit gleichbleibender Versicherungssumme ist die **gängigste Variante** der Risikolebensversicherung. Sie ist der Klassiker, um die **Familie abzusichern**. Denn meist sinkt zwar mit der Zeit der Absicherungsbedarf, weil mit dem Alter tendenziell das Vermögen zunimmt und die Kinder in kürzerer Zeit aus dem Haus sind. Gleichzeitig sinkt durch die Inflation die Kaufkraft des Auszahlungsbetrags. Im besten Fall gleichen sich diese beiden Effekte aus. Verträge mit konstanter Versicherungssumme sind allerdings **meist etwas teurer** als Varianten, bei denen die Versicherungssumme mit der Zeit sinkt.

▷ Fallende Versicherungssumme

Eine sogenannte annuitätisch fallende Versicherungssumme ist auf einen Kredit angepasst, den Sie regelmäßig abzahlen. Die **Versicherungssumme sinkt** im gleichen Maße **wie** die **Restschuld des Kredits**. Diese Form der Risikolebensversicherung ist gedacht, um eine **Baufinanzierung abzusichern**. Es gibt auch Verträge mit linear fallender Versicherungssumme; sie sinkt also jedes Jahr um den gleichen Betrag.

Finanztip hält in der Regel eine **konstante Versicherungssumme für empfehlenswert**. Das ist die einfachste Variante. Denn meist soll die Risikolebensversicherung nicht nur ein **Haus absichern**, **sondern** zusätzlich den **Lebensunterhalt der Familie**. Falls Sie irgendwann feststellen, dass die konstante Versicherungssumme zu hoch ist, weil Sie zum Beispiel Ihr Haus größtenteils abgezahlt haben oder die Kinder fast volljährig sind, können Sie den Vertrag einfach **ändern**. Sie reduzieren die Höhe der Absicherung und zahlen für die restliche Vertragslaufzeit weniger Beitrag. Verträge mit fallenden Summen bieten nicht alle Versicherer an. Außerdem sind die Kosten nicht immer einfach zu vergleichen, da manche Anbieter mit einem gleichbleibenden Beitrag rechnen, bei anderen hingegen die Beiträge während der Laufzeit des Vertrags schwanken.

So hoch sollte die Versicherungssumme sein

Wie hoch die Versicherungssumme sein sollte, hängt von Ihren persönlichen Bedürfnis-

> » **Vorfälligkeitsentschädigung** «
>
> Falls Sie Ihren Kredit außerplanmäßig kündigen und zurückzahlen, steht Ihrer Bank in den meisten Fällen eine sogenannte Vorfälligkeitsentschädigung zu. Wie hoch diese „Strafe" ausfällt, ist abhängig davon, um welche Art von Kredit es sich handelt. Bei **Ratenkrediten** ist die Entschädigung seit 11. Juni 2010 auf höchstens 1 Prozent der Restschuld des Kredits beschränkt. Vorfälligkeitsentschädigungen für Baufinanzierungen können unter Umständen mehrere Tausend Euro betragen. Der Grund sind hohe Kreditsummen und eine fehlende gesetzliche Deckelung. Nach zehn Jahren Zinsbindung können Sie Baufinanzierungen immer ohne Entschädigung kündigen.

sen ab und davon, was Sie absichern wollen. Möchten Sie einen **Kredit absichern**, damit Ihre Angehörigen im Todesfall nicht mit Schulden da stehen, sollte die Versicherungssumme **mindestens die Restschuld des Kredits abdecken**. Fragen Sie die Höhe der Restschuld gegebenenfalls bei der Bank nach.

Ist der Kredit jünger als zehn Jahre, können Sie zudem überlegen, die Versicherungssumme noch etwas höher anzusetzen, zum Beispiel 10 Prozent bis 15 Prozent über der Restschuld. Damit ist dann im Fall der Fälle **auch** die **Vorfälligkeitsentschädigung abgedeckt**, die Ihre Hinterbliebenen der Bank für entgangene Zinsen zahlen müssen, falls sie den Kredit vorzeitig tilgen müssen.

Geht es grundsätzlich darum, die **Familie abzusichern**, hängt die Höhe der Versicherungssumme von Ihrer familiären Situation ab, sowie vom Einkommen des Partners und dem vorhandenen Vermögen. Überschlagen Sie also, wie viel Geld monatlich fehlen würden, falls der Partner stirbt.

Dafür stellen Sie all Ihre monatlichen **Einnahmen und Ausgaben in einer Liste** zusammen. Überlegen Sie, welche Einnahmen, aber auch Kosten durch den Tod eines Partners entfallen, wie hoch Witwenrente oder Waisenrente möglicherweise ausfallen und welche Kredite zu tilgen sind. Beziehen Sie auch das angesparte Vermögen in Ihre Überlegungen ein. Falls Sie kleine Kinder haben, bedenken Sie, dass Sie eventuell weniger arbeiten können, wenn Sie deren Betreuung allein organisieren müssen.

Am Ende sollte eine Summe stehen, die den **monatlichen Bedarf** beziffert. Braucht Ihre Familie im Todesfall beispielsweise jeden Monat 1.000 Euro und Sie möchten die Familie über 20 Jahre absichern, benötigen Sie eine Versicherungssumme von etwa 240.000 Euro. In diesem Beispiel haben wir keine Zinsen miteinberechnet.

Seien Sie **nicht zu knauserig**, Sie können die Versicherungssumme auch **senken**, wenn sich später herausstellt, dass Sie eine niedrigere Absicherung brauchen. Die Summe erhöhen können Sie hingegen oft nur zu besonderen Anlässen wie Hochzeit oder Geburt eines Kindes.

Wie lang sollte der Vertrag laufen?

Die Risikolebensversicherung sollte so lange laufen, wie Ihre Angehörigen einen **Ausgleich für das fehlende Einkommen brauchen**. Der Vertrag könnte beispielsweise enden, wenn Ihr Immobilienkredit abgezahlt ist. Oder Sie lassen die Versicherung bis zu dem Zeitpunkt laufen, an dem Ihre Kinder voraussichtlich ihre Ausbildung beenden und eigenes Geld verdienen können.

Je kürzer der Vertrag läuft, desto weniger kostet er. Gehen Sie aber lieber auf Nummer

Vor Berufsunfähigkeit schützen

Der Berufsunfähigkeitsschutz sollte **möglichst früh** und vor allem bei **guter Gesundheit** abgeschlossen werden – andernfalls wird es teuer oder sogar unmöglich.

4 von 10

der heute 30-Jährigen werden im Laufe ihres Arbeitslebens zeitweise berufsunfähig sein.

21 – 40 JAHRE

Mobil werden

Grund Nr. 1 in Deutschland für die Aufnahme eines Ratenkredits ist die Autofinanzierung.

Über den Autohändler:
⊕ niedrige Zinsen

Über einen Bankkredit:
⊕ durch Barzahlung Rabatte des Autohändlers sichern
⊖ höhere Zinsen

So bezahlten die Deutschen 2020 ihr Auto

	Gebrauchtwagen	Neuwagen
Barzahlung	44 %	16 %
Finanzierung	55 %	62 %
Leasing	1 %	22 %

Quelle: DAT

sicher und **schlagen ein paar Jahre drauf**. Es ist einfacher, die Risikolebensversicherung zu kündigen, als die Laufzeit nachträglich zu verlängern.

Was kostet eine Risikolebensversicherung?

Wie hoch der Beitrag letztlich ausfällt, hängt unter anderem davon ab, wie hoch die Versicherungssumme ist und wie lange der Vertrag läuft.

In unserem Vergleich haben wir Preise für 30 Musterkunden abgefragt. Für **200.000 Euro Versicherungssumme** lag der Preis für verschiedene Laufzeiten, Berufe, Alter und Hobbys meist **zwischen 100 und 300 Euro im Jahr**, in einigen Fällen verlangten die Anbieter jedoch über 1.000 Euro im Jahr.

Für den Preis spielen **persönliche Merkmale** eine große Rolle. Je größer ein Anbieter das Risiko einschätzt, dass die versicherte Person während der Vertragslaufzeit stirbt, desto teurer ist die Risikolebensversicherung. Raucher zahlten in unserer Untersuchung beispielsweise mehr als doppelt so viel wie Nichtraucher.

Mögliche **Risikofaktoren** sind:
- Alter,
- Gesundheitszustand,
- ein körperlich anstrengender Beruf,
- Übergewicht,
- riskante Hobbys wie Motorradfahren,
- Rauchen.

Allerdings **gewichtet** jedes Unternehmen die **Risikofaktoren anders** und verlangt daher für dieselbe Person einen anderen Preis. Einige Anbieter nehmen beispielsweise keine höheren Preise von Motorradfahrern, andere verlangen erst bei sehr hohem Übergewicht einen Zuschlag und wieder andere stufen körperliche Berufe nicht teurer ein als Bürojobs.

Auch wie die Anbieter Rauchverhalten bewerten, variiert. Manche belohnen langjährige Nichtraucher mit günstigeren Beiträgen, für andere reicht es aus, wenn jemand seit mindestens 12 Monaten nicht mehr geraucht hat. Es lohnt sich also, **Preise zu vergleichen**, um den günstigsten Anbieter für Ihre persönliche Situation zu finden. Beantworten Sie die **Gesundheitsfragen unbedingt wahrheitsgemäß**. Falsche Angaben können Ihrer Familie später Streit mit der Versicherung bescheren. Wenn Sie sich nicht ganz sicher sind, **fragen Sie unbedingt bei Ihren Ärzten nach**, welche Diagnosen und Behandlungen in Ihren Krankenakten stehen.

▷ **Rauchen nachmelden**

Wenn Sie eine Risikolebensversicherung haben und (wieder) mit dem **Rauchen** beginnen, sind Sie **verpflichtet**, das dem Anbieter zu **melden**. Dieser verlangt dann in der Regel einen höheren Beitrag. Falls Sie es **verschweigen**, kann die Versicherung im Todesfall die **Leistung kürzen**. Waren Sie umgekehrt bei Vertragsabschluss Raucher und haben zwölf Monate nicht mehr geraucht, können Sie als **Nichtraucher günstigere Beiträge** beantragen. Die Versicherung ist aber nicht verpflichtet, Ihnen einen Preisnachlass zu gewähren.

Falls Sie sich nach Abschluss des Vertrags ein riskantes Hobby zulegen oder den Beruf wechseln, müssen Sie das normalerweise nicht melden. Fragen Sie in einem solchen Fall aber sicherheitshalber bei Ihrer Versicherung nach, was diese als sogenannte „**Gefahrerhöhung**" ansieht.

▷ Brutto- und Nettobeitrag beachten

Beim Abschluss der Risikolebensversicherung finden sich im Angebot immer zwei Preise: der Netto- oder Zahlbeitrag und der Bruttobeitrag. Der **Nettobeitrag** steht für den Preis, den Sie derzeit für den Schutz zahlen müssen. Er ist allerdings **nicht garantiert** und kann sich ändern, falls sich die wirtschaftliche Situation der Versicherung verschlechtert und sie weniger Überschüsse erzielt. Das kann beispielsweise passieren, falls mehr Menschen sterben oder das Unternehmen weniger Gewinne am Kapitalmarkt erzielt als erwartet.

Dann kann der Preis steigen, **maximal bis zur Höhe des angegebenen Bruttobeitrags**. Achten Sie deshalb beim Abschluss auch auf den angegebenen Bruttobeitrag – so können Sie abschätzen, wie teuer die Versicherung schlimmstenfalls werden kann. Es gibt auch einige wenige Anbieter, die über die gesamte Vertragslaufzeit einen garantierten Beitrag verlangen.

Welche Anbieter sind am günstigsten?

Die Risikolebensversicherung ist eine der wenigen Versicherungen, bei denen Sie den Vertrag hauptsächlich **nach dem Preis auswählen können**. Das liegt daran, dass es bei der Auszahlung der Leistung selten Probleme gibt – der Tod ist der eindeutigste Versicherungsfall, den man sich denken kann. Selbst ein Suizid ist ab drei Jahren nach dem Abschluss des Vertrages versichert.

Finanztip hat Risikolebensversicherungen mit konstanter Versicherungssumme für gesunde Musterkunden verglichen. Haben Sie keine Vorerkrankungen, können Sie bequem online Angebote der von Finanztip empfohlenen Versicherer anfordern und diese vergleichen. Jeder Versicherer bietet **verschiedene Tarifvarianten** mit anderen Leistungen an. Finanztip **empfiehlt** jeweils die **günstigste Variante**. Legen Sie jedoch Wert auf die Zusatzoptionen, die die Premium-Tarife bieten, können Sie sich auch für diese Varianten entscheiden. Wenn Sie auf Nummer sicher gehen wollen, dass Sie einen guten Preis bekommen, lohnt es sich, bei zwei Versicherern Angebote anzufragen und deren **Preise zu vergleichen**. So vermeiden Sie Ausreißer beim Preis, falls ein Anbieter Ihr Risiko deutlich höher bewertet als der andere.

Empfehlung bei Vorerkrankungen, Übergewicht oder Risiko-Hobbys

Wer gesundheitliche Probleme oder Übergewicht hat, für den ist es schwer, im Internet Preise von Risikolebensversicherungen zu vergleichen. In vielen Fällen ist der am Ende des Online-Antrags **angezeigte Preis noch nicht der Beitrag**, den die Versicherung tatsächlich verlangt.

Die meisten Anbieter zeigen zwar schon einen Aufpreis an, wenn ein Kunde angibt, Raucher zu sein. Setzt er aber Häkchen bei den Gesundheitsfragen, müssen fast alle Versicherer diese nochmal von einem Sachbearbeiter prüfen lassen. Ähnlich sieht es bei bestimmten riskanten Hobbys und starkem Übergewicht aus. Erst wenn der Sachbearbeiter alle Angaben zu Krankheiten und anderen Risikofaktoren gesammelt hat, macht er ein Angebot mit dem endgültigen Preis. So kann es vorkommen, dass auf den ursprünglich angezeigten Beitrag noch ein **Zuschlag** kommt oder die Versicherung den **Vertrag überhaupt nicht abschließen** möchte.

Falls Sie also Extremsport betreiben oder einige der Gesundheitsfragen im Antrag mit „ja" beantworten müssen, gibt es zwei Möglichkeiten einen günstigen Anbieter zu finden.

▷ **Option 1: Selbst Angebote einholen**

Wenn Sie selbst vergleichen wollen, können Sie bei mehreren Versicherungen gleichzeitig einen Antrag stellen. Haben Sie dann das beste Angebot ausgewählt, widerrufen Sie die anderen Verträge innerhalb von 30 Tagen.

Das ist **recht aufwendig** und hat potenziell einen weiteren Nachteil: Einige Versicherungen melden es an die **Warndatei HIS**, wenn sie einen Vertrag ablehnen oder bei einem Kunden ein erhöhtes Risiko feststellen. Das Kürzel HIS steht für Hinweis- und Informationssystem der Versicherungswirtschaft und ist ein zentrales Register, das ähnlich der Schufa funktioniert. Mehr Angaben zur HIS finden Sie unter:

 https://www.finanztip.de/sinnvolle-versicherungen/his-versicherung/

Meldet eine Versicherung bei einem Interessenten ein erhöhtes Risiko, kann dieser Eintrag zum Problem werden, wenn der Kunde noch woanders ein Angebot einholen will. Denn die anderen Versicherungen prüfen den Antrag dann wahrscheinlich genauer und erhalten möglicherweise Informationen,

Rente vorbereiten

Private Rentenversicherung: nur wenige bieten hohe, flexible Renten.

41 – 60 JAHRE

Szenario: Ein Kunde, zu Beginn 37 Jahre alt, zahlt 30 Jahre lang 100 € im Monat ein.

6 von 39 wurden von der Stiftung Warentest mit „gut" bewertet:

Anbieter & garantierte Rente

1. ~~Europa~~ / 166 € / Note 1,7
2. ~~Interrisk~~ / 164 € / Note 1,8
3. ~~Hannover~~ / 162 € / Note 2,0
4. ~~Bayern~~ / 149 € / Note 2,3
5. ~~Coburg~~ / 156 € / Note 2,4
6. ~~Neckar~~ / 157 € / Note 2,5

Vergleichen lohnt sich.

Quelle: Stiftung Warentest

Sich niederlassen

Ø 80% des Kaufpreises für ein Haus werden in Deutschland mit einem Darlehen finanziert.

Aufgrund niedriger Zinsen liegt die anfängliche **Tilgungsrate** bei Ø **3%** – und damit höher als je zuvor!

Hier liehen Hauskäufer in 2020 Geld

%	
31 %	Sparkassen
27 %	private Geschäftsbanken
25 %	Genossenschaftsbanken
15 %	Bausparkassen
2 %	Sonstige

Quelle: Springer Professional

die sie selber sonst nicht abfragen würden. Alle von Finanztip empfohlenen Anbieter melden nicht an das HIS, tauschen also keine Informationen mit anderen Versicherern aus. Dennoch speichern sie die Gesundheitsdaten für drei Jahre, selbst wenn kein Vertrag zustande kommt. Wollen Sie beim selben Anbieter später eine andere Versicherung abschließen, kann er auf diese Informationen zurückgreifen.

▷ Option 2: Risikovoranfrage über einen Versicherungsvermittler

Einfacher ist es, über einen Versicherungsmakler oder -berater ein **anonyme Risikovoranfrage** zu stellen. Das bedeutet, der Berater schickt Ihre Unterlagen an verschiedene Versicherungen, damit diese ein Angebot erstellen. Dabei macht er alle wichtigen Angaben zu Gesundheit und anderen Risikofaktoren, nennt aber nicht Ihren Namen. So können Sie viele Tarife vergleichen, ohne selbst alle Versicherungen anschreiben zu müssen und ohne all Ihre persönlichen Daten preiszugeben.

Sind Zusatzleistungen sinnvoll?

Eine Risikolebensversicherung schließen Sie in der Regel für Jahrzehnte ab. Die günstigen Basis-Tarife enthalten den eigentlich wichtigen Schutz – die finanzielle Absicherung Ihrer Familie, falls Sie sterben.

Die meisten Versicherer bieten allerdings auch Premium-Tarife mit verschiedenen Zusatzleistungen an. Wägen Sie genau ab, welche dieser Leistungen Sie wirklich benötigen. Denn für die umfassenderen Leistungen zahlen Sie auch einen höheren **Preis**.

▷ Nachversicherungsgarantie

Viele Tarife ermöglichen es, die Versicherungssumme später **ohne erneute Gesundheitsprüfung** zu erhöhen. In der Regel hängt das ab von einem Ereignis wie der Geburt eines Kindes, einer Hochzeit oder dem Kauf einer Immobilie. Die Höhe der Nachversicherung ist meist begrenzt, zum Beispiel auf eine bestimmte Summe pro Ereignis oder eine maximale Gesamthöhe der Versicherungssumme. Bei manchen Anbietern können Sie auch nur bis zu einem bestimmten Alter des Versicherungsnehmers erhöhen.

Eine solche Nachversicherungsgarantie enthalten meist auch die günstigen Tarif-Varianten. Sie ist gerade für junge Paare sinnvoll, die noch Nachwuchs oder einen Eigenheimkauf planen. Premium-Tarife bieten manchmal eine erweiterte Nachversicherungsgarantie, das heißt Sie können beispielsweise zu mehr Gelegenheiten die Versicherungssumme erhöhen. Zu welchen Ereignissen das im günstigen und im teuren Tarif möglich ist, variiert von Anbieter zu Anbieter. Vergleichen Sie also, was am besten zu Ihrer persönlichen Situation passt.

▷ Dynamik

Eine Dynamik sorgt dafür, dass die Versicherungssumme **jedes Jahr steigt**. Das soll im Lauf der Jahre den Wertverlust durch die Inflation ausgleichen. Im Gegensatz zur Berufsunfähigkeitsversicherung ist das bei einer Risikolebensversicherung aber **eher unnötig**. Die Dynamik macht den Vertrag teurer und bei den meisten Menschen sinkt der Absicherungsbedarf im Lauf der Zeit eher. Bei einem Vertrag mit konstanter Versicherungssumme halten sich sinkender Absicherungsbedarf und Inflation so in etwa die Waage.

▷ Verlängerungsoption

Mit dieser Klausel **verzichtet** die Versicherung auf eine **neue Gesundheitsprüfung**, um den Vertrag zu verlängern. Das kann sinnvoll sein, wenn sich Ihre Lebensumstände geändert haben und der Vertrag doch länger laufen soll, als ursprünglich geplant. Wägen Sie ab, ob es nicht sinnvoller ist, stattdessen die **Vertragslaufzeit** von vorneherein **länger zu wählen**. Falls Sie die Versicherung irgendwann nicht mehr brauchen, können Sie den Vertrag auch kündigen.

▷ Vorgezogene Todesfall-Leistung

Erkranken Sie so schwer, dass Sie innerhalb weniger Monate sterben werden, zahlt ein Tarif mit diesem Baustein bereits vor Ihrem Tod einen **Teil der Versicherungssumme** aus. Diese Klauseln gibt es auch in Verbindung mit einer Erkrankung der Kinder oder falls der Versicherte pflegebedürftig wird. Es ist fraglich, ob Sie solche Leistungen **brauchen**. Denn eigentlich soll die Risikolebensversicherung dazu dienen, Ihre Hinterbliebenen zu versorgen.

Was ist im Todesfall zu tun?

Falls Ihr **Partner** stirbt, müssen Sie das so schnell wie möglich der Risikolebensversicherung **melden**. Dazu genügt zunächst ein Anruf. Anschließend müssen Sie der Versicherung den **Versicherungsschein** (die Police) sowie eine **amtliche Sterbeurkunde** zuschicken. Das sollten Sie per Einschreiben machen. Außerdem kann der Versicherer ein ärztliches Zeugnis über die Todesursache verlangen.

Die Versicherungssumme überweist er grundsätzlich auf ein Konto des im Vertrag stehenden Bezugsberechtigten.

Konkrete Produktempfehlungen finden Sie unter:

 www.finanztip.de/risikolebensversicherung/

1.1.7 Rechtsschutzversicherung

» Finanzielle Unterstützung für den Rechtsstreit «

von Henriette Neubert, Kathrin Gotthold & Julia Rieder Stand: 03. November 2021
www.finanztip.de/rechtsschutzversicherung/

Ist eine private Rechtsschutzversicherung sinnvoll? // Für wen eine private Rechtsschutzversicherung sinnvoll ist // Was übernimmt eine gute Rechtsschutzversicherung? // Was deckt eine private Rechtsschutzversicherung nicht ab? // Wann darf Ihnen die Versicherung kündigen? // Wie finden Sie den passenden Tarif? // Was tun, wenn die Versicherung nicht zahlt?

 Das Wichtigste in Kürze

- Eine Rechtsschutzversicherung trägt die Kosten, die Ihnen bei Auseinandersetzungen in den **versicherten Rechtsbereichen** entstehen.
- Sie können sich für verschiedene **Vertragspakete** entscheiden, zum Beispiel Privat-, Berufs-, Wohn- und Verkehrsrechtsschutz.
- Ein **Rundum-Sorglos-Paket** ist die Rechtsschutzversicherung **nicht**. Viele Rechtsgebiete können Sie grundsätzlich nicht versichern, andere sind in einzelnen Tarifen ausgeschlossen.
- Außerdem gilt: Bestand ein **Konflikt** bereits **vor Abschluss** des Vertrages, ist er vom Schutz **ausgeschlossen**.

 So gehen Sie vor

- Prüfen Sie mit Hilfe unseres Textes, ob eine Rechtsschutzversicherung Ihnen den Schutz bietet, den Sie suchen.
- Sind Sie überzeugt, dass Sie eine Rechtsschutzversicherung brauchen, dann greifen Sie zu einem Tarif mit einem guten Preis-Leistungs-Verhältnis.

Etwa die **Hälfte** der Haushalte in Deutschland hat eine Rechtsschutzversicherung. Viele Menschen vertrauen also darauf, mit Hilfe dieser Versicherung ihr Recht durchsetzen zu können, etwa bei Ärger mit dem Arbeitgeber, Behörden oder dem Vermieter. Doch wie sinnvoll ist eine Rechtsschutzversicherung tatsächlich?

Ist eine private Rechtsschutzversicherung sinnvoll?

Wie sinnvoll es für Sie ist, eine Rechtsschutzversicherung abzuschließen, hängt vor allem von Ihren Lebensumständen ab. Grundsätzlich gilt: Es **gibt wichtigere Versicherungen** als Rechtsschutz, etwa eine Privathaftpflicht und eine Berufsunfähigkeitsversicherung. Haben Sie diese Versicherungen nicht und verletzen einen anderen Menschen schwer oder können Sie krankheitsbedingt nicht mehr arbeiten, dann kann das für Sie sehr viel teurer werden als ein Rechtsstreit.

Im Vergleich zu den Millionenzahlungen, vor denen Sie eine private Haftpflichtversicherung schützen soll, geht es bei der Rechtsschutzversicherung meist um ein **überschaubares finanzielles Risiko**. Um Ihr Recht durchzusetzen, benötigen Sie zunächst einige Hundert Euro für einen Rechtsanwalt, später dann vielleicht einige Tausend Euro, wenn der Streit vor Gericht endet. Das ist natürlich eine Stange Geld. Allerdings sollten Sie vor dem Abschluss einer Rechtsschutzversicherung überlegen, **wie häufig** Sie in einen solchen Rechtsstreit geraten, und welche Summe Sie insgesamt über die Jahre für die Versicherung zahlen.

Quelle: Roland Rechtsreport 2019; Allensbacher Archiv, IfD-Umfrage 11095 (Stand: 19.02.2019).

Die Wahrscheinlichkeit, an einem Gerichtsprozess beteiligt zu sein, ist statistisch **nicht besonders hoch**. In einer repräsentativen Umfrage der Roland Rechtsschutzversicherung aus dem Jahr 2021 gaben **nur 25 Prozent** der Befragten an, in den letzten zehn Jahren an einem oder mehreren Gerichtsprozessen beteiligt gewesen zu sein – und zwar entweder als Kläger, Beklagter oder auch Zeuge.

Außerdem ist eine Rechtsschutzversicherung **relativ teuer**. Je nach Umfang der Versicherung kann der Schutz mehrere Hundert Euro im Jahr kosten. Für einige rechtliche Fragen und Probleme gibt es noch dazu günstigere Alternativen.

▷ **Es gibt Alternativen zur Rechtsschutzversicherung**

Manchmal hilft bereits eine **kostenlose Rechtsauskunft**, Kosten und Aussichten eines Rechtsstreits einzuschätzen. Auch eine umfangreichere **Erstberatung** durch einen Anwalt oder einen Austausch anwaltlicher Schreiben können Sie in den meisten Fällen aus eigener Tasche zahlen. Viele Streitigkeiten lassen sich bereits in diesem vorgerichtlichen Bereich beilegen.

Bei Mietrechtsfragen können Mieter einem **Mieterverein** beitreten. Das ist mit etwa 50 bis 100 Euro pro Jahr (je nach Stadt) günstiger als eine entsprechende Rechtsschutzversicherung. Als Vereinsmitglied erhalten Sie kostenlose Beratung bei Problemen rund um Ihre Mietwohnung, etwa zu Mieterhöhungen oder falschen Nebenkostenabrechnungen. Ein weiterer Vorteil: Sie bekommen **direkt nach Eintritt** in den Verein **Unterstützung**, während bei einer Rechtsschutzversicherung eine Wartezeit von drei Monaten besteht.

Eigentümer von Wohnungen oder Häusern erhalten kostenlose Rechtsberatung als **Mitglied eines Grundeigentümervereins**.

Als Mitglied einer **Gewerkschaft** können Sie den Rechtsschutz der Gewerkschaft nutzen, wenn sich ein Streit um das **Arbeitsverhältnis** dreht oder es um Probleme mit der **Sozialversicherung** geht. Dieser Schutz ist im Mitgliedsbeitrag enthalten.

Erhebt jemand **Schadensersatzansprüche** gegen Sie, kümmert sich Ihre private **Haftpflichtversicherung** darum, diese abzuwehren oder zu begleichen. Auch wenn es zu einem Prozess kommt, müssen Sie nichts dafür zahlen. Bei Streitigkeiten als Autofahrer ist das ein Fall für Haftpflicht innerhalb Ihrer Kfz-Versicherung. **Verkehrsrechtliche Erstberatungen** erhalten oft auch Mitglieder in **Automobilclubs**.

Haben Sie **Streit mit einer Versicherung**, ist der **Versicherungsombudsmann** eine wichtige Anlaufstelle. Dieser versucht den Streit außergerichtlich beizulegen, Kosten fallen für Sie nicht an.

Unter gewissen Umständen ist es möglich, für gerichtliche Streitigkeiten auch **Prozesskostenhilfe** zu beantragen. Auch für außergerichtliche Auseinandersetzungen und für Rechtsberatung gibt es Unterstützung, wenn Sie wenig Geld haben: Die **Beratungshilfe**.

Einen entsprechenden Beratungshilfeschein erhalten Sie auf Antrag beim zuständigen Amtsgericht Ihres Wohnortes.

▷ **Für wen eine private Rechtsschutzversicherung sinnvoll ist**

Ob und in welchem Umfang sich eine private Rechtsschutzversicherung lohnt, hängt von Ihrer **persönlichen Situation** ab. Fragen Sie sich, ob es Lebensbereiche gibt, in denen rechtlicher Ärger auf Sie zukommen könnte. Pendeln Sie jeden Tag mit dem Auto zur Arbeit oder befürchten Sie Ärger im Job? Dann kann es sich lohnen, einen **Verkehrs- oder Arbeitsrechtsschutz** abzuschließen. Ein Rentner ohne eigenes Auto braucht in diesen Bereichen hingegen keinen Schutz.

Hinzu kommt die Frage, wie Sie das **Risiko einschätzen**, dass Sie absehbar in eine rechtliche Auseinandersetzung geraten. Reizen Sie ein Tempolimit eher mal aus oder bleiben Sie immer im Rahmen? Ist Ihr Arbeitsplatz sicher und Ihr Arbeitgeber freundlich? Haben Sie ein gutes Verhältnis zu Ihrem Nachbarn? Gehen Sie davon aus, Meinungsverschiedenheiten ohne Rechtsstreit beilegen zu können? Je **unwahrscheinlicher** es ist, dass Sie einen Rechtsanwalt benötigen oder gar vor Gericht ziehen müssen, **desto weniger** brauchen Sie eine Rechtsschutzversicherung. Dann kann es die bessere Lösung sein, separat etwas Geld für mögliche Rechtsstreitigkeiten zur Seite zu legen.

Diese Leistungen sollte Ihre Rechtsschutzversicherung enthalten

Absicherung Allgemein	Single	Familie	Autofahrer
Versicherungssumme	5 Mio Euro	5 Mio Euro	500.000 Euro
Versicherungssumme weltweit	200.000 Euro	200.000 Euro	100.000 Euro
Geltungsdauer weltweit	mindestens 6 Monate	mindestens 6 Monate	mindestens 6 Monate
Strafkaution	100.000 Euro	100.000 Euro	100.000 Euro
Selbstbeteiligung	250 – 300 Euro	250 – 300 Euro	150 Euro
Erweiterter Straf-RS	Optional	Optional	✘
Kinder mitversichert	✘	✔	✔ (Singles ✘)
Partner mitversichert	✘	✔	✔ (Singles ✘)
Kosten Mediation	3.000 Euro pro Fall 6.000 Euro Pro Jahr	3.000 Euro pro Fall 6.000 Euro Pro Jahr	3.000 Euro pro Fall 6.000 Euro Pro Jahr
Telefonberatung	Nicht kündigungsrelevant	Nicht kündigungsrelevant	Nicht kündigungsrelevant

Quelle: Finanztip (November 2021)

Wollen Sie dagegen unabhängig von diesen Überlegungen abgesichert sein, sollten Sie eine Rechtsschutzversicherung abschließen. Durch den Schutz vor hohen Kosten sorgt sie dafür, dass Sie Ihr Recht auch gegenüber **finanzkräftigen Streitgegnern**, wie großen Unternehmen, durchsetzen können.

Versicherte Bausteine nach Personenkreis

	Angestellt	Mieter	Autofahrer
Privat-Rechtsschutz	✓	✓	
Verkehrs-Rechtsschutz			✓
Berufs-Rechtsschutz	✓		
Wohn-Rechtsschutz		✓	

Quelle: Finanztip (November 2021)

Um im Schadensfall die Unterstützung zu erhalten, die Sie möchten, müssen Sie bei der Wahl Ihrer Rechtsschutzversicherung genau aufs **Kleingedruckte** achten. Vergleichen Sie verschiedene Tarife daraufhin miteinander, was die jeweilige Versicherung abdeckt und ob das zu Ihren Vorstellungen passt. Ein paar Leistungen sollte ein Tarif in jedem Fall abdecken.

Was übernimmt eine gute Rechtsschutzversicherung?

Rechtsschutzversicherungen funktionieren nach einem Baukastenprinzip. Sie können sich aus einzelnen **Bausteinen** den für Sie passenden Schutz zusammenstellen. Dabei lassen sich folgende Lebensbereiche absichern: **Privates, Beruf, Verkehr** sowie **Miete und Immobilien**. Der **Vorteil** an dem Modell des Baukastenprinzips: Versicherte müssen nicht für Leistungen bezahlen, die sie nicht brauchen. Der **Nachteil**: Was nicht im Vertrag eingeschlossen ist, wird auch nicht bezahlt. Gibt es etwa Streit mit dem Chef um den Arbeitsvertrag und der Kunde hat ausschließlich Verkehrsrechtsschutz vereinbart, springt die Versicherung nicht ein.

▷ **Das ist in der Privatrechtsschutzversicherung enthalten**

Der Baustein Privatrechtsschutz umfasst viele Bereiche des täglichen Leben:

Verträge – Streit rund um Reise-, Kauf-, Dienstleistungs- und Versicherungsverträge, etwa wenn der Handwerker gepfuscht hat oder Sie wegen Reisemängeln Geld zurückverlangen.

Schadensersatz – Durchsetzen von Schadensersatzansprüchen, beispielsweise nach einem Unfall mit dem Auto, dem Rad oder zu Fuß.

Steuer – Gerichtlicher Streit mit dem Finanzamt, etwa um die Anerkennung von Sonderausgaben, Werbungskosten oder außergewöhnlichen Belastungen.

Gemeldete Schäden in der Rechtsschutzversicherung nach Bereichen in 2015

- 25% Verkehrsrecht
- 28% Privatrecht
- 16% Arbeitsrecht
- 31% Sonstiges

Soziales – Wollen Sie die Anerkennung einer Erwerbsminderung oder Berufskrankheit erstreiten oder liegen Sie im Clinch mit Ihrer Krankenkasse, übernimmt die Rechtsschutzversicherung die Kosten eines Verfahrens.

Verwaltung – Ärger mit einer Behörde in Verkehrssachen, beispielsweise weil Ihnen der Führerschein entzogen wurde und Sie ihn nicht zurückbekommen sollen.

Strafrecht – Der Versicherungsschutz gilt für Verkehrsdelikte, Ordnungswidrigkeiten und fahrlässige Vergehen. Wird Ihnen vorgeworfen, Sie hätten die Tat vorsätzlich begangen, zahlt nicht jede Versicherung.

Werden Sie **freigesprochen**, erhalten Sie die Kosten aber in jedem Fall von der Versicherung zurück.

Mit dem Zusatzbaustein „**erweiterter Strafrechtsschutz**" können Sie sich gegen einen etwas höheren Beitrag auch für Fälle absichern, bei denen Sie einer **vorsätzlich begangenen Tat beschuldigt** werden. Werden Sie schuldig gesprochen, müssen Sie die Kosten jedoch zurück zahlen.

Erbe und Familie – Beratung rund um Adoption, Unterhaltsfragen, Sorgerecht oder Erbschaft.

Dieser Bereich ist bei vielen Tarifen **eingeschränkt** oder **ausgeschlossen**. Wenn Sie darauf Wert legen, müssen Sie beim Rechtsschutz-Vergleich darauf achten, dass er im Schutz eingeschlossen ist.

▷ **Was der Berufsrechtsschutz beinhaltet**

Nicht in der privaten Rechtsschutzversicherung enthalten sind rechtliche Fragen rund um Ihren Job. Hierfür benötigen Sie den **Baustein Beruf**. Ihn gibt es nicht einzeln, er kann **nur in Verbindung mit der Privatrechtsschutzversicherung** abgeschlossen werden. Wenn Sie selbstständig tätig sind, brauchen Sie eine spezielle Rechtsschutzversicherung für **Selbstständige**.

Haben Sie Berufsrechtsschutz vereinbart, unterstützt Sie die Versicherung, wenn Ihr Lohn nicht gezahlt wird, Sie keinen Urlaub oder ein schlechtes Arbeitszeugnis bekommen. Auch Auseinandersetzungen rund um eine Abmahnung, Kündigung oder Abfindung sind gedeckt.

▷ Rechtsstreit rund ums Wohnen

Im **Wohnrechtsschutz** sind Konflikte um Mieterhöhungen oder die Nebenkostenabrechnung, Kündigungen wegen Eigenbedarfs und Räumungsklagen abgedeckt. Auch bei **Nachbarschaftsstreit** übernimmt die Versicherung die Kosten. Wer eine Immobilie vermietet, muss dafür speziellen **Vermieterrechtsschutz** vereinbaren.

Auch diesen Baustein können Sie nicht allein abschließen, sondern **nur in Verbindung mit der Privatrechtsschutz**.

▷ Schutz im Straßenverkehr

Den Baustein **Verkehrsrechtsschutz** können Sie **einzeln abschließen** oder in Verbindung mit Privatrechtsschutz. Da dieses Thema sehr umfangreich ist, haben wir ihm einen eigenen Ratgeber gewidmet.

▷ Welche Personen mitversichert sind

Sie können eine private Rechtsschutzversicherung für sich **allein** abschließen, für Sie und Ihren **Partner** oder Sie wählen **Familienrechtsschutz**. Im letzten Fall sind auch erwachsene, unverheiratete Kinder mitversichert. Das gilt sogar, wenn sie nicht mehr zuhause leben – allerdings nur, bis sie einen Beruf aufnehmen. Viele Tarife schließen **auch andere im Haushalt lebende Familienmitglieder ein**. Wenn Ihre Eltern oder Schwiegereltern in Ihrem Haushalt leben, lohnt es sich, bei der Tarifauswahl genau auf den versicherten Personenkreis zu achten.

▷ Diese Kosten übernimmt eine Rechtsschutzversicherung

Wenn die Versicherung Ihnen zugesagt hat, dass sie für Ihren Rechtsstreit **zahlt**, übernimmt sie in aller Regel **neben** den notwendigen **Anwaltskosten auch**

- **Gerichtskosten**,
- **Gebühren** für Zeugen und Sachverständige,
- **Kosten des Prozessgegners**, wenn Sie Gericht verlieren,
- anfallende **Kosten im Ausland** (Übersetzungs- und Fahrtkosten),
- wenn nötig ein zinsloses **Darlehen** für eine Strafkaution.

Geldstrafen oder Bußgelder zahlen die Versicherer meist nicht für Sie.

Absicherung/Risikoversicherung/**Rechtsschutzversicherung**

In vielen Bereichen kommt die Rechtsschutzversicherung außerdem nicht nur für Streitigkeiten vor Gericht auf, sondern auch, wenn der Rechtsanwalt zunächst **außergerichtlich** tätig wird.

Fast alle Anbieter übernehmen zudem, komplett oder bis zu einer Höchstsumme, auch die **Kosten für eine Mediation**. Wie viel die Versicherung dafür zahlt, hängt vom Tarif ab. Meist liegen die Kosten bei 3.000 bis 6.000 Euro pro Schadensfall oder Jahr.

Sie haben zudem die Möglichkeit, sich telefonisch beraten zu lassen. Erreichen können Sie die Hotline Ihres Versicherers meist 24 Stunden am Tag, sieben Tage die Woche. Bei der **telefonischen Rechtsberatung** sollten Sie auch zu Bereichen Fragen stellen können, in denen sonst laut Vertrag kein Rechtsschutz besteht.

Gut zu wissen: Wenn Sie die Rechtsberatung am Telefon nutzen, sollte die Versicherung dies **nicht als kündigungsrelevanten Rechtsschutzfall einstufen**. Die meisten Anbieter tun dies nicht. Prüfen Sie jedoch vor Vertragsabschluss genau, was der Tarif dafür vorsieht.

Was deckt eine private Rechtsschutzversicherung nicht ab?

Ein Rechtsschutzvertrag bietet kein Rundum-sorglos-Paket und ist auch nicht der

So viel kosten Rechtsstreitigkeiten

Typischer Fall	Streitwert[1]	Kosten[2]
Reisemängel im Urlaub	2.700 €	**1.747 €**
Klage wegen zwei ausstehender Monatsgehälter	8.506 €	**2.392 €**
Räumungsklage wegen Eigenbedarfs	5.868 €	**2.947 €**
Kündigungsschutzklage und Streit ums Arbeitszeugnis	17.012 €	**3.295 €**
Mietminderung wegen Schimmels	10.269 €	**4.933 €**
Rückabwicklung eines Kaufvertrags über defekten Neuwagen	37.000 €	**8.310 €**

[1] Den Streitwerten wurden jeweils aktuelle Durchschnittswerte nach Destatis beziehungsweise fiktive Kauf-/Reisepreise zu Grunde gelegt.

[2] Gerichtskosten sowie Kosten des eigenen und des gegnerischen Anwalts (Ausnahme im Arbeitsrecht).

Quelle: Berechnungen des Gesamtverbands der Deutschen Versicherungswirtschaft (Stand: 4. Juni 2018).

"Retter in der Not". Bestand etwa ein **Konflikt bereits vor Abschluss des Vertrages**, ist er vom Schutz ausgeschlossen.

Außerdem müssen Sie in vielen Fällen **drei Monate warten, manchmal auch länger**, bis Sie Leistungen der Versicherung in Anspruch nehmen können. Mit dieser **Wartezeit** wollen sich die Anbieter davor schützen, dass Kunden die Versicherung erst abschließen, wenn der Ärger und damit die Kosten schon absehbar sind. Doch es gibt Ausnahmen. Bei **Verkehrsunfällen** zum Beispiel steht der Rechtsschutzversicherer Ihnen gleich zur Seite, es gibt **keine Wartezeit**.

In einigen Fällen zahlt die **Versicherung grundsätzlich nicht**. Dazu zählen insbesondere:
- **Abwehr von Schadensersatzansprüchen**, wenn sie nicht auf einer Vertragsverletzung beruhen (für diesen Fall sollten Sie jedoch eine Haftpflichtversicherung haben),
- Auseinandersetzungen im Bereich **Bauen und Baufinanzierung sowie Haus-, Wohnungs- und Grundstückseigentum** (beispielsweise Planung, Bau oder Umbau einer Immobilie und Kauf oder Verkauf eines Baugrundstücks; hier empfiehlt sich eine erst seit einigen Jahren wieder erhältliche eigene **Bauherren-Rechtsschutzversicherung**, bei der die Anbieterzahl allerdings sehr begrenzt ist),
- **vorsätzliche Straftaten**,
- **Urheber-, Marken- und Patentrecht**,
- **spekulative Kapitalanlagen** sowie Spiel- und Wettverträge,
- Ärger in Zusammenhang mit **selbstständigen oder gewerblichen Tätigkeiten** (hierfür gibt es speziellen Rechtsschutz für Gewerbe oder Selbstständige),
- Streit zwischen gemeinsam in einem **Familienvertrag versicherten Personen**, etwa Ehepartnern,
- außergerichtliche Auseinandersetzungen mit dem Finanzamt oder einem Sozialamt.

Welche Fälle vom Versicherungsschutz ausgeschlossen sind, variiert von Anbieter zu Anbieter. Wer es genau wissen will, kann einen Blick in die Versicherungsbedingungen seines Vertrages werfen.

Wann darf Ihnen die Versicherung kündigen?

Der Versicherer hat **in der Regel nach zwei Schadensfällen innerhalb von zwölf Monaten** das Recht zur vorzeitigen Kündigung. Telefonische Rechtsberatung sollte bei einem guten Tarif allerdings nicht als Schadensfall zählen.

Auch wenn Sie selten in Rechtsstreitigkeiten geraten, kann es schnell zu zwei Schadensfällen kommen. Wenn Ihnen beispielsweise Ihr Arbeitgeber kündigt, wogegen Sie sich wehren möchten, und er Ihnen im Zuge dieser Kündigung ein schlechtes Arbeitszeugnis ausstellt, handelt es sich um zwei **separate** Rechtsfälle. Die Versicherung hat dann bereits ein **Sonderkündigungsrecht**.

Eine Kündigung von Ihrem Versicherer **kann die Suche nach einem neuen Vertrag erschweren**. Sie müssen im Antrag beim neuen Anbieter Fragen zur Vorversicherung beantworten. Dazu zählen auch Fragen zur Anzahl der Schäden in den letzten fünf Jahren sowie von wem die Kündigung des vorherigen Vertrags ausging. Lügen sollten Sie bei Ihren Angaben nicht, Sie gefährden damit Ihren Versicherungsschutz.

Ein **Ausweg**: Wenn Ihnen ihr Anbieter kündigt, sollten Sie ihn bitten, die Kündigung zurückzunehmen, um dann den Vertrag selbst kündigen zu können.

Wie finden Sie den passenden Tarif?

Sie sind zu dem Entschluss gekommen, dass eine Rechtsschutzversicherung für Sie **sinnvoll** ist? Dann ist der nächste Schritt, einen **passenden Tarif** zu finden. Den universell für jeden passenden Tarif gibt es nicht, vielmehr müssen Sie entscheiden, was Ihnen persönlich wichtig ist.

▷ Leistungen der Rechtsschutztarife vergleichen

Haben Sie Ihre Daten in die Suchmaske eingegeben, wird Ihnen vom Vergleichsrechner eine Ergebnisliste angezeigt. Um den für Sie passenden Tarif zu erhalten, sollten Sie **nicht** direkt den ersten oder günstigsten Tarif **auswählen**.

Schauen Sie zunächst in die **Tarifdetails**, was genau abgesichert ist und was nicht. Sie können auch mehrere Tarife auswählen und miteinander vergleichen. Alle wichtigen Merkmale, die ein guter Tarif aus unserer Sicht erfüllen sollte, haben wir Ihnen im folgenden Abschnitt unter dem Punkt **Mindestkriterien** zusammengestellt. Wir empfehlen nur Vergleichsportale, auf denen Sie diese Merkmale in den Tarifdetails gut erkennen können.

▷ Mindestkriterien für eine gute Rechtschutzversicherung

Der passende Versicherungsschutz sieht für jeden etwas anders aus. Dennoch gibt es ein paar Kriterien, die ein guter Tarif auf jeden Fall erfüllen sollte:

Versicherungssumme – Die Versicherungssumme sollte mindestens **fünf Millionen Euro** betragen oder besser unbegrenzt gelten. Das bieten viele Versicherer an.

Geltungsbereich – Achten Sie darauf, dass der Schutz **auch im EU-Ausland** gilt und weltweit für mindestens sechs Monate. Die Versicherungssumme außerhalb Deutschlands ist bei vielen Tarifen niedriger, die Gefahr, in einen (teuren) Rechtsstreit zu geraten, aber auch geringer. Daher sind hier

300.000 Euro Versicherungssumme ausreichend. Sind Sie länger im Ausland unterwegs, reicht dieser weltweite Schutz nicht.

Strafkaution – Dafür sollte der Tarif mindestens 100.000 Euro übernehmen.

Mediation – Gute Tarife zahlen auch für **außergerichtliche** Mediationsverfahren. Die Kosten dafür werden normalerweise nur bis zu einer festgelegten Höchstsumme übernommen. Prüfen Sie vor Vertragsabschluss, wie viel die Versicherung pro Fall beziehungsweise pro Jahr für Mediationen zahlt. 3.000 Euro sollten es mindestens sein.

Telefonberatung – Telefonische Fragen sollten Sie mindestens zu allen versicherten Rechtsgebieten stellen können, ohne dass das als kündigungsrelevanter Schadensfall gilt.

Personenkreis – Prüfen Sie bei Familientarifen genau, wer mitversichert ist. Besonders zu beachten ist dieser Punkt bei **Verkehrsrechtsschutz**, wenn mehrere Personen mitversichert werden sollen. Denn es gibt Tarife, die Rechtsschutzfälle für Fußgänger ausschließen. Vor allem in Familientarifen sollte dies aber mitversichert sein.

Selbstbeteiligung – Wählen Sie eine Selbstbeteiligung von etwa 150 Euro für eine reine Verkehrsrechtsschutzversicherung und ansonsten von **250 bis 300 Euro**. Dann zahlen Sie weniger Beitrag. Da die Versicherung Ihnen nach zwei Schadensfällen innerhalb von zwölf Monaten kündigen kann, sollten Sie kleinere Fälle ohnehin nicht unbedingt der Versicherung melden. Bei der telefonischen Rechtsberatung sollte keine Selbstbeteiligung fällig werden.

▷ Über diese Kriterien können Sie nachdenken

Manche Kriterien sind nicht für jeden relevant. Überlegen Sie aber, ob sie für Sie wichtig sind:

Folgeereignistheorie – Diese Klausel wird relevant, wenn es um **Schadensersatz** geht. Dann ist für den Versicherungsschutz die Frage wichtig, zu welchem **Zeitpunkt** der Streitfall begonnen hat: Mit dem tatsächlichen Schaden oder mit dem Ereignis, das den Schaden verursacht hat. Wie die Versicherung den Streitbeginn beurteilt, kann entscheidend dafür sein, ob sie für eine Auseinandersetzung zahlt. Denn Kosten für Streitigkeiten, die vor Abschluss der Versicherung begannen, übernehmen Rechtsschutzversicherer nicht.

In Einzelfällen kann dieser Schutz die Versicherung sehr teuer machen, während das Risiko eines teuren Rechtsstreits um Schadensersatz relativ gering ist. Wenn Sie **keine teuren Anschaffungen** hatten, um die es Streit geben könnte, **rechnet sich der Aufpreis für den Zusatzschutz nicht unbedingt.** Es gibt inzwischen jedoch immer mehr Tarife, die diesen Schutz bieten. Wenn es also nicht viel oder gar keinen Aufpreis kostet, sollten Sie diesen Zusatz mitversichern.

Beispiel

Eine Kundin kauft ein Fahrrad, kurze Zeit später schließt sie eine Rechtsschutzversicherung ab. Ein knappes Jahr später hat sie einen Fahrradunfall – der Rahmen des Rads ist gebrochen aufgrund eines Materialfehlers. Dieser Schaden ist nicht versichert, wenn der Startzeitpunkt des Rechtsstreits nicht im Unfall, sondern im Kauf des fehlerhaften Fahrrads gesehen wird. Haben Sie die Folgeereignistheorie mitversichert, ist der Schaden versichert, weil das tatsächliche Schadensereignis, also der Unfall, als Ursache des Rechtsstreits gilt.

Erweiterter Strafrechtsschutz – Damit zahlt die Versicherung auch dann, wenn Ihnen eine **vorsätzlich** begangene Tat vorgeworfen wird. Werden Sie schuldig gesprochen, müssen Sie der Versicherung die Kosten allerdings erstatten. Dieser Schutz macht die Versicherung **teuer** und reduziert die Auswahl an Tarifen. Nicht jeder kann sich diesen Zusatzschutz leisten, daher sollten Sie darauf verzichten, wenn die Versicherung sonst zu teuer für Sie wird. Stellt sich im Nachhinein heraus, dass Sie zu Unrecht beschuldigt wurden, zahlt Ihre Versicherung die Kosten für den Rechtsstreit ohnehin nachträglich.

▷ **So viel kann eine Rechtsschutzversicherung kosten**

Die Kosten einer Rechtsschutzversicherung sind von verschiedenen Faktoren abhängig, allen voran vom gewählten Rechtsschutzpaket. **Verkehrsrechtsschutz ist am günstigsten.** Für **Singles** gab es den günstigsten Tarif im Test von Finanztip für knapp **72 Euro** pro Jahr (bei Wohnsitz in Berlin). Für eine **Familie** kostete der Schutz gut **89 Euro** pro Jahr, dann sind aber auch alle Fahrzeuge und der Partner mitversichert.

Möchten Sie als Single eine Rechtsschutzversicherung für die Bereiche Privat, Beruf und Verkehr, inklusive erweitertem Strafrechtsschutz, zahlen Sie mindestens 222 bis 250 Euro im Jahr. Etwas weniger, nämlich ab 217 Euro, zahlen Alleinerziehende, welche die Bausteine Privat, Beruf und Wohnen absichern möchten. Eine Familie, die alle Bereiche versichert (Privat, Beruf, Verkehr und Wohnen), muss 284 Euro pro Jahr oder mehr zahlen.

Am teuersten in unserem Test war der Rechtsschutz für **Vermieter**. Für die Bausteine Privat, Verkehr, Wohnen und Vermietung hätten unsere Musterkunden, ein Berliner

Rentnerpaar, über 400 Euro pro Jahr zahlen müssen.

Auch Ihr **Wohnort hat Einfluss auf den Preis**. Denn je nach Wohnort schätzt die Versicherung das Schadensrisiko unterschiedlich ein.

Was tun, wenn die Versicherung nicht zahlt?

Will Ihre Versicherung nicht zahlen, weil sie behauptet, Sie hätten den Rechtsstreit **mutwillig verursacht** oder es bestünde **keine Aussicht auf Erfolg**, können Sie diese Entscheidung anfechten. Das geht durch ein **Schiedsgutachten oder einen Stichentscheid**. Bei einem Schiedsgutachten beurteilt ein Gutachter des Versicherers den Fall, beim Stichentscheid legt Ihr Anwalt die Erfolgschancen dar. Das Ergebnis beider Verfahren ist **für den Versicherer bindend**. Für **Kunden** ist der **Stichentscheid vorteilhafter**, weil die Versicherung die Kosten übernimmt, unabhängig davon, wie die Entscheidung ausfällt. Das Schiedsgutachten zahlt immer die unterlegene Partei.

Versicherte können außerdem den **Versicherungsombudsmann** einschalten. Er prüft den Fall kostenlos und **kann die Versicherung dazu verpflichten**, eine Klage zu finanzieren, falls diese nicht mehr als 10.000 Euro kosten würde. Mehr Informationen unter „1.1.5 Hausratversicherung" auf Seite 56.

Konkrete Produktempfehlungen finden Sie unter:

 *www.finanztip.de/ rechtsschutzversicherung/*

Absicherung/Risikoversicherung/**Rechtsschutzversicherung**

Laub aus dem Nachbargarten

Herüberfallendes Laub vom Nachbargrundstück kann stören und Schäden verursachen (z. B. verstopfte Dachrinnen und Fallrohre). Trotzdem haben betroffene Grundstückseigentümer in der Regel keinen Anspruch auf Entschädigung oder Reinigung durch den Baumbesitzer.

Grund: die Begrünung dient dem Allgemeinwohl und das witterungs- und jahreszeitenbedingte Umherfliegen des Laubs kann nicht auf technisch zumutbare Weise verhindert werden und muss daher geduldet werden.

„Laubrente" wird nur in seltenen Fällen gewährt: z. B. wenn der Grenzabstand zum Nachbargrundstück nicht eingehalten wird oder die Beeinträchtigung als **ortsunüblich** und **unzumutbar** eingestuft wird.

Quelle: EIGENHEIMER

Az.: 12 C 3263/11

To: ~~Porto~~ Bordeaux

Statt der geplanten Reise nach Porto in Portugal erhielt die Kundin eines Reisebüros aufgrund ihrer undeutlichen Aussprache ein Flugticket nach Bordeaux in Frankreich. Bezahlen musste sie trotzdem: laut Auffassung des Gerichts trug sie die volle Verantwortung für das Missverständnis.

Quelle: anwalt.de

1.1.8 Wohngebäudeversicherung

» So schützen Sie Ihr Haus «

von **Kathrin Gotthold & Henriette Neubert** Stand: 15. Dezember 2021
www.finanztip.de/wohngebaeudeversicherungen/

Warum sollten Sie eine Gebäudeversicherung abschließen? // Was ist versichert? // Was sollten Sie zusätzlich versichern? // Was ist in der Gebäudeversicherung nicht enthalten? // Was kostet eine gute Wohngebäudeversicherung? // Lohnen sich Kombi-Rabatte mit der Hausratversicherung? // Welche Versicherungssumme sollten Sie wählen? // Was müssen Sie im Schadensfall tun? // Wie können Sie die Versicherung kündigen? // Was, wenn der Versicherer kündigt?

 Das Wichtigste in Kürze

- Eine Wohngebäudeversicherung ist ein **Muss** für jeden Hausbesitzer. Sie zahlt bei Schäden, die Sturm, Hagel, Feuer oder Leitungswasser am Haus anrichten.
- Hausbauern ist zu empfehlen, eine günstige **Feuerrohbauversicherung** schon mit **Baubeginn** abzuschließen, die sich automatisch in eine Wohngebäudeversicherung **umwandelt**, sobald der Bau fertig ist.
- Zusätzlichen Schutz für Ihr Gebäude bietet eine **Elementarschadenversicherung**. Sie zahlt auch bei Überschwemmung, Lawinen oder Starkregen. Sie ist jedoch relativ teuer.

 So gehen Sie vor

- Wenn Sie ein Haus bauen, kümmern Sie sich **frühzeitig** um eine Versicherung. Beim Hauskauf sollten Sie die **bestehende** Wohngebäudeversicherung prüfen. Beachten Sie aber die Kündigungsfrist bevor Sie eine neue Versicherung abschließen.
- Überprüfen Sie generell **regelmäßig**, ob Sie nicht zu viel für Ihre Wohngebäudeversicherung bezahlen.

Die **Starkregen-Katastrophe** in NRW und Rheinland-Pfalz zeigt, dass Unwetter mit verheerenden Schäden viel mehr Haushalte treffen können als gedacht. Wie Sie **Versicherungsschutz** gegen die **finanziellen Folgen** solcher Unwetter bekommen, zeigt Ihnen dieser Ratgeber.

Die deutschen Versicherungsunternehmen planen, in Zukunft **Wohngebäudeversicherungen nur noch mit Elementarschutz** anzubieten. Neu- und Bestandskunden können diesen Schutz dann nur über eine Haftungsfreistellung aktiv **abwählen**.

Wenn **Unwetter** über das Land ziehen, ist es **schnell passiert**: Der Sturm fegt Ziegel vom Dach, Fenster gehen durch umherfliegende Äste zu Bruch. In vielen Fällen kommt eine **Gebäudeversicherung** für solche Schäden auf. Im Jahr 2020 haben vor allem Sturm, Hagel und Starkregen deutschlandweit Schäden in Höhe von 2,5 Milliarden Euro angerichtet, einen großen Teil davon an Gebäuden.Im Jahr 2020 haben vor allem Sturm, Hagel und Starkregen deutschlandweit Schäden in Höhe von 2,5 Milliarden Euro angerichtet, einen großen Teil davon an Gebäuden.

Warum sollten Sie eine Gebäudeversicherung abschließen?

Als Eigentümer eines Hauses oder einer Wohnung können Sie eine Wohngebäudeversicherung abschließen. Dazu sind Sie, anders als etwa bei der Kfz-Haftpflicht, jedoch **nicht verpflichtet**. Es ist **aber sehr empfehlenswert**. Da die eigene Immobilie für Sie, wie für viele Menschen, wahrscheinlich die größte Investition des Lebens ist, steckt auch viel Kapital darin. Mit der Wohngebäudeversicherung sichern Sie sich gegen die finanziellen Folgen von Feuer, Leitungswasser und Sturm ab und **schützen** damit Ihre **Investition**. Wenn Sie für einen Hauskauf oder -bau einen Kredit aufnehmen, werden Sie von Ihrer **Bank** in der Regel auch dazu **verpflichtet**.

Finanztip hat untersucht, wie Verbraucher die für sie **günstigste und passendste Wohngebäudeversicherung** finden können. Da die **Tarife** sehr **umfangreich** sind und die Beiträge von vielen individuellen Merkmalen wie Wohnfläche, aber auch der Adresse des Gebäudes abhängen, empfiehlt Finanztip Vergleich und Abschluss über ein **Online-Portal**. Denn das ist die beste Möglichkeit, um eine zu Ihnen **passende** Wohngebäudeversicherung zu bekommen, die gute Leistungen und einen guten Preis hat.

Was ist versichert?

Die Wohngebäudeversicherung zahlt für **Schäden am Gebäude und an festem Inventar**. Dazu gehören zum Beispiel **Heizungsanlagen**, aber auch die **Einbauküche**, der fest verlegte **Fußboden** und die eingebaute **Badewanne**.

Wenn hingegen **Möbel** oder Ähnliches beschädigt werden, ist das ein Fall für die **Hausratversicherung**.

Die **verbundene** Wohngebäudeversicherung besteht aus der Feuer-, Leitungswasser- und Sturmversicherung. Darüber hinaus können Sie **Zusatzbausteine** beispielsweise für Elementarschäden hinzufügen.

▷ Baustein Feuerversicherung

Der Baustein Feuerversicherung der verbundenen Wohngebäudeversicherung zahlt bei Schäden am Haus, die durch **Brand, Blitzschlag, Explosion oder Implosion** entstehen. Sie greift auch bei fest eingebauten elektrischen **Installationen** wie der Stromversorgung für Lampen und Steckdosen.

 Achtung

*Ein **Rauchmelder** ist **Pflicht**. In den Bauverordnungen der meisten Bundesländer ist festgelegt, dass Rauchmelder in Schlafräumen, Kinderzimmern und Fluren angebracht sein müssen. Fehlt er, können Sie im Versicherungsfall auf einem Teil Ihrer Schäden **sitzenbleiben**.*

▷ Baustein Leitungswasserversicherung

Die Leitungswasserversicherung zahlt bei **Schäden durch Leitungswasser, und Frost sowie andere Bruchschäden**. Falls also kalkhaltiges Wasser oder Frost die Leitungen im Haus zum Bersten bringt, greift die Versicherung.

▷ Baustein Sturmversicherung

Die Versicherung leistet bei **Sturmschäden ab Windstärke 8 und bei Hagelschäden**. Etwa, wenn das **Dach** abgedeckt wird und repariert werden muss. Sie kommt auch für **Folgeschäden** auf, zum Beispiel, wenn es durch ein vom Sturm abgedecktes Dach regnet.

▷ Sonderfall: Elementarschadenversicherung

Standardtarife in der Wohngebäudeversicherung greifen in aller Regel **nicht** bei **Elementarschäden**. Das bedeutet, dass die Versicherung nicht für die Folgen aufkommt, wenn Ihr Gebäude durch **Überschwemmung, Erdbeben, Erdrutsch, eine Lawine oder Starkregen** beschädigt wird. Um auch gegen diese Risiken abgesichert zu sein, müssen Sie Ihren Versicherungsschutz um dem **Baustein Elementarschadenversicherung erweitern**.

Finanztip hat im **Wohngebäudeversicherungstest** im Frühjahr 2021 auch berücksichtigt, wie viel teurer die Absicherung von Elementarschäden ist. Dafür haben sie auch Profile mit und ohne den Einschluss dieses Bausteins abgefragt. Das **Ergebnis**: Ein **Aufschlag** wird **immer verlangt**, dieser lag in ihrem Test bei **bis zu einem Drittel** des Gesamtpreises. Wie hoch dieser konkret ausfällt ist jedoch stark vom Versicherer und vom Wohnort abhängig. Befindet sich Ihr **Gebäude in einem Risikogebiet** für Überschwemmung, Erdbeben, Erdrutsche oder Lawinen – etwa am Wasser oder am Hang – ist eine **Elementarschadenversicherung dennoch sinnvoll.** Allerdings kann es genau dann schwierig werden, eine Absicherung gegen Elementarschäden zu bekommen. Unmöglich ist es nicht, nur **teuer**. Denn ob und zu welchen Konditionen ein Wohngebäudeversicherer Ihnen Schutz anbietet, entscheidet er je nach **Einzelfall**.

In der Regel zahlen Sie bei einem **hohen Risiko** auch eine **hohe Prämie** oder eine sehr **hohe Selbstbeteiligung**. Es kann sogar sein, dass die Versicherung von Ihnen verlangt, Ihr Gebäude umzubauen, damit Sie Versicherungsschutz bekommen. Wohnen Sie in einem Gebiet mit hohem Risiko, sollten Sie sich **beraten** lassen. Bei Überschwemmungen etwa spricht man von einem Hochrisikogebiet, wenn Sie mit mindestens einem Hochwasser in zehn Jahren zu rechnen haben (Gefahrenklasse GK4).

Was sollten Sie zusätzlich versichern?

Sehr gute Wohngebäudeversicherungen definieren sich über die **Leistung** und den Preis. Wenn Sie eine Wohngebäudeversicherung suchen, sollten Sie die folgenden Mindestkriterien auswählen.

Grobe Fahrlässigkeit – Wichtig ist, dass die Versicherung auch Schäden infolge grober Fahrlässigkeit abdeckt. Verursachen Sie einen Schaden vorsätzlich oder grob fahrlässig, **zahlt** Ihre **Versicherung** in aller Regel **nicht**. Ein Beispiel: Sie heizen im Winter nicht und deshalb bricht ein Wasserrohr. Bei einem Tarif, der die Folgen grob fahrlässigen Handelns nicht einschließt, zahlt die Versicherung nicht. Finanztip empfiehlt daher, grobe Fahrlässigkeit mitabzusichern. Setzen Sie bei der Tarifsuche auf einem der Online-Portale das entsprechende Häkchen.

Abbruch- und Aufräum-, Bewegungs- und Schutzkosten – Wenn zum Beispiel nach einem Sturm Baumteile vom Dach entfernt werden müssen, sollte Ihre Versicherung diese Kosten übernehmen.

Folgen von Überspannungsschäden – Nach einem Blitzeinschlag können durch Überspannung Schäden an Elektrogeräten wie Fernseher oder Router entstehen.

Mehrkosten durch behördliche Auflagen – Wenn Sie beim Wiederaufbau (nach einem Hausbrand) teuren Wärmeschutz anbringen müssen, den Sie vorher nicht hatten, der inzwischen jedoch **Pflicht** ist. Oder wenn Sie Erde abtragen lassen müssen, weil giftige Substanzen eingesickert sind (Dekontamination von Erdreich).

Wasserzu- und Wasserableitungsrohre – Wenn sie der Versorgung des Gebäudes dienen, sollten sowohl die Rohre auf dem Versicherungsgrundstück als auch außerhalb versichert sein.

Schäden durch Einbrüche – Wenn bei einem Einbruch Schäden am Gebäude entstehen, sollten diese von der Versicherung abgedeckt sein.

Unfertige Gebäude – Es ist ratsam, sich bereits frühzeitig mit der Wohngebäudeversicherung zu beschäftigen, auch wenn diese Versicherung nicht zahlt, bevor das Gebäude fertiggestellt ist. Denn während des Baus kann sie bereits als **Feuerrohbauversicherung** laufen und schützen. Sobald das Haus fertig ist, lässt sich die Feuerrohbauversicherung dann in eine Wohngebäudeversicherung **umwandeln**.

Wenn Sie sich **zu spät** um eine passende Versicherung kümmern, müssen Sie mit **schlechteren Konditionen** rechnen. Einige Versicherungen bieten gar keine Absicherung an, wenn Sie keine Vorversicherung haben. Andere verlangen dafür höhere Beiträge oder eine hohe Selbstbeteiligung (500 Euro bis 1.000 Euro).

Was ist in der Gebäudeversicherung nicht enthalten?

Sie können sich **nicht gegen alle Schäden**, die an Ihrem Haus entstehen können, mit einer Wohngebäudeversicherung absichern. Einige Schäden sind gar nicht versicherbar, andere können Sie nur separat (zu teilweise hohen Kosten) absichern.

▷ Was ist nicht versicherbar?

Krieg – Kriegsschäden oder Folgen von innerer Unruhe ersetzt die Wohngebäudeversicherung nicht.

Kernenergie – Gegen einen Reaktorunfall in der Nähe Ihres Hauses können Sie sich nicht absichern.

Vorsatz – Wenn Sie einen Schaden vorsätzlich verursachen, ist dieser nicht versichert. Im Gegensatz zur groben Fahrlässigkeit können Sie Vorsatz nicht mitversichern.

▷ Was ist nicht in der Grundabsicherung enthalten?

Kurzschluss- und Sengschäden – Wenn diese Schäden nicht durch ein versichertes Ereignis verursacht werden (durch Blitzschlag oder einen Brand), sind sie in der Regel nicht versichert. Sengschäden, die innerhalb des Hauses auftreten, können Sie mit einer Hausratversicherung abdecken.

Wasser – Die Wohngebäudeversicherung kommt nur für Schäden durch Leitungswasser auf. Grundwasserschäden, Schäden durch Überschwemmung und witterungsbe-

Ruhestand finanzieren & genießen

61 – 100 JAHRE

Glauben Sie daran, Ihren Lebensstandard im Ruhestand halten zu können?

- **40,5 % nein**
- **25,6 % ja**
- **33,9 % weiß nicht**

95,9 %
der über 60-Jährigen verfügen über eine **positive Schufa**.

Trotzdem benötigen Senioren hohe Sicherheiten für größere Kredite.

Wofür Senioren am häufigsten Geld leihen

%	Kategorie
53%	Neuwagen
20%	Gebrauchtwagen
13%	Unterhaltungselektronik, Computer
10%	Haushaltsgeräte
7%	Möbel, Küchen
7%	Bekleidung, Schmuck
7%	Ausgleich des Dispositionskredits
3%	Renovierung/Umzug

NUR 1 VON 5
Deutschen glaubt an eine sichere Rente.

Quellen: Focus, Spiegel, BR, WISO, eigene Recherchen

dingten Rückstau sind nicht enthalten. Mit einer Erweiterung um Elementarschäden können Sie zumindest einen Teil dieser Schäden absichern.

Wasser, das aus einem Aquarium ausgelaufen ist, zählt ebenfalls nicht als Leitungswasser. Die dabei entstandenen Schäden können Sie aber einer Hausratversicherung absichern.

Leichter Sturm – Die Versicherung muss nicht zahlen, wenn sich die Schäden bei einer Sturmstärke unter 8 ereignet haben. Haben offene oder undichte Fenster zu Schäden geführt, springt sie ebenfalls nicht ein.

Was kostet eine gute Wohngebäudeversicherung?

Die Preise für Gebäudeversicherungen **variieren** deutlich. Der Unterschied erklärt sich vor allem durch die stark unterschiedlichen **Leistungen**, aber auch der **Wohnort** spielt eine wichtige Rolle. Vor dem Abschluss einer Wohngebäudeversicherung sollten Sie daher Preise und Leistungen genau **vergleichen**. Sonst zahlen Sie schnell zu viel oder bekommen einen unzureichenden Schutz.

Die Beiträge für ein **Einfamilienhaus** mit etwa **250 Quadratmetern** liegen ungefähr bei **350 bis 450 Euro** pro Jahr. Allerdings gibt es eine Vielzahl von Merkmalen, die die Beiträge verteuern. Den **größten Aufschlag** verlangen Versicherungen, wenn das Risiko von **Elementarschäden mitversichert** werden soll. Dieser Aufschlag fällt höher aus, wenn das Haus in einer gefährdeten Region für Elementarschäden liegt. Auch das **Baujahr** spielt beim Preis eine wichtige Rolle. Je neuer, desto günstiger die Beiträge. Mit rund **10 Prozent höheren Beiträgen** müssen Sie rechnen, wenn Sie innerhalb der letzten fünf Jahre **Vorschäden** hatten.

Ihr Alter spielt hingegen **keine Rolle** für die Beiträge. Ebenso wenig wirkt es sich auf die Beiträge aus, wenn Sie eine **Einliegerwohnung** in Ihrem Haus vermietet haben. Das muss lediglich bei Antragsstellung mit angegeben werden, damit Ihnen im Schadensfall keine Nachteile entstehen.

Lohnen sich Kombi-Rabatte mit der Hausratversicherung?

Hin und wieder kommt es im Schadensfall zum **Streit**, ob nun die **Wohngebäudeversicherung** oder die **Hausratversicherung zuständig** ist. Wenn Sie beide Verträge beim selben Anbieter abschließen, ist die Schadensregulierung in der Regel einfacher. Dann müssen sich die Versicherer nicht erst einigen, wer für welchen Schaden aufkommt.

Es kann in jedem Fall nicht schaden, bei Ihrem Hausratversicherer einmal anzufragen, ob es **Rabatte** gibt, wenn Sie **beide Versi-**

cherungen bei ihm abschließen. Vielleicht bekommen Sie sogar ein Angebot, das günstiger ist als über ein Vergleichsportal. Mehr zum Thema Hausratversicherung in Kapitel 1.1.5.

Welche Versicherungssumme sollten Sie wählen?

Die Wohngebäudeversicherung kalkuliert den **Beitrag** anhand der **Versicherungssumme**, also dem Betrag, den Sie im Schadensfall maximal erhalten würden. **Versichert** ist in der Regel der **Neuwert** des Gebäudes – also die Summe, die nötig wäre, um das Haus in gleicher Größe und Ausstattung zum aktuellen Zeitpunkt wiederaufzubauen. Aus diesem Grund ist eine **feste Versicherungssumme nicht ratsam**, denn die **Baukosten steigen** kontinuierlich. Es gibt unterschiedliche Ansätze, diesen Neuwert so zu bestimmen, dass die Versicherungssumme korrekt ist. Die von Finanztip empfohlenen Vergleichsplattformen errechnen auf Grundlage Ihrer Angaben einen sogenannten gleitenden Neuwert (Wert 1914).

Gleitender Neuwert – Durch den gleitenden Neuwert ist die Versicherungssumme bei der Gebäudeversicherung an die Wertentwicklung des Gebäudes angepasst. Er funktioniert mit dem **fiktiven Wert 1914**. Das ist der Preis (in Mark), den der Bau des Hauses im Jahr 1914 theoretisch gekostet hätte. Dieser wird errechnet, indem der Neuwert des Hauses durch den sogenannten **Baupreisindex** geteilt wird.

Dieser zeigt die **Entwicklung der Baupreise** seit 1914 und wird jährlich vom Statistischen Bundesamt festgelegt.

Die **Versicherungssumme** wird also **jährlich angepasst**. Nur so kommt die Versicherung auch Jahre nach dem Bau für den kompletten Neubau des Hauses im ursprünglichen Zustand auf. Wenn Sie auf den gleitenden Neuwert setzen, verhindern Sie am besten eine Unterversicherung.

Beispiel

Wenn Ihre Versicherungssumme nur 50 Prozent des Gebäudewertes entspricht, erhalten Sie auch nur 50 Prozent des Schadens ersetzt.

Sind Sie **unterversichert**, ist die Versicherungssumme niedriger als der tatsächliche Wert. Bei einem Schaden würde die Versicherung Ihnen dann nur eine **anteilige Summe ersetzen** und nicht die gesamte Schadenssumme.

Wohnflächentarif – Beim Wohnflächentarif gibt es keine Versicherungssumme, sondern eine **Höchstentschädigungsgrenze**. Die Versicherung setzt also eine Summe fest, die Sie als Entschädigung im Schadensfall **maximal**

erhalten. Die Versicherung berechnet sie anhand der Größe und der Ausstattung des Hauses. Kommt es zum Versicherungsfall, zahlt die Versicherung die Kosten in Höhe des **ortsüblichen Neubauwerts**. Um eine Unterversicherung zu vermeiden, müssen Sie deshalb der Versicherung jeden Um- und Anbau melden beziehungsweise ihr mitteilen, dass Sie die Ausstattung verbessert haben.

Die Höchstentschädigungsgrenze wird zudem **nicht an** die Entwicklung der **Baukosten angepasst**. Auch dadurch kann es sein, dass Sie ein paar Jahre nach dem Bau unterversichert sind. Das können Sie vermeiden, indem Sie von Zeit zu Zeit die **Höchstentschädigungsgrenze erhöhen**.

Wertgutachten – Eine weitere Möglichkeit ist, dass ein Gutachter den Wert des Gebäudes schätzt. Das kann jedoch teuer werden. Außerdem bezieht sich dieses Gutachten oft auf den **Verkehrswert** des Gebäudes. Wichtiger sind jedoch die **Kosten für** den **Wiederaufbau**.

Auch wenn Sie auf den gleitenden Neuwert setzen, ist es **empfehlenswert**, mit der Versicherung einen **Unterversicherungsverzicht** zu verabreden. Damit verzichtet das Unternehmen darauf, im Schadensfall überhaupt geltend zu machen, dass Sie unterversichert sein könnten.

Was müssen Sie im Schadensfall tun?

Im Schadensfall kann es mit der Wohngebäudeversicherung zu **Streit über die Regulierung** kommen. Dokumentieren Sie die Schäden am Gebäude daher genau mit **Fotos** und einem **schriftlichen Bericht**. Melden Sie Schäden **unverzüglich** an Ihre Versicherung. Je nach Schadenshöhe schickt sie einen **Gutachter** bei Ihnen vorbei.

Sie müssen außerdem **Notmaßnahmen ergreifen**, um Folgeschäden abzuwenden. Dazu gehört zum Beispiel, dass Sie bei Leitungswasserschäden den **Haupthahn** der Wasserleitung **zudrehen**, sobald Sie den Schaden bemerken. Hat ein Sturm das Dach abgedeckt, sollten Sie es mit einer **Plane** verschließen. Eine vollständige Reparatur kann allerdings auch nicht von Ihnen verlangt werden. Wie gesagt: Es geht um Maßnahmen, mit denen Sie weitere Schäden abwenden. Natürlich immer nur, **ohne sich** dabei **selbst zu gefährden**.

Falls Sie **Schäden vor** der **Erstellung des Gutachtens beheben** müssen, weil das Haus sonst unbewohnbar wäre, **sprechen Sie das unbedingt** mit dem Versicherer **ab**. **Dokumentieren** Sie außerdem, wie Sie die Schäden beheben, und bewahren Sie entsprechende **Rechnungen** von Handwerkern auf. Sofern Sie beschädigte Teile entsorgen, gilt dasselbe.

Wie können Sie die Versicherung kündigen?

Sie können die Versicherung **drei Monate vor dem Ende des Versicherungsjahrs** kündigen. Das Versicherungsjahr beginnt immer an dem Tag, der in Ihrem Vertrag vereinbart ist und läuft 365 Tage. Bei einer mehrjährigen Laufzeit ist eine Kündigung erst zum **Vertragsende** möglich. Nach einem Versicherungsfall haben Sie ein **außerordentliches Kündigungsrecht** und können innerhalb eines Monats kündigen.

Achtung

Wenn Sie kündigen wollen, müssen Sie den richtigen Zeitpunkt im Blick haben. Denn der Vertrag verlängert sich nach Ablauf der Vertragszeit automatisch. Sie sollten vor der Kündigung der alten Wohngebäudeversicherung schon ein Angebot für einen neuen Vertrag in der Tasche haben.

Das gilt auch, wenn der Versicherer die **Beiträge erhöht** – jedoch nicht, wenn die Beiträge aufgrund des gleitenden Neuwerts oder einer Leistungserweiterung steigen. Sie müssen dann innerhalb **eines Monats nach der Mitteilung** über die Beitragserhöhung kündigen.

Die **Gebäudeversicherung** geht bei einem **Eigentümerwechsel** automatisch auf den neuen Eigentümer über. Haben Sie das Haus **gekauft**, können Sie jedoch innerhalb eines Monats nach dem Eintrag in das Grundbuch fristlos oder zum Ende des Jahres **kündigen**. Haben Sie das Haus hingegen **geerbt**, können Sie die Versicherung **erst zum Ende der Vertragslaufzeit** mit der festgelegten Frist kündigen.

Falls Sie **kündigen**: Verschicken Sie die Kündigung **per Einschreiben mit Rückschein**. Und nennen Sie im Kündigungsschreiben immer die Versicherungsnummer.

Was, wenn der Versicherer kündigt?

Auch die Versicherung hat nach einem Schadensfall ein Recht zur **außerordentlichen Kündigung**. Macht sie davon Gebrauch, kann es schwierig sein, einen **neuen Vertrag zu günstigen Konditionen** zu bekommen. Beim neuen Antrag müssen Sie nämlich angeben, **wer** die **Kündigung ausgesprochen** hat. Machen Sie auch zu diesem Punkt immer korrekte Angaben. Versicherungen tauschen sich untereinander aus.

Sieht ein Versicherer, dass Ihnen ein anderes Unternehmen gekündigt hat, lehnt er Sie womöglich ab.

Damit Ihnen Ihr Versicherer nicht wegen (zu vieler) Schäden kündigt, kann eine **Selbstbeteiligung** helfen. Sie zahlen dann kleine Schäden selbst. Das spart nicht nur Aufwand, sondern dem Versicherer auch Kosten – und verhindert die Kündigung. **Empfehlenswert sind 250 Euro** Selbstbeteiligung.

Sollte eine Versicherung dennoch nach einem **höheren Schadensfall** eine Kündigung aussprechen, können Sie bei dem Unternehmen nach einer **Kündigungsumkehr** fragen. Dann kündigen Sie nämlich selbst und nicht der Versicherer.

Falls der Versicherer bereits gekündigt hat, sollten Sie auf jeden Fall bei mehreren anderen Versicherern die Tarife vergleichen und nach Angeboten fragen. Einige Unternehmen sehen die Zahl der Schadensfälle und die Kündigung durch den Versicherer weniger dramatisch als andere.

Hilft das alles nichts, müssen Sie übergangsweise ein weniger attraktives Angebot annehmen – und sich weiter nach einer besseren Alternative umsehen. Außerdem kann eine **Beratung** durch Verbraucherinstitutionen oder Bauherrenverbände hilfreich sein. Auch der Gang zu einem unabhängigen **Makler oder Versicherungsberater** ist eine mögliche Lösung. Zwar müssen Sie solch eine Unterstützung aus eigener Tasche zahlen, aber womöglich findet ein professioneller Berater eher einen passenden Tarif als Sie selbst.

Konkrete Produktempfehlungen finden Sie unter:

www.finanztip.de/ wohngebaeudeversicherungen/

1.1.9 Private Unfallversicherung

» Für manche wichtig, für viele verzichtbar «

von Martin Klotz & Julia Rieder Stand: 22. September 2021
www.finanztip.de/unfallversicherung/

Ist eine Unfallversicherung sinnvoll? // Wann greift welche Unfallversicherung? // Unfallversicherung oder Berufsunfähigkeitsversicherung? // Wer braucht eine Unfallversicherung? // Worauf müssen Sie bei der Unfallversicherung achten? // Welche Leistungen machen einen guten Tarif aus? // Welche Zusatzleistungen sind überflüssig? // Wie lässt sich eine Unfallversicherung kündigen?

Das Wichtigste in Kürze

- Es gibt zwei Arten der Unfallversicherung: die **gesetzliche** Unfallversicherung und die **private** Unfallversicherung.
- Bei der **gesetzlichen** Unfallversicherung sind Sie als **ArbeitnehmerIn** in der Regel **automatisch** versichert. Um eine private Unfallversicherung müssen Sie sich dagegen selbst kümmern.
- Die **private** Unfallversicherung zahlt Ihnen einen **Einmalbetrag** (Invaliditätsleistung), wenn Sie durch einen Unfall bleibende Schäden davontragen.

So gehen Sie vor

- Prüfen Sie, wie **sinnvoll** eine private Unfallversicherung für Sie ist.
- Grundsätzlich relevant ist sie für **Kinder, Rentner, Hausmänner und Sportler** sowie für Menschen, die **keine BU** abschließen können.
- Achten Sie besonders darauf, dass Ihr Vertrag die wichtigsten Merkmale und Leistungen enthält.

Viele Arbeitnehmer sind über die **gesetzliche Unfallversicherung** einen Großteil des Tages abgesichert. Sie leistet unter anderem bei Unfällen bei der Arbeit beziehungsweise im Homeoffice sowie auf dem Hin- und Rückweg zur **Arbeitsstelle**.

Wenn Sie aber keinen gesetzlichen Schutz haben oder sich darüber hinaus absichern möchten, können Sie eine **private** Unfallversicherung abschließen.

Ist eine Unfallversicherung sinnvoll?
Für viele ist eine private Unfallversicherung **nicht notwendig**. Grundsätzlich gibt es deutlich wichtigere Absicherungen, um die Sie sich zuerst kümmern sollten. Es gibt dennoch einige Menschen und Berufsgruppen, für die eine Unfallversicherung **relevant und sinnvoll** ist. Eine Unfallversicherung soll vor allem zusätzliche Kosten nach einem Unfall abdecken und zahlt Ihnen **einmalig einen bestimmten Geldbetrag**.

Große Summen brauchen Sie in der Regel nur, wenn Sie sich so **schwer verletzen**, dass Sie Ihr Haus oder Auto behindertengerecht umbauen müssen (zum Beispiel mit einem **Treppenlift**) oder um zusätzliche **Therapien** zu finanzieren. Bei weniger gravierenden Verletzungen sind meist keine Umbauten nötig.

Die Unfallversicherung zahlt das Geld aber **nur**, wenn bestimmte **Voraussetzungen** erfüllt sind. Die wichtigste Bedingung ist, dass die körperliche Beeinträchtigung, die sogenannte **Invalidität**, von Dauer ist. Als dauerhaft gilt ein Gesundheitsschaden, wenn er voraussichtlich **länger als drei Jahre** bestehen wird und keine Besserung zu erwarten ist.

Das bedeutet: Selbst, wenn Sie nach einem Motorradunfall wochenlang im Krankenhaus liegen, kann es sein, dass die Unfallversicherung **nicht zahlt – weil Sie wieder vollständig gesund werden**.

Können Sie beispielsweise Ihr Knie allerdings auch nach der Reha nicht beugen, bekommen Sie einen Teil der versicherten Summe.

Grundsätzlich gibt es bei **schweren Unfällen** unter bestimmten Voraussetzungen auch **staatliche Hilfen**. So zahlt die gesetzliche **Rentenversicherung** in vielen Fällen Reha-Maßnahmen, bei Schwerbehinderung gibt es zudem Zuschüsse von sogenannten **Integrationsämtern**. Die Arztkosten werden ohnehin wie üblich von Ihrer **Krankenkasse** getragen. Notwendige Hilfsmittel wie Rollstühle, Prothesen oder Stützgriffe fürs Bad zahlt sie in einer Grundausstattung ebenfalls. Bessere Modelle müssen Sie allerdings selbst bezahlen oder Sie bekommen nur einen Teil der Kosten erstattet.

Oft überschätzen Menschen das **Risiko**, einen schweren Unfall mit daraus folgender Behinderung zu haben. Wie Zahlen des Statistischen Bundesamts belegen, sind nur **2 Prozent** aller **Schwerbehinderungen** Folge eines **Unfalls**, die allermeisten (85 Prozent) entstehen durch **Krankheiten**.

Wann greift welche Unfallversicherung?

Verunglücken Sie bei der **Arbeit**, in der Universität, beim Ehrenamt oder auf dem Weg dorthin, springt die **gesetzliche Unfallversicherung** ein. Sie übernimmt Kosten für Reha und Einkommensausfall. Sie zahlt außerdem eine kleine Rente, falls Ihre Arbeitsfähigkeit langfristig beeinträchtigt ist.

Bei einer **privaten Unfallversicherung** gibt es solche Einschränkungen nicht. Hier sind Sie grundsätzlich zu **jeder Tages- und Nachtzeit** auf der ganzen Welt abgesichert. Es gibt nur einige wenige Ausnahmen, zum Beispiel Kriegsgebiete.

Bei einigen Gewerkschaften wie Verdi und dem DGB ist im **Mitgliedsbeitrag** auch eine Freizeit-Unfallversicherung enthalten. Auch Mitglieder in einem Sportverein sind bei Vereinsaktivitäten in geringem Umfang abgesichert, über die Sportversicherung des jeweiligen Landessportbundes.

Unfallversicherung oder Berufsunfähigkeitsversicherung?

Im Gegensatz zur privaten Unfallversicherung gehört die **Berufsunfähigkeitsversicherung** zu den **wichtigen** Versicherungen, die jeder haben sollte.

Sie zahlt Ihnen monatlich Geld, falls Sie Ihren letzten Job für voraussichtlich mindestens sechs Monate nicht mehr ausüben können. Die **Ursache** dafür ist **nicht entscheidend**: Sie zahlt sowohl nach Unfällen als auch bei körperlichen und psychischen Krankheiten.

Damit bietet die Berufsunfähigkeitsversicherung einen **deutlich umfangreicheren Schutz** als eine Unfallversicherung und ist daher auch deutlich **teurer**. Worauf Sie beim Abschluss eines BU-Vertrags achten müssen, lesen Sie in unserem Ratgeber Berufsunfähigkeitsversicherung (in Kapitel 1.1.2).

Wer allerdings **keine bezahlbare BU** bekommt, beispielsweise aufgrund von Vorerkrankungen oder körperlicher Arbeit, kann über eine Unfallversicherung als **minimale Alternative** nachdenken. Weitere Optionen sind eine Erwerbsunfähigkeitsversicherung, eine Multi-Risk-Police, eine Dread-Disease-Versicherung oder eine Grundfähigkeitsversicherung. Ein **gleichwertiger Ersatz** sind solche Produkte nicht. Wie die Unfallversicherung bieten sie nur einen – in unterschiedlichem Maße – abgespeckten Schutz.

Der **Vorteil** einer Unfallversicherung: Sie ist auch für Menschen mit einem **Risikoberuf verhältnismäßig günstig.** Eine gute Unfallversicherung kostet 100 bis 250 Euro im Jahr. Und viele Anbieter stellen nicht sonderlich umfangreiche Gesundheitsfragen.

Wer braucht eine Unfallversicherung?
▷ Rentner

Ältere Menschen haben im Ruhestand **keine Absicherung über die gesetzliche Unfallversicherung.** Gleichzeitig sind die Folgen eines Unfalls bei Senioren oftmals schwerwiegender. Eine Unfallversicherung kann helfen, die Einschränkungen Ihres Lebens so gering wie möglich zu halten.

Denn viele Versicherer zahlen nicht nur Geld, sondern bieten auch sogenannte **Assistance-Leistungen** für die notwendige Unterstützung im **Alltag** (Haushaltshilfe, Fahrdienst, Besorgungen und so weiter). Besonders sinnvoll kann das sein, wenn es **niemanden gibt**, der sich nach einem Unfall um Sie **kümmern** könnte.

Eine Unfallversicherung abzuschließen, ist allerdings für Rentnerinnen und Rentner **nicht** gerade **einfach.** Die Beiträge sind im hohen Alter **teuer**, zudem haben einige Anbieter eine **Altersobergrenze.** Eine Alternative können daher **reine Assistance-Tarife** sein. Diese sind preiswerter und beinhalten nur die Hilfsleistungen nach einem Unfall.

▷ Hausmänner

Wer sich **zuhause** um den **Haushalt** und/oder die **Kinder** kümmert, ist bei **Unfällen nicht abgesichert.** Im Gegensatz zu Arbeitnehmern, die einen Großteil des Tages über den **Arbeitgeber** durch die gesetzliche Unfallversicherung abgesichert sind, fehlt ihnen dieser Schutz.

Als Hausmann ist es zudem **schwer**, eine **BU zu bekommen.** Eine private Unfallversicherung kann daher in diesem Fall sinnvoll sein.

▷ Kinder

Bevor Sie Ihr Kind gegen Berufsunfähigkeit versichern können, können zwei Alternativen sinnvoll sein: eine **Kinderunfallversicherung** oder eine **Kinderinvaliditätsversicherung.** Diese zahlt auch bei krankheitsbedingter Invalidität und ist daher umfassender als ein reiner Unfallschutz. Sie ist allerdings auch **teurer.**

In der Regel erholen sich Kinder schneller von Unfällen und tragen **nur selten bleibende Schäden** davon. Unfälle verursachen bei Kindern laut Statistischem Bundesamt noch **seltener** eine **schwere Behinderung** als bei Erwachsenen.

Eltern haben bei einer Behinderung ihres Kindes in den meisten Fällen **Anspruch** auf verschiedene **Unterstützungsleistungen.** Allerdings ist eine Unfallversicherung für Kinder auch relativ günstig, gute gibt es **für 50 bis 100 Euro** im Jahr. Invaliditätsversicherungen kosten etwa 100 bis 400 Euro pro Jahr.

▷ Hobby-Sportler

Machen Sie in Ihrer Freizeit Sport, kann die Unfallversicherung in einigen Fällen ebenfalls eine kluge Wahl sein. Allerdings werden Unfälle bei Sportarten, die Sie bereits ausüben, manchmal vom Schutz **ausgeschlossen**. Vergleichen Sie daher, in welchem Tarif Ihre Sportart abgesichert ist.

Wenn Sie planen, in der nächsten Zeit mit einem potenziell gefährlichen Hobby zu starten (Skifahren, Reiten, Klettern, Mountainbiking, Tauchen), schließen Sie die Unfallversicherung am besten **vorher** ab. Achten Sie darauf, dass Ihre Sportart aber nicht grundsätzlich von der Leistung ausgeschlossen ist. Das ist oft bei **Luft- und Flugsport** (zum Beispiel Segel- und Gleitschirmfliegen) und auch bei **Motorsport** (zum Beispiel Auto- und Motorradrennen) der Fall.

Worauf müssen Sie bei der Unfallversicherung achten?

Wenn Sie sich für eine private Unfallversicherung entscheiden, dann heißt es wie bei den meisten Versicherungen: Sparen Sie **nicht am falschen Ende**. Gerade für den Fall, dass Sie nach dem Unfall stark beeinträchtigt sind, sollten Sie ausreichende Versicherungsleistungen vereinbaren.

▷ Hohe Versicherungssumme

Die wichtigste Leistung der Unfallversicherung ist die **Kapitalzahlung**, wenn Sie aufgrund eines Unfalls dauerhaft invalide sind. Damit die im Ernstfall ausreicht, ist es wichtig, eine angemessen **hohe Versicherungssumme** (auch Grundinvaliditätssumme) zu wählen. Sie gibt an, wie viel Geld Sie bei 100 Prozent Invalidität (Vollinvalidität) bekommen würden.

Nach einem Unfall wird je nach Schwere der gesundheitlichen Beeinträchtigung ein **Teil der Versicherungssumme ausgezahlt**. Bei 20 Prozent Invalidität also 20 Prozent der Versicherungssumme. Geringe Beeinträchtigungen kommen häufiger vor als schwere. Deshalb sollte die Versicherung schon **ab 1 Prozent Invalidität zahlen**.

▷ Hohe Progression

Es empfiehlt sich außerdem, eine sogenannte Progression (ansteigende Leistungskurve) zu vereinbaren. Sie sorgt dafür, dass Sie bei **schweren** Beeinträchtigungen ein **Vielfaches** der Versicherungssumme bekommen. Das ist sinnvoll, da in solchen Fällen der Kapitalbedarf oft immens ansteigt. Sie empfehlen eine **Progression von 225 oder 350 Prozent**.

Im Fall einer **Vollinvalidität** (also einem Invaliditätsgrad von 100 Prozent) würden Sie in einem Tarif mit **350 Prozent Progression** das 3,5-fache der versicherten Grundsumme bekommen: Bei einer Versicherungssumme von 100.000 Euro wären das also 350.000 Euro. Sind Sie nicht 100 Prozent Invalide, ist der Faktor allerdings geringer als 3,5. Bei vielen Tarifen beginnt der überproportionale Anstieg der Auszahlung ab 25 Prozent Invaliditätsgrad.

Welche Versicherungssumme und Progression für Ihre persönliche Situation **angemessen** ist, klären Sie am besten im Rahmen der Beratung bei einem **Honorarberater** oder **Versicherungsmakler**. Dabei gilt es **drei Fragen** zu beantworten:
- Welche **laufenden Kosten** kämen auf Sie zu, zum Beispiel durch unfallbedingten Lohnausfall oder eine Haushaltshilfe?
- Welche einmaligen Kosten könnten entstehen, beispielsweise durch Umbauten am Haus (Treppenlift), Auto oder durch Anschaffungen (elektrischer Rollstuhl)?
- Welche **Rücklagen** und **zusätzliche Absicherungen** haben Sie?

Wenn Sie **keine Berufsunfähigkeitsversicherung** haben, sollten Sie außerdem bedenken, dass das ausgezahlte Geld schlimmstenfalls bis an Ihr **Lebensende** reichen muss. Eine Versicherungssumme von **mehreren Hunderttausend Euro** ist dann durchaus sinnvoll.

▷ Todesfallsumme vereinbaren

Für Menschen, die ihre **Hinterbliebenen** für den Fall des eigenen Todes **absichern** wollen, ist eine **separate Risikolebensversicherung** die **beste Wahl**. Trotzdem ist es auch in der Unfallversicherung **sinnvoll**, eine **Todesfallsumme** zu vereinbaren, denn sie hat auch eine **Funktion**, wenn der Versicherte nicht stirbt.

Der Versicherer zahlt nach einem Unfall einen **Vorschuss**, wenn sicher ist, dass Beeinträchtigungen zurückbleiben, aber noch nicht klar ist, wie schwer sie sein werden. Dieser Vorschuss ist auf den Betrag **begrenzt**, der als Todesfallsumme im Vertrag steht. Ist keine Leistung für den Todesfall vereinbart, gibt es in der Regel auch **keinen Vorschuss**. Um Mehrkosten zu bewältigen, bis das Ausmaß der Invalidität feststeht, empfehlen wir eine **Todesfallsumme zwischen 10.000 und 20.000 Euro**. Bei Kindern dürfen – gesetzlich vorgeschrieben – nur maximal 8.000 Euro Todesfallsumme vereinbart werden.

Welche Leistungen machen einen guten Tarif aus?

Viele Versicherer bieten Unfallversicherungen an, meist in mehreren **Abstufungen** von Preis und Leistung. Daher gibt es **sehr viele Tarife** am Markt. Die folgenden Merkmale halten wir bei der Auswahl Ihres Tarifs für **wichtig**:

▷ **Gute Gliedertaxe**
Auf die Gliedertaxe sollten Sie bei der Wahl eines Tarifs besonders genau achten. Denn diese bestimmt, wie viel Geld Sie bei **Funktionsverlust eines bestimmten Körperteils** erhalten. Das funktioniert so: Für jedes Körperteil legt die Versicherung fest, welchen **Grad der Beeinträchtigung** sie annimmt, falls Sie das entsprechende Körperteil verlieren oder nicht mehr benutzen können.

Sind **mehrere** Körperteile durch den Unfall betroffen, werden die einzelnen Invaliditätsgrade **addiert**. Die Werte gelten allerdings immer nur bei **vollständiger Funktionsunfähigkeit**. Bei einer teilweisen Beeinträchtigung wird der prozentuale Wert nur **anteilig** berücksichtigt. Damit ist die Gliedertaxe zusammen mit der Progressionskurve entscheidend dafür, wie viel Geld die Versicherung auszahlt.

> **Beispiel**
> Ein Mann hat in seinem Vertrag eine Versicherungssumme von **100.000 Euro** vereinbart. Die Gliedertaxe seines Tarifs legt für eine Hand einen Wert von **55 Prozent** fest. Verliert er bei einem Unfall eine Hand, erhält er **55.000 Euro** von der Versicherung. Ist eine Progression vereinbart, bekommt er eine höhere Summe.

Die Gliedertaxe kann sich je nach Tarif **erheblich unterscheiden**. Zwar gibt es Richtwerte des Versicherungsverbands GDV für die Gliedertaxe, **gute Tarife** leisten aber deutlich mehr. Auch Schäden an inneren Organen sind in vielen Tarifen nicht klar bemessen, sollten aber unbedingt mitversichert sein.

▷ **Deshalb lohnt sich ein Vergleich**
Eine **gute Orientierung** bietet eine Übersicht des Analysehauses Ascore. Das Unternehmen hat die Gliedertaxe von 105 Unfall-Tarifen untersucht und ausgewertet, welche Invaliditätsgrade die Versicherungen im Mittel festschreiben. Die Gliedertaxe eines leistungsstarken Tarifs sollte mindestens die genannten **Mittelwerte** erreichen und sie im besten Fall übertreffen. Besonders **eklatant** ist der **Unterschied** beim **Verlust der Stimme**, bei dem manche Versicherer überhaupt nicht leisten und andere eine Vollinvalidität feststellen.

▷ **Mitwirkung von Erkrankungen**
Falls Sie eine **Krankheit** haben, die für die gesundheitlichen Folgen eines Unfalls **mitverantwortlich** ist, kann die Versicherung ihre Leistung **kürzen**. Das wäre etwa der Fall, wenn Ihnen eine Sehne reißt, die bereits vorgeschädigt war oder eine Diabetes-Erkrankung den Heilungsprozess verschlechtert.

Ein guter Tarif mindert die Leistung erst, wenn eine Erkrankung die Beeinträchtigung **zu mindestens 50 Prozent mitverursacht** hat.

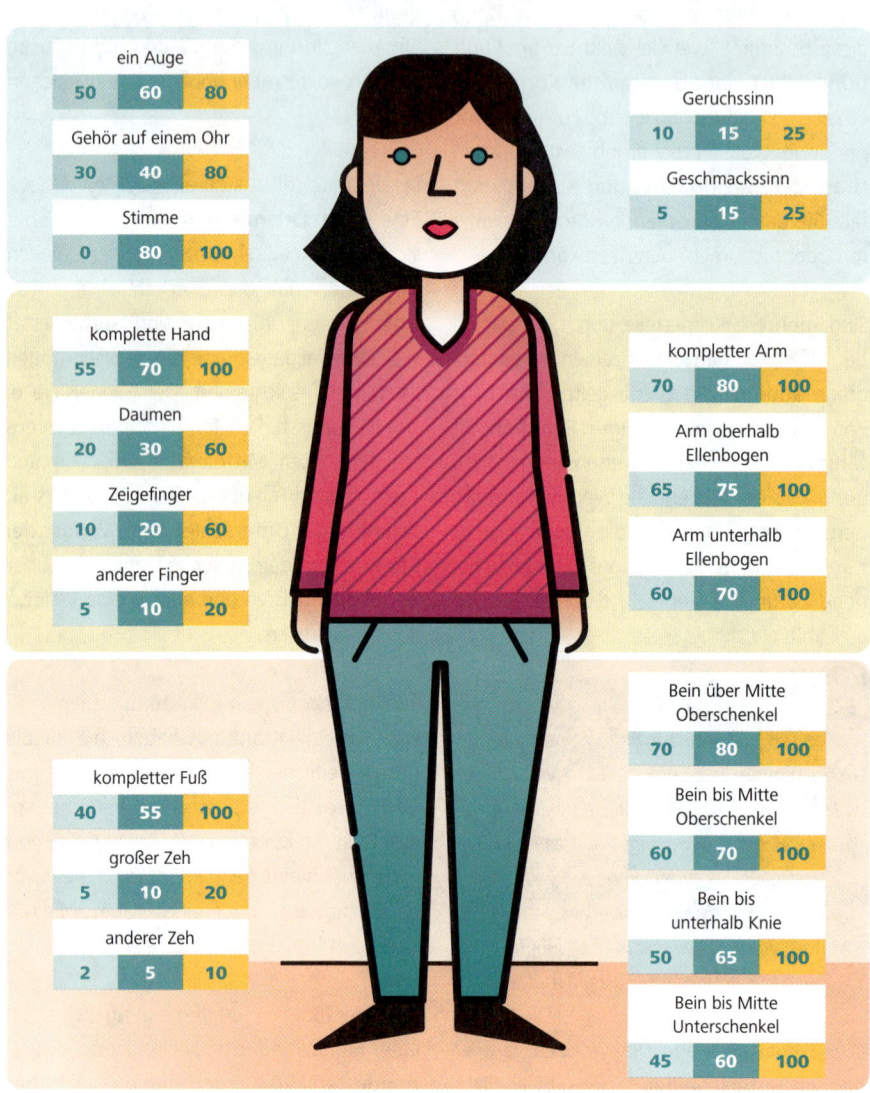

Quelle: Ascore Das Scoring, GDV-Musterbedingungen (Stand: 15. September 2021).

Einige Tarife verzichten auch ganz auf den Mitwirkungsanteil. Das kann insbesondere für Menschen mit vielen **Vorerkrankungen** hilfreich sein.

Darüber, ob und wie stark bestehende Krankheiten oder Vorschäden am Unfallausgang **mitgewirkt** haben, gibt es oft **Streit**. Altersbedingte Einschränkungen darf die Versicherung übrigens nicht als Argument nutzen, um weniger Geld zu zahlen.

▷ Eigenbewegung und erhöhte Kraftanstrengung

Versicherungen definieren einen Unfall als ein **von außen auf den Körper einwirkendes Ereignis**. Manchmal passieren Verletzungen aber auch durch **Eigenbewegung** oder erhöhte **Kraftanstrengung**, wie zum Beispiel beim Heben eines schweren Möbelstücks oder beim Sport. Reißt Ihnen beim Fußballspielen ohne Fremdeinwirkung die Achillessehne und können Sie das Bein anschließend nur noch eingeschränkt bewegen, bekommen Sie **ohne Eigenbewegungsklausel kein Geld** von der Versicherung.

▷ Herzinfarkt, Schlaganfall und Alkohol

Gute Tarife zahlen auch, wenn ein Unfall durch eine **Bewusstseinsstörung** ausgelöst wird. Dazu zählen neben Ohnmacht, Sekundenschlaf und epileptischen Anfällen auch **Herzinfarkt und Schlaganfall**. Die Versicherung sollte möglichst viele dieser Ursachen abdecken. Ebenfalls wichtig ist die Leistung bei Unfällen unter dem Einfluss von **Alkohol oder Medikamenten**. Allerdings gelten in der Regel gewisse Promillegrenzen, ab denen es keinen Versicherungsschutz mehr gibt.

▷ Infektionen und Zeckenbiss

Achten Sie darauf, dass auch Beeinträchtigungen nach **Infektionen** sowie nach **Krankheiten** durch einen **Insektenstich** als Unfall gelten. Dann ist auch eine durch Zeckenbiss übertragene Borreliose versichert.

▷ Bergungskosten und kosmetische Operationen

Viele Anbieter beteiligen sich an den Kosten für Rettungseinsätze, beispielsweise wenn Sie nach einem Skiunfall mit einem **Hubschrauber** gerettet werden müssen. Ist nach einem Unfall das Aussehen des Betroffenen dauerhaft beeinträchtigt, übernehmen viele Versicherer zudem die Kosten für **kosmetische Eingriffe**. Beide Optionen sollten jeweils mit mindestens 10.000 Euro abgesichert sein. Bei guten Tarifen ist beides automatisch eingeschlossen.

Welche Zusatzleistungen sind überflüssig?

Im Wettbewerb um Kunden locken die Anbieter mit zahlreichen **Extras**, die in den Vertrag eingeschlossen werden können. Viele dieser Zusatzleistungen sind **nicht sinnvoll** und machen die Versicherung nur **unnötig teuer**.

▷ Finger weg von Tarifen mit Beitragsrückgewähr

Tarife, bei denen Kunden am Ende der Laufzeit die **eingezahlten Beiträge zurückbekommen**, falls sie keinen Unfall haben, lohnen sich vor allem für die Versicherung. Was gut klingt, ist eine Mogelpackung: Die **Beiträge sind um ein Vielfaches höher** als die normaler Unfallversicherungen und bringen wenig.

▷ Auf Krankenhaus-Tagegeld verzichten

Viele Versicherungen bieten weitere Zusatzoptionen wie ein Unfall-**Krankenhaustagegeld** an. Damit erhalten Versicherte eine vereinbarte Summe für jeden Tag, den sie aufgrund eines Unfalls im Krankenhaus verbringen. **Genesungsgeld** gibt es für die gleiche Anzahl an Tagen nach dem Krankenhausaufenthalt. Solche Extras sind **unnötig**. Falls Sie bei längerer Krankheit eine Versorgungslücke durch den Gehaltsausfall befürchten, sollten Sie das lieber separat durch eine Krankentagegeldversicherung absichern.

▷ Unfallrente selbst finanzieren

Eine weit verbreitete Zusatzoption im Vertrag ist die Unfallrente. Sie wird meist erst **ab einer Invalidität von 50 Prozent** gezahlt und ist **sehr teuer**. **Besser** fahren Sie, indem Sie einen Teil der Kapitalauszahlung der Versicherung **anlegen** und sich regelmäßig selbst etwas auszahlen.

▷ Besser keine Dynamik

Mit einer sogenannten Dynamik **erhöht** sich die **versicherte Summe** jedes Jahr um einen bestimmten Prozentsatz – und auch Ihr **Beitrag**. Was für eine BU-Rente sinnvoll ist, gilt für die Unfallversicherung nicht:

Denn im Gegensatz zur BU erhalten Sie bei einer Unfallversicherung die **Leistung auf einen Schlag**. Zudem sinkt mit dem Alter in der Regel der **Absicherungsbedarf**. Daher sollten Sie von Anfang an eine ausreichend hohe Versicherungssumme wählen und keine Dynamik in Ihrem Vertrag einschließen. Fällt Ihr Bedarf mit der Zeit tatsächlich geringer aus, etwa weil Ihr Vermögen gewachsen ist, können Sie die Versicherungssumme und damit den Beitrag **sogar reduzieren**.

Wie lässt sich eine Unfallversicherung kündigen?

Bevor Sie eine bestehende Unfallversicherung kündigen, sollten sie sich sicher sein, dass Sie **anderweitig abgesichert** sind und den Vertrag nicht mehr brauchen. Lassen Sie sich im Zweifel dazu **beraten**. Kündigen können Sie jährlich mit einer Frist von drei Monaten (auch wenn der Vertrag mehrere Jahre läuft).

Der Kündigungstermin ist dabei die sogenannte **Hauptfälligkeit**. Diese steht im Versicherungsschein und ist der Termin, an dem bei jährlicher Zahlweise der Beitrag abgebucht wird. Falls Ihr Tarif außerplanmäßig teurer wird, haben Sie zudem ein **Sonderkündigungsrecht**.

Wenn Sie eine Unfallversicherung mit Beitragsrückgewähr kündigen, verlieren Sie unter Umständen einen Teil des angesparten Kapitals. Fragen Sie Ihren Versicherer daher **vorher nach möglichen Abzügen**. Anstatt einen solchen Vertrag zu kündigen, können Sie prüfen, ob Sie ihn **beitragsfrei stellen** lassen können. Das bedeutet, Sie zahlen nichts mehr ein und der Vertrag wird quasi stillgelegt.

Übrigens: Auch die Versicherung darf Ihnen kündigen. Und zwar ohne besonderen Grund zum Ende jedes Versicherungsjahres. Von diesem Recht machen Anbieter in der Regel nur dann Gebrauch, wenn sich der Vertrag für sie nicht lohnt. **Nach einem Versicherungsfall** darf der Anbieter genauso wie Sie **innerhalb eines Monats** außerordentlich kündigen.

Konkrete Produktempfehlungen finden Sie unter:

 *www.finanztip.de/ unfallversicherung/*

1.1.10 Vollkasko oder Teilkasko

» Wann sich eine Kasko für Sie lohnt «

von Kathrin Gotthold & Nicolas Heronymus Stand: 23. Dezember 2021
www.finanztip.de/kfz-versicherung/teilkasko-vollkasko/

Wann zahlt die Teilkasko, wann die Vollkasko? // Vollkasko oder Teilkasko – wann lohnt welche? // Was sollten Teil- und Vollkasko außerdem abdecken? // Wie können Sie bei der Kaskoversicherung sparen?

Das Wichtigste in Kürze

- Vollkasko- und Teilkaskoversicherung zahlen bei Schäden an Ihrem **eigenen** Auto.
- Beide Versicherungen leisten etwa bei Diebstahl, Glasbruch, Wildschaden und Brand. Eine **Vollkasko** zahlt **zusätzlich** für Schäden, die Sie **selbst verschuldet** haben und bei Vandalismus.
- Die **Teilkasko** ersetzt in der Regel den **Zeitwert** Ihres Autos. Die **Vollkasko** zahlt in den **ersten Monaten** den **Neupreis** des Wagens, teils auch länger. **Danach** ersetzt auch die Vollkasko nur noch den **Zeitwert**.

So gehen Sie vor

- Haben Sie ein **neues oder wertvolles** Auto, sollten Sie eine **Vollkasko** abschließen.
- Bei **älteren** Fahrzeugen müssen Sie **abwägen**, ob sich eine Vollkasko oder Teilkasko lohnt.
- Oder ob Sie den Zusatzschutz gar nicht brauchen, weil Ihr Auto wenig wert ist.

Haben Sie sich für viel Geld ein neues Auto zugelegt, wäre nichts schlimmer, als einige Monate später wegen eines Unfalls weder ein fahrbares Auto noch das Geld zu haben. Deshalb gibt es die **Kaskoversicherung**, die Schäden am eigenen Wagen bezahlt.

Ob für Sie eine Vollkasko oder Teilkasko **sinnvoll** ist, hängt vor allem vom Alter und **Wert** Ihres Autos ab. Haben Sie ein sehr altes Fahrzeug, ist Kaskoschutz meist nicht nötig. Dann reicht eine Kfz-Haftpflichtversicherung – um die Sie ohnehin nicht herumkommen.

Wann zahlt die Teilkasko, wann die Vollkasko?
Eine **Teilkaskoversicherung** springt zum Beispiel ein, wenn Ihr Auto gestohlen wird, abbrennt oder Sie auf der Landstraße mit einem Tier zusammenstoßen.

Für die **folgenden Schäden** kommt die Teilkasko in der Regel auf:
- Diebstahl,
- Raub und Unterschlagung,
- Brand und Explosion,
- Unwetterschäden wie Sturm, Blitzschlag, Hagel und Überschwemmung,
- Schäden durch Zusammenstöße mit Haarwild (Rehe oder Wildschweine),

» Schadenfreiheitsrabatt «

Mit dem Schadenfreiheitsrabatt belohnen Versicherungen Kunden, die jahrelang keinen Schaden melden. Die Höhe des Schadenfreiheitsrabatts beeinflusst den Beitrag in der Kfz-Versicherung enorm. Nach einem gemeldeten Schaden stuft die Versicherung die Schadenfreiheitsklasse herunter. Es ist möglich, die Rückstufung rückgängig zu machen. In einigen Fällen lohnt es sich, den Schaden selbst zu zahlen. Wer einen Dienstwagen fährt, sammelt privat keinen Schadenfreiheitsrabatt. Es gibt aber Wege, die Nutzung des Firmenwagens anrechnen zu lassen.
Wenn Sie zum ersten Mal ein Auto versichern, sollten Sie versuchen, eine *höhere Einstufung* als *Klasse 0* zu bekommen. Möglich ist zum Beispiel, Schadenfreiheitsklassen von Verwandten zu übernehmen, alte Rabatte zu reaktivieren oder Sondereinstufungen beim Zweitwagen zu nutzen. Fahranfänger können das Auto über die Eltern versichern. Nach einem Unfall sollten Sie durchrechnen, ob es sich lohnt, die **Rückstufung zu vermeiden**, indem Sie den Schaden selbst zahlen. Wenn Sie einen Dienstwagen fahren, sollten Sie mit Ihrem Chef klären, ob Sie die Schadenfreiheitsklasse später mitnehmen dürfen, um sie privat zu nutzen. Mehr dazu unter:

 https://www.finanztip.de/kfz-versicherung/schadenfreiheitsklasse/

- Marderbisse an Kabeln, Schläuchen und Leitungen,
- Kabelschäden durch Kurzschluss,
- Glasbruch, zum Beispiel durch Steinschlag.

> **» Tarifmerkmale «**
>
> *Persönliche Merkmale wie Alter, Beruf oder Immobilienbesitz beeinflussen den Preis der Kfz-Versicherung nicht so stark. Aber je nachdem, wie Sie Ihr Auto nutzen, senkt das den Beitrag deutlich. Eine Selbstbeteiligung in der Kaskoversicherung und ein kleiner Fahrerkreis sparen viel Geld. Sie sparen außerdem, wenn Sie jährlich zahlen. Wenn Sie etwas nicht oder falsch mitgeteilt haben, sollten Sie das nachmelden oder korrigieren. Sonst droht Ihnen neben einer Nachzahlung möglicherweise eine Vertragsstrafe.*
>
> *Mit einigen Merkmalen wie der Fahrleistung, dem Alter und einem Selbstbehalt lässt sich eine Menge Geld sparen. Überlegen Sie, ob Sie diese für sich nutzen können. Mehr dazu unter:*
>
> https://www.finanztip.de/kfz-versicherung/tarifmerkmale/

Wollen Sie auch bei **selbstverschuldeten** Unfällen und Vandalismus abgesichert sein, brauchen Sie eine Vollkasko. Diese Schäden zahlt die Teilkasko nicht. Die Vollkasko hingegen ersetzt alle Schäden am eigenen Auto.

Was sollten Teil- und Vollkasko außerdem abdecken?
Bei der Kaskoversicherung gibt es Leistungen, auf die Sie **nicht verzichten** sollten.

Keine Einrede grober Fahrlässigkeit – Wenn Ihr Versicherungsvertrag diese Klausel enthält, leistet der Versicherer auch dann in vollem Umfang, wenn Sie einen Schaden an Ihrem Auto grob fahrlässig verursachen. Er **verzichtet auf** sein Recht zur „**Einrede der groben Fahrlässigkeit**". Beispiele: Sie überfahren eine rote Ampel, fahren viel zu schnell oder schreiben Nachrichten auf dem Handy und verursachen dabei einen Unfall. Nicht versichert sind Fälle, in denen Sie unter Alkohol- oder Drogeneinfluss einen Unfall bauen oder wenn Sie den Diebstahl Ihres Wagens grob fahrlässig ermöglichen.

Marderbisse mit Folgeschäden – Besonders zur Paarungszeit im Frühjahr verkriechen sich Marder gerne in warmen Motorräumen. Dort knabbern sie dann an Schläuchen und Kabeln. Das kann zu teuren Schäden führen. Manche Anbieter übernehmen nur die direkten Schäden an Schläuchen, Bremsleitungen und der Verkabelung. **Andere Tarife** ersetzen auch die **Folgeschäden**. Eine Untersuchung, die wir für Sie gemacht haben zeigt: Häufig bekommen Sie diesen Zusatzschutz **kostenlos**. Gibt es einen Aufpreis, ist dieser meist gering.

Erweiterte Wildschadendeckung – Diese Erweiterung ist inzwischen **Standard**. Ohne hat die Kasko nur bei Unfällen mit Haarwild wie Rehen oder Wildschweinen gezahlt. Mit ihr sind Sie auch versichert, wenn Sie mit anderen Tieren zusammenstoßen – zum Beispiel mit Kühen oder Pferden auf der Landstraße.

Neuwertentschädigung – Bei der Vollkasko sollten Sie darauf achten, dass der Versicherer bei einem Totalschaden **möglichst lange** den **Neuwert** Ihres Autos zahlt. Ideal sind bis zu 24 Monate nach der Erstzulassung. Sonst bekommen Sie nur den Zeitwert, der gerade bei Neufahrzeugen sehr schnell sinkt.

Vollkasko oder Teilkasko – wann lohnt welche?

Ob sich für Sie eine Vollkasko- oder Teilkaskoversicherung lohnt, hängt vor allem von Alter und Wert Ihres Autos ab.

▷ Vollkasko für Neuwagen und wertvolle Autos

Eine Vollkaskoversicherung lohnt sich für Neuwagen meist während der ersten **drei bis fünf Jahre**. Nach dieser Zeit sollten Sie überlegen, in die Teilkasko zu wechseln.

Es kann sich für Sie aber auch mit einem älteren Auto **lohnen**, in der **Vollkasko zu bleiben**. Denn in der Teilkasko gibt es keinen Schadenfreiheitsrabatt – in der Vollkasko schon. Das heißt die Vollkasko wird im Gegensatz zur Teilkasko jedes Jahr günstiger, wenn Sie schadenfrei unterwegs sind. Dadurch können die Preise von Teil- und Vollkasko je nach Fahrzeugtyp, Wohnort und der SF-Klasse **eng beieinander** liegen. Um die Entscheidung zwischen Teil- und Vollkasko zu treffen, sollten Sie daher Angebote vergleichen.

 » Typklasse «

Die Typklasse des Wagens und der Wohnort des Halters haben einen großen Einfluss auf den Preis der Autoversicherung. Immer mehr Kfz-Versicherungen berechnen die Prämie nach der Postleitzahl und nicht mehr nach den viel gröberen Regionalklassen.

Haben Sie beim Autokauf die Wahl zwischen verschiedenen Modellen, sollten Sie auch die Typklassen vergleichen. Eine höhere Typklasse macht die Versicherung teurer. Wenn Sie in eine andere Region umziehen, müssen Sie Ihr Auto ummelden. Mit den Regionalklassen dürfen Sie nicht tricksen. Erhöht sich die Typ- oder Regionalklasse und dadurch auch der Beitrag für Ihre Kfz-Versicherung, haben Sie ein Sonderkündigungsrecht. Mehr dazu unter:

 https://www.finanztip.de/kfz-versicherung/regionalklassen-typklassen/

Achtung auch, wenn Sie Ihr Auto über **Leasing oder einen Kredit** finanzieren. Dann sollten Sie in aller Regel eine **Vollkaskoversicherung** abschließen. Denken Sie in diesem Fall auch daran, eine **GAP-Deckung** zu vereinbaren.

▷ Teilkasko ist sinnvoll bei älteren Autos

In den meisten Fällen lohnt sich eine Vollkasko nicht mehr, wenn ein Auto nach einigen Jahren deutlich an Wert verloren hat. Dann **reicht** Teilkaskoschutz. Wird Ihr Auto etwa gestohlen, ersetzt die Teilkasko meist den Zeitwert des Wagens. Da dieser immer niedriger wird, können Sie sich bei sehr alten Autos mit kaum Restwert sogar die Teilkasko sparen. Für diese Fahrzeuge genügt eine Kfz-**Haftpflichtversicherung**.

Wie können Sie bei der Kaskoversicherung sparen?

Den Preis für Ihre Kaskoversicherung können Sie senken, indem Sie eine **Selbstbeteiligung** vereinbaren. Finanztip untersucht regelmäßig, wie hoch das Sparpotential ist und empfiehlt, in der **Teilkasko** eine **Selbstbeteiligung** in Höhe **von 150 oder 300 Euro** zu vereinbaren. So sinken die Beiträge durch 150 Euro Selbstbehalt im Schnitt um 18 Prozent, durch 300 Euro sogar um 25 Prozent.

Wenn Sie sich für eine **Vollkasko** entscheiden, empfiehlt Finanztip eine **Selbstbetei-**

Aus dem Gericht
LG Nürnberg-Fürth, Az.: 14 S 6188/17

Kastanienfall

Der Eigentümer eines PKW-Stellplatzes als Teil einer Wohnungseigentumsanlage darf nicht gegen den Willen der übrigen Eigentümer ein Carport errichten, um damit sein Fahrzeug vor herabfallenden Kastanien zu schützen.

Beim Erwerb wusste er von den Bäumen und zudem trete die Beeinträchtigung saisonal begrenzt auf.

18% mehr Kfz-Haftpflichtschäden AB 25°C Außentemperatur.

Das Verkehrsaufkommen nimmt zu, die Aufmerksamkeit der Verkehrsteilnehmer sinkt.

Quelle: GDV

ligung von 300 Euro. Wie hoch das Sparpotential durch diesen Selbstbehalt ist, ist schwer festzustellen, denn viele Versicherungen bieten Vollkaskoschutz nicht ohne Selbstbeteiligung an – ein aussagekräftiger Vergleich zwischen Angeboten mit und ohne Vollkaskoschutz ist daher nicht möglich.

▷ **Auch Automodell und Wohnort beeinflussen den Preis**

Wie viel Sie in der Kaskoversicherung zahlen, hängt auch davon ab, welche **Typklasse** das Fahrzeug hat. Für einen 3er BMW müssen Sie etwa höhere Beiträge zahlen als für einen Audi A4 mit vergleichbarer Leistung – obwohl beides Mittelklassewagen sind. In die Typklasse fließen unterschiedliche Statistiken ein, beispielsweise wie oft das jeweilige Modell **gestohlen** (oder geschrottet) wird.

Neben der Typklasse spielt für den Beitrag auch die **Region** eine Rolle, in der Sie gemeldet sind – oder schlicht Ihre **Postleitzahl**. Denn je nach Region treten beispielsweise **Unwetter** oder **Vandalismus** häufiger oder seltener auf. Diese Statistiken werden in der **Regionalklasse** berücksichtigt.

Weitere Empfehlungen finden Sie unter:

 *www.finanztip.de/ kfz-versicherung/ teilkasko-vollkasko/*

1.1.11 Hundehaftpflichtversicherung

» Mit Sicherheit auf den Hund gekommen «

von Henriette Neubert Stand: 15. Dezember 2021
www.finanztip.de/haftpflichtversicherung/hundehaftpflicht/

Warum ist eine Hundehaftpflichtversicherung sinnvoll? // Wofür zahlt die Versicherung? // Für welche Hunde gilt eine Versicherungspflicht? // Welche Kriterien sollte eine gute Hundehaftpflicht erfüllen? // Wie lässt sich Geld sparen?

 Das Wichtigste in Kürze

- Wer einen Hund hat, haftet für alle Schäden, die der Vierbeiner anrichtet – egal ob er jemanden beißt oder bei Freunden das Parkett zerkratzt.
- Ihre private Haftpflichtversicherung schließt die Hundeversicherung nicht mit ein.
- Ob Sie für Ihren Hund eine Haftpflichtversicherung benötigen, hängt davon ab, in welchem **Bundesland** Sie wohnen, und was Sie für einen Hund haben. Wenn Sie nicht sicher sind, schauen Sie in die Tabelle auf Seite Seite 130.

 So gehen Sie vor

- Am besten schließen Sie Ihre Hundeversicherung über ein Vergleichsportal ab.
- Wählen Sie auf dem Portal die folgenden Merkmale aus: Eine ausreichend hohe Versicherungssumme (mindestens fünf Millionen Euro), Mietschäden (bis mindestens 300.000 Euro), Vermögensschäden (bis 50.000 Euro), Auslandsaufenthalt, Deckschäden.

Hunde gehören zu den beliebtesten Haustieren in Deutschland, das Statistische Bundesamt geht von rund **zehn Millionen** Tieren aus. Doch der beste Freund des Menschen kann – ob groß oder klein, gut erzogen oder nicht – **Schäden** verursachen, für die Sie als Halter haften. Und dafür muss Ihr Hund nicht zubeißen oder den Ledereinband eines wertvollen Buches zerkauen. Es reicht schon, wenn er mit seinen Krallen das neue Parkett der Wohnung zerkratzt. Oder er erschreckt sich beim Gassigehen, läuft auf die Straße und verursacht dadurch einen Autounfall. Ihr haariger Begleiter kann so **sehr hohe** und **unvorhersehbare Kosten** verursachen.

Warum ist eine Hundehaftpflichtversicherung sinnvoll?

Hundehalterhaftpflicht abschließen, damit diese für die Übeltaten Ihres Tieres aufkommt. Der Gesamtverband der deutschen Versicherer registriert pro Jahr immerhin **80.000 Schäden**, die in Deutschland von Hunden verursacht wurden. Gut, wenn die Versicherung die Kosten übernimmt.

In **einigen Bundesländern** gibt es sogar eine generelle **Versicherungspflicht**. In anderen Bundesländern gilt die Pflicht für Hunde mit **speziellen Merkmalen**, die als riskant eingestuft werden. Nur in Mecklenburg-Vorpommern ist die Hundehaftpflicht für jeden Hundehalter freiwillig.

Ob verpflichtend oder nicht, eine Haftpflichtversicherung-Hund kann Sie vor hohen Kosten bewahren. Außerdem ist sie nicht teuer. Eine gute Hundehaftpflicht können Sie **bereits ab etwa 30 Euro** im Jahr abschließen. Besitzer von Hunden, die nach den Hundegesetzen der Länder als gefährlich eingestuft sind, zahlen etwas mehr. Die Tarife für diese Hunde beginnen bei gut 40 Euro.

Um eine passende Hundehaftpflicht zu finden, suchen Sie am besten auf einem **Vergleichsportal**. Dabei ist es wichtig, die genaue Rassebezeichnung Ihres Hundes anzugeben. Falls Ihr Hund eine Promenadenmischung ist, geben Sie mehrere Rassen an. Worauf Sie außerdem achten müssen, erfahren Sie weiter unten.

Wofür zahlt die Versicherung?

Eine Hundehaftpflichtversicherung kommt für **Personen-, Sach- und Vermögensschäden** auf. Zerkratzt Ihr Hund das Parkett in der Wohnung eines Freundes, wird das Sachschaden genannt. Beißt Ihr Hund den Tierarzt bei einer Untersuchung so heftig, dass der Veterinär in der Folge einen Verdienstausfall erleidet, nennt man dies Vermögensschaden.

Die Versicherung zahlt auch, wenn Ihr Vierbeiner nicht gehorcht hat, obwohl Sie als Herrchen oder Frauchen alles richtig gemacht haben.

Aus dem Gericht
Az: I. 6 U 12/12

Abschiedsschmerz

Als ein Versicherungsvertreter am Morgen sein Haus verließ, wurde er von seinem stürmischen Hund umgestoßen und erlitt dabei eine schwere Knieverletzung.

Weil der Vertreter sich bereits auf dem Weg zur Arbeit befunden hatte, handelte es sich nach Auffassung des Gerichts um einen Arbeitsunfall.

Aus dem Gericht
Az: 19 S 1968/99

Wasserschaden

Ein Hund verstopfte den Abfluss eines Waschbeckens mit Klopapier und drehte den Wasserhahn auf.

Den Wasserschaden in den Nachbarwohnungen musste der Halter nicht bezahlen, weil es sich nach Auffassung des Gerichts um eine Verkettung unglücklicher, nicht vorhersehbarer Umstände handelte.

Ungefähr 16.848 € für ein ganzes Hundeleben.

Zuzüglich ca. 7.000 € für Hundesitter und Hundeschule.

Quelle: Beyond Saving

Was kostet welches Haustier?

	Hund	Katze	Kaninchen
Lebenserwartung	14 Jahre	15 Jahre	10 Jahre
Anschaffung	150 – 2.000 €	0 – 2.500 €	25 – 150 €
Erstausstattung (Näpfe, Bett, Toilette ...)	100 – 300 €	150 – 600 €	40 – 230 €
pro Monat (Tierarzt, Hundesitter etc.)	60 – 110 €	50 – 100 €	15 – 60 €

Quelle: sparkasse.de

Die Hundeversicherung springt aber auch ein, falls Sie gar nicht in der Nähe Ihres Hundes warst, als er das Nachbarskind gebissen hat. Wenn Sie Ihren Hund einem Freund oder Nachbarn anvertrauen, sind in dieser Zeit entstehende Schäden **ebenfalls mitversichert**. Das bedeutet, dass **auch ein Hundesitter** von Ihrer Hundehaftpflichtversicherung profitiert.

Achtung

*Haben Sie Ihren Hund **nicht an der Leine** und er verursacht dadurch einen Schaden, kann die Versicherung eventuell ablehnen, für den Schaden aufzukommen. Sie könnte dies mit „**bedingtem Vorsatz**" begründen der, anders als grobe Fahrlässigkeit, **nicht versichert ist**. Einige Versicherungen schließen Schäden durch nicht angeleinte Hunde explizit in ihren Vertragsbedingungen aus. Es gibt aber auch Tarife, bei denen diese Schadensfälle **konkret mitversichert** sind.*

Die Versicherung ist grundsätzlich nicht zuständig, falls Ihr Hund einem **Familienmitglied** Schaden zufügt. Das wäre nur durch eine **private Unfallversicherung** abgedeckt – weitere Informationen zur Unfallversicherung finden Sie in diesem Buch in Kapitel 1.1.9 (Seite 109). Die genaue Regelung finden Sie in den „Besonderen Bedingungen und Risikobeschreibungen zur Tierhalter-Haftpflichtversicherung" Ihrer Police unter dem Punkt „Mitversicherte Personen".

Für welche Hunde gilt eine Versicherungspflicht?

In **sechs Bundesländern** besteht grundsätzlich eine Versicherungspflicht für Hunde, in anderen müssen nur potenziell gefährliche Hunde versichert werden. Welche Hunde als gefährlich eingestuft werden, ist von Bundesland zu Bundesland verschieden.

Grundsätzlich ordnen die Bundesländer bestimmte Hunderassen über ihr Verhalten der Gruppe der gefährlichen Hunde zu. Dann entscheiden ein **Wesenstest** oder eine **Prüfung** der Ortspolizeibehörde, ob diese Hunde als gefährlich eingestuft werden. In Nordrhein-Westfalen müssen alle Hunde versichert werden, wenn sie eine Größe von 40 cm (Widerristhöhe) haben oder sie schwerer als 20 Kilogramm sind.

Für einen Hund, den Sie für die **Jagd** einsetzen, brauchen Sie keine Hundehaftpflicht. Stattdessen müsse Sie eine **spezielle Jagdhaftpflichtversicherung** abschließen.

Welche Kriterien sollte eine gute Hundehaftpflicht erfüllen?

Wählen Sie eine ausreichend hohe Versicherungssumme: Wir empfehlen mindestens **5 Millionen Euro** für Personen-, Sach- und

Diese Regelungen zur Versicherungspflicht gelten in den Bundesländern

Versicherungspflicht nach Bundesland	Regelung zur Versicherungspflicht
Baden-Württemberg	**Versicherungspflicht für als gefährlich eingestufte Hunde und Hunderassen ab dem 7. Lebensmonat des Hundes**
Bayern	**keine allgemeine Pflicht**, kann aber je nach Gemeinde verlangt werden bei Haltung von als gefährlich eingestuften Hunderassen
Berlin	**Versicherungspflicht für alle Hunde**; Versicherungssumme mindestens 1 Mio. € pro Schadensfall; Selbstbeteiligung maximal 500 € pro Jahr
Brandenburg	**Versicherungspflicht für als gefährlich eingestufte Hunderassen**; für bestimmte Rassen kann sich der Halter von der Versicherungspflicht befreien lassen, wenn ein Gutachter bestätigt, dass der Hund ungefährlich ist (Negativzeugnis)
Bremen	**Versicherungspflicht für als gefährlich eingestufte Hunderassen**
Hamburg	**Versicherungspflicht für alle Hunde**; Versicherungssumme mindestens 1 Mio. € pro Schadensfall, Selbstbeteiligung maximal 500 € pro Jahr
Hessen	**Versicherungspflicht für als gefährlich eingestufte Hunderassen**
Mecklenburg-Vorpommern	keine Versicherungspflicht
Niedersachsen	**Versicherungspflicht für alle Hunde ab dem 7. Lebensmonat des Hundes**; Versicherungssumme muss mindestens 500.000 € für Personen- und 250.000 € für Sachschäden betragen
Nordrhein-Westfalen	**Versicherungspflicht für alle gefährlichen Hunderassen, sowie Hunde ab 40 cm Widerristhöhe oder 20 kg Gewicht**; Versicherungssumme muss mindestens 500.000 € für Personenschäden und 250.000 € für sonstige Schäden betragen
Rheinland-Pfalz	**Versicherungspflicht für als gefährlich eingestufte Hunde**; Versicherungssumme mindestens 500.000 € für Personen- und Sachschäden sowie 250.000 € für sonstige Schäden
Saarland	**Versicherungspflicht für als gefährlich eingestufte Hunde (Wesenstest kann die Ungefährlichkeit belegen)**; Versicherungssumme mindestens 1 Mio. € für Personen- und 500.000 € für Sachschäden; Halter müssen jährlich Versicherung nachweisen
Sachsen	**Versicherungspflicht für als gefährlich eingestufte Hunderassen ab dem 7. Lebensmonat des Hundes**; Befreiung von der Versicherungspflicht bei Gutachten zur Ungefährlichkeit des Hundes
Sachsen-Anhalt	**Versicherungspflicht für alle Hunde ab dem 4. Lebensmonat des Hundes**; Versicherungssumme mindestens 1 Mio. € für Sach- und Personenschäden, sowie 50.000 € für Vermögensschäden
Schleswig-Holstein	**Versicherungspflicht für alle Hunde ab dem 4. Lebensmonat des Hundes**; Versicherungssumme muss mindestens 500.000 € für Personen- und 250.000 € für Sachschäden betragen
Thüringen	**Versicherungspflicht für alle Hunde**; Versicherungssumme mindestens 500.000 € für Personen- und Sach- sowie 250.000 € für sonstige Schäden

Quelle: Finanztip-Recherche (Stand: 15.03.2021)

Vermögensschäden. Die folgenden Leistungen sollten Sie versichern, um sich im Schadensfall Ärger zu ersparen:

Mietschäden – Als Mieter sollten Sie Mietschäden unbedingt mitversichern. Dann springt die Versicherung ein, wenn Ihr Hund beispielsweise spontan an einer Zimmertür hochspringt und diese zerkratzt. Der Schutz gilt auch in Hotels und Ferienwohnungen. Nicht abgedeckt sind Schäden, die über einen längeren Zeitraum entstanden sind, etwa wenn Ihr Tier regelmäßig über das Parkett läuft und es dabei immer ein bisschen mehr zerkratzt. Mietschäden sollten bis **mindestens 300.000 Euro** versichert sein.

Vermögensschäden – Beißt Ihr Hund jemanden, der dann auf Grund des Unfalls seinen Beruf eine Zeit lang nicht ausüben kann, kommt die Versicherung für den wirtschaftlichen Schaden auf. Wir empfehlen eine Deckung von Vermögensschäden bis zu **50.000 Euro**.

Auslandsaufenthalt – Möchten Sie Ihren Hund auch mit in den **Urlaub ins Ausland** nehmen, prüfen Sie auch den Versicherungsschutz im Ausland. Bei vielen Versicherungen gelten die Leistungen innerhalb der EU unbegrenzt. Ein weltweiter Schutz ist oft auf eine Aufenthaltsdauer von drei oder fünf Jahren begrenzt. Die Versicherungssumme gilt aber in diesem Zeitraum meist ohne Einschränkung.

Deckschäden – Schwängert Ihr Rüde eine Rassehündin, kann ihrem Züchter **wirtschaftlicher Schaden** entstehen. Unter anderem durch Tierarztkosten oder dadurch, dass die Hündin erst einmal keine reinrassigen Welpen bekommt. Wenn Ihr Rüde **kastriert** ist, brauchen Sie auf diese Klausel natürlich nicht zu achten.

Wie lässt sich Geld sparen?

Wer eine Hundehaftpflichtversicherung abschließt, kann mit den richtigen Kniffen Geld sparen:

Selbstbeteiligung wählen – Sie können den Versicherungsbeitrag durch eine geringe Selbstbeteiligung senken. Bei unserem Test ergab eine Selbstbeteiligung von 125 beziehungsweise 150 Euro je nach Tarif eine **Ersparnis von zehn bis 25 Prozent**.

Mehrere Hunde beim selben Anbieter – Wenn Sie mehrere Hunde haben, sollten Sie **alle gemeinsam absichern**. Bei den meisten Anbietern gibt es Rabatt für den Zweit- oder Dritthund. In unserem Test gab es **zehn bis 25 Prozent Ermäßigung**.

Bei schlechten Bedingungen wechseln – Wenn Sie bereits eine Haftpflichtversicherung für Ihren Hund haben und feststellen, dass die Bedingungen nicht optimal sind, dann vergleichen Sie die Versicherungen und wechseln den Anbieter. Die Kündigungsfrist beträgt in der Regel drei Monate zum Ende des Versicherungsjahres. Wenn Sie eine **Mindestlaufzeit** vereinbart haben, geht das jedoch nicht, solange diese nicht abgelaufen ist.

Für einen Besuch in der **Hundeschule** konnten wir **keinen Effekt auf** den **Preis** feststellen. Für **ungechipte** Hunde konnten wir bei einem Versicherer einen Preisaufschlag erkennen. Ebenso verlangen einige Versicherer einen Aufschlag für **junge Hundehalter** (in unserem Test 20 Jahre) beziehungsweise gewähren einen Rabatt für **Senioren**.

An der **Versicherungssumme** sollten Sie **nicht sparen**, denn eine ausreichend hohe Versicherungssumme ist das wichtigste Merkmal einer guten Absicherung.

Konkrete Produktempfehlungen finden Sie unter:

 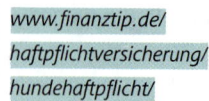

www.finanztip.de/ haftpflichtversicherung/ hundehaftpflicht/

1.1.12 Pflegezusatzversicherung

» Die Pflege-Lücke mit einer privaten Zusatzversicherung schließen «

von Julia Rieder Stand: 02. November 2020
www.finanztip.de/pflegezusatzversicherung/

Wie groß ist der Eigenanteil bei der Pflege? // Für wen ist eine Pflegezusatzversicherung sinnvoll? // Könnte ich anders vorsorgen? // Kann ich mir die Zusatzversicherung langfristig leisten? // Welche Varianten der Pflegezusatzversicherung gibt es? // Welche Punkte sind bei Pflegezusatzversicherungen wichtig? // Welche Alternativen zur Pflegezusatzversicherung gibt es?

Das Wichtigste in Kürze

- Die gesetzliche Pflegeversicherung deckt im Pflegefall nicht alle Kosten für die Pflege ab. Deshalb sollten Sie **zusätzlich privat vorsorgen**.
- Eine private Pflegezusatzversicherung ist eine Möglichkeit, Der **Nachteil** dabei: Das Geld, das Sie in die Versicherung eingezahlt haben, ist weg, falls Sie keine Pflege benötigen.
- Beim privaten Zusatzschutz gibt es drei Modelle: Pflegetagegeld-Versicherung, Pflegekosten-Versicherung und Pflege-Rentenversicherung.
- Der Staat fördert den Abschluss einiger Pflegetagegeld-Verträge mit dem „**Pflege-Bahr**". Die Förderung beträgt 5 Euro pro Monat., sie rechnet sich jedoch kaum.

So gehen Sie vor

- Eine Pflegezusatzversicherung ist nur für Sie geeignet, wenn Sie sich die relativ hohen Beiträge **langfristig leisten** können. Denn falls Sie wegen Geldmangels kündigen müssen, sind alle gezahlten Beiträge weg.
- Alternativ können Sie auch selbst das Geld für die Pflege ansparen und Ihre Wohnsituation so gestalten, dass Sie möglichst lange selbstständig Ihren Alltag bewältigen können.
- Falls Sie sich für eine Zusatzversicherung entscheiden, empfehlen wir eine **Pflegetagegeld-Versicherung**.

Immer mehr Menschen sind im Alter auf **professionelle Pflege angewiesen**. Doch eine angemessene Versorgung ist teuer, egal, ob zuhause oder im Heim. Die gesetzliche Pflegeversicherung hilft dabei, die wichtigsten Maßnahmen zu finanzieren. Als eine Art Teilkaskoversicherung übernimmt sie jedoch **nie die gesamten Kosten**. Die Differenz – oft mehrere Hundert Euro – müssen Pflegebedürftige aus eigener Tasche bezahlen. Wollen Sie ausreichend für den Pflegefall vorsorgen, sollten Sie daher überlegen, wie Sie die **Finanzierungslücke schließen**.

Wie groß ist der Eigenanteil bei der Pflege?

Das Wichtigste zuerst: In Deutschland muss niemand Angst haben, im Pflegefall ganz **ohne Versorgung** dazustehen. Seit 1995 muss jeder Krankenversicherte auch pflegeversichert sein. Privatversicherte zahlen in die **private Pflegepflichtversicherung** ein, gesetzlich Versicherte in die **soziale Pflegeversicherung**.

Mit den Beiträgen werden verschiedene **Leistungen für Pflegebedürftige finanziert**. Sie sind im Sozialgesetzbuch XI festgelegt und für Mitglieder der privaten und sozialen Pflegepflichtversicherung **identisch**. Wie hoch die Leistungen der Pflegeversicherung ausfallen, hängt davon ab, wie viel Unterstützung Sie als Pflegebedürftiger brauchen und davon, ob Sie von Angehörigen, einem ambulanten Pflegedienst oder im Pflegeheim betreut werden. Welche Leistungen es bei welchem Pflegegrad gibt, erklärt das Kapitel 1.3 „Gesetzliche Pflegeversicherung".

Das gesetzlich vorgeschriebene Sicherungsnetz bietet jedoch nur eine **Grundversorgung**. Meist decken die Zahlungen der gesetzlichen Pflegeversicherung nur einen **Teil der Pflegekosten** ab. Den restlichen Betrag müssen Sie aus eigener Tasche aufbringen. Können Sie das nicht, springt das **Sozialamt** ein und zahlt „Hilfe zur Pflege". Haben Sie Kinder, können diese verpflichtet sein, im Rahmen des Elternunterhalts Kosten für Ihre Pflege zu übernehmen. Es gibt jedoch relativ hohe Freibeträge, die vor Unterhaltszahlungen geschützt sind.

Unterschiedlicher Eigenanteil nach Wohnort und Pflegeform

Für die Betreuung in einem **Pflegeheim** zahlt die gesetzliche Pflegeversicherung einen **Zuschuss** zwischen 770 Euro (Pflegegrad 2) und 2.005 Euro (Pflegegrad 5). Das deckt allerdings nicht die gesamten Kosten. Für die pflegerische Versorgung bleibt in der Regel ein **Eigenanteil**, auch für Unterkunft und Verpflegung im Heim sowie Investitionskosten müssen Sie als Pflegebedürftiger selbst aufkommen.

Nach Angaben des Verbands der Ersatzkassen (VDEK) mussten Heimbewohner durchschnittlich Kosten in Höhe von

Monatlicher Eigenanteil bei stationärer Pflege

Bundesland	Eigenanteil
Sachsen-Anhalt	1.436 €
Mecklenburg-Vorpommern	1.540 €
Thüringen	1.564 €
Sachsen	1.621 €
Brandenburg	1.697 €
Niedersachsen	1.704 €
Schleswig-Holstein	1.841 €
Bremen	1.959 €
Hessen	1.965 €
Berlin	1.990 €
Bayern	2.018 €
Hamburg	2.032 €
Rheinland-Pfalz	2.119 €
Saarland	2.341 €
Baden-Württemberg	2.354 €
Nordrhein-Westfalen	2.405 €

Durchschnittliche finanzielle Belastung ohne Ausbildungsumlage bzw. individuelle Ausbildungskosten.
Quelle: VDEK (Stand: Juli 2020).

2.015 Euro im Monat selbst tragen. Die Kosten für einen Pflegeplatz variieren jedoch enorm, abhängig davon, wo Sie wohnen.

Damit schwankt auch der Eigenanteil für die stationäre Pflege, denn der **Zuschuss** der Pflegeversicherung ist **bundesweit einheitlich** hoch. In Sachsen-Anhalt war der Eigenanteil laut VDEK mit 1.436 Euro am niedrigsten, in Nordrhein-Westfalen mussten Pflegebedürftige mit 2.405 Euro im Monat am meisten selbst zahlen. Unterschiede bei den Pflegekosten gibt es auch zwischen Stadt und Land.

Wie hoch der Eigenanteil bei der **ambulanten Pflege** durch Angehörige oder einen Pflegedienst ist, lässt sich schwer verallgemeinern. Die Kosten hängen davon ab, welchen **Pflegegrad** Sie haben und wie viel **Unterstützung** Sie brauchen. Für die ambulante Versorgung durch einen Pflegedienst zahlen die Pflegekassen zwischen 125 Euro (Pflegegrad 1) und 1.995 Euro (Pflegegrad 5). Ausgaben, die darüber hinausgehen, müssen Sie alleine tragen.

Für wen ist eine Pflegezusatzversicherung sinnvoll?

Immer mehr Menschen benötigen im Alter Pflege. Es lohnt sich also, darüber nachzudenken, wie Sie leben möchten, wenn Ihre Fitness nachlässt und wie sich das organisieren und finanzieren lässt. Eine **Möglichkeit, für potenzielle Pflegekosten** vorzusorgen, ist die Pflegezusatzversicherung. Je nach Modell decken die Verträge ganz oder teilweise Kosten ab, die die Pflichtversicherung nicht übernimmt. Ob eine Zusatzversicherung für Sie sinnvoll ist, hängt von vielen individuellen Faktoren ab.

Zwei grundsätzliche Fragen sollten Sie sich stellen, bevor Sie eine Pflegezusatzversicherung abschließen:

1. Könnte ich anders vorsorgen?

Zunächst sollten Sie sich einen Überblick darüber verschaffen, **wie viel Geld** Sie im Alter voraussichtlich zur Verfügung haben werden. Wie hoch sind Ihre Rentenansprüche? Besitzen Sie Vermögen in Aktien, Festgeld oder eine kapitalbildende Lebens- oder Rentenversicherung? Haben Sie Mieteinnahmen? Werden Sie eine größere Summe erben? Wohnen Sie in der eigenen Immobilie? Wie viel legen Sie jeden Monat für die Altersvorsorge zurück? Könnten Sie diesen Betrag noch etwas erhöhen, um ein Geldpolster für den Pflegefall anzusparen?

Wenn Sie den Eigenanteil an **Pflegekosten aus Ihrem Vermögen stemmen** können und auch bereit sind, dies zu tun, benötigen Sie keine Pflegezusatzversicherung. Dabei sollten Sie auch bedenken, dass 2017 nur ein Viertel der Pflegebedürftigen in einem Heim versorgt wurde. Das zeigen Zahlen des Statistischen Bundesamts. Der Großteil älterer Menschen wird zuhause gepflegt – in der Regel also zu niedrigeren Kosten als im Heim.

Die Statistik zeigt auch, dass das Risiko für **Pflegebedürftigkeit erst im hohen Alter** stark ansteigt. 2017 war **jeder Sechste** in der Altersgruppe **zwischen 75 und 85 Jahren auf Pflege angewiesen**. Von den 85- bis 90-Jährigen waren 45 Prozent pflegebedürftig. Erst ab einem Alter von 90 Jahren musste eine große Mehrheit der Senioren gepflegt werden (71 Prozent).

Statistiken sagen natürlich wenig über Ihre individuelle Wahrscheinlichkeit aus, pflegebedürftig zu werden. Wie lange Sie gegebenenfalls gepflegt werden müssen, lässt sich ebenfalls schwer prognostizieren. Die durchschnittliche **Pflegedauer schwankt** zwischen einigen Monaten und mehreren Jahren je nach Art der Erkrankung, wegen der Sie pflegebedürftig wurden.

Die Tatsache, dass der Pflegefall meist erst spät im Leben eintritt, verschafft Ihnen jedoch Zeit, dieses Thema auf andere Weise als über eine private Pflegezusatzversicherung zu **regeln**: Die Beiträge, die Sie für die Versicherung zahlen müssten, können Sie auch **selbst ansparen**. 50 Euro pro Monat, angelegt zu 4 Prozent, ergeben in 40 Jahren einen Betrag von über 58.000 Euro.

Wenn Sie mit 40 Jahren beginnen, auf diese Weise vorzusorgen und im Alter von 80 Jahren pflegebedürftig werden, haben Sie also erst einmal ein finanzielles Polster. Voraussetzung für diesen Plan ist natürlich, dass Sie das Geld nicht zwischenzeitlich aufbrauchen. Bleiben Sie von der Pflegebedürftigkeit verschont, können Sie das Geld selbst nutzen oder vererben. Die private Pflegezusatzversicherung hingegen ist eine reine **Risiko-**

Pflegegutachten & Pflegegrad

Der Pflegegrad und die Lebensumstände entscheiden über Art und Höhe der Geld- und/oder Sachleistungen der gesetzlichen Pflegekasse.

Die Einstufung erfolgt durch die Pflegekasse auf Basis eines Gutachtens des MDK (Medizinischer Dienst der Krankenversicherung):

Von **Pflegegrad 1** für geringe bis **Pflegegrad 5** für schwerste Beeinträchtigungen in verschiedenen Lebensbereichen – Selbstständigkeit, Kommunikation, Mobilität, psychische Probleme …

4,13 MIO.
Menschen in Deutschland sind pflegebedürftig, davon **75%** in häuslicher Pflege (auch hohe Pflegestufen).

Quelle: Nürnberger Nachrichten, Statista

Einstufung schwierig

Der Gutachter steht meist unter Zeitdruck und das Gutachten ist nur eine Momentaufnahme.

Wichtig: Ehrlich bleiben, Beeinträchtigungen nicht aus falschem Stolz verharmlosen und den Gutachter in einer alltäglichen, **natürlichen** Situation empfangen.

Früh beantragen

Die Pflegekasse zahlt zwar auch rückwirkend – Beginn ist jedoch der Zeitpunkt der Antragstellung.

WO? Bei der Pflegekasse (an die Krankenkasse angegliedert)

WIE? Formular anfordern per Anruf oder formlosem schriftlichem Antrag

UND DANN? Nach Beantragung folgt der Hausbesuch des Gutachters zur Einschätzung des Pflegeaufwands

VdK bietet Unterstützung

z. B. die Broschüre "Pflegebedürftig? Tipps für die Pflegebegutachtung bei Erwachsenen"

Checkliste aller wichtigen Unterlagen, die beim Besuch des Gutachters hilfreich sind (u.a. Bescheide & Gutachten, Berichte und Dokumentationen, Medikamente, Hilfsmittel …)

für Mitglieder eine kostenlose Sozialrechtsberatung

absicherung für den Pflegefall. Das bedeutet: Es gibt **kein Geld zurück**, wenn Sie nicht pflegebedürftig werden.

2. Kann ich mir die Zusatzversicherung langfristig leisten?

Pflegezusatzversicherungen gehören zu den **eher kostspieligen Verträgen**. Ein Kunde, der mit 55 Jahren einen Pflegetagegeld-Vertrag abschließt, zahlt laut Stiftung Warentest **rund 90 Euro im Monat**. Bei einigen Anbietern müssen Sie die Versicherungsbeiträge auch dann weiter zahlen, wenn Sie pflegebedürftig sind. Eine Pause bei Zahlungsschwierigkeiten gewähren die Versicherer oft nur für eine begrenzte Zeit, zum Beispiel wenn Sie vorübergehend arbeitslos sind. Die fehlenden Beiträge müssen Sie dann unter Umständen später auf einen Schlag nachzahlen.

Überlegen Sie deshalb gut, ob Sie sich den Beitrag **für die nächsten 30 oder 40 Jahre leisten können** – auch im Rentenalter. Berücksichtigen Sie dabei auch, dass die Beiträge im Laufe der Zeit noch steigen können. Wer die Versicherung kündigen muss, weil sie zu teuer geworden ist, verliert nicht nur den Versicherungsschutz, sondern auch alle bereits gezahlten Beiträge.

Bedenken Sie also: Der **Beitrag**, den Sie bei Vertragsabschluss zahlen, ist nicht in Stein gemeißelt. Er wird in den kommenden Jahren wahrscheinlich **steigen**. Das liegt unter anderem daran, dass Pflege teurer wird, etwa durch steigende Löhne oder eine bessere Versorgung. Auch politische Reformen können dafür sorgen, dass Versicherte umfassendere Pflegeleistungen erhalten. Daraus resultierende Kostensteigerungen können die Anbieter von Pflegezusatzversicherungen an die Kunden weitergeben und den **Beitrag erhöhen**.

Genau das ist Anfang 2017 passiert. Der Gesetzgeber hat die Einstufung der Pflegebedürftigkeit vollständig überarbeitet und die bisherigen drei Pflegestufen in fünf Pflegegrade überführt. Eine **Finanztip-Umfrage unter 19 großen Versicherern** hat gezeigt, dass die Unternehmen ihre Verträge an den neuen Pflegebedürftigkeitsbegriff angepasst haben. Im Zuge der Umstellung haben aber auch alle von Finanztip befragten Anbieter die **Beiträge erhöht**, in einigen Fällen **um bis zu 20 Prozent**. Wie sich die Beiträge in den kommenden Jahrzehnten weiter entwickeln werden, ist schwer vorherzusagen.

Deshalb sollten Sie sich zunächst um alle **wirklich wichtigen Versicherungen** kümmern, wie Haftpflicht-, Berufsunfähigkeits- oder Wohngebäudeversicherung (falls Sie eine Immobilie besitzen). Auch die **Altersvorsorge** hat Vorrang. Denn über Ihre Altersvorsoge können Sie im Rentenalter frei verfügen, unabhängig davon, ob Sie pflegebedürftig werden oder nicht. Und das Ersparte können Sie beliebig verwenden, für Pflegekosten oder auch für andere Ausgaben.

Wenn Sie keinen finanziellen Spielraum haben, um Geld für mögliche Pflegekosten zurückzulegen oder eine Pflegezusatzversicherung zu zahlen, gibt es andere Möglichkeiten für das Leben im Alter vorzusorgen. So lassen sich etwa Pflegekosten reduzieren, indem Sie sich frühzeitig mit altersgerechtem Wohnen beschäftigen und Ihren Alltag so organisieren, dass Sie möglichst wenig auf die Hilfe von Pflegekräften angewiesen sind.

Welche Varianten der Pflegezusatzversicherung gibt es?

Wenn Sie sich für eine Pflegezusatzversicherung interessieren, können Sie **zwischen drei verschiedenen Modellen wählen**: der Pflegekosten-Versicherung, der Pflege-Rentenversicherung und der Pflegetagegeld-Versicherung.

Allen Modellen ist gemein: Wie viel die Versicherung kostet, hängt von Ihrem **Alter** und Ihrer **Gesundheit** beim Vertragsschluss ab und davon, wie hoch die **Zahlungen** der Versicherung sein sollen. Je später Sie die Versicherung abschließen, desto höher sind die Beiträge. Haben Sie bereits **Erkrankungen**, verlangt die Versicherung in der Regel einen **Risikozuschlag**. Schließen Sie hingegen in jungen Jahren einen Vertrag ab, zahlen Sie oft jahrzehntelang umsonst Beiträge.

Neben den drei genannten Modellen, gibt es noch eine **Sonderform**: den sogenannten **Pflege-Bahr**. Mit dieser Variante fördert der Staat unter bestimmten Bedingungen den Abschluss einer privaten Zusatzversicherung, ähnlich wie bei der Riester-Rentenversicherung.

Privater Pflegeschutz wird in vier Varianten angeboten:

▷ 1. Pflegetagegeld

Bei einer Pflegetagegeld-Versicherung vereinbaren Sie mit der Versicherung eine **feste Summe pro Tag**, die Ihnen bei Pflegebedürftigkeit ausgezahlt wird. Die Höhe des Tagegelds hängt vom Pflegegrad ab. Das bedeutet, die Pflegebedürftigkeit muss bei Ihnen offiziell festgestellt worden sein. Bei einem niedrigen Pflegegrad bekommen Sie meist nur einen Teil der vereinbarten Summe, den vollen Tagessatz gibt es erst bei schwerer Pflegebedürftigkeit.

Der **Vorteil an solchen Tarifen**: Das Geld von der Versicherung können Sie frei verwenden. Sie können es nutzen, um die Kosten für einen ambulanten Pflegedienst oder ein Pflegeheim zu finanzieren. Sie können damit aber auch eine Haushaltshilfe oder einen Menü-Bringdienst bezahlen oder Freunde und Familie für Ihre Unterstützung honorieren.

Das Pflegetagegeld erhalten Sie **unabhängig von den tatsächlich angefallenen Kosten**. Sie müssen also keine Rechnungen bei der Versicherung einreichen. Und falls am Ende des Monats noch ein Teil des Tagegelds übrig ist, können Sie den Betrag ansparen.

Aufgrund der flexiblen Einsatzmöglichkeiten hält Finanztip das **Pflegetagegeld** für die **sinnvollste Variante** der Pflegezusatzversicherungen.

▷ 2. Pflegekosten-Versicherung

Pflegekosten-Versicherungen gibt es in unterschiedlichen Formen. Einige Tarife **verdoppeln die Leistungen** der gesetzlichen Pflegeversicherung. Werden Sie allerdings zuhause von einem Verwandten gepflegt, kürzt die Versicherung die Zahlung häufig deutlich. Bei solchen Angeboten müssen Sie meist keine Belege für Ihre Pflegekosten einreichen. Die Versicherung **zahlt pauschal** das, was Ihnen für Ihren Pflegegrad auch von der Pflegepflichtversicherung zusteht.

Anders ist das bei der zweiten Variante der Pflegekosten-Versicherung: Hier müssen Sie alle **Pflegekosten nachweisen**. Denn die Zusatzversicherung übernimmt nur den **Teil** der Rechnung, den die **gesetzliche** Pflegeversicherung **nicht zahlt**. Das bedeutet gleichzeitig: Die Pflegekosten-Versicherung beteiligt sich nur an Pflegeleistungen, die auch im Leistungskatalog der gesetzlichen Pflegeversicherung enthalten sind. Sie können das Geld von der Versicherung also nicht beliebig einsetzen. Außerdem gibt es **meist eine Höchstgrenze** für die Zahlung. Übernehmen Angehörige die Pflege, zahlt die Versicherung oft einen bestimmten Betrag als Pflegegeld.

Die Erstattungssummen bei der Pflege durch Angehörige sind bei den Pflegekosten-Versicherungen in der Regel deutlich niedriger als bei Pflegetagegeld-Versicherungen. Pflegekosten-Tarife eignen sich daher **nur**, wenn Sie sich im Pflegefall von einem **professionellen Pflegedienst oder** im **Heim** betreuen lassen wollen. Pflegekosten-Versicherungen sind meist etwas günstiger als gute Pflegetagegeld-Tarife.

▷ 3. Pflege-Rentenversicherung

Eine Pflege-Rentenversicherung funktioniert etwas anders als die bisher vorgestellten Varianten. Während bei Pflegetagegeld- und Pflegekosten-Versicherungen die Beiträge mit der Zeit steigen können, ist der **Beitrag** bei Pflege-Rentenversicherungen für die **gesamte Laufzeit festgelegt**. Dafür sind diese Tarife jedoch von Anfang an **deutlich teurer**.

Von der Pflege-Rentenversicherung erhalten Sie eine **monatliche Rente**, wenn bei Ihnen Pflegebedürftigkeit festgestellt wurde. Allerdings gibt es bei Pflegegrad 1 und teilweise

Entlastung für pflegende Angehörige

 Pflegesachleistungen
Pflegegrad 2: 724 € bis
Pflegegrad 5: max 2095 € pro Monat
Für die Inanspruchnahme eines ambulanten Pflegedienstes

 Kombinationsleistungen
Wenn der Betrag der Pflegesachleistung durch den ambulanten Dienst nur teilweise ausgeschöpft wird, kann der Rest als Pflegegeld ausgezahlt werden.
Achtung: die Kombination muss bereits bei Antragstellung festgelegt werden.

 Kurzzeitpflege
Pflegegrad 2 bis 5: 1774 € pro Jahr
Ausschließlich stationär, bis zu 8 Wochen pro Jahr. Unterkunft, Verpflegung und Investitionskosten im Heim müssen selbst bezahlt werden.

 Verhinderungspflege
Pflegegrad 2 bis 5: 1612 € pro Jahr
Vorübergehende Entlastung pflegender Angehöriger (z. B. während Urlaub oder Krankheit) durch Ersatzpflegeperson (Fachkraft, andere Angehörige, Nachbarn).
Voraussetzung: Dauer der häuslichen Pflege bereits mindestens 6 Monate.

 Teilstationäre Pflege
Tagespflege (z. B. für tagsüber Berufstätige pflegende Angehörige) oder Nachtpflege (z. B. für Demenzkranke). Beträge entsprechen denen der Pflegesachleistungen – werden aber zusätzlich geleistet.

> Im **Pflegegrad 1** besteht kein Anspruch auf Kurzzeit- oder Verhinderungspflege – eine Möglichkeit der Finanzierung bietet der **Entlastungsbetrag**.

 Pflegegeld
Pflegegrad 2: 316 € bis
Pflegegrad 5: 901 € pro Monat
Wenn Angehörige oder Ehrenamtliche die Pflege übernehmen, kann der Pflegebedürftige Pflegegeld beantragen und an sie weiterreichen.

 Landespflegegeld (in Bayern)
Pflegegrad 2 bis 5: 1000 € pro Jahr
Informationen auf
www.landespflegegeld.bayern.de

 Entlastungsbetrag
Pflegegrad 1 bis 5: 125 Euro pro Monat erhalten alle Pflegebedürftigen in häuslicher Pflege. Nutzbar z. B. für Tagespflege oder hauswirtschaftliche Dienste. Der Betrag kann bis zu 1,5 Jahre angespart werden – danach verfällt er.

 Wohnumfeld
4000 € Zuschuss pro Baumaßnahme, um die Wohnsituation an die Anforderungen der häuslichen Pflege anzupassen.
Bis zu 16.000 €, wenn mehrere Pflegebedürftige zusammen wohnen.

 Pflegehilfsmittel
Pflegegrad 1 bis 5: 40 € pro Monat
Für Bedarf der häuslichen Pflege (Betteinlagen, Einmalhandschuhe). Technische Hilfsmittel, wie z. B. Pflegebetten, können nur geliehen werden. Auflistung im Hilfsmittelverzeichnis der Pflegekassen.

Pflegekurse
Für pflegende Angehörige – kann auch Zuhause durch ambulante Dienste durchgeführt werden.
Online-Pflegekurs der Krankenkasse TK unter www.tkpflegecoach.de

Quelle: pflege.de

sogar Pflegegrad 2 **oft noch kein Geld**. Das ist ungünstig, denn 2017 hatten laut Angaben des statistischen Bundesamts fast die Hälfte aller Pflegebedürftigen Pflegegrad 1 oder 2.

Die Zahlungen der Pflege-Rentenversicherung sind meist **nach dem Pflegegrad gestaffelt**. Die volle Rente gibt es unter Umständen erst bei Pflegegrad 5. Bei einigen Anbietern können Sie selbst festlegen, welchen Prozentsatz der versicherten Rentensumme Sie bei welchem Pflegegrad erhalten möchten. Über das Geld von der Versicherung können Sie frei verfügen. Dabei spielt es keine Rolle, ob Sie im Heim oder zuhause gepflegt werden. Aufgrund der **hohen Kosten** raten wir von Pflege-Rentenversicherungen jedoch **eher ab**.

▷ **4. Pflege-Bahr: Staatlich geförderter Zusatzschutz**

Der Staat fördert mit dem „Pflege-Bahr" ausschließlich **Pflegetagegeld-Versicherungen**. Eine Bedingung für die Förderung ist, dass **niemand abgelehnt werden darf**. Der Versicherer führt also keine Gesundheitsprüfung durch. Außerdem muss Versicherten mit Pflegegrad 5 mindestens ein Pflegegeld von 600 Euro im Monat gezahlt werden. Die Leistungen für die Pflegegrade 1 bis 4 sind gestaffelt.

Sind alle Kriterien erfüllt, haben Sie einen Anspruch auf **Förderung von 5 Euro im Monat**, sofern Sie selbst mindestens 10 Euro monatlich in die Pflegezusatzversicherung einzahlen. Sie müssen sich nicht selbst um die Förderung kümmern. Die Versicherung kalkuliert den Zuschuss ein und beantragt die monatliche Zulage von 5 Euro bei der Zulagenstelle.

Finanzierungslücke bei Pflege zu Hause

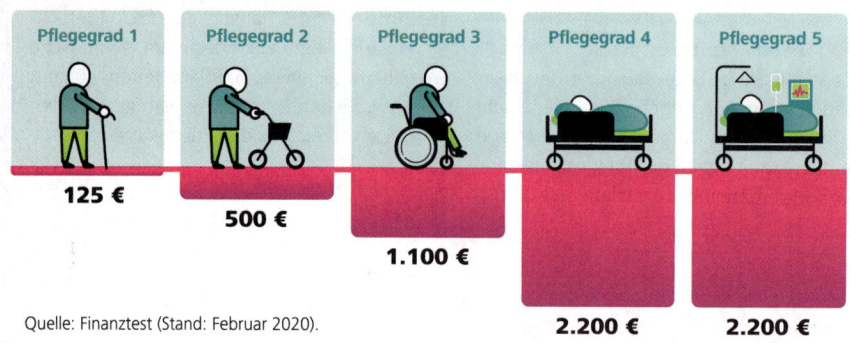

Quelle: Finanztest (Stand: Februar 2020).

Das Tagegeld aus dem Pflege-Bahr **reicht** im Pflegefall **oft nicht aus**. Viele Versicherer bieten daher auch Kombi-Tarife an, mit einem geförderten und einem nicht geförderten Teil. Ein weiteres Problem beim Pflege-Bahr: Weil die Anbieter niemanden ablehnen dürfen, verlangen Sie einen höheren Beitrag. Denn es ist damit zu rechnen, dass vor allem Menschen mit Vorerkrankungen dieses Angebot nutzen. Die Versicherer versuchen mit den hohen Beiträgen vorzusorgen für den Fall, dass sie deshalb besonders häufig Leistungen zahlen müssen.

Die **geringen Leistungen und relativ hohen Beiträge** verstärken diesen Effekt noch – für Gesunde ist der Pflege-Bahr nicht attraktiv. Es ist damit zu rechnen, dass die Beiträge für Pflege-Bahr-Tarife in den kommenden Jahren steigen werden. Auch wenn Sie pflegebedürftig sind, müssen Sie die Versicherung weiter zahlen. Im schlechtesten Fall übersteigt der Beitrag irgendwann die Leistungen, die Sie von der Versicherung bekommen. Finanztip schätzt diese Variante der Pflegezusatzversicherung deshalb als **nicht empfehlenswert** ein.

Welche Punkte sind bei Pflegezusatzversicherungen wichtig?

Wichtigstes Auswahlkriterium für eine Pflegezusatzversicherung ist, dass das Angebot Ihre finanzielle **Lücke** im Pflegefall **abdeckt** und für Sie auch **langfristig bezahlbar** ist.

Um zu bestimmen, wie hoch die Absicherung sein muss, sollten Sie versuchen, grob abzuschätzen, wie viel Geld Sie im Ruhestand übrighaben werden. Dazu brauchen Sie einen Überblick über Ihr zu erwartendes **Einkommen** (Rentenansprüche, Kapitalerträge, Mieteinnahmen) und Ihre **Fixkosten**.

Demgegenüber steht der Eigenanteil, den Sie voraussichtlich für die Pflege zahlen müssen. Zur Orientierung können Sie die Angaben der Stiftung Warentest nutzen. Diese geht für die Pflege im Heim von einer **Finanzierungslücke von 1.500 Euro** aus, unabhängig vom Pflegegrad. Für die ambulante Pflege trifft die Stiftung Warentest folgende Annahmen:

▷ Achten Sie auf diese Merkmale im Vertrag

Neben der passenden Höhe der Absicherung gibt es noch weitere Kriterien, die gute Tarife aus unserer Sicht erfüllen sollten:

Zahlt unabhängig von Art der Pflege und Pflegegrad – Sie sollten sowohl bei häuslicher als auch bei stationärer Pflege Leistungen bekommen. Außerdem sollte die Versicherung bei allen fünf Pflegegraden zahlen, nicht nur bei besonders starker Pflegebedürftigkeit.

Gleiches Geld für Profi- und Laienpflege – In der ambulanten Pflege sollte der Vertrag gleich hohe Leistungen vorsehen, egal ob Sie ein Angehöriger oder ein professioneller Pflegedienst versorgt oder beide.

Orientierung am gesetzlichen System – Um Mittel aus einer privaten Pflegezusatzversicherung zu erhalten, müssen Sie **nachweisen**, dass sie pflegebedürftig sind. Am einfachsten ist das, wenn sich der private Anbieter an den Pflegegraden der gesetzlichen Pflegeversicherung orientiert. Auf eine Untersuchung durch eigene Ärzte sollte der Anbieter verzichten, wenn die Pflegepflichtversicherung Sie als pflegebedürftig einstuft.

Verzicht auf Wartezeit – Der Vertrag sollte keine Wartezeit vorsehen, bevor Sie Leistungen beantragen können. Dann zahlt die Versicherung auch, falls Sie schon in den ersten Monaten oder Jahren nach Vertragsabschluss pflegebedürftig werden.

Rückwirkende Leistung – Grundsätzlich zahlt die Versicherung erst ab dem Zeitpunkt, an dem Sie Leistungen beantragen. Vorteilhafter ist es, wenn Ihr Anbieter rückwirkend ab dem Tag zahlt, an dem die Pflegebedürftigkeit offiziell festgestellt wurde. So bekommen Sie für den gesamten Zeitraum der Pflegebedürftigkeit Geld, auch wenn Sie den Versicherungsfall erst etwas später gemeldet haben.

Kostenlos im Pflegefall – Bei einigen Angeboten müssen Sie die Versicherungsbeiträge immer weiter zahlen, selbst dann, wenn Sie schon Leistungen von der Pflegezusatzversicherung bekommen. Um die finanzielle Belastung im Pflegefall so niedrig wie möglich zu halten, sollten spätestens ab Pflegegrad 2 keine Beiträge mehr anfallen.

Beitragspause möglich – Bei Zahlungsschwierigkeiten ist es gut, wenn Sie eine Beitragspause mit Ihrer Versicherung vereinbaren können. Oft ist das an bestimmte **Bedingungen** wie Arbeitslosigkeit geknüpft. Je mehr Gründe ein Anbieter für eine Beitragspause akzeptiert und je weniger Unterlagen und Nachweise er dafür fordert, desto besser. Achten Sie auch darauf, ob während der Pause weiterhin Versicherungsschutz besteht und ob Sie fehlende Beiträge später nachzahlen müssen.

Erhöhungsoption – Die Inflation und Veränderungen Ihrer Lebenssituation können dafür sorgen, dass die Leistungen, die Sie ursprünglich im Vertrag vereinbart haben, im Alter nicht mehr reichen. Deshalb ist es nützlich, wenn ein Tarif die Möglichkeit bietet, Leistungen ohne eine erneute Gesundheitsprüfung zu erhöhen. Manchmal können Sie die versicherten Summen zu bestimmten Anlässen hochsetzen, etwa wenn der Partner stirbt, der Sie hätte pflegen sollen. Viele Versicherer bieten auch eine sogenannte

Leistungsdynamik an. Das bedeutet, wenn Sie tatsächlich pflegebedürftig sind, werden die Leistungen des Tarifs regelmäßig erhöht. Achten Sie aber darauf, ob es ein Höchstalter für die Erhöhungen gibt und ob mit besseren Leistungen der Beitrag steigt.

▷ Vorerkrankungen bei Abschluss richtig angeben

Wenn Sie eine Pflegezusatzversicherung abschließen, prüft die Versicherung zunächst Ihren **Gesundheitszustand**. Die Anbieter sind nämlich nicht verpflichtet, jeden zu versichern. Trotzdem sollten Sie alle Fragen zur Gesundheit vollständig und wahrheitsgemäß beantworten.

Vorerkrankungen, nach denen im Antrag gefragt wird, dürfen Sie dem Versicherer auf keinen Fall verschweigen. Zwar kann dann ein Risikozuschlag auf den Beitrag drohen. Doch wenn falsche oder fehlende Angaben später ans Tageslicht kommen, kann das im schlimmsten Fall dazu führen, dass die Versicherung Ihren Vertrag kündigt und Sie **keine Leistungen** im Pflegefall erhalten.

Falls Sie gesundheitliche Einschränkungen haben, ist eine sogenannte **anonyme Risikovoranfrage** sinnvoll. Ein Versicherungsmakler oder -berater fragt dann bei verschiedenen Anbietern nach, ob und zu welchen Konditionen diese Sie versichern würden. Das Besondere dabei ist, dass persönliche Angaben wie Name, Anschrift und Geburtsdatum in dieser Anfrage geschwärzt sind. So bekommen Sie ein **realistisches Bild** davon, welches Angebot für Sie am besten geeignet ist, ohne zu riskieren, dass ein Versicherer Sie ablehnt. Denn dann kann es später schwierig werden, überhaupt einen Vertrag zu bekommen.

Welche Alternativen zur Pflegezusatzversicherung gibt es?

Falls Sie sich keine Pflegezusatzversicherung leisten können oder wollen, gibt es weitere Möglichkeiten, für den Pflegefall vorzusorgen. Eine **solide Altersvorsorge** und **Geldanlage** sind eine gute Basis, um zusätzliche Kosten im Alter abzufedern (siehe dazu Kapitel Vorsorge, Seite 262).

Außerdem ist es sinnvoll, sich frühzeitig **altersgerechte vier Wände** zu suchen. Ein Zuhause, in dem Sie nicht mit langen Treppen oder einer hohen Badewanne kämpfen müssen, kann im Alter helfen, möglichst lange selbstbestimmt zu leben. Das ist nicht nur angenehmer, sondern spart auch Kosten. Denn solange Sie sich selbstständig versorgen können, müssen Sie keine Pflegekraft bezahlen.

Sind Sie bereits pflegebedürftig, zahlt die Pflegekasse bis zu 4.000 Euro für **Umbauten**, die Ihre Wohnung pflegegerechter machen. Da das aber nicht immer ausreicht, ist es sinnvoll, bei jeder ohnehin anstehenden

Modernisierung zu überlegen, ob sich das Zuhause **barrierefreier** gestalten lässt. Dazu können Sie sich beraten lassen. Einen Überblick über die bundesweiten Beratungsangebote finden Sie zum Beispiel bei der Bundesarbeitsgemeinschaft Wohnungsanpassung Mehr dazu unter:

http://www.wohnungs-anpassung-bag.de/seite/259748/beratungsangebote.html

Zudem gibt es Zuschüsse und Förderangebote für altersgerechte Umbauten, etwa die KfW-Programme 455 und 159. Informationen dazu erhalten Sie online unter:

https://www.finanztip.de/kfw-foerderung/kfw-umbauen/

Auch andere Wohnformen können das Leben im Alter erleichtern. In vielen Orten gibt es **Mehrgenerationen-Projekte**, die das Zusammenleben von Menschen verschiedenen Alters fördern. Die Bewohner helfen sich gegenseitig bei der Bewältigung des Alltags, planen gemeinsame Freizeitaktivitäten. Ein anderes Konzept ist **Wohnen für Hilfe**. Dabei stellen Senioren Studenten ein Zimmer zur Verfügung. Die Studenten zahlen Nebenkosten, aber keine Miete und helfen den Gastgebern dafür im Alltag, etwa bei Haus- und Gartenarbeit oder täglichen Erledigungen. Auch **Wohngemeinschaften für Pflegebedürftige** sind eine Möglichkeit, benötigte Hilfe kostengünstiger zu organisieren. Die Bewohner können Betreuungs- und Unterstützungsangebote gemeinsam nutzen und sich die Kosten dafür teilen. Eine Pflege-Wohngemeinschaft können Sie selbst organisieren, es gibt jedoch **auch Anbieter**, die entsprechende Projekte leiten. Auf dem Serviceportal „Zuhause im Alter" des Bundesfamilienministeriums finden Sie zahlreiche Informationen zu Wohnmodellen für Senioren, Hilfsangeboten und Beratungsstellen.

▷ Hilfe zur Pflege

Sollte es soweit kommen, dass Sie den Eigenanteil der Pflegekosten nicht alleine stemmen können, können Sie beim Sozialamt „Hilfe zur Pflege" beantragen. Diese Unterstützung nahmen nach Angaben des Verbands der Ersatzkassen 2017 immerhin 11 Prozent der Pflegebedürftigen in Anspruch. Bevor Sie Hilfe zur Pflege bekommen, müssen Sie Ihr **Vermögen aufbrauchen** – 5.000 Euro (Stand 2019) dürfen Sie aber als Schonvermögen behalten.

Sofern Sie **Kinder** haben, kann es jedoch sein, dass das Sozialamt das Geld von Ihren Kindern zurückfordert. Denn Kinder sind gesetzlich verpflichtet, im Rahmen ihrer finanziellen Möglichkeiten für den Unterhalt der Eltern zu sorgen. Seit Januar 2020 werden Kinder aber erst in die Pflicht genommen, wenn sie mehr als 100.000 Euro im Jahr verdienen.

1.2.1 Krankenversicherung: GKV vs. PKV

» So unterscheiden sich gesetzliche und private Krankenversicherung «

von Julia Rieder & Annika Krempel Stand: 01. Dezember 2021
www.finanztip.de/krankenversicherung/

Wie unterscheiden sich die beiden Systeme? // Für wen eignet sich die gesetzliche Krankenversicherung? // Für wen ist die private Krankenversicherung gedacht? // Wird die private Krankenversicherung im Alter teurer? // Können sich die Leistungen der PKV ändern? // Welche Leistungen übernehmen PKV und GKV? // Können Privatversicherte den Anbieter wechseln? // Wie finde ich die richtige Versicherung?

 Das Wichtigste in Kürze

- Die gesetzliche Krankenversicherung (GKV) nimmt jeden auf – vorausgesetzt, er ist nicht schon privat versichert.
- In der GKV hängt die Höhe des Beitrags vom **Einkommen** ab, in der privaten Krankenversicherung (PKV) von **Alter** und **Gesundheit**.
- Private Versicherungen können ihre Leistungen nicht einseitig kürzen. Welche Behandlungen sie zahlen, hängt aber stark vom jeweiligen Tarif ab.
- Privat versichern sollten sich nur **Beamte** und **Gutverdiener** mit langfristig sicherem Einkommen.

 So gehen Sie vor

- Stehen Sie vor der Entscheidung zwischen gesetzlicher und privater Krankenversicherung, sollten Sie unbedingt **durchrechnen**, welches System auf Dauer besser passt.
- Wollen Sie sich gesetzlich versichern, achten Sie auf Service, Zusatzleistungen und Beitrag.
- Haben Sie sich für die PKV entschieden, fist die Suche nach dem **passenden Tarif** wichtig. Vergleichen Sie sowohl die Leistungen als auch die Finanzkraft des Unternehmens.

Bei der Krankenversicherung ist Deutschland einzigartig: Nirgendwo sonst existieren nebeneinander **zwei Systeme** der gesundheitlichen Absicherung. Ein Vergleich der Leistungen zwischen gesetzlicher und privater Krankenversicherung ist **nicht so einfach**. Während bei gesetzlichen Kassen der größte Teil der Leistungen identisch ist, bieten private Versicherer zahlreiche Optionen vom Einsteiger- bis zum Premiumtarif. Dennoch gibt es ein paar **grundsätzliche Unterschiede** zwischen beiden Systemen.

Wie unterscheiden sich die beiden Systeme?

Die private Krankenversicherung (PKV) lockt mit vielen **Versprechen**: So ermöglicht sie etwa **kürzere Wartezeiten** für einen Termin beim Facharzt sowie die Behandlung durch hochbezahlte **Spezialisten** und mit den **neuesten medizinischen Techniken**. Diese Leistungen sind aber nur von **teuren** Tarifen abgedeckt. Grundsätzlich gilt in der PKV: Besonders günstige Tarife bieten oft nur wenig Schutz. Bei manchen Behandlungen leisten sie sogar weniger als die gesetzlichen Krankenkassen.

Dagegen sind die gesetzlichen Krankenkassen (GKV) ein **Solidarsystem**, in dem **alle Versicherten gleich behandelt** werden und denselben Schutz genießen – unabhängig davon, wie viel sie einzahlen. Wer mehr Leistungen als die gesetzlich vorgeschriebenen haben möchte, kann private Zusatzversicherungen abschließen. Mehr Informationen dazu lesen Sie im Online-Ratgeber von Finanztip:

 *https://www.finanztip.de/ krankenzusatzversicherung/*

Für wen eignet sich die gesetzliche Krankenversicherung?

Egal ob jung oder alt, krank oder gesund, reich oder arm – die gesetzliche Krankenversicherung gewährt **allen Menschen** die **gleichen Leistungen**. Und sie **nimmt jeden auf**, sofern er einen Anspruch hat. Alter oder Gesundheitszustand spielen keine Rolle.

Der **Beitrag** richtet sich **allein nach** dem **Einkommen**. Gesetzlich Versicherte zahlen 14,6 Prozent ihres Einkommens für die Krankenversicherung, hinzu kommt der **Zusatzbeitrag** der jeweiligen Kasse.

Bei **Angestellten** übernimmt der **Arbeitgeber** die **Hälfte** des Krankenversicherungsbeitrags. Allerdings zählt das Einkommen nur bis zur sogenannten **Beitragsbemessungsgrenze** in Höhe von 4.687,50 Euro im Monat (Stand: 2022) für die Beitragsberechnung.

Wer wenig verdient, der zahlt auch wenig für die Krankenkasse. Kinder und Ehepartner ohne eigenes Einkommen sind **beitragsfrei mitversichert**.

Der PKV-Beitrag fällt auch in der Rente an.

Deshalb unbedingt bereits beim Kauf einer PKV die finanzielle Situation im Ruhestand berücksichtigen.

Lassen Sie sich gut beraten! Der Versicherungsvermittler sollte sorgfältig ausgewählt werden – schlechte Beratung kann viele tausend € kosten.

Warum die PKV im Alter teurer wird: Gesunde Versicherte können einfacher in günstige Tarife wechseln, weshalb mehr Kranke zurückbleiben und die Beiträge innerhalb deren Tarif steigen.

Das wird günstiger: der gesetzlicher Zuschlag von 10% sowie ggf. der Beitrag fürs Krankentagegeld entfallen. Bei Beamten erhöht sich der Beihilfeanspruch.

ab 55 keine Rückkehr zur GKV?

Ab 55 Jahren ist der Wechsel zurück zur GKV gesetzlich ausgeschlossen – Ausnahmen möglich.

Vorsicht: Für freiwillige Mitglieder fallen auch in der GKV Beiträge auf alle Einnahmen an: Rente, Mieteinnahmen, Zinsen …

Alternativen in der PKV

PKV vor 2009 abgeschlossen: Wechsel in den "Standardtarif", der in etwa die Leistungen der GKV bietet. Altersrückstellungen werden angerechnet.

Nach 2009 abgeschlossen oder den Versicherer gewechselt: ein Wechsel in den "Basistarif" ist nur sinnvoll, wenn Sie sonst der Versicherungspflicht nicht nachkommen können.

Rechenbeispiel:
Beitragszahler
35 Jahre alt

Gesetzliche Krankenversicherung
Monatsbeitrag (Höchstbeitrag):
928 €

Summe nach 30 Jahren:
ca. 334.000 €

Private Krankenversicherung
Monatsbeitrag (guter Tarif):
600 €

Ersparnis gegenüber der GKV nach 30 Jahren:
118.000 €

Ausreichend für weitere
16 Jahre
≙ 197 Monatsbeiträgen

Quelle: Handelsblatt

Studenten, Selbstständige und andere freiwillig Versicherte mit niedrigem Einkommen müssen einen **Mindestbeitrag** zahlen. Außerdem wird bei freiwillig Versicherten das gesamte Einkommen zur Berechnung des Beitrags herangezogen, nicht nur das Gehalt.

Die beste gesetzliche Krankenkasse für alle gibt es nicht, nur die für einen Versicherten am besten passende Kasse.

Für wen ist die private Krankenversicherung gedacht?

Privat versichern dürfen sich nur **Beamte**, **Selbstständige** oder **Studenten** sowie **Angestellte**, die mit ihrem **Gehalt über** der **Jahresarbeitsentgeltgrenze** liegen. 2022 liegt diese Grenze bei 64.350 Euro brutto jährlich. Bei Angestellten übernimmt der Arbeitgeber die Hälfte der Prämie, allerdings nur bis zum **Höchstsatz** eines gesetzlich Versicherten. Derzeit sind das rund 385 Euro (Stand: 2022). Nicht jeder, der sich laut Gesetz privat versichern kann, sollte das auch tun. Die Entscheidung für die private Krankenversicherung ist eine **Entscheidung fürs Leben**, denn die Rückkehr in das Solidarsystem ist nicht einfach. Daher sollten Sie einen Wechsel vorher mit der Finanztip-Checkliste gut durchrechnen. Diese finden Sie online unter:

https://www.finanztip.de/pkv/checkliste-pkv-wechsel/

Wenn Sie wechseln könnten, aber nicht möchten, können Sie sich in einer gesetzlichen Kasse **freiwillig versichern**.

Im Gegensatz zu gesetzlichen Kassen dürfen sich private Krankenversicherungen ihre Kunden **aussuchen** und daher auch **ablehnen**, zum Beispiel, wenn diese eine **Vorerkrankung** haben. Nur in den Basis- und Standardtarif mit stark eingeschränkten Leistungen müssen die Privaten unabhängig von der Gesundheit jeden aufnehmen, der nicht in der GKV versicherungspflichtig ist oder schon einmal privat versichert war.

Wird die private Krankenversicherung im Alter teurer?

Die Beiträge in der privaten Krankenversicherung richten sich nicht nach dem Gehalt, sondern nach Alter und Gesundheit sowie Leistung der Versicherung. Für jeden Versicherten ist ein **eigener Beitrag** fällig, also auch für Ehepartner und Kinder. Für einen guten Tarif muss ein Versicherter mit 500 oder 600 Euro im Monat rechnen. Eine **Familienversicherung** in der GKV ist daher **meist günstiger**.

Während junge, gesunde Menschen oft noch geringere Beiträge als in der gesetzlichen Krankenversicherung zahlen, **steigen die Prämien der Privatversicherungen im Alter oft um ein Vielfaches**. Zwar legen die Unternehmen einen Teil der Beiträge der

Versicherten zurück. Diese **Altersrückstellungen** decken allerdings nur einen Teil der Kosten, die im Laufe der Jahre durch höhere Ausgaben für die Versicherten und den medizinischen Fortschritt entstehen. Auch in der **Rentenphase**, wenn das Einkommen geringer ist, **steigen** die **Beiträge** weiter.

Viele private Krankenversicherungen bieten Tarife mit **Selbstbeteiligung** an, um den Beitrag zu senken. Versicherte übernehmen dabei ihre Gesundheitskosten bis zum vereinbarten Betrag selbst, dafür zahlen sie geringere **Beiträge**. Die Höhe des Eigenanteils sollte allerdings gut überlegt sein, denn Kunden können die Selbstbeteiligung in der Regel nur nach einer erneuten **Gesundheitsprüfung** senken.

Sind Sie in der Zwischenzeit **krank geworden**, haben sie beispielsweise Bluthochdruck oder ein Rückenleiden, so können Sie die **Selbstbeteiligung nicht mehr** ohne Weiteres **reduzieren**. Angestellte profitieren von der Ersparnis durch einen Selbstbehalt außerdem weniger als Selbstständige, da sie sich die Ersparnis mit dem Arbeitgeber teilen, den Selbstbehalt aber komplett alleine zahlen.

Können sich die Leistungen der PKV ändern?

Der **Leistungskatalog** der **gesetzlichen** Krankenversicherung gilt für alle Versicherten und wird im Rahmen von Reformen des Gesundheitssystems immer wieder angepasst oder eingeschränkt. Es ist also **nicht sicher**, welche Leistungen die GKV in Zukunft **übernimmt**. In den vergangenen Jahren hat die Politik zum Beispiel die Erstattung von rezeptfreien Medikamenten **abgeschafft** und Zuschüsse zum Zahnersatz **gekürzt**.

Hingegen können vertraglich vereinbarte Leistungen in der **privaten** Krankenversicherung **nicht im Nachhinein gestrichen**, allerdings auch nicht ergänzt werden. Während die gesetzlichen Krankenversicherungen durch die Anpassungen auch auf medizinischen Fortschritt reagieren können, sind einige Tarife in der PKV auf den Status Quo beschränkt. Zum Beispiel, wenn es eine abgeschlossene Liste gibt, welche Hilfsmittel (dazu zählen etwa Prothesen, aber auch Beatmungsgeräte) erstattet werden.

Was in den Bedingungen nicht steht, wird auch in Zukunft nicht bezahlt. **Mehr Leistungen** sind **nur durch** einen **Wechsel** in einen anderen Tarif möglich. Hürden sind dann aber immer eine Gesundheitsprüfung und möglicherweise Risikoaufschläge.

Welche Leistungen übernehmen PKV und GKV?

Zu **vergleichen**, welche Behandlungen gesetzliche und private Krankenversicherungen bezahlen, ist **schwierig**. Denn in der **PKV**

Leistungsvergleich der Marktstandards in beiden Systemen

	GKV	PKV
Arzt		
Auswahl	nur Ärzte mit Kassenzulassung	freie Arztwahl
Abrechnung	direkt mit der Kasse	Patient zahlt Rechnung selbst und lässt sich die Kosten anschließend von der Versicherung erstatten
Arzneimittel	10 % Zuzahlung für verschreibungspflichtige Medikamente (mind. 5 €, max. 10 €), keine Erstattung rezeptfreier Arzneimittel	meist vollständige Kostenerstattung aller Arzneimittel, möglicherweise fällt eine Selbstbeteiligung an
Psychotherapie	Kostenübernahme für zugelassene Therapien, je nach Behandlung max. 300 Sitzungen, Genehmigung nötig	ob und in welcher Höhe Kosten übernommen werden, ist je nach Tarif unterschiedlich, meist auf wenige Sitzungen beschränkt (20-30 pro Jahr)
Hilfsmittel (Rollstühle, Prothesen etc.)	Kostenübernahme für Hilfsmittel aus einem Verzeichnis, das laufend überarbeitet wird, 10 % Zuzahlung mind. 5 €, max. 10 €	oft eingeschränkter Hilfsmittelkatalog, der nicht angepasst wird, häufig eingeschränkter Erstattungsumfang
Zahnarzt		
Behandlung	vollständige Kostenübernahme der Grundversorgung (z. B. Amalgamfüllungen), Zuschuss zu teureren Füllungen/Inlays	keine Beschränkung auf Grundversorgung, zahlt je nach Tarif 50 % bis 100 % der Kosten
Zahnersatz	zahlt Zuschuss von 50 % der Grundversorgung (bei vollständigem Bonusheft max. 65 %), restliche Kosten z. B. für Inlays oder Implantate muss Patient selbst tragen	keine Beschränkung auf Grundversorgung, zahlt je nach Tarif 50 % bis 100 % der Kosten, oft mit Summenbegrenzung, Implantate je nach Tarif

	GKV	PKV
Klinik		
Krankenhaus	Einweisung in die nächstgelegene geeignete Klinik	freie Krankenhauswahl, Privatklinik je nach Tarif möglich
Unterbringung	in der Regel Mehrbettzimmer	meist Einbett- oder Zweibettzimmer, in wenigen Tarifen Mehrbettzimmer
Behandlung	diensthabender Arzt	Chefarzt, in wenigen Tarifen diensthabender Arzt
Zuzahlung	10 € pro Tag für max. 28 Tage im Jahr	keine
Verdienstausfall		
Krankengeld	ab dem 43. Tag, 70 % des Bruttoverdienstes bzw. max. 90 % des Nettoeinkommens, auch bei krankem Kind, Sonderregeln für freiwillig Versicherte	Beginn und Höhe der Zahlung nach Vereinbarung, kein Geld bei Erkrankung des Kindes
Mutterschutz	max. 13 €/Tag Mutterschaftsgeld von der Krankenkasse, Arbeitgeber stockt auf bis zum Nettogehalt, Sonderregeln für freiwillig Versicherte	max. 210 € Mutterschaftsgeld vom Bundesversicherungsamt, je nach Tarif Krankentagegeld
Elternzeit	Beitragsfreiheit, Sonderregeln für freiwillig Versicherte	meist keine Beitragsfreiheit

Quelle: Finanztip-Recherche (27. November 2020).

gibt es **keinen festen Leistungskatalog**, sondern zahlreiche unterschiedliche Tarife. So kann jeder Privatversicherte nach seinen individuellen Wünschen Art und Umfang der **Leistungen zusammenstellen**, wie mit einem Baukasten. Durch entsprechende Vertragsbausteine kann er etwa dafür sorgen, dass die Kasse die Kosten für Behandlungen beim Heilpraktiker, umfassenden Zahnersatz und Kieferorthopädie oder Kuraufenthalte übernimmt.

Manchmal leisten private Versicherungen **mehr** als die gesetzlichen Krankenkassen – **aber nicht immer**. Bei längerem Verdienstausfall, beispielsweise infolge einer Krankheit oder in der Elternzeit bietet die Gesetzliche den besseren Schutz. Auch in der Psychotherapie oder bei Reha und Kuren leistet die gesetzliche Krankenversicherung regelmäßig sogar mehr als gute PKV-Tarife. Mit Zusatzleistungen und Wahltarifen dagegen greifen viele gesetzliche Kassen Leistungen auf, die sonst nur die privaten Versicherer bezahlen.

Ärzte bekommen für Privatpatienten mehr Geld

Privatversicherte sind **gern gesehene Patienten**, denn Mediziner können über die PKV höhere Honorare abrechnen. Während Ärzte von der GKV je nach Art der Diagnose ein pauschales Honorar erhalten, erstattet die Privatversicherung abhängig von Schwierigkeit und Zeitaufwand einen **mehrfachen Satz** der Gebührenordnung der Ärzte (GOÄ). Falls die PKV Teile der Rechnung nicht bezahlt, bekommt der Mediziner trotzdem sein Geld, und zwar vom Patienten.

Können Privatversicherte den Anbieter wechseln?

Während gesetzlich Versicherte im Prinzip jederzeit von einer zur anderen Krankenkasse wechseln können, ist ein Wechsel von einer privaten Krankenversicherung in eine andere **meist nicht sinnvoll**. Zwar können Privatversicherte theoretisch einen anderen Anbieter wählen, doch verlieren sie dann einen Großteil ihrer **Altersrückstellungen**. Daher ist es wichtig, gleich zu Beginn einen Tarif mit guten Leistungen zu wählen.

Wem die private Krankenversicherung zu teuer ist, kann versuchen, seinen Beitrag zu senken, indem er bei seiner Versicherung in einen **günstigeren Tarif** wechselt. Rät Ihr Vermittler Ihnen, das Versicherungsunternehmen zu wechseln, ist er wahrscheinlich auf die **Abschlussprovision** für den neuen Vertrag aus (mehr zum Tarifwechsel in PKV auf Seite 179).

Nur in Ausnahmefällen ist eine Rückkehr in die gesetzliche Krankenversicherung möglich. Der Gesetzgeber hat davor **hohe Hürden** gesetzt, damit gesunde Gutverdiener nicht in jungen Jahren die PKV wählen und dann, um Geld zu sparen, im Alter in die GKV wechseln.

Für Versicherte, die **älter als 55** Jahre sind, ist der Wechsel zum Beispiel **nahezu unmöglich** – selbst bei Arbeitslosigkeit. Vor einem Eintritt in die PKV sollten Sie deshalb genau prüfen, ob Sie sich die Beiträge langfristig leisten können. Nutzen Sie dazu die Finanztip-Checkliste „Wechsel in die PKV". Mehr dazu online unter:

 https://www.finanztip.de/pkv/pkv-rueckkehr-gkv/

Wie finde ich die richtige Versicherung?

Bei den **gesetzlichen Krankenkassen** ist der größte Teil der **Leistungen** bei allen Anbietern **gleich**. Die Kassen unterscheiden sich hinsichtlich des **Zusatzbeitrags**, im **Service** und bei den **Zusatzleistungen**. Zu diesen Zusatzleistungen zählen Reiseimpfungen, alternative Heilmethoden, Vorsorgeuntersuchungen oder Leistungen für Familien. Wie Sie eine passende Krankenkasse finden, lesen Sie ab Seite 157.

In der **privaten Krankenversicherung** ist die Suche ungleich **komplizierter**, und die Wahl des falschen Unternehmens und Tarifs kann auf Dauer teuer werden. Wer mit einem günstigen Einsteigertarif beginnt, kann die Leistungen später meist nur gegen Aufpreis erhöhen. Bei den Einsteigertarifen, aber auch bei umfassenderen Angeboten fehlen mitunter wichtige Leistungen.

Um wirklich zu durchdringen, welche Leistungen der Tarif bezahlt und welche nicht, braucht es Zeit und eine umfassende und gute Beratung. Was es dabei zu beachten gibt, lesen Sie im Kapitel 1.2.5 zur privaten Krankenversicherung ab Seite 179.

Fazit: Lieber gesetzlich versichern

Die **private Krankenversicherung** ist **nicht automatisch besser** als die gesetzliche. Ein PKV-Tarif mit umfassenden Leistungen kostet auch entsprechend viel. Wer mit einer privaten Krankenversicherung liebäugelt, sollte sich deshalb sicher sein, dass er sich die steigenden Beiträge langfristig auch **leisten kann**.

Finanztip empfiehlt in den meisten Fällen, sich lieber gesetzlich zu versichern und den Versicherungsschutz auf Wunsch durch **Krankenzusatzversicherungen** zu ergänzen. Allein für Menschen mit auf Dauer hohem sowie sicherem Einkommen lohnt sich eine private Versicherung.

Für **Beamte** ist die Lage etwas anders: Aufgrund der **Zuschüsse**, die sie vom Staat bekommen, lohnt sich eine PKV.

Bei der Entscheidung für das eine oder andere Krankenversicherungssystem sollten Sie unbedingt die Hilfe eines **neutralen Beraters** in Anspruch nehmen. Dieser unterstützt Sie auch bei der Suche nach dem richtigen PKV-Tarif, der alle wichtigen Leistungen absichert.

Konkrete Produktempfehlungen finden Sie unter:

 *www.finanztip.de/ krankenversicherung/*

1.2.2 Gesetzliche Krankenversicherung (GKV)

» So finden Sie die passende gesetzliche Krankenkasse «

von Julia Rieder Stand: 11. Februar 2022
www.finanztip.de/gkv/

Sie finden Ihre bisherige Kasse zu teuer? // Sie möchten Zusatzleistungen, die zu Ihnen passen? // Sind Sie unzufrieden mit Service und Leistungen? // Wie funktioniert der Krankenkassenwechsel?

Das Wichtigste in Kürze

- Für die meisten Leistungen beim Arzt oder im Krankenhaus spielt es keine Rolle, bei welcher Krankenkasse Sie sind.
- Trotzdem kann ein **Wechsel** der Krankenkasse sinnvoll sein: Im besten Fall zahlen Sie weniger Beitrag, erhalten eine Reihe von freiwilligen Leistungen und einen besseren Service.
- Im Januar 2022 haben 19 Krankenkassen ihren Beitrag erhöht. Auch ohne Erhöhung können Sie nach zwölf Monaten Mitgliedschaft jederzeit wechseln.

So gehen Sie vor

- Wollen Sie Ihre Krankenkasse wechseln, dann gehen Sie zu einer Kasse, die Ihnen ein gutes **Gesamtpaket** aus Service, freiwilligen Zusatzleistungen und niedrigem Beitrag bietet.

Mehr als ein Viertel der gesetzlich Krankenversicherten müssen seit Jahresbeginn einen höheren **Zusatzbeitrag** zahlen, insbesondere für viele AOK-Versicherte wird es teurer. Eine gute Gelegenheit, mal über Ihre Krankenversicherung nachzudenken: Falls Sie mit dem **Service**, den freiwilligen **Zusatzleistungen** oder der Höhe des **Beitrags** Ihrer Kasse unzufrieden sind, können Sie wechseln. Wer dabei clever vorgeht, kann mitunter einen **dreistelligen Betrag pro Jahr** sparen und sich außerdem die Kasse mit den individuell passenden Leistungen aussuchen.

 Achtung

*Die tatsächliche **Ersparnis** durch einen **Wechsel** fällt abhängig von Ihrem persönlichen Steuersatz **geringer** aus. Denn wer Krankenkassenbeiträge spart, muss mehr Steuern zahlen.*

Sie finden Ihre bisherige Kasse zu teuer?

Der allgemeine Krankenkassenbeitrag liegt bei **14,6 Prozent** des Bruttoeinkommens. Dazu kommt ein **Zusatzbeitrag**, der je nach Anbieter variiert. Arbeitnehmer und Rentner zahlen nur die **Hälfte** des Zusatzbeitrags. Die **andere Hälfte** übernimmt der Arbeitgeber beziehungsweise die gesetzliche Rentenversicherung. Gesetzlich versicherte **Selbstständige** müssen den Zusatzbeitrag hingegen **alleine** tragen.

Sie möchten Zusatzleistungen, die zu Ihnen passen?

Finanziell einiges rausholen können Sie auch, indem Sie sich eine Krankenkasse aussuchen, die für Sie interessante Zusatzleistungen zahlt. Die **allermeisten Leistungen** der Kassen sind gesetzlich **vorgegeben**. In einigen Bereichen dürfen gesetzliche Krankenversicherungen aber **Extras** anbieten. Übernimmt die Kasse beispielsweise die professionelle **Zahnreinigung**, die Sie jedes Jahr in Anspruch nehmen und gibt 100 Euro zu Ihrem nächsten **Sportkurs** dazu, kann sich das richtig lohnen. Das gilt natürlich nur, sofern Sie die Zusatzleistungen auch wirklich nutzen.

Für den Krankenkassenvergleich 2022 hat sich Finanztip Zusatzleistungen in folgenden Bereichen angeschaut:

▷ **Vorsorge**
Viele Untersuchungen zur **Krebsfrüherkennung** werden standardmäßig erst ab einem gewissen Alter bezahlt. Finanztip hat sich angesehen, welche Kassen solche Leistungen schon früher erstatten. Auch bei **Reiseimpfungen** sowie **Schutzimpfungen** gegen Grippe und die von Zecken übertragene Viruserkrankung FSME sind einige Kassen großzügig und übernehmen die Kosten für alle Versicherten. Zur Vorsorge gehören aber auch **Kurse** für Sport oder Stressabbau. Die Krankenkassen in unserem Vergleich zahlen alleine dafür zwischen 150 und 550 Euro im Jahr.

▷ Zähne

Die professionelle **Zahnreinigung** gehört zu den beliebtesten Extras, die Kassen bezuschussen. Die beiden großzügigsten Kassen erstatten 80 Euro im Jahr für die Zahnreinigung. Unter den von Finanztip empfohlenen **gesetzlichen Krankenversicherungen** zahlt die großzügigste 50 Euro bei jedem beliebigen Zahnarzt oder die vollen Kosten bei einem Behandler, der zum Zahnärztenetzwerk Dentnet gehört.

▷ Schwangerschaft und Kinder

Für Schwangere und Kinder haben Kassen viele Zusatzleistungen. Finanztip hat sich beispielsweise angesehen, welche **Untersuchungen der Schwangerschaftsvorsorge** die Krankenkassen bezahlen und welche **Extras** sie für Kinder bei der Behandlung beim Zahnarzt oder Kieferorthopäden bieten.

▷ Alternative Medizin

Fast alle Kassen im Test übernehmen einen Teil der Kosten für **osteopathische Behandlungen**. Die besten Krankenkassen in dieser Kategorie erstatten bis zu 360 Euro im Jahr. Auch für pflanzliche und homöopathische Arzneimittel zahlen einige Kassen etwas.

▷ Bonusprogramm

Viele Kassen zahlen ihren Mitgliedern einen **Geldbonus**, wenn diese bestimmte Anforderungen erfüllen. Oft belohnen die Krankenversicherungen zum Beispiel regelmäßige **Krebsvorsorge**, **Schutzimpfungen** oder **Bewegung**. Manche Krankenkassen loben den Bonus auch in Form von **Sachprämien** oder **Zuschüssen** zu medizinischen Leistungen aus. Meist gibt es ein **Bonusheft**, in das der Arzt entsprechende Bestätigungen eintragen muss. Das schicken Sie dann an die Kasse.

Tipp

Wichtig zu wissen: Das Angebot an Zusatzleistungen ist nicht in Stein gemeißelt. Eine Kasse kann solche Leistungen jederzeit streichen. Ein Sonderkündigungsrecht gibt es dann nicht. Ein solches haben Sie nur, wenn die Krankenkasse den Zusatzbeitrag erhöht.

Sind Sie unzufrieden mit Service und Leistungen?

Wie gut eine Krankenkasse tatsächlich ist, zeigt sich oft erst im Ernstfall. Bekommen Sie **kompetente Auskünfte** von Ihrer Kasse? Müssen Sie lange kämpfen, bevor Ihnen die Versicherung eine **Kur** oder einen passenden **Rollstuhl** bewilligt? Viele Leistungen der gesetzlichen Krankenversicherung sind zwar gesetzlich festgelegt, die Kasse muss sie erst **genehmigen**. Wie schnell eine Kasse den Antrag auf eine Reha oder eine Psychotherapie bearbeitet und wie häufig sie solche Leistungen überhaupt bewilligt, kann sich je nach Anbieter **unterscheiden**. Das zeigen **Studien**, etwa die des IGES Instituts.

Die Unabhängige Patientenberatung hat in den vergangenen Jahren mehrfach bemängelt, Kassen würden nicht immer ausreichend begründen, warum sie **Leistungsanträge ablehnen**, und **irreführende Schreiben** zu Widersprüchen von Versicherten verschicken.

Für einen **Krankenkassenvergleich** hat Finanztip die Krankenkassen nach **Merkmalen** gefragt, die auf den Umfang des Serviceangebots schließen lassen. Dazu gehört beispielsweise die Zahl der **Filialen**, aber auch die **Erreichbarkeit** einer mit qualifiziertem Personal besetzten **Telefonhotline** oder die Vermittlung von **Facharztterminen**.

Zusätzlich hat Finanztip den Kassen **27 Fragen zu Leistungsverhalten** und **Transparenz** gestellt, etwa zu Widerspruchszahlen, Sozialgerichtsverfahren gegen Versicherte und der Bewilligung von Leistungsanträgen. Während im vergangenen Jahr die Mehrheit der Kassen sehr zugeknöpft reagiert hatte, haben dieses Mal fast doppelt so viele Kassen die Fragen vollständig beantwortet.

Leider gibt es **keine aussagekräftigen Vergleichswerte** zu den von Finanztip abgefragten Daten. Insofern ist es sehr schwierig, zu bewerten, wie gut die Leistungsbereitschaft einzelner Kassen tatsächlich ist. Für ihr Transparenz-Rating hat Finanztip deshalb auf eine Detailbewertung verzichtet und stattdessen bepunktet, ob die Kassen bereit waren, ihnen die angefragten **Informationen** bereitzustellen. Sie prüften außerdem, ob sie solche Informationen auf ihrer **Website** öffentlich zugänglich machen und Versicherte dort über deren **Widerspruchsrecht** informieren.

Tipp

Ganz wichtig: Wenn die Kasse eine *Leistung ablehnt, lassen Sie sich nicht entmutigen. Mehr als 40 Prozent der Widersprüche haben Erfolg. Das zeigen Daten von 20 Krankenkassen mit knapp 45 Millionen Versicherten, die Finanztip ausgewertet hat.*

Die neue Bundesregierung hat in ihrem Koalitionsvertrag vereinbart, dass die gesetzlichen Krankenkassen ihre **Service- und Versorgungsqualität** künftig anhand von einheitlichen Mindestkriterien **offenlegen** sollen. Bis es soweit ist, bleibt erstmal nur, andere nach ihren **Erfahrungen** zu fragen. Hören Sie sich also bei Freunden und Bekannten um, wie zufrieden sie mit ihrer Krankenkasse sind und welche Hilfestellungen sie in schwierigen Situationen von ihr bekommen haben. Und teilen Sie Ihre Erfahrungen mit anderen, damit sie bei ihrer Entscheidung für den richtigen Anbieter davon profitieren können.

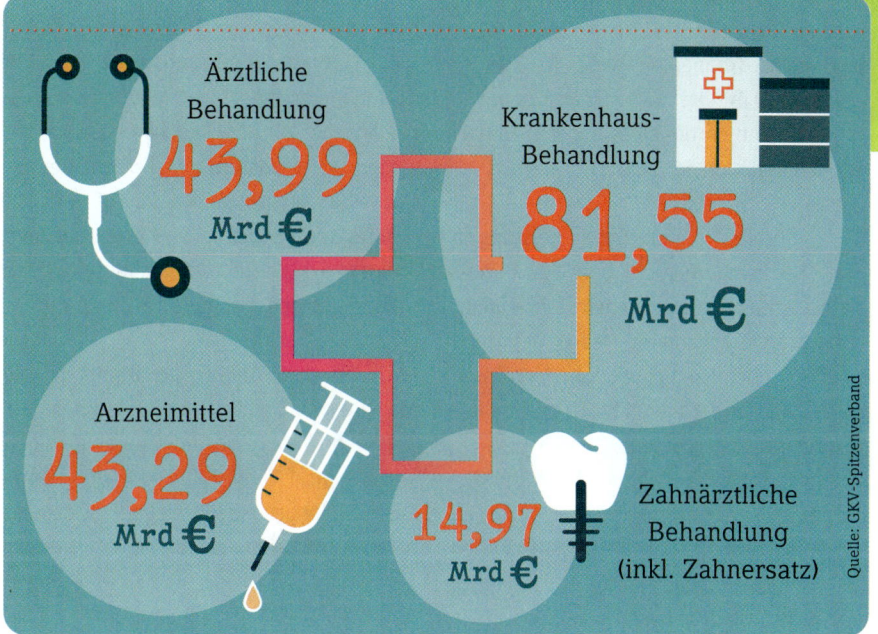

Wie funktioniert der Krankenkassenwechsel?

Eine gesetzliche Krankenkasse darf **niemanden ablehnen**. Sie können also auch im Alter oder wenn Sie krank sind, die Kasse wechseln. In solchen Fällen gilt aber zu **beachten**: Für sogenannte **Hilfsmittel** wie Krücken oder Windelhosen hat jede Krankenkasse einen eigenen Vertrag mit den Herstellern ausgehandelt. Sollten Sie innerhalb der gesetzlichen Krankenkasse wechseln, kann es daher sein, dass Sie Ihre gewohnten Hilfsmittel nicht mehr beziehen können, sondern die eines anderen Herstellers nehmen müssen.

Auch **bereits genehmigte Leistungen** wie eine Psychotherapie oder Reha muss die neue Kasse nach einem Wechsel **nicht unbedingt** übernehmen. Haben Sie die Behandlung noch gar nicht begonnen, müssen Sie sie nach dem Wechsel bei der neuen Kasse **nochmals** beantragen.

Falls Ihnen ganz bestimmte Leistungen wichtig sind, sollten Sie deshalb **gezielt** bei den Krankenkassen danach fragen und Ihnen vor einem Wechsel schriftlich **bestätigen** lassen, dass die Kasse die Kosten übernimmt.

Ansonsten ist der Wechsel in eine andere Krankenkasse **unkompliziert**: Seit Januar 2021 müssen Sie sich nur noch bei der Kasse Ihrer Wahl **anmelden**. Die neue Kasse übernimmt dann für Sie die Kündigung beim alten Anbieter. Ihren **Arbeitgeber** müssen Sie nur kurz formlos über den Krankenkassenwechsel informieren. Die Mitgliedschaftsbescheinigung bekommt er elektronisch von Ihrer neuen Kasse. Die **Kündigungsfrist** beträgt zwei Monate zum Monatsende. An Ihre Entscheidung für eine Kasse sind Sie in der Regel 12 Monate lang gebunden, danach können Sie erneut kündigen. Erhöht Ihre Kasse den Zusatzbeitrag, haben Sie ein **Sonderkündigungsrecht**. Ihre Sonderkündigung muss spätestens bis zum Ende des Monats bei der Versicherung eingehen, in dem diese das erste Mal den neuen Zusatzbeitrag erhebt. Geben Sie auf dem Mitgliedsantrag bei der neuen Kasse unbedingt an, dass Sie wegen einer Beitragserhöhung sonderkündigen möchten.

Auch bei einer **Beitragserhöhung** gilt die reguläre Kündigungsfrist von zwei Monaten. Wenn Sie also bis Ende Januar kündigen, sind Sie ab 1. April Mitglied in der neuen Kasse. Solange müssen Sie jedoch den höheren Zusatzbeitrag zahlen.

Konkrete Produktempfehlungen und den aktuellen Krankenkassenvergleich finden Sie unter:

 www.finanztip.de/gkv/

1.2.3 Freiwillig gesetzlich krankenversichert

» Wer in der gesetzlichen Krankenkasse bleiben kann «

von Julia Rieder & Annika Krempel Stand: 19. Januar 2022
www.finanztip.de/gkv/freiwillig-versichert/

Für wen kommt die freiwillige Krankenversicherung infrage? // Wann beginnt und endet die freiwillige Versicherung? // Was kostet die freiwillige Krankenversicherung? // Was müssen Selbstständige beachten? // Können sich auch Rentner freiwillig versichern?

Das Wichtigste in Kürze

- Als Beamter, Freiberufler oder Gutverdiener haben Sie die **Wahl** zwischen gesetzlicher und privater Krankenversicherung. Entscheiden Sie sich für eine gesetzliche Kasse, werden Sie dort freiwillig versichert.
- Wie viel Sie für die Krankenversicherung zahlen müssen, hängt von Ihrem **Einkommen** ab. Es gibt aber auch einen Mindest- sowie einen Höchstbeitrag.
- Sind Sie nicht angestellt, zahlen Sie als freiwillig Versicherter Beiträge auf Ihre **gesamten Einkünfte**. Dazu zählen auch Einnahmen aus Geldanlagen oder Vermietung.

So gehen Sie vor

- Waren Sie vorher pflicht- oder familienversichert, brauchen Sie nichts zu tun, um in der GKV zu bleiben. Sie sind dann **automatisch freiwillig versichert**.
- Wollen Sie stattdessen in die private Krankenversicherung wechseln, müssen Sie innerhalb von zwei Wochen Ihren **Austritt** aus der gesetzlichen Krankenversicherung **erklären**.
- Selbstständige können zwischen einem allgemeinen und einem ermäßigten Beitragssatz wählen, je nachdem, ob sie Anspruch auf Krankengeld haben möchten oder nicht.

Falls Sie **selbstständig** sind oder ein **gutverdienender Arbeitnehmer**, müssen Sie nicht in der gesetzlichen Krankenversicherung sein – Sie dürfen es aber. Für viele ist der freiwillige Verbleib in einer gesetzlichen Krankenkasse die **beste Option**, denn nicht jeder kann sich die private Krankenversicherung auf Dauer leisten.

Für wen kommt die freiwillige Krankenversicherung infrage?

Zunächst einmal gilt: Niemand muss die gesetzliche Krankenversicherung verlassen, der nicht möchte. Es gibt **keinen Zwang**, sich **privat zu versichern**, wenn die Versicherungspflicht endet. Folgende Personengruppen können sich freiwillig gesetzlich versichern, sofern sie bereits zuvor bei einer gesetzlichen Krankenkasse waren (§ 9 SGB V):

- Arbeitnehmer, deren Jahres-Bruttoeinkommen die Jahresarbeitsentgeltgrenze (JAEG) übersteigt. Diese Grenze liegt 2022 bei 64.350 Euro;
- Menschen, deren kostenfreie Familienversicherung erlischt;
- Kinder, die nicht mitversichert sind, weil das Elternteil mit dem größeren Einkommen über der Jahresarbeitsentgeltgrenze liegt und daher privat versichert ist;
- hauptberuflich Selbstständige;
- Beamte;
- Studenten, die die Voraussetzungen für die Krankenversicherung der Studenten nicht mehr erfüllen;
- Schwerbehinderte, wenn sie selbst, ein Elternteil oder ihr Ehegatte in den vergangenen fünf Jahren mindestens drei Jahre

---

» Krankenversicherung der Studenten «

Studienanfänger können wählen zwischen der gesetzlichen (GKV) oder der privaten Krankenversicherung (PKV). In der Regel ist die GKV während des Studiums die bessere Wahl.

*Studenten sind in der gesetzlichen Krankenkasse ihrer Eltern bis zum **25. Lebensjahr kostenlos familienversichert**. Der Studentenbeitrag zur gesetzlichen Kranken- und Pflegeversicherung liegt im Monat bei durchschnittlich rd. 112 Euro für Kinderlose, die älter als 23 Jahre sind. Mit dem 30. Geburtstag wird es für Stu-*

dierende deutlich teurer, weil sie dann keinen vergünstigten Beitrag mehr bekommen. Wer im Studium privat versichert war, kann danach nicht zurück in die GKV wechseln, wenn er sich selbstständig macht.

Mehr dazu unter:

 https://www.finanztip.de/krankenversicherung/krankenversicherung-student/

gesetzlich versichert waren (die Satzung der Krankenkasse kann das Recht zum Beitritt von einer Altersgrenze abhängig machen);
- Arbeitnehmer, deren Mitgliedschaft durch Beschäftigung im Ausland endete, falls sie innerhalb von zwei Monaten nach Rückkehr ins Inland wieder eine Beschäftigung aufnehmen;
- Rentner, die die Kriterien für eine Aufnahme in die Krankenversicherung der Rentner nicht erfüllen;
- ehemalige Kassenpatienten, die in den fünf Jahren vor dem Ausscheiden 24 Monate gesetzlich versichert waren oder unmittelbar vor dem Ende der Versicherungspflicht mindestens 12 Monate ununterbrochen gesetzlich versichert waren.

Wann beginnt und endet die freiwillige Versicherung?

Sobald eine Versicherungspflicht endet und sich keine neue gleich anschließt, werden Sie **automatisch** freiwilliges Mitglied in der gesetzlichen Krankenversicherung (GKV). Es greift die sogenannte obligatorische **Anschlussversicherung** (§ 188 Abs. 4 SGB V).

Die freiwillige Mitgliedschaft beginnt mit dem Ende der Versicherungspflicht oder der Familienversicherung. Sie müssen dafür nichts tun und in der Regel auch nicht nachweisen, wie lange Sie bereits in der GKV sind. Sind Sie angestellt, erlischt die Versicherungspflicht beispielsweise zum Jahreswechsel, sofern Ihr Gehalt die Jahresarbeitsentgeltgrenze sowohl im laufenden Jahr überschreitet als auch die neue Grenze im kommenden Jahr.

Anders sieht es für Sie als Arbeitnehmer aus, wenn Sie Ihren Arbeitgeber wechseln und dadurch über die Jahresarbeitsentgeltgrenze springen. In diesem Fall endet die Versicherungspflicht mit dem ersten Tag der neuen Beschäftigung.

In beiden Fällen bleiben Sie nach Überspringen der Jahresarbeitsentgeltgrenze automatisch erstmal bei Ihrer Krankenkasse versichert. Wollen Sie sich nicht freiwillig versichern, müssen Sie in solchen Fällen innerhalb von zwei Wochen Ihren Austritt erklären und eine private Krankenversicherung nachweisen. Der Versicherungsschutz muss dabei lückenlos bestehen bleiben.

▷ Wann die freiwillige Krankenversicherung endet

Die freiwillige Mitgliedschaft in der Krankenversicherung endet
- mit Beginn einer Pflichtmitgliedschaft,
- wenn die Voraussetzungen für eine Familienversicherung erfüllt sind oder
- bei fristgerechter Kündigung.

Für freiwillig Krankenversicherte gelten dieselben **Kündigungsfristen** wie für Pflichtversicherte. Wollen Sie innerhalb der gesetzlichen Versicherung die Krankenkasse wechseln, geht das seit Januar 2021 in den meisten Fällen nach zwölf Monaten Mitgliedschaft.

Was kostet die freiwillige Krankenversicherung?

Wie viel Sie für die freiwillige Krankenversicherung zahlen, hängt davon ab, ob Sie **angestellt** oder **selbstständig** tätig sind. Grundsätzlich liegt der Beitrag bei **14,6 Prozent zuzüglich Zusatzbeitrag** der jeweiligen Krankenkasse. Obendrauf kommt noch der Beitrag zur gesetzlichen Pflegeversicherung. Die Beiträge zahlen Sie jedoch nur bis zu einem bestimmten Einkommen (Beitragsbemessungsgrenze). 2022 liegt die Grenze bei 4.837,50 Euro brutto im Monat. Verdienen Sie mehr, zahlen Sie auf das zusätzliche Einkommen keine Sozialversicherungsbeiträge.

▷ **Wie viel freiwillig Versicherte höchstens zahlen müssen**

Für freiwillig versicherte Arbeitnehmer liegt der Höchstbeitrag für die Krankenversicherung 2022 bei rund 769 Euro pro Monat (inklusive 1,3 Prozent durchschnittlichem Zusatzbeitrag). Die Hälfte der Krankenkassenbeiträge von Angestellten übernimmt der Arbeitgeber.

Im Unterschied zu Arbeitnehmern bildet bei Selbstständigen, Freiberuflern und anderen Menschen, die nicht sozialversicherungspflichtig angestellt sind, nicht nur das Arbeitseinkommen die Grundlage für die Beitragsberechnung. Es zählen darüber hinaus auch andere Einkünfte, etwa Einnahmen aus Kapitalvermögen oder aus Vermietung und Verpachtung – maximal **bis zur Beitragsbemessungsgrenze.**

Darauf wird entweder der allgemeine Beitragssatz in Höhe von 14,6 Prozent fällig oder ein verminderter Beitragssatz in Höhe von 14 Prozent. Hinzu kommt der Zusatzbeitrag der jeweiligen Krankenkasse. Wählen Sie den verminderten Satz von 14 Prozent, verzichten Sie darauf, Krankengeld zu erhalten, falls Sie länger krank sind. Das ist in der Regel **nicht ratsam**.

Der Höchstbeitrag beläuft sich für Selbstständige und alle anderen, die freiwillig krankenversichert sind, auf rund **769 Euro pro Monat samt durchschnittlichem Zusatzbeitrag**. Ihren Beitrag müssen Selbstständige allein stemmen. Wählen Sie eine günstige Krankenkasse, die einen geringen Zusatzbeitrag verlangt, können Sie etwas sparen.

▷ **Wie viel freiwillig Versicherte mindestens zahlen müssen**

Grundsätzlich gilt in der gesetzlichen Krankenversicherung: Wer wenig Einkommen hat, zahlt auch weniger. Dabei gibt es allerdings eine **Untergrenze**. Ist Ihr tatsächliches Einkommen niedriger als dieser Grenzwert, wird ein fiktives Mindesteinkommen angesetzt. Das Mindesteinkommen ist meist bei denjenigen maßgeblich, die wenig oder gar nichts verdienen. Das ist beispielsweise bei **Studenten** der Fall, die die Voraussetzungen für eine studentische Krankenversicherung nicht mehr erfüllen.

Für 2022 beträgt die Mindestbemessungsgrundlage für freiwillig Versicherte rund 1.097 Euro. Ist Ihr tatsächliches Einkommen geringer, stuft Sie die Krankenkasse so ein, als würden Sie 1.096,67 Euro pro Monat verdienen. Das ergibt bei einem Beitragssatz von 14,6 Prozent mit Krankengeldanspruch einen Monatsbeitrag von rund 160 Euro plus dem Zusatzbeitrag der jeweiligen Kasse. Für **Selbstständige** gilt seit 2019 derselbe Mindestbeitrag wie für die übrigen freiwillig Versicherten. Davor mussten Selbstständige mit geringem Einkommen deutlich höhere Beiträge zahlen.

Falls **Ihr Ehepartner oder eingetragener Lebenspartner privat versichert** ist, kann Ihre Krankenkasse auch das Einkommen des Partners für die Berechnung Ihrer Krankenversicherungsbeiträge heranziehen. Das tut die Kasse, wenn Ihre monatlichen Einnahmen die Hälfte der Beitragsbemessungsgrenze unterschreiten; 2022 ist das bei rund 2.419 Euro brutto der Fall. Die Kasse ermittelt dann das **Familieneinkommen**: Sie zieht vom Einkommen des Partners oder der Partnerin gegebenenfalls Freibeträge für gemeinsame Kinder ab und rechnet es dann mit Ihrem Einkommen zusammen. Beiträge zahlen Sie auf die Hälfte des so ermittelten Familieneinkommens, höchstens jedoch auf 2.418,75 Euro.

Was müssen Selbstständige beachten?

Wie viel Sie als freiwillig Versicherter für Ihre Krankenversicherung zahlen müssen, orientiert sich an der Höhe Ihrer **Einnahmen**. Da Selbstständige in der Regel kein fixes Gehalt beziehen, muss die Krankenkasse das zu erwartende Einkommen **schätzen**. Seit Januar 2018 gilt durch die Reform des Heil- und Hilfsmittelgesetzes eine neue Art der Beitragsberechnung für freiwillig versicherte Selbstständige.

Seitdem setzt die Krankenkasse die Höhe des Beitrags auf Grundlage des jüngsten **Einkommensteuerbescheids** für ein Jahr vorläufig fest. Sobald der Steuerbescheid für das entsprechende Jahr dann vorliegt, wird der **Beitrag nachträglich korrigiert**. Haben Sie mehr verdient als angenommen, müssen Sie Beiträge nachzahlen. Haben Sie weniger verdient, bekommen Sie von der Kasse Geld zurück. Bis 2017 wurde kein Beitrag nachgefordert, zu viel gezahlte Beiträge aber auch nicht erstattet. Sie haben drei Jahre Zeit, den Einkommensteuerbescheid einzureichen. Versäumen Sie das, wird die Krankenkasse rückwirkend den Höchstbeitrag von Ihnen verlangen (§ 240 Abs. 4a. SGB V). Sie können auch freiwillig den Höchstbeitrag zahlen, wenn Sie lieber etwas erstattet bekommen möchten als deftig nachzuzahlen. Bricht Ihr Arbeitseinkommen um mehr als 25 Prozent im Laufe des Jahres ein, können Sie bei Ihrer Krankenkasse während des laufenden Jahres beantragen, dass sie Ihren **Beitrag neu berechnen**. **Nachweisen** können Sie das niedrigere Einkommen mit einem Vorauszahlungsbescheid oder einem Nachweis der Finanzverwaltung (§ 6 Abs. 3a BVSzGs).

Nur zu **Beginn einer selbstständigen Tätigkeit** stützt sich die Krankenkasse bei der Beitragsberechnung auf Ihr geschätztes Einkommen. Sobald Sie Ihren ersten Einkommensteuerbescheid nach der Existenzgründung bekommen haben, korrigiert die Kasse darauf basierend rückwirkend den Beitrag.

Können sich auch Rentner freiwillig versichern?

Wenn Sie in der zweiten Hälfte Ihres Erwerbslebens zu **90 Prozent gesetzlich krankenversichert** waren, dürfen Sie in die Krankenversicherung der Rentner. Das **spart** erheblich Beiträge.

Wenn Sie die Kriterien für die Aufnahme in die Krankenversicherung der Rentner (KVdR) nicht erfüllen, haben Sie dennoch die Möglichkeit, sich freiwillig gesetzlich zu versichern. Vorausgesetzt, Sie waren ausreichend lange bei einer gesetzlichen Kasse versichert. **Entscheidend** ist, dass Sie 12 Monate unmittelbar vor Rentenbeginn gesetzlich versichert waren oder 24 Monate ohne Unterbrechung in den fünf Jahren vor Antragstellung.

Seit 1. August 2017 gelten neue Regelungen zur **Vorversicherungszeit**, die vielen Rentnern den Wechsel in die Pflichtversicherung ermöglichen. So werden für jedes Kind des Versicherten pauschal drei Jahre angerechnet.

Anders als pflichtversicherte Rentner müssen Sie als freiwillig Versicherter auf alle Einnahmen **Krankenversicherungsbeiträge** entrichten. Dabei wird zwischen verschiedenen Einkunftsarten unterschieden:

- **gesetzliche Rente**: Altersrente, Rente aus dem Ausland, Witwenrente;
- **Versorgungsbezüge**: Betriebsrenten, Direktversicherungen, Pensionskassen und -fonds, Unterstützungskassen, Zusatzversorgungen, Renten aus Versorgungswerken, betrieblich abgeschlossene Riester-Renten, Beamtenpensionen;
- **Erwerbseinkommen**: Aus angestellter oder selbstständiger Tätigkeit;

- **private Einnahmen**: Miet- und Pachteinkünfte, Kapitalerträge, private Renten einschließlich privat abgeschlossener Riester-Renten.

Für **Einkünfte** aus der gesetzlichen Rente übernimmt der Rentenversicherungsträger den Arbeitgeberanteil und der Rentner den Arbeitnehmeranteil von jeweils 7,3 Prozent. Auch der Zusatzbeitrag wird seit 2019 hälftig zwischen Rentenversicherung und Rentner geteilt. Für **Versorgungsbezüge** aus Betriebsrenten, Versorgungswerken und Pensionskassen zahlen Sie als Rentner den Beitragssatz von 14,6 Prozent allein. Das Gleiche gilt für Einkommen aus einer **selbstständigen Nebentätigkeit**.

Freiwillig versicherte Rentner müssen dazu noch den ermäßigten Beitragssatz von 14 Prozent abführen auf Einnahmen aus Miete, Pacht und Kapitalvermögen sowie auf private Lebens- und Rentenversicherungen.

Konkrete Produktempfehlungen finden Sie unter:

www.finanztip.de/gkv/freiwillig-versichert/

GKV-Beiträge als Rentner

Einkunftsart beitragsrelevant?	pflichtversichert in der KVdR Beitragssatz[1]	freiwillig gesetzlich versichert Beitragssatz[1]
gesetzliche Rente	✓ 7,3 %	✓ 7,3 %
Versorgungsbezüge	✓ 14,6 %	✓ 14,6 %
Erwerbseinkommen	✓ 14,6 %	✓ 14 % / 14,6 %[2]
Mieteinnahmen	✗	✓ 14 %
Zinsen, Dividenden u.ä.	✗	✓ 14 %
private Renten	✗	✓ 14 %

[1] Zusätzlich zum Beitragssatz muss der Zusatzbeitrag der jeweiligen Krankenkasse bezahlt werden.
[2] Abhängig von Art und Umfang der Tätigkeit.
Quelle: GKV-Beitragssätze für 2021 (Stand: November 2020).

1.2.4 Zahnzusatzversicherung

» Mut zur Lücke: Auf diesen Schutz können viele verzichten «

von Julia Rieder Stand: 26. Mai 2021
www.finanztip.de/krankenzusatzversicherung/zahnzusatzversicherung/

Welchen Zahnersatz zahlt die gesetzliche Krankenversicherung? // Lohnt sich eine Zahnzusatzversicherung? // Welche Haken gibt es bei der Zahnzusatzversicherung? // Worauf sollten Sie bei einer Zahnzusatzversicherung achten? // Welche Tarife sind empfehlenswert? // Wie bekomme ich günstigen Zahnersatz ohne Zusatzversicherung?

Das Wichtigste in Kürze

- Gesetzlich Krankenversicherte müssen fast immer einen Teil der Kosten für Zahnersatz **selbst zahlen**.
- Eine Zahnzusatzversicherung übernimmt den **Eigenanteil** ganz oder teilweise. Sie zahlt aber nicht in jedem Fall und die Leistungen sind in den ersten Jahren stark eingeschränkt.
- Außerdem sind die Verträge **relativ teuer**. Deshalb lohnt sich die Versicherung am ehesten, wenn Sie damit rechnen, dass Ihnen immer wieder teure Behandlungen bevorstehen.

So gehen Sie vor

- Überlegen Sie, ob Sie für **Zahnersatz** wirklich eine **Versicherung brauchen** oder lieber monatlich etwas Geld zurücklegen. Ein 47-Jähriger zahlt etwa 20 bis 40 Euro im Monat.
- Beachten Sie, dass noch keine Behandlung **geplant** sein darf, bevor Sie die Versicherung abschließen. Sonst gibt es kein Geld.

Bei den meisten Menschen geht irgendwann der eine oder andere **Zahn kaputt**. Das verursacht nicht nur Zahnschmerzen, sondern tut besonders gesetzlich Versicherten auch im Portemonnaie weh. Muss ein Zahn ersetzt werden, übernehmen die gesetzlichen Krankenkassen nämlich **nicht die gesamten Kosten**.

Je nachdem, ob Sie sich für einen günstigen Zahnersatz wie eine Metallkrone oder für ein teures Implantat entscheiden, müssen Sie einen **Eigenanteil** zwischen 100 und einigen Tausend Euro selbst zahlen. Eine Zahnzusatzversicherung kann helfen, lohnt sich aber nicht immer.

Welchen Zahnersatz zahlt die gesetzliche Krankenversicherung?

Zahnersatz kann für gesetzlich Versicherte teuer werden. Die Krankenkasse zahlt grundsätzlich die 60 Prozent der **Kosten** für die sogenannte **Regelversorgung**. Dabei handelt es sich um eine zweckmäßige Behandlung, die aus medizinischer Sicht ausreichend ist. Das kann bei Seitenzähnen eine Krone oder Brücke aus Metall sein oder eine herausnehmbare Teilprothese, falls mehrere Zähne fehlen. Für jedes Zahnproblem haben Krankenkassen und Zahnärzte festgelegt, welche Behandlung als Regelversorgung gilt und wie viel Euro der **Festzuschuss** der Krankenkassen dafür beträgt.

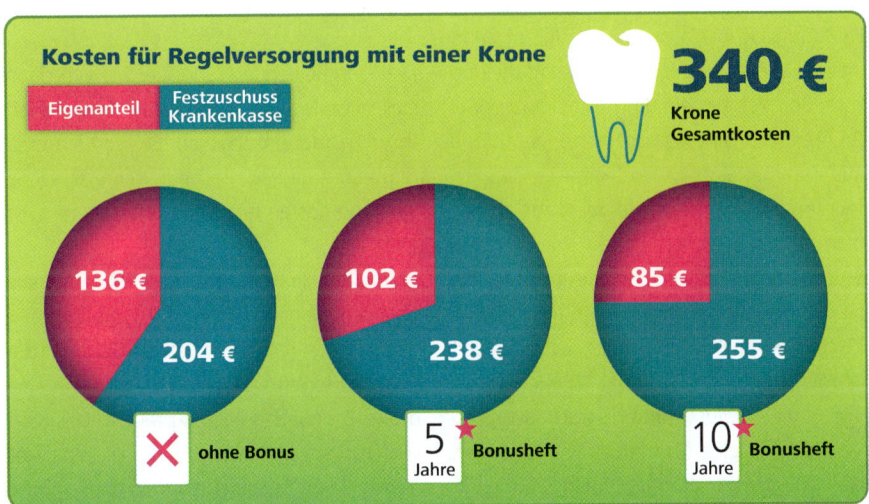

Annahme: Krone in einem vollständigen Gebiss, Werte gerundet.

Quelle: Festzuschuss-Richtlinie des Gemeinsamen Bundesausschuss (Stand: 14. April 2021)

Haben Sie Ihr **Bonusheft** für die Vorsorgeuntersuchungen beim Zahnarzt in den vergangenen fünf Jahren regelmäßig abstempeln lassen, **erhöht sich der Zuschuss** der Kasse auf 70 Prozent der Regelversorgung. Bei einem Bonusheft mit Stempeln über zehn Jahre hinweg sind es 75 Prozent.

Sind Sie gesetzlich versichert, zahlen Sie somit **mindestens 25 bis 40 Prozent** der Kosten für den Zahnersatz selbst, auch wenn Sie sich für eine günstige Variante entscheiden. Welche Kosten bei einer Metallkrone auf Sie zukommen, zeigt unser Beispiel unten. In Härtefällen zahlt die Krankenkasse allerdings bis zu 100 Prozent der Rechnung.

Falls Sie sich in Absprache mit Ihrem Zahnarzt für eine andere Versorgung entscheiden, zum Beispiel für ein Implantat statt einer Brücke oder eine optisch schönere Krone aus Keramik statt Metall, kann es deutlich teurer werden. Die Kasse zahlt für ein Implantat den gleichen Betrag wie für eine Brücke. **Mehrkosten für die teurere Behandlung müssen Sie selbst tragen.** Soll beispielsweise ein fehlender Zahn ersetzt werden, bekommen Sie von der Kasse 576 Euro Zuschuss, **unabhängig** davon, ob Sie sich für eine Zahnbrücke entscheiden, die 800 Euro kostet, oder für ein 3.000 Euro teures Implantat.

Lohnt sich eine Zahnzusatzversicherung?

Ob sich eine Zahnzusatzversicherung lohnt, hängt stark davon ab, ob Sie in Zukunft viel und hochpreisigen Zahnersatz brauchen. Denn die Zahnzusatzversicherung ist verhältnismäßig **teuer**. Einen guten Vertrag gibt es ab etwa 300 Euro im Jahr aufwärts. Zum Vergleich: Die viel wichtigere Haftpflichtversicherung bekommen Sie bereits für 60 Euro im Jahr. Zahnersatz kann über die Jahre zwar Kosten von einigen Tausend Euro verursachen, existenzbedrohend sind die Ausgaben für Zahnersatz jedoch selten. Sie sollten sich deshalb zunächst **um alle wichtigeren Versicherungen kümmern**, bevor Sie über einen Zahnzusatz-Vertrag nachdenken.

Die entscheidende Frage, die Sie sich dann stellen müssen, ist, wie Sie die **Gesundheit Ihrer Zähne einschätzen**. Die verhältnismäßig teuren Beiträge rechnen sich erst, wenn Sie hohe Kosten für Zahnersatz haben.

Brauchen Sie hingegen absehbar nur alle paar Jahre eine Krone oder ein Implantat, ist es günstiger, regelmäßig etwas **Geld auf die Seite zu legen**, um davon irgendwann eine große Zahnbehandlung zu zahlen. Das geht sehr einfach, indem Sie etwa ein separates Tagesgeldkonto einrichten, und dann monatlich einen bestimmten Betrag von Ihrem Girokonto darauf überweisen.

Von der Sparkonto-Lösung können Sie jederzeit zur Zahnzusatzversicherung wechseln. Es ist allerdings nicht ganz einfach, den **richtigen Zeitpunkt für den Abschluss** der Versicherung zu finden. Zwar sind die Beiträge für junge Leute günstiger, dafür ist es auch unwahrscheinlicher, dass Sie in diesem Alter teuren Zahnersatz brauchen. Warten Sie aber auch nicht zu lange, denn für bereits kaputte Zähne zahlt die Versicherung in den meisten Fällen nicht. Außerdem ist die Höhe der Erstattung in den ersten Jahren nach Abschluss des Vertrags **gedeckelt**.

Welche Haken gibt es bei der Zahnzusatzversicherung?

Über folgende Spielregeln sollten Sie sich bewusst sein, bevor Sie eine Zahnzusatzversicherung abschließen:

- Wenn Sie eine Zahnzusatzversicherung beantragen, müssen Sie angeben, ob Ihr Zahnarzt Ihnen schon zu einer Behandlung geraten hat oder eine solche geplant ist. Für **anstehende Behandlungen** kommt die Versicherung nicht auf. Das heißt, dass Sie mit dem Abschluss nicht warten können, bis Ihr Zahnarzt Ihnen sagt, dass er etwas an Ihren Zähnen machen muss.
- Auch mit einer Zahnzusatzversicherung müssen Sie oft einen Teil der Rechnung selbst bezahlen. Selbst bei guten Tarifen bleibt meist ein **Eigenanteil** von 10 bis 20 Prozent. Versicherungen, die die gesamte Rechnung übernehmen, sind unverhältnismäßig teuer.
- Viele Tarife haben eine **Wartezeit**. Damit können Sie in den ersten acht Monaten nach Vertragsschluss meistens keine Leistungen für Zahnersatz in Anspruch nehmen. Es gibt allerdings auch einige Angebote ohne Wartezeit.
- Zudem zahlen praktisch alle Tarife in den ersten drei bis fünf Jahren nur **begrenzte Summen**, sodass Sie davon am Anfang keine große Gebiss-Sanierung finanzieren können.
- Wenn Ihre Zähne in sehr **schlechtem Zustand** sind und zahlreiche fehlen, kann es im Extremfall sein, dass Sie überhaupt keine Zusatzversicherung bekommen.

Vor dem Hintergrund dieser Einschränkungen sollten Sie überlegen, ob eine Zahnzusatzversicherung für Sie persönlich sinnvoll ist.

Worauf sollten Sie bei einer Zahnzusatzversicherung achten?

Wenn Sie sich für eine Zahnzusatzversicherung entscheiden, sollten Sie **vor allem auf die Leistungen** schauen und erst in zweiter Linie auf den Preis. Denn gerade besonders günstige Angebote enthalten oft viele **Fallstricke**. Welche Punkte wichtig sind, finden Sie im Folgenden aufgelistet.

▷ Hohe Erstattung für Zahnersatz

Mit einem Zahnzusatzvertrag lässt sich eine Vielzahl von Leistungen versichern: von Hypnose beim Zahnarzt über Schienen gegen Zähneknirschen bis hin zur professionellen Zahnreinigung. Die **größten Kosten** fallen jedoch beim **Zahnersatz** an.

Deshalb ist es am wichtigstem, dass ein Tarif gute Leistungen bei der Versorgung mit **Implantaten, Brücken und Kronen** bietet. Gute Zahnversicherungen zahlen außerdem Inlays, also passgenau gefertigte Füllung aus Kunststoff, Keramik, Gold oder Titan. Das ist auch **sinnvoll**, denn hochwertige Inlays können 600 bis 700 Euro kosten. Die gesetzliche Krankenkasse zahlt aber nur die 50 Euro dazu, die eine Amalgamfüllung kosten würde.

Tarife, die **100 Prozent Erstattung** für Zahnersatz bieten, sind allerdings **besonders teuer**. Wir gehen deshalb davon aus, dass es sich in vielen Fällen lohnt, einen Tarif mit einer etwas geringeren Erstattung zu wählen und den verbleibenden Eigenanteil aus den gesparten Beiträgen zu zahlen. Aus diesem Grund **empfehlen** wir **Tarife**, die zwischen **80 und 90 Prozent** des Rechnungsbetrages übernehmen.

Einige Anbieter staffeln ihre Leistungen danach, wie regelmäßig der Versicherte bei der jährlichen Zahnvorsorge war. Ein **durchgehend gestempeltes Bonusheft** sichert Ihnen also nicht nur bei der gesetzlichen Krankenkasse eine höhere Zuzahlung, sondern auch bei der privaten Zusatzversicherung.

Die Zahnzusatzversicherung sollte unbedingt nicht nur die Regelversorgung abdecken, sondern auch zusätzliche Kosten für teurere Materialien oder einen höherwertigen Zahnersatz. Ein Tarif, der mit „Verdopplung der Kassenleistung" wirbt, lohnt sich nicht. Denn auch der doppelte Kassenzuschuss reicht nicht aus, um teure Implantate zu finanzieren.

▷ Leistungen bei Zahnbehandlung

Zusätzlich zum Zahnersatz lassen sich bei vielen Anbietern weitere Leistungen mitversichern. Die Versicherung übernimmt dann zum Beispiel auch Kosten für zahnfarbene **Kunststofffüllungen** oder für **Wurzel- oder Parodontalbehandlungen** (Verfahren gegen chronische Zahnfleischentzündungen), die die gesetzliche Krankenkasse nicht zahlt. In vielen Fällen sind diese Behandlungen aber auch Kassenleistung.

▷ Zahnprophylaxe ist oft inklusive

Eine professionelle Zahnreinigung kann man auch selbst bezahlen, dafür ist **keine Zahnzusatzversicherung nötig**. Außerdem gibt es von vielen gesetzlichen Krankenkassen einen Zuschuss zur jährlichen Zahnreinigung.

In vielen guten Zahnzusatz-Tarifen ist allerdings ein Zuschuss zur Zahnreinigung enthalten. Die sollten Sie Sie dann auch regelmäßig in Anspruch nehmen, denn die Versicherung hat in der Regel in den monatlichen Beitrag einen **Aufpreis für die Zahnreinigung** eingerechnet.

▷ Erstattungsgrenzen beachten

In den ersten Jahren nach Abschluss sind die Erstattungen von Zahnzusatzversicherungen auf geringe Summen begrenzt. Sie müssen sich also gut überlegen, welche Leistungen Sie wann in Anspruch nehmen. Die von Finanztip empfohlenen Tarife zahlen mindestens 1.000 Euro in jedem der ersten vier Versicherungsjahre.

Grundsätzlich gilt: Je höher die Leistungen in den ersten Jahren sind, desto besser. Außerdem ist es vorteilhaft, wenn die **Erstattungsgrenzen möglichst wenige Jahre gelten**, beispielsweise nur drei statt fünf Jahre lang. Danach sollte es keine jährliche Obergrenze mehr für die Erstattungen geben.

Auch wenn die Leistungsgrenzen der Anfangszeit nicht mehr gelten, zahlt die Zahnzusatzversicherung Rechnungen **nur bis zu den gültigen Höchstsätzen** der Gebührenordnungen der Ärzte und Zahnärzte. Überhöhte Rechnungsbeträge für Material oder das Labor, das den Zahnersatz anfertigt, kann die Versicherung kürzen.

Reichen Sie deshalb vor Beginn einer Behandlung am besten immer den **Kostenvoranschlag** Ihres Zahnarztes, den sogenannten Heil- und Kostenplan, bei der Versicherung ein. Diese teilt Ihnen dann verbindlich mit, welche Kosten sie übernehmen wird.

▷ Zahnzusatzversicherung ohne Wartezeit

Viele Tarife haben eine Wartezeit von **acht Monaten**. Das bedeutet, die Versicherung zahlt erst nach dieser Zeit für Behandlungen. So wollen die Anbieter verhindern, dass Sie erst einen Vertrag abschließen, wenn Sie schon Zahnprobleme haben. Oft erlässt die Versicherung die Wartezeit, wenn Sie mit einer zahnärztlichen Untersuchung nachweisen, dass Ihre Zähne in Ordnung sind. **Einige Zahnzusatzversicherungen verzichten** aber auch grundsätzlich auf eine Wartezeit.

Unabhängig von der Wartezeit gilt jedoch immer: Es gibt kein Geld für Behandlungen, zu denen Ihr Zahnarzt Ihnen nachweislich schon **vor** dem **Abschluss** der Versicherung geraten hat oder für Behandlungen, die er **bereits begonnen** hat.

▷ Gesundheitsfragen ernst nehmen

Im Antrag für eine Zahnzusatzversicherung müssen Sie einige Gesundheitsfragen beantworten. Diese sind nicht so umfangreich wie bei anderen Versicherungen, dennoch sollten Sie ehrlich und gewissenhaft antworten.

Denn im schlimmsten Fall können Sie Ihren Versicherungsschutz verlieren, wenn Sie falsche Angaben machen. Meist fragen die Versicherungen nach **fehlenden Zähnen**, nach herausnehmbaren **Prothesen** und danach, wie alt **bestehender Zahnersatz** ist. Fragen Sie im Zweifel bei Ihrem Zahnarzt nach, falls Sie sich nicht genau erinnern. Auch, ob er Ihnen bereits zu einer Behandlung geraten hat, müssen Sie angeben.

Wie die Anbieter mit Ihren Angaben umgehen, ist unterschiedlich. Einige schließen bereits fehlende Zähne vom Versicherungsschutz aus, bei anderen können Sie Zahnlücken gegen einen Aufpreis oder niedrigere Erstattungsgrenzen in den Anfangsjahren mitversichern. Ab vier fehlenden, nicht ersetzten Zähnen wird es häufig schwierig, überhaupt einen Vertrag zu bekommen. Auch wenn Sie eine herausnehmbare Zahnprothese tragen, bekommen Sie bei verschiedenen Versicherern unterschiedlich gute Konditionen. Viele Anbieter behandeln herausnehmbare Prothesen wie ersetzte Zähne und versichern diese mit. Einige setzen herausnehmbare Prothesen aber auch mit fehlenden Zähnen gleich oder lehnen Kunden mit Prothese grundsätzlich ab.

▷ **Oft steigen die Beiträge mit dem Alter**
Zahnzusatzversicherungen berechnen ihre Beiträge auf zwei Arten: Einige Tarife sparen einen Teil des Beitrags (die sogenannten **Altersrückstellungen**) dafür an, dass die Beiträge mit dem Alter nicht zu stark steigen. Dadurch haben sie einen konstanten Beitrag, sind von vornehrein jedoch etwas teurer. meisten Tarife beinhalten aber **keinen** Sparanteil. Sie sind für junge Kunden günstiger, kosten dafür aber mit zunehmendem Alter deutlich mehr.

Beide Varianten haben **Vor- und Nachteile**. Bei Tarifen mit konstantem Beitrag und Altersrückstellungen können Sie besser abschätzen, ob Sie sich die Zahnzusatzversicherung auch in höherem Alter noch leisten können. Allerdings haben Sie den Sparanteil umsonst eingezahlt, falls Sie den Vertrag kündigen. Das **vorausgezahlte Geld** ist dann für Sie **verloren**. Dadurch sind Sie unflexibler und stärker an Ihren Versicherer gebunden. Der Vorteil solcher Tarife ist, dass Sie diese ohne Verluste kündigen und in einen Tarif mit einem besseren Preis-Leistungs-Verhältnis wechseln können. Dasselbe gilt, wenn Sie irgendwann entscheiden, dass Sie die Zahnversicherung nicht mehr brauchen. Außerdem ist die Auswahl an solchen Angeboten deutlich größer.

Wichtig zu wissen: Egal für welche Variante Sie sich entscheiden, es gibt **keine Garantie**, dass sich die **Beiträge** entwickeln, wie zu Vertragsbeginn **vorhergesagt**. Der Anbieter kann Ihren Beitrag erhöhen, wenn er mehr

Geld für Leistungen ausgeben muss, als zu Beginn Ihres Vertrages erwartet. Die Kosten können zum Beispiel steigen, weil Behandlungen teurer werden oder die Kunden der Versicherung sich zunehmend für besonders teuren Zahnersatz entscheiden. Dann kann es passieren, dass Sie eine **Beitragserhöhung bekommen**, unabhängig davon, ob Sie in einem Tarif mit konstantem oder mit stufenweise steigendem Beitrag versichert sind.

Wie bekommen Sie Zahnersatz günstiger?

Auch ohne eine Zahnversicherung gibt es verschiedene Möglichkeiten, die Kosten für den Zahnarztbesuch zu senken.

▷ Für Geringverdiener

Wer sich keinen Zahnersatz leisten kann, muss nicht mit schlechten Zähnen leben. Für Geringverdiener gibt es bei den gesetzlichen Krankenkassen eine **Härtefallregelung**. Das bedeutet, bei Versicherten mit Bruttoeinnahmen von weniger als **1.316 Euro im Monat** (Stand: 2021) übernimmt die gesetzliche Krankenversicherung die Kosten für die Regelversorgung vollständig. Lebt ein Angehöriger mit im Haushalt, erhöht sich die Einkommensgrenze auf 1.809,50. Für jeden weiteren Angehörigen steigt die Grenze um zusätzliche 329 Euro (Stand: 2021).

Auch wenn Sie die Einkommensgrenze knapp überschreiten, können Sie einen erhöhten **Zuschuss der Krankenkasse** bekommen. Diese übernimmt dann nicht die komplette Rechnung für die Regelversorgung, gibt aber abhängig von Ihren finanziellen Verhältnissen und den Zahnarztkosten **mehr** dazu als normalerweise. Um von der Härtefallregelung zu profitieren, müssen Sie bei Ihrer Krankenkasse einen Antrag stellen. Mehr dazu lesen Sie im Online-Ratgeber von Finanztip zur Härtefallregelung bei Zahnersatz unter:

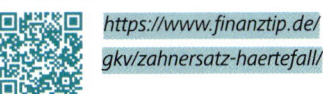
https://www.finanztip.de/gkv/zahnersatz-haertefall/

▷ Für Normalverdiener

Auch mit einer klugen Wahl der gesetzlichen Krankenkasse müssen Sie beim Zahnarzt weniger selbst zahlen. Denn viele Kassen bieten freiwillige **Extraleistungen** für Zähne an. So gibt es bei manchen einen Zuschuss zur professionellen **Zahnreinigung**, die Sie sonst voll selbst zahlen müssen.

Bei anderen Kassen ist **Zahnersatz günstiger**, wenn Sie sich von Zahnärzten behandeln lassen, die mit der Kasse kooperieren. Haben Sie ein zehn Jahre lückenlos geführtes **Bonusheft**, übernimmt die Krankenkasse dann häufig die kompletten Kosten für die Regelversorgung. Einige Kassen schließen auch Verträge mit geprüften Zahnkliniken im EU-Ausland, wo Zahnersatz häufig deutlich günstiger ist.

Egal, wo Sie versichert sind: Wenn eine teure Zahnbehandlung ansteht, sollten Sie **Preise vergleichen**. Denn beim selben Befund können die Kosten in unterschiedlichen Praxen enorm voneinander abweichen. Holen Sie sich deshalb von **mindestens zwei Zahnärzten** einen **Kostenvoranschlag**. Fragen Sie die Zahnärzte nach Vor- und Nachteilen sowie Kosten der vorgeschlagenen Behandlung und lassen Sie sich auch günstigere Alternativen erläutern.

Das Recht auf eine **Zweitmeinung** hat jeder, schließlich ist es für Laien schwierig einzuschätzen, welche Behandlung sinnvoll und welcher Preis angemessen ist. Die Patientenberatung der Zahnärztekammern berät kostenfrei zu Zahnersatz und -behandlungen. Sie können aber auch einfach zu einem anderen Zahnarzt gehen, Preise über ein Internetportal vergleichen oder Angebote Ihrer Krankenkasse zur Zweitmeinung nutzen. Mehr dazu unter:

 http://www.patientenberatung-der-zahnaerzte.de/beratungsstellen/

Übrigens: Ausgaben für Zahnersatz können Sie unter Umständen auch als außergewöhnliche Belastungen von der **Steuer absetzen**.

Konkrete Produktempfehlungen finden Sie unter:

 *www.finanztip.de/ krankenzusatzversicherung/ zahnzusatzversicherung/*

1.2.5 Private Krankenversicherung (PKV)

» Wenn privat versichert, dann richtig «

von **Julia Rieder & Annika Krempel** Stand: 12. Oktober 2020
www.finanztip.de/pkv/

Was sind Vor- und Nachteile der privaten Krankenversicherung? //
Rechnet sich langfristig die private Versicherung?

 Das Wichtigste in Kürze
- Eine private Krankenversicherung eignet sich nur, wenn Sie **Beamter** sind oder ganz sicher auch im Alter noch ein **hohes Einkommen** haben. Denn mit der Zeit **steigen** die Beiträge deutlich.
- Im Gegensatz zu gesetzlich Versicherten könnrn Sie als Privatversicherter genau die Leistungen absichern, die Ihnen wichtig sind. Achtung: sehr günstige Tarife bieten oft nur wenig Leistung.

 So gehen Sie vor
- Überlegen Sie in Ruhe, welche **Leistungen** Sie brauchen. Das später zu ändern ist schwierig.
- Wählen Sie ein **finanzstarkes** Versicherungsunternehmen.
- Lassen Sie sich beraten! Treffen Sie die **Entscheidung** für oder gegen die PKV am besten mit einem **Honorarberater**. Bei der Suche nach einem passenden Tarif kann Ihnen auch ein **Versicherungsmakler** helfen.

Als **Selbstständiger** oder **Gutverdiener** können Sie sich zwischen zwei Systemen entscheiden: Bleiben sie in der gesetzlichen Krankenkasse (GKV) oder wechseln sie in die private Krankenversicherung (PKV) mit all ihren Versprechungen? Wir erklären Ihnen, was Sie vor Ihrer Entscheidung bedenken sollten und wie Sie Ihren einen passenden Tarif finden.

Was sind Vor- und Nachteile der privaten Krankenversicherung?

Mit der gesetzlichen und privaten Krankenversicherung stehen sich **zwei grundsätzlich verschiedene Systeme** gegenüber. Welches das bessere ist, lässt sich nur schwer beantworten. Jeder muss für sich persönlich abwägen. Wir haben Ihn die wichtigsten Argumente für und gegen eine private Krankenversicherung zusammengestellt.

▷ Spitzenmedizin und Vorzugsbehandlung

Ein guter Vertrag mit einer privaten Krankenversicherung (PKV) sichert den Zugang zur Spitzenmedizin. Es gibt Tarife, die eine Behandlung beim **Spezialisten**, in der **Privatklinik** oder im **Ausland** bezahlen – mit den neuesten Behandlungsmethoden. Ärzte bevorzugen Privatpatienten außerdem bei der Terminvergabe, schließlich bekommen sie für die gleiche Behandlung mehr Geld als bei Kassenpatienten.

▷ Garantierte Leistungen

Sie können sich in der PKV einen Tarif suchen, der Leistungen enthält, die Ihnen individuell wichtig sind. Sie bekommen dementsprechend den Schutz, den Sie bezahlen wollen oder können. Außerdem sind die Leistungen garantiert, die in Ihrem Vertrag vereinbart sind. Die **Versicherung kann sie nicht reduzieren**. In der gesetzliche Krankenversicherung (**GKV**) ist das **anders**: Dort können Leistungen schon mal gestrichen werden. Beispiele dafür aus den vergangenen Jahren sind etwa die Kassenleistungen bei Brillen oder Zahnersatz, die immer wieder verringert wurden.

Einer Sache sollten Sie sich aber bewusst sein: Der Vorteil der garantierten Leistungen in der PKV gilt nur, **solange Sie sich den Beitrag leisten können**. Wenn Sie Ihren leistungsstarken – und wahrscheinlich auch teureren Tarif – nicht mehr bezahlen können, müssen Sie umdenken. Sie können dann eventuell einzelne Leistungen streichen oder direkt in den Basis- oder Standardtarif wechseln – dort allerdings kann sich der Leistungsumfang ändern, genau wie in der gesetzlichen Krankenversicherung.

▷ Günstig für Jüngere, teuer für Kranke

Im Gegensatz zur gesetzlichen ist die private Krankenversicherung **kein Solidarsystem**. Jeder trägt mit seinen Beiträgen weitgehend das eigene Risiko, krank zu werden. Das ist gut für Sie, so lange Sie jung und gesund sind. Ist das Risiko gering, sind die **Beiträge niedrig – oft sogar niedriger als in der gesetzlichen** Krankenversicherung. Aber Vorsicht: Billige Tarife enthalten oft nur geringe Leistungen. Im Krankheitsfall kann sich das zu einer echten Kostenfalle entwickeln. Aufstocken können Sie Ihre Versicherung auch nicht so einfach, dafür müssen Sie erneut eine Gesundheitsprüfung meistern.

Wenn Sie schon Vorerkrankungen haben, kann es für Sie ohnehin schwierig und teuer werden, in die PKV zu kommen. Die privaten Anbieter dürfen Kunden **ablehnen**, **Beitragszuschläge** erheben oder bestimmte Krankheiten vom Versicherungsschutz **ausschließen**, falls ihnen das Risiko zu hoch erscheint. Die gesetzliche Krankenversicherung hingegen muss jeden aufnehmen.

▷ **Beitrag hängt nicht vom Einkommen ab**

Dazu kommt: Auch für die Jungen und Gesunden unter uns bleibt es meist nicht bei den einstmals günstigen Beiträgen. Mit den Jahren **steigen die Beiträge**, unter anderem weil die Gesundheitsversorgung teurer wird – das gilt aber auch für die gesetzliche Krankenversicherung. Zwischen 2000 und 2020 stiegen die Beiträge laut Branchendienst Map-Report für Angestellte durchschnittlich um rund 3,8 Prozent pro Jahr, für Beamte um rund 2,9 Prozent.

Zwar legt die Versicherung Geld aus den gezahlten Beiträgen zurück, um gegenzusteuern. Doch diese Altersrückstellungen sind dafür da, die höheren Kosten zu decken, die entstehen, wenn Sie später als älterer Mensch häufiger zum Arzt müssen. Die Kosten durch den medizinischen Fortschritt und die allgemeine Inflation decken sie nicht. Daher steigen die Beiträge **auch noch in der Rentenphase**. Am besten sollten Sie deshalb schon früh einen festen Betrag im Monat nur für die Krankenversicherung im Alter zurücklegen. Sonst können Ihnen die Beiträge über den Kopf wachsen, wenn Sie nur eine geringe Rente bekommen.

Das führt uns zu einem großen Nachteil der privaten Absicherung: Während sich die **Beiträge** in der gesetzlichen Versicherung nach der **Höhe des Einkommens** richten, hängen die Beiträge in der PKV von den **Kosten** ab. So kann es passieren, dass Sie sich die Beiträge mit der Zeit nicht mehr leisten können. Eine **niedrige Rente, Arbeitslosigkeit** oder eine **Trennung** vom verbeamteten Partner führen oft dazu, dass die private Krankenversicherung plötzlich viel zu teuer ist.

▷ **Nicht in allen Punkten besser als die gesetzlichen Kassen**

Was viele überrascht: Auch leistungsstarke PKV-Tarife bieten nicht den ultimativen Schutz. Zwar sind sie in **vielen Bereichen deutlich stärker** als die gesetzlichen Kassen, zum Beispiel beim **Honorar** für Ärzte. Bei Psycho- und Physiotherapie oder Kuren haben sie dagegen **mitunter Leistungslücken**, für die gesetzliche Krankenkassen ganz selbstverständlich zahlen.

Zusätzlich sollten Sie bedenken, dass es in der PKV **keine Familienversicherung** gibt. Während in der gesetzlichen Versicherung auch Kinder und Lebenspartner kostenfrei mitversichert werden können, muss in der privaten jeder selbst versichert sein und Beiträge zahlen. **Familien** kommen in der **gesetzlichen** Versicherung deshalb häufig **günstiger** weg.

▷ Lebenslange Bindung an ein Unternehmen

Noch ein Nachteil ist, dass Sie sich mit Ihrer Wahl **fast unwiderruflich** an ein Unternehmen binden. Bietet mit den Jahren eine andere Versicherung bessere Konditionen an, lohnt es sich wirtschaftlich nicht, dorthin zu wechseln. Dasselbe gilt, wenn Sie sich über Ihren Anbieter ärgern und mit seinem Service unzufrieden sind. Denn bei einem Wechsel können Sie nur einen Teil Ihrer angesparten Altersrückstellungen mitnehmen. Sie haben also über Jahre umsonst einen höheren Beitrag gezahlt, um fürs Alter vorzusorgen. Je länger der Vertrag schon besteht, desto höher ist Ihr Verlust.

Wenn Sie **unzufrieden mit den Leistungen** Ihrer privaten Krankenversicherung sind, bleibt deshalb eigentlich nur der **Wechsel** in einen **anderen Tarif** bei Ihrem bisherigen Anbieter.

▷ Privatpatienten müssen vorstrecken

Gehen Sie als Privatpatient zum Arzt, müssen Sie die Rechnung erst einmal selbst bezahlen. Erst anschließend bekommen Sie von Ihrer Krankenversicherung eine **Erstattung**. Eine stationäre Behandlung im Krankenhaus wird allerdings, ähnlich der gesetzlichen Krankenversicherung, über eine Chipkarte abgerechnet. Nur die Kosten für eine Chefarztbehandlung bekommen Sie direkt in Rechnung gestellt.

Bei der Abrechnung kommt es schnell mal zum **Streit**. Mitunter passiert es, dass Ärzte Behandlungsmethoden in Rechnung stellen, die die **Versicherung nicht bezahlt**. Dann bleiben Sie auf den Kosten sitzen. Wenn Sie sich privat versichern möchten, sollten Sie daher immer bereit sein, sich mit den Details Ihres PKV-Vertrags zu beschäftigen und mit Ihrem Arzt vorab darüber zu sprechen.

Immer wieder streiten Patienten auch mit ihrer Versicherung darüber, welche Leistungen versichert sind – etwa weil die Vertragsbedingungen schwammig formuliert sind. Häufig landen solche Fälle vor Gericht. Dagegen helfen möglichst konkrete Versicherungsbedingungen und eine **Rechtsschutzversicherung**.

Vier Schritte zum PKV-Vertrag

Wenn Sie in die private Krankenversicherung wechseln möchten, sollten Sie **einige Tage Arbeit in diese Entscheidung investieren**. Zuerst steht die Überlegung an, ob es überhaupt sinnvoll ist, den gesetzlichen Krankenkassen für immer den Rücken zu kehren. Denn genau das bedeutet dieser Entschluss: Wer einmal privat versichert ist, kommt nur unter engen Bedingungen wieder zurück in die gesetzliche Krankenkasse. Für Versicherte, die älter als 55 Jahre sind, ist es **nahezu unmöglich** – selbst bei Arbeitslosigkeit.

Schritt 1: Rechnet sich die private Krankenversicherung?

Privat dürfen sich nur Menschen krankenversichern, die bestimmte **Voraussetzungen** erfüllen: Beamte, Selbstständige oder Studenten sowie Angestellte, die über der Jahresarbeitsentgeltgrenze liegen. 2022 beträgt diese Grenze jährlich 64.350 Euro brutto. Bei Angestellten übernimmt der Arbeitgeber die Hälfte der Prämie, allerdings nur bis zum Höchstsatz eines gesetzlich Versicherten.

Die private Krankenversicherung ist **kein Sparmodell**. Ein Wechsel dorthin sollte nicht vorrangig den Zweck haben, Beiträge zu sparen, sondern Ihnen lebenslang den Zugang zu einer erstklassigen medizinischen Versorgung garantieren.

Für viele Menschen ist der Wechsel nämlich keine gute Idee, zum Beispiel für **Existenzgründer**, die nicht wissen, wie sich ihre Einnahmen entwickeln werden. Auch wenn Sie einen **Risikoberuf** oder **Vorerkrankungen** haben oder Ihre **Familienplanung** noch nicht abgeschlossen ist, sollten Sie ganz genau rechnen.

Teuer werden kann der Wechsel auch für **Ältere**. Mit zunehmendem Alter haben die meisten Menschen Gesundheitsprobleme, die den Beitrag verteuern. Außerdem sparen Sie in der PKV mit einem Teil Ihrer Beiträge ein Polster für das Alter an, die sogenannten **Altersrückstellungen**. Je später Sie anfangen, diese Altersrückstellungen zu bilden, desto mehr Aufschlag auf Ihren Beitrag müssen Sie dafür zahlen. Auch dadurch wird es teurer. Als Faustformel gilt: Wer mit der PKV liebäugelt, sollte bis zum 35. Lebensjahr dahin gewechselt sein.

Treffen Sie Ihre Entscheidung mit einem Versicherungsberater

Bei der Entscheidung zwischen den beiden Systemen können Sie sich von einem neutralen Berater unterstützen lassen, der keine Provision dafür bekommt, wenn Sie eine private Krankenversicherung abschließen. Solche Berater sind **Versicherungs- oder Honorarberater**. In der Beratung können Sie gemeinsam Für und Wider eines Wechsels in Ihrer persönlichen Situation abwägen. Genauso wie die langfristigen finanziellen Auswirkungen.

Grundlegende Leistungen

- Arzthonorare
- Arztwahl
- Medikamente
- Hilfsmittel
- Zahnleistungen

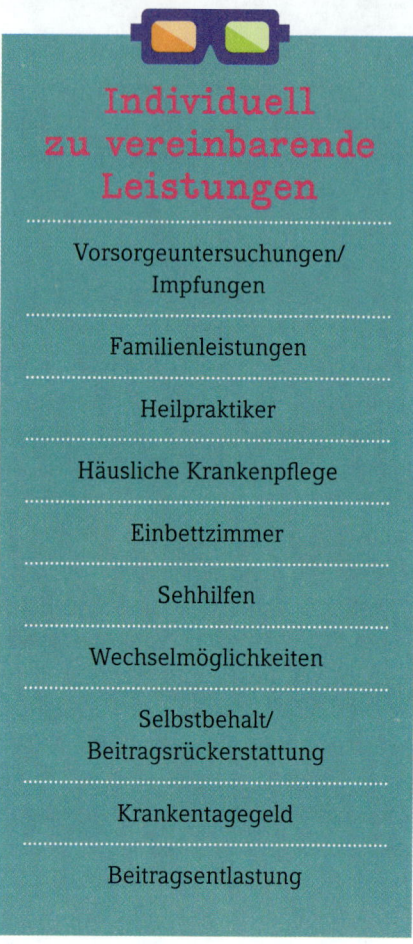

Individuell zu vereinbarende Leistungen

- Vorsorgeuntersuchungen/Impfungen
- Familienleistungen
- Heilpraktiker
- Häusliche Krankenpflege
- Einbettzimmer
- Sehhilfen
- Wechselmöglichkeiten
- Selbstbehalt/Beitragsrückerstattung
- Krankentagegeld
- Beitragsentlastung

Für die Beratung zahlen Sie normalerweise zwischen **150 bis 200 Euro pro Stunde**. Dieses Honorar sollte es Ihnen wert sein, schließlich treffen Sie eine Entscheidung mit langfristigen Folgen für Ihr Leben. Einen Versicherungsberater finden Sie zum Beispiel über die Suche beim Bundesverband der Versicherungsberater. Achten Sie darauf, dass er oder sie auf die Beratung zur privaten Krankenversicherung spezialisiert ist.

Schritt 2: Das sollte die private Krankenversicherung leisten

Der Vorteil der privaten Krankenversicherung ist, dass Sie sich einen Tarif mit den für Sie passenden Bedingungen aussuchen können. Was im Vertrag an Leistungen vereinbart ist, bleibt für die gesamte Vertragslaufzeit garantiert. Leistungskürzungen sind nicht möglich. Genauso gilt aber: Was nicht drinsteht, wird nicht bezahlt.

Vorsicht: Achten Sie auf schwammige Formulierungen in den Vertragsbedingungen. Sagt ein Anbieter zum Beispiel nur zu, etwas nach vorheriger Genehmigung oder geson-

Sehr wichtige Leistungen
- Psychotherapie
- Heilmittel
- Stationäre Versorgung
- Kurortklausel
- Geltungsbereich
- Anschlussheilbehandlung/Kur/Reha
- Palliativversorgung/Hospiz
- Transport

(3,5-fache) erstattet. Tarife, die weniger als den Regelsatz erstatten, sind nicht empfehlenswert. Wenn Sie auch Behandlungen durch Spezialisten, Privatkliniken oder im Ausland versichern möchten, sollten Sie einen Tarif wählen, der auch über dem Höchstsatz oder ohne Bezug auf die Gebührenverordnung erstattet.

Falls Sie im Ausland leben oder leben möchten, sollten Sie außerdem gegen einen Aufpreis vereinbaren, dass die Übernahme der Kosten nicht auf deutsches Niveau begrenzt ist. Sonst bleiben sie möglicherweise auf höheren Rechnungen sitzen. Bei einer Behandlung im Ausland ist es außerdem sinnvoll, dass die Kosten nicht auf ortsübliche oder landesübliche Sätze beschränkt sind. Im Leistungsfall können Sie sich mit Ihrer Versicherung sonst darüber streiten, was landesüblich ist.

Arztwahl – Hausarzttarife oder Tarife mit Primärarzt-Prinzip schreiben vor, dass der Versicherte zuerst einen bestimmten Arzt aufsuchen muss. Sonst kann die Versicherung ihre Leistungen kürzen. Bei freier Arztwahl können Sie dagegen sofort einen Facharzt aufsuchen und unter den niedergelassenen Ärzten allein auswählen. Falls Sie im Krankenhaus vom Chefarzt behandelt werden möchten, müssen Sie privatärztliche Behandlungen auf Station mitversichern. Sollen auch Behandlungen durch Heilhilfsberufe wie Masseure

derter Vereinbarung zu erstatten, können Sie sich nicht immer darauf verlassen, diese Genehmigung auch zu bekommen.

▷ **Unverzichtbare Leistungen**

Arzthonorare – Ärzte rechnen in Deutschland nach der Gebührenverordnung für Ärzte (GOÄ) oder Zahnärzte (GOZ) ab. Für die meisten Behandlungen reicht es, wenn die Versicherung den Regelhöchstsatz (2,3-fache der GOÄ/GOZ) oder den Höchstsatz oder Physiotherapeuten versichert sein, muss dies gesondert vereinbart werden.

Medikamente – Achten Sie auf mögliche Selbstbehalte oder Beschränkungen bei der Erstattung. Zahlungen für Medikamente sollten möglichst nicht auf Generika, also Nachahmer-Präparate, beschränkt sein.

Hilfsmittel – Unter Hilfsmittel fallen verschiedenste Errungenschaften, die helfen, körperliche Defizite auszugleichen. Das reicht von lebenserhaltenden Hilfsmitteln wie Beatmungsgeräten über sogenannte Körperersatzstücke (Prothesen, Kunstaugen) bis hin zu Rollstühlen. Aber auch orthopädische Hilfsmittel wie Gehhilfen gehören dazu, ebenso wie Brillen, Blindenhunde oder künstliche Kehlköpfe.

Wer auf Hilfsmittel angewiesen ist, möchte diese im Ernstfall in möglichst guter Qualität erstattet bekommen. Schauen Sie deshalb bei allen Hilfsmitteln darauf, inwieweit diese erstattet werden. Möglicherweise gibt es prozentuale oder preisliche Begrenzungen, manche Versicherer erstatten auch nur eine einfache Ausführung. Was genau als „einfache Ausführung" gilt, wird dann erst im Leistungsfall festgelegt. Achten Sie auch auf die Höhe der maximalen Erstattung. Reicht diese auch noch in 30 Jahren trotz Inflation und medizinischem Fortschritt aus?

Der genaue Umfang der Leistung steht im Hilfsmittelkatalog der Versicherung. Diesen Katalog gibt es in **zwei Varianten**: Bei einem **geschlossenen Katalog** gibt es eine Liste an Hilfsmitteln, die erstattet wird. Diese Liste bleibt gleich – was nicht darauf steht, wird auch in Zukunft nicht bezahlt, selbst wenn es das Hilfsmittel heute noch gar nicht gibt. Ein geschlossener Katalog schreibt also quasi den Stand der Technik beim Vertragsabschluss auf Jahrzehnte fest.

In einem **offenen Katalog** werden die verschiedenen Arten von Hilfsmitteln nicht einzeln aufgezählt. Durch diese Formulierung werden in Zukunft auch Neuerungen bezahlt. Ein offener Katalog ist deshalb vorzuziehen, aber meist auch teurer.

Es gibt aber auch **Mischungen** aus beiden Varianten: eine abgeschlossene Liste mit offenen Formulierungen an einigen Stellen.

Vor allem **sehr teure Hilfsmittel** sollte die Versicherung zahlen. Kosten für einen Blindenhund sollten zum Beispiel versichert sein, auch wenn das etwas abwegig klingt. Denn ein Blindenhund ist sehr teuer und kann Betroffenen das Leben deutlich erleichtern. Genauso sind **hochwertige** Prothesen oder sprachgesteuerte Rollstühle meist eine **bessere Hilfe** als die „einfache Ausführung" solcher Hilfsmittel. Oft genügt es, wenn die Versicherung die Kosten für die Miete der

Geräte übernimmt. Brillen dagegen können Sie auch gut selbst bezahlen.

Zahnleistungen – Die Versicherungsbedingungen unterscheiden zwischen Zahnbehandlung, Zahnersatz und Kieferorthopädie. Manchmal gibt es für jeden Bereich andere Regeln und unterschiedlich hohe Erstattungen. Achten Sie zuerst auf die sogenannte **Zahnstaffel**. Sie begrenzt die Zahnleistungen meist in den ersten Jahren auf einen bestimmten Höchstbetrag – entweder für die gesamte Zeit oder pro Jahr. Üblich sind bis zu fünf Jahre, doch auch längere Begrenzungen sind möglich. Manchmal gilt die Zahnstaffel nur für Zahnersatz. Wählen Sie einen Tarif, der bei einem Unfall auf die Zahnstaffel **verzichtet**.

Prüfen Sie dann bei Zahnbehandlung und Zahnersatz die Höhe der Erstattungen. Sehr gute Tarife übernehmen Zahnbehandlung voll und Zahnersatz zu 80 oder 90 Prozent. Schauen Sie außerdem auf Leistungen bei Inlays und Implantaten sowie die Erstattung von Material- und Laborkosten. Viele Tarife erstatten Kieferorthopädie bei Erwachsenen nur, sofern auch die gesetzliche Krankenversicherung zahlen würde.

▷ **Sehr wichtige Leistungen**
Psychotherapie – Diese Behandlung ist grundsätzlich in den Bedingungen als medizinisch notwendig mitversichert, sowohl stationär als auch ambulant. Allerdings schränken die meisten Anbieter den Schutz ein – vor allem im ambulanten Bereich. Finanztip empfiehlt dort, mindestens 50 Sitzungen zu versichern. Zum Vergleich: Die gesetzliche Krankenversicherung zahlt bei einer Langzeittherapie zwischen 60 und 160 Sitzungen. Achten Sie darauf, dass der Vertrag **möglichst wenige Beschränkungen** enthält: Etwa eine prozentuale Selbstbeteiligung, eine Begrenzung der versicherten Tage in stationärer Therapie oder die Pflicht, Behandlungen vor Beginn von der Versicherung genehmigen zu lassen.

Ebenfalls **wichtig** zu wissen: Sowohl Fachärzte als auch studierte Psychologen mit Zusatzausbildung dürfen psychotherapeutisch behandeln. Das ist ein wichtiger Unterschied. Denn während Leistungen von Ärzten in der PKV mitversichert sind, zahlt die Versicherung für die Behandlung durch Psychologen nur, sofern das ausdrücklich in Ihrem Vertrag steht. Letzteres ist **ratsam**, da insbesondere im ambulanten Bereich schlicht mehr psychologische Psychotherapeuten arbeiten als Fachärzte.

Heilmittel – Physiotherapie, Logopädie, Ergotherapie und Podologie (mindestens bei Diabetes) sollten versichert sein. Müssen Sie eine dauerhafte Therapie selbst zahlen, wird das ganz schön teuer. Achten Sie darauf, dass diese nicht nur bei

Ärzten, sondern auch durch Therapeuten erfolgen darf.

Stationäre Versorgung – Halten Sie sich die Möglichkeit einer Behandlung in Privatkliniken oder ausländischen Krankenhäusern offen. Dafür sollten Sie einen Tarif wählen, der die Erstattung der Krankenhauskosten nicht auf die Regeln der Bundespflegesatzverordnung, des Krankenhausentgeltgesetzes oder der Fallpauschalen-Vereinbarung begrenzt.

Viele spezialisierte Kliniken, zum Beispiel Herz-Zentren oder Krankenhäuser in Kurorten, sind sogenannte **gemischte Anstalten**. Das bedeutet, sie bieten neben den normalen Behandlungen auch Reha oder Kuren an. Standardmäßig zahlt die private Krankenversicherung nicht für die Behandlung in solchen Krankenhäusern, das müssen Sie gezielt mitversichern.

Insbesondere falls Sie in einem Kurort wohnen, sollten Sie darauf achten, dass Ihr Tarif unkompliziert die Behandlung in einer gemischten Anstalt erstattet. Denn oft ist diese das einzige Krankenhaus vor Ort. Alle anderen sollten zumindest im Notfall solche Kliniken aufsuchen dürfen.

Einige Versicherer verlangen, dass Patienten ihren Aufenthalt im Krankenhaus innerhalb einer Frist melden – sonst wird die Leistung gekürzt. Wählen Sie möglichst einen Tarif ohne Meldefrist.

Kurortklausel – Im Prinzip sind ambulante Behandlungen in einem Kurort nur versichert, sofern es sich um eine akute Erkrankung oder einen Unfall handelt oder der Versicherte dort seinen Wohnsitz hat. Ein leistungsstarker Tarif sollte auf die Klausel möglichst verzichten.

Geltungsbereich – Der Geltungsbereich der Versicherung ist für Sie vor allem wichtig, wenn Sie möglicherweise im Ausland arbeiten oder sogar langfristig dort leben möchten. Auch lange Reisen können zu einem Problem für den Versicherungsschutz werden.

Die meisten Tarife sind im gesamten Europäischen Wirtschaftsraum (EWR) gültig, also in der Europäischen Union und zusätzlich Island, Liechtenstein und Norwegen. Die Schweiz gehört nicht dazu. Wer diese Länder für längere Zeit verlässt – zum Beispiel für einen ausgedehnten Urlaub –, muss schauen, unter welchen Voraussetzungen der Vertrag trotzdem bestehen bleibt.

Entscheidend ist, welcher Zeitraum für die Versicherung noch als Urlaub oder schon als Verlegung des „regelmäßigen Aufenthaltsortes" gilt. Bereits eine dreimonatige Reise kann dazu führen, dass der Vertrag aufgehoben wird. Einige Tarife behalten den Vertrag aber bei, wenn zum Beispiel weiterhin eine Postadresse in Deutschland vorhanden ist. Kurze **Urlaubsreisen bis zu einem Monat** sind in der Regel kein Problem. Einige Tarife verlängern den Zeitraum auf mehrere Monate oder bieten sogar unbegrenzten Schutz an.

Es kann **ratsam** sein,, zusätzlich eine **Auslandsreisekrankenversicherung** abzuschließen. Denn ein Rücktransport aus dem Urlaubsland ist nicht in jedem PKV-Tarif versichert. Gute Reisekrankenversicherungen gibt es bereits für 10 Euro im Jahr.

Anschlussheilbehandlung/Kur/Reha – Normalerweise übernimmt die gesetzliche Rentenversicherung oder gesetzliche Unfallversicherung die Kosten einer Reha oder Anschlussheilbehandlung, nach einem Klinikaufenthalt. Wer aber nicht dort versichert ist oder sich möglicherweise einmal selbstständig macht, sollte besonders auf diese Klausel achten, um Reha-Maßnahmen zu versichern. Für Angestellte ergänzt diese Klausel die Leistungen der gesetzlichen Versicherungen.

Achten Sie also darauf, welche Kosten übernommen werden, sofern es keinen gesetzlichen Leistungsträger gibt, oder wie dessen Leistungen durch die private Krankenversicherung ergänzt werden.

Die Heilbehandlungen sollten grundsätzlich versichert sein, nicht nur bei schweren oder vorab definierten Erkrankungen. Denn besonders die Definition schwerer Erkrankungen ist Auslegungssache. Achten Sie auf die Fristen, die bis zum Antritt der Behandlung eingehalten werden müssen. Kurze Fristen lassen sich je nach Erkrankung kaum einhalten – am besten ist daher der Verzicht auf Fristen oder ein Aufschub, bis der Beginn medizinisch möglich ist.

Auch Entziehungsmaßnahmen für Suchtkranke sind nicht automatisch mitversichert. Soll die PKV die Kosten übernehmen, müssen Sie das zusätzlich vereinbaren. Die erste Entziehung sollte möglichst versichert sein.

Palliativversorgung/Hospiz – Achten Sie auf die Erstattung von Kosten für eine Palliativ- oder Hospizversorgung, also die Schmerztherapie und Sterbebegleitung im Endstadium schwerer Krankheiten. Einige Tarife beschränken vor allem die Leistungen der Palliativmedizin. Zumindest stationäre und teilstationäre Hospiz-Versorgung sollten aber versichert sein.

Transport – Es geht um den Transport sowohl zum Arzt oder ins Krankenhaus. In Notfällen oder zur Erstversorgung nach einem Unfall sollten Transportkosten auch dann versichert sein, wenn Sie letztendlich nur ambulanten behandelt werden. Achten Sie darauf, dass möglichst alle Transportmittel erstattet werden, also zum Beispiel auch ein Notfallflug mit dem Hubschrauber. Und wählen Sie möglichst einen Tarif ohne Beschränkung des Transportweges, auf den nächstgelegenen Behandler oder auf Höchstbeträge. Auch Kosten für den Transport zu Dialyse-, Strahlen- und Chemotherapie sollte die Versicherung übernehmen, ähnlich wie gesetzliche Krankenkassen es tun.

▷ **Leistungen, über die Sie nachdenken sollten**

Vorsorgeuntersuchungen/Impfungen – Vorsorgeuntersuchungen wie Krebsfrüherkennung, die gesetzliche Krankenkassen zahlen, sind auch in jeder PKV grundsätzlich mitversichert. Einige private Tarife erstatten darüber hinaus weitere Untersuchungen. Schutzimpfungen müssen hingegen gesondert in den Versicherungsbedingungen aufgeführt sein. Der Umfang sollte mindestens den Empfehlungen der Ständigen Impfkommission (STIKO) entsprechen.

Familienleistungen – Wenn Ihre Familienplanung noch nicht abgeschlossen ist, sollten Sie Folgendes beachten: Anders als in der GKV müssen Sie als Privatversicherter in vielen Tarifen während der Elternzeit Ihre Beiträge weiterzahlen. Neugeborene sind ohne Gesundheitsprüfung privat krankenversichert. Sie sollten allerdings bedenken, dass der Versicherungsschutz der Kinder nicht umfangreicher sein darf als der der Eltern. Wenn Sie sich also für einen Billigtarif mit geringen Leistungen entscheiden, bekommt Ihr Kind auch nur diese Leistungen.

Heilpraktiker – Viele Tarife bezahlen Heilpraktiker nur eingeschränkt. Wer darauf Wert legt, sollte auf dieses Merkmal achten. Bei der Erstattung von Honoraren reicht der Höchstbetrag der Gebührenverordnung für Heilpraktiker (GebüH) in der Regel aus.

Einbettzimmer – Einen Krankenhausaufenthalt im Einbettzimmer zu verbringen, ist zwar angenehmer. Es ist eher aber nicht das entscheidende Kriterium für eine gute medizinische Versorgung und sollte deshalb nur ein nettes Extra bei der Tarifauswahl sein.

Sehhilfen – Einige Tarife erstatten die Kosten für Brillen, Kontaktlinsen oder Laser-Behandlungen (Lasik). Im März 2017 urteilte der Bundesgerichtshof, dass Lasik zur Korrektur von Fehlsichtigkeit als „medizinisch notwendige Heilbehandlung wegen Krankheit" gilt. Daher muss die Krankenversicherung den Eingriff bezahlen, sofern diese Formulierung in den Versicherungsbedingungen steht (BGH, 29. März 2017 – IV ZR 533/15).

Selbstbehalt/Beitragsrückerstattung – Die Selbstbeteiligung drückt den monatlichen Beitrag. Wer selten zum Arzt geht, kann sparen. Um die Preise verschiedener Tarife ehrlich zu betrachten, sollten Sie den Selbstbehalt allerdings in den Beitrag miteinrechnen. Denn früher oder später werden Sie ihn vermutlich voll zahlen müssen. Seien Sie sich außerdem bewusst, dass es mitunter für Teilbereiche der Versicherung, beispielsweise Zahnbehandlungen, andere Selbstbeteiligungen gibt.

 Achtung
Eine hohe Selbstbeteiligung lässt sich nur mit einer erneuten Gesundheitsprüfung senken – mit zunehmendem Alter ist das daher schwierig. Lassen Sie sich also nicht dazu verleiten, leichtfertig Tausende Euro Selbstbehalt zu vereinbaren. Im Rentenalter könnten Sie das bereuen.

Für Selbstständige lohnt sich eine **höhere Selbstbeteiligung** mehr als für Angestellte. Denn bei Angestellten zahlt der Arbeitgeber die Hälfte des Beitrags. Ihr Chef profitiert also von dem niedrigeren Beitrag durch Ihren Selbstbehalt, beteiligt sich aber nicht an den Kosten, die Sie durch den Selbstbehalt haben.

Beitragsrückerstattung – Eine mögliche Beitragsrückerstatung für den Fall, dass Sie keine Rechnungen einreichen, sollte nicht für die Tarifwahl ausschlaggebend sein. Denn die Höhe der Rückerstattung hängt vom erwirtschafteten Überschuss der Versicherung ab und kann sehr niedrig ausfallen. Außerdem ist es nicht sinnvoll, für eine Beitragsrückerstattung möglicherweise auf notwendige Arztbesuche zu verzichten.

Wechseloptionen – Einige Tarife geben Ihnen die Möglichkeit, unter bestimmten Bedingungen den Versicherungsschutz zu erhöhen oder den Selbstbehalt zu reduzieren – ohne die sonst übliche Gesundheitsprüfung und Wartezeit. Das nennt sich **Optionsrecht**. Ein solches Wechselrecht kann sinnvoll sein, wenn Sie sich entgegen unserer Empfehlung zunächst für einen Tarif mit geringem Leistungsumfang entscheiden. Aber **Achtung**: Das Optionsrecht können Sie nur in einem sehr engen Rahmen nutzen. Meist gibt es dafür feste Termine, Altersgrenzen oder Auslöser wie Heirat oder Verbeamtung. Verpassen Sie den entsprechenden Zeitpunkt, verfällt die Wechseloption.

Glauben Sie, dass Sie der privaten Krankenversicherung später wieder den Rücken kehren wollen, dann ist für Sie ein Tarif geeignet, der sich in eine private Zusatzversicherung **umwandeln** lässt. So gehen Ihre angesammelten Altersrückstellungen nicht verloren, wenn Sie zurück in die GKV wechseln.

Krankentagegeld – Besonders Gutverdiener oder Selbstständige sollten ein Krankentagegeld mitversichern. Für Selbstständige ist dies meist die einzige Möglichkeit, sich gegen einen vorübergehenden Verdienstausfall durch Krankheit abzusichern. Angestellte bekommen sechs Wochen lang den Lohn vom Arbeitgeber fortbezahlt. Danach zahlt bei gesetzlich versicherten Arbeitnehmern die Kasse ein Krankengeld – Privatversicherte müssen dies extra vereinbaren. Sinnvoll ist daher ein Krankentagegeld für Arbeitnehmer ab dem 43. Tag.

Beitragsentlastung – Um die oft teuren PKV-Beiträge im Alter zu senken, bieten viele private Krankenversicherungen einen Beitragsentlastungstarif an. Das bedeutet, Sie zahlen Ihrem Anbieter zusätzlich zu Ihren regulären Beiträgen mehr Geld, das dieser für Sie anspart. Im Gegenzug senkt er dafür im Rentenalter den monatlichen Beitrag um eine vorher zugesicherte Summe. Doch **Vorsicht**: Den Beitrag für den Entlastungstarif müssen Sie im Alter auch weiterhin zahlen. Ziehen Sie ihn von der versprochenen Beitragsentlastung ab, um herauszufinden, wie viel Sie im Alter tatsächlich weniger zahlen.

In den meisten Fällen ist eine Beitragsentlastung **wenig** sinnvoll. Nur wenn Sie den Arbeitgeberanteil noch nicht ganz ausgeschöpft haben, profitieren Sie möglicherweise von einem Beitragsentlastungstarif. Grundsätzlich ist es aber besser, selbst Geld zurückzulegen und es etwa in Aktien zu investieren. So erwirtschaften Sie eine höhere Rendite und das angelegte Geld ist nicht weg, wenn Sie sterben oder die PKV verlassen.

Schritt 3: So finden Sie den passenden Tarif

Sie haben jetzt einen Überblick, welche Leistungen die private Krankenversicherung umfassen kann. Nun gilt es zu überlegen, auf welche dieser Leistungen Sie Wert legen und was Sie vernachlässigen können. Kurz: Die Suche nach einem zu Ihnen **passenden Tarif** beginnt.

Es gibt eine **Vielzahl** von PKV-Tarifen – alle mit **unterschiedlichen Stärken und Schwächen**. Den einen Tarif, der alle Ihre Wünsche optimal erfüllt, gibt es vermutlich nicht. Deshalb müssen Sie abwägen und **vergleichen**: Welche Leistungen sind unverzichtbar, mit welchen Lücken im Schutz können Sie leben? Am Ende bleibt ein Tarif übrig, der den besten **Kompromiss** bietet.

Durch die Vertragsbedingungen der verschiedenen Tarife müssen Sie sich aber nicht allein wühlen. **Holen Sie sich Unterstützung** von einem Versicherungsberater oder Makler. Der Berater sollte Sie im Detail nach Ihren Wünschen und Ihrer persönlichen Situation fragen. Es ist wichtig, dass er Ihnen alle **Tarifbedingungen** genau erklärt und auch thematisiert, was es bedeuten kann, wenn bestimmte Merkmale nicht mitversichert sind.

Zusätzlich sollte der Berater darauf eingehen, wie **solide** der Versicherer ist. Dazu gehört, wie die Erfahrungen mit dem **Service** sind und wie das Unternehmen mit Gesundheitsfragen umgeht. Ist zum Beispiel die **Gesundheitsprüfung** nicht sonderlich streng, werden auch Personen mit Vorerkrankungen versichert, die in Zukunft wahrscheinlich hohe Kosten verursachen. Für jeden Versicherten im selben Tarif ist das ein **Problem**, denn dann steigen die Beiträge für alle.

Wenn Sie nicht kerngesund sind, sind die **Gesundheitsfragen** für Sie ein besonders wichtiges Thema. Nicht alle Versicherer gehen mit Vorerkrankungen gleich um. Deshalb sollte Ihr Berater **Risikovoranfragen** an verschiedene Anbieter passender Tarife schicken, um herauszufinden, welcher Sie zu den besten Konditionen versichern würde. Planen Sie für die Beratung mindestens sechs Stunden **Zeit** ein, eher mehr. Davor und danach brauchen Sie natürlich auch noch Zeit, um Sich mit den Vertragsbedingungen auseinander zu setzen. Und um Ihre **Patientenakten** von allen Ärzten zu besorgen und den Gesundheitsfragebogen auszufüllen.

Ein Versicherungsvertreter oder Versicherungsmakler, der eine private Krankenversicherung vermittelt, erhält meist **acht bis neun Monatsbeiträge als Provision. Das sind oft 3.000 Euro** oder mehr. Einem Versicherungsberater zahlen Sie dagegen ein **Honorar**.

Schritt 4: Wählen Sie ein stabiles Unternehmen

Die richtigen Leistungen zu wählen, ist wichtig. Denn diese sind zum einen für die gesamte Vertragslaufzeit **garantiert**. Zum anderen lässt sich der Umfang nur mit erneuter Gesundheitsprüfung erweitern. Wenn Sie dann einige passende Tarife zur Auswahl haben, sollten Sie auch **auf den Anbieter selbst schauen**. Schließlich gehen Sie mit der Versicherung einen Vertrag ein, der mitunter mehr als 50 Jahre läuft.

Es ist sinnvoll, ein Unternehmen zu wählen, das **stabile Finanzen** vorweisen kann. Gute Finanzkennzahlen können einen **Hinweis** darauf geben, wie sich der **Beitrag** möglicherweise in der Zukunft entwickelt. Sie sind jedoch keine Garantie.

Konkrete Produktempfehlungen finden Sie unter:

 www.finanztip.de/pkv

Rente mit 63?

16% mehr als im Vorjahr: 135.000 Beratungen zum Abschlagsausgleich bei Frührente.

Quelle: Wirtschaftswoche

Gesetzlich Rentenversicherte

55,1 Mio

⌄

1,75 Mio Renten gehen davon ins Ausland

Quelle: DRV Rentenatlas

Beitragszahler pro Rentner

2035

2019

Quelle: Nürnberger Nachrichten

Rentenbezugsdauer
in Jahren

2009	2019
15,8 ♂	18,2 ♂
20,6 ♀	21,7 ♀

Quelle: DRV Rentenatlas

+94 € mehr Rente

erhält ein Durchschnittsverdiener mit 3.240 € brutto, wenn er **ein Jahr später** in den Ruhestand eintritt.

Quelle: Capital

1.2.6 Rückkehr in die GKV

» So wechseln Sie von der privaten in die gesetzliche Krankenversicherung «

von Julia Rieder & Annika Krempel Stand: 26. November 2021
www.finanztip.de/pkv/pkv-rueckkehr-gkv/

Was tun, wenn die PKV nicht mehr passt? // Welche Lösungen gibt es für Angestellte? // Welche Lösungen gibt es für Selbstständige? // Gibt es Notlösungen für Härtefälle? // Was tun, wenn die Kasse eine Aufnahme ablehnt?

 Das Wichtigste in Kürze
- Eine Rückkehr aus der privaten in die gesetzliche Krankenversicherung ist nur in **bestimmten Fällen** möglich.
- Angestellte müssen ihr Bruttoeinkommen dafür unter die **Jahresarbeitsentgeltgrenze (JAEG)** von 64.350 Euro (Stand: 2022) senken.
- **Selbstständige** müssen im Hauptjob in ein **Angestelltenverhältnis** wechseln.
- Wer **älter als 55 Jahre** ist, hat **kaum** noch eine **Chance** für den Wechsel. Eventuell besteht die Möglichkeit, über den Ehepartner in die **GKV-Familienversicherung** zu kommen.

 So gehen Sie vor
- Sind Sie selbstständig, lassen Sie sich von Ihrer Firma **als Arbeitnehmer anstellen**.
- Ihr Gehalt können Sie zum Beispiel durch **Teilzeit** reduzieren. Es gibt auch andere Möglichkeiten für weniger Brutto: Prüfen Sie etwa, ob Sie in eine betriebliche Altersvorsorge einzahlen können.
- Ist Ihr **Ehepartner gesetzlich versichert**, kann dessen Familienversicherung Sie zurück in die gesetzliche Krankenkasse holen.
- Letzte Auswege können sein, sich **arbeitslos zu melden**. Oder dass Sie sich – vorübergehend – im europäischen **Ausland** krankenversichern.

Zunächst klingt es **verlockend**: Die private Krankenversicherung (PKV) bietet mitunter **bessere Leistungen**, **kostet aber** oft **weniger** als die gesetzlichen Krankenkassen (GKV). Doch manchmal kommt es im Leben ganz anders als erwartet: Mit der Zeit wird einigen Privatversicherten der **Beitrag zu teuer** und sie suchen einen Weg zurück ins Solidarsystem der gesetzlichen Krankenkassen. Doch der **Abschied** aus der privaten Krankenversicherung ist nur in **bestimmten Fällen** möglich.

Was tun, wenn die PKV nicht mehr passt?

Falls Sie erst kürzlich eine private Krankenversicherung abgeschlossen und jetzt ein schlechtes Bauchgefühl haben, können Sie Ihren **Vertrag innerhalb von 14 Tagen widerrufen**, nachdem Sie den Versicherungsschein erhalten haben.

Meist fallen die **Nachteile** der privaten Krankenversicherung erst nach einigen Jahren auf, etwa wenn die **Beiträge im Alter steigen** oder sich das Einkommen anders entwickelt als erwartet. Die private Absicherung passt oft nicht mehr zur veränderten Lebenslage.

Gründe gibt es dafür viele: Wer hohe Prämien für den Versicherungsschutz der Kinder bezahlt, merkt, dass eine private Krankenversicherung meist **keine familienfreundliche Lösung** ist. Aber auch ohne Nachwuchs können die Beiträge oft die eigenen finanziellen Möglichkeiten überfordern. Im Durchschnitt stiegen die Beiträge von Privatversicherten in den vergangenen zehn Jahren laut PKV-Verband **jährlich** um rund **3 Prozent**.

Falls Sie aus finanziellen Gründen über einen **Wechsel** zurück in die gesetzliche Krankenversicherung (GKV) nachdenken, sollten Sie wissen: Es gibt verschiedene **Möglichkeiten**, privat versichert zu bleiben und den **Beitrag zu senken**. Haben Sie diese bereits ausgereizt oder kommen sie für Sie nicht infrage, können Sie versuchen, sich **gesetzlich** krankenzuversichern.

Wer erst kurz vor der Rente über eine Rückkehr in die GKV nachdenkt, hat gleich mehrere Nachteile. Zum einen ist ein **Wechsel ab 55 Jahren schwierig**. Und wer erst in der zweiten Hälfte seines Erwerbslebens wechselt, darf nach dem Ende seiner Berufstätigkeit in der Regel nicht in die Krankenversicherung der Rentner, sondern muss sich freiwillig versichern und zahlt daher **im Alter höhere Versicherungsbeiträge**. Mehr dazu im Kapitel 1.2.3, Seite 170.

Welche Lösungen gibt es für Angestellte?

Wer als Angestellter zurück in die gesetzliche Krankenversicherung möchte, muss sein regelmäßiges Bruttoeinkommen unter die Jahresarbeitsentgeltgrenze (JAEG) von **64.350 Euro** (Stand 2022) drücken. Wer bereits vor dem 31. Dezember 2002 privat versichert war, für den gilt eine besondere Grenze von 58.050 Euro.

Sobald Sie diese **Entgeltgrenzen unterschreiten**, werden Sie wieder versicherungspflichtig. Damit können Sie zu einer Krankenkasse Ihrer Wahl wechseln.

Haben Sie das getan, dürfen Sie auch in der GKV **bleiben**, falls Ihr **Gehalt** wieder über die Jahresarbeitsentgeltgrenze **steigt**. Sie müssen sich **dann freiwillig gesetzlich** versichern. Eine frühere Regelung, die in einem solchen Fall zwölf Monate Mitgliedschaft voraussetzte, wurde abgeschafft (§ 188 Abs. 4 SGB V).

Ihr Gehalt können Sie auf zwei Wegen reduzieren:

▷ **1. Einkommen vorübergehend reduzieren**

Durch **Teilzeitarbeit**, ein **Sabbatical** oder ein **Arbeitszeitkonto** lässt sich das monatliche Einkommen so weit reduzieren, dass es auf zwölf Monate hochgerechnet unter der Jahresarbeitsentgeltgrenze liegt.

Nach der **Rückkehr** in die gesetzliche Krankenversicherung können Sie die Arbeitszeit und damit das Gehalt wieder **anheben**. Sofern Ihr Einkommen dann wieder die Jahresarbeitsentgeltgrenze übersteigt, können Sie sich weiter freiwillig gesetzlich krankenversichern und müssen nicht zurück in die PKV. Eine gute Möglichkeit, auf diesem Wege wieder in die GKV zurückzukehren, bietet die sogenannte **Brückenteilzeit**. Mit dem Gesetz, das am 1. Januar 2019 in Kraft getreten ist, können Arbeitnehmer ihre Arbeitszeit für einen bestimmten Zeitraum reduzieren und dann zu ihrer ursprünglichen Arbeitszeit zurückkehren. Von der **Brückenteilzeit mit Rückkehrrecht** profitieren allerdings nur Arbeitnehmer, die seit mindestens sechs Monaten bei einem Unternehmen mit mehr als 45 Mitarbeitern beschäftigt sind. Dann können sie die befristete Teilzeit für mindestens ein Jahr beantragen.

Je näher Ihr Gehalt an der Entgeltgrenze von 64.350 Euro liegt, desto eher lohnt sich der temporäre Gehaltsverzicht.

Je höher aber das Einkommen ist, desto schwerer lässt sich sagen, ob sich dieser Schritt rentiert. Sie sollten dann zunächst prüfen, ob ein **Tarifwechsel** bei Ihrem jetzigen Versicherer sinnvoller ist, um zu sparen.

▷ **2. Einkommen in betriebliche Altersvorsorge umwandeln**

Wer 2022 brutto weniger als 67.734 Euro verdient, hat noch eine elegantere Möglichkeit, sich wieder gesetzlich zu versichern: die betriebliche Altersvorsorge (**bAV**). Das funktioniert auch, wenn der Arbeitgeber einer Teilzeit-Lösung nicht zustimmt. Denn es besteht ein Rechtsanspruch auf die sogenannte **Entgeltumwandlung**: Bis zu 3.384 Euro im Jahr (Stand 2022) können Sie vom Bruttoeinkommen sozialabgabenfrei in eine betriebliche Altersvorsorge einzahlen. Mehr dazu unter:

https://www.finanztip.de/betriebliche-altersvorsorge/

Beispiel
*Eine 40-jährige Angestellte verdient im Jahr 65.000 Euro brutto. Sie will sich wieder gesetzlich krankenversichern. Statt durch vorübergehende Teilzeitarbeit auf Einkommen zu verzichten, zahlt sie einmalig von ihrem Weihnachtsgeld 1.500 Euro in eine **Direktversicherung** bei ihrem Arbeitgeber ein. Dadurch sinkt ihr Bruttoeinkommen von 65.000 Euro auf 63.500 Euro, ihr Arbeitgeber meldet sie wieder als versicherungspflichtig. Mit der entsprechenden schriftlichen Bestätigung des Arbeitgebers kann sie die PKV fristlos kündigen und sich bei einer gesetzlichen Krankenkasse anmelden.*

Dadurch sinkt das für die Krankenversicherung maßgebliche Entgelt um den Vorsorgebetrag. So können Sie unter die Entgeltgrenze von 64.350 Euro gelangen – und sorgen zudem noch fürs Alter vor. Der dafür nötige **Sparbetrag** errechnet sich folgendermaßen:

Tipp
Jahresbruttoeinkommen – 62.550 Euro = Betrag, den Sie in die bAV einzahlen sollten.

Den Beitrag zur betrieblichen Altersvorsorge müssen Sie nur für ein Jahr bezahlen. Nach der Rückkehr in die gesetzliche Krankenversicherung können Sie den Beitrag herunter- oder aussetzen.

▷ **Sie sind von der Versicherungspflicht befreit**

Wenn Sie sich von der Versicherungspflicht befreien haben lassen, um trotz eines Einkommens unterhalb der Entgeltgrenze privat versichert zu bleiben, können Sie nicht ohne Weiteres zurück in die gesetzliche Krankenversicherung. Die Befreiung wirkt auch dann weiter, wenn Sie einen neuen Job annehmen, der eigentlich versicherungspflichtig wäre.

Erst wenn die Krankenversicherungspflicht wegen eines anderen Grundes wieder eintritt, ist eine Rückkehr in die gesetzliche Krankenversicherung möglich. Das ist zum Beispiel der Fall, wenn ein befreiter Arbeitnehmer für mindestens einen Monat arbeitslos wird und Anspruch auf Arbeitslosengeld I hat. Er oder sie kann dann auch in der gesetzlichen Krankenversicherung bleiben, wenn das Einkommen wieder über der Jahresarbeitsentgeltgrenze liegt.

Rentner, die sich von der Versicherungspflicht befreien lassen, können für den Rest ihres Lebens nicht mehr zurück in die gesetzliche Krankenversicherung.

Welche Möglichkeiten haben Selbstständige?

Bei Selbstständigen gestaltet sich der Wechsel von der privaten in die gesetzliche Krankenversicherung **schwieriger**. So können sie nicht einfach ihr Einkommen senken, um sich gesetzlich zu versichern. Sie haben aber folgende Möglichkeiten:

▷ 1. Sie lassen sich im Hauptberuf anstellen

Der Wechsel in die **Festanstellung** ist die einfachste Möglichkeit für Selbstständige, in die gesetzliche Krankenversicherung zurückzukehren. Der Verdienst im neuen Job muss **mehr als 450 Euro** monatlich betragen, aber unter der Entgeltgrenze von 64.350 Euro (Stand 2022) liegen.

Die selbstständige Tätigkeit müssen Sie dafür nicht aufgeben, Sie können sie, wenn gewünscht, im **Nebenberuf** weiter ausüben. Die abhängige Beschäftigung muss allerdings der Hauptberuf sein. Das bedeutet: Sie muss den Hauptteil Ihrer Einnahmen und Arbeitszeit ausmachen.

Als **Anhaltspunkte** gelten eine Arbeitszeit von mehr als 20 Stunden pro Woche und ein Bruttoeinkommen von mehr als der halben Bezugsgröße für die Sozialversicherung. Im Jahr 2022 sind das 1.645 Euro in den alten und 1.575 Euro in den neuen Bundesländern. Die **Krankenkassen prüfen**, ob eine echte abhängige Beschäftigung vorliegt: Es reicht also nicht aus, sich nur zum Schein bei Verwandten anstellen zu lassen.

▷ 2. Geschäftsaufgabe und Familienversicherung

Wenn Ihr Ehepartner gesetzlich versichert ist, gibt es eine weitere Möglichkeit, in die gesetzliche Krankenversicherung zurückzukehren. Selbstständige können dann ihr Geschäft ganz aufgeben, um **beitragsfrei in die** Familienversicherung ihres Ehepartners aufgenommen zu werden.

Die kostenlose Familienversicherung ist jedoch an bestimmte **Auflagen** geknüpft: So darf das Einkommen des familienversicherten Ehegatten bestimmte Grenzen nicht überschreiten. Damit die Rückkehr in die gesetzliche Krankenversicherung gelingt, ist 2022 lediglich ein **Verdienst von 538,33 Euro** im Monat oder ein Mini-Job erlaubt – mit einem Einkommen von dann höchstens 450 Euro im Monat (ab Oktober 2022: 520 Euro).

Wer über die Familienversicherung in eine gesetzliche Krankenkasse wechselt, wird automatisch auch Mitglied in der gesetzlichen Pflegeversicherung. Einen Anspruch auf Leistungen aus der **gesetzlichen Pflegeversicherung** haben Sie allerdings erst nach einer Vorversicherungszeit von zwei Jahren.

Seit Januar 2019 wird bei einem nahtlosen Übergang zwischen privater und gesetzlicher Pflegeversicherung auch die Vorversicherungszeit in der privaten Pflegepflichtversicherung angerechnet (§ 33 Abs. 3 SGB XI). So sind die meisten Versicherten durchgehend abgesichert, falls sie pflegebedürftig werden.

Gibt es Notlösungen für Härtefälle?

Für alle privat Krankenversicherten – egal, ob angestellt oder selbstständig – gibt es zwei drastische Möglichkeiten, um zurück in die gesetzliche Krankenversicherung zu kommen, wenn alle anderen Wege gescheitert sind.

▷ **1. Sie melden sich arbeitslos**

Wer Arbeitslosengeld I bezieht, kann sich ebenfalls wieder gesetzlich versichern (§5 Abs. 1.2 SGB V). Das gilt selbst für privat Versicherte, die sich in der Vergangenheit von ihrer Versicherungspflicht befreien ließen. Einzige Ausnahme sind Versicherte, die **55 Jahre oder älter** sind und deshalb von der Versicherungspflicht ausgeschlossen sind. Für Selbstständige bedeutet das: Sie müssen Anspruch auf Arbeitslosengeld I haben, die **Selbstständigkeit aufgeben** und sich beim Arbeitsamt arbeitslos melden. Ob sich dieser Schritt lohnt, sollten Sie in jedem Fall gut durchdenken. Mehr Informationen dazu finden Sie online bei Finanztip unter:

 *https://www.finanztip.de/ pkv/pkv-arbeitslosigkeit/*

Übrigens reicht es bereits, nur einen Monat Arbeitslosengeld I zu beziehen. Seit 2013 gilt die Regelung der sogenannten obligatorischen Anschlussversicherung. Wer nach der Versicherungspflicht in der Arbeitslosigkeit einen gut bezahlten Job annimmt, kann dadurch weiterhin freiwillig Mitglied der gesetzlichen Krankenversicherung bleiben (§ 188 Abs. 4 SGB V).

▷ **2. Sie versichern sich im europäischen Ausland**

Die zweite Notlösung besteht darin, in einem **anderen europäischen Land** in die dortige **Pflichtversicherung** einzutreten. Länder mit einer entsprechenden Krankenversicherungspflicht sind unter anderem die Niederlande, Schweden oder die Schweiz. In der Regel müssen Sie dazu in das jeweilige Land umziehen oder dort einen Job annehmen. Weiterhin müssen Sie mindestens zwölf Monate dort versichert sein und rechtzeitig Ihre private Krankenversicherung kündigen. Kehren Sie anschließend wieder dauerhaft zurück nach Deutschland, können Sie innerhalb von drei Monaten freiwilliges Mitglied der gesetzlichen Krankenversicherung werden (§ 9 Abs. 2 Nr. 1 SGB V). Informieren Sie sich vorab, etwa bei einer **Verbraucherzentrale** oder **Unabhängigen Patientenberatung**, welche Regelungen in Ihrem Fall gelten.

Wer älter ist als 55 Jahre, kann kaum wechseln

Privat Krankenversicherte, die bereits 55 Jahre oder älter sind, haben es sehr schwer, sich überhaupt noch bei einer gesetzlichen Kasse zu versichern. Der Gesetzgeber hat die Wechselmöglichkeiten für diese Menschen **stark beschränkt**, auch wenn sie etwa ein neues Arbeitsverhältnis eingehen und damit eigentlich versicherungspflichtig würden.

So soll **verhindert** werden, dass Bürger in jungen Jahren von den günstigen Beiträgen der privaten Krankenversicherung profitieren und dann im Alter, wenn es in der PKV teuer wird, dem Solidarsystem der gesetzlichen Krankenversicherung zur Last fallen.

Betroffene haben nur dann eine Chance, wenn sie in den vergangenen fünf Jahren mindestens einen Tag gesetzlich versichert waren. Die Rückkehr in die GKV ist außerdem ausgeschlossen, wenn in diesem Zeitraum mehr als die Hälfte der Zeit keine Versicherungspflicht bestand, zum Beispiel weil das Jahreseinkommen des Versicherten zu hoch war, er im Hauptberuf selbstständig tätig oder von der Versicherungspflicht befreit war (§ 6 Abs. 3a SGB V). Faktisch läuft das darauf hinaus, dass Rückkehrer in den fünf Jahren zuvor mindestens **zweieinhalb Jahre in der GKV pflichtversichert** gewesen sein müssen. Lediglich der Umweg über die **Familienversicherung** steht auch älteren Privatversicherten noch offen. Dieser ist jedoch an einige Voraussetzungen geknüpft (§ 10 SGB V). So muss der Ehe- oder Lebenspartner gesetzlich versichert sein, und das eigene Einkommen darf 553,33 Euro im Monat (Stand 2022) nicht überschreiten; für Minijobber liegt diese Grenze bei 450 Euro (ab Oktober 2022: 520 Euro).

Weitere Ausnahmen bestehen für **Schwerbehinderte**: Wer zu mindestens 50 Prozent schwerbehindert ist, kann die freiwillige Aufnahme in eine gesetzliche Kasse beantragen. Die Frist dafür beträgt drei Monate, nachdem die Behinderung festgestellt wurde. Auch in diesem Fall muss der Rückkehrer – oder alternativ auch der Ehegatte oder ein Elternteil – bestimmte Vorversicherungszeiten erfüllen (§ 9 Abs.1 Nr. 4 SGB V). Allerdings besteht diese **Möglichkeit** in der Praxis **kaum**. Die Krankenkassen haben das Recht, das Höchstalter für eine Aufnahme in ihrer Satzung zu begrenzen. Die meisten Kassen ziehen die Grenze bei 45 Jahren.

Was tun, wenn die Kasse eine Aufnahme ablehnt?

Versuchen Sie nicht, sich mit unsauberen Tricks zurück in die gesetzliche Krankenversicherung zu schummeln. Wenn die Krankenkasse herausfindet, dass Sie vorsätzlich falsche Angaben gemacht haben, um vorzutäuschen, dass eine Versicherungspflicht bestünde, kann sie Ihnen die Versicherungspflicht **rückwirkend aberkennen**.

Wenn die Krankenkasse Ihnen die **Wiederaufnahme zu Unrecht verweigert**, können Sie dem ablehnenden Bescheid innerhalb eines Monats schriftlich widersprechen. Lehnt die Kasse den **Widerspruch** ebenfalls ab, können Sie vor dem **Sozialgericht** dagegen klagen. Details dazu, wie Sie sich gegen Entscheidungen der Krankenkasse wehren, lesen Sie im Ratgeber Widerspruch einlegen.

https://www.finanztip.de/gkv/widerspruch-krankenkasse

Wer zu Unrecht abgewiesen wurde, kann auch dann noch einen **Überprüfungsantrag** nach Paragraf 44 des Sozialgesetzbuchs X stellen, wenn die Widerspruchsfrist oder Klagefrist bereits abgelaufen ist. Spätestens vor einem Rechtsstreit sollten Sie sich jedoch **beraten** lassen – bei den Verbraucherzentralen, einem Fachanwalt für Sozialrecht oder der Unabhängigen Patientenberatung (UPD). Mitunter hilft es auch, sich mit einer Beschwerde an das **Bundesversicherungsamt** zu wenden.

PKV in Zusatzversicherungen umwandeln

Wenn Sie in die GKV wechseln und Ihre private Krankenversicherung kündigen, gibt es eine Möglichkeit, Ihre **angesparten Altersrückstellungen** sinnvoll zu **nutzen**. Viele Versicherer wandeln den PKV-Vertrag auf Wunsch in eine private Krankenzusatzversicherung um und rechnen die Altersrückstellungen darauf an. Außerdem entfällt die **Gesundheitsprüfung**, die Versicherer beim Abschluss einer Zusatzversicherung normalerweise verlangen und es gibt keine **Wartezeit**, bevor Sie Leistungen in Anspruch nehmen können.

Auf diesem Weg können Sie auch als Kassenpatient verhältnismäßig günstig Ihre gewohnten Vorteile der privaten Krankenversicherung erhalten, zum Beispiel im Krankenhaus oder beim Zahnersatz.

Schauen Sie am besten in Ihren Unterlagen nach, welche Möglichkeiten der **Umwandlung** von einer Voll- in eine Zusatzversicherung Ihr Vertrag bietet oder fragen Sie bei Ihrem Versicherer nach.

Konkrete Produktempfehlungen finden Sie unter:

www.finanztip.de/pkv/pkv-rueckkehr-gkv/

1.2.7 Krankentagegeld

» Für Selbstständige und Gutverdiener wichtige Absicherung «

Autorin: Julia Rieder Stand: 03. Januar 2019
www.finanztip.de/krankenzusatzversicherung/krankentagegeld/

Für wen lohnt sich eine Krankentagegeld-Versicherung? // Wie hoch sollte das Krankentagegeld sein? // Worauf muss ich beim Vertrag achten?

Das Wichtigste in Kürze

- Der Krankentagegeld-Anbieter zahlt bei Krankheit täglich einen vereinbarten Betrag, um Ihr **fehlendes Einkommen auszugleichen**.
- Wer kein Krankengeld von der gesetzlichen Krankenkasse bekommt, braucht auf jeden Fall ein Krankentagegeld. Das gilt für **Privatversicherte und einige Selbstständige**.
- Auch wer gesetzliches Krankengeld bekommt, sollte prüfen, ob es ausreicht, um bei längerer Krankheit den Lebensunterhalt zu bestreiten. Insbesondere bei Gutverdienern liegt das Krankengeld deutlich unter dem normalen Nettogehalt.
- Krankentagegeld ist steuer- und abgabenfrei und wird daher **netto** ausbezahlt.
- Eine Krankenhaustagegeld-Versicherung ist überflüssig.

So gehen Sie vor

- Berechnen Sie Ihren monatlichen Geldbedarf. Wenn Sie Krankengeld bekommen, ermitteln Sie die **Lücke** zwischen dem Krankengeld und Ihren laufenden Ausgaben.
- Schließen Sie ein Krankentagegeld in Höhe der Lücke ab oder passen Sie Ihr bestehendes Krankentagegeld entsprechend an.

Falls Sie dauerhaft krank werden und deshalb nicht mehr arbeiten können, greift Ihre **Berufsunfähigkeitsversicherung** (BU), sofern Sie eine haben. Die BU fängt den Wegfall des Gehalts auf. Doch auch, wenn es nicht ganz so schlimm gekommen ist, die Genesung nach einem Unfall oder einer Operation aber länger dauert, wird es finanziell manchmal eng. Denn **nach sechs Wochen** zahlt der Arbeitgeber das Gehalt nicht mehr weiter. Stattdessen gibt es von der **gesetzlichen Krankenkasse** ein Krankengeld, das **deutlich niedriger** ausfällt als das Nettogehalt. Diese Einkommenslücke kann eine **Krankentagegeld-Versicherung** schließen.

Der Unterschied zwischen Krankentagegeld und Krankengeld

Bei Privatversicherten ist die Krankentagegeld-Versicherung Standard – aber nur die wenigsten gesetzlich Krankenversicherten haben sie. Dabei gehört sie zu den **sinnvollen** Versicherungen – je nach individueller Situation.

Zwei Begriffe geraten dabei leicht durcheinander: **Krankengeld** und **Krankentagegeld**. Krankengeld wird von der gesetzlichen Krankenkasse (GKV) gezahlt, Krankentagegeld von einer privaten Versicherung. Nur gesetzlich Krankenversicherte können Krankengeld erhalten. Wer voll privatversichert ist, bekommt kein Krankengeld und braucht deswegen unbedingt ein ausreichendes Krankentagegeld.

Leicht verwechseln kann man das Krankentagegeld auch mit dem **Krankenhaustagegeld**, das sich als zusätzliche Leistung bei Aufenthalten im Krankenhaus abschließen lässt. Im Gegensatz zum Krankentagegeld ist eine Krankenhaustagegeld-Versicherung überflüssig.

Um das Krankentagegeld zu erhalten, brauchen Sie ein **Attest** Ihres Arztes, das Ihre Arbeitsunfähigkeit für den erforderlichen Zeitraum bescheinigt. Dieses reichen Sie bei Ihrer Versicherung ein.

Für wen lohnt sich eine Krankentagegeld-Versicherung?

Ob Sie eine Krankentagegeld-Versicherung brauchen, hängt zunächst einmal davon ab, ob Sie angestellt oder selbstständig sind und ob Sie gesetzlich oder privat versichert sind:

Gesetzlich versicherte Arbeitnehmer – Als Arbeitnehmer erhalten Sie bei Krankheit in der Regel **sechs Wochen** lang Ihren Lohn vom Arbeitgeber weiter. Danach bekommen Sie **Krankengeld**. Sofern Sie unter der Beitragsbemessungsgrenze in Höhe von 4.537,50 Euro brutto verdienen, ist das Krankengeld **etwa 20 Prozent niedriger** als Ihr Nettoeinkommen. Falls diese Lücke zu groß ist, um weiter Ihren Lebensunterhalt zu bestreiten, sollten Sie eine Krankentagegeld-Versicherung abschließen. Wenn Sie mehr als 4.537,50 Euro verdienen, wird die Lücke mit steigendem Einkommen immer größer. Denn mehr als 2.793 Euro Krankengeld erhalten Sie nicht, selbst wenn Sie sonst das Doppelte verdienen. Eine Krankentagegeld-Versicherung wird mit zunehmendem Einkommen also immer sinnvoller.

In einigen Branchen ist im Tarifvertrag vereinbart, dass der **Arbeitgeber** das Krankengeld bis zum eigentlichen Nettolohn aufstockt. Gilt ein solcher Tarifvertrag für Sie, dann ist ein Tagegeld unnötig.

Privat versicherte Arbeitnehmer – Wenn Sie Arbeitnehmer und in der privaten Krankenversicherung (PKV) sind, bekommen Sie nach den **sechs Wochen** Entgeltfortzahlung kein Krankengeld. Daher sollten Sie ein Krankentagegeld abschließen, das ab dem 43. Tag gezahlt wird und Ihre monatlichen Ausgaben deckt. Viele Privatversicherte schließen das Krankentagegeld zusammen mit ihrer Krankenversicherung ab. Das ist aber kein Zwang. Sie können sich auch bei einem anderen Krankentagegeld-Anbieter versichern, wenn der bessere Bedingungen bietet.

Gesetzliche versicherte Selbstständige – Als Selbstständiger in der GKV können Sie frei wählen, ob Sie von der Krankenkasse Krankengeld erhalten wollen oder nicht. Wenn nicht, zahlen Sie bei einer Krankenkasse mit dem durchschnittlichen Zusatzbeitrag von 0,9 Prozent (Stand 2019) insgesamt 14,9 Prozent von Ihrem Gewinn. Mit Krankengeld zahlen Sie bei derselben Kasse 15,5 Prozent. Maximal kostet Sie das Krankengeld 27,23 Euro im Monat. Wie ein Arbeitnehmer erhalten Sie das Krankengeld nach sechs Wochen Arbeitsunfähigkeit. Es beträgt 70 Prozent Ihres regelmäßigen Arbeitseinkommens, maximal jedoch 105,88 Euro am Tag (Stand 2019).

Falls Sie die Zeit bis zur Zahlung des Krankengelds in der siebten Krankheitswoche nicht durch Ersparnisse abdecken können, können Sie in einen Wahltarif bei einer gesetzlichen Kasse wechseln. Gegen einen Beitragszuschlag wird das Krankengeld dann bereits ab der vierten Krankheitswoche ausgezahlt. Künstler und Publizisten können Krankengeld sogar schon ab dem 15. Krankheitstag bekommen. Mit einem Wahltarif sind Sie allerdings für drei Jahre an diese Krankenkasse gebunden.

Insbesondere bei einem schlechten Gesundheitszustand ist das Krankengeld die richtige Lösung. Denn bei der gesetzlichen Kasse spielt die Gesundheit keine Rolle. Eine private Krankentagegeld-Versicherung dagegen prüft Ihre Gesundheit. Ist sie schlecht, bekommen Sie mitunter keine Versicherung.

Sofern Sie keine sechs Wochen ohne Einkommen überbrücken können, können Sie als Alternative zu einem Wahltarif ein privates Krankentagegeld abschließen, das beispielsweise ab der dritten oder vierten Krankheitswoche einsetzt. Je kürzer diese sogenannte **Karenzzeit** ist, desto mehr kostet das Tagegeld allerdings. Nur wenn Sie zwingend schon eine hohe Zahlung vor der siebten Krankheitswoche brauchen, ist es wahrscheinlich sinnvoll, auf das Krankengeld zu verzichten und dafür ab der dritten oder vierten Krankheitswoche ein ausreichend hohes Krankentagegeld abzuschließen.

Wenn Sie einen höheren monatlichen Gewinn als 4.537,50 Euro haben, können Sie das Krankengeld als Basis vereinbaren und durch ein privates Krankentagegeld ergänzen.

Privat versicherte Selbstständige – Zusammen mit ihrer PKV schließen Kunden oft auch ein Krankentagegeld ab. Das ist jedoch nicht zwingend. Sie können das Krankentagegeld auch bei einem anderen Anbieter abschließen als die Krankenversicherung. Es ist durchaus sinnvoll, die Bedingungen verschiedener Angebote zu vergleichen. Denn nur weil ein Unternehmen gute Konditionen für die Krankenversicherung hat, müssen die Bedingungen für das Krankentagegeld nicht ebenfalls vorteilhaft sein.

Beamte brauchen kein Krankentagegeld – Für Beamte ist eine Krankentagegeld-Versicherung unnötig, da ihr Dienstherr die Bezüge auch im Krankheitsfall ohne bestimmte Frist weiterbezahlt. Sie sollten in der Regel aber eine Dienstunfähigkeitsversicherung haben, für den Fall, dass sie gar nicht mehr in ihrem Beruf arbeiten können.

Wie hoch sollte das Krankentagegeld sein?

Wie viel Krankentagegeld Sie brauchen, hängt von Ihren monatlichen Ausgaben ab. Sie müssen keineswegs Ihr gesamtes Nettoeinkommen absichern, wenn Sie über Spielraum verfügen.

Machen Sie eine Haushaltsaufstellung – Ermitteln Sie mit einer Haushaltsaufstellung die monatlichen Ausgaben, die auch bei einer längeren Krankheit auf jeden Fall anfallen. Bei Selbstständigen kommen wahrscheinlich auch weiterlaufende Betriebsausgaben hinzu. Diese Kosten sollten Sie im Krankheitsfall durch Krankengeld und/oder Krankentagegeld abgesichert haben.

Falls Sie Krankengeld von der GKV bekommen – Für gesetzlich versicherte Arbeitnehmer beträgt das Krankengeld 70 Prozent des regelmäßigen Bruttoeinkommens, höchstens jedoch 90 Prozent des letzten Nettogehalts. Davon werden die Arbeitnehmeranteile zur

Renten-, Pflege- und Arbeitslosenversicherung abgezogen, was einen Abzug von etwas mehr als 12 Prozent ausmacht.

Bei gesetzlich versicherten Selbstständigen beträgt das Krankengeld 70 Prozent des Einkommens, das auch der Berechnung ihrer Beiträge zugrunde liegt.

Da die Beitragsbemessungsgrenze die Höhe des Krankengeldes deckelt, zahlt die GKV sowohl Angestellten als auch Selbstständigen **maximal rund 2.793 Euro netto** im Monat (Stand: 2019).

Rechnen Sie aus, ob Ihnen dieser Betrag reicht und ob Sie eine Lücke durch Ersparnisse ausgleichen können. Falls nicht, ist ein Krankentagegeld sinnvoll. Um die notwendige Höhe zu bestimmen, ermitteln Sie die Differenz zwischen Ihren unverzichtbaren Ausgaben und 2.793 Euro.

Die jeweilige Differenz teilen Sie durch 30 Tage. Dies ergibt den Tagessatz, den Sie versichern sollten. Das Krankentagegeld ist steuer- und abgabenfrei. Das bedeutet, der versicherte Tagessatz wird tatsächlich netto ausbezahlt.

Falls Sie kein Krankengeld bekommen – Für Privatversicherte und gesetzlich versicherte Selbstständige, die sich gegen das Krankengeld der GKV entschieden haben, ist die Rechnung einfach: Teilen Sie das Ergebnis Ihrer Haushaltsaufstellung durch 30 Tage.

Da das Tagegeld ihre einzige Absicherung im Krankheitsfall darstellt, sollten insbesondere Selbstständige bei der Berechnung

 Tipp

*Einige Krankenkassen bieten im Internet **Krankengeldrechner** an, mit deren Hilfe Sie die Höhe Ihres Krankengelds berechnen können.*

nicht zu knausrig sein. Überlegen Sie, ob Sie wirklich alle wichtigen Posten in Ihrer Haushaltsaufstellung erfasst haben und ob Sie ausreichende Rücklagen besitzen für die Krankheitswochen, in denen das Tagegeld noch nicht gezahlt wird.

Wer bereits ein Tagegeld abgeschlossen hat, sollte regelmäßig prüfen, ob die Höhe ausreicht. Falls nicht, beantragen Sie eine Anpassung. Sollte Ihr Gesundheitszustand dabei zu Schwierigkeiten führen, warten Sie Ihre nächste Gehaltssteigerung ab. Sie können dann in der Regel ohne Gesundheitsprüfung Ihr Krankentagegeld aufstocken.

Nicht jede Tagegeld-Höhe lässt sich versichern – Das Krankentagegeld darf zusammen mit dem Krankengeld und anderen Lohnersatzleistungen nicht das vorherige

Nettoeinkommen übersteigen. Dabei wird das Nettoeinkommen für die letzten zwölf Monate herangezogen.

Selbstständige sollten vor Abschluss eines Tarifs unbedingt klären, was bei ihnen **als Nettoeinkommen zählt** und ob Sie überhaupt den gewünschten Tagessatz bekommen würden. Einige Versicherungen verwenden als Obergrenze das Einkommen nach Abzug von Steuern und Betriebskosten. Besser für Selbstständige ist es, wenn der Anbieter 70 bis 80 Prozent des Gewinns vor Steuern als maximale Versicherungshöhe ansetzt.

Unabhängig vom Nettoeinkommen des Kunden legen viele Anbieter zusätzlich einen **Höchstsatz** fest, den sie pro Tag versichern. Dieser hängt unter anderem vom Beginn der Zahlung ab. Je früher das Tagegeld gezahlt wird, desto niedriger ist meist die Obergrenze. Auch der Beruf kann eine Rolle spielen: Während Ärzte oft recht hohe Tagessätze versichern können, gelten für Existenzgründer in den ersten zwei Jahren in der Regel relativ niedrige Maximalbeträge.

Vorsicht bei gesunkenem Nettoeinkommen – Melden Sie dem Versicherer, wenn Ihr Nettoeinkommen dauerhaft geringer ausfällt. Dann senkt er das versicherte Tagegeld und Ihren Beitrag entsprechend ab. Sonst zahlen Sie zu viel. Nicht in jedem Fall darf der Versicherer bei niedrigerem Einkommen aber das Tagegeld kürzen. Der Bundesgerichtshof hat eine Klausel zur Leistungskürzung für unwirksam erklärt (Urteil vom 6. Juli 2016, Az. IV ZR 44/15). Lassen Sie deshalb Ihren Vertrag von einem Fachanwalt für Versicherungsrecht prüfen, falls Ihr Versicherer im Krankheitsfall weniger zahlen will.

Worauf müssen Sie beim Vertrag achten?

Klug ist es, sich vor Abschluss einer Krankentagegeld-Versicherung einmal gründlich mit den **Leistungen** verschiedener Angebote zu beschäftigen. Denn seinen Vertrag zu kündigen und immer wieder den Anbieter zu wechseln, macht beim Krankentagegeld wenig Sinn. Der Grund: Die meisten Tarife sind mit Altersrückstellungen kalkuliert. Das bedeutet, ein Teil der Beiträge wird angespart, um damit die höheren Kosten im Alter zu dämpfen. Wer seinen Vertrag kündigt, verliert einen Großteil dieser Rücklagen fürs Alter. Außerdem wird es mit zunehmendem Alter und gesundheitlichen Beschwerden immer schwieriger, einen preiswerten neuen Vertrag abzuschließen.

Entscheiden Sie sich deshalb lieber gleich für einen Tarif mit guten Leistungen. Auf folgende Merkmale sollten Sie achten:

Erhöhung ist ohne Gesundheitsprüfung möglich – Sie sollten eine Krankentagegeld-Versicherung mit der Zeit an Ihr steigendes Einkommen anpassen können, ohne dass Sie dafür wieder **Gesundheitsfragen** beantworten müssen. Das sollte einmal jährlich ohne prozentuale Begrenzung der Erhöhung möglich sein und keine Wartezeit nach sich ziehen. So ist sichergestellt, dass Sie langfristig ausreichend abgesichert sind. Achten Sie jedoch auch auf die maximal versicherbaren Tagessätze im jeweiligen Tarif. Einige Anbieter zahlen beispielsweise Selbstständigen maximal 100 Euro am Tag, andere 180 Euro. Die Erhöhungsoption bringt nichts, wenn Sie die im Tarif festgelegte Obergrenze bereits erreichen. Meistens müssen Sie die Erhöhung formlos beantragen, oft innerhalb von zwei Monaten nachdem Ihr Einkommen gestiegen ist.

Versicherung zahlt während der Reha – Einige Krankentagegeld-Versicherungen zahlen nicht während einer Reha, beziehungsweise nur unter strengen Voraussetzungen. Manche Anbieter zahlen erst nach langer Arbeitsunfähigkeit oder ausschließlich, wenn sich eine Reha direkt an einen Krankenhausaufenthalt anschließt, die sogenannte Anschlussheilbehandlung. Andere Versicherer leisten nur nach einer schriftlichen Zusage vor Beginn der Behandlung. Damit ist der Kunde vom Wohlwollen des Versicherers abhängig.

Für Finanztip kennzeichnet einen guten Tarif, dass die Versicherung zahlt, sobald der Kunde vor der Reha zwei Wochen arbeitsunfähig war. Auf weitere Bedingungen oder eine Begrenzung der Leistungsdauer sollte der Anbieter verzichten. Das ist insbesondere für Selbstständige mit einer kurzen Karenzzeit sinnvoll.

Versicherung verzichtet auf ordentliches Kündigungsrecht – Grundsätzlich dürfen Krankentagegeld-Versicherer den Vertrag in den ersten drei Jahren ohne Angabe von Gründen kündigen. Ein paar Anbieter verzichten jedoch auf dieses sogenannte ordentliche Kündigungsrecht. Dann müssen Sie keine Angst haben, den Vertrag zu verlieren, falls Sie in den ersten Jahren länger krank werden und Leistungen der Versicherung in Anspruch nehmen.

Genug Zeit, die Krankheit zu melden – Der Kunde muss der Versicherung die Arbeitsunfähigkeit mit einem Attest vom Arzt nachweisen. Achten Sie darauf, dass dafür eine ausreichend lange **Frist** vorgesehen ist, mindestens bis zum Ende der Karenzzeit, also dem Zeitpunkt, ab dem das Tagegeld gezahlt wird.

Fortführen des Vertrags bei Arbeitslosigkeit – Falls Sie einmal arbeitslos werden, endet in vielen Fällen der Vertrag automatisch. Einige Anbieter beenden den Vertrag aber erst, wenn der Kunde keine ausreichenden Anstrengungen bei der Arbeitssuche nachweist oder in Hartz IV abrutscht.

Falls Sie arbeitslos werden, empfehlen wir, dass Sie Ihren Vertrag **beitragsfrei ruhend** stellen, bis Sie einen neuen Job gefunden haben. Wenn das nicht geht, fragen Sie nach, ob Sie eine Anwartschaftsversicherung abschließen können. Die kostet meist nicht viel. Dann können Sie den Vertrag zu den bisherigen Konditionen wieder aufnehmen, sobald Sie wieder Arbeit haben.

Das ist sinnvoll, weil die Beiträge für das Krankentagegeld auch von Alter und Gesundheit des Kunden abhängen. Müssten Sie nach jeder Phase ohne Job eine neue Versicherung suchen, könnte es schwierig sein, einen neuen Vertrag zu bekommen, falls sich Ihr Gesundheitszustand verschlechtert hat.

Übergang zur Berufsunfähigkeitsversicherung – Grundsätzlich zahlt eine Krankentagegeld-Versicherung unbegrenzt lange. Wenn allerdings keine vorübergehende Arbeitsunfähigkeit mehr besteht, sondern Sie voraussichtlich dauerhaft nicht arbeiten können, endet das Krankentagegeld und Sie müssten Leistungen von der Berufsunfähigkeitsversicherung beantragen. Die Entscheidung darüber, ob eine Berufsunfähigkeit (BU) besteht, sollte nicht beim Krankentagegeld-Versicherer liegen, sondern vom medizinischen Befund abhängen.

Sind Sie berufsunfähig, sollte die Krankentagegeld-Versicherung noch für drei weitere Monate zahlen, einige Anbieter leisten sogar noch länger. So gewinnen Sie Zeit, um eine Rente von der BU-Versicherung zu beantragen. Unter Umständen kann der Krankentagegeld-Anbieter Geld zurückfordern, falls sich die Zahlung von Tagegeld und BU-Rente überschneidet – allerdings nur, wenn das in den Bedingungen ausdrücklich erwähnt ist.

Vertrag ohne Alkoholklausel – Die Versicherung zahlt auch, wenn Sie durch eine Krankheit oder einen Unfall arbeitsunfähig werden, die durch Alkoholgenuss verursacht wurde.

Bei wiederholter Krankheit werden Tage zusammengezählt – Wenn Sie aufgrund derselben Krankheit immer wieder krankgeschrieben sind, sollten Sie nicht jedes Mal warten müssen, bis das Krankentagegeld gezahlt wird. Die Krankheitstage wegen derselben Krankheit sollten zusammengezählt werden. Dies ist besonders wichtig für Selbstständige, die keine Lohnfortzahlung erhalten.

Leistungen bei Schwangerschaft – Während des gesetzlichen Beschäftigungsverbots und des Mutterschutzes bekommen Arbeitnehmerinnen weiterhin ihren Lohn, benötigen also kein Tagegeld. Privat versicherte selbstständige Frauen haben seit März 2017

> **» Tarifauswahl:
> Das empfiehlt Finanztip «**
>
> *Einen Vertrag zu finden, der all die genannten Merkmale erfüllt, ist gar nicht so leicht. Die Leistungen verschiedener Krankentagegeld-Versicherungen unterscheiden sich je nach Anbieter enorm. Insbesondere auf das Kündigungsrecht in den ersten drei Jahren verzichten nur wenige Anbieter, und auch während einer Reha oder Kur sind die Leistungen oft eingeschränkt.*

innerhalb der Schutzfristen Anspruch auf Krankentagegeld.

Gute Versicherer zahlen jedoch auch außerhalb der gesetzlichen Mutterschutzfristen das Krankentagegeld bei Arbeitsunfähigkeit wegen Schwangerschaft, Schwangerschaftsabbruch und Fehlgeburt.

Konkrete Produktempfehlungen finden Sie unter:

www.finanztip.de/krankenzusatz-versicherung/krankentagegeld/

1.2.8 Auslandskrankenversicherung

» Diese Versicherung brauchen Sie im Ausland «

von Max Mergenbaum & Julia Rieder Stand: 25. Mai 2021
www.finanztip.de/krankenversicherung/auslandsreisekrankenversicherung/

Warum brauche ich eine Auslandskrankenversicherung? // Was sollte die Auslandskrankenversicherung leisten? // Welchen Schutz benötigen Sie, wenn Sie länger im Ausland sind? // Wann können Sie die Krankenversicherung daheim kündigen? // Wann müssen Sie die Versicherung spätestens abschließen? // Welche Unterlagen brauche ich, wenn ich im Ausland erkranke?

 Das Wichtigste in Kürze

- Wenn Sie ins Ausland reisen, brauchen Sie eine Auslandskrankenversicherung. Sonst müssen Sie im Krankheitsfall mindestens einen Teil Ihrer Behandlungskosten selbst zahlen.
- Eine gute Auslandsreise-Krankenversicherung für kurze Urlaubsreisen kostet zwischen 10 und 20 Euro im Jahr.
- Sind Sie länger als acht Wochen im Ausland, brauchen Sie einen speziellen **Vertrag für Langzeit-Reisen**. Der Beitrag richtet sich dann nach Alter, Reiseziel und -dauer.
- Stellen Sie sicher, dass die Versicherung auch leistet, wenn im Zielland eine Reisewarnung wegen der Corona-Pandemie besteht oder Sie an Covid-19 erkranken sollten.

 So gehen Sie vor

- Schauen Sie, ob Sie bereits eine Reisekrankenversicherung haben, etwa über die Kreditkarte oder den Autoclub. Häufig ist dieser Schutz aber lückenhaft.

Eine Lebensmittelvergiftung durch das Essen oder ein umgeknickter Fuß während der Wanderung können jeden Urlaub vermiesen. Damit Sie wenigstens **nicht auf den Kosten** für den Arztbesuch sitzenbleiben, ist eine Auslandskrankenversicherung für jeden Urlaub außerhalb Deutschlands ein Muss. Ein Arzt- oder Klinikbesuch kann das Urlaubsbudget sonst schnell sprengen: Ein einziger Krankenhaustag in den USA etwa kostet mehrere Tausend Euro, ein medizinischer Rücktransport aus Griechenland etwa 18.000 Euro.

Einen guten Vertrag für Singles gibt es für **weniger als 10 Euro** im Jahr. Die Versicherung lässt sich online in weniger als fünf Minuten abschließen.

Warum brauche ich eine Auslandskrankenversicherung?

Sommerurlaub auf Mallorca, Work and Travel in Australien oder eine Karibik-Kreuzfahrt – falls Sie auf solchen Reisen mal erkranken, sollten Sie eine Auslandskrankenversicherung haben. Welchen Versicherungsschutz Sie in diesen Fällen bereits haben, hängt davon ab, **wie** Sie in **Deutschland versichert** sind.

▷ So viel zahlt die Kasse, wenn Sie gesetzlich krankenversichert sind

Innerhalb der Europäischen Union, in Island, Liechtenstein und Norwegen sowie in Ländern, mit denen Deutschland ein Sozialversicherungsabkommen hat, zahlt die gesetzliche Krankenkasse einen **Teil der Arzt- und Krankheitskosten**. Allerdings ist der Schutz insgesamt löchrig: Sie bekommen nur das erstattet, was die Bürger im Urlaubsland von der **dortigen** Krankenversicherung bekommen. In vielen Ländern ist diese Versorgung aber **dürftig**, und die Ärzte bieten von sich aus Privatbehandlungen gegen zusätzliche Zahlungen an. Dabei gilt: **Für privatärztliche Rechnungen** im **Ausland** zahlt die **gesetzliche Krankenkasse** in Deutschland **nicht**. Dies gilt sowohl für den Arztbesuch, als auch den Aufenthalt im Krankenhaus oder für Medikamente.

Auf diesen Kosten bleiben Sie **sitzen**, wenn Sie sich nicht zusätzlich versichern. Den im Urlaubsland üblichen **Eigenanteil** der gesetzlichen Behandlung müssen Sie ebenfalls selbst tragen. Um Ihre Kosten erstattet zu bekommen, müssen Sie sich außerdem bei einem Arzt behandeln lassen, der **über das staatliche Gesundheitssystem abrechnen** kann.

Ein weiterer Punkt kann Sie ebenfalls Geld kosten: Von dem **Erstattungsbetrag**, den Sie vielleicht im Urlaubsland ausgelegt haben, zieht die Krankenkasse in Deutschland in einigen Fällen noch einen Betrag ab, beispielsweise für erhöhte Verwaltungskosten.

Unter dem Strich übernimmt die deutsche Krankenkasse also oft **nur einen Bruchteil der tatsächlichen Kosten**.

Eine Reisekrankenversicherung ist deshalb auch innerhalb Europas ein **absolutes Muss**. Für Behandlungen in einem Land ohne Abkommen mit Deutschland zahlt die Kasse ohnehin nichts. Ein Leser schilderte, dass er nach einem Herzinfarkt im Türkei-Urlaub in einem dortigen Krankenhaus behandelt und operiert werden musste. Von den **16.000 Euro Behandlungskosten erstattete** die **Krankenkasse** seinen Angaben zufolge nur rund 300 Euro. Auf dem Rest der Kosten blieb er sitzen, denn er hatte keine Auslandsreise-Krankenversicherung.

Noch teurer kann es werden, wenn Sie wegen einer Krankheit nach Deutschland zurück transportiert werden müssen. Denn dafür kommt die gesetzliche Kasse **nie** auf. Ein solcher **Ambulanzflug** kann innerhalb Europas durchaus 25.000 Euro kosten. Müssen Sie aus den USA oder Australien zurückgeflogen werden, sind schlimmstenfalls **60.000 bis 80.000 Euro** fällig.

▷ So viel zahlt Ihre private Krankenversicherung

Die private Krankenversicherung (PKV) **schützt in der Regel auch in den Ländern der Europäischen Union** sowie in Island, Liechtenstein und Norwegen. Außerhalb Europas gilt der Versicherungsschutz allerdings oft nur für einen Monat. Gute PKV-Tarife verlängern den Zeitraum auf mehrere Monate oder bieten sogar unbegrenzt Schutz. Dennoch sollten Sie auch als Privatversicherter vor dem Urlaub prüfen, ob Sie eine Auslandskrankenversicherung benötigen. Nicht alle PKV-Tarife decken sämtliche Kosten im Ausland ab. Vor allem der **Rücktransport** ist in vielen Fällen nicht versichert.

Zunächst sollten Sie aber prüfen, ob Sie nicht mit Ihrer privaten Krankenversicherung auch gleich eine **Auslandskrankenversicherung abgeschlossen haben**. Häufig handelt es sich dabei um einen separaten Vertrag, der mit einigen Euro Monatsbeitrag in Ihren Versicherungsunterlagen aufgeführt ist.

Was sollte die Auslandskrankenversicherung leisten?

Wenn Sie eine Kreditkarte haben oder Mitglied in einem Autoklub sind, kann es sein, dass Sie schon eine Auslandsreise-Krankenversicherung haben. Oft bieten solche Zusatzverträge allerdings nicht den besten Schutz. Gleichen Sie die Versicherungsbedingungen deshalb mit denen der Finanztip-Empfehlungen ab.

Gibt es bei der Versicherung über die Kreditkarte oder den Autoklub deutliche **Lücken**, sollten Sie zusätzlich ein von Finanztip empfohlenes Angebot abschließen. Die **Doppelversicherung** ist grundsätzlich nicht schlimm. Sie müssen im Schadensfall nur melden, dass eine weitere Versicherung besteht.

Auch schon **lange bestehende Verträge** bieten oft nicht mehr den optimalen Schutz, denn viele Anbieter haben ihre Bedingungen in den vergangenen Jahren deutlich verbessert. Prüfen Sie deshalb auch Altverträge auf Lücken und schließen Sie im Zweifel eine neue Auslandskrankenversicherung ab.

Gerade wer während der Corona-Pandemie verreisen will, sollte seinen Versicherungsschutz prüfen. Denn einige Auslandskrankenversicherungen bieten **keinen Schutz bei Epidemien, Pandemien oder** wenn für das Urlaubsland eine **Reisewarnung** gilt.

Auf folgende Punkte sollten Sie achten:
- **Reisedauer** – Eine Auslandskrankenversicherung gilt für alle Reisen innerhalb eines Jahres, die eine bestimmte Dauer nicht überschreiten. Meistens sind **Reisen bis 56 Tage** versichert. Es gibt aber auch Tarife, die nur 42 oder sogar bis zu 70 Tage gelten. Wie oft Sie innerhalb eines Jahres verreisen, spielt keine Rolle – die Tage werden nicht addiert. Für **Reisen, die mehr als 70 Tage** dauern, gibt es spezielle Auslandskrankenversicherungen. Einen solchen Vertrag brauchen Sie beispielsweise für ein **Auslandssemester**, eine **Weltreise** oder wenn Sie im **Ruhestand** den Winter im warmen Süden verbringen. Unabhängig davon, wie lange Sie verreisen, ist es von Vorteil, wenn die Versicherung auch dann weiter zahlt, falls sich der Urlaub durch Ihre Erkrankung über die versicherte Reisedauer hinaus verlängert.

- **Geltungsbereich** – Wichtig ist, dass der Vertrag auch für das Urlaubsland gilt, in das Sie reisen. Es gibt Auslandskrankenversicherungen mit weltweitem Schutz, zum Beispiel für eine Weltreise, oder Tarife, die auf **bestimmte Regionen** begrenzt sind. Eine Reiseversicherung, die auch in den USA und Kanada gilt, ist meist teurer als ein Tarif ohne Nordamerika. Denn dort sind die Kosten für eine medizinische Behandlung besonders hoch. Falls Sie schon eine Auslandskrankenversicherung haben, sollten Sie unbedingt nachschauen, ob Sie einen Tarif mit regionaler Begrenzung gewählt haben. Legen Sie dann einen Zwischenstopp in den USA oder Kanada ein, kann es sein, dass Sie in dieser Zeit nicht versichert sind.

- **Kostenübernahme** – Ob Singles oder Familien: Leistungsstarke Tarife für **kurze Urlaubsreisen** kosten nicht mehr als 10 bis 20 Euro im Jahr. Für diesen Betrag erstatten diese Versicherungen nicht nur alle wichtigen medizinischen Leistungen, sondern auch einige Extras. Zu den wichtigen **Kernleistungen** zählen etwa provisorischer Zahnersatz, Behandlung von Sportverletzungen sowie die Erstattung notwendiger Hilfsmittel wie Krücken. **Extras** sind die Behandlung von psychischen Erkrankungen oder Komplikationen bei der Schwangerschaft. Wenn Sie Kinder haben, ist es Ihnen bestimmt wichtig, dass Sie bei ihnen übernachten können, falls sie ins Krankenhaus kommen sollten (der Fachbegriff dafür lautet Rooming-In). Wenn Sie dagegen **länger als acht Wochen** verreisen wollen, ist die Preisspanne zwischen den Tarifen sehr hoch. Daher sollten Sie in diesem Fall darauf achten, dass Ihr Tarif nur die **wirklich wichtigen** Leistungen versichert. Damit sind Sie trotzdem gut versichert, sparen aber gegenüber einem Tarif, der jede Leistung abdeckt, eine Menge Geld.

- **Vorerkrankungen** – Falls Sie mit einer Vorerkrankung ins Ausland reisen, sollten Sie vorher prüfen, ob die Kosten für eine Behandlung dort durch Ihre Auslandskrankenversicherung abgedeckt sind. Gute Tarife schließen **Vorerkrankungen nicht pauschal** vom Schutz aus, sondern nur Behandlungen, deren Notwendigkeit bereits vor der Reise ärztlich festgestellt wurde. Achten Sie zusätzlich darauf, dass der Anbieter seine Leistungen nicht auf "akute" oder "unvorhersehbare" Erkrankungen begrenzt oder den Schutz mit ähnlich **unkonkreten Formulierungen** einschränkt. Leiden Sie an einer **chronischen Erkrankung**, sollten Sie vor Abschluss der Versicherung beim Anbieter erfragen, ob er zahlt, falls sich Ihr Zustand im Urlaub verschlechtert. Um Streit mit der Versicherung zu vermeiden, kann es außerdem helfen, wenn Sie sich Ihre Reisefähigkeit vor Beginn des Urlaubs **von einem Arzt attestieren** lassen. Sollte sich die Auslandskrankenversicherung doch einmal weigern zu zahlen, können Sie sich beim **Versicherungsombudsmann** beschweren. Seine Entscheidungen sind bis zu einem Streitwert von 10.000 Euro bindend für die Unternehmen. Alle von uns empfohlenen Anbieter nehmen an diesem **Schlichtungsverfahren** teil.

- **Medizinischer Rücktransport** – In den Versicherungsbedingungen sollte stehen, dass der Anbieter einen Rücktransport nach Deutschland zahlt, wenn er medizinisch sinnvoll und vertretbar ist – und nicht nur, wenn dieser unbedingt notwendig ist. Mindestens aber sollte er die Kosten für den Ambulanzflug übernehmen, wenn Sie voraussichtlich mehr als zwei Wochen im Krankenhaus bleiben müssen.

- Verlängerter Versicherungsschutz bis zur **Wiederherstellung der Transportfähigkeit** – Falls Sie schwer auf Reisen erkranken, kann es sein, dass Sie über den versicherten Zeitraum hinaus im Ausland behandelt werden müssen. Ihre Versicherung sollte für Ihre Behandlung aufkommen, bis Sie für eine Rückreise wieder gesundheitlich in der Lage sind.

- **Seit** dem Beginn der **Corona-Pandemie** im Frühjahr 2020 sind noch zwei weitere Punkte hinzugekommen: So sollte Ihre Auslandskrankenversicherung auch die Kosten übernehmen, falls Sie auf Ihrer Reise an **Covid-19** erkranken sollten. Außerdem sollte auch dann Versicherungsschutz bestehen, wenn das Auswärtige Amt für Ihr Zielland eine Reisewarnung wegen Covid-19 ausspricht.

Welchen Schutz benötigen Sie, wenn Sie länger im Ausland sind?

Die „normale" Auslandsreise-Krankenversicherung reicht nicht aus, wenn Sie für längere Zeit ins Ausland gehen, etwa für eine **Weltreise**, ein **Auslandssemester** im Studium oder um als Rentner im warmen Süden zu **überwintern**. Dauert der Auslandsaufenthalt **länger als acht bis zehn Wochen**, greifen reguläre Reisekrankenversicherungen nicht mehr. Als gesetzlich Krankenversicherter brauchen Sie dann in jedem Fall einen speziellen Tarif für Langzeit-Reisen.

▷ Krankenversicherung beim Auslandsschuljahr

Wenn Sie gesetzlich krankenversichert sind, kann Ihr Kind als Austauschschüler in der **Familienversicherung** mitversichert bleiben. Wie oben beschrieben, übernimmt die deutsche Krankenkasse im EU-Ausland allerdings nur Leistungen, die gesetzlich Versicherte im Zielland erhalten würden.

Außerhalb der EU hängt der Versicherungsschutz davon ab, ob in einem **Sozialversicherungsabkommen** eine Kostenübernahme vereinbart wurde. Gibt es keines, so müssen Sie ohne zusätzliche Versicherung **alle Krankheitskosten selbst zahlen**.

Besteht ein **Abkommen**, werden in der Regel **einige Kosten übernommen**. Wichtige Leistungen wie ein Rücktransport nach Deutschland sind dagegen nicht abgedeckt. Es kann auch passieren, dass Sie bei Behandlungen hohe Zuzahlungen leisten müssen. Sie sollten daher auf keinen Fall auf eine zusätzliche Auslandskrankenversicherung verzichten.

▷ Krankenversicherung für Au-Pair im Ausland

Wenn Sie nach dem Schulabschluss ein Jahr als Au-Pair **im EU-Ausland arbeiten** möchten, sollten Sie vorab mit der Vermittlungsagentur oder der Gastfamilie prüfen, ob Sie im Gastland **sozialversicherungspflichtig** sind. In diesem Fall gilt das Recht des Gastlandes. Ist dies nicht der Fall, können Sie weiterhin in der gesetzlichen Familienversicherung bleiben. Allerdings müssen Sie dann beachten, dass Sie bei einer geringfügigen Beschäftigung nicht mehr als 450 Euro im Monat verdienen dürfen, damit der Versicherungsschutz bestehen bleibt.

▷ Krankenversicherung beim Auslandsstudium

Sind Sie als Studierender gesetzlich versichert, bleiben Sie das auch während eines **Erasmus-Auslandsjahres**. Aber auch in diesem Fall gilt: Ihnen stehen nur die Leistungen zu, die eine gesetzlich versicherte Person im Zielland erhalten würde.

Auch bei einem **Vollzeitstudium** im **EU-Ausland** können Sie prinzipiell in Deutschland gesetzlich krankenversichert bleiben. Bedingung ist ein **vorübergehender Aufenthalt** im Ausland. Dabei ist allerdings kein fester Zeitraum vorgegeben. Solange Sie also wegen Ihrem Studium im Ausland sind, spielt es keine Rolle, ob Sie dort drei oder vier Jahre verbringen. Sie können solange in der Familienversicherung bleiben, bis Sie Ihr Studium abschließen oder die Altersgrenze von 25 Jahren erreichen. Voraussetzung ist aber, dass Sie Ihren **Wohnsitz in Deutschland** beibehalten.

Auch wenn Sie als Student mit eigenem Beitrag gesetzlich versichert sind, können Sie bei einem Auslandsstudium innerhalb der EU gesetzlich versichert bleiben. Dazu müssen Sie allerdings an einer **anerkannten Hochschule im EU-Ausland studieren**. Im Zielland stehen Ihnen dann – wie in den anderen Fällen auch – der Basisversicherungsschutz über die Europäische Krankenkarte zur Verfügung. Auch in diesem Fall sollten Sie zusätzlich eine Auslandskrankenversicherung abschließen.

Außerhalb der EU haben Sie keinen Schutz durch Ihre gesetzliche Krankenversicherung. Das heißt: Ohne eine separate Auslandskrankenversicherung müssen Sie für Ihre Gesundheitskosten komplett selbst aufkommen.

▷ Krankenversicherung bei Work and Travel

Innerhalb der EU können Sie den Teilschutz der gesetzlichen Krankenversicherung nutzen, sollten aber als Ergänzung trotzdem eine private Auslandskrankenversicherung abschließen.

Außerhalb der EU müssen Sie die **Einreise- und Visabestimmungen** beachten. In manchen Staaten, zum Beispiel Australien, müssen Sie für ein Visum eine Auslandskrankenversicherung nachweisen.

Wer Behandlungskosten nach einem **Arbeitsunfall** zahlt, ist von Land zu Land unterschiedlich. Fragen Sie deshalb vor der Abreise bei Ihrer Auslandskrankenversicherung nach, ob diese in einem solchen Fall die Kosten übernimmt.

▷ Krankenversicherung bei beruflicher Tätigkeit im Ausland

Falls Sie beruflich ins Ausland müssen, sollten Sie vorher alle **Fragen der Sozial- und Krankenversicherung klären.** Die Wahl des richtigen Krankenschutzes hängt zunächst vom Arbeitgeber ab. Sofern Sie am Einsatzort bei einer ausländischen Firma angestellt sind, unterliegen Sie nicht mehr der Versicherungspflicht in der gesetzlichen Krankenversicherung (GKV). Sie müssen sich dann im Ausland gesetzlich krankenversichern oder eine entsprechende private Police abschließen.

Anders liegen die Dinge bei einer Entsendung durch einen deutschen Arbeitgeber. In dem Fall besteht die Versicherungspflicht für gesetzlich krankenversicherte Arbeitnehmer prinzipiell fort.

▷ Krankenversicherung als Rentner im Ausland

Falls Sie sich als Rentner nur **vorübergehend** im EU-Ausland aufhalten und Ihre **Rente ausschließlich aus Deutschland** beziehen, besteht der **Versicherungsschutz** in der gesetzlichen Krankenversicherung fort. Außerhalb der EU hängt dies davon ab, ob Deutschland ein **Sozialversicherungsabkommen** mit Ihrem Zielland hat und es darin eine Regelung zur Krankenversicherung gibt.

Mit einer Auslandskrankenversicherung für lange Reisen können Sie dafür sorgen, dass Sie nicht nur einen Teil der Krankheits- und Behandlungskosten über die GKV erstattet bekommen. Die **Zusatzversicherung** können Sie maximal für fünf Jahren abschließen, danach ist ein neuer Vertrag fällig. Es gibt in den Tarifen verschiedene Altersstufen. Mit jeder Stufe werden die Tarife teurer. Vergleichen Sie am besten bei mehreren Anbietern die Altersklassen und die Preise.

Bedenken Sie, dass **wichtige Leistungen** wie Zahnersatz, Vorsorgeuntersuchungen oder geplante Operationen **nur teilweise über** eine Auslandskrankenversicherung abgesichert sind und weiterhin in Deutschland stattfinden müssen.

Falls Sie **dauerhaft im Ausland** bleiben wollen, sollten Sie prüfen, ob Sie sich **im Zielland versichern** können. Darüber hinaus gibt es sogenannte **internationale Krankenversicherungen**, mit denen Sie sich zeitlich unbefristet und umfangreicher versichern können.

▷ **Was Sie als Privatversicherter beachten sollten**

Als Privatversicherter müssen Sie in Ihren Vertrag schauen. Wenn Sie sich **im europäischen Ausland** aufhalten, sind Sie weiterhin **durch** die **PKV geschützt**. Bei Aufenthalten **außerhalb** der Europäischen Union sind Sie in der Regel **zumindest vorübergehend** versichert. Meist jedoch **nicht länger als ein bis drei Monate**. Welcher Zeitraum noch als Urlaub gilt, sollten Sie mit Ihrer Versicherung klären.

Wenn Sie dauerhaft in ein anderes EU-Mitgliedsland oder nach Island, Liechtenstein und Norwegen umziehen, können Sie Ihre private Krankenversicherung dort **weiterführen**. Allerdings muss die Privatversicherung nur die Kosten übernehmen, die sie auch in Deutschland übernommen hätte.

Ziehen Sie **dauerhaft** in ein Land **außerhalb der Europäischen Union** um, **endet** Ihr Versicherungsschutz üblicherweise. Manche Anbieter gewähren aber gegen einen Beitragszuschlag einen längeren Versicherungsschutz außerhalb Europas. Setzen Sie sich daher vor Ihrer Abreise mit Ihrer privaten Krankenversicherung in Verbindung und klären Sie, was für Ihren Vertrag gilt.

Falls Sie sich die Möglichkeit offenhalten wollen, nach einer Zeit wieder in Deutschland zu leben, können Sie über eine **Anwartschaftsversicherung** nachdenken. Damit können Sie sicherstellen, dass Sie auch nach Ihrer Rückkehr ohne Gesundheitsprüfung in Ihren alten Tarif zurückkehren können.

Wann können Sie die Krankenversicherung daheim kündigen?

Falls Sie nicht Ihr Arbeitgeber ins Ausland geschickt hat, Sie aber **privat reisen**, sollten Sie unbedingt eine Auslandskrankenversicherung mit im Gepäck haben. Doch was passiert mit der Krankenversicherung in Deutschland während Ihres Work and Travel, Sabbatjahres oder Erasmus-Semesters? Müssen Sie in der Heimat **weiter Krankenkassenbeiträge zahlen**, kann das die Reisekasse ordentlich belasten.

Grundsätzlich besteht die **Versicherungspflicht** in der GKV auch während eines vorübergehenden Auslandsaufenthaltes fort, solange der zur Versicherungspflicht führende Tatbestand weiter vorliegt. Das ist beispielsweise bei **Rentnern** der Fall, die Mitglied in der Krankenversicherung der Rentner sind oder bei **Studenten**, die an einer staatlich anerkannten Universität eingeschrieben sind.

Endet hingegen der Grund für die Versicherungspflicht, etwa weil Sie für den Auslandsaufenthalt Ihren Job gekündigt haben, endet auch die Pflichtversicherung. Sofern Sie dann kein Arbeitslosengeld beziehen, müssten

Sie sich freiwillig versichern. Als **freiwillig GKV-Versicherter** können Sie Ihre Mitgliedschaft bei einer Krankenkasse jedoch **beenden**, sofern Sie nachweisen, dass Sie im Krankheitsfall anderweitig abgesichert sind. Als ein solcher Nachweis gilt auch eine private Auslandskrankenversicherung, die länger als 42 Tage läuft und der Art nach den wichtigsten Leistungen der GKV entspricht.

Wenn Sie Ihrer Krankenkasse also einen Nachweis über Ihre Auslandskrankenversicherung schicken, können Sie Ihre Mitgliedschaft in der GKV mit der **gesetzlichen Kündigungsfrist** von zwei vollen Monaten zum Monatsende beenden.

Nach der **Rückkehr** aus dem Ausland können Sie frei eine Krankenkasse wählen, falls Sie die Voraussetzungen für die Pflichtversicherung erfüllen, etwa weil Sie mehr als 450 Euro im Monat (ab Oktober 2022 520 Euro) verdienen oder Arbeitslosengeld beziehen. Gilt für Sie die Versicherungspflicht nicht, werden Sie über die sogenannte **nachrangige Versicherungspflicht** gesetzlich versichert, sofern Sie vor der Reise bereits GKV-Mitglied waren. Dann müssen Sie allerdings zurück in Ihre letzte Krankenkasse.

Bevor Sie Ihre Krankenversicherung in Deutschland beenden, sollten Sie bedenken, dass es **Vorversicherungszeiten** gibt, die Sie erfüllen müssen, um Leistungen aus der gesetzlichen Pflegeversicherung zu beziehen oder Mitglied der Krankenversicherung der Rentner zu werden. Insbesondere in der zweiten Hälfte des Erwerbslebens könnte es nachteilig für Sie sein, den Versicherungsschutz zu unterbrechen. Um das zu verhindern, können Sie, statt zu kündigen, eine **Anwartschaft** bei Ihrer Krankenkasse abschließen. Diese führt Sie dann gegen einen reduzierten Beitrag weiter als freiwilliges Mitglied und Sie erwerben weiterhin die Versicherungszeiten.

Wann müssen Sie die Versicherung spätestens abschließen?

Solange Sie noch in Deutschland sind, können Sie die Auslandsreise-Krankenversicherung auch **noch auf den letzten Drücker** im Internet abschließen. Einige Anbieter akzeptieren als Versicherungsbeginn das aktuelle Datum. Dann erhalten Sie sofort online die gültige Versicherungsbestätigung. Der Abschluss dauert nur wenige Minuten.

Nach der Abreise aus Deutschland ist es zu spät, noch eine Auslandsreise-Krankenversicherung günstig abzuschließen. Als einzige Möglichkeit bleiben internationale Versicherungsagenturen wie World Nomads. Aber dort kann die Police für eine einzelne Reise schnell 70 Euro und mehr kosten. Reisekrankenversicherungen haben in der Regel eine **Laufzeit von einem Jahr** und verlängern sich automatisch, wenn Sie nicht rechtzeitig kündigen. Den Vertrag der DKV müssen Sie spätestens einen Monat vor Ende des Versicherungsjahres kündigen, die Debeka hat eine Kündigungsfrist von drei Monaten.

Welche Unterlagen brauche ich, wenn ich im Ausland erkranke?

Die **Notrufnummer** der Versicherung und die eigene Versicherungsnummer gehören in jedes Reisegepäck. Falls Sie krank werden, informieren Sie Ihre Versicherung immer zeitnah. Im Gespräch mit den Mitarbeitern können Sie auch gleich klären, welche Belege Ihre Versicherung braucht, damit sie die Kosten übernimmt.

Kleinere Arztrechnungen legen Sie aus, das Geld erstattet Ihnen später die Versicherung. Die Rechnung sollte möglichst auf **Deutsch oder Englisch** verfasst sein und Namen des Patienten und des behandelnden Arztes enthalten sowie Diagnose und Art der Behandlung. Vor sehr teuren Behandlungen sollten Sie in jedem Fall mit Ihrem Versicherer sprechen.

Wenn Sie im Urlaub in Europa krank werden, erstattet Ihnen die gesetzliche Krankenversicherung die landestypischen Kosten für Behandlungen. Dafür brauchen Sie in 35 Ländern die **europäische Krankenversichertenkarte** (EHIC). Sie ist meist auf die Rückseite der normalen Krankenkassenkarte aufgedruckt. In Bosnien-Herzegowina, Tunesien und der Türkei brauchen Sie einen speziellen Auslandskrankenschein. Diesen können Sie in der Regel einfach mit einem kurzen Anruf bei Ihrer Krankenkasse anfordern.

Konkrete Produktempfehlungen finden Sie unter:

www.finanztip.de/ krankenversicherung/ auslandsreisekrankenversicherung/

1.3 Gesetzliche Pflegeversicherung

» So sind Sie im Pflegefall abgesichert «

von Aline Klett & Julia Rieder Stand: 13. Dezember 2021
www.finanztip.de/gesetzliche-pflegeversicherung/

Wer muss sich gesetzlich pflegeversichern? // Wann gibt es Leistungen von der Pflegeversicherung? // Wofür zahlt die Pflegeversicherung? // Was leistet die Versicherung bei der häuslichen Pflege? // Welche Kosten werden bei stationärer Pflege übernommen? // Wie wird die Pflegebedürftigkeit festgestellt? // Was können Sie tun, wenn die Einstufung zu niedrig ist? // Was, wenn der Versicherungsschutz nicht ausreicht?

Das Wichtigste in Kürze

- Wer mehr als sechs Monate im Alltag auf Hilfe angewiesen ist, hat Anspruch auf Leistungen der Pflegeversicherung. Wie hoch die ausfallen, hängt vom Pflegegrad ab.
- Haben Sie keine Kinder, liegt der Beitrag für die Pflegeversicherung ab 2022 bei 3,4 Prozent Ihres Einkommens; mit Kindern zahlen Sie 3,05 Prozent.

So gehen Sie vor

- Leistungen aus der gesetzlichen Pflegeversicherung beantragen Sie bei Ihrer Krankenkasse. Die leitet den Antrag an Ihre Pflegekasse weiter. Ein Gutachter prüft, wie viel Hilfe Sie benötigen und bestimmt Ihren Pflegegrad.
- Nutzen Sie unbedingt eine kostenfreie Pflegeberatung. Die Berater wissen, welche Leistungen Ihnen zustehen, zeigen Unterstützungsangebote auf und können Ihnen helfen, die Pflege zu organisieren. Ihre Pflegekasse muss Sie darüber informieren, wo Sie eine Beratung erhalten.
- Sind Sie nicht in der Lage, den Eigenanteil für Ihre Pflegekosten zu tragen können Sie „Hilfe zur Pflege" beantragen.

Egal ob in jungen Jahren oder im hohen Alter – ist ein Mensch im Alltag auf fremde Hilfe angewiesen, kostet das viel Geld. Hier greift die gesetzliche Pflegeversicherung, auch **soziale Pflegeversicherung** genannt: Sie übernimmt einen Teil der Kosten für die Pflege.

Im Juni 2021 hat die Große Koalition eine **Pflegereform** beschlossen. Sie soll neben einer besseren Bezahlung für Pflegekräfte auch für etwas Entlastung bei den Pflegebedürftigen sorgen. Wir erklären Ihnen, was sich durch die Reform im Jahr 2022 ändert.

Wer muss sich gesetzlich pflegeversichern?

Sind Sie gesetzlich krankenversichert, dann sind Sie automatisch bei der Pflegekasse Ihrer Krankenkasse Mitglied. Ihr Beitrag ist **gesetzlich vorgegeben** und richtet sich nach Ihrem **Einkommen**.

2022 beträgt der Beitrag zur gesetzlichen Pflegeversicherung für **Versicherte mit Kindern 3,05 Prozent** des beitragspflichtigen Einkommens. Arbeitgeber und Arbeitnehmer zahlen den Beitrag jeweils zur Hälfte. Rentner und Selbstständige müssen ihren Beitrag alleine tragen.

Versicherte ohne Nachwuchs zahlen insgesamt 3,4 Prozent, da bei ihnen ein Aufschlag von 0,25 Prozent – ohne Beteiligung des Arbeitgebers – hinzukommt. Kinder und Ehepartner sind in der gesetzlichen Pflegeversicherung beitragsfrei **mitversichert**, sofern ein Anspruch auf Familienversicherung besteht.

Sind Sie nicht pflichtversichert, sondern **freiwillig gesetzlich krankenversichert**, haben Sie zu Beginn Ihrer freiwilligen Versicherung die **Möglichkeit**, sich gegen die gesetzliche Pflegeversicherung zu entscheiden. Sie müssen dann stattdessen eine **private Pflege-Pflichtversicherung** abschließen. Anders als in der gesetzlichen Pflegeversicherung richtet sich die Höhe des Beitrags in der privaten Pflege-Pflichtversicherung nicht nach dem Einkommen, sondern vor allem nach **Ihrem Alter und Ihrer Gesundheit**. Eine solche private Pflege-Pflichtversicherung müssen auch alle **privat Krankenversicherten** haben.

Die private Pflege-Pflichtversicherung ist **nicht** zu **verwechseln mit** einer privaten **Pflegezusatzversicherung**, die die Leistungen der gesetzlichen Pflegeversicherung weiter aufstockt. Letztere können Sie als gesetzlich Versicherter zur zusätzlichen Vorsorge abschließen (mehr dazu im Kapitel 1.1.12 auf Seite 133).

Wann gibt es Leistungen von der Pflegeversicherung?

Leistungen aus der Pflegeversicherung gibt es auf Antrag bei Ihrer Krankenversicherung oder der Ihres Angehörigen, wenn dieser

STEIGENDE PREISE WELTWEIT

Die Wohnimmobilienpreise steigen weltweit so stark wie seit 2006 nicht mehr – am stärksten aber in Deutschland.

 Allein im zweiten Quartal 2021 erreichten sie ein Plus von 16,4% bei ETW und 16,3% bei EFH.

Und kein Ende in Sicht: Die Postbank rechnet sogar bis 2030 mit weiter steigenden Preisen in den größten deutschen Städten, obwohl dort schon heute Rekordsummen gezahlt werden.

DEUTSCHLAND: ÜBER 16% ANSTIEG IM II. QUARTAL 2021

Die Gründe sind lt. einer Deloitte-Studie weltweit die gleichen:

» BILLIGES BAUGELD,
» CORONABEDINGTER WUNSCH NACH MEHR PLATZ,
» MANGELNDE ANDERE ANLAGEMÖGLICHKEITEN UND DIE
» FURCHT, ZU SPÄT ZU KOMMEN.

WISSEN IN BESTFORM

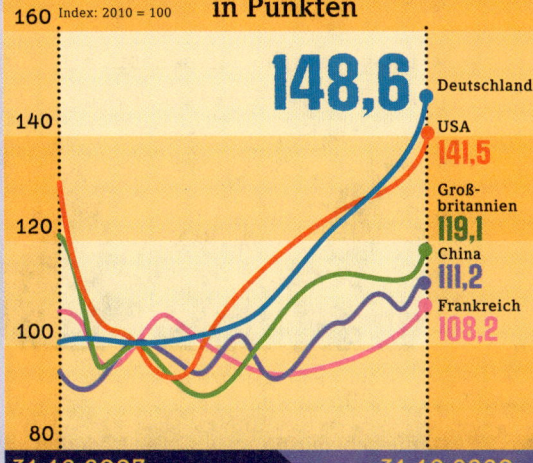

Entwicklung der realen Wohnimmobilienpreise in Punkten (Index: 2010 = 100)
- Deutschland: 148,6
- USA: 141,5
- Großbritannien: 119,1
- China: 111,2
- Frankreich: 108,2

Zeitraum: 31.12.2007 – 31.12.2020

 In den USA werden Immobilien immer öfter „sight unseen" gekauft, ohne dass die Käufer sie besichtigt haben. Der mediane Hauspreis liegt dort derzeit bei 350.000 $ – dem Doppelten wie vor zehn Jahren. Eine Blase scheint aber derzeit noch nicht in Sicht, da es kaum Spekulation mit Immobilien gibt.

 Auch in Chinas Technologiemetropolen wie Shenzhen ließ sich ein rasanter Preisanstieg beobachten – bis die lokalen Behörden mit neuen Restriktionen bei der Ausgabe von Immobilienkrediten eingriffen.

 Ähnlich ist dies in Großbritannien, wo die Regierung Erstkäufer mit einem Help-to-Buy-Programm und der Aussetzung der Grunderwerbsteuer bei Immobilien bis 500.000 Pfund unterstützt.

 Gleiches gilt für Frankreich, wo sich viele einen Zweitwohnsitz auf dem Land zulegen, weil sie nicht mehr permanent in der Großstadt im Büro anwesend sein müssen.

Quelle: HB, BIS, FAZ, Value AG, Postbank

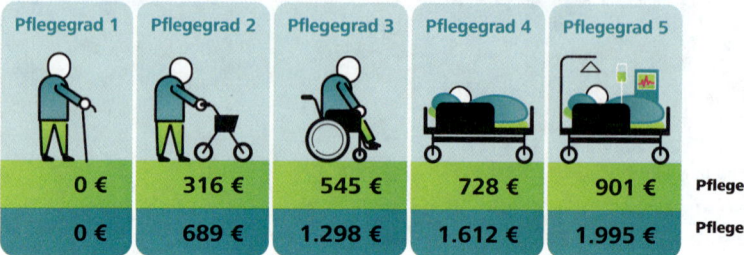

Leistungen der Pflegekasse bei häuslicher Pflege

	Pflegegrad 1	Pflegegrad 2	Pflegegrad 3	Pflegegrad 4	Pflegegrad 5	
Pflegegeld	0 €	316 €	545 €	728 €	901 €	
Pflegesachleistungen[1]	0 €	689 €	1.298 €	1.612 €	1.995 €	

[1] nur zweckgebundene Kostenerstattung an einen Pflegedienst.

Quelle: Bundesgesundheitsministerium (Stand: 13. Dezember 2021).

pflegebedürftig ist. Als pflegebedürftig im Sinne des Gesetzes gilt, wer in seiner Selbstständigkeit und seinen Fähigkeiten gesundheitlich so beeinträchtigt ist, dass er deshalb **auf die Hilfe anderer angewiesen** ist. Keine Rolle dabei spielt das Alter. Die Versicherung leistet bei Babys und Kindern genauso wie bei Erwachsenen, die Pflege brauchen.

Wenn vorauszusehen ist, dass der Bedarf an Hilfe **mindestens sechs Monate** und darüber hinaus bestehen wird, zahlt die Pflegeversicherung. Brauchen Sie oder Ihr Angehöriger nur vorübergehend Pflege, beispielsweise zur Rehabilitation, ist die Pflegekasse nicht zuständig. Die Kosten dafür übernimmt dann Ihre **Krankenkasse**.

Wofür zahlt die Pflegeversicherung?

Die Pflegeversicherung übernimmt Kosten für einen **ambulanten Pflegedienst** oder die stationäre Pflege im **Pflegeheim**. Kümmern sich nahestehende Menschen um die häusliche Pflege, zahlt die Kasse ein **Pflegegeld**. Verschiedene Leistungen, etwa Zahlungen für den Pflegedienst sowie das Pflegegeld, lassen sich auch miteinander kombinieren. Entscheidend für die Höhe der Leistung ist die Beeinträchtigung der Selbstständigkeit oder der Fähigkeiten. Gemessen wird die Schwere der Pflegebedürftigkeit in fünf **Pflegegraden**.

Das zweite Pflegestärkungsgesetz brachte 2016 wesentliche Änderungen für die gesetzliche Pflegeversicherung. So hat der Gesetzgeber das Verfahren zur Begutachtung von Pflegebedürftigkeit von Grund auf erneuert und das alte System der **Pflegestufen durch fünf neue Pflegegrade ersetzt**. Der Vorteil: Das seit 2017 geltende Verfahren schließt Versicherte mit Demenzerkrankungen genauso ein wie Pflegebedürftige mit körperlichen Einschränkungen.

Besonderheiten bei Pflegegrad 1

Eine Sonderstellung im neuen System nimmt Pflegegrad 1 ein. Stellt der Gutachter bei Ihnen oder Ihrem Angehörigen diesen Pflegegrad fest, bedeutet das, dass Ihre Selbstständigkeit oder Ihre Fähigkeiten nur zu einem **geringen Grad beeinträchtigt** sind. In dem Fall steht Ihnen erst einmal **nur ein Teil der Leistungen** aus der Pflegeversicherung zu. Pflegegeld, Sachleistungen durch den Pflegedienst und die Pflege im Heim gibt es dann noch nicht.

Nehmen Sie eine Pflegeberatung in Anspruch

Sobald Sie Pflegeleistungen beantragen, sind die Pflegekassen gesetzlich verpflichtet, Sie innerhalb von zwei Wochen über die Möglichkeiten der **kostenlosen Pflegeberatung** zu informieren. Auch nahe Angehörige können sich beraten lassen. Die Pflegeberatung übernehmen Beratungsstellen oder einzelne Berater, auch viele Krankenkassen haben eigene Beraterinnen. Ebenso informieren Pflegestützpunkte der Länder, Kommunen und freie Träger wie Wohlfahrtsvereine über die Voraussetzungen, die für einen Pflegegrad erfüllt werden müssen. Über die **Datenbank des Zentrums für Qualität in der Pflege** finden Sie Beratungsangebote in Ihrer Nähe. Die kostenlose Beratung sollten Sie unbedingt in Anspruch nehmen, denn die Berater erklären Ihnen nicht nur, wie die Einstufung in einen Pflegegrad funktioniert. Sie können auch nützliche Hinweise dazu geben, welche **Leistungen und Hilfsangebote** Sie in Anspruch nehmen können. Außerdem unterstützen die Berater dabei, die **Pflege zu organisieren** und können auch beim Widerspruch gegen die Pflegekasse helfen, falls diese einen Pflegegrad ablehnt.

Auch bei der Suche **nach einem geeigneten Betreuungsangebot** können Ihnen die Beraterinnen helfen. Häufig sind sie gut vernetzt und wissen, welche Dienste noch neue Kunden annehmen. Es gibt aber auch Webseiten, die Ihnen einen ersten Überblick über Betreuungsangebote in Ihrer Nähe bieten – so zum Beispiel der **Pflegelotse des Verbands der Ersatzkassen**.

Was leistet die Versicherung bei der häuslichen Pflege?

Die finanzielle Unterstützung bei häuslicher Pflege hängt davon ab, ob ein Pflegedienst die Leistungen erbringt oder ob sich nahestehende Personen kümmern. Für die Hilfe durch einen **Pflegedienst** gibt es **sogenannte Pflegesachleistungen**, deren Höhe vom jeweiligen Pflegegrad abhängt. Das Geld dafür überweist die Kasse direkt an den Pflegedienst.

Pflegende Angehörige erhalten hingegen ein Pflegegeld, das ebenfalls nach Pflegegraden gestaffelt ist, aber niedriger ausfällt. Sie müssen nicht im Einzelnen nachweisen,

Leistungen der Pflegekasse bei vollstationärer Pflege

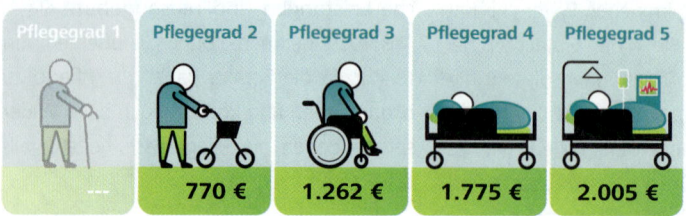

¹ monatliche Leistungssätze seit 2017.

Quelle: Bundesgesundheitsministerium (Stand: 13. Dezember 2021).

wie sie das Geld verwenden. Das **Pflegegeld für Angehörige** wurde zuletzt 2017 erhöht. Der Höchstsatz liegt bei 901 Euro.

Bei **teilstationärer** Pflege, der Tages- oder Nachtpflege, gelten dieselben Sätze wie für die Pflegesachleistungen bei häuslicher Pflege durch einen Pflegedienst.

Diese Leistungen gibt es unabhängig vom Pflegegrad

Sind Sie pflegebedürftig, haben Sie unabhängig vom Pflegegrad Anspruch auf folgende Leistungen:

Wohnumfeld verbessernde Maßnahmen – Bis zu 4.000 Euro pro Maßnahme gibt es von der Pflegekasse, wenn das Wohnumfeld baulich der Pflegesituation angepasst wird. Dafür müssen Sie einen **Kostenvoranschlag** bei der Kasse einreichen. Das gilt zum Beispiel für den Einbau einer bodengleichen Dusche oder das Anpassen der Fenstergriffe auf Greifhöhe bei Rollstuhlfahrern.

Wohnen Sie in einer Wohngemeinschaft mit anderen Pflegebedürftigen, können Sie die Zuschüsse mit anderen Bewohnern zusammenlegen, bis insgesamt 16.000 Euro. Die Pflegekasse bewilligt Umbauten in der Regel, wenn die häusliche Pflege damit erheblich erleichtert wird und ein Mensch dadurch selbstständiger seinen Alltag bewältigen kann.

Pflegehilfsmittel – Diese sollen die Pflege zu Hause erleichtern, Beschwerden lindern oder Pflegebedürftigen Selbstständigkeit ermöglichen. Dazu zählen zum Beispiel Einmalhandschuhe und Desinfektionsmittel. Ebenso dazu gehören technische Hilfsmittel wie ein Hausnotrufsystem, ein Pflegebett oder eine Rückenstütze. Eine ärztliche Verordnung ist hier nicht notwendig, Sie müssen die Hilfsmittel telefonisch oder schriftlich bei der Kasse beantragen.

Entlastungsbetrag – Werden Sie zu Hause gepflegt, steht Ihnen der Entlastungsbetrag in Höhe von 125 Euro im Monat zu. Ab

Pflegegrad 1 können Sie damit Ausgaben für Entlastungsangebote wie Hilfe im Haushalt oder beim Einkaufen bezahlen. Ebenso lässt sich das Geld auch für Betreuung und Alltagsbegleitung nutzen: Geschulte Helfer übernehmen dann ehrenamtlich die stundenweise Betreuung in der Wohnung oder in einer Gruppe außer Haus. Die Freiwilligen bekommen eine geringe Aufwandsentschädigung. Organisiert wird das Ganze häufig von Sozialstationen und Wohlfahrtsverbänden. Bei Pflegegrad 2 bis 5 können Sie den Entlastungsbetrag auch für Kurzzeitpflege sowie Tages- und Nachtpflege einsetzen.

Der Entlastungsbetrag wird nicht wie das Pflegegeld direkt ausgezahlt, sondern erst erstattet, wenn Sie Leistungen eines Dienstes in Anspruch genommen haben. Sie gehen also in **Vorleistung** und bekommen das Geld zurück, nachdem Sie die Quittung bei der Kasse eingereicht haben. In jedem Bundesland gibt es andere Bestimmungen dafür, welche Dienstleistungen Sie sich über den Entlastungsbetrag erstatten lassen können. Fragen Sie deshalb am besten bei Ihrer Pflegekasse oder einem Pflegeberater nach, welche entsprechenden Angebote es an Ihrem Wohnort gibt.

Ab Pflegegrad 2 gibt es weitere Unterstützung

Bei Pflegegrad 1 sind Leistungen wie das Pflegegeld und die Hilfe durch professionell Pflegende zuhause und im Pflegeheim noch nicht vorgesehen. Auch Leistungen wie die Kurzzeitpflege, die Verhinderungspflege oder die Tages- und Nachtpflege gibt es erst ab Pflegegrad 2.

Kurzzeitpflege – Wenn Sie einen Angehörigen pflegen und eine Auszeit brauchen, etwa weil Sie krank sind oder in den Urlaub fahren, kann die Kurzzeitpflege helfen. Sie ermöglicht es, den Pflegebedürftigen für einen **begrenzten Zeitraum** in einem **Pflegeheim** unterzubringen. Ab 2022 bewilligt die Kasse 1.774 Euro für bis zu acht Wochen pro Kalenderjahr.

Verhinderungspflege – Bis 1.612 Euro für höchstens sechs Wochen im Kalenderjahr sind vorgesehen, wenn eine Ersatzpflegeperson die häusliche Pflege übernimmt. Die Verhinderungspflege lässt sich auch stundenweise nutzen Wie viel die Pflegekasse für die Verhinderungspflege erstattet, hängt davon ab, wer die Vertretung übernimmt. Springt ein **Verwandter** ein, gibt es weniger Geld, als wenn Sie einen professionellen Pflegedienst beauftragen. Sie können die Budgets für Kurzzeit- und Verhinderungspflege auch **kombinieren** und dann bis zu 3.386 Euro pro Jahr für eine der beiden Leistungen nutzen.

Tages- und Nachtpflege – In diesem Fall verbringen Versicherte den Tag in **teilstationärer Pflege** – also in einer Einrichtung, die zeitweise Pflege und Betreuung anbietet. Möglich ist das für einzelne oder mehrere Tage in der Woche. Teil des Tagesablaufs sind Essens- und Ruhezeiten wie auch Beschäftigungs- und Sportangebote. Nachtpflege wird im Gegensatz zur Tagespflege sehr selten angeboten. Tages- und Nachtpflege können Sie mit dem Pflegegeld und Pflegesachleistungen kombinieren.

Welche Kosten werden bei stationärer Pflege übernommen?

Die monatlichen Sätze für die Pflege im Heim beginnen bei 770 Euro für Pflegebedürftige mit Pflegegrad 2. Für Pflegebedürftige mit dem Pflegegrad 5 zahlt die Kasse derzeit einen **Höchstsatz von 2.005 Euro**.

Bei der Pflege im Heim steht Ihnen ein **Betreuungsbetrag von 125 Euro** ähnlich dem Entlastungsbetrag bei der Pflege zuhause zu. Davon lassen sich Beschäftigung wie Gruppenangebote oder auch eine stundenweise Einzelbegleitung finanzieren.

Die gesetzliche Pflegeversicherung kommt nur für die Pflegeleistungen auf. Allerdings deckt der Zuschuss der Versicherung in der Regel die anfallenden Kosten nicht komplett ab. Es bleibt ein **Eigenanteil**, den Sie selbst tragen müssen. Dieser Eigenanteil ist für alle Bewohner einer Einrichtung gleich, er unterscheidet sich jedoch regional und von Heim zu Heim. Für Sie als Bewohner bedeutet das: Bei einer Einstufung in einen höheren Pflegegrad zahlt die Kasse dem Pflegeheim mehr, für Sie selbst bleibt der Eigenanteil jedoch derselbe. Sie müssen also keine höheren Kosten fürchten, wenn Sie mehr Pflege brauchen.

In dem genannten Eigenanteil für die Pflege **nicht eingeschlossen** sind die Kosten für **Unterkunft** und Verpflegung, also beispielsweise für **Mahlzeiten** und Nebenkosten. Das müssen Sie zusätzlich selbst zahlen. Obendrauf kommen außerdem die sogenannten **Investitionskosten**, etwa Ausgaben für Ausbau und Instandhaltung der Gebäude. Diese darf der Betreiber des Pflegeheims auf die Bewohner umlegen.

Wie hoch die Kosten sind, die Bewohner selbst tragen müssen, **variiert** je nach Einrichtung. Es kann sich deshalb lohnen, die Angebote verschiedener Pflegeheime zu vergleichen. Im Bundesdurchschnitt mussten Pflegebedürftige im Juli 2021 nach Angaben des Verbands der Ersatzkassen **2.125 Euro selbst zahlen** für einen Heimplatz. Die finanzielle Belastung variiert auch von Ort zu Ort. In Nordrhein-Westfalen waren es im Schnitt fast 2.496 Euro, in Sachsen-Anhalt kamen die Pflegebedürftigen mit rund 1.539 Euro durchschnittlich am günstigsten weg.

Eigenanteil wird ab 2022 reduziert

Den hohen Eigenanteil können viele Betroffene nicht aus ihrer Rente finanzieren. Sozialverbände, Verbraucherorganisation und Pflegeexperten fordern deshalb seit Langem, den Eigenanteil zu deckeln. Die große Koalition hat sich allerdings gegen einen solchen Deckel und für einen **Zuschuss zum Eigenanteil** an den Pflegekosten entschieden (Gesundheitsversorgungsweiterentwicklungsgesetz). Die Kosten für Unterbringung, Verpflegung und Investitionen werden hingegen nicht bezuschusst.

Seit dem 1. Januar 2022 sank der Eigenanteil für die Pflegekosten im ersten Jahr im Heim um 5 Prozent, im zweiten um 25 Prozent, im dritten um 45 und danach um 70 Prozent. Die vor Januar 2022 verbrachte Zeit im Pflegeheim wird dabei **angerechnet** (angefangene Monate zählen voll). Das heißt, Pflegebedürftige, die schon länger im Heim sind, starten direkt mit einem höheren Zuschuss. Die Pflegeeinrichtung, die den Pflegebedürftigen versorgt, meldet zum 1. Januar 2022 die bisherige Pflegedauer, rechnet den Zuschuss mit der Pflegekasse ab und stellt den Pflegebedürftigen nur den verbleibenden Eigenanteil in Rechnung.

Spürbare Entlastung dürfte diese **Mini-Reform** aber nur einigen bringen, denn viele Heimbewohner sterben bereits im ersten oder zweiten Jahr des Heimaufenthalts. Zudem soll das Gesetz für eine **bessere Bezahlung** von Pflegekräften sorgen. Das wiederum wird die Kosten die stationäre Pflege im Heim voraussichtlich steigen lassen.

Wie wird die Pflegebedürftigkeit festgestellt?

Wollen Sie Leistungen aus der gesetzlichen Pflegeversicherung erhalten, dann müssen Sie einen **Antrag** bei Ihrer Krankenkasse stellen. Am besten machen Sie das schriftlich, ein formloses Schreiben reicht aus. Entscheidend für die spätere Bewilligung der Leistungen ist das **Datum der Antragstellung**. Ab diesem Datum bekommen Sie oder Ihr Angehöriger – falls Sie stellvertretend für ihn den Antrag stellen – die Leistung genehmigt.

In einem nächsten Schritt beauftragt Ihre Pflegekasse einen **Gutachter**, meist vom Medizinischen Dienst der Krankenversicherung, dem MDK. Der Prüfer kommt zu Ihnen nach Hause bzw. telefoniert mit Ihnen (Corona!) und analysiert, wie selbstständig Sie noch sind und wie viel Hilfe Sie im Alltag benötigen. Für das Ermitteln des Pflegegrads sind **sechs Bereiche** entscheidend:

- Mobilität,
- kognitive und kommunikative Fähigkeiten,
- Verhaltensweisen und psychische Problemlagen, beispielsweise Ängste oder aggressives Verhalten gegenüber anderen,

- Selbstversorgung,
- Bewältigung von und selbstständiger Umgang mit krankheits- und therapiebedingten Anforderungen und Belastungen, wie die Fähigkeit selbstständig alle notwendigen Medikamente einzunehmen, sowie
- Gestaltung des Alltagslebens.

Tipp

Es ist sinnvoll, dass Sie eine **Pflegeberatung** nutzen, bevor Sie in den Widerspruch gehen. Die Beratenden kennen den Ablauf des Verfahrens und können die Situation meist gut einschätzen. Außerdem geben Sie Ihnen Hinweise, wie Sie am besten vorgehen und welche Fristen Sie einhalten müssen. Auf der Internetseite des Zentrums für Qualität in der Pflege finden Sie über die Postleitzahlensuche Beratungsstellen in Ihrer Nähe. Mehr dazu unter:

 http://beratungsdatenbank.zqp.de/

Auch Kommunen, Verbraucher- und Wohlfahrtsverbände bieten häufig Beratung an.

Anschließend **empfiehlt der Gutachter** den entsprechenden **Pflegegrad und die Art der Pflege**. Die Kasse legt schließlich den Pflegegrad fest und informiert den Versicherten. Eine Entscheidung muss innerhalb von fünf Wochen erfolgen, in dringenden Fällen sieht der Gesetzgeber auch kürzere Fristen von ein oder zwei Wochen vor.

Was können Sie tun, wenn die Einstufung zu niedrig ist?

Sofern der Bescheid der Krankenversicherung bei Ihnen eingegangen ist und der bewilligte Pflegegrad nicht Ihren Erwartungen entspricht, können Sie dagegen **schriftlich Einspruch einlegen**. Meist muss das **innerhalb von einem Monat** geschehen. Das gilt auch, wenn die Pflegekasse einzelne Pflegeleistungen ablehnt. Lässt sich im Widerspruchsverfahren keine Einigung mit der Pflegekasse erzielen, können Sie vor dem Sozialgericht klagen. Grundsätzlich ist das Verfahren kostenfrei, es ist aber ratsam, sich von einem Anwalt beraten zu lassen.

Was, wenn der Versicherungsschutz nicht ausreicht?

Die gesetzliche Pflegeversicherung übernimmt immer nur einen Teil der Kosten im Pflegefall. Die **Lücke** zwischen den Versicherungsleistungen und den tatsächlichen Kosten beträgt auch nach der Pflegereform **oft mehrere Hundert oder gar Tausend Euro**. Die Differenz müssen Pflegebedürftige anderweitig begleichen. Das kann durch ein hohes Alterseinkommen geschehen, durch Rücklagen oder durch eine private Pflegezusatzversicherung (siehe dazu Kapitel 1.1.12, Seite 133).

Wer nicht in der Lage ist, die notwendige Pflege selbst zu finanzieren, kann auch **"Hilfe zur Pflege"** beantragen. Mit dieser Sozialleistung unterstützt der Staat pflegebedürftige Menschen. Bevor Sie Hilfe zur Pflege bekommen, müssen Sie jedoch Ihr Vermögen aufbrauchen. Kinder müssen nur dann im Rahmen des sogenannten Elternunterhalts für die Pflegekosten ihrer Eltern einstehen, wenn ihr Jahreseinkommen 100.000 Euro übersteigt, siehe dazu Kapitel 3.3.4 ab Seite 534.

Tipp

Die Kosten für die Pflege von Angehörigen können Sie in der Steuererklärung als außergewöhnliche Belastungen absetzen – allerdings erst nach Abzug der Leistungen aus der Pflegeversicherung und der zumutbaren Eigenbelastung.

Die Kosten für die Pflege von Angehörigen können Sie in der Steuererklärung als **außergewöhnliche Belastungen** absetzen – allerdings erst nach Abzug der Leistungen aus der Pflegeversicherung und der zumutbaren Eigenbelastung.

Holzhaus vs. Haus aus Stein

Fast alle Fertighäuser werden heute in Holzbauweise erstellt – **aber wäre Stein-auf-Stein nicht doch besser?**

Kommt ganz darauf an, denn bei beiden Bauweisen sind große Unterschiede in
→ Konstruktion
→ Qualität
→ Ausstattung
möglich.

Besonders wichtig:
→ Regelmäßige Instandhaltung
→ Aufwand dafür muss aber ökonomisch vernünftig sein

→ „wirtschaftliche" Nutzungsdauert liegt unabhängig von der Bauweise bei 80 bis 100 Jahren
→ „technische mögliche" Lebensdauer dagegen vielfach höher, wie jahrhundertealte Holz- und Steinbauten zeigen

Der Blick aufs Geld zeigt die Realität:
→ Studien der Uni Leipzig zeigen, dass sich beide Bauweisen in Sachen Lebensdauer und Wertbeständigkeit nichts nehmen
→ Holzhäuser brennen nicht schneller oder leichter als Steinhäuser
→ Auch Banken machen keinen Unterschiede bei der Laufzeit für die Hypothekenkredite

STIMMT ES, DASS EIN STEINHAUS LÄNGER HÄLT ALS EIN HOLZHAUS?

Quelle: LBS, Schwäbisch Hall, Einfamilienhaus, Bauen, Statista

WISSEN IN BESTFORM

» Steuerliche Optimierung von Abfindungen «

DVVS Deutscher Verband Vermögensberatender Steuerberater e.V.: StB Markus Schmetz

Aktuelle Lage // Die ermäßigte Besteuerung (sog. Fünftelregelung) // Die Voraussetzungen für die Berücksichtigung der Fünftelregelung // Führt die Fünftelregelung immer zu einer geringeren Besteuerung? // Erste Beratung vor Unterzeichnung des Aufhebungsvertrages // Überprüfung, ob ermäßigte Besteuerung in Frage kommt // Die Steuervorausberechnung im Jahr des Abfindungsbezuges – Ein Muss // Die Liquiditätsplanung über mehrere Jahre – Die Kür // Die private Finanzplanung – Die Königsdisziplin

Aktuelle Lage

Sowohl die Corona-Pandemie mit ihren teils eklatanten Auswirkungen auf Branchen, wie das Touristik-, Veranstaltungs- und Gastgewerbe als auch der anhaltende Strukturwandel sowie die Absatzkrise in der Automobilindustrie sorgen derzeit für eine Welle von Entlassungen.

Daher ist das Thema der steuerlichen Optimierung von Abfindungen präsenter denn je.

Neben der Beratung durch einen Rechtsanwalt für die arbeitsrechtliche Seite des Ausscheidens aus dem Unternehmen sollten Arbeitnehmer unbedingt auch die Dienste eines versierten Steuerberaters für eine steuerliche Optimierung der Abfindung in Anspruch nehmen. In diesem Sonderthema finden Sie wichtige Anhaltspunkte dafür, wie Arbeitnehmer ihren Abfindungsbezug strukturieren und optimieren können, um einen möglichst hohen Nettobetrag behalten zu dürfen.

Die ermäßigte Besteuerung (sog. Fünftelregelung)

Abfindungen werden unter gewissen Voraussetzungen (siehe unten) ermäßigt besteuert. Die Regelung der ermäßigten Besteuerung ist auch als sog. **Fünftelregelung** bekannt.

Der Steuertarif hat einen progressiven Verlauf. Somit gilt: Je höher das Einkommen, desto höher sind die prozentualen Steuerabzüge. Weil Abfindungen zum Jahresbrutto addiert werden, können auch Normalverdiener durch die hohe Einmalzahlung vorübergehend in Spitzensteuersätze geraten. Mit der sogenannten ermäßigten Besteuerung – auch Fünftelregelung genannt – lässt sich die Steuerlast aber reduzieren. Dabei wird die Abfindung in der Steuerberechnung des Bezugsjahres der Abfindung gleichmäßig auf fünf Jahre verteilt.

Die Wirkung der Fünftelregelung verdeutlichen die folgenden Beispiele:

▷ **Beispiel 1:**
Der ledige Steuerpflichtige erhält im Januar 2022 eine Abfindung in Höhe von 45.000 Euro. Weitere laufende Einkünfte hat er in 2022 nicht.

Ohne die Berücksichtigung der Fünftelregelung wären **10.014 Euro** an Einkommensteuer zu zahlen.

Sehen wir uns an, wie die Steuer nach der Fünftelregelung berechnet wird:

Ergebnis: Mit Berücksichtigung der Fünftelregelung fällt hier keine Einkommensteuer an. Die **Ersparnis** der ermäßigten Besteuerung (Fünftelregelung) beträgt somit **10.014 Euro**.

▷ **Beispiel 2:**
Der ledige Steuerpflichtige erhält im September 2022 eine Abfindung in Höhe von 45.000 Euro. Von Januar 2022 bis September 2022 erzielt er einen Bruttoarbeitslohn von 50.000 Euro.

Ohne die Berücksichtigung der Fünftelregelung wären hier **30.632 Euro** an Einkommensteuer zu zahlen.

Laufende Einkünfte	0 €
+ ein Fünftel der Abfindung	9.000 €
= zu versteuerndes Einkommen	**9.000 €**
darauf entfallende Einkommensteuer (2022)	0 €
Zu versteuerndes Einkommen ohne Abfindung	0 €
darauf entfallende Einkommensteuer (2022)	0 €
Einkommensteuer mit Abfindung	0 €
- Einkommensteuer ohne Abfindung	0 €
= Unterschiedsbetrag	**0 €**
fünffacher Betrag davon	0 €
Steuer auf Abfindung mit Fünftelregelung	0 €

So wirkt sich die Fünftelregelung aus:

Laufende Einkünfte	50.000 €
+ ein Fünftel der Abfindung	9.000 €
= zu versteuerndes Einkommen	59.000 €
darauf entfallende Einkommensteuer (2022)	**15.512 €**
Zu versteuerndes Einkommen ohne Abfindung	50.000 €
darauf entfallende Einkommensteuer (2022)	**11.884 €**
Einkommensteuer mit Abfindung	15.512 €
- Einkommensteuer ohne Abfindung	11.884 €
= Unterschiedsbetrag	**3.628 €**
fünffacher Betrag davon	18.140 €
zzgl. Steuer auf den Bruttoarbeitslohn von 50.000 €	11.884 €
= Einkommensteuer nach Fünftelregelung	**30.024 €**

Somit beträgt der **Vorteil** der ermäßigten Besteuerung (Fünftelregelung) an dieser Stelle lediglich **608 Euro**.

Die Voraussetzungen für die Berücksichtigung der Fünftelregelung

Es ist nicht so, dass die Fünftelregelung grundsätzlich Anwendung auf eine Abfindungszahlung findet. Daher ist dringend anzuraten, **vor** Unterschrift unter einen Aufhebungsvertrag bzw. **vor** einem Vergleich oder einem Urteil vor dem Arbeitsgericht durch eine steuerliche Beratung überprüfen zu lassen, ob für die Abfindungszahlung die Fünftelregelung angewendet werden kann.

Hier gilt es, einige wichtige Grundregeln zu beachten:

▷ Regel 1: Abfindungszahlung muss (fast) vollständig in einem Veranlagungszeitraum (= Kalenderjahr) erfolgen

Nach ständiger Rechtsprechung setzt die Anwendung der Fünftelregelung voraus, dass die Abfindung zusammengeballt in **einem** Veranlagungszeitraum (Kalenderjahr) zufließt. Der Zufluss mehrerer Teilbeträge in unterschiedlichen Veranlagungszeiträumen ist deshalb grundsätzlich schädlich. Dies gilt allerdings nicht, soweit es sich um eine im

Verhältnis zur Hauptleistung geringfügige Zahlung (maximal 10 Prozent der Hauptleistung) handelt.

▷ **Regel 2: Abfindung muss die entgangenen Einnahmen im Veranlagungszeitraum übersteigen (Zusammenballung von Einkünften)**

Ist die Regel Nr. 1 erfüllt, so ist zu überprüfen, ob der Abfindungsbetrag im Veranlagungszeitraum die entgangenen Einnahmen übersteigt, die der Arbeitnehmer bei Fortsetzung des Arbeitsverhältnisses bezogen hätte. Ist dieses Merkmal erfüllt, so ist die Zusammenballung von Einkünften gegeben und die Abfindung kann stets nach der Fünftelregelung besteuert werden.

Daraus ergibt sich folgendes Beispiel:
- Bruttoarbeitslohn aus Arbeitsverhältnis bis 31.05.2022 = 50.000 Euro
- Abfindungszahlung Juni 2022 = 80.000 Euro
- Einnahmen bei Fortsetzung Arbeitsverhältnis 01.06. - 31.12.2022 = 70.000 Euro.

Ergebnis: In diesem Fall übersteigt die Abfindung die Einnahmen bei Fortsetzung des Arbeitsverhältnisses. Somit ist die Zusammenballung von Einkünften **gegeben**. Die Abfindung ist nach der Fünftelregelung zu besteuern.

▷ **Regel 3: Ist Regel 2 nicht erfüllt, dann ist eine weitere Überprüfung für das Vorliegen der Zusammenballung der Einkünfte vorzunehmen.**

Die Anwendung der Fünftelregelung kommt unter dem Gesichtspunkt der Zusammenballung nämlich auch dann in Betracht, wenn im Jahr des Zuflusses der Abfindung weitere Einkünfte erzielt werden, die der Steuerpflichtige nicht bezogen hätte, wenn das Dienstverhältnis ungestört fortgesetzt worden wäre und er dadurch mehr erhält, als er bei normalem Ablauf der Dinge erhalten hätte.

Bei der Berechnung der Einkünfte, die der Steuerpflichtige bei Fortbestand des Vertragsverhältnisses im Veranlagungszeitraum bezogen hätte, ist grundsätzlich auf die Einkünfte des Vorjahres abzustellen, es sei denn, die Einnahmesituation ist in diesem Jahr durch außergewöhnliche Ereignisse geprägt.

Beispiel:
- Auflösung des Dienstverhältnisses im Jahr 2022.
- Die Abfindung im Jahr 2022 beträgt 30.000 Euro.

Vergleich der Jahre 2021 und 2022 zur Berechnung der Einkünfte

Jahr 2021	
Einkünfte aus nichtselbständiger Arbeit (100.000 EUR ./. AN-Pauschbetrag 1.000 EUR)	99.000 €
Einkünfte aus den übrigen Einkunftsarten	0 €
Summe	**99.000 €**

Jahr 2022	
Einnahmen aus nichtselbständiger Arbeit aus bisherigem Dienstverhältnis	50.000 €
Einnahmen i.S. des § 19 EStG aus neuem Dienstverhältnis	50.000 €
abzgl. AN-Pauschbetrag (1.000 EUR)	99.000 €
Entschädigung	30.000 €
Summe	**129.000 €**

Die Entschädigung (30.000 Euro) übersteigt nicht den Betrag der entgehenden Einnahmen (50.000 Euro).

Der Steuerpflichtige hat aber aus dem alten und neuen Arbeitsverhältnis so hohe Einkünfte, dass es unter Einbeziehung der Abfindung zu einer die bisherigen Einkünfte übersteigenden Zusammenballung von Einkünften und somit zur Anwendung der Fünftelregelung kommt.

Führt die Fünftelregelung immer zu einer geringeren Besteuerung?

Wie wir weiter oben schon gesehen haben, ist die tatsächliche steuerliche Ermäßigung durch die Fünftelregelung **unterschiedlich hoch**.

Als **Faustregel** gilt: Je geringer die laufenden Einkünfte wie z.B. Einkünfte aus nichtselbstständiger Arbeit, Vermietung und Verpachtung, selbstständiger Arbeit oder Gewerbebetrieb im Jahr des Abfindungsbezuges sind, umso größer ist der Steuerspareffekt durch die Fünftelregelung.

Sehen wir uns dazu in der nachfolgenden Tabelle an, welche Steuerersparnis für einen ledigen Steuerpflichtigen bei einer Abfindung von 100.000 Euro und laufenden Einkünften von 70.000 Euro bis 0 Euro entsteht.

Abfindung	zu versteuerndes Einkommen der laufenden Einkünfte	Einkommensteuer ohne Fünftelregelung	Einkommensteuer mit Fünftelregelung	Steuerersparnis durch die Fünftelregelung
100.000,00 €	70.000,00 €	62.132,00 €	62.132,00 €	0,00 €
100.000,00 €	60.000,00 €	57.392,00 €	57.932,00 €	0,00 €
100.000,00 €	50.000,00 €	53.732,00 €	53.124,00 €	608,00 €
100.000,00 €	40.000,00 €	49.532,00 €	46.676,00 €	2.856,00 €
100.000,00 €	30.000,00 €	45.332,00 €	39.340,00 €	5.992,00 €
100.000,00 €	20.000,00 €	41.132,00 €	32.402,00 €	8.730,00 €
100.000,00 €	10.000,00 €	36.932,00 €	25.092,00 €	11.840,00 €
100.000,00 €	0,00 €	32.732,00 €	11.035,00 €	21.697,00 €

Wie der Tabelle zu entnehmen ist, führt die Fünftelregelung nur bei einem zu versteuernden Einkommen der laufenden Einkünfte **unterhalb des Spitzensteuersatzes** zu Steuerersparnissen. Bei Einzelveranlagungen beginnt der Spitzensteuersatz in 2022 bei zu versteuernden Einkünften in Höhe von 58.596 Euro und bei der Zusammenveranlagung in Höhe von 117.192 Euro.

Die erste Lehre daraus sollte sein, dass man möglichst die Abfindungszahlung in ein Jahr mit keinen oder sehr geringen laufenden Einkünften legen sollte. Dies gelingt immer nur dann, wenn auch der Arbeitgeber einer solchen Verschiebung der Auszahlung zustimmt. Eine Prognose ob z.B. eine Verschiebung der Abfindungsauszahlung in das Folgejahr sinnvoll ist, ist vor allem bei Abfindungsempfängern, die noch mitten im Arbeitsleben stehen, äußerst schwierig. Denn hier ist es oft ungewiss, wie die Einkunftssituation im nächsten Jahr aussieht. Bei rentennahen Abfindungsempfängern lassen sich die weiteren Einkünfte im Folgejahr der Beendigung des Arbeitsverhältnisses teils wesentlich besser steuern.

Lässt sich der Zusammenfall des Abfindungsbezuges und laufender Einkünfte in einem

Kalenderjahr nicht verhindern, dann ist unbedingt mit Hilfe einer versierten Steuerberaterin oder eines versierten Steuerberaters eine steuerliche Optimierung durchzuführen.

Der Beispielsfall:

Wie eine solche steuerliche Optimierung aussehen kann, soll das folgende Beispiel einmal veranschaulichen:

Max, geb. am 01.09.1964, verheiratet, unterschreibt Ende 2021 einen Aufhebungsvertrag mit seinem Arbeitgeber, der ihm eine Abfindung in Höhe von 250.000 Euro garantiert. Diese Abfindung wird zum 30.06.2022 ausbezahlt. Bis zum 30.06.2022 erhält Max einen Bruttoarbeitslohn in Höhe von 48.000 Euro.

Seine Frau Mona verdient 25.000 Euro brutto im Jahr und ist gesetzlich krankenversichert.

Max ist privat krankenversichert und leistet derzeit einen monatlichen Gesamtbeitrag inkl. Pflegeversicherung in Höhe von 650 Euro, wovon 520 Euro für die Basisleistungen sind, die er zu 100 Prozent steuerlich geltend machen kann.

Nach dem 30.06.2022 möchte sich Max zunächst arbeitslos melden und Arbeitslosengeld beziehen. Er erhält ab dem 01.07.2022 ein monatliches Arbeitslosengeld von 2.675 Euro sowie einen Zuschuss zur privaten Krankenversicherung und Pflegeversicherung. Dieser Zuschuss zur privaten Kranken- und Pflegeversicherung ist auf die Höhe des Betrages begrenzt, den die Arbeitsagentur zu zahlen hätte, wenn Max gesetzlich krankenversichert wäre. Dieser Zuschuss zur privaten Krankenversicherung beträgt in 2022 maximal 615,33 Euro monatlich. Zur privaten Pflegeversicherung wird in 2022 maximal ein Zuschuss in Höhe von 118,04 Euro geleistet. Die Höhe der Zuschüsse ist jedoch auf die Höhe der Beiträge von Max begrenzt.

Max kann sich gut vorstellen, die Zeit bis zum frühestmöglichen Renteneintrittszeitpunkt am 01.09.2027 zum einem mit dem Bezug des Arbeitslosengeldes als auch mit dem Nettobezug der Abfindung zu bestreiten.

Am Beispiel dieses Sachverhaltes könnte eine entsprechende Beratung wie folgt strukturiert werden:

Erste Beratung vor Unterzeichnung des Aufhebungsvertrages

Leider hat es sich noch nicht weit genug herumgesprochen, dass **vor** der Unterschrift unter einen Aufhebungsvertrag eine steuerliche Beratung sehr gewinnbringend ist. Die Einsicht in die Notwendigkeit, **vor** einer solchen Unterschrift eine(n) Arbeitsrechtler(in) aufzusuchen, ist da bereits weitaus verbreiteter – sinnvoll ist beides.

Denn es gibt eine Vielzahl an Optimierungsmöglichkeiten, die Eingang in den Aufhebungsvertrag finden sollten. Eine dieser Möglichkeiten ist z.B. die Einzahlung eines Ausgleichsbetrages in die Deutsche Rentenversicherung über den Arbeitgeber zur Vermeidung von Rentenabschlägen. Hier ist es ratsam, sich zumindest die Option einer Einzahlung über den Arbeitgeber in den Aufhebungsvertrag schreiben zu lassen. Wie sich diese Einzahlung in die Deutsche Rentenversicherung seitens des Arbeitgebers auswirkt, werden wir nachfolgend noch betrachten.

In unserem Beispiel war Max so umsichtig und hat vor der Unterschrift unter den Aufhebungsvertrag eine steuerliche Beratung wahrgenommen.

Überprüfung, ob ermäßigte Besteuerung in Frage kommt

Wir haben weiter oben gesehen, welcher Prüfungsschritte es zur Klärung der Frage bedarf, ob die Abfindung unter der sog. Fünftelregelung besteuert werden kann.

In unserem Beispiel ist die Situation relativ eindeutig:
- Die erste Bedingung ist erfüllt, da die Abfindung in einer Summe in einem Kalenderjahr zufließt.
- Die zweite Bedingung, dass die Abfindung die entgangenen Einnahmen im Kalenderjahr übersteigt, ist ebenfalls erfüllt, da die Abfindung in Höhe von 250.000 Euro die im zweiten Halbjahr entgangenen Einnahmen aus seinem Arbeitsverhältnis in Höhe von 48.000 Euro übersteigt.

Die Steuervorausberechnung im Jahr des Abfindungsbezuges – Ein Muss

Um einen Überblick über die steuerliche Situation im Jahr des Abfindungsbezuges zu erhalten, ist es zwingend notwendig, eine Steuervorausberechnung für das Jahr des Abfindungsbezuges zu erstellen.

In unserem Beispielsfall kommt diese Steuervorausberechnung 2022 aufgrund des oben dargestellten Sachverhaltes zu folgenden festzusetzenden Steuern:

festzusetzende Einkommensteuer und Solidaritätszuschlag bei **Zusammenveranlagung**	109.254,74 €
festzusetzende Einkommensteuer und Solidaritätszuschlag bei **Einzelveranlagung**	117.912,23 €
Steuervorteil der Fünftelregelung bei Zusammenveranlagung	**10.226,12 €**

Wir kennen nun die steuerlichen Parameter, wenn Max und Mona sich nicht mit einer steuerlichen Optimierung der Abfindung auseinandersetzen würden. Zum Glück läuft es in diesem Fall aber anders:

▷ **Optimierung Nr. 1: Vorauszahlung von Beiträgen zur privaten Krankenversicherung**

Steuerlich besteht die Möglichkeit, das Dreifache des im Veranlagungszeitraum geschuldeten Beitrages zur Kranken- und Pflegeversicherung vorauszubezahlen. Diese Möglichkeit gilt grundsätzlich nur für privat und freiwillig gesetzliche Krankenversicherte. Gesetzlich Krankenversicherten steht diese Möglichkeit dagegen nicht offen, da Sie nicht Beitragsschuldner der Kranken- und Pflegeversicherungsbeiträge sind.

Vorab gilt es für den privat und freiwillig gesetzlich Krankenversicherten allerdings immer zu klären, ob seine Versicherung einer Vorauszahlung von Beiträgen zustimmt. Dies ist meistens der Fall. Jedoch gibt es auch Versicherungen, die entweder keine Vorauszahlungen oder Vorauszahlungen nur eingeschränkt zulassen.

In unserem Fall kann Max das Dreifache des für das Jahr 2022 geschuldeten Beitrages in 2022 in die private Krankenversicherung einzahlen. Der geschuldete Beitrag von Max beträgt in 2022 insgesamt 7.800 Euro (650 Euro x 12), wovon er 6.240 Euro (520 Euro x 12) als Beiträge zu Basisleistungen zu 100 Prozent steuerlich geltend machen kann.

 Wichtig

Die Zuschüsse des Arbeitgebers im ersten Halbjahr sowie die Zuschüsse der Arbeitsagentur im zweiten Halbjahr zu den Beiträgen zur privaten Kranken- und Pflegeversicherung, mindern den geschuldeten Beitrag nicht.

Somit kann Max bis spätestens zum 21.12.2022 steuerlich wirksam für den Veranlagungszeitraum 2022 insgesamt 23.400 Euro (7.800 Euro x 3) vorausbezahlen.

Sehen wir uns einmal an, wie sich diese Vorauszahlung steuerlich auswirkt:

festzusetzende Einkommensteuer und Solidaritätszuschlag bei **Zusammenveranlagung**	93.117,46 €
festzusetzende Einkommensteuer und Solidaritätszuschlag bei **Einzelveranlagung**	104.607,62 €
Steuervorteil der Fünftelregelung bei Zusammenveranlagung	**18.236,73 €**

Nach wie vor ist die Zusammenveranlagung günstiger als die Einzelveranlagung. Die **Vorauszahlung** zur Kranken- und Pflegeversicherung in Höhe von 23.400 Euro führt in 2022 zu einer steuerlichen Entlastung von 16.137,28 Euro. Das bedeutet, dass fast 69 Prozent der Vorauszahlung zur privaten Krankenversicherung in Höhe von 23.400 Euro, also **mehr als zwei Drittel, aus der Steuerersparnis finanziert** wird.

▷ Optimierung Nr. 2: Ausgleichszahlung zur Vermeidung von Rentenabschlägen über den Arbeitgeber

Die Pläne von Max beinhalten unter anderem frühzeitig mit 63 Jahren (zum 01.09.2027) in Rente zu gehen. Sein reguläres Renteneintrittsdatum wäre der 01.09.2031. Er weiß, dass man bei früherem Renteneintritt auch dauerhaft Rentenabschläge in Kauf nehmen muss. Jedoch bietet die Deutsche Rentenversicherung an, diese Rentenabschläge durch eine Zahlung in die Rentenversicherung auszugleichen.

Damit eine solche Ausgleichszahlung möglich ist, müssen grundsätzlich **drei Voraussetzungen** erfüllt sein:

Der Abfindungsempfänger
- muss mindestens **50 Jahre** alt sein und
- **gesetzlich** oder **freiwillig** in der **Deutschen Rentenversicherung** versichert sein und
- mindestens **35 Versicherungsjahre** bis zum geplanten Rentenbeginn erreichen können.

Auf Antrag von Max errechnet die Deutsche Rentenversicherung ihm eine monatliche Rente zum 01.09.2027 in Höhe von 2.000 Euro. Aufgrund der um 48 Monate früheren Inanspruchnahme der Rente beträgt der Rentenabschlag jedoch monatlich 288,00 Euro (14,4 Prozent von 2.000 Euro), so dass er lediglich eine monatliche Rente in Höhe von 1.712 Euro ab dem 01.09.2027 erwarten könnte.

Max kann diesen Rentenabschlag in Höhe von monatlich 288 Euro allerdings mit einer Ausgleichszahlung in Höhe von 71.202 Euro im Jahr 2022 ausgleichen.

Beiträge zur gesetzlichen Rentenversicherung stellen steuerlich abzugsfähige Vorsorgeaufwendungen (Altersvorsorgeaufwendungen) im Sinne des Einkommensteuergesetzes dar. Diese Beiträge sind jedoch steuerlich nur beschränkt abzugsfähig. Im Jahr 2022 beträgt die maximale steuerlich wirksame Einzahlung in die Altersvorsorgeaufwendungen 25.639 Euro bei Einzelveranlagung und 51.278 Euro bei Zusammenveranlagung. Hiervon sind jedoch bereits getätigte Einzahlungen in die Deutsche Rentenversicherung aus den Arbeitsverhältnissen abzuziehen.

Der maximal steuerlich wirksame Ausgleichsbetrag ermittelt sich daher bei Max und Mona wie folgt:

Altersvorsorgeaufwendungen in 2022 maximal	51.278,00 €
abzgl. Einzahlung deutsche Rentenversicherung *Max* (Beitragsbemessungsgrenze 7.050 € x 6 Monate x Rentenversicherungssatz 18,6%)	./. 7.867,80 €
abzgl. Einzahlung deutsche Rentenversicherung *Mona* (2.083,34 x 12 Monate x Rentenversicherungssatz 18,6%)	./. 4.650,00 €
maximal steuerlich wirksame Altersvorsorgeaufwendungen	**38.760,20 €**

Max hat jetzt die Wahl, entweder nach Auszahlung der Nettoabfindung selbst in 2022 insgesamt maximal steuerlich wirksam 38.760,20 Euro in die Deutsche Rentenversicherung einzuzahlen. Oder er zieht die im Aufhebungsvertrag vereinbarte Option und weist seinen Arbeitgeber an, insgesamt maximal 71.202 Euro in die deutsche Rentenversicherung einzuzahlen.

Wählt er die Option der Ausgleichszahlung über den Arbeitgeber, so sind 50 Prozent dieser Zahlung in Höhe von 71.202 Euro = 35.601 Euro steuerfrei nach § 3 Nr. 28 des Einkommensteuergesetzes. Die weiteren 50 Prozent in Höhe von 35.601 Euro werden, wie die restliche Abfindung auch, nach der Fünftelregelung besteuert und können als Altersvorsorgeaufwendungen von Max steuerlich geltend gemacht werden.

Da der Arbeitgeber von Max die Abfindung in Höhe von 250.000 Euro um diese 71.202 Euro mindert, ergeben sich für den Arbeitgeber somit keine finanziellen Nachteile aus dieser Regelung.

Sehen wir uns einmal die steuerlichen Auswirkungen dieser beiden Möglichkeiten an:

Die Einzahlung von 38.760,20 Euro in die deutsche Rentenversicherung durch Max führt zu einer steuerlichen Entlastung in Höhe von 36.395,77 Euro (93.117,46 Euro ./. 56.721,69 Euro). Somit wird die **Ausgleichszahlung von Max zu fast 94 Prozent aus der Steuerersparnis finanziert.**

Die Einzahlung von 71.202 Euro in die deutsche Rentenversicherung **über den Arbeitgeber** führt zu einer steuerlichen Entlastung in Höhe von 44.279,12 Euro (93.117,46 Euro ./. 48.838,34 Euro). Somit wird die Ausgleichszahlung von Max **zu 62 Prozent aus der Steuerersparnis finanziert.**

Einzahlung von 38.760,20 Euro durch Max

festzusetzende Einkommensteuer und Solidaritätszuschlag bei **Zusammenveranlagung**	56.721,69 €
festzusetzende Einkommensteuer und Solidaritätszuschlag bei **Einzelveranlagung**	86.225,30 €
Steuervorteil der Fünftelregelung bei Zusammenveranlagung	**38.623,93 €**

Während die **Ausgleichszahlung alleine durch Max** in Höhe von 38.760,20 Euro lediglich zu einer **höheren monatlichen Rente in Höhe von 156,78 Euro** führt, ergibt sich bei der **Ausgleichszahlung über den Arbeitgeber** in Höhe von 71.202 Euro eine **monatliche Rentenerhöhung von 288 Euro**. Hinzu kommt, dass die Deutsche Rentenversicherung Max einen monatlichen **Zuschuss zur privaten Krankenversicherung** in Höhe von derzeit 7,95 Prozent der monatlichen Rente zahlen wird. Bezogen auf die monatliche Rentenerhöhung von 288 Euro erhält Max also jeden Monat nochmals eine **fast 23 Euro höhere Zahlung der Deutschen Rentenversicherung**.

Spätestens bei diesem Optimierungsbeispiel **erkennt man**, dass man nur mit der statischen Betrachtung des Jahres der Abfindungsauszahlung **unmöglich eine Entscheidung der Vorteilhaftigkeit der Ausgleichszahlung über Max oder über den Arbeitgeber** von Max treffen kann. Denn **bei der statischen Betrachtung** des Jahres 2022 lässt man die **Rückflüsse** der Ausgleichszahlung **über die Rentenzahlungen** der Deutschen Rentenversicherung **vollkommen außer Betracht**. Wie man dieses Problem löst, sehen wir etwas später noch.

Zunächst **entscheidet sich Max** aufgrund der höheren monatlichen Rente **für die Ausgleichszahlung über den Arbeitgeber**.

Einzahlung von 71.202 Euro über den Arbeitgeber

festzusetzende Einkommensteuer und Solidaritätszuschlag bei **Zusammenveranlagung**	48.838,34 €
festzusetzende Einkommensteuer und Solidaritätszuschlag bei **Einzelveranlagung**	71.613,55 €
Steuervorteil der Fünftelregelung bei Zusammenveranlagung	**32.205,70 €**

▷ **Optimierung Nr. 3: Verschiebung des Bezuges des Arbeitslosengeldes auf den 1.1.2023**

Da das Arbeitslosengeld zwar grundsätzlich eine steuerfreie Leistung ist, aber über den sog. **Progressionsvorbehalt** den Steuersatz erhöht, ist eine steuerliche Auswirkung des Bezuges von Arbeitslosengeld im Jahr der Abfindung immer zu überprüfen. Da Max vorhat, die Zeit bis zum frühestmöglichen Renteneintritt am 01.09.2027 mit dem Arbeitslosengeld und der Nettoabfindung zu überbrücken, berechnet sein(e) Steuerberater(in) zunächst einmal die Steuerersparnis in 2022, wenn Max erst ab dem 01.01.2023 das Arbeitslosengeld in Anspruch nimmt.

Nachteilig wäre in diesem Fall, dass Max zum einem im zweiten Halbjahr 2022 kein Arbeitslosengeld (6 x 2.675 Euro = 16.050 Euro) als auch keinen Zuschuss zur privaten Krankenversicherung (6 x 458,35 Euro = 2.750,01 Euro) erhalten würde.

Vorteilhaft wäre jedoch, dass Max zum Zeitpunkt der Inanspruchnahme des Arbeitslosengeldes am 01.01.2023 das 58. Lebensjahr vollendet hat und somit anstatt einer Anspruchsdauer von 18 Monaten eine Anspruchsdauer von 24 Monaten auf das Arbeitslosengeld hätte.

Hinzu kommt noch der steuerliche Vorteil in 2022, wenn das Arbeitslosengeld für 6 Monate nicht in 2022 ausbezahlt wird:

Der Verzicht auf den Bezug des Arbeitslosengeldes und somit auch auf den Zuschuss zur privaten Kranken- und Pflegeversicherung in Höhe von insgesamt 18.800,01 Euro im zweiten Halbjahr 2022 führt zu einem Steuervorteil in Höhe von 13.887,91 Euro.

Aufgrund des um 6 Monate verlängerten Anspruchs auf das Arbeitslosengeld und des Steuervorteils in 2022 stellt sich in diesem Beispielsfall die Frage der Vorteilhaftigkeit einer Verschiebung des Bezuges des Arbeitslosengeldes auf den 01.01.2023 aber gar nicht wirklich – denn dieser Vorteil liegt hier klar auf der Hand.

festzusetzende Einkommensteuer und Solidaritätszuschlag bei **Zusammenveranlagung**	34.950,43 €
festzusetzende Einkommensteuer und Solidaritätszuschlag bei **Einzelveranlagung**	58.134,87 €
Steuervorteil der Fünftelregelung bei Zusammenveranlagung	43.404,42 €

▷ **Optimierung Nr. 4: Spende**

Sie werden sich nun sicherlich fragen, wie denn eine Spende zu einer Steueroptimierung führen soll. Zugegeben ist die Spende oft das letzte Mittel der Steueroptimierung bei Abfindungen. Wenn sie jedoch zur Anwendung kommt, dann werden Sie nie wieder so gerne spenden wie in diesem Fall.

Bis auf einen Betrag in Höhe von 6.639 Euro haben wir das zu versteuernde Einkommen der laufenden Einkünfte, also die Einkünfte ohne die Abfindung, bereits gemindert. Wenn Max und Mona diesen Betrag insgesamt an eine oder auch mehrere gemeinnützige Organisation(en) spenden, so ergibt sich die folgende steuerliche Auswirkung:

Fazit: Durch diese vier Optimierungen haben wir es geschafft, die **Steuer von 109.157,68 Euro auf 25.860,00 Euro im Jahr des Abfindungsbezuges zu senken**.

Die Liquiditätsplanung über mehrere Jahre – Die Kür

Jetzt ist die Senkung der festzusetzenden Einkommensteuer von 109.157,68 Euro auf 25.860 Euro ja **nur die halbe Wahrheit**. Denn schließlich haben Max und Mona auch Geld aufgewandt, um diese Steuersenkung zu erzielen. Sie haben zum einem die Krankenversicherungsaufwendungen vorausbezahlt, eine hohe Einzahlung zu Lasten der Abfindung in die Deutsche Rentenversicherung geleistet und eine Spende getätigt.

festzusetzende Einkommensteuer und Solidaritätszuschlag bei **Zusammenveranlagung**	25.860,00 €
festzusetzende Einkommensteuer und Solidaritätszuschlag bei **Einzelveranlagung**	49.837,30 €
Steuervorteil der Fünftelregelung bei Zusammenveranlagung	**49.585,16 €**

Und das ist dann der Traum eines jeden Steuerzahlers: Endlich einmal mehr an Steuern wieder zurück bekommen, als man bezahlt hat.

Aufgrund der Spende von 6.639 Euro zahlen Max und Mona eine geringere Steuer in Höhe von 9.090,43 Euro (34.950,43 Euro ./. 25.860,00 Euro).

Bei der Spende ist es noch einfach, den Liquiditätsvorteil im Jahr 2022 zu ermitteln. Bei den Optimierungen, die sich auf mehrere Jahre auswirken, wird es schon deutlich schwieriger. Hierfür wird dann eine mehrjährige Liquiditätsplanung benötigt.

In diese Liquiditätsplanung lassen wir dann alle steuerrelevanten Einnahmen und Ausgaben (Einnahmen aus nichtselbständiger Arbeit, evtl. weitere steuerpflichtige Einkünfte, Werbungskosten, steuerlich abzugsfähige Versicherungsaufwendungen, Sonderausgaben etc.) mit einfließen und vergleichen die kumulierte Liquidität in den entsprechenden Jahren.

Sehen wir uns also einmal die kumulierte Liquidität, das heißt die Aufsummierung der steuerrelevanten Zuflüsse und Abflüsse, im Fall vor Optimierung sowie bei Vorauszahlung der privaten Krankenversicherung für die Jahre 2022 bis 2025 an:

einer Steuerplanungssoftware für mehrere Jahre ist. Denn wirklich spannend bei der Ausgleichszahlung ist ja die Antwort auf die Frage, wann sich diese Zahlung in Höhe von 71.202 Euro an die Deutsche Rentenversicherung durch den späteren höheren Rentenbezug für Max amortisiert. Anders gesprochen: **Wie alt muss Max werden, damit sich die Ausgleichszahlung für Ihn lohnt?**

In einer Betrachtung vor Steuern und ohne Annahme einer Rentensteigerung ist das noch einfach zu beantworten. Bei einer

kumulierte Liquidität	2022	2023	2024	2025
Vorauszahlung KV	211.058 €	267.322 €	287.256 €	306.242 €
vor Optimierung	218.349 €	267.484 €	279.303 €	290.960 €
Abweichung	./. 7.291 €	./. 162 €	7.953 €	15.282 €

Führt die **Vorauszahlung der privaten Krankenversicherung** im Jahr 2022 noch zu einer Liquiditätsbelastung von 7.291 Euro, so ergibt sich insgesamt bis 2025 ein kumulierter Liquiditätsvorteil in Höhe von 15.282 Euro.

Hätten wir das obige Ergebnis für die vier Betrachtungsjahre vielleicht noch mit einem Steuerberechnungsprogramm ermitteln können, so zeigt sich beim Beispiel der **Ausgleichszahlung in die Rentenversicherung, wie wichtig eine Planung unter Einsatz**

um 288 Euro monatlich höheren Rente sowie einem um 23 Euro höheren monatlichen Zuschuss zur privaten Krankenversicherung (288 Euro x 7,95 Prozent) ab dem 01.09.2027 müsste Max den 01.10.2046 erleben, um die Einzahlung von 71.202 Euro wieder einzuspielen und in die Gewinnzone zu kommen. Dann hätte Max gerade seinen 82. Geburtstag gefeiert.

Da bei dieser Berechnung jedoch der Steuervorteil im Jahr der Ausgleichszahlung, der Steuernachteil der späteren Versteuerung der Rente sowie die Annahme einer späteren jährlichen Rentensteigerung außer Betracht bleiben, ist diese **Bruttobetrachtung nicht wirklich zielführend.**

Vergleichen wir also einmal, wie sich die kumulierte Liquidität im Szenario der Steueroptimierungen inkl. Einzahlung in die Deutsche Rentenversicherung gegenüber dem Szenario der Steueroptimierungen ohne Einzahlung in die Deutsche Rentenversicherung entwickelt.

Bei unserer Betrachtung gehen wir von jährlichen Rentensteigerungen von 1,5 Prozent aus. Dies entspricht der durchschnittlichen jährlichen Rentensteigerung seit dem Jahr 2000 im Westen Deutschlands:

Kostet die Einzahlung in die Deutsche Rentenversicherung im Jahr 2022 nach Steuern noch 15.539 Euro, so ist der **Amortisationszeitpunkt** bereits im Jahr 2032 erreicht. Also ist die **Ausgleichszahlung** in die Deutsche Rentenversicherung für Max **bereits im Alter von 68 Jahren vorteilhafter.**

Hatten wir vor Aufstellung der Liquiditätsplanung noch per **Faustformel** ermittelt, dass sich die Einzahlung in die Deutsche Rentenversicherung erst Anfang 2046 amortisiert, so stellen wir mit der **Liquiditätsplanung** fest, dass Max in diesem Jahr bereits einen Vorteil von 51.835 Euro mit der Einzahlung in die Deutsche Rentenversicherung erzielt haben wird.

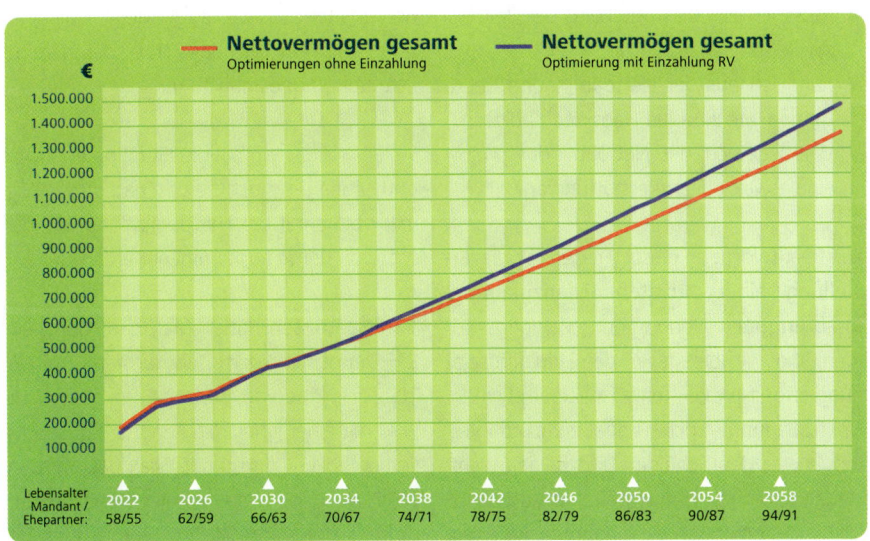

kumulierte Liquidität	2022	2028	2032	2038	2046
Einzahlung Rentenversicherung	180.528 €	361.637 €	473.877 €	657.772 €	921.648 €
Keine Einzahlung Rentenversicherung	195.887 €	372.793 €	471.601 €	635.209 €	869.813 €
Abweichung	./. 15.539 €	./. 11.156 €	2.276 €	22.563 €	51.835 €

Die private Finanzplanung – Die Königsdisziplin

Oft beschäftigen den Abfindungsempfänger neben der Frage nach der steuerlichen Optimierung noch viele weitere Fragen, wie z.B.:

- Wie lange kann ich von der Nettoabfindung leben?
- Reicht die Nettoabfindung, um die Zeit bis zur Rente zu überbrücken?
- Muss ich zur Überbrückung der Zeit bis zur Rente Ersparnisse einsetzen?
- Kann ich aus der Nettoabfindung Belastungen wie z.B. den Hauskredit ablösen?
- Wie lege ich die Nettoabfindung bzw. eine etwaige Steuererstattung an?

Zur Beantwortung dieser Fragen ist die **Erstellung einer privaten Finanzplanung unabdingbar**. Neben den Zahlungsströmen, die wir bereits in der Liquiditätsplanung erfasst haben, fehlen zu einer privaten Finanzplanung noch Angaben zum Vermögen, zu den Schulden und zu den nicht steuerwirksamen Einnahmen und Ausgaben. Nicht steuerwirksame Einnahmen könnten z.B. Einnahmen aus Minijobs sein. Auf der Ausgabenseite sind nicht steuerwirksame Versicherungen und vor allem Lebenshaltungskosten mit einzuplanen. Aber auch eventuelle Kosten für das Eigenheim oder die gemietete Immobilie sind hier zu erfassen.

Sofern man sich bisher nicht damit beschäftigt hat, wie die finanzielle Situation im Rentenalter aussieht, so ist der Erhalt einer Abfindung ein wichtiger bzw. der richtige Zeitpunkt, um es nun zu tun.

Sehen wir uns einmal die Situation von Max und Mona an. Auch sie beschäftigt das Thema, ob Sie mit der Nettoabfindung und der späteren Rente auskommen werden.

An Ersparnissen haben Max und Mona ein ETF-Depot mit einem Depotbestand Anfang 2022 in Höhe von 60.000 Euro. Planerisch wird mit einer jährlichen Rendite des Depots von 4 Prozent gerechnet. Max bekommt in 2027 noch eine steuerfreie Direktversicherung in Höhe von 25.000 Euro ausbezahlt.

Die Lebenshaltungskosten inkl. Miete belaufen sich auf 2.500 Euro pro Monat. Für die Planung gehen wir von einer jährlichen Inflationsrate von 2,5 Prozent aus.

Mona erhält ab dem 01.06.2030 eine monatliche Rente in Höhe von 1.200 Euro. Auch hier gehen wir von Rentensteigerungen in Höhe von 1,5 Prozent p. a. aus.

Sehen wir uns zunächst einmal die jährliche freie Liquidität von Max und Mona ab dem Jahr 2022 an:

kenversicherung zu leisten sind und das Arbeitslosengeld von Max wegfällt, haben wir bereits eine jährliche Liquiditätsunterdeckung. Im Jahr 2027 erfolgt die Auszahlung der Direktversicherung von Max mit 25 TEuro und er erhält erstmalig Rentenzahlungen. Ab 2030 fällt das Gehalt von Mona weg und auch sie erhält eine Rente. Ab diesem Zeitraum ergibt sich dauerhaft eine jährliche Liquiditätsunterdeckung.

Es stellt sich daher die Frage, wie lange diese Liquiditätsunterdeckungen durch die Liqui-

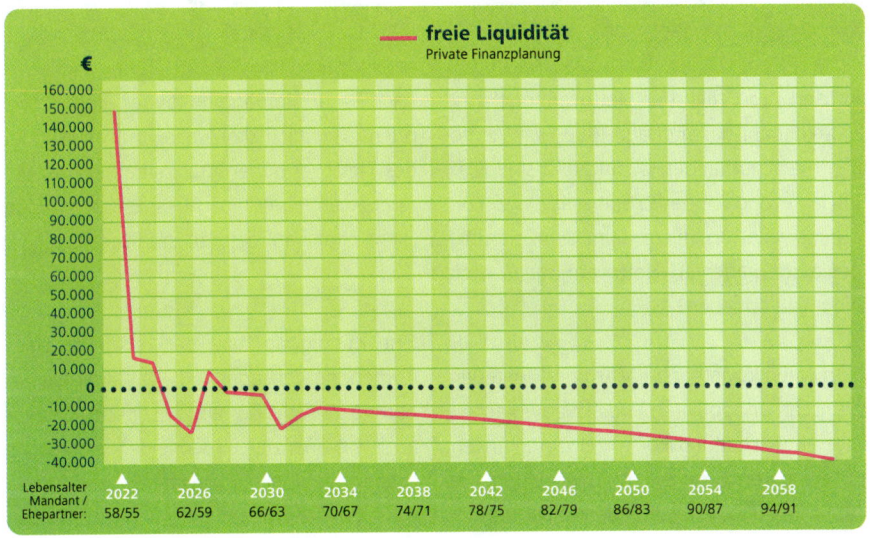

Während im Jahr der Abfindung die freie Liquidität noch bei 150.000 Euro liegt, sinkt diese in den Jahren 2023 und 2024 knapp unter 20 TEuro p.a. ab. Ab dem Jahr 2025, in dem wieder Beiträge zur privaten Kran-

ditätsüberschüsse in 2022 bis 2024 sowie 2027 bzw. durch das Guthaben des ETF-Depots ausgeglichen werden können. Diese Frage beantwortet der Blick auf den Verlauf des **Nettovermögens** von Max und Mona:

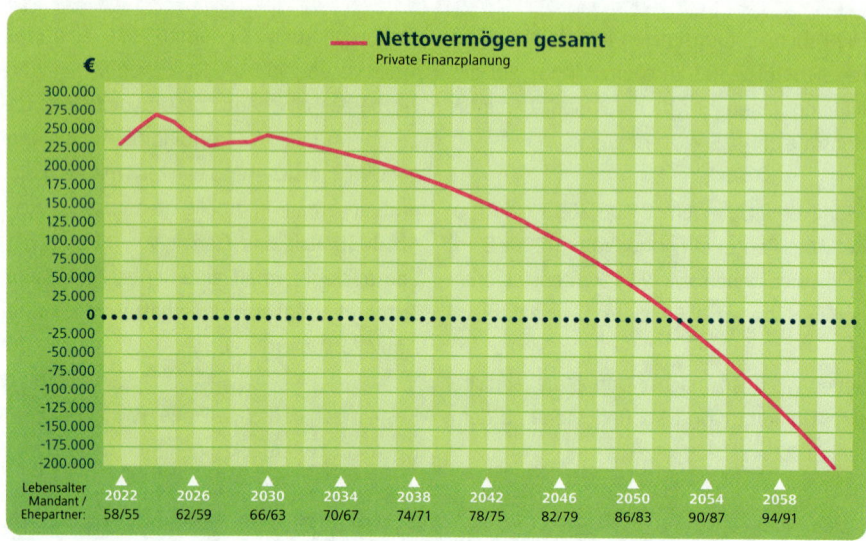

Anhand der Grafik des Nettovermögens ist zu erkennen, dass im Jahr 2052 kein Vermögen mehr vorhanden ist. In 2052 sind Max 88 Jahre und Mona 85 Jahre alt. Was könnte man hier optimieren, um den Zeitpunkt des aufgebrauchten Nettovermögens nach hinten zu schieben?

Zum einen könnte man Max und Mona den ziemlich unpopulären Vorschlag machen, ihre Lebenshaltungskosten einzuschränken. Zum anderen wäre es eine Überlegung, die hohe freie Liquidität aus der Abfindung im Jahr 2022 zum Großteil im ETF-Depot zu parken und einen Entnahmeplan in den späteren Jahren zu verfolgen.

Wenn Max und Mona 140.000 Euro in das ETF-Depot einzahlen und nach und nach je nach Bedarf Entnahmen tätigen, könnte wie oben ersichtlich die Zeit bis zum Nullpunkt des Nettovermögens so immerhin um weitere zwei Jahre hinausgeschoben werden (siehe Grafik auf der nächsten Seite).

Fazit

Eine Kündigung bzw. der Abschluss eines Aufhebungsvertrages mit Abfindungsvereinbarung ist nicht nur ein persönlich, sondern auch ein finanziell einschneidendes Ereignis. Eine umfassende steuerliche Beratung, möglichst bereits **vor** der Unterschrift unter den Aufhebungsvertrag ist unbedingt zu empfehlen. Auch wenn sich bestimmt einige Tipps aus unserem Beispiel adaptieren lassen, so bedarf es **unbedingt einer fachlichen Expertise**. Denn kein Fall ist wieder andere.

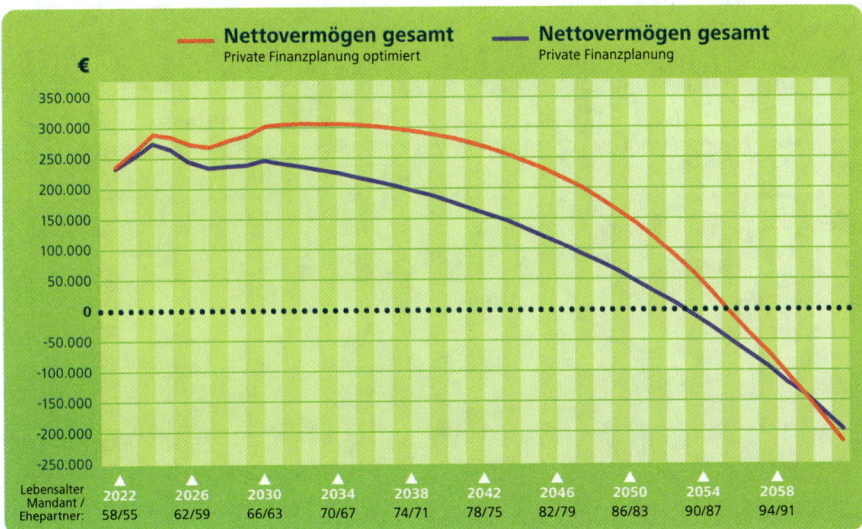

Und was unser Beispielsfall auch gezeigt hat: Es geht oft um ziemlich viel Geld, das man (ungewollt) verschenkt. Und das in einer Situation, in der man es sich oft gar nicht erlauben kann, Geld zu verschenken.

Der Autor: Markus Schmetz ist Steuerberater sowie Fachberater für Finanz- und Vermögensplanung (DStV e.V.) und berät hauptsächlich Abfindungsempfänger (www.steuerberater-abfindung.de). Er ist zugleich Mitglied des Vorstandes des **DVVS e.V. (Deutscher Verband vermögensberatender Steuerberater).**

Der „**Bund der Fachberater in Steuern, Recht und Wirtschaft e.V.**" bietet gemeinnützig auch thematisch übergreifende Unterstützung durch die Kombination u. a. aus Steuerberatern, Rechtsanwälten, Rentenberatern und Finanzspezialisten.

TOP 10 STÄDTE 2021

Ranking aus 71 Großstädten

Quelle: iwd, WiWo, ImmoScout24

NIVEAU
Durchschnittswert: 50 Punkte

München	67,1
Erlangen	63,4
Ingolstadt	61,5
Stuttgart	61,5
Frankfurt/Main	59,7
Wolfsburg	59,1
Ulm	56,7
Darmstadt	56,7
Heilbronn	56,4
Regensburg	56,3

DYNAMIK

Berlin	59,0
Heilbronn	56,3
Leipzig	55,6
Lübeck	55,6
Dortmund	55,3
Freiburg im Breisgau	55,2
Erlangen	55,2
Kiel	54,3
Potsdam	54,2
München	53,5

NACHHALTIGKEIT

Wolfsburg	59,3
Erlangen	58,8
Ingolstadt	58,4
Heidelberg	57,9
Ulm	57,4
Darmstadt	56,4
Stuttgart	55,8
Jena	55,7
Karlsruhe	55,4
Regensburg	54,7

Trend eindeutig: Raus aus den Metropolen und rein in weniger riesige Großstädte – oder aufs Land.

Wo lebt und arbeitet es sich am besten – und welche der 71 Großstädte sind das Maß aller Dinge?

Das „Niveau"-Ranking des Instituts der deutschen Wirtschaft betrachtet die Punkte:

» ARBEITSMARKT
» WIRTSCHAFTSSTRUKTUR
» IMMOBILIENMARKT
» LEBENSQUALITÄT

Das „Dynamik-Ranking" zeigt:
→ Die Stadtentwicklung innerhalb der letzten 5 Jahre

Das „Nachhaltigkeits-Ranking" zeigt:
→ Ökonomische Nachhaltigkeit
→ Ökologische Nachhaltigkeit
→ Soziale Nachhaltigkeit

Ranking der Spitzenreiter:
→ München stand im Jahr 2020 an der Spitze des Niveau- & Dynamik-Rankings
→ In 2021 fällt die bayrische Metropole aber im Dynamik-Ranking auf Platz 10 zurück
→ Großstädte im Süden insgesamt stark
→ auffällig gestiegen: Erlangen auf 2. Platz bei Niveau + Nachhaltigkeit (von 4 bzw. 5 in 2020)
→ So holt sich Berlin in punkto Dynamik wieder den 2020 an München verlorenen Spitzenplatz

Kleinere und mittlere Großstädte holen auf

Gründe:
→ schneller erreichbare Grünflächen
→ weniger stark belastete Infrastruktur
→ bessere Arbeitsmöglichkeiten und mehr Wohnraum
→ Einwohnerzahlen und damit Steuerkraft der Metropolen rückläufig

WISSEN IN BESTFORM

2.1.1 Drei Säulen der Altersvorsorge

» So vermeiden Sie Geldsorgen im Alter «

von **Sara Zinnecker** Stand: 21. Juni 2019
www.finanztip.de/altersvorsorge/

Der Weg zur passenden Altersvorsorge // Bestandsaufnahme machen // Möglichkeiten der Altersvorsorge kennen // Vorsorgemöglichkeiten individuell prüfen

Das Wichtigste in Kürze

- In Deutschland werden **drei Säulen** (oder **Schichten**) der Altersvorsorge unterschieden.
- Die erste Säule deckt die **Basisvorsorge** ab: Dazu zählen die gesetzliche Rentenversicherung, berufsständische Versorgungswerke und die Rürup-Rente.
- Die zweite Säule umfasst die **geförderte** Vorsorge, dazu zählen Verträge der betrieblichen Altersvorsorge und Riester-Verträge. Sie richtet sich vor allem an Arbeitnehmer.
- Die dritte Säule meint die **ungeförderte** Vorsorge, also etwa private Lebens- oder Rentenversicherungen. Auch mit Fondssparplänen kann man privat vorsorgen.
- Nahezu jeder Erwerbstätige ist über die erste Säule abgesichert. Dagegen ist es jedem selbst überlassen, zusätzlich in Säule zwei und drei anzusparen.
- Welche Altersvorsorge die richtige für Sie ist, hängt davon ab, ob Sie angestellt oder selbstständig arbeiten, ob Sie staatliche Förderung nutzen oder flexibel ansparen möchten und wie viel Zeit Ihnen noch bis zur Rente bleibt.

So gehen Sie vor

- Prüfen Sie, ob und wie viel Rente Sie aus der **gesetzlichen Rentenversicherung** oder einem Versorgungswerk erwarten. Informieren Sie sich über die weiteren Vorsorgemöglichkeiten.
- Nutzen Sie anschließend den passenden **Entscheidungsbaum** als Orientierung dafür, welche Altersvorsorge für Sie infrage kommt.

Gesetzliche Rente, Betriebsrente, Riester- oder Rürup-Rente? Oder doch die klassische Lebensversicherung, Aktienfonds oder Immobilien? Für die Altersvorsorge gibt es viele Möglichkeiten. Dabei den Durchblick zu behalten, fällt schwer. Trotzdem ist es wichtig, sich **mit dem Thema auseinanderzusetzen**. Denn am Ende steht immer die Frage: Reicht die Rente, um einen gewissen **Lebensstandard im Alter** zu sichern?

Der Weg zur passenden Altersvorsorge

Wir helfen Ihnen, einen Überblick über mögliche Vorsorgeformen zu bekommen und den Weg zur passenden Altersvorsorge einfacher zu finden. Gegliedert nach Anstellungssituation und Zeit bis zur Rente haben wir **fünf Entscheidungsbäume** entwickelt. Kennen Sie Ihre Rentenansprüche und sind Ihnen die drei Säulen der Altersvorsorge mit ihren einzelnen Vorsorgemöglichkeiten vertraut, nehmen Sie die Abkürzung direkt zu den Entscheidungsbäumen (gehen Sie direkt zu Seite 269). Ansonsten: Prüfen Sie erst einmal, wie viel Rente Sie später wahrscheinlich bekommen.

Schritt 1: Bestandsaufnahme machen

Um zu wissen, ob die spätere Rente gut zum Leben reicht, kommen Sie um eine Bestandsaufnahme nicht herum. Wichtig ist herauszufinden, wie viel Rente Sie voraussichtlich einmal aus Ihrer Pflichtabsicherung erhalten werden – also abhängig von der Berufsgruppe aus der **gesetzlichen Rente** oder aus dem berufsständischen **Versorgungswerk**. Schauen Sie dazu einmal auf Ihre jährliche Renteninformation und schätzen Sie dann ab, was fehlt. Das ist die sogenannte **Rentenlücke**.

▷ Gesetzliche Rentenversicherung

Die meisten Angestellten sind im staatlichen Rentensystem pflichtversichert. Darüber hinaus umfasst die **Pflichtversicherung** auch einige selbstständige Berufe, die als schutzbedürftig gelten, etwa viele Handwerksberufe, Fahrlehrer, Fitnesstrainer, aber auch Erzieher, selbstständige Lehrer, Hebammen oder Physiotherapeuten. Eine vollständige Liste aller Pflichtversicherten gibt es bei der Deutschen Rentenversicherung.

Die gesetzliche Rente wird voraussichtlich immer weniger zum Einkommen im Alter beitragen. Denn die Gesellschaft in Deutschland wird älter, und künftig müssen immer weniger Erwerbstätige mit ihren Beiträgen immer mehr Renten finanzieren. Die Folge: Das **Rentenniveau sinkt**.

Der Rentenreform von 2004 folgend soll das Mindest-Rentenniveau im Jahr 2030 bei 43 Prozent liegen. Wer seinen Lebensstandard im Alter halten möchte, muss also **zusätzlich vorsorgen**.

▷ **Berufsständische Versorgungswerke**
Freiberufler, die in sogenannten **Kammerberufen** arbeiten, sind dort pflichtversichert. Zu der Gruppe zählen klassischerweise niedergelassene Ärzte, Apotheker, Architekten, Rechtsanwälte, Wirtschaftsprüfer.

Anders als die gesetzliche Rentenversicherung legen Versorgungswerke die Beiträge ihrer Mitglieder am **Kapitalmarkt** an – dabei zahlt jeder Versicherte für seine eigene Rente ein.

Dennoch müssen auch Freiberufler damit rechnen, dass sie künftig weniger Rente aus den Versorgungswerken beziehen. Die anhaltenden Niedrigzinsen drücken mittlerweile auf die Erträge. So fällt es den Anbietern immer schwerer, das Rentenniveau für ihre Mitglieder zu sichern. Auch Freiberufler sollten sich daher mit den zusätzlichen Vorsorgemöglichkeiten auseinandersetzen.

▷ **Keine verpflichtende Basisabsicherung**
Selbstständige, die weder in der gesetzlichen Rentenversicherung pflichtversichert, noch Mitglied in einem Versorgungswerk sind, müssen sich komplett selbst um ihre Rente kümmern. Sie sollten sich in jedem Fall damit befassen, welche Alternativen es gibt.

▷ **Gesetzliche Pension**
Sie ist die klassische Altersversorgung für alle, die im **öffentlich-rechtlichen Dienst** arbeiten, also etwa Beamte, Richter, Berufssoldaten oder Pfarrer. Die Altersbezüge, für die Bund oder Länder aufkommen, sind in der Regel höher als die Ansprüche aus der gesetzlichen Rente. Dennoch können auch Beamte privat vorsorgen, etwa indem sie eine Riester-Rente abschließen.

Schritt 2: Möglichkeiten der Altersvorsorge kennen
Der Überblick über mögliche Arten der Altersvorsorge gelingt besser, wenn man die jeweilige Vorsorgeform bestimmten Kategorien zuordnet. Fachleute sprechen in Deutschland von den **drei Säulen – oder Schichten – der Altersvorsorge**. Gegliedert sind diese Säulen vor allem nach ihrer **steuerlichen Behandlung**. Hinzugefügt haben wir eine weitere (inoffizielle) Säule 0, die die Möglichkeiten der flexiblen Vorsorge umfasst. Weil die Beamtenpensionen vom Staat getragen werden, sind sie nicht Teil dieser Übersicht.

▷ **Erste Säule**
Dort finden sich all jene Vorsorgelösungen, die für den künftigen Rentner eine **Basisversorgung** sicherstellen sollen. Dazu gehört zum einen die **gesetzliche Rentenversicherung**, der alle Angestellten und manche Selbstständige verpflichtend angehören.

Zum anderen zählen dazu die **berufsständischen Versorgungswerke**, über die bestimmte freie Berufe – Ärzte, Apotheker, Anwälte, Architekten, Steuerberater und andere – verpflichtend abgesichert sind.

Auch **Rürup-Renten (Basisrenten)** zählen zur ersten Säule. Sie waren in erster Linie für gutverdienende Selbstständige gedacht – abschließen darf sie aber jeder. Sparer können zwischen einer klassischen Rürup-Rentenversicherung oder einer Variante mit höherem Aktien-Anteil wählen.

All diesen Vorsorgeformen gemein ist die steuerliche Förderung: Sämtliche Beiträge zählen zu den Sonderausgaben für die Basisvorsorge. Die Beiträge an die gesetzliche Rentenversicherung und die Versorgungswerke können Sparer vollständig absetzen. Rürup-Beiträge sind 2022 zu 94 Prozent absetzbar und geplant 2023 dann ebenfalls zu 100 Prozent. Dafür fallen auf die Renten später Steuern an.

▷ Zweite Säule

Zur zweiten Säule zählen **geförderte** Vorsorgeverträge, insbesondere **Riester-Verträge** und die **betriebliche Altersvorsorge**. Sie kommen vor allem für Angestellte infrage. Riester-Verträge sind oft private (fondsgebundene) Rentenversicherungen oder Fondssparpläne, die allerdings staatlich gefördert sind. Einerseits zahlt der Staat Zulagen, andererseits lassen sich Beiträge von der Steuer absetzen.

Auch bei der betrieblichen Altersvorsorge sparen Arbeitnehmer oft in klassische Rentenversicherungen an, die der Arbeitgeber ausgewählt hat (Direktversicherung). Arbeitnehmer profitieren in diesem Fall aber davon, dass sie auf ihre Beiträge keine Steuern und Sozialabgaben bezahlen müssen. Gefördert werden maximal 4 Prozent der Beitragsbemessungsgrenze der Rentenversicherung. Wenn der Chef noch etwas obendrauf gibt, lohnen sich solche Verträge in den meisten Fällen; als Faustregel gelten die eingesparten Sozialbeiträge von etwa 20 Prozent.

Spätere Renten aus der zweiten Säule müssen Sparer mit ihrem persönlichen Steuersatz im Alter versteuern. Bei Betriebsrenten zahlen sie im Alter auch die vollen Beiträge zur Kranken- und Pflegeversicherung. Umso wichtiger ist es also, dass der Arbeitgeber etwas dazugibt.

▷ Dritte Säule

In die dritte Säule fallen alle **privaten** Vorsorgeverträge **ohne** besondere **Förderung**, also klassische oder fondsgebundene private Lebensversicherungen oder Rentenversicherungen. Die Beiträge für solche Sparformen zahlen Verbraucher aus ihrem Nettogehalt – das heißt, sie haben bereits Einkommensteuer auf die Beiträge abgeführt.

Als Ausgleich dafür zahlen Sparer in der Ansparphase **keine Steuern** auf Dividenden- oder Zinserträge. Und auch die späteren Renten sind nur geringfügig besteuert, nämlich mit dem sogenannten **Ertragsanteil**. Wie hoch dieser ist, hängt davon ab, wie alt jemand ist, wenn er die Rente bezieht.

Wer etwa mit 65 Jahren in die Rentenphase wechselt, muss 18 Prozent der ausgezahlten Rente versteuern. Die Tabelle zum Ertragsanteil finden Sie im Paragraf 22 des Einkommensteuergesetzes.

Wer sich das angesparte Kapital auf einmal auszahlen lassen möchte, zahlt den persönlichen Einkommensteuersatz auf die Hälfte der Summe.

▷ Säule 0

Über die offiziellen drei Säulen hinaus können sich Sparer überlegen, flexibel – also ohne eine Lebens- oder Rentenversicherung – zu sparen, in der von uns sogenannten Säule 0. Das geht zum Beispiel mit einem Sparplan auf börsengehandelte Aktien-Indexfonds **(ETF-Sparplan)**. Dabei fließen monatlich geringe Raten von 50 Euro oder 100 Euro in einen kostengünstigen Aktien-Indexfonds (Exchange Traded Funds, kurz ETF). Alternativ können Sparer auch einmalig einen größeren Betrag in einen Aktienfonds oder ETF anlegen.

Wichtig ist, langfristig dabeizubleiben und einen Fonds zu wählen, der viele Aktien aus unterschiedlichen Ländern, Branchen und Währungen enthält. Dann gleichen sich Schwankungen an den Börsen eher aus, und die Chance auf eine gute positive Jahresrendite nimmt zu.

Wer Geld flexibel anlegt, kommt nicht in den Genuss spezieller steuerlicher Vorteile. Beiträge in ETFs beispielsweise bezahlt der Sparer aus dem bereits besteuerten Nettoeinkommen. Zins- oder Dividendeneinnahmen und spätere Verkaufserlöse muss er dann erneut mit dem Abgeltungssteuersatz besteuern.

▷ Immobilien

Auch wenn sie nicht immer gemeinsam mit den sonstigen Vorsorgelösungen genannt werden: Natürlich eignen sich auch Immobilien zur Altersvorsorge. Das gilt insbesondere, wenn Sie selbst im Haus oder in der Wohnung wohnen. Allerdings sind die Preise für Immobilien seit dem Jahr 2010 von Jahr zu Jahr gestiegen, vor allem in den größeren Städten und Ballungsräumen. Niedrige Finanzierungskosten können die (zu) teuren Kaufpreise nicht immer aufwegen.

Wer über einen Kauf nachdenkt, sollte also genau abwägen (Tipps und Argumente dazu gibt es unter 2.4.1). Ebenfalls wichtig: Bei selbst genutzten Immobilien gibt es Steuervorteile. Sowohl die Wertsteigerungen als auch monatliche Erträge in Form der eingesparten Miete sind steuerfrei.

Teuer im Süden, günstig im Norden & Osten

Lebenshaltungskosten unterscheiden sich je nach Wohnort. In teuren Gegenden sind i. d. R. auch Löhne und Renten höher.

Der Lebensstandard im Alter hängt vom Verhältnis der Alterseinkünfte zum regionalen Preisniveau ab.

Die Kaufkraft der Renten variiert regional bis zu 52%

KAUFKRAFT
je 1000 € Rente

1158 €	1156 €	1149 €
Elbe-Elster-Kreis	Landkreis Holzminden	Vogtlandkreis

859 €	828 €	763 €
Stadt Frankfurt a.M.	Landkreis Starnberg	Stadt München

Deutschland altert.

20- bis 65-jährige	Jahr	über 65-jährige
51,2	2060	31,1
53,0	2050	29,7
53,3	2040	28,7
55,1	2030	26,1
59,7	2020 (ab hier: Prognose)	21,9
60,9	2010	20,6
62,2	2000	16,6
63,4	1990	14,9
57,7	1980	15,5
56,2	1970	13,8
60,0	1960	11,6
59,9	1950	9,7

% der Gesamtbevölkerung

Quelle: Statistisches Bundesamt / GDV

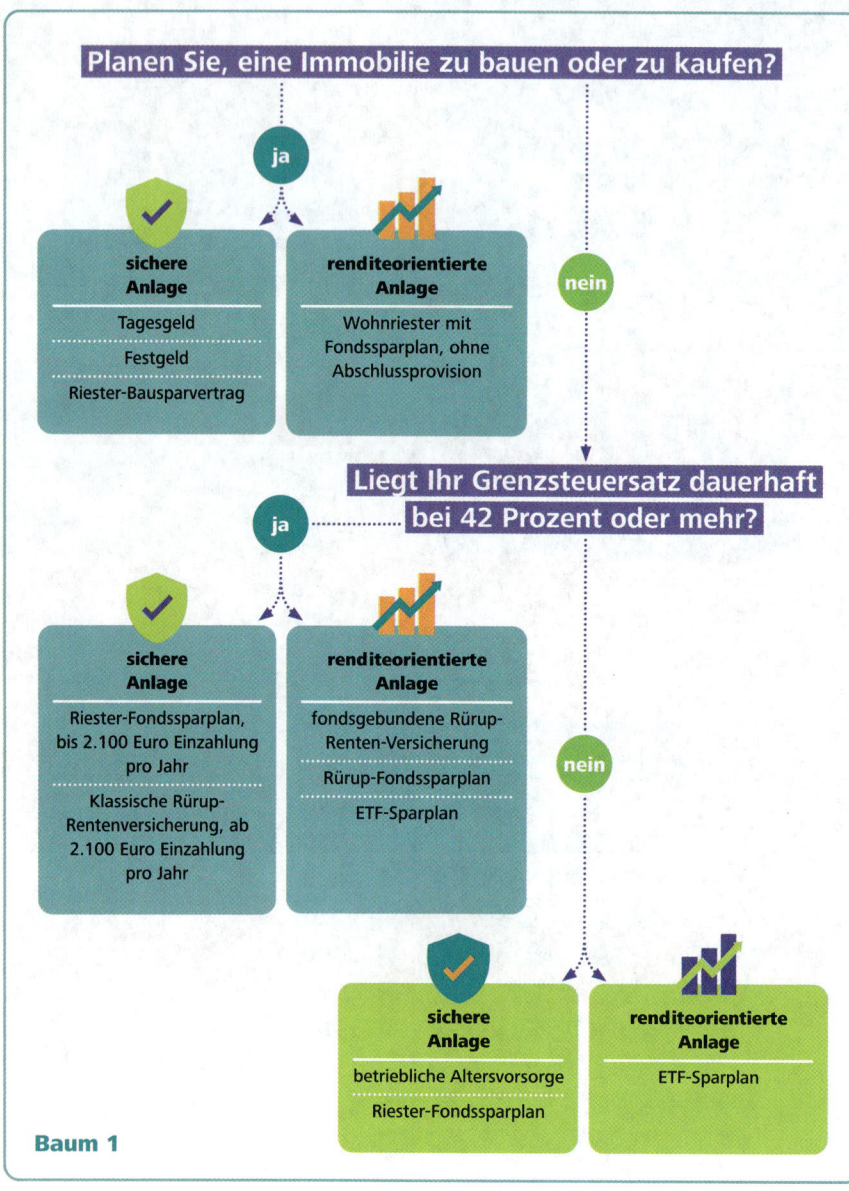

Baum 1

Schritt 3: Vorsorgemöglichkeiten individuell prüfen

Haben Sie erst einmal den Überblick über gängige Vorsorgevarianten, kommt der schwerste Teil: Sie müssen sich entscheiden. Diese Entscheidung ist individuell und hängt von Ihrer Lebenssituation ab.

Einige Fragen können aber dabei helfen:
- Welche Vorsorgeformen können Sie überhaupt wählen? Nicht alle Formen sind für alle Berufsgruppen abschließbar.
- Welche Vorsorgeform ist in Ihrer Situation am sinnvollsten? Je nach Einkommens- und Familiensituation lohnt sich der eine oder andere Vertrag eher.
- Welcher Anlagetyp sind Sie? Möchten Sie eine geringe, aber sichere Zusatzrente – oder wollen Sie die Chancen am Aktienmarkt nutzen und sind bereit, ein gewisses Risiko einzugehen?

▷ Entscheidungsbäume als Orientierung

Finanztip hat diese Fragen in Entscheidungsbäume integriert. Sie dienen als Orientierung, welche Vorsorgeformen für Sie möglich und auch sinnvoll sind. Je nachdem, wie Ihr Anstellungsverhältnis ist und wie viel Zeit Ihnen noch bis zur Rente bleibt, trifft ein anderer Baum auf Sie zu.

Wählen Sie aus:
Baum 1: Sie sind angestellt und haben noch mehr als 15 Jahre bis zur Rente.
Baum 2: Sie sind angestellt und haben weniger als 15, aber mehr als 5 Jahre bis zur Rente.
Baum 3: Sie arbeiten selbstständig und haben noch mehr als 15 Jahre bis zur Rente.
Baum 4: Sie arbeiten selbstständig und haben weniger als 15, aber mehr als 5 Jahre bis zur Rente.
Baum 5: Ihnen bleiben weniger als fünf Jahre bis zur Rente.

▷ Baum 1: Angestellt und noch mehr als 15 Jahre bis zur Rente

Sie haben einen sicheren Job in einer Firma und noch viel Zeit bis zur Rente? Dann sollten Sie sich zuerst die Frage stellen: Planen Sie, in naher Zukunft ein Haus oder eine Wohnung zu kaufen – oder eine andere **große Anschaffung**? Falls ja, sollten Sie zunächst dafür sparen, entweder mit einer guten Kombination aus Tages- und Festgeld, oder anhand eines Riester-Vertrags.

Wer schon sicher weiß, dass er auf ein selbst genutztes Eigenheim ansparen will, kann sich den **Riester-Bausparvertrag** genauer anschauen. Dessen Guthaben lässt sich in einem festgelegten Zeitfenster in ein Riester-Darlehen umwandeln. Diese Variante eignet sich für alle, die sicher wissen, dass Sie bauen wollen und sich die Konditionen des Darlehens bereits bei Abschluss sichern wollen.

Alternativ ist es auch möglich, beispielsweise in einem **Riester-Fondssparplan** Geld

Wollen Sie staatliche Förderung mitnehmen und dafür auf Flexibilität verzichten?

ja

Staatliche Förderung

Riester-Fondssparplan, bei Einzahlungen bis 2.100 Euro pro Jahr

Betriebliche Altersvorsorge/ Direktversicherung, insbesondere, wenn Betriebsrente später weniger als 150 Euro pro Monat ausmacht

Klassische Rürup-Rentenversicherung, bei Einzahlungen ab 2.100 Euro pro Jahr

Freiwillige Beiträge in die gesetzliche Rentenversicherung (Zuzahlung), wenn Sie früher in Rente gehen wollen

nein

Flexibilität

ETF-Sparplan, behalten Sie aber die Wertentwicklung im Blick und schichten Sie gegebenenfalls Teile des Ersparten vor Rentenbeginn schrittweise in Festgeld um

Festgeld mit unterschiedlichen Laufzeiten

Baum 2

anzusparen und dieses dann zu einem beliebigen Zeitpunkt für die Finanzierung einer Immobilie zu nutzen. In dem Fall können Sie das Geld samt Förderung als Eigenkapital aus dem Riester-Vertrag und in ein beliebiges Baudarlehen einbringen. Lassen Sie sich hierzu von Ihrem Baufinanzierer beraten.

Planen Sie keine Anschaffung, kommt es darauf an, ob Ihr Steuersatz auf den letzten verdienten Euro (Grenzsteuersatz) 42 Prozent oder mehr beträgt. Wichtig ist: Es geht um den Grenzsteuersatz auf das zu versteuernde Einkommen, also Ihr Bruttogehalt abzüglich von Freibeträgen und absetzbaren Sozialabgaben. Wie hoch dieses zu versteuernde Einkommen ist, weist Ihnen das Finanzamt im Steuerbescheid regelmäßig aus. Werfen Sie also einmal einen Blick darauf. Versteuern Sie rund 57.000 Euro (für Singles und getrennt Veranlagte) oder 114.000 Euro (für gemeinsam Veranlagte), liegt Ihr Grenzsteuersatz bei 42 Prozent (Stand: 2020).

Zahlen Sie **nur geringe Steuern**, lohnt sich unter anderem eine Betriebsrente oder ein Riester-Fondssparplan. Bei Riester sollten Sie wissen: Die Förderung wirkt sich in dem Fall umso besser aus, je mehr Kinder Sie haben.

Zahlen Sie **viele Steuern**, lohnt neben Riester auch ein Rürup-Vertrag – besonders dann, wenn Sie auf eine höhere Zusatzrente abzielen. Die Beiträge in einem Rürup-Vertrag sind anders als bei Riester nicht bei 2.100 Euro im Jahr gedeckelt. Allerdings können Sie bei einem Rürup-Vertrag zu Beginn der Rentenphase kein Geld entnehmen, auch eine Kündigung ist nicht möglich.

Mit einer **fondsgebundenen Rürup-Rentenversicherung** haben Sie die Chance, mehr Rendite zu erzielen als bei der klassischen Variante. Wählen Sie die Fonds-Variante aber nur, wenn Sie sich mit der Idee wohlfühlen, dass es keine Garantie für Ihre Einzahlungen gibt. Damit sich Ihr Guthaben dennoch gut entwickelt, sollten Sie mehr als 15 Jahre ansparen und auf die Kosten achten: Wählen Sie einen breit gestreuten, kostengünstigen Indexfonds (ETF).

Am flexibelsten sparen Sie, wenn Sie auf geförderte Vorsorge verzichten und sich für einen ETF-Sparplan entscheiden.

▷ **Baum 2: Angestellt und weniger als 15 Jahre bis zur Rente**

Sie sind angestellt, haben noch mehr als 5, aber weniger als 15 Jahre bis zur Rente. Möglicherweise haben Sie auch eine Immobilie, die Sie noch abbezahlen. Sollte Ihnen ein wenig Geld im Monat übrigbleiben, können Sie dieses nutzen, um Ihre gesetzliche Rente aufzustocken.

Die wichtigste Frage, die sich dabei stellt: Wie flexibel wollen Sie an Ihre Sparsumme heran?

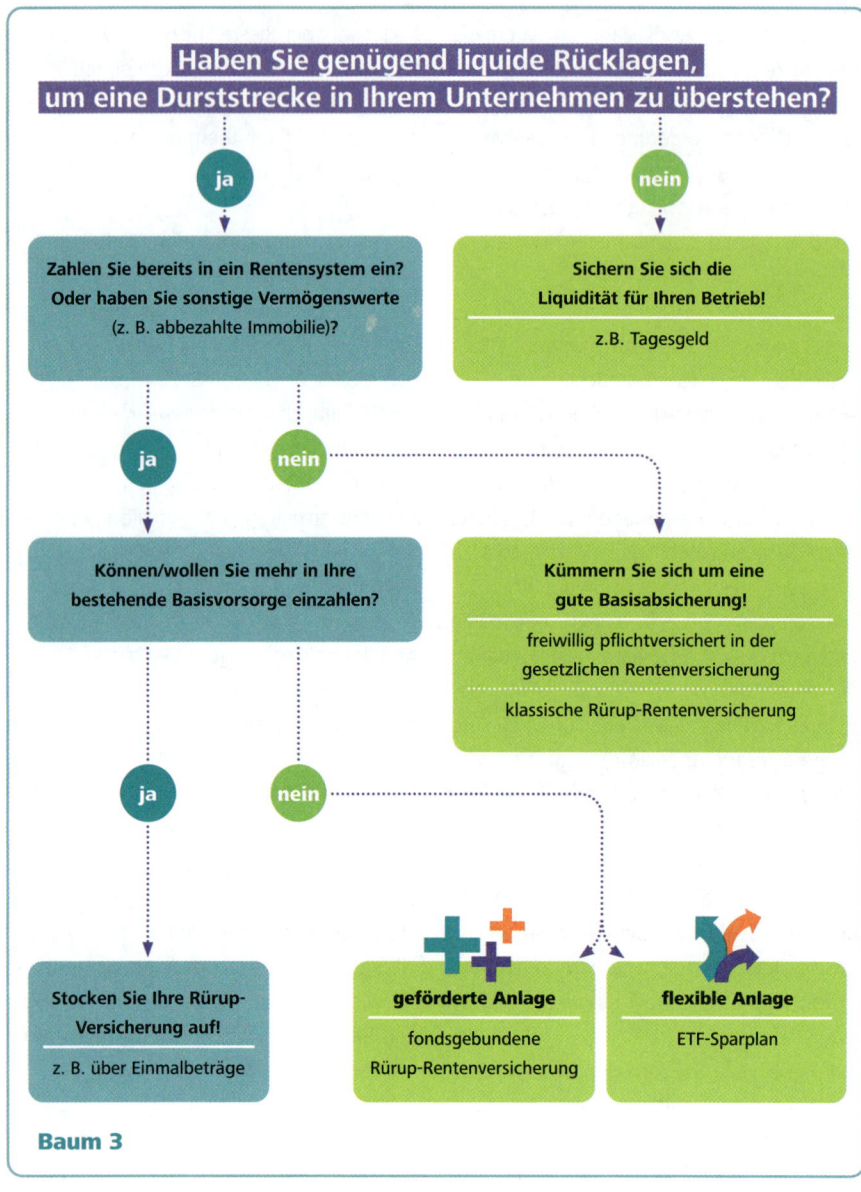
Baum 3

Und sind Sie bereit, für Flexibilität auf staatliche Förderung zu verzichten?

Wenn Sie heute beginnen, über die kommenden 15 Jahre monatliche Raten in einen ETF-Sparplan einzuzahlen, können Sie Ihre Entnahmen im Rentenalter selbst bestimmen. Um Schwankungen bei der Wertentwicklung zu vermeiden, können Sie zu jedem beliebigen Zeitpunkt entscheiden, Teile der Aktienanlage schrittweise in Festgeld umzuschichten.

Möchten Sie dagegen **staatliche Förderung** erhalten, müssen Sie sich mit der Rente arrangieren, die der Versicherer Ihnen auf Ihr Erspartes auszahlt. Bis zu 2.100 Euro im Jahr können Sie in einen Riester-Fondssparplan stecken. Bei Rentenbeginn können Sie 30 Prozent des Ersparten entnehmen. Wollen Sie mehr als 2.100 Euro im Jahr einzahlen, ist ein Rürup-Vertrag eine Überlegung wert. Ein geringes Risiko haben Sie mit einem klassischen Vertrag, der Ihnen – wie Riester – eine Rente garantiert.

Falls Sie noch keine haben: Fragen Sie Ihren Chef nach einer **betrieblichen Altersversorgung**, etwa eine Direktversicherung. Sie können darin Teile Ihres Bruttoeinkommens einzahlen und müssen darauf keine Sozialversicherung und Steuern bezahlen. Ab spätestens 2022 ist Ihr Chef verpflichtet, Ihren Beitrag zu mindestens 15 Prozent zu bezuschussen. Wer später eine Rente von weniger als 155,75 Euro erhält (Stand: 2019), muss nicht mal Sozialabgaben auf die Rente bezahlen.

Für alle, die wissen, dass Sie schon ab 63 in Rente gehen wollen: Ab einem Alter von 50 Jahren können Sie freiwillig Beiträge in die gesetzliche Rentenversicherung zuzahlen. So lässt sich der Rentenabschlag auffangen (mehr dazu unter 2.1.2).

▷ **Baum 3: Selbstständig und mehr als 15 Jahre bis zur Rente**

Wer auf eigene Rechnung arbeitet, möglicherweise sogar Chef seiner eigenen Firma ist, kann erst im zweiten Schritt an die Altersvorsorge denken. Die erste Frage muss stattdessen sein: Sind genügend Rücklagen vorhanden, um eine Durststrecke im Unternehmen von einigen Monaten zu überstehen? Falls nicht, ist die Aufgabe zunächst, die Liquidität für den Betrieb zu sichern und Geld auf einem gut verzinsten Tagesgeldkonto zu parken.

Ist die **Firma finanziell abgesichert**, sollten Sie prüfen, ob Sie bereits eine **Basisabsicherung** haben, die ähnlich der gesetzlichen Rente bei den Angestellten funktioniert. Zahlen Sie zum Beispiel in ein Versorgungswerk ein, haben Sie einen Rürup-Vertrag oder sind Sie freiwillig pflichtversichert in der gesetzlichen Rentenversicherung?

Haben Sie genügend liquide Rücklagen, um eine Durststrecke in Ihrem Unternehmen zu überstehen?

ja →

Zahlen Sie bereits in ein Rentensystem ein? Oder haben Sie sonstige Vermögenswerte (z. B. abbezahlte Immobilie)?

nein →

Sichern Sie sich die Liquidität für Ihren Betrieb!

z.B. Tagesgeld

---

ja → **Können/wollen Sie mehr in Ihre bestehende Basisvorsorge einzahlen?**

nein → **Kümmern Sie sich um eine gute Basisabsicherung!**

freiwillig pflichtversichert in der gesetzlichen Rentenversicherung

klassische Rürup-Rentenversicherung

---

ja →

Stocken Sie Ihre Basis-Vorsorge weiter auf!

klassische Rürup-Rentenversicherung, wenn Steuersatz hoch ist

freiwillige gesetzliche Rente, um die Wartezeit zu erfüllen.

Immobilie: Restschuld abzahlen oder Tilgung erhöhen

Bleiben Sie flexibel und renditeorientiert

ETF-Sparplan: Behalten Sie aber die Wertentwicklung im Blick und schichten Sie ggf. Teile des Ersparten vor Rentenbeginn schrittweise in Festgeld um

Festgeld mit unterschiedlichen Laufzeiten

Baum 4

Haben Sie keine Basisabsicherung, sollten Sie sich zunächst darum kümmern. Infrage kommt, dass Sie sich **freiwillig** in der gesetzlichen Rentenversicherung (GRV) **pflichtversichern**. Dann gelten für Sie die gleichen Regeln wie für Angestellte. Sie zahlen monatlich einen Betrag ein – einen sogenannten Regelbeitrag von gut 500 Euro oder einkommensabhängig – und sind gegen Erwerbsunfähigkeit abgesichert. Wichtig: Die Versicherungspflicht können Sie nur beantragen, wenn Sie sich innerhalb der vergangenen fünf Jahre selbstständig gemacht haben.

Wenn Sie dem gesetzlichen System weniger vertrauen oder schon länger als fünf Jahre selbstständig sind, kommt alternativ eine klassische Rürup-Rentenversicherung infrage. Die Beiträge lassen sich zum großen Teil von der Steuer absetzen. Später beziehen Sie eine garantierte Rente.

Hinweis: Eine Rolle spielt auch Ihre Krankenversicherung als Rentner. Wer privat krankenversichert sein wird, profitiert von einer Rürup-Rente. Darauf fallen keine Abgaben an. Sind Sie dagegen in der Krankenversicherung der Rentner gesetzlich krankenversichert, sollten Sie sich die freiwillige GRV-Pflichtversicherung ansehen. Rürup ist nachteilig, da auf die Rente 14 Prozent Krankenversicherungsbeitrag anfallen.

Wer bereits eine Basisabsicherung hat, kann dagegen überlegen, diese aufzustocken oder eine zusätzliche Vorsorge aufzubauen. Infrage kommt eine günstige fondsgebundene Rürup-Rentenversicherung, die die Chance auf eine höhere Zusatzrente offenhält, aber eine Kündigung ausschließt. Flexibler ist ein ETF-Sparplan.

▷ Baum 4: Selbstständig und weniger als 15 Jahre bis zur Rente

Wer auf eigene Rechnung arbeitet, möglicherweise seine eigene Firma betreibt, sollte zunächst sichergehen, dass ein ausreichendes Finanzpolster für finanzielle Engpässe vorhanden ist. Falls nicht, sparen Sie auf einem Tagesgeldkonto zunächst ein entsprechendes Polster an.

Haben Sie darüber hinaus 15 Jahre oder weniger bis zur Rente und noch keine Basisabsicherung, ist es jetzt höchste Zeit, eine abzuschließen. Das Vorgehen ist dabei unabhängig vom Alter gleich. Lesen Sie daher den Absatz im vorigen Kapitel.

Sind Sie in der gesetzlichen Rentenversicherung bereits freiwillig pflichtversichert, zahlen Sie in ein Versorgungswerk oder haben Sie einen klassischen Rürup-Vertrag, prüfen Sie, ob Sie diese **Basisvorsorge** noch **aufstocken wollen oder können**.

Haben Sie regelmäßig etwas Geld übrig?

Sie haben größere Beträge übrig, die Sie zusätzlich in die Altersvorsorge stecken wollen:

nur für Angestellte
Riester-Fondssparplan und/oder **betriebliche Altersvorsorge**

nur für Selbstständige
klassische **Rürup-Rentenversicherung**

Freiwillige Beiträge an die **gesetzliche Rentenversicherung**, um die Wartezeit zu erfüllen

Sofortrente

nur für Selbstständige
Freiwillige Beiträge an die **gesetzliche Rentenversicherung**, um die Wartezeit zu erfüllen

flexibel bleiben
Kombination aus **ETF-Anlage** und **Festgeld** unterschiedlicher Laufzeit. Möglich auch mit Auszahlplan

Kauf einer vermieteten Immobilie

Baum 5

Haben Sie vielleicht einige Beitragsjahre in die gesetzliche Rentenversicherung einbezahlt, wäre jetzt ein guter Moment, um Ihre Wartezeit mit freiwilligen Beiträgen aufzufüllen. Nur wer insgesamt fünf Jahre lang in die gesetzliche Rentenversicherung einbezahlt hat, erhält später tatsächlich Rente.

Auch die frühzeitige Rückzahlung Ihres Immobilien-Kredits ist eine Möglichkeit der Vorsorge: Sie wohnen im Alter mietfrei und sparen sich beim Kredit weitere Zinskosten. Alternativ können Sie auch die Tilgungsrate erhöhen.

Wer flexibel bleiben und auch die Rendite im Blick haben möchte, kann sich die Möglichkeit eines ETF-Sparplans auf einen breit gestreuten Aktienindex, wie den MSCI World, genauer ansehen. Wenn Sie zu einem bestimmten Tag in 10 bis 15 Jahren eine Rente abrufen wollen, sollten Sie einige Jahre vor Renteneintritt Teile des angelegten Geldes auf ein ordentlich verzinstes Festgeld-Konto übertragen. Auch Festgeldanlagen, gestaffelt über verschiedene Laufzeiten, sind eine Möglichkeit, kurz vor der Rente noch Rendite gutzumachen.

▷ **Baum 5: Fünf oder weniger Jahre bis zur Rente**
Ihnen bleiben nur noch wenige Jahre bis zur Rente, aber Sie haben ein wenig Geld auf der hohen Kante, das Sie noch unterstützend in die Altersvorsorge stecken wollen. Dann sollten Sie sich vor allem fragen: Bleibt regelmäßig im Monat ein Betrag übrig, den Sie investieren wollen? Oder haben Sie eine größere Summe verfügbar, die Sie auf einmal verwenden möchten?

Wer angestellt ist und regelmäßig kleinere Raten übrig hat, könnte in der verbleibenden Zeit vor der Rente noch einen Riester-Fondssparplan oder eine Direktversicherung über den Arbeitgeber (betriebliche Altersversorgung) abschließen. Wer selbstständig arbeitet und einen hohen Steuersatz hat, kann auch über eine klassische Rürup-Rentenversicherung mit Zinsgarantie nachdenken.

In allen Fällen könnten Sie noch einige Jahre die **staatliche Förderung mitnehmen**. Große finanzielle Sprünge sind allerdings nicht zu erwarten. Womöglich wird Ihnen das Ersparte sogar auf einmal ausgezahlt, weil der Betrag insgesamt für eine Rente zu gering ist.

Wer über eine größere Summe verfügt, hat mehrere Möglichkeiten. Er kann das gesamte Geld zu Rentenbeginn einem Versicherer übertragen, der dann eine lebenslange Rente auszahlt (sogenannte **Sofortrente**). In dem Fall sollten Sie mehrere Angebote einholen und vergleichen. Vorteil: Sie bekommen auf jeden Fall bis zum Lebensende Geld.

Selbstständige, die weniger als fünf Jahre ihres Lebens in die gesetzliche Rentenversicherung (GRV) einbezahlt haben, sollten **freiwillige Beiträge** erwägen. So können sie die Mindestwartezeit von fünf Jahren erfüllen und sich den Anspruch auf gesetzliche Rente sichern.

Wer sein Geld flexibler einsetzen möchte, kann auch eine größere Summe in einen breit gestreuten, kostengünstigen Indexfonds **(ETF)** investieren. Um das Verlustrisiko einzugrenzen, sollte das Geld allerdings mindestens 10, besser 15 Jahre liegen bleiben. Wer vorab Geld für eine Zusatzrente abrufen will, kann diesen Betrag in Festgeld anlegen, das ein, zwei oder drei Jahre läuft und somit zu unterschiedlichen Zeitpunkten fällig wird (sogenannte **Festgeld-Treppe**). Wichtig ist, dass Sie sich überlegen, wie viel Geld Sie monatlich aus dieser Anlage entnehmen wollen. Bauen Sie sich im Zweifel selbst ihren eigenen Auszahlplan.

Wer sehr viel Geld übrig hat, kann schließlich auch erwägen, eine **vermietete Immobilie als Kapitalanlage** zu kaufen. Die regelmäßigen Mieteinnahmen wären dann die Zusatzrente. Sie sind allerdings zu versteuern. Sie sollten hierbei auf das Verhältnis zwischen Kauf- und Instandhaltungskosten und voraussichtlichen Mieteinnahmen achten. In anderen Worten: Die Rendite sollte stimmen.

2.1.2 Gesetzliche Rentenversicherung

» Der wichtigste Baustein für die Altersvorsorge «

von Sarah Zinnecker & Annika Krempel Stand: 31. August 2021
www.finanztip.de/gesetzliche-rentenversicherung/

Wie funktioniert die gesetzliche Rente? // Wie viel Rente können Sie erwarten? // Wann beginnt die Rente? // Wie viel können Sie zur Rente hinzuverdienen? // Wer ist alles pflichtversichert? // Wer kann freiwillig Beiträge einzahlen? // Welche Infos finden Sie in der jährlichen Renteninformation? // Wie hoch sind Steuern und Krankenkassenbeiträge? // Wo steht die politische Rentendebatte?

Das Wichtigste in Kürze

- Wer 45 Jahre lang im Bundesdurchschnitt verdient hat, bekommt derzeit eine Rente von 1.538 Euro vor Steuern. Für viele wird allein die gesetzliche Rente im Alter nicht ausreichen.
- Das Alter für den regulären Renteneintritt steigt schrittweise von 65 auf 67 Jahre. Gehen Sie früher in den Ruhestand, bekommen Sie weniger Rente.
- Grundlage der gesetzlichen Rente ist das Umlageverfahren: Die aktuellen Beitragszahler finanzieren jeweils die aktuellen Rentner.

So gehen Sie vor

- Perspektivisch gibt es immer weniger gesetzliche Rente. Sorgen Sie daher auch privat vor.
- Versuchen Sie, Ihre **Rentenlücke** realistisch einzuschätzen. Dabei hilft die jährliche Renteninformation, die Sie zugeschickt bekommen.
- Prüfen Sie, ob Sie Ihre Rente durch freiwillige Beiträge erhöhen können.
- Wollen Sie den Beginn Ihrer Rente freier gestalten, schauen Sie sich die Flexi-Rente an.

Fast 39 Millionen Deutsche zahlen Monat für Monat in die **gesetzliche Rentenversicherung** ein. Und für die meisten ist die gesetzliche Rente der **wichtigste Baustein** zur Sicherung eines Einkommens im Ruhestand: Rund 63 Prozent des Einkommens im Alter machte die gesetzliche Rente 2015 aus, meldet das Arbeitsministerium. Doch der Anteil wird perspektivisch weniger – und **private Vorsorge** immer wichtiger.

Wie funktioniert die gesetzliche Rente?

Das System der gesetzlichen Rentenversicherung in Deutschland beruht auf einem **Umlageverfahren**. Das bedeutet, dass die aktuelle Generation der Beitragszahler die Rente der aktuellen Rentnergeneration finanziert. Das eingezahlte Geld wird direkt umgelegt und ausgezahlt. Wer heute arbeitet, bekommt seine Rente später entsprechend durch die folgende Generation der Kinder und Enkelkinder finanziert. Man spricht daher auch von einem **Generationenvertrag**.

Über Jahrzehnte hat das Umlageverfahren grundsätzlich gut funktioniert. Mit dem **demografischen Wandel** kommt auf die deutsche Rentenkasse allerdings die größte Herausforderung seit ihrem Bestehen zu. Die steigende Lebenserwartung sowie niedrige Geburten- und Zuwanderungszahlen sorgen dafür, dass die deutsche Bevölkerung immer älter wird. Dadurch gibt es mehr Rentenemp-

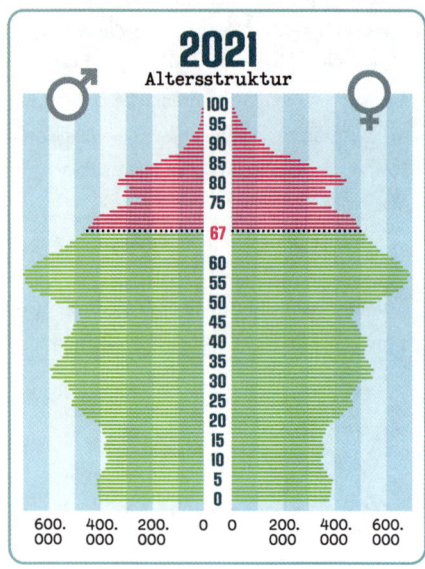 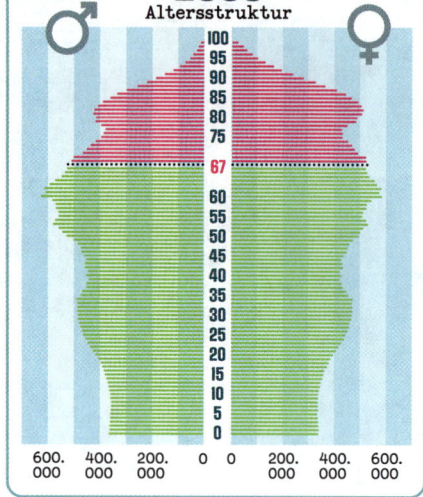

Quelle: Statistisches Bundesamt
(Stand: 1. September 2021)

fänger und weniger Beitragszahler. Haben vor 50 Jahren noch 4 Rentenversicherte einen Rentner versorgt, sind es heute nur noch 1,8. Im Jahr 2030, wenn die geburtenstarken Jahrgänge (Baby-Boomer) in den Ruhestand gehen, finanzieren voraussichtlich nur noch 1,5 Beitragszahler einen Rentner.

Durch das Umlageverfahren ist die Entwicklung der Rente an die Entwicklung der Löhne gekoppelt. Steigt der durchschnittliche Lohn pro Kopf der jetzigen Arbeitnehmer, steigt auch die Rente der jetzigen Rentner. Stichtag für eine Anpassung ist immer der 1. Juli eines Jahres. Auch 2021 gab es eine **Rentenanpassung**: In den ostdeutschen Bundesländern erhöhte sich die Rente um 0,72 Prozent, im Westen blieb der Wert gleich. Aufgrund der Corona-Pandemie waren die Löhne im Jahr 2020 nicht gestiegen, sondern gesunken.

▷ **Renten steigen weniger stark als Löhne**

Grundsätzlich steigen Löhne und Renten aber nicht im Gleichschritt. In der Rentenformel, mit deren Hilfe die Höhe der Rente berechnet wird, findet sich ein **Nachhaltigkeitsfaktor**. Dieser trägt dem demografischen Wandel Rechnung: Weil der Anteil der jüngeren Bundesbürger abnimmt, gibt es immer weniger Beitragszahler, die einen Rentner finanzieren. Um die Beitragszahler zu entlasten, fallen Rentenerhöhungen durch den Nachhaltigkeitsfaktor niedriger aus als die Lohnentwicklung.

▷ **Rentenniveau nicht unter 48 Prozent**

Weil Renten weniger stark steigen als Löhne, **sinkt** mit den Jahren das sogenannte Rentenniveau. Es sagt aus, wie viel ein Sparer, der 45 Jahre lang in die Rentenkasse einbezahlt hat, an Rente (vor Steuern) bekommt – prozentual am Durchschnittseinkommen (vor Steuern).

Die Große Koalition hatte sich darauf verständigt, das derzeitige Rentenniveau von **48 Prozent** bis 2025 **zu stabilisieren**. Das bedeutet, dass eine Standardrente nach 45 Beitragsjahren nicht unter 48 Prozent des dann gültigen Durchschnittsverdienstes sinken sollte. Unter anderem könnten dafür die Beiträge steigen. **Bis** zum Jahr **2030** soll das Rentenniveau mindestens **43** Prozent betragen.

Im Januar **2021** hat die Große Koalition zudem die **Grundrente** eingeführt. Die Idee: Wer jahrelang in die Rentenkasse eingezahlt hat, soll mehr bekommen als die Grundsicherung. Auf diese hat jeder ein Anrecht. Mehr dazu lesen Sie im Abschnitt: Wo steht die politische Rentendebatte?

▷ **So hoch ist der Beitrag zur Rentenversicherung**

Sozialversicherungspflichtige Arbeitnehmer zahlen einen Teil ihres Einkommens in die Rentenversicherung ein. Der Pflichtbeitrag für die Rentenversicherung liegt seit Anfang 2018 bei **18,6 Prozent**. Er wird jeweils zur Hälfte von Arbeitnehmer und Arbeitgeber getragen.

Die Große Koalition hatte sich in ihrem Rentenpaket darauf geeinigt, diesen Beitragssatz auf maximal **20** Prozent anzuheben, **bis 2030 auf maximal 22** Prozent. Die Deutsche Rentenversicherung geht auf Grundlage dieser Einigung davon aus, dass der Beitragssatz spätestens im Jahr 2023 angehoben wird, **voraussichtlich auf bis zu 19,3 Prozent**. Im Rentenversicherungsbericht 2017 hatte die Bundesregierung noch einen erforderlichen Anstieg auf über 20 Prozentpunkte prognostiziert.

Es werden nur Einkommen bis zur **Beitragsbemessungsgrenze** herangezogen. Diese Grenze liegt im Jahr 2021 im Westen bei 7.100 Euro monatlich, im Osten bei 6.700 Euro (85.200 Euro bzw. 80.400 Euro pro Jahr). Wer mehr verdient, muss auf das Einkommen über der Grenze keinen Beitrag zahlen. Seit 2019 wird die Beitragsbemessungsgrenze (Ost) schrittweise auf den Westwert angehoben, bis sie diesen im Jahr 2025 erreicht.

Wie viel Rente können Sie erwarten?

Im Umlageverfahren werden eingezahlte Beiträge gleich wieder an die aktuellen Rentner ausgezahlt. Eigene Ansprüche sammelt ein Beitragszahler in Form von **Entgeltpunk**ten, umgangssprachlich Rentenpunkten. Sie bemessen sich nach der Höhe des Arbeitseinkommens. Und zwar so:

Einen Entgeltpunkt sammelt, wer im jeweiligen Jahr genau so viel verdient, wie die Deutschen im Durchschnitt. Im Jahr 2021 beträgt dieses Durchschnittseinkommen brutto 41.541 Euro.

Wer zum Beispiel nur die Hälfte verdient, bekommt für dieses Jahr einen halben Entgeltpunkt gutgeschrieben, wer das Doppelte verdient, erhält zwei Punkte. Einem Entgeltpunkt ist ein Geldwert zugeordnet (**Rentenwert**). Im Westen bringt seit Juli 2021 ein Punkt eine Rente von 34,19 Euro, im Osten 33,47 Euro.

▷ **Rente berechnen mit einer Formel**

Die Rentenversicherung rechnet dann zum Renteneintritt die Entgeltpunkte mit einer Formel in eine Rente um:

monatliche Rentenhöhe
= Entgeltpunkte x Zugangsfaktor x
aktueller Rentenwert x Rentenartfaktor.

Mit dem Zugangsfaktor werden Auf- oder Abschläge berücksichtigt, die zum Beispiel durch einen verfrühten Start in den Ruhestand entstehen können. Der Rentenartfaktor bezieht sich auf verschiedene Höhen der Rentenarten. Zum Beispiel beträgt eine Zahlung bei teilweiser Erwerbsminderung nur die Hälfte einer vollen Rente.

▷ So viel bekommt ein Eckrentner

Oft wird als Modell für Rechnungen zur Rentenhöhe der sogenannte Eckrenter herangezogen. Das ist ein Verbraucher, der **45 Jahre lang immer im deutschen Durchschnitt** verdient hat. Ein solcher Rentner konnte 2021 mit einer Bruttorente von etwa **1.538 Euro** rechnen. Nach Abgaben an die Kranken- und Pflegeversicherung und vor Steuern hatte der Rentner noch knapp **1.350 Euro**.

Übersicht zur Anhebung der Regelaltersgrenze

Geburtsjahr	Anhebung um Monate	auf Alter Jahre	auf Alter Monate
1955	9	65	9
1956	10	65	10
1957	11	65	11
1958	12	66	0
1959	14	66	2
1960	16	66	4
1961	18	66	6
1962	20	66	8
1963	22	66	10
1964	24	67	0

Quelle: Deutsche Rentenversicherung (Stand: August 2021).

Beispiel

Ein Mann, 1960 geboren, müsste laut Gesetz bis zum Alter von 66 Jahren und vier Monaten arbeiten, um abschlagsfrei in die Regelaltersrente zu gehen. Kommt er nicht auf 45 Beitragsjahre und möchte trotzdem mit 63 Jahren in Rente gehen, sinkt seine Rente, und zwar um 0,3 Prozent mal 40 (= 12 Prozent). Denn für eine abschlagsfreie Rente hätte er noch 40 Monate länger arbeiten müssen.

▷ Private Vorsorge stärken

Diese Rente wird den wenigsten im Alter reichen, um den Lebensstandard zu halten. Umso wichtiger ist es, sich früh mit der möglichen **Finanzierungslücke** im Alter zu beschäftigen und zusätzlich privat vorzusorgen. Im Kapitel 2.3.4 erklärt Finanztip, wie Sie Ihre Rentenlücke abschätzen können. Im Kapitel 2.1.1 finden Sie in mehreren Entscheidungsbäumen mögliche Ergänzungen zur gesetzlichen Rente – etwa Riester-Verträge, betriebliche Altersvorsorge oder flexibles Sparen mit günstigen Aktien-Indexfonds (ETFs).

Wann beginnt die Rente?

Es gibt verschiedene Regelungen, die es ermöglichen, früher oder später das Berufsleben zu beenden. Das Grundmodell ist die **Regelaltersrente**. Anspruch auf die Regelaltersrente haben alle, die mindestens fünf Jahre in die gesetzliche Rentenversicherung eingezahlt haben. Das nennt sich **Mindestversicherungszeit** oder Wartezeit.

Seit einigen Jahren steigt die Altersgrenze für den Renteneintritt schrittweise von 65 Jahren auf 67 Jahre. Wer im Jahr 1964 oder später geboren wurde, wird erst mit 67 Jahren in den Ruhestand gehen können, ohne dass seine Rente gekürzt wird.

Im Jahr 2021 dürfen **Neurentner** der Jahrgänge 1955 und 1956 im Alter von 65 Jahren und neun beziehungsweise zehn Monaten ihre Rente beantragen. Der Jahrgang 1957 geht ab 2022 in Regelaltersrente und muss wiederum einen Monat länger arbeiten.

Für schwerbehinderte Menschen liegt die Regelaltersgrenze im Jahr 2021 bei 63 Jahren und elf Monaten (Jahrgang 1957). Sie wird schrittweise bis zum Jahr 2029 auf 65 Jahre steigen.

▷ Sonderfall: Besonders langjährig Versicherte

Wer **45 Jahre** lang rentenversichert war, darf mit frühestens 63 Jahren vorzeitig in den Ruhestand gehen, ohne dass die Rente gekürzt wird. Das nennt sich Altersrente für besonders langjährig Versicherte. Auch dabei gibt es eine Übergangsregelung zur Anhebung der Altersgrenze. Für Jahrgänge ab 1964 ist die vorzeitige Rente erst mit 65 Jahren möglich.

▷ Abschläge bei vorzeitigem Renteneintritt

Immer weniger Versicherte werden 45 Jahre Versicherungszeit erfüllen. Wer dennoch vor seiner Regelzeit Rente beantragen möchte, muss Abschläge auf die Auszahlungen hinnehmen. Jeder Monat vorzeitiger Ruhestand kostet 0,3 Prozent der monatlichen Rentenzahlung. Voraussetzung dafür sind 35 Jahre Wartezeit in der Rentenversicherung (Altersrente für langjährig Versicherte).

Wie viel können Sie zur Rente hinzuverdienen?

Nicht alle Menschen möchten vorzeitig in den Ruhestand, andere sind dagegen froh, früher den Arbeitsplatz zu verlassen und nur nebenbei etwas hinzuzuverdienen. Um diesen verschiedenen Bedürfnissen gerecht zu werden, gilt seit Anfang 2017 das **Flexi-Rentengesetz**. Es soll einen flexibleren Eintritt in die Rente erleichtern: Wer früher oder später als die Regelaltersgrenze in die Rente eintritt, soll es einfacher haben, weiterhin Geld zu verdienen.

Wer regulär in Rente geht, durfte bereits früher unbegrenzt hinzuverdienen; der Rentenanspruch hat sich dadurch nicht erhöht. Bei der Flexi-Rente gilt, dass der Arbeitnehmer weiterhin Beiträge in die Rentenversicherung einzahlen kann. Dadurch steigt der Rentenanspruch einmal pro Jahr.

Wer vorzeitig in Rente geht, darf nur begrenzt zusätzlich verdienen. Die genaue Berechnung von Höhe und Kürzungen der Rente änderte sich im Juli 2017 durch Inkrafttreten des zweiten Teils des Flexi-Rentengesetzes.

Wie bisher ist es weiterhin möglich, den Renteneintritt zu verschieben. Jeder Monat nach Eintritt der Regelaltersgrenze, in dem Sie nicht die Rente beantragen, steigert die Auszahlung um einen Zuschlag von 0,5 Prozent. Arbeiten Sie weiter, erhöhen Sie Ihre Rente zusätzlich, weil Sie weiterhin in die Rentenkasse einzahlen.

▷ Abschläge ausgleichen

Abschläge durch einen vorzeitigen Ruhestand können Sie mit **zusätzlichen Beitragszahlungen** ausgleichen. Nach dem Flexi-Rentengesetz dürfen bereits 50-Jährige Sonderzahlungen in die gesetzliche Rentenversicherung leisten, um Abschläge auszugleichen. Die Deutsche Rentenversicherung hilft bei der Berechnung dieser Zahlungen. Sie bietet einen Rechner an, mit dem jeder Bürger verschiedene Varianten zum persönlichen Renteneintritt durchspielen kann – unter:

https://www.deutsche-rentenversicherung.de/DRV/DE/Online-Dienste/Online-Rechner/RentenbeginnUndHoehenRechner/rentenbeginnrechner_node.html?https=1

▷ Mehr Rente durch Pflege

Wer Angehörige pflegt, erhält unter bestimmten Voraussetzungen **zusätzliche Entgeltpunkte** gutgeschrieben – und kann dadurch seine Rente aufbessern. Seit Inkrafttreten der Flexi-Rente können auch Rentner, die zum Beispiel den Ehepartner pflegen, dadurch zusätzliche Rentenpunkte erwerben. Bis zu 30 Euro monatlich können pflegende Rentner dazuverdienen.

Voraussetzung ist, dass der Pflegefall mindestens den Pflegegrad zwei oder höher hat, Sie mindestens zwei Tage und mindestens zehn Stunden die Woche pflegen und das für mindestens zwei Monate im Jahr.

Beziehen Sie bereits Rente, müssen Sie mit der Rentenkasse Kontakt aufnehmen. Um das Modell zu nutzen, müssen Sie sich als Teilrentner einstufen lassen und auf ein Prozent Ihrer gesetzlichen Rente verzichten. In Summe lohnt sich das aber meist. Die Rentenversicherung rechnet das für Sie durch.

Wer ist alles pflichtversichert?

Nicht nur sozialversicherungspflichtig Beschäftigte, sondern auch Selbstständige, vor allem Handwerker oder Hebammen, können **Pflichtmitglieder** in der Rentenversicherung sein. Zusätzlich gibt es die Möglichkeit, als Selbstständiger freiwillig Beiträge zu zahlen. Selbstständige müssen ihren Beitrag komplett alleine tragen, außer sie sind Mitglied in der Künstlersozialversicherung. Denn diese übernimmt den Arbeitgeberanteil.

▷ Für wen es sonst noch Rente gibt
Durch einige **Sonderregelungen** zählen auch Zeiten ohne eigene oder mit reduzierten Beiträgen zur Mindestversicherungszeit für die Rente dazu. Pflichtversichert sind:
- Mütter oder Väter während der Kindererziehungszeit. Für Kinder, die ab dem 1. Januar 1992 geboren wurden, wird einem Elternteil drei Jahre lang jeweils etwa ein Entgeltpunkt zugeschrieben. Für Kinder vor 1992 gibt es zwei Jahre Kindererziehungszeit (Mütterrente). Den zusätzlichen Rentenanspruch gibt es auch, wenn der Elternteil nebenbei arbeitet. Allerdings wird der Anspruch nur bis zur Beitragsbemessungsgrenze angerechnet.
- Pflegende Angehörige. Die Pflegekasse zahlt für sie Beiträge zur gesetzlichen Rentenversicherung. Die Höhe ist abhängig vom Pflegeaufwand und wird individuell berechnet.
- Menschen mit Behinderung.
- Wehrdienstleistende oder Menschen im Bundesfreiwilligendienst.
- Empfänger von Krankengeld, Arbeitslosengeld I oder anderen Unterhaltsersatzleistungen.
- Teilweise auch Studenten mit Nebenjob.

Für einen **Minijob** fallen außerdem Beiträge in Höhe von 15 Prozent an, die der Arbeitgeber bezahlt. Minijobber können diesen Beitrag selbst noch um 3,7 Prozent aufstocken. Bei einem sogenannten **Midijob** zahlt der Arbeitgeber einen Anteil von 9,35 Prozent, während für den Arbeitnehmer ein reduzierter Beitrag anfällt, der sich je nach Höhe des Einkommens berechnet. Auch Midijobber können auf den vollen Beitrag aufstocken und so höhere Rentenansprüche erwerben.

Wer kann freiwillig Beiträge einzahlen?
Mit freiwilligen Beiträgen lässt sich entweder die zukünftige Rente erhöhen oder überhaupt ein Anspruch auf Rente aufbauen. Grundsätzlich kann jeder Bürger freiwillig

Beispiel
*Eine Mutter, die vor 1992 zwei Kinder zur Welt gebracht hat, hat insgesamt 24 Monate Beitragszeit erworben. Für die **Mindestversicherungszeit** zur Regelaltersgrenze fehlen ihr weitere 12 Monate. Zahlt sie diese freiwillig **nach**, erwirbt sie einen **Anspruch** auf eine gesetzliche Rente, ohne jemals sozialversicherungspflichtig beschäftigt gewesen zu sein. Für Kinder, die nach 1992 geboren wurden, gibt es automatisch drei Jahre Kindererziehungszeit. Seit 2019 bekommen Mütter und Väter mit vor 1992 geborenen Kindern einen halben Rentenpunkt zusätzlich.*

Beiträge in die Deutsche Rentenversicherung einzahlen. Es ist nur eine **Anmeldung** beim zuständigen Rentenversicherungsträger erforderlich, mit der Angabe, ab wann Beiträge in welcher Höhe gezahlt werden sollen. Die Rentenversicherung berät beim Antrag. Besonders lohnt das, wenn sich durch wenige zusätzliche Zahlungen die Wartezeit erfüllen lässt.

Wenn Sie sich freiwillig rentenversichern, können Sie die Höhe und die Zahl der Beiträge selbst bestimmen. In den meisten Fällen können Sie die Beiträge für ein Jahr noch bis zum 31. März des Folgejahres nachzahlen. In wenigen Ausnahmen, etwa wie im obigen Beispiel der Mutter, sind freiwillige Beiträge aber auch noch viele Jahre später möglich.

Welche Infos finden Sie in der jährlichen Renteninformation?

Versicherte, die mindestens 27 Jahre alt sind und die Mindestversicherungszeit erfüllt haben, erhalten jedes Jahr eine Renteninformation. Darin berechnet die Deutsche Rentenversicherung für verschiedene Szenarien die Höhe der Rentenzahlung.

Zum einen finden Sie dort die Höhe Ihrer vollen **Erwerbsminderungsrente** und die Höhe Ihrer **Regelaltersrente**, die Sie mit Ihren bisher gesammelten Ansprüchen erreichen würden. Zusätzlich zeigt die Renteninformation, wie sich Ihr Rentenanspruch **entwickelt**, sofern Sie den Durchschnittsverdienst der vergangenen fünf Jahre beibehalten. Eine **Hochrechnung** zur Rentenhöhe zeigt exemplarisch, wie die Rente ausfällt, sollte das Rentenniveau jährlich um 1 oder 2 Prozent angepasst werden.

Falls Sie die Rechnung nicht erhalten, können Sie sie unkompliziert auf der Website der Versicherung anfordern – unter:

 *https://www.eservice-drv.de/ SelfServiceWeb/*

Besonders in den ersten Jahren nach dem Berufseinstieg sind die Berechnungen der Rentenversicherung zur Altersrente kaum aussagekräftig. Denn die Rechnung stützt sich auf die vergangenen fünf Jahre. Dort fließen dann möglicherweise noch Beitragszahlungen aus dem Studentenjob in die Berechnung ein. Die prognostizierte Altersrente nach fünf vollen Berufsjahren sollte aber deutlich höher ausfallen.

Wie hoch sind Steuern und Krankenkassenbeiträge?

Auf Renten aus der gesetzlichen Rentenversicherung zahlen Sie den **persönlichen Einkommensteuersatz** – jedoch erst ab 2040 auf die volle Rente. Vorab wird der zu versteuernde Anteil der Rente schrittweise angehoben. Erhalten Sie erstmals 2022 eine Altersrente, gilt dauerhaft ein Besteuerungsanteil von 82 Prozent. Das heißt, 18 Prozent Ihrer Renten sind steuerfrei. Dieser Anteil sinkt für jüngere Rentnerjahrgänge. Da die Renten jedes Jahr ein wenig steigen, kann es sein, dass Sie plötzlich zur Abgabe einer Steuererklärung verpflichtet sind. Auf die gesetzliche Rente müssen Sie Beiträge zur **Krankenversicherung der Rentner** zahlen oder sich freiwillig gesetzlich krankenversichern. Der Beitragssatz beträgt in beiden Fällen **7,3 Prozent plus den halben Zusatzbeitrag**.

Rentner haben in der privaten Krankenversicherung ein Recht auf Beihilfe. Auch für die Pflegeversicherung fallen weiterhin Beiträge an.

Wo steht die politische Rentendebatte?

Es ist eine Herausforderung: Die gesetzliche Rente soll während des Arbeitslebens bezahlbar bleiben und zugleich im Alter ein Auskommen sichern. Mit dem Renteneintritt der besonders geburtenstarken Jahrgänge in den nächsten zehn Jahren **(Babyboomer)** wird das Problem noch größer. Heute versorgen 1,8 Beitragszahler einen Rentner, im Jahr 2030 werden es voraussichtlich nur noch 1,5 Beitragszahler sein. Vor knapp 50 Jahren waren es noch vier. Um die gesetzliche Rente in Zukunft finanzieren zu können, müssen entweder die **Einnahmen erhöht** oder die **Ausgaben gesenkt** werden.

2018 hat die große Koalition ein **Rentenpaket** geschnürt. Es sieht unter anderem vor, das Rentenniveau bei rund **48 Prozent des Durchschnittsverdienstes** zu halten. Das Rentenniveau gibt an, wie viel Prozent des letzten Einkommens ein sogenannter Eckrentner (45 Arbeitsjahre beim deutschen Brutto-Durchschnittslohn von derzeit rund 41.500 Euro) im Ruhestand als Rente vor Steuern bekommt. Die neue Ampelregierung hat das 48-Prozent-Versprechen für das Rentenniveau verlängert.

Eine weitere Stellschraube für die Rentenkasse ist der **Beitragssatz**. Das ist der Anteil, den Sie als Angestellter zusammen mit Ihrem Arbeitgeber von Ihrem Gehalt an die Rentenversicherung zahlen, um die heutigen Renten zu finanzieren. Derzeit liegt er bei **18,6 Prozent**, je zur Hälfte bezahlt von Arbeitnehmerin und Arbeitgeber. SPD und CDU/CSU haben beschlossen, den Wert **20 Prozent bis 2025** nicht zu überschreiten. **Bis 2030** darf der Beitragssatz auf **maximal 22 Prozent** steigen.

Einige Forderungen der vergangenen Jahre hat der Gesetzgeber Anfang Juni 2017 mit dem sogenannten **Betriebsrentenstärkungsgesetz** gebündelt, das 2018 in Kraft trat: So werden Riester-Rente und betriebliche Altersvorsorge nicht mehr komplett auf die Grundsicherung angerechnet. Wer im

Laufe des Lebens für sein Alter vorgesorgt hat, soll so auch im Fall der Grundsicherung davon profitieren und etwas mehr übrighaben.

Auch beschlossen ist die **Angleichung der Renten in Ost und West**. Bisher unterscheidet sich der Rentenwert, also der Betrag, den ein Rentenpunkt in der Auszahlung wert ist. **Bis 2025** soll dieser einheitlich werden. Für bisherige und baldige Ost-Rentner ist das positiv, ihre Renten werden höher ausfallen.

Für Arbeitnehmer im Osten bedeutet diese Angleichung aber möglicherweise eine Einbuße. Denn viele verdienen im Osten weniger als im Westen. Daher werden die Gehälter fiktiv hochgerechnet, wenn es um den fälligen Beitrag zur Rentenversicherung geht. Für weniger Gehalt bekommen Beschäftigte im Osten derzeit also mehr Anspruch auf Rentenpunkte. Doch diese Höherwertung entfällt künftig.

Im Januar 2021 wurde zudem die **Grundrente** nach einem Entwurf von Arbeitsminister Hubertus Heil (SPD) eingeführt. Das Prinzip: Wer jahrelang – **mindestens 33 Beitragsjahre** – in die Rentenkasse eingezahlt hat, soll mehr bekommen als die Grundsicherung im Alter. Maximal beträgt die Grundrente 418 Euro pro Monat. Einen Antrag brauchen Sie dafür nicht zu stellen. Seit Juli 2021 verschickt die DRV die ersten Grundrentenbescheide. Die Einzelprüfung aller Rentnerinnen und Rentner wird allerdings dauern. Doch unabhängig davon, wann Sie den Rentenbescheid erhalten: Die Grundrente wird rückwirkend ab dem 1. Januar 2021 gezahlt. Es gibt allerdings **Höchstgrenzen**. Der Freibetrag liegt bei 1.250 Euro Monatseinkommen für Singles und bei 1.950 Euro für Paare und eingetragene Lebenspartnerschaften.

Wissen in Bestform

TOP 10 BELIEBTESTE STUDIENFÄCHER

Die rund 3 Mio. Studierenden in Deutschland haben so viel Auswahl wie noch nie: Dennoch bevorzugt unter den 21.000 Studienfächern: Mainstreamfächer.

VIEL AUSWAHL

Zahlen und Fakten:

» **BWL** MIT GROSSEM VORSPRUNG **BELIEBTESTER STUDIENGANG** IN DEUTSCHLAND » FAST **VIERTELMILLIONEN STUDENTINNEN UND STUDENTEN** EINGESCHRIEBEN

» PLATZ 2 UND 3 BELEGEN MIT GROSSEM ABSTAND **INFORMATIK** UND **JURA**

» **MEDIZIN, PSYCHOLOGIE** ODER **MASCHINENBAU** NUR ETWA 100.000 STUDIERENDE

Geschlechterorientiert?

» BWL belegt sowohl bei weiblichen als auch männlichen Studierenden den ersten Platz

» Jura, Medizin, Psychologie, Soziale Arbeit und Germanistik eher von Frauen bevorzugt

» Informatik und Ingenieurswissenschaften eine Männerdomäne

» Dieses Genderbild hat sich trotz aller Anstrengungen nicht verändert

» Vor allem nicht in Schweden, was als Vorbild dafür gilt

WENIG FORTSCHRITT

Quelle: Destatis, iwd, BfA

Im WS 2020/21 an deutschen Hochschulen immatrikulierte Studenten:

BWL	243.000
Informatik	134.000
Rechtswissenschaften	119.000
Medizin	102.000
Psychologie	101.000
Maschinenbau/-wesen	100.000
Wirtschaftswissenschaften	89.000
Soziale Arbeit	73.000
Germanistik/Deutsch	69.000
Wirtschaftsinformatik	67.000

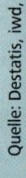

2.1.3 Versorgungswerke

» Pflichtversicherung für die meisten freien Berufe «

von Max Mergenbaum & Annika Krempel Stand: 20. Februar 2019
www.finanztip.de/versorgungswerk-rentenversicherung/

Für welche Berufe sind Versorgungswerke Pflicht? // Wovon hängt die Höhe der Beiträge ab? // Wann wird der volle Beitrag zur Krankenversicherung fällig? // Wie finanzieren sich Versorgungswerke?

Das Wichtigste in Kürze

- Versorgungswerke zahlen die Alters-, Invaliditäts- und Hinterbliebenenrente für Freiberufler.
- In ein Versorgungswerk eintreten **müssen** alle Ärzte (auch Zahn- und Tierärzte), Apotheker, Architekten, Notare, Rechtsanwälte, Steuerberater, Wirtschaftsprüfer, vereidigte Buchprüfer, Ingenieure und Psychotherapeuten, die Mitglied in der entsprechenden Kammer sind.
- Mitglieder eines Versorgungswerks können sich von der gesetzlichen Rentenversicherungspflicht befreien lassen.
- Die einzelnen Versorgungswerke verlangen unterschiedlich hohe Beiträge. Die zugesagten Renten sind oft höher als die gesetzliche Rente.
- Die Leistungen werden aus den Rücklagen der Versorgungswerke gezahlt, statt im Umlageverfahren aus den Einzahlungen der aktuell Berufstätigen, wie bei der gesetzlichen Rente.

So gehen Sie vor

- Klären Sie, ob Sie Mitglied in einem Versorgungswerk werden müssen.
- Prüfen Sie dann, ob es sinnvoll ist, sich von der gesetzlichen Rentenversicherungspflicht **befreien** zu lassen, damit Sie keine doppelten Beiträge zahlen.
- Bedenken Sie bei dieser Entscheidung auch deren Auswirkungen auf die Kosten Ihrer gesetzlichen Krankenversicherung im Rentenalter. In der Krankenversicherung der Rentner günstig versichern darf sich nur, wer neben dem Versorgungswerk auch eine gesetzliche Rente bezieht.
- Sind Sie von der gesetzlichen Rentenversicherungspflicht befreit, müssen Sie den Antrag auf Befreiung bei jedem Wechsel des Arbeitsplatzes erneut stellen.

In eine Rentenkasse einzahlen – das muss fast jeder in Deutschland. In welchem Topf das Geld genau landet, hängt allerdings davon ab, welchen Beruf derjenige ausübt. Neben der gesetzlichen Rentenversicherung gibt es die **berufsständischen Versorgungswerke**. Insgesamt 89 Gesellschaften kümmern sich um die Pflichtversorgung bezüglich der Alters-, Invaliditäts- und Hinterbliebenenrente ihrer Mitglieder. Sie sind auch dafür zuständig, Reha-Maßnahmen zu finanzieren.

Für welche Berufe sind Versorgungswerke Pflicht?

Versorgungswerke sind keine freiwillige Alternative zur gesetzlichen Rentenversicherung, sondern in vielen Fällen eine **Pflichtversicherung**. Sie sichern Freiberufler ab, die Mitglied in ihrer entsprechenden Berufskammer sind. Dazu gehören Ärzte (auch Tier- und Zahnärzte), Apotheker, Notare, Rechtsanwälte, Steuerberater, Wirtschaftsprüfer, vereidigte Buchprüfer, Ingenieure, Architekten und Psychotherapeuten.

Mit der Aufnahme in die jeweilige Kammer ist der Eintritt in das Versorgungswerk automatisch Pflicht. Das gilt auch für Mitglieder dieser Berufsgruppen, die angestellt sind. Gleichzeitig sind diese als Angestellte aber in der gesetzlichen Rentenversicherung pflichtversichert.

Damit angestellte Zahnärzte oder Rechtsanwälte keine doppelten Beiträge zahlen, können sie sich von der **Versicherungspflicht in der Rentenversicherung** befreien lassen. Dies gilt jeweils nur für die aktuelle Anstellung. Wechselt zum Beispiel ein Steuerberater seinen Arbeitgeber, muss er erneut einen Antrag auf Befreiung stellen. Die Organisation der einzelnen Versorgungswerke ist Ländersache, teilweise sind kleinere Bundesländer aber auch zusammengefasst.

Wer Mitglied werden muss, sollte sich daher genau erkundigen, welches Versorgungswerk für ihn zuständig ist. Eine gute Anlaufstelle ist die Website der Arbeitsgemeinschaft berufsständiger Versorgungseinrichtungen. Dort lässt sich gezielt nach einem Bundesland oder einem Beruf suchen.

Wovon hängt die Höhe der Beiträge ab?

Die Höhe der Beiträge gestaltet jedes Versorgungswerk anders. Einige nehmen zum Beispiel einen Prozentsatz des erzielten Einkommens (der teilweise dem Satz der gesetzlichen Rentenversicherung entspricht), andere fordern einen gewissen Anteil des Höchstbeitrags der gesetzlichen Rentenversicherung. Verdient ein Mitglied wenig, lässt sich der **Beitrag häufig auch einkommensabhängig reduzieren**. So zahlt ein erfahrener Facharzt mit einer gut laufenden, eigenen Praxis mehr als ein Berufsanfänger.

Bei angestellten Mitgliedern entspricht der Beitrag meist dem der gesetzlichen Rentenversicherung von 18,6 Prozent (Stand: 2019). Darüber hinaus haben sie Anspruch auf einen **Arbeitgeberzuschuss zum Versorgungswerk** (§ 172a SGB VI), der dem Zuschuss zur gesetzlichen Rentenversicherung entspricht. 2019 beläuft sich der monatliche Höchstzuschuss in den alten Bundesländern auf rund 623 Euro, in den neuen Bundesländern auf rund 572 Euro.

Die **Mindest- und Höchstbeiträge** weichen durch die verschiedenen Regelungen voneinander ab, je nachdem welchem Versorgungswerk jemand angehört. Oft lassen die Versorgungswerke auch **freiwillige Mehrzahlungen** zu, um die Rente zu erhöhen. Die Einzahlungen werden mit einem Rechnungszins verzinst, darüber hinaus sollen weitere Gewinne erwirtschaftet werden.

Die zugesagten Renten sind oft höher als in der gesetzlichen Rentenversicherung. 2016 betrugen sie durchschnittlich 2.092 Euro im Monat. Vorgezogene Altersrenten ab 60 oder 62 Jahren mit Abschlägen sind genauso möglich wie der Aufschub der Rente mit rentensteigernder Wirkung.

Wichtig: Eine Riester-Förderung gibt es für Mitglieder in den Versorgungswerken nicht.

Wann wird der volle Beitrag zur Krankenversicherung fällig?

Wer nach einem Leben als Angestellter eine gesetzliche Rente bezieht, muss als gesetzlich Krankenversicherter nur den halben Beitrag zur Krankenversicherung selbst tragen – egal, ob er im Alter pflichtversichert oder freiwillig versichert ist. Die gesetzliche Rentenversicherung trägt den Arbeitgeberanteil des Krankenversicherungsbeitrags als Zuschuss. Auch Privatversicherte erhalten auf Antrag diesen Zuschuss. Den Beitrag zur Pflegeversicherung zahlen alle Rentner vollständig selbst.

Auf die Rente aus einem Versorgungswerk müssen gesetzlich Versicherte hingegen den **vollen Krankenkassenbeitrag alleine** zahlen. Dieser liegt 2019 bei 14,6 Prozent plus dem Zusatzbeitrag der jeweiligen Krankenkasse. Auch Privatversicherte bekommen keinen Zuschuss.

Auf welche weiteren Einkünfte gesetzlichversicherte Rentner Krankenkassenbeiträge zahlen müssen, hängt davon ab, ob sie freiwillig versichert oder pflichtversichert in der Krankenversicherung der Rentner sind. Wer **ausschließlich eine Rente aus einem Versorgungswerk** erhält, muss sich freiwillig versichern. Dann werden **auf alle Einkünfte Beiträge** zur Kranken- und Pflegeversicherung fällig, beispielsweise auch auf Mieteinnahmen oder Zinserträge.

Rentner, die Geld sowohl von der gesetzlichen Rentenversicherung als auch aus einem Versorgungswerk erhalten, können sich unter bestimmten Voraussetzungen in der Krankenversicherung der Rentner pflichtversichern. Mehr dazu im Glossar „Krankenversicherung der Rentner".

Dann zahlen sie Beiträge zur Kranken- und Pflegeversicherung nur auf die **gesetzliche Rente und die Rente des Versorgungswerks**, nicht aber auf sonstige Einnahmen. Das ist in der Regel deutlich günstiger.

Für pflichtversicherte Rentner führt das Versorgungswerk den Beitrag in der Regel direkt an die Krankenversicherung ab. Freiwillig Versicherte müssen dagegen selbst den Beitrag überweisen.

Das für Medienberufe zuständige Presseversorgungswerk gehört übrigens nicht zu den berufsständischen Versorgungswerken. Es ersetzt nicht die gesetzliche Rentenkasse, sondern ist lediglich eine zusätzliche Möglichkeit zur privaten Altersvorsorge.

Wie finanzieren sich Versorgungswerke?

Im Gegensatz zur gesetzlichen Rentenversicherung organisieren die Versorgungswerke die Altersversorgung ihrer Mitglieder **kapitalbildend**. Das bedeutet, dass sie für kommende Rentner die gezahlten Beiträge zurücklegen und verzinsen, um diese später auszuzahlen. Um der anhaltenden Niedrigzinsphase entgegenzuwirken und die Renten zu sichern, verfolgen die einzelnen Versorgungswerke unterschiedliche Strategien. Einige investieren stärker in Aktienfonds, andere bauen ihre Immobilienbestände aus.

Zusätzlich haben sie das Renteneintrittsalter auf 67 Jahre angehoben und den Rechnungszins gesenkt, mit dem sie intern die Verzinsung der Beiträge berechnen. Außerdem bauen die Versorgungswerke Rücklagen auf, um länger anhaltenden Niedrigzinsen zu begegnen. Dennoch könnte es passieren, dass die Renten in Zukunft niedriger ausfallen, sollten die Zinsen weiterhin auf dem niedrigen Stand bleiben.

2.1.4 Rürup-Rente (Basisrente)

» Nur für Selbstständige eine Option «

von Sara Zinnecker Stand: 12. Mai 2021
www.finanztip.de/ruerup-rente-basisrente/

Wer kann Rürup-Rente abschließen? // Für wen eignet sich ein Rürup-Vertrag? // Welche Vor- und Nachteile hat ein Rürup-Vertrag? // Wie hoch sind die Steuern auf die Rürup-Rente? // Wie viel können Sie in einen Rürup-Vertrag einzahlen?

 Das Wichtigste in Kürze
- Mit einer Basisrente (auch Rürup-Rente genannt) können Sie staatlich gefördert fürs Alter vorsorgen.
- Die Basisrente funktioniert ähnlich wie die Deutsche Rentenversicherung, vor allem Selbstständige ohne gesetzliche Absicherung sollten sich damit beschäftigen.
- Die Beiträge für eine Rürup-Rente können Sie von der Steuer absetzen, allerdings müssen Sie die Auszahlungen im Ruhestand versteuern.

 So gehen Sie vor
- Als Angestellter haben Sie bereits eine Grundabsicherung. Eine Basisrente als Zusatzabsicherung ist eher ungeeignet.
- Wenn Sie als Selbstständiger nicht auf die Deutsche Rentenversicherung setzen möchten, sollten Sie Angebote für eine Rürup-Rente einholen.

Planen Sie, langfristig selbstständig zu sein, und sind Sie nicht in der Deutschen Rentenversicherung versichert? Dann kann eine Rürup-Rente die Basis für Ihre Altersvorsorge sein. Wie bei der gesetzlichen Rente können Sie die **Einzahlungen von der Steuer absetzen**.

Sind Sie angestellt und denken über eine Rürup-Rente nach? Der Steuervorteil ist nicht so groß, wie er scheint beziehungsweise wie er Ihnen von Ihrem Versicherungsmakler versprochen wurde. Dafür können Sie den **Vertrag nicht kündigen** und **nur eingeschränkt vererben**.

Rürup-Rente als Basisvorsorge

Die Basisrente (Rürup-Rente) gehört zur **ersten Säule der Altersvorsorge**. Einen Vertrag schließen Sie allerdings nicht mit dem Staat ab, sondern mit einem Versicherer. Am weitesten verbreitet sind klassische oder fondsgebundene Rentenversicherungen. Wenige Anbieter haben auch Fondssparpläne im Programm. Ende 2019 gab es in Deutschland **2,3 Millionen Rürup-Verträge**.

Beiträge der Basisvorsorge lassen sich bis zu einem Höchstbetrag als Vorsorgeaufwendungen von der Steuer absetzen. Steuer fällt dann erst auf die späteren Renten an. Da der Steuersatz im Ruhestand häufig niedriger ist als im Erwerbsleben, dürften die meisten Sparer **Vorteile aus der nachgelagerten Besteuerung** ziehen.

Wer kann eine Rürup-Rente abschließen?

Grundsätzlich kann jeder einen Vertrag für eine Basisrente abschließen. Entwickelt wurde sie allerdings für **Selbstständige**, die für den Ruhestand ansparen möchten. Ein Rürup-Vertrag kann für sie ein Ersatz für die gesetzliche Rente sein – oder eine zusätzliche monatliche Auszahlung im Ruhestand.

Für wen eignet sich ein Rürup-Vertrag?

Ob ein Rürup-Vertrag für Sie infrage kommt, hängt von individuellen Kriterien ab. Grundsätzlich gilt: Je mehr Sie verdienen und je mehr Geld Sie in den Vertrag stecken, umso größer fällt die Steuererstattung in der Ansparphase aus und umso eher lohnt sich der Vertrag. Eine Rolle spielt aber auch, wie viele Jahre bis zur Rente noch bleiben – und wie Sie ansonsten für die Rente vorsorgen.

Selbstständige, die nicht in der Deutschen Rentenversicherung pflichtversichert sind und sich auch nicht freiwillig versichern wollen, haben mit einem Rürup-Vertrag die Option auf eine steuerlich geförderte Altersvorsorge. Im Gegensatz zur gesetzlichen Rente, die auf einem Umlageverfahren basiert, ist ein Rürup-Vertrag kapitalgedeckt. Das bedeutet, dass sich Ihre spätere Rente aus Ihren Einzahlungen und der Entwicklung des Geldes im Vertrag ergibt.

Auch zum Aufstocken der gesetzlichen Rente kann ein Rürup-Vertrag genutzt werden. Gerade Selbstständige haben aufgrund geringer Einkünfte oft eine niedrige Rente. Sinnvoll ist der Abschluss einer Rürup-Rente allerdings erst, wenn Sie wissen, dass Sie langfristig selbstständig sein werden.

Für **gutverdienende Angestellte** kann sich ein Rürup-Vertrag aufgrund des Steuervorteils – rein finanziell gesehen – durchaus lohnen. Allerdings wiegt dieser **nur in Ausnahmefällen** die Nachteile eines solchen Vertrags auf.

Studenten und Jungunternehmer sollten auf einen Rürup-Vertrag generell verzichten. Gerade die häufig von Versicherungsvermittlern angepriesenen Basisrenten in Kombination mit einer **Berufsunfähigkeitsversicherung** sind nicht zu empfehlen. Dadurch wird ein unflexibler, unkündbarer Vertrag für die Altersvorsorge mit einer wichtigen Risikoabsicherung gekoppelt. Viele Studenten bereuen den Abschluss später. Wir empfehlen, die Berufsunfähigkeitsversicherung als **separaten** Baustein abzuschließen.

Welche Vor- und Nachteile hat ein Rürup-Vertrag?

Ein Rürup-Vertrag ist ein privater Vorsorgevertrag mit einem Versicherer, meist eine Rentenversicherung. Er muss bestimmte Kriterien erfüllen, damit der Staat ihn als förderfähigen Vertrag anerkennt. **Diese Merkmale können Vor- oder auch Nachteile sein.** Es kommt darauf an, ob man sie mit einer nicht geförderten privaten Altersvorsorge (ETF-Sparplan, private Rentenversicherung, Immobilie) oder mit der gesetzlichen Rente vergleicht.

Die wichtigsten Unterschiede zu einer nicht geförderten Altersvorsorge:
- Während der Vertragslaufzeit kommen Sie bei einem Rürup-Vertrag **nicht an Ihr Geld**.
- Im Ruhestand wird das Vertragsguthaben als lebenslange Rente ausgezahlt. Sie haben **kein Kapitalwahlrecht**, können sich das Geld also nicht auf einen Schlag auszahlen lassen.
- Dafür können Sie die Beiträge für Rürup-Verträge **bei der Steuer ansetzen**. Diesen Vorteil gibt es bei einem ETF-Sparplan oder einer privaten Rentenversicherung nicht.

Diese Merkmale gelten allesamt auch für die gesetzliche Rente. Für Selbstständige, die dafür einen Ersatz suchen, fallen sie daher nicht ins Gewicht. Für Angestellte oder

Selbstständige, die eine Zusatzrente ansparen möchten, durchaus. Daneben haben Rürup-Verträge noch einige weitere wichtige Besonderheiten:

- Ein Rürup-Vertrag ist **unkündbar**. Sie können zwar weniger einzahlen oder den Vertrag komplett beitragsfrei stellen – allerdings zahlen Sie weiterhin bis zur Rente jedes Jahr die Verwaltungskosten aus Ihrem Vertragsguthaben.
- Grundsätzlich können Sie Ihr Geld **nicht auf jemand anderen übertragen oder es vererben**. Falls Sie während der Ansparphase sterben, profitieren davon die überlebenden Versicherer, Fondssparer und die jeweiligen Unternehmen. Allerdings haben viele Produkte heutzutage einen eingeschränkten Hinterbliebenenschutz. Entweder eine Beitragsrückgewähr (Auszahlung des angesparten Geldes an Hinterbliebene) oder eine Rentengarantiezeit (Rente für Hinterbliebene über einen bestimmten Zeitraum). Als Hinterbliebene gelten dabei nur Ehepartner, eingetragene Lebenspartner und kindergeldberechtigte Kinder. Im Gegensatz zur gesetzlichen Rente gehen alle Regelungen zur Hinterbliebenenabsicherung bei einem Rürup-Vertrag auf Kosten Ihrer Rentenhöhe. Je stärker Sie also Ihre Familie berücksichtigen, umso geringer ist später Ihre Rente.
- Für Rürup-Verträge gibt es anders als bei Riester-Verträgen keine gesetzlichen Vorschriften für den Wechsel zu einem anderen Anbieter. Daher ist es nicht bei allen Anbietern möglich, bei manchen nur gegen Gebühr.

Wie entsteht der Steuervorteil bei der Rürup-Rente?

Während der Ansparphase bekommen Sie bei Rürup-Verträgen eine Steuererleichterung. Im Ruhestand zahlen Sie dafür Steuern auf die ausgezahlte **Rente**. Für die meisten Menschen entsteht dadurch ein finanzieller Vorteil, da sie in der Rente ein niedrigeres Einkommen haben als im Erwerbsleben.

Konkret funktioniert das so: Anders als bei Riester-Verträgen, bei denen der Staat die Verträge über Zulagen und Steuervorteile fördert, funktioniert die staatliche Förderung bei privaten Rürup-Vorsorgeverträgen allein über die Steuer. Sparer können im Jahr 2021 Beiträge in Höhe von 25.786,60 Euro

Absetzbarer Anteil der Vorsorgeaufwendungen bis 2025

84%	86%	88%	90%	92%	94%	100%	100%	100%
2017	2018	2019	2020	2021	2022	2023	2024	2025

Quelle: Koalitionsvertrag

als Altersvorsorgeaufwendungen in der Steuererklärung geltend machen (2020: 25.045,80 Euro) – 92 Prozent davon erkennt das Finanzamt 2021 an (2020: 90 Prozent).

Der Höchstbetrag, den Sparer für die Basisversorgung ansetzen können, berechnet sich aus der Beitragsbemessungsgrenze für die Rentenversicherung der Knappschaft (West), die jährlich fortgeschrieben wird, multipliziert mit dem zugehörigen Beitragssatz. 2021 sind das 8.700 Euro x 12 Monate x 24,7 Prozent = 25.786,60 Euro. Davon erkennt das Finanzamt im selben Jahr 92 Prozent an, also 23.723,86 Euro. Der absetzbare Anteil steigt jährlich um 2 Prozentpunkte – bis auf 100 Prozent im Jahr 2023.

Wie viel Steuererstattung Sie erwarten können, hängt also von der Höhe Ihres zu versteuernden Einkommens und Ihrem persönlichen Steuersatz ab. Grundsätzlich gilt: Je mehr Sie verdienen, desto mehr bekommen Sie vom Finanzamt zurück. Es gilt aber auch: Je höher Ihr Einkommen im Ruhestand ist, desto mehr Steuern zahlen Sie auf Ihre Rürup-Auszahlung. Denn auch hier ist der individuelle Steuersatz entscheidend.

Vorsicht ist bei der Berechnung des Steuervorteils durch Versicherungsvertreter oder in Angeboten von Versicherern geboten, die nicht von Ihrem ganz persönlich zu versteuernden Einkommen ausgehen. In der Regel haben Sie zusätzlich auch andere absetzbare Ausgaben, die Ihre Erstattung durch den Rürup-Vertrag mindern.

Rürup-Steuererstattung bei unterschiedlichen Einkommen

Finanztip-Annahme:
[1] Ein Selbstständiger zahlt 18,6 Prozent seines Jahresgehalts in den Rürup-Vertrag ein, maximal 15.847 Euro pro Jahr. Das ist der derzeitige Beitragshöchstsatz der gesetzlichen Rentenversicherung. Weitere Annahmen: Er ist freiwillig in der GKV versichert, als Betriebskosten setzt er 1.000 Euro an.

Jahresgewinn vor Steuern	Einkommensteuer + Soli	Jahresbeitrag Rürup[1]	davon absetzbar	Einkommensteuer + Soli mit Rürup	Steuererstattung
30.000 €	3.136 €	5.580 €	5.134 €	1.778 €	1.357 €
50.000 €	8.128 €	9.300 €	8.556 €	5.349 €	2.779 €
70.000 €	15.162 €	13.020 €	11.978 €	10.434 €	4.758 €
100.000 €	29.048 €	14.847 €	14.579 €	22.196 €	6.852 €

Quelle: Finanztip-Berechnung (Stand: Mai 2021).

Wie hoch sind die Steuern auf die Rürup-Rente?

Im Ruhestand müssen Rürup-Sparer ihre Rentenzahlungen aus dem Vertrag mit dem persönlichen Einkommensteuersatz versteuern. Wie hoch der Anteil der Rente ist, den Sie besteuern müssen, hängt vom Jahr ab, in dem Sie in Rente gehen:
Bei einem Renteneintritt im Jahr 2021 liegt der zu besteuernde Anteil der Rürup-Renten bei 81 Prozent. Heißt: 19 Prozent des Geldes bekommen Sie steuerfrei, 81 Prozent müssen Sie versteuern.

Der besteuerte Anteil für Rürup-Renten steigt allerdings in den kommenden Jahren bis auf 100 Prozent. Wenn Sie 2040 oder später in Rente gehen, müssen Sie die gesamte Rürup-Rente versteuern.

Wie viel können Sie in einen Rürup-Vertrag einzahlen?

Als Selbstständiger, der weder in die Deutschen Rentenversicherung noch in ein Versorgungswerk einzahlt, können Sie die Höchstgrenzen für die Basis-Vorsorgeaufwendungen komplett für Ihren Rürup-Vertrag ausschöpfen. Ihre maximale Einzahlung, um den kompletten Steuervorteil zu bekommen, liegt bei 25.786,60 Euro (2021) beziehungsweise 25.045,80 Euro (2020).

Wollen Sie Ihre Rente der Deutschen Rentenversicherung oder eines Versorgungswerks (vor allem Mediziner, Apotheker, Architekten, Juristen, Steuerberater, Wirtschaftsprüfer) mit Hilfe eines Rürup-Vertrags aufstocken, müssen Sie berücksichtigen, dass Ihre Beiträge zur gesetzlichen Rente oder zum Versorgungswerk bereits auf den steuerlichen Höchstbetrag **angerechnet** werden. Der Betrag, der steuerbegünstigt in Ihren Rürup-Vertrag fließen kann, ist also begrenzt.

Das gleiche gilt für Angestellte, die mit einem Rürup-Vertrag sparen möchten. Bei ihnen verringern die Beiträge zur Rentenversicherung (Arbeitnehmer- und Arbeitgeberanteil) die absetzbaren Einzahlungen in den Rürup-Vertrag.

Konkrete Produktempfehlungen finden Sie unter:

 www.finanztip.de/ ruerup-rente-basisrente/

Besteuerungsanteil der Rente nach Jahr

      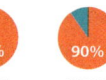

80%	81%	82%	83%	84%	85%	90%	95%	100%
2020	2021	2022	2023	2024	2025	2030	2035	2040

Quelle: § 22 Nr. 1 Satz 3 Bstb. a, aa EstG (Stand: 4. Mai 2021).
https://www.gesetze-im-internet.de/estg/__22.html

AKTIENSPARER 2020

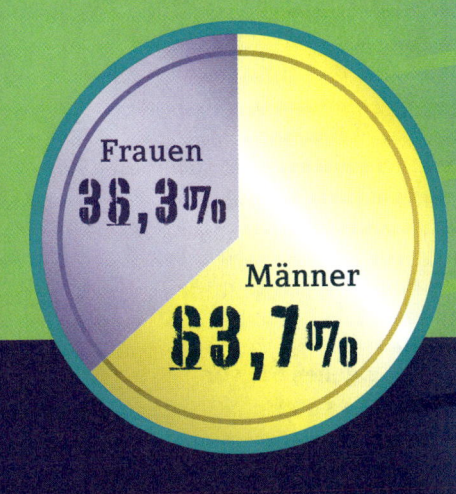

Frauen **36,3%**
Männer **63,7%**

Veränderung zum Vorjahr
nach Altersgruppen

- 14 bis 29 Jahre **+67%**
- 30 bis 39 Jahre **+34%**
- 40 bis 49 Jahre **+31%**
- 50 bis 59 Jahre **+31%**
- ab 60 Jahre **+13%**

Quelle: Deutsches Aktieninstitut (DAI)

Zahl der Aktiensparer
nach Altersgruppen

2019 / 2020 — MILLIONEN

Altersgruppe	2019	2020
14 bis 29 Jahre	0,9	1,4
30 bis 39 Jahre	1,3	1,7
40 bis 49 Jahre	1,8	2,4
50 bis 59 Jahre	2,2	2,9
ab 60 Jahre	3,5	3,9

Wissen in Bestform

Aktiensparen ist: IN

Jahrzehntelang haben sich die Deutschen anders als die Amerikaner oder die Briten nicht für Aktien interessiert. Und wenn doch, dann vor allem die **Älteren**, also 60+.

Das hat sich in den letzten Jahren **gründlich geändert**: Die Zahl der Aktiensparer in der Altersgruppe **14-29** stieg innerhalb des Jahres 2020 von 0,9 Mio. auf 1,4 Mio., eine Steigerung um satte **67%**! Vor allem die ganz Jungen setzen verstärkt auf Aktien, um Vermögen aufzubauen. Aber auch bei den Jahrgängen, die zwischen **30 und 59** Jahre alt sind, hat sich die Zahl der Aktiensparer im Jahr 2020 schlagartig um **ein Drittel erhöht**.

Ein Drittel aller Aktiensparer sind übrigens **Frauen**. Tendenz auch hier: **Steigend**!

Quelle: HB, Deutsches Aktieninstitut, FAZ

2.2.1 Riester-Rente

» Diese Riester-Rente passt zu Ihnen «

von Sara Zinnecker, Martin Klotz & Barbara Weber   Stand: 17. Februar 2022
www.finanztip.de/riester/

Was ist die Riester-Rente? // Wer darf riestern? // Für wen lohnt sich Riester? // Wie funktioniert die Auszahlung? // Welche Riester-Rente passt zu Ihnen? // Riester-Rente 2022: Lohnt sich das noch? // Was machen Sie mit Ihrem Riester-Vertrag?

 Das Wichtigste in Kürze
- Die Riester-Rente ist eine Form der **geförderten** Altersvorsorge. Das bedeutet: Sie zahlen eigenes Geld ein und erhalten zusätzlich Geld vom Staat.
- Als direkte Förderung erhalten Sie 175 Euro im Jahr als sogenannte **Zulage**, für Kinder gibt es 185 Euro oder 300 Euro, abhängig vom Geburtsjahr.
- Das angesparte Geld aus Ihrem Riester-Vertrag erhalten Sie im Alter als monatliche Rente ausgezahlt. Ausnahme: Wohn-Riester.

 So gehen Sie vor
- Berechnen Sie selbst oder mit Hilfe eines Beraters, wie viel Sie in den Riester-Vertrag einzahlen müssen, um die volle Riester-Förderung zu erhalten. Bei Geringverdienern liegt der **Mindestbeitrag** bei nur 60 Euro im Jahr.
- Entscheiden Sie sich dann für den passenden Riester-Vertrag. Es gibt unter anderem Riester-Rentenversicherungen, Riester- Fondssparpläne und Riester-Bausparverträge.

Neueste Entwicklung bei Riester: Am 11. Januar 2022 teilte die Deka, das Wertpapierhaus der Sparkassen, mit, dass sie zum 1. Juni 2022 ihr Riester-Neugeschäft vollständig einstellt. Bereits seit November 2021 werden die Verträge Sparkassen-Kunden nicht mehr angeboten. Die Deka begründete diesen Schritt mit der **Beitragsgarantie**. Die Beitragsgarantie ist ein wichtiges Element aller Riester-Verträge.

Wer im Alter gut über die Runden kommen möchte, sollte sich nicht nur auf die gesetzliche Rente verlassen. Eine wichtige Ergänzung ist die geförderte Altersvorsorge, also die betriebliche Altersvorsorge, die Rürup-Rente und eben Riester. Immerhin rund 16 Millionen laufende Riester-Verträge gab es Ende Oktober 2021.

Doch das Konzept der Riester-Rente wird immer **unattraktiver**: Magere Renditeaussichten und niedrige Rentenzahlungen sind die Gründe. Außerdem ist die Zukunft des Riesterns ungewiss, denn die Bundesregierung möchte das Riester-System überarbeiten und vermehrt auf Aktienfonds setzen.

Was ist die Riester-Rente?

Die Riester-Rente ist eine **Form der privaten Altersvorsorge**, die mit staatlichen Zulagen und Steuerermäßigungen unterstützt wird. Im Rentenalter bekommen Sie Ihre gesamten Spareinlagen plus Zulagen als Rente ausgezahlt.

In der **Ansparphase** Ihres Riester-Vertrags zahlen Sie monatlich oder jährlich einen Geldbetrag ein, um es sich später entweder als lebenslange Rente auszahlen zu lassen oder um es als sogenannte Eigenheimrente in den eigenen vier Wänden zu nutzen (Wohn-Riester). Der Staat fördert das mit einem jährlichen **Zuschuss** und mit **Steuervorteilen**.

▷ Die staatlichen Zulagen

Der Staat fördert Sie in der Ansparphase mit **jährlichen Zuschüssen**, den sogenannten Zulagen. Als Einzelperson bekommen Sie jährlich 175 Euro (seit 2018) als Grundzulage. Die Kinderzulage von 185 Euro gibt es für jedes bis Ende 2007 geborene Kind. 300 Euro gibt es für Kinder, die ab 2008 geboren wurden.

Sparen müssen Sie mindestens 60 Euro. Die Höchstsumme, die der Staat fördert, liegt bei 2.100 Euro im Jahr. Zulagen gibt es aber nur, wenn Sie jährlich mindestens vier Prozent Ihres Bruttojahreseinkommens des letzten Jahres einzahlen. Bei einem Jahresgehalt von 30.000 Euro müssen also jährlich 1.200 Euro auf Ihr Riester-Konto eingehen, um staatlich gefördert zu werden. Darin enthalten sind schon die staatlichen Zulagen. Als Einzelperson müssten Sie von den 1.200 Euro also nur 1.025 Euro einzahlen. Die restlichen 175 Euro werden vom Staat dazugelegt.

Für Berufseinsteiger bis zum 25. Lebensjahr gibt es einen einmaligen Extra-Bonus von 200 Euro.

▷ Die Beitragsgarantie beim Riestern

Die Versicherer verpflichten sich Ihnen gegenüber zur sogenannten **Beitragsgarantie**. In der Auszahlungsphase müssen sie Ihnen mindestens Ihre Sparbeiträge und die staatlichen Zulagen wieder auszahlen.

Aber genau das macht viele Riester-Verträge **unrentabel**. Die Anbieter müssen Ihr Geld in sehr risikoarme Fonds und Anleihen anlegen. Ihr Geld ist damit zwar sicher angelegt, doch die Chancen auf eine hohe Rendite sind gering.

▷ Die Steuerersparnis

Über die Zulagen hinaus bringt die Riester-Rente auch **Steuervorteile**. Ihre jährlichen Beiträge und staatlichen Zulagen können Sie bis zu einem Betrag von 2.100 Euro als **Sonderausgaben** geltend machen. Dazu müssen Sie bei der Einkommenssteuererklärung die Anlage AV ausfüllen. Das Finanzamt prüft dann, ob für Sie die Steuerersparnis über den Sonderausgabenabzug höher ist als die staatlichen Zulagen (Günstigerprüfung). Ist das der Fall, wirkt sich das zusätzlich steuerermäßigend aus. Vom Sonderausgabenabzug profitieren daher in aller Regel Singles und Besserverdiener, weil sie mehr eigenes Geld einzahlen, dafür aber weniger Zulagen bekommen.

▷ Diese Gebühren fallen an

Bei einem Riester-Vertrag fallen **Abschluss- und Verwaltungsgebühren** an. Die Gebühren sind schon in Ihren Beiträgen enthalten. Sie müssen sie also nicht extra an den Versicherer zahlen. Der Versicherer verteilt die Kosten auf die ersten fünf Jahre Ihres Vertrags. In der Regel belaufen sich die Kosten für Vertrieb, Provision und Abschluss auf rund drei bis sechs Prozent Ihrer Beiträge. Für die Verwaltung Ihrer Einlagen werden nochmal 1,5 bis drei Prozent Ihrer eigenen Beiträge fällig. Bei einem **Wechsel** des Versicherers entstehen weitere Gebühren.

Wer darf riestern?

Wer riestern möchte, muss zu einem bestimmten Personenkreis gehören. Vereinfacht gesagt kann jeder Arbeitnehmer, der in die gesetzliche Rentenkasse einzahlt, auch riestern. Beamte, Richter und Soldaten dürfen ebenfalls riestern. Darüber hinaus gibt es noch Regelungen für bestimmte Berufsgruppen wie Auszubildende oder Selbstständige. Auch wenn Sie gerade arbeitssuchend gemeldet sind, dürfen Sie privat vorsorgen. Hausfrauen und Hausmänner können über ihre Ehe- oder Lebenspartner mitriestern.

Für wen lohnt sich Riester?

Wegen der staatlichen Zulagen eignet sich Riestern besonders für **Familien mit mehreren Kindern** und **Geringverdiener**. Aber

2020

Westen	Osten

Männer

1.210 €	1.300 €

Frauen

730 €	1.075 €

Der Ost-West-Unterschied bei den Frauen ist so groß, weil in den neuen Bundesländern Frauen deutlich häufiger berufstätig waren als im Westen.

Quelle: journalistico.com

Gesetzliche Altersrente
durchschnittlich

989 €
pro Monat

Im Jahr 2019 lag sie noch bei 954 €.

Die Statistik erfasst auch **Hausfrauen** und **selbstständig Erwerbstätige,** die nur für kurze Zeit einbezahlt haben.

Weitere Alterseinkommen sind nicht berücksichtigt.

Quelle: DRV Rentenbestand

9, 4 Mio. Menschen erhalten weniger als 900 € gut die Hälfte aller Alters-Rentner ist betroffen.

Quelle: Handelsblatt

auch **Gutverdiener** können von steuerlichen Vorteilen profitieren. Aufgrund der Niedrigzinsphase dürfte sich ein Neuvertrag jedoch für viele derzeit nicht lohnen.

▷ Sinnvoll für Familien und Geringverdiener

Aktuell lohnt sich ein Neuabschluss besonders dann, wenn der **Staat** den **Großteil** zu Ihrer Altersvorsorge **dazugibt**. Grund dafür ist die andauernde Niedrigzinsphase. Ihr eigenes Kapital wird sich in der Riester-Rentenversicherung kaum spürbar vervielfachen. Das Geld vom Staat ist aber quasi geschenkt.

Beispiel

Der alleinerziehende Vater Stefan hat ein Jahresbruttogehalt von 20.500 Euro und zwei Kinder, die nach 2008 geboren wurden. Vier Prozent seines Gehalts muss er jährlich in seinen Riester-Vertrag einzahlen, also 820 Euro. Für seine beiden Kindern bekommt er jeweils 300 Euro vom Staat und er selbst bekommt noch 175 Euro jährlich. Die Zulagen werden schon von seinem Beitrag abgezogen. Das heißt für Stefan: Er muss nur den jährlichen Mindestbeitrag von 60 Euro zahlen.

Wer also nur **wenig eigenes Geld** in eine private Altersvorsorge **investiert**, kann von der Riester-Rente profitieren. Selbst wenn Sie nur den Mindestbeitrag von 60 Euro im Jahr zahlen können, stehen Ihnen die staatlichen Zulagen in voller Höhe zu. Und je mehr Kinder Sie haben, desto höher sind die Zuschüsse.

In dem nebenstehenden Beispiel würde Stefan für gerade mal 60 Euro im Jahr einen staatlichen Zuschuss zu seiner Altersvorsorge in Höhe von 775 Euro bekommen. Über viele Jahre hinweg kann da viel Geld zusammenkommen: Nach 25 Jahren sind das bereits rund 19.400 Euro staatliche Förderung, während Stefan nur 1.500 Euro aus eigenem Kapital angespart hat. Sollte Stefans Bruttogehalt irgendwann steigen, muss er allerdings auch höhere Beiträge zahlen.

▷ Freibetrag bei der Grundsicherung

Weiterer Vorteil für Geringverdiener: Wer später auf **Grundsicherung im Alter** angewiesen sein sollte, darf sich zusätzlich seine private Altersvorsorge auszahlen lassen. Seit 2018 gilt: 100 Euro Ihrer privaten Altersvorsorge bleiben anrechnungsfrei. Übersteigen Ihre Einkünfte diesen Betrag, dann bleiben weitere 30 Prozent anrechnungsfrei.

▷ Gutverdiener können Steuern sparen

Als Gutverdiener sollten Sie sich, trotz möglicher Steuerersparnisse, einen **Neuvertrag gut überlegen**. Denn als Gutverdiener bekommen Sie die **Nachteile** der Riester-Rente besonders zu spüren.

Wohn-Riester	Riester-Bausparvertrag	Riester-Banksparplan	Riester-Rentenversicherung	Riester-Fondssparplan
den Kredit für eine selbst bewohnte Immobilie schneller abbezahlen	Zinsen sichern für die spätere Anschaffung einer selbst bewohnten Immobilie	für Unentschlossene – nur noch wenig Angebot	mit Zinsgarantie – für Vorsichtige	Renditechancen mit Aktienfonds

Die Höhe Ihres Steuervorteils hängt von Ihrem Einkommensteuersatz ab: Sie können maximal 2.100 Euro im Jahr von der Steuer absetzen.

Je mehr Geld Sie verdienen, desto mehr müssen Sie aber auch in die Riester-Rente stecken, um die staatlichen Zulagen zu bekommen, immerhin vier Prozent Ihres Jahresbruttogehalts abzüglich der staatlichen Zuschüsse.

Bei der aktuellen **Niedrigzinsphase** ist das allerdings **wenig rentabel**. Denn der Großteil der späteren Auszahlungen wird aus Ihrem eigenen Kapital bestehen. Damit Sie von den staatlichen Zuschüssen auch wirklich profitieren, müssen Sie schon sehr viele Jahre die Rente beziehen.

Möchten Sie auf eine **höhere Rendite** setzen, sollten Sie besser erst einmal mit dem Abschluss eines Neuvertrags warten und zum Beispiel auf eine flexible Altersvorsorge wie einen **ETF-Sparplan** setzen. Ein Sparplan ist schon ab 50 Euro im Monat möglich

und eine gute Möglichkeit, für das Alter vorzusorgen und trotzdem flexibel zu bleiben.

Je nach politischer Entwicklung kann Riestern für Gutverdiener aber auch wieder attraktiver werden. Würde die Beitragsgarantie abgeschafft, könnten die Versicherer Ihr Geld in renditestarke Aktienfonds anlegen. Wie die Politik bei der Riester-Rente weiterverfahren wird, ist derzeit aber nur schwer einzuschätzen.

Wie funktioniert die Auszahlung?

Die Auszahlungsphase Ihrer Riester-Rente beginnt gewöhnlich mit dem Renteneintritt. Die Rentenzahlungen müssen Sie versteuern.

▷ Sie erhalten eine lebenslange Rente
Zu Beginn der Rentenzahlungen bekommen Sie mindestens Ihre Einzahlungen und die erhaltenen Zulagen ausgezahlt. Das ist gesetzlich festgeschrieben und nennt sich **Beitragsgarantie**.

Wer vor 2012 eine Riester-Rente abgeschlossen hat, kann sich das Geld ab 60 Jahren auszahlen lassen. Bei Verträgen ab 2012 wurde das Mindestalter auf 62 Jahre angehoben. Das Geld erhalten Sie als lebenslange Rentenzahlung, die Sie mit Ihrem dann geltenden Steuersatz versteuern müssen. Im Fachjargon nennt sich das **„nachgelagerte Besteuerung"**.

▷ Auch Einmalzahlung ist möglich
Neben der monatlichen Rentenzahlung können Sie sich zu Beginn der Auszahlungsphase einen **Einmalbetrag** von bis zu **30 Prozent** des Kapitals auszahlen lassen. Dadurch können Sie sich einen großen Teil Ihres Geldes gleich zu Beginn sichern. Denn die Anbieter rechnen meist mit einer sehr hohen Lebenserwartung, weswegen die monatlichen Beträge bei der Auszahlung als Rente niedrig ausfallen. Laut einer Studie des DIW Berlin erhalten Frauen durchschnittlich 55 Euro Riester im Monat. Bei Männern liegt die Auszahlung bei durchschnittlich 100 Euro.

Allerdings sollten Sie die Auszahlung richtig **timen**: Ihr Steuersatz erhöht sich in dem Jahr durch die Einmalzahlung. Sie sollten daher Ihren Anbieter bitten, die Auszahlung zu verschieben auf ein Jahr, in dem Sie kein Gehalt oder keine Dienstbezüge mehr haben, sondern nur noch Rente erhalten.

▷ Abfindung für Kleinbetragsrente
Wenn Sie weniger als 32,90 Euro (West) oder 31,15 Euro (Ost) monatliche Rente beziehen (nach § 18 SGB IV), haben Sie eine sogenannte Kleinbetragsrente und damit die Möglichkeit, Ihre Rente auf einen Schlag auszahlen zu lassen.

Statt Ihrer monatlichen Rentenzahlungen bekommen Sie eine **einmalige Abfindung**. Zu Beginn der Auszahlungsphase bekommen Sie das ganze Geld aus dem Riester-Vertrag auf einmal ausgezahlt.

Steuerlich haben sie dank der **Fünftelregelung** einen Vorteil: Ein Fünftel der Abfindung rechnet das Finanzamt zu Ihrem Einkommen dazu. Die darauf entfallende Einkommensteuer wird mit derjenigen verglichen, die auf das zu versteuernde Einkommen ohne Abfindung anfällt. Der fünffache Unterschiedsbetrag aus beiden Beträgen gilt als Einkommensteuer für die Abfindung. Auch hier kann es lohnen, sich die Abfindung auf das Jahr legen zu lassen, in dem Sie keinen Lohn, sondern nur noch Rente beziehen.

Welche Riester-Rente passt zu Ihnen?
Der Grundgedanke der Riester-Rente ist, dass Sie sich Ihr Guthaben erst im Alter als Rente auszahlen lassen. Allerdings gesteht Ihnen der Gesetzgeber zu, dass auch eine selbst genutzte Immobilie eine sinnvolle Altersvorsorge sein kann und zahlt auch dafür die Förderung. Diese Variante nennt sich dann **Wohn-Riester**. Dabei entnehmen

Sie das Guthaben Ihres Riester-Vertrags bei der Anschaffung einer Immobilie und nutzen dann die Förderung, um das Darlehen schneller zurückzahlen zu können.

▷ **Diese Riester-Vertragsarten gibt es**
Geht es Ihnen später vor allem um eine zusätzliche private Rente, war lange Zeit die klassische **Riester-Rentenversicherung** der Vertrag der Wahl. Aber auch bei einem **Riester-Banksparplan** und **Riester-Fondssparplan** geht es in erster Linie um die spätere Zusatzrente.

▷ **Rente für Sicherheitsbewusste**
Die klassische Variante der **Riester-Rentenversicherung** ist interessant für Sie, wenn Sie möglichst genau wissen möchten, wie hoch Ihre Rente später ausfällt. Denn der Versicherer muss Ihnen den sogenannten „Garantiezins" zusichern. Wie hoch dieser Zins ist, entscheidet die Bundesregierung in regelmäßigen Abständen neu. 2021 betrug der Garantiezins noch 0,9 Prozent pro Jahr auf den angesparten Teil. 2022 wurde der Garantiezins auf **0,25 Prozent** gesenkt.

▷ **Anbieter für Riester-Rentenversicherung**
Aktuell gibt es **nur wenige Anbieter** für eine Riester-Rentenversicherung. Laut Gesamtverband der Versicherungen (GDV) soll es derzeit nur zehn Anbieter auf dem Markt geben (Stand: Januar 2022). Im Laufe des Jahres 2022 sollen aber neue Angebote dazukommen.

▷ **Riester-Banksparplan: Kaum noch Angebote**
Beim Riester-Banksparplan zahlen Sie wie bei der Riester-Rentenversicherung monatliche Raten ein. Ihr Geld wird aber variabel verzinst. Meist orientiert sich die Verzinsung an den aktuellen Sparzinsen.

Seit Jahresbeginn 2017 haben die meisten Genossenschaftsbanken und Sparkassen den **Vertrieb** von Riester-Banksparplänen **eingestellt** und verwalten nur noch die Verträge von Bestandskunden.

▷ **Riester-Fondssparplan: Riestern mit Renditechancen**
Wer beim Riestern auf Sparlösungen mit Aktienfonds setzt, hat von allen Riester-Produkten die höchsten Renditechancen. Doch in Zeiten anhaltender Niedrigzinsen bekommen Sie auch beim Riester-Fondssparplan immer weniger Rendite: Anbieter sind dazu verpflichtet, zum Renteneintritt mindestens die Summe aller Einzahlungen zur Verfügung zu stellen. Um die Garantie zu halten, sind sie gezwungen, immer mehr Beiträge in schlecht verzinste, aber sichere Rentenfonds zu stecken. Der Spielraum für **Aktienrendite** ist bei den meisten Verträgen stark **geschrumpft**.

Dennoch können Fondssparpläne bei der Anlage **flexibler** auf veränderte Sparzinsen reagieren als fondsgebundene Riester-Rentenversicherungen.

▷ Wohn-Riester für das Eigenheim

„Wohn-Riester" ist eine staatliche Förderung für den Kauf oder Bau einer **selbstgenutzten Immobilie**. Entweder nehmen Sie einen geförderten Immobilienkredit auf, wobei die Tilgung vom Staat bezuschusst wird. Oder Sie sparen erst einmal mit einem geförderten Bausparvertrag für Ihren späteren Immobilienkauf.

▷ Wohn-Riester-Darlehen

Beim Wohn-Riester-Darlehen nehmen Sie einen speziell geförderten Immobilienkredit auf. Die Tilgung des Darlehens wird wie andere Riester-Produkte gefördert: Mit Zulagen und Steuervorteilen. Durch die staatliche Hilfe zahlen Sie den **Kredit schneller ab**.

Dazu müssen Sie einige Voraussetzungen erfüllen. Beispielsweise müssen Sie die Immobilie **selbst bewohnen**. Wie bei anderen Riester-Varianten müssen Sie die erhaltenen Vorteile im Rentenalter **versteuern**. Das geschieht über ein fiktives Konto, das sogenannte **Wohnförderkonto**. Da Sie im Alter keine direkten Leistungen beziehen, sondern Ihr Vorteil das mietfreie Wohnen ist, werden Ihre Steuern über dieses Konto berechnet.

▷ Die Anbieter für Riester-Darlehen

Wir empfehlen, einen **Baufinanzierungsvermittler** aufzusuchen, wenn Sie an einem Riester-Darlehen interessiert sind. Die Anbieter besitzen eigene Datenbanken, in denen sie Richtlinien und Zinsberechnungen von zahlreichen Kreditgebern speichern. Dadurch können sie jederzeit ermitteln, wer Ihnen aktuell zu welchen Zinssätzen das gewünschte Darlehen zusagen würde.

▷ Der Riester-Bausparvertrag

Möchten Sie erst in einigen Jahren eine selbstbewohnte Immobilie erwerben, kann sich ein Riester-Bausparvertrag anbieten. In der Sparphase Ihres Bausparvertrags erhalten Sie die Zulagen vom Staat. Nach Zuteilung und Auszahlung des Bauspardarlehens läuft die Riester-Förderung weiter, dann für die Tilgung des Baukredits.

Einen Nachteil haben Sie jedoch, wenn Sie das Baudarlehen später doch nicht benötigen und Sie sich das Geld einfach auszahlen lassen. Denn ein Bausparvertrag wird meist **niedriger verzinst** als andere Sparformen. Daher sollten Sie sich bei Abschluss eines Riester-Bausparvertrags sehr sicher sein, dass Sie einmal Eigentümer einer Immobilie werden möchten.

▷ Geld aus Riester-Rente ziehen

Wenn Sie bereits Guthaben in einem Riester-Vertrag angespart haben, können Sie das

Geld auch für den Bau oder Kauf einer **Immobilie** nutzen. Entweder Sie **entnehmen** das gesamte Ersparte oder nur einen Teil davon, um damit Ihre Hausraten schneller zu tilgen. Oder Sie lassen den Riester-Vertrag erst einmal laufen und zahlen dann später in der Auszahlungsphase den Rest des Kredits ab.

Riester-Rente 2022: Lohnt sich das noch?

Ob sich Riestern noch lohnt, ist seit einigen Jahren sehr umstritten. **Niedrigzinsphase** und **Beitragsgarantie** machen Neuabschlüsse immer unrentabler. Und auf politischer Ebene ist ebenfalls einiges im Gange: Das Riester-System soll reformiert werden und die Forderungen nach einer **Aktienrente** werden immer lauter. Doch für viele Bürger bleibt Riestern auch weiterhin eine sinnvolle Möglichkeit zur Altersvorsorge.

▷ Riestern als sichere Geldanlage

Riestern ist trotz aller Kritik eine **sichere Altersvorsorge**. Wer großen Wert auf Sicherheit bei der Geldanlage legt, fährt mit der Riester-Rente gut. Die Anbieter sind zur Beitragsgarantie verpflichtet und müssen Ihnen darüber hinaus den Garantiezins auszahlen. Ihr eingezahltes Geld und die staatlichen Zulagen sind Ihnen daher in jedem Fall garantiert. Daher sollten Sie auch einen bestehenden Vertrag **nicht einfach kündigen**.

▷ Hintergrund der Riester-Flaute

Gerade weil die Riester-Rente ein so sicheres Produkt ist, bietet es auch nur **geringe Renditechancen**. Das ist einer der Hauptkritikpunkte. Denn aufgrund des staatlichen Versprechens, 100 Prozent der Beiträge und Zulagen zum Rentenbeginn zu zahlen, können die Anbieter mit den Kundengeldern nicht gewinnbringend wirtschaften. Statt in Aktien zu investieren, wird das Geld in sichere, aber **renditeschwache Anleihen** investiert.

Hinzu kommt die anhaltende **Niedrigzinsphase**. Seit der Einführung der Riester-Rente im Jahr 2001 sind die Zinsen kontinuierlich gesunken. So sehr, dass das Bundesfinanzministerium zuletzt den **Garantiezins** für neue Verträge ab 2022 auf **0,25 Prozent** gesenkt hat. Zum Start der ersten Riester-Verträge lag dieser noch bei 3,25 Prozent.

Früher war das noch anders. Ein höherer Zins ermöglichte den Banken und Versicherungen, einen Teil des Geldes in Aktienfonds anzulegen. Denn selbst wenn bei einem potenziellen Aktiencrash Kundengelder verloren gegangen wären, wäre dieser Verlust mit den sicheren und profitablen Zinsanlagen in der restlichen Laufzeit ausgeglichen worden. Der Aktienanteil sorgte zudem für eine bessere Rendite für die Kunden.

Da diese Sicherheit durch profitable Zinseinlagen de facto nicht mehr existiert, fließen kaum noch Kundengelder in Aktienfonds.

▷ Lange Lebenserwartung

Weiterer berechtigter Kritikpunkt an der Riester-Rente: Die Versicherer rechnen mit sehr langen Lebenserwartungen, teilweise mit **90 Jahren**. Dadurch haben Sie zwar die Sicherheit, bis zu Ihrem Lebensende versorgt zu sein. Doch gleichzeitig fällt die monatliche Rente sehr niedrig aus und gleicht mehr einem Taschengeld.

▷ Hohe Kosten fallen ins Gewicht

Und die Kosten der Verträge sind ebenfalls nicht zu unterschätzen. In den Anfangsjahren von Riester – bei hohem Zins und guter Wertentwicklung – waren Verträge mit **hohen Abschluss- und Verwaltungskosten** für viele Sparer auf individueller Ebene verkraftbar. Denn die staatliche Zulage kam ja auch noch dazu. Inzwischen belasten die hohen Kosten jeden Riester-Sparer auch persönlich immer mehr. Die Zinsen können die Kosten nicht mehr aufwiegen.

▷ Aktienrente versus Riester-Rente

Wie es mit der Riester-Rente weitergeht, steht noch in den Sternen. Allerdings dürfte es immer schwieriger werden, ein gutes Riester-Produkt zu finden. Denn immer mehr **Anbieter ziehen sich** aus dem Riester-Geschäft **zurück**. Die Beitragsgarantie und niedrigen Zinsen machen es den Anbietern schwer, überhaupt noch an den Produkten zu verdienen. Und sie müssen zudem die **hohen Provisionen** finanzieren, mit denen sie Vermittlern das Verkaufen der Riester-Produkte schmackhaft machen. Bei einem Höchstrechnungszins von 0,25 Prozent wird dieser Spagat nicht mehr gelingen.

Fraglich ist, ob die Riester-Rente als solche erhalten bleibt oder gar durch ein neues System abgelöst wird. Dem **Koalitionsvertrag** der drei Regierungsparteien zufolge möchte der Staat zukünftig in eine **teilweise Kapitaldeckung** der gesetzlichen **Rentenversicherung** einsteigen. Dazu wird er in einem ersten Schritt 10 Milliarden Euro aus dem Bundeshaushalt bereitstellen.

Das Modell der **Aktienrente** ist schon aus Schweden und Norwegen bekannt. Dem skandinavischen Vorbild entsprechend würde zukünftig ein Teil der Rentenbeiträge nicht mehr im Umlageverfahren gleich an Rentner ausbezahlt, sondern in Aktienmärkte fließen. Dass sich das Modell lohnen kann, haben die Skandinavier bereits bewiesen: Der staatliche AP7-Fonds schaffte in den vergangenen zehn Jahren eine durchschnittliche jährliche Rendite von mehr als 14 Prozent.

Was machen Sie mit Ihrem Riester-Vertrag?

Vielleicht sorgen Sie sich bei der aktuellen Niedrigzinsphase um Ihren laufenden Riester-Vertrag und fragen sich, ob Sie besser kündigen sollten. Eine **Kündigung** kann aber sehr teuer werden und ist in aller Regel **nicht notwendig**.

Bei einer Kündigung müssen Sie die gesamte staatliche **Förderung** und gesparten **Steuern zurückzahlen**. Und die anfangs bezahlten Abschlusskosten lassen die Summe noch weiter schrumpfen.

Besonders einen alten Vertrag mit einem **hohen Garantiezins** sollten Sie **nicht** vorschnell **kündigen**. Wenn Sie ihn nicht mehr besparen können oder möchten, ist es oftmals besser, den Vertrag beitragsfrei zu stellen. Alternativ können Sie auch zu einem anderen Anbieter wechseln.

▷ Bestehende Verträge sind sicher

Für die Riester-Verträge gibt es einen **Bestandsschutz**. Selbst wenn Riester abgeschafft würde, könnte Ihrem Vertrag nichts passieren. Durch den Bestandsschutz werden Sie ihn normal fortführen können, wenn Sie das möchten. Alternativ würden Sie in ein neues Produkt wechseln können.

▷ Kündigen nur in Ausnahmefällen

Wenn Sie dringend auf das Geld aus dem Riester-Vertrag angewiesen sind, gibt es manchmal keinen anderen Weg, als zu kündigen. Dann solten sie aber vorher prüfen, wie viel Geld Sie tatsächlich nach der Kündigung erhalten.

Haben Sie Ihren Versicherungsvertrag gerade erst in den letzten Monaten abgeschlossen und gehören nicht zu den stark Geförderten, kann eine **Kündigung manchmal sinnvoll** sein. So sparen Sie sich den Großteil der Abschlusskosten. Die garantierte Rente, die Sie aus einem solchen Vertrag von 2021 oder 2022 im Ruhestand erhalten würden, ist ohnehin gering.

Bei **Riester-Fondssparplänen** sollten Sie eher über eine **Beitragsfreistellung** als eine Kündigung nachdenken. Denn diese Verträge haben im Gegensatz zu Riester-Rentenversicherungen keine hohen Abschlussgebühren in den ersten Jahren.

Haben Sie noch mehr als 15 Jahre Zeit bis zur Rente, prüfen Sie grundsätzlich, ob eine flexible Altersvorsorgelösung mit einem breit gestreuten ETF-Sparplan für Sie infrage kommt.

Konkrete Produktempfehlungen finden Sie unter:

 www.finanztip.de/riester/

2.2.2 Betriebliche Altersvorsorge

» Mit Hilfe des Chefs für die Rente sparen «

von **Sara Zinnecker** Stand: 05. Februar 2020
www.finanztip.de/betriebliche-altersvorsorge/

Wie viele Deutsche sorgen über den Chef fürs Alter vor? // Wann ist die betriebliche Altersvorsorge eine gute Sache? // Wann sollten Sie die Betriebsrente auf jeden Fall abschließen? // Wann sollten Sie mit dem Chef über die Betriebsrente verhandeln? // Was tun bei häufigem Jobwechsel? // Gibt es künftig weniger Betriebsrente?

Das Wichtigste in Kürze

- Unter betrieblicher Altersvorsorge (bAV) versteht man den Aufbau einer Zusatzrente über den Arbeitgeber.
- Bei der klassischen arbeitgeberfinanzierten bAV übernimmt der Chef die Beiträge zur späteren Rente allein.
- Arbeitnehmer können aber auch einen Teil ihres Bruttogehalts für eine Betriebsrente einsetzen (**Entgeltumwandlung**). Für Beträge bis zu 276 Euro im Monat fallen keine Sozialabgaben an, für Beträge bis zu 552 Euro keine Steuern.
- Dank zweier Gesetzesänderungen 2018 und 2019 lohnt sich das arbeitnehmerfinanzierte Modell mehr als zuvor: Der Chef muss Ihren Beitrag nun bezuschussen und auf monatliche Renten über 160 Euro fallen weniger Abgaben an.
- Betriebsrenten müssen später versteuert werden. Gesetzlich krankenversicherte Rentner zahlen den vollen Beitrag zur Krankenversicherung nur noch für den Teil der Rente, der den Freibetrag von monatlich knapp 160 Euro übersteigt. Mehr dazu unter:

 https://www.finanztip.de/steuererklaerung/rentenbesteuerung/

So gehen Sie vor

- Informieren Sie sich bei Ihrem Chef oder der Personalabteilung darüber, welche Art der betrieblichen Altersversorgung es in Ihrer Firma gibt.
- Finanziert der Arbeitgeber die Versorgung, machen Sie mit.
- Bietet Ihr Chef Ihnen nichts an, weisen Sie ihn auf Ihr **Recht** zur Entgeltumwandlung hin. Seit 2019 müssen Arbeitgeber 15 Prozent zuschießen. Fragen Sie, ob noch mehr drin ist.
- Wenn Sie damit rechnen, künftig häufiger die Arbeitsstelle zu wechseln, überlegen Sie, ob Sie überhaupt über den Chef für das Alter vorsorgen wollen. Verträge lassen sich nicht immer zum neuen Arbeitgeber mitnehmen.
- Prüfen Sie die Alternativen zur bAV: Infrage kommen zum Beispiel eine Riester-Rente oder eine flexible Geldanlage.

Mit Hilfe des Chefs fürs Alter vorzusorgen, hat in Deutschland eine lange Tradition. Bereits vor mehr als 100 Jahren begannen die ersten großen Unternehmen, für Mitarbeiter Vermögen anzusparen, aus dem diese später eine Rente ausgezahlt bekamen. Dies ist die **klassische betriebliche Altersversorgung**.

Mittlerweile können auch Arbeitnehmer Beiträge aus ihrem Bruttogehalt nehmen und beispielsweise in eine Rentenversicherung einzahlen, die der Chef für sie abschließt. Dabei sparen sie sich die Steuern und Sozialversicherungsabgaben auf die Beiträge. In dem Fall spricht man eher von **betrieblicher Altersvorsorge**.

Wie viele Deutsche sorgen über den Chef fürs Alter vor?

Wenn es um ihre Rente geht, verlassen sich mehr als 30 Millionen Angestellte in Deutschland auf den Pfeiler der gesetzlichen Rente. Allerdings wird die Höhe der Renten in den kommenden Jahren weiter schrumpfen; immer weniger Erwerbstätige müssen künftig immer mehr Rentner finanzieren. Um den Lebensstandard im Alter zu sichern, wird zusätzliche Vorsorge daher immer wichtiger.

Für beide oben genannten Varianten – **die betriebliche Altersversorgung und die betriebliche Altersvorsorge** – hat sich das Kürzel **bAV** eingebürgert. Unabhängig von den verschiedenen Begriffen stehen Angestellte vor allem vor der Frage: Lohnt sich das für mich? Wer diese Frage für sich beantworten möchte, sollte einige Grundsätze beachten.

Mit Hilfe der bAV lässt sich die Lücke bei der Rente zumindest verkleinern. Teils auf Initiative des Arbeitgebers, teils aufgrund

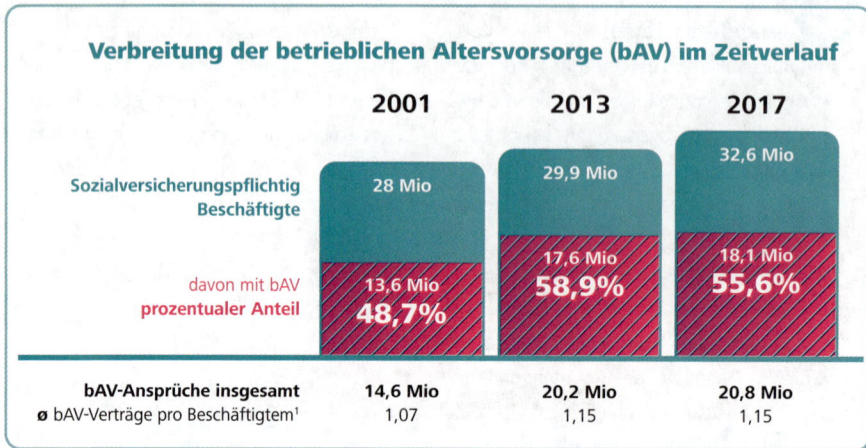

Quelle: Forschungsbericht 523 des Bundesarbeitsministeriums (Stand: 28. November 2018).

[1] Insgesamt gibt es mehr bAV-Ansprüche – im Fachjargon Anwartschaften – als Beschäftigte. Manche Mitarbeiter haben also gleich mehrere bAV-Verträge. 2017 waren es im Schnitt 1,15.

eines Tarifvertrags oder auf eigene Initiative hatten Ende 2017 gut 18 Millionen Angestellte – und damit mehr als die Hälfte aller regulär Beschäftigten – Ansprüche auf eine bAV-Rente.

Wann ist die betriebliche Altersvorsorge eine gute Sache?

Bei der Altersvorsorge nicht allein auf die gesetzliche Rente zu bauen, ist gut und sinnvoll. Das heißt aber nicht, dass die bAV immer und für jeden die beste Zusatzvorsorge ist. Alternativ kommen für Angestellte beispielsweise staatlich gefördertes Riester-Sparen oder eine flexible private Vorsorge infrage. Eine Übersicht über alle Möglichkeiten finden Sie im Kapitel 2.2.1.

Ob sich Vorsorge im Betrieb lohnt, hängt am Ende davon ab, was der Chef genau anbietet und zu welchen Konditionen – und vor allem, wie stark der Arbeitgeber sich an der Finanzierung der Beiträge beteiligt. Auch die beruflichen Pläne des Arbeitnehmers spielen eine große Rolle. Dank zweier **Gesetzesänderungen** aus den Jahren 2018 und 2019 ist die betriebliche Vorsorge **jedoch attraktiver als früher**. Entlastet werden Sparer, die mehr als 160 Euro Betriebsrente im Monat zu erwarten haben (Stand 2020).

Wenn Sie heute über eine bAV nachdenken, befinden Sie sich häufig in einer dieser Situationen:

Der Arbeitgeber finanziert Ihre bAV allein – In den frühen Tagen der betrieblichen Altersvorsorge stand dabei meist die Fürsorge für die Arbeitnehmer im Vordergrund, heute wollen Unternehmen vor allem die Mitarbeiter an sich binden. In jedem Fall gilt: Zahlt der Arbeitgeber für die Betriebsrente, können sich Mitarbeiter über diese zusätzliche Vergütung freuen und sollten sie mitnehmen.

Sie stecken Gehalt in eine günstige Rentenversicherung und bekommen Unterstützung von Ihrem Chef – Seit 2002 haben Arbeitnehmer einen Anspruch darauf, Teile ihres Bruttolohns in einen bAV-Vertrag einzuzahlen (sogenannte Entgeltumwandlung). Der Arbeitgeber muss auf Nachfrage einen solchen Vertrag anbieten. In der Regel gibt der Chef die Verantwortung für die Vermögensanlage an ein Versicherungsunternehmen ab.

Lange Zeit lohnte sich eine rein arbeitnehmerfinanzierte bAV wegen der Sozialabgaben und Steuern auf die spätere Rente nur dann, wenn der Arbeitnehmer sehr alt wurde. Der Gesetzgeber hat an der Stelle 2018 nachjustiert. Seit 2019 müssen Arbeitgeber bei neuen Verträgen 15 Prozent Zuschuss auf die Beiträge der Mitarbeiter geben. Ab 2022 müssen Arbeitgeber auch bereits bestehende Verträge bezuschussen. In Tarifverträgen können allerdings auch andere Regelungen getroffen werden.

2019 hat der Gesetzgeber erneut nachgezogen. Seit 2020 zahlen Betriebsrentner auf die **ersten gut 160 Euro** monatlicher Rente **keine Krankenkassenbeiträge** mehr. Diese Abgaben werden erst auf den 161. Euro fällig. Zusammen mit dem obligatorischen Arbeitgeberzuschuss **lohnt sich die Betriebsrente nun deutlich früher.**

Sie wechseln oft den Arbeitsplatz – Wer bereits bei Antritt seiner neuen Stelle weiß, dass er diese höchstens ein paar Jahre ausfüllen will, sollte sich gut überlegen, Bruttogehalt in eine Lebensversicherung zu stecken. Denn es ist zum Beispiel nicht gesagt, ob der neue Chef den alten bAV-Vertrag übernimmt. Darüber hinaus gibt es weitere Hürden, die in diesem Kapitel weiter unten erklärt werden.

▷ Attraktiv für Mitarbeiter mit geringem Verdienst

Eine betriebliche Altersvorsorge ist darüber hinaus immer eine gute Idee für alle, die im Alter mit wenig gesetzlicher Rente rechnen. Ein großer Nachteil der Betriebsrente war lange Zeit, dass eine spätere Rente auf die Grundsicherung angerechnet wurde. Wer also im Alter auf staatliche Unterstützung angewiesen war, hatte umsonst angespart.

Seit 2018 hat sich das geändert: Seither können Sparer mindestens 100 und maximal 200 Euro ihrer Betriebs- und Riesterrente behalten. Genauer: Von Renten, die 100 Euro übersteigen, können Sparer 30 Prozent behalten und insgesamt nicht mehr als 200 Euro. Wer also mit einer geringen Rente rechnet, kann über die bAV **zusätzlich vorsorgen**.

Wann sollten Sie die Betriebsrente auf jeden Fall abschließen?

Nimmt der Chef Firmengeld für die Rente seiner Mitarbeiter in die Hand, brauchen Sie gar nicht lang zu überlegen. Sie sollten das bAV-Geschenk auf jeden Fall **mitnehmen**. Zwar ist auf die spätere Rente Einkommensteuer fällig und für gesetzlich Krankenversicherte Abgaben an die Kranken- und

Tipp

Wer eine bAV-Zusage vom Arbeitgeber erhalten hat, kann sich das angesparte Guthaben zu Rentenbeginn in manchen Fällen auch *auf einmal auszahlen lassen.*

Pflegeversicherung. Dennoch lohnt die Sache, denn Sie erhalten später eine **Betriebsrente, ohne jemals dafür eingezahlt zu haben**.

Was genau der Arbeitgeber verspricht, kann sich von Firma zu Firma unterscheiden. In der Vergangenheit war es üblich, dass der Chef der Belegschaft eine konkrete Rentenhöhe zusagte, zum Beispiel 10 Euro monatliche Rente für jedes Jahr Betriebszugehörigkeit. Heute versprechen Arbeitgeber eher eine bestimmte Höhe an Beiträgen auf ein Vorsorgekonto einzubezahlen, das mit einem garantierten Satz verzinst wird. Manche verpflichten sich auch nur, die **Beiträge mindestens zu erhalten**.

Seit 2018 haben Arbeitgeber, die einem Arbeitgeberverband angehören, zusätzlich die Möglichkeit, im Tarifvertrag **nur noch Beiträge – ohne Garantien – zuzusagen**. Im Abschnitt zu den sogenannten Durchführungswegen der bAV weiter unten lesen Sie mehr darüber, wie es zu den unterschiedlichen Zusagen kommt – und warum Arbeitgeber diese immer mehr abspecken.

▷ **Drei Jahre im Unternehmen sind Pflicht**

Einen kleinen Haken hat die vom Chef finanzierte Rente: Sie bekommen sie nur dann, wenn Sie dem Unternehmen gegenüber eine gewisse **Loyalität** bewiesen haben. Noch bis Ende 2017 musste ein Mitarbeiter mindestens fünf Jahre im Unternehmen gearbeitet haben und beim Ausscheiden aus der Firma mindestens 25 Jahre alt sein, damit er später wirklich eine Betriebsrente bekam.

Dank des Gesetzes, das die EU-Mobilitätsrichtlinie umsetzt, sind die **Hürden seit 1. Januar 2018 geringer**: Seither ist der Anspruch auf Betriebsrente für Mitarbeiter bereits dann unverfallbar, wenn sie mindestens drei Jahre im Unternehmen waren und beim Wechsel des Arbeitgebers 21 Jahre alt sind.

▷ **Bei Insolvenz des Arbeitgebers ist die Betriebsrente abgesichert**

35 oder mehr Jahre bis zur Rente sind eine lange Zeit, in der sich in Unternehmen viel verändern kann. Auch eine Insolvenz ist da nicht ausgeschlossen. Doch selbst in einem solchen Fall müssen Sie **nicht um Ihre Rentenzusagen fürchten**. Denn das Geld ist über den sogenannten Pensionssicherungsverein (PSV) **abgesichert**.

In der Praxis würde die Auffangeinrichtung PSV die Rentenzahlung übernehmen, die Ihnen aus Ihren bisherigen Jahren im Betrieb zusteht. Der PSV finanziert sich durch Beiträge aller Unternehmen, die Rentenzusagen an die Belegschaft gemacht haben.

Wann sollten Sie mit dem Chef über die Betriebsrente verhandeln?
Viele Chefs in Deutschland verzichten auf die klassische arbeitgeberfinanzierte Altersversorgung ihrer Belegschaft. Vereinfacht dargestellt ist ihnen das Risiko zu groß, heutige Rentenversprechen Jahrzehnte später auch einhalten zu können. Als Mitarbeiter können Sie dann überlegen, ob Sie **selbst tätig** werden wollen.

Praktisch können Sie Teile Ihres Bruttogehalts in einen geförderten bAV-Vertrag einzahlen – oft eine spezielle Lebens- oder Rentenversicherung. Diese Finanzierungsform nennt sich **Entgeltumwandlung**, weil Sie als Arbeitnehmer aus dem Bruttogehalt sparen und mit diesen Beiträgen eine Rente aufbauen. Arbeitgeber machen sie Mitarbeitern häufig mit zwei Argumenten schmackhaft:

Mitarbeiter sparen Steuern und Sozialabgaben – Die Beiträge zum bAV-Vertrag gehen vom Bruttogehalt ab. Nur auf das verbleibende Gehalt fallen Steuern und Beiträge zur Sozialversicherung (Kranken-, Pflege-, Renten- und Arbeitslosenversicherung) an. Unter dem Strich bekommt der Arbeitnehmer also etwas weniger Nettogehalt ausgezahlt als vor der Entgeltumwandlung, hat dann aber schon einen deutlich höheren Beitrag für seine Altersvorsorge geleistet.

Mitarbeiter profitieren von Gruppenrabatten – Wenn der Arbeitgeber mit einem Versicherer zusammenarbeitet, kann er möglicherweise günstigere Konditionen aushandeln, indem er für die gesamte Belegschaft Verträge abnimmt. Angestellte können dann auf Rentenzusagen hoffen, die höher sind als die, die sie über einen privat abgeschlossenen Vertrag bekämen.

Seit 2019 gilt zudem: Für Verträge, die neu geschlossen werden, muss der Arbeitgeber 15 Prozent des Beitrags bezuschussen.

Für bereits bestehende Verträge gilt dieser Zuschuss ab 2022. Der verpflichtende Zuschuss ist gut – besser ist es aber, Sie würden noch mehr Zuschuss aushandeln. Grundsätzlich gilt: Die Entgeltumwandlung lohnt sich umso mehr, je günstiger der Versicherungsvertrag ist und je mehr der Chef noch obendrauf gibt.

Eine zweite Neuerung, die seit 2020 gilt, entlastet die Betriebsrenten zusätzlich: Nunmehr sind die ersten 160 Euro monatlicher Rente auf jeden Fall frei von Abgaben zur gesetzlichen Krankenkasse. Die Abgaben fallen nur auf den Teil der Rente an, der die 160 Euro übersteigt. Die Entgeltumwandlung lohnt sich dadurch eher als zuvor.

werden von Steuern und Sozialabgaben befreit. Die spätere Rente müssen Sparer hingegen versteuern.

Beiträge zur Krankenkasse werden **erst für jeden Euro Rente fällig**, der den Freibetrag von knapp 160 Euro im Monat (Stand 2020) übersteigt. Damit sich die Entgeltumwandlung lohnt, muss die heutige Ersparnis die künftigen Abgabenlasten übersteigen. Dies ist der Fall, wenn der Vertrag sich nach Kosten noch ordentlich verzinst (mit 2 Prozent oder mehr pro Jahr) und der Arbeitgeber die Beiträge der Mitarbeiter bezuschusst.

Von Sozialabgaben befreit sind Beiträge zur bAV nur bis zu 4 Prozent der Beitragsbe-

Quelle: Deutsche Rentenversicherung
(Stand: 5. Februar 2020).

▷ Wie die Entgeltumwandlung genau funktioniert

Die Grundformel bei der Entgeltumwandlung lautet: Beiträge in einen bAV-Vertrag

messungsgrenze der gesetzlichen Rentenversicherung (GRV). 2020 sind das 276 Euro im Monat. Mit der Bemessungsgrenze steigen sie jedes Jahr ein wenig an. Seit 2018 ist neu,

So viel spart ein Durchschnittsverdiener durch Entgeltumwandlung (EU)

	ohne EU	mit EU	Aufwand	Ersparnis
Monatsbrutto	3.380 €	3.194 €	- 186 €	
darauf Sozialabgaben[1]	- 672 €	- 634 €		+ 37 €
Einkommensteuer[2]	- 510 €	- 461 €		+ 49 €
Monatsnetto[3]	2.198 €	2.098 €	100 €	86 €

[1] Dazu zählen die Beiträge zur Renten- und Arbeitslosenversicherung sowie Kranken- und Pflegeversicherung. Als Zusatzbeitrag für die Krankenversicherung nehmen wir den bundesweiten Durchschnitt von 1,1 % an. Insgesamt gehen knapp 20 % des Bruttolohns an Sozialabgaben ab.

[2] Einkommensteuer inklusive Solidaritätszuschlag. Kirchensteuer ist nicht berücksichtigt.

[3] Finanztip nimmt an, dass sich die Beiträge an die gesetzliche Rentenversicherung zu 100 % von der Steuer absetzen lassen, anstatt zu 80 % in 2020. Damit unterschätzen wir das Nettoeinkommen und die Ersparnis geringfügig.

Quelle: Finanztip-Berechnung (Stand: 5. Februar 2020).

dass Sie bis zu 8 Prozent der Beitragsbemessungsgrenze der GRV steuerfrei in einen bAV-Vertrag einzahlen können. 2020 sind das bis zu 552 Euro pro Monat.

Angenommen, ein lediger Mitarbeiter verdient durchschnittlich und bekommt 3.380 Euro brutto im Monat. Davon zahlt er nicht den maximal möglichen Beitrag in einen bAV-Vertrag ein, sondern nur 186 Euro. Das reduziert seinen Bruttolohn. Er spart dadurch 86 Euro an Steuern und Sozialabgaben – und wendet netto nur 100 Euro für die Altersvorsorge auf.

Angenommen nun, der Mitarbeiter hat 30 Jahre lang 100 Euro netto eingezahlt und geht dann in den Ruhestand. Auf die monatliche Betriebsrente zahlt er neben der Einkommensteuer den vollen Beitrag zur gesetzlichen Krankenkasse – also den Arbeitnehmer- und den Arbeitgeberanteil inklusive Zusatzbeitrag. 2020 sind das 15,7 Prozent. Neu seit 2020: Den Krankenkassenbeitrag muss der Betriebsrentner nur noch auf den Teil der Rente bezahlen, der den **Freibetrag von 160 Euro** (Stand 2020) übersteigt. Das schafft im Vergleich zu vorher eine **deutliche Entlastung**.

Allerdings muss der bAV-Sparer auf etwas gesetzliche Rente verzichten. Denn seine Zahlungen in den bAV-Vertrag haben während seiner Berufstätigkeit sein Bruttogehalt gemindert – und somit auch die Beiträge in die gesetzliche Rentenversicherung.

Eingesparte Sozialbeiträge: Arbeitnehmer AN und Arbeitgeber AG

	Ausgangsfall	nach EU	Ersparnis AN	Ersparnis AG
Monatsbrutto	3.380 €	3.194 €		
darauf anfallende Kranken- und Pflegeversicherung	317 €	299 €	**17 €**	**17 €**
darauf anfallende Renten- und Arbeitslosenversicherung	355 €	335 €	**20 €**	**20 €**
			37 €	37 €

Quelle: Finanztip-Berechnung (Stand: 5. Februar 2020).

Beispielrechnungen: Wann sich die bAV lohnt

Angenommen, zu den 186 Euro Mitarbeiterbeitrag kommen die obligatorischen 15 Prozent Arbeitgeberzuschuss. Insgesamt fließen dann monatlich knapp 214 Euro in den bAV-Vertrag. Diese Annahme beinhaltet, dass sich die Beiträge nicht verzinsen, da der Vertrag teuer ist.

In dem Fall zahlt der Durchschnittsverdiener über 30 Jahre jeden Monat netto 100 Euro in den Vertrag. Bei einem garantierten Rentenfaktor von 28 und nach Abzug von Steuern und Sozialabgaben bekommt er 124 Euro garantierte monatliche Nettorente heraus. Dank des neuen Freibetrags für die Sozialabgaben ist das **spürbar mehr** als zuvor. Der Sparer müsste nach Renteneintritt mit 67 noch 24 Jahre leben, also 91 Jahre alt werden, damit er sein Geld wiederbekommt. Zuvor hatten sich die Netto-Ein- und Auszahlungen erst die Waage gehalten, wenn der Sparer 96 Jahre alt wird.

Noch besser sieht es aus, wenn die Beiträge in einen kosteneffizienten Vertrag fließen, die bAV-Beiträge sich also mit 2 Prozent pro Jahr über 30 Jahre verzinsen. Statt der 124 Euro kann der Arbeitnehmer sich über eine garantierte Nettorente von 176 Euro pro Monat freuen. Damit er sein eingezahltes Geld wiederbekommt, müsste er nur 17 Jahre Rente beziehen – also 84 Jahre alt werden.

▷ Den Arbeitgeber stärker ins Boot holen

Die Beispiele zeigen: Mit einem guten Vertrag, dem gesetzlich vorgeschriebenen Arbeitgeberzuschuss und der Entlastung bei den Sozialabgaben stehen Betriebsrentner

So viel Rente bringt der Arbeitgeberzuschuss zur betrieblichen Altersvorsorge

Finanztip-Annahme:
Ein Single hat 30 Jahre durchschnittlich verdient (3.380 € Brutto pro Monat) und 100 € monatliches Gehalt in einen bAV-Beitrag umgewandelt. Auf seinen Beitrag bezieht er 15 % Zuschuss vom Arbeitgeber, sodass insgesamt 214 € monatlich dem Vertrag zufließen.

Löhne und Beiträge sind konstant geblieben (vereinfacht).

Arbeitnehmer-Beitrag zur bAV	186 €
Monatsbrutto (zur Berechnung der Einkommensteuerlast)	3.380 €
Ersparnis Einkommensteuer	- 49 €
Ersparnis Sozialabgaben	- 37 €
Nettobeitrag bAV	**100 €**
zzgl. 15 % Arbeitgeberzuschuss **Zufluss zum bAV-Vertrag**	**214 €**

	Basisfall	2% Verzinsung
Rente bAV	216 €	295 €
darauf Einkommensteuer	- 35 €	- 48 €
darauf Sozialabgaben	- 15 €	- 30 €
gesetzliche Bruttorente	992 €	992 €
Nettominderung der gesetzlichen Rente	- 41 €	- 41 €
Nettorente bAV	**124 €**	**176 €**
Einzahlungen zurück in	24 Jahren	17 Jahren

Garantierte bAV-Rente
Wir unterstellen einen garantierten Rentenfaktor von 28: d. h. pro 10.000 € angespartem Kapital sind 28 € monatliche Bruttorente garantiert.

Nettominderung der gesetzlichen Rente
Durch die Entgeltumwandlung (186 € von 3.380 €) verliert der Single pro Jahr ca. 1/18 Rentenpunkt, das sind in 30 Jahren ca. 1,7 Rentenpunkte.
Nach 30 Jahren hat er 30 Rentenpunkte gesammelt, woraus sich eine gesetzliche Bruttorente von 992 € ergibt.

Quelle: Finanztip-Berechnung (Stand: 5. Februar 2020).

gar nicht so schlecht da. Wer jedoch noch mehr profitieren will, kann seinen Chef überzeugen, mehr beizutragen.

Mindestens **20 Prozent Zuschuss** sollten eigentlich drin sein. Denn nicht nur Sie sparen, wenn Sie Teile Ihres Bruttogehalts in einen bAV-Vertrag stecken. Auch Ihr Arbeitgeber kann für jeden umgewandelten Euro knapp 20 Cent an **Sozialabgaben sparen**, die er ansonsten für Sie abführen müsste.

Tipp

*Sofern Sie lediglich kurz im Unternehmen bleiben und nur geringe Rentenansprüche aufgebaut haben (knapp 32 Euro pro Monat für das Jahr 2020), können Sie sich selbst angesparte Beiträge und – je nach Vereinbarung – auch die des Chefs im Rahmen einer **einmaligen Abfindung** auszahlen lassen. Informieren Sie sich, wie hoch der Abschlag bei der Abfindung ausfallen würde.*

Im Falle eines Durchschnittsverdieners, der monatlich 186 Euro seines Gehalts umwandelt, spart der Arbeitgeber zum Beispiel 37 Euro. Verpflichtend zuschießen muss er Ihnen allerdings nur 28 Euro (15 Prozent von 186 Euro).

Fragen Sie Ihren Arbeitgeber, ob er die zusätzlich eingesparten Sozialabgaben (in unserem Beispiel 37 - 28 = 9 Euro) auch noch in den Vertrag einzahlen. Vielleicht gibt er sogar noch etwas mehr dazu. Dieser zusätzliche Zuschuss kann die Steuer- und Abgabenbelastung der Betriebsrente im Rentenalter dann nochmal etwas besser ausgleichen. Sie bekämen die eingezahlten Nettobeiträge früher wieder als Rente heraus.

▷ **Betriebliche Vorsorge statt Gehaltserhöhung**

Kommen Sie bei einer Gehaltsverhandlung nicht weiter, können Sie die Entgeltumwandlung ins Spiel bringen. Fragen Sie Ihren Chef, ob er statt mehr regulärem Bruttogehalt seinen Beitrag zur bAV erhöht. In dem Fall spart er sich für jeden Euro Zuschuss die Lohnnebenkosten.

▷ **Sonderfall: Wenn Sie viel verdienen**

Für Sparer, die 2020 monatlich **zwischen 4.687 und 6.900 Euro** verdienen, ist die Entgeltumwandlung weniger lohnend. Zum einen geht die Ersparnis bei den Sozialabgaben zum Teil verloren, wenn Ihr Gehalt über der Beitragsbemessungsgrenze der Krankenversicherung (4.687,50 Euro in 2020) liegt. Damit zahlen Sie in jedem Fall den Höchstbetrag für die Kranken- und Pflegeversicherung. Andererseits mindern Ihre Einzahlungen trotzdem die Ansprüche aus der gesetzlichen Rentenversicherung. Denn hier ist der Höchstbetrag erst bei einem Verdienst von 6.900 Euro im Monat erreicht. Der Steuervorteil allein kann dieses Missverhältnis nicht ausgleichen. Positiv wirkt sich dagegen die Neuregelung zur Abgabenlast aus. Seit 2020 sind die ersten knapp 160 Euro monatliche Betriebsrente in jedem Fall frei von Beiträgen zur gesetzlichen Krankenversicherung. Der Freibetrag steigt Jahr für Jahr ein wenig an.

Insgesamt ist das Verhältnis zwischen Nettobeitrag und Nettorente bei Gutverdienern jedoch etwas schlechter als beim Durchschnittsverdiener. Ein detailliertes Beispiel dazu finden Sie online unter:

 https://www.finanztip.de/betriebliche-altersvorsorge/entgeltumwandlung/

▷ **Bei Insolvenz des Arbeitgebers läuft der Vertrag weiter**

Auch im Falle der (bezuschussten) Entgeltumwandlung kann es passieren, dass Ihre Firma in die Insolvenz rutscht. Doch selbst in einem solchen Fall sind Ihre Ansprüche auf eine betriebliche Rente nicht verloren. Je nachdem, wohin genau die Beiträge geflossen sind, zahlt die spätere Rente entweder der Lebensversicherer oder der Pensionssicherungsverein (PSV) aus. Näheres dazu lesen Sie weiter unten im Abschnitt zu den einzelnen sogenannten Durchführungswegen in der bAV.

Was tun bei häufigem Jobwechsel?

Falls Sie heute schon ahnen, dass Sie künftig noch häufiger den Job wechseln, vielleicht sogar einen Teil Ihres Erwerbslebens als Selbstständiger tätig sind, dann müssen Sie **genau überlegen**, ob eine Entgeltumwandlung infrage kommt. Die geltenden Regelungen, die den Arbeitgeberwechsel betreffen, sind nicht besonders praxistauglich.

Positiv ist: Jeder aus dem Gehalt umgewandelte Euro, der in die bAV fließt, zählt für die spätere Rente. Es ist nicht entscheidend, wie lange der Mitarbeiter im Unternehmen bleibt.

Wer in eine Lebensversicherung (Direktversicherung) einzahlt, kann diese **zum neuen Arbeitgeber mitnehmen**, sofern dieser einverstanden ist. Viele Arbeitgeber wollen allerdings nicht Verträge unterschiedlicher Anbieter verwalten und lehnen es daher ab, den alten bAV-Vertrag zu übernehmen. Arbeitnehmer haben dann die Wahl, den alten Vertrag ruhen zu lassen oder mit einem Mindestbeitrag **privat weiter in den Vertrag einzuzahlen** – dann allerdings ganz regulär aus dem Nettogehalt.

Alternativ können Arbeitnehmer das bereits angesparte Guthaben **auf einen neuen Vertrag**, den der neue Chef anbietet, **übertragen**. Dies ist aber oft ein Verlustgeschäft. Erstens können Übertragungskosten anfallen.

Zweitens können die Konditionen, insbesondere die Garantieverzinsung des neuen Vertrags, schlechter sein als vorher. Arbeitnehmer müssen außerdem auf die Fristen achten, um den Vertrag zu wechseln.

Wenn es ungünstig ausgeht, hat ein Arbeitnehmer am Ende seiner beruflichen Laufbahn viele Einzelverträge, in denen er jeweils geringe Summen angespart hat.

Alternative Riester oder flexibles Sparen

Können Sie bereits absehen, dass Sie **häufiger** den Job **wechseln**, dann sollten Sie gut überlegen, ob Sie Teile Ihres Bruttogehalts in eine bAV stecken wollen. Eine klassische Kapitallebensversicherung als Direktversicherung bietet heute nur noch minimale Garantien und lohnt als bAV nur, wenn die Kosten gering sind oder der Arbeitgeber kräftig zuschießt. Als Alternativen kommt eine Riester-Rente oder privates flexibles Sparen infrage, zum Beispiel mit einem ETF-Sparplan.

Fünf Wege, wie Arbeitgeber die bAV umsetzen können

Wenn es darum geht, die betriebliche Altersvorsorge im Betrieb umzusetzen, fallen häufig die Begriffe Direktversicherung, Pensionsfonds oder Pensionskasse. Dabei handelt es sich um sogenannte Durchführungswege der betrieblichen Altersversorgung. Wer als Chef betrieblich für seine Mitarbeiter vorsorgen möchte, hat fünf – mit dem neuen Betriebsrentengesetz seit 2018 sogar sechs – Möglichkeiten, die Altersversorgung/Altersvorsorge im Unternehmen zu organisieren.

Die klassischen Wege sind:
- Direktzusage
- Unterstützungskasse
- Pensionsfonds
- Direktversicherung
- Pensionskasse

Auf den vorhergehenden Seiten hat Finanztip zwischen der klassisch arbeitgeberfinanzierten betrieblichen Altersversorgung und der – möglicherweise vom Chef bezuschussten – arbeitnehmerfinanzierten bAV unterschieden. Je nachdem, welche Variante Ihr Unternehmen anbietet, ist der eine oder andere Durchführungsweg wahrscheinlicher.

▷ **Direktzusage und Unterstützungskasse**

Klassisch arbeitgeberfinanziert sind in aller Regel die Durchführungswege Direktzusage und Unterstützungskasse. Das bedeutet, dass der Chef Firmengeld in die Hand nimmt und es für die Belegschaft investiert oder investieren lässt.

Direktzusage – In diesem Fall kümmert sich der Chef selbst um die Anlage des Geldes. Er kann es zum Beispiel in unternehmensinterne Projekte stecken, von denen er sich eine gute Rendite verspricht. Mancher Arbeitgeber zahlt einen Teil der Beiträge auch in eine sogenannte Rückdeckungsversicherung – eine Art Lebensversicherung – ein und sichert sich einen Teil der angestrebten Rendite. Mehr dazu lesen Sie online unter:

 https://www.finanztip.de/betriebliche-altersvorsorge/pensionszusage/

Unterstützungskasse – Alternativ fließen die Beiträge des Arbeitgebers an eine rechtlich selbstständige Einrichtung, die Unterstützungskasse. Sie verwaltet das Geld im Sinne des Arbeitgebers und hat die Aufgabe, es möglichst gewinnbringend anzulegen. Unterstützungskassen können die bAV-Beiträge vergleichsweise frei etwa in Wertpapieren oder Immobilien anlegen.

Denkbar ist auch, dass die Unterstützungskasse die Hausbank des Unternehmens wird – sie also die Firmenbeiträge als Darlehen ins Unternehmen zurückführt. Weil die Beiträge oft in die Firma reinvestiert werden und der Arbeitgeber über die Anlage mitentscheidet, gelten die Direktzusage und die Unterstützungskasse auch als interne Durchführungswege.

Leistungszusage versus Beitragszusage – Charakteristisch für die Durchführungswege ist, dass der Arbeitgeber konkrete Zusagen an eine spätere Rentenhöhe macht. Er kann beispielsweise für jedes Jahr Betriebszugehörigkeit 10 Euro Rente versprechen oder einen bestimmten Prozentsatz des letzten Gehalts vor der Rente.

Solche sogenannten Leistungszusagen waren in den vergangenen Jahrzehnten bei vielen mittleren bis großen Unternehmen die Regel. Viele haben hohe Forderungen in ihren Bilanzen stehen und müssen dafür wegen der niedrigen Zinsen immer mehr Sicherheitspuffer einkalkulieren. Das kostet Wettbewerbsfähigkeit.

Statt einer Zusage über die spätere Rentenhöhe, sichern Firmen ihren Angestellten heute daher oft nur noch bestimmte Beiträge mit einer Mindestverzinsung zu. Möglich ist es zum Beispiel, dass Firmen die Höhe ihrer Beiträge abhängig vom Unternehmensgewinn machen und versprechen, mindestens den Garantiezins der Lebensversicherer – 2020 liegt er bei 0,9 Prozent – zu erwirtschaften.

▷ **Alternative Pensionsfonds**

Wieder andere Unternehmen geben die Verantwortung, Beiträge zur bAV gewinnbringend anzulegen, lieber an eine externe Einrichtung ab – an den sogenannten Pensionsfonds. Das hat für die Firmen gleich mehrere Vorteile:

- Sie müssen sich keine Gedanken mehr über die konkrete Geldanlage machen und die Beiträge auch nicht mehr selbst verwalten.

- Sie müssen keine extra Sicherheitspuffer in der Bilanz mehr vorhalten, büßen also weniger an Wettbewerbsfähigkeit ein.
- Sie sparen im Vergleich zur Direktzusage auch am Beitrag an den Pensionssicherungsverein.
- Sie müssen keine konkrete Verzinsung der Beiträge mehr garantieren, sondern lediglich den Beitragserhalt. Man spricht auch von Beitragszusage mit Mindestleistung.

Pensionsfonds sind in ihrer Anlage relativ frei. Manche legen recht konservativ einen größeren Anteil des Geldes in Anleihefonds an. Mehr dazu unter:

https://www.finanztip.de/investmentfonds/rentenfonds/

Manche orientieren sich bei der Anlage danach, wie lange eine Mitarbeiterkohorte noch im Unternehmen arbeitet. Anfangs ist der größere Teil des Guthabens in Aktienfonds investiert. Mehr dazu unter:

https://www.finanztip.de/investmentfonds/aktienfonds/

Vor der Rente wird das Guthaben dann in sichere Anlagen umgeschichtet.

Egal, ob Leistungszusagen oder Beitragszusagen: Wenn der Chef Ihre bAV finanziert, sollten Sie mitmachen. Die Betriebsrente lohnt sich immer – und kommt quasi gratis mit. Der **Chef haftet zu jeder Zeit** für die gemachten Zusagen. Sollte er in Zahlungsschwierigkeiten geraten, übernimmt die Rentenzahlungen im schlimmsten Fall der Pensionssicherungsverein als Auffanggesellschaft.

▷ Direktversicherung und Pensionskasse

Im Gegensatz zu Direktzusage, Unterstützungskasse und Pensionsfonds sind die Durchführungswege der Direktversicherung und der Pensionskasse häufig (zunächst) arbeitnehmerfinanziert. Sie gehören zu den externen Durchführungswegen und sind für den Arbeitgeber deutlich pflegeleichter als direkte Zusagen.

Große Lebensversicherer am Zug – Vereinfacht gesagt, stecken hinter den Durchführungswegen Direktversicherung und Pensionskasse oft große Lebensversicherer, die sich um Anlage und Verwaltung der bAV-Beiträge kümmern. Oft bieten sie günstigere Tarife für die komplette Belegschaft an. Arbeitnehmer können einen Teil ihres Bruttogehalts in diese „bAV-Lebensversicherung" einzahlen (Entgeltumwandlung). Auf ihre Beiträge nach Kosten erhalten sie dann in der Regel eine garantierte Verzinsung.

Direktversicherung – Darauf greifen häufig Firmen zurück, die keinem Tarifvertrag angehören. Sie suchen sich, in der Regel mit Hilfe eines Beraters, einen großen Versicherer aus und nehmen eine bestimmte Anzahl Verträge für die Belegschaft ab. Bekannte Direktversicherer sind beispielsweise die Allianz, Ergo, Gothaer, Europa oder Swisslife.

Pensionskasse – Darauf greifen gern tarifgebundene Unternehmen zurück. Es gibt Pensionskassen, die sich traditionell an bestimmte Branchen oder Berufsgruppen wenden, zum Beispiel an die Bauwirtschaft, die Finanzwirtschaft, an genossenschaftlich orientierte Unternehmen oder Kirchenmitarbeiter.

Neue Pensionskassen von privaten Lebensversicherern kamen im Lauf der Jahre hinzu. Bekannt ist etwa die Metallrente, hinter der ein Konsortium der Allianz, Ergo, R+V und Swisslife steckt. Idealerweise sind die Konditionen für eine Lebensversicherung im Mantel der Pensionskasse etwas besser als für die Direktversicherung. Die Kasse kann auf einen größeren Abnehmerkreis hoffen und echte Gruppentarife anbieten.

Vorteil Tarifvertrag – Im Bereich der Pensionskassen kommt es häufig einmal vor, dass auch der Arbeitgeber etwas zum Beitrag zuschießt. Die Zulagen sind dann im Tarifvertrag festgelegt. Wer in einer Firma arbeitet, die keinem Tarifvertrag folgt, muss auf die Kulanz des Arbeitgebers hoffen. Auch dann kann der Chef von sich aus Geld zur Direktversicherung dazugeben – muss es aber nicht. Wie oben beschrieben, lohnt es in diesem Fall für Arbeitnehmer, das Gespräch mit dem Chef zu suchen.

Der Chef haftet – Auch für die Garantieversprechen der Lebensversicherer haftet bei einer betrieblichen Altersversorgung am Ende der Chef. Das heißt: Wenn der Versicherer oder die Pensionskasse die Renten nicht in der garantierten Höhe ausbezahlen kann, muss der Arbeitgeber Geld aus dem Firmenvermögen nachschießen.

Die Erstattung muss der Arbeitnehmer gegebenenfalls **einklagen**. Im Mai 2018 wurde bekannt, dass mehr als 40 Pensionskassen in finanziellen Schwierigkeiten stecken. Bei 29 davon genehmigte die Aufsicht Bafin künftig Rentenkürzungen.

Sollte der Arbeitgeber zahlungsunfähig werden, übernimmt die Zahlungen in diesem Fall nicht der Pensionssicherungsverein. Die Renten kommen dann weiterhin vom Lebensversicherer, der seinerseits über die Auffanggesellschaft Protektor abgesichert ist. Mehr dazu unter:

https://www.finanztip.de/
sinnvolle-versicherungen/
protektor-lebensversicherung/

Eine neue Möglichkeit: Reine Beitragszusage mit Zielrente

Das Betriebsrentenstärkungsgesetz, das ab 2018 gilt, hat das Ziel, betriebliche Altersversorgung in kleinen Unternehmen stärker zu verbreiten und für Geringverdiener attraktiver zu machen. Zu den Geringverdienern zählen Arbeitnehmer, die nicht viel mehr als 2.000 Euro brutto im Monat verdienen.

Unter anderem besteht künftig die Möglichkeit, dass sich Arbeitgeber- und Arbeitnehmerverbände darauf verständigen, Beschäftigten nur noch bestimmte bAV-Beiträge zuzusichern, aber nicht mehr eine konkrete Rentenhöhe. Fachleute sprechen von einer **reinen Beitragszusage** mit sogenannter **Zielrente**.

Für den Arbeitgeber bedeutet das zuerst einmal Entlastung, denn sollte diese Zielrente nicht erreicht werden, muss er für **keine Rentengarantie** mehr einstehen. Er ist also im Vergleich zu den traditionellen Durchführungswegen in der bAV „enthaftet". Das soll, so die Hoffnung, mehr tarifgebundene Betriebe als bislang dazu bringen, eine bAV anzubieten und auch mitzufinanzieren. Davon würden dann auch Arbeitnehmer profitieren.

Gibt es künftig weniger Betriebsrente?

Das ist nicht gesagt. Weil Arbeitgeber keine Garantien mehr bereithalten müssen, sind sie in der Anlage der Beiträge deutlich **flexibler**. Die Idee ist außerdem, dass möglichst viele tarifgebundene Unternehmen möglichst lange in einen großen Topf einzahlen. Neu geschaffene Einrichtungen sollen das Vermögen verwalten und möglichst breit über Anlageklassen, Länder und Branchen streuen. Dies soll **Schwankungen am Kapitalmarkt ausgleichen**.

Bislang haben sich die Arbeitgeber- und Arbeitnehmerverbände noch in keiner Branche auf eine garantielose Zielrente in der betrieblichen Altersversorgung geeinigt und eine entsprechende Regelung in den Tarifvertrag aufgenommen. Die Zielrente existiert also weiterhin **nur in der Theorie**.

2.2.3 Direktversicherung

» Vorsorgen mit der Lebensversicherung vom Chef «

von Sara Zinnecker & Annika Krempel Stand: 04. März 2020
www.finanztip.de/betriebliche-altersvorsorge/direktversicherung/

Wie funktioniert eine Direktversicherung? // Wann lohnt sich eine Direktversicherung? // Welche Vorteile und Nachteile hat die Direktversicherung? // Was hat der Arbeitgeber davon? // Was darf die Direktversicherung kosten? // Was ist sonst noch wichtig? // Welche Steuern und Sozialabgaben werden fällig? // Was gilt, wenn Sie die Direktversicherung privat weiterführen?

 Das Wichtigste in Kürze

- Eine Direktversicherung ist eine Lebens- oder Rentenversicherung, die der **Chef für seine Mitarbeiter** abschließt – idealerweise zu günstigen Konditionen.
- Arbeitnehmer können bis zu 276 Euro ihres monatlichen Bruttoeinkommens (im Jahr 2020) **steuer- und sozialabgabenfrei** in diese Direktversicherung einzahlen.
- Gibt der Chef mindestens 20 Prozent dazu, lohnt sich die Sache in der Regel.
- Auf die Betriebsrente fallen Sozialabgaben an. Seit 2020 sind die ersten 160 Euro monatliche Rente aber frei von Abgaben zur Krankenkasse.

 So gehen Sie vor

- Fordern Sie Ihren Arbeitgeber auf, Ihnen eine Direktversicherung anzubieten, sollte er es nicht von sich aus tun. Sie haben ein Recht darauf.
- Schließen Sie den Vertrag heute neu ab, muss der Chef Ihren Beitrag mit 15 Prozent bezuschussen. Läuft Ihr Vertrag schon, muss der Chef ab 2022 etwas dazugeben.
- Den Vertrag können Sie bei einem Arbeitgeberwechsel übertragen oder selbst fortführen. Ihre angesparte Altersvorsorge **verfällt nicht.**

Über den Chef für das Alter vorzusorgen ist eine Möglichkeit für Arbeitnehmer, die spätere gesetzliche **Rente aufzustocken**. Jeder Angestellte hat das Recht, Teile seines Gehalts in eine betriebliche Altersvorsorge (bAV) zu stecken (siehe auch 2.2.2). Der Staat fördert diese Art der Vorsorge über **Vergünstigungen bei den Sozialabgaben** und der **Einkommensteuer**. Umgekehrt muss sich jeder Arbeitgeber darum kümmern, dass die bAV in seinem Unternehmen möglich ist. Die Direktversicherung ist ein gängiges Modell dafür.

Wie funktioniert eine Direktversicherung?

Bei dieser Form der Altersvorsorge über den Betrieb schließt der Arbeitgeber für seinen Mitarbeiter eine klassische Kapitallebens- oder Rentenversicherung ab. Eine Variante ist eine fondsgebundene Lebens- oder Rentenversicherung, bei der der Versicherer einen Teil der monatlichen Sparbeiträge in Aktienfonds investiert.

Viele kleine und mittelgroße Unternehmen greifen auf die Direktversicherung als Form der bAV zurück. Im Vergleich zu anderen Möglichkeiten bedeutet sie den geringsten Aufwand. Den Vertrag sucht meist der Arbeitgeber aus und schließt ihn für seine Angestellten ab. Weil der Versicherer so mehrere Verträge auf einmal verkaufen kann, gewährt er oft Rabatte bei den Kosten.

Eine Direktversicherung kann nur für die berufliche Haupttätigkeit vereinbart werden, nicht für einen Nebenjob. Die Beiträge zur Direktversicherung kann dann entweder der Arbeitgeber allein bezahlen. Arbeitnehmer und Arbeitgeber können sie aber auch gemeinsam aufbringen oder der Arbeitnehmer übernimmt sie allein.

Immer dann, wenn der Arbeitnehmer eigenes Geld in einen bAV-Vertrag steckt, spricht man von einer sogenannten **Gehaltsumwandlung** oder **Entgeltumwandlung**. Der Arbeitgeber zieht den Beitrag des Arbeitnehmers direkt von seinem Bruttolohn ab und überweist ihn (gegebenenfalls zusammen mit seinem Anteil) an die Versicherung. Daher fallen gut 20 Prozent Sozialabgaben und die Einkommensteuer auf diesen Teil des Gehalts weg.

Sparer können sich die Direktversicherung später als lebenslange **Rente** auszahlen lassen. Wenn es vertraglich vereinbart ist, ist auch eine **Kapitalauszahlung** möglich. Bei Verträgen, die ab 2005 abgeschlossen wurden, bringt das für den Sparer eine erhebliche steuerliche Belastung mit sich.

Wann lohnt sich eine Direktversicherung?

Eine Direktversicherung zahlt sich dann aus, wenn Ihr Arbeitgeber mindestens 20 Prozent zu Ihrem Beitrag dazugibt – gern auch noch mehr. Tragen Sie stattdessen die Beiträge allein und verzinst sich das Guthaben nur moderat, müssten Sie sehr alt werden, um Ihr eingezahltes Geld wieder herauszubekommen.

Das liegt unter anderem daran, dass Sparer auf die spätere Betriebsrente im Regelfall hohe Abgaben zur gesetzlichen Krankenversicherung leisten und Abstriche bei der gesetzlichen Rente hinnehmen müssen. Die Befreiung von Sozialabgaben und Steuern in der Ansparphase können die Abzüge in der Rentenphase nicht immer aufwiegen.

Den Arbeitgeber ins Boot zu holen, ist gar nicht so schwer. Sollte er Ihnen nicht von vornherein einen Zuschuss auf Ihre Beiträge anbieten, haken Sie freundlich nach. Zum einen spart Ihr Chef rund 20 Prozent an Sozialabgaben, wenn Sie Teile Ihres Gehalts in eine Direktversicherung einzahlen. Zum anderen sind Arbeitgeber ab spätestens 2022 ohnehin **verpflichtet**, Mitarbeitern 15 Prozent ihres Beitrags obendrauf zu legen (Stichwort Entgeltumwandlung).

Welche Vorteile und Nachteile hat die Direktversicherung?

Wem der Chef eine Direktversicherung anbietet, sollte noch einmal die wichtigsten, damit verbundenen Vor- und Nachteile durchgehen.

▷ **Vorteile für Arbeitnehmer**

Höhere Rendite – Wenn der Chef Ihre geförderten Beiträge mit mindestens 20 Prozent bezuschusst und er die Direktversicherung für mehrere Mitarbeiter gleichzeitig abschließt, lohnt diese sich aus Renditegesichtspunkten in aller Regel mehr als eine privat abgeschlossene Rentenversicherung.

Steuervorteil – Wenn Ihr Chef die Direktversicherung im Jahr 2005 oder später für Sie abgeschlossen hat, sind Ihre Beiträge jetzt steuerfrei und Ihre spätere Rente steuerpflichtig. In den allermeisten Fällen ist der Steuersatz im Rentenalter niedriger als in der Zeit der Berufstätigkeit, was einen Steuervorteil bedeutet.

Sicherheit – Alle Einzahlungen des Arbeitnehmers sind sicher – in der Sprache der Versicherungen: unverfallbar. Das gilt auch bei einem Wechsel der Arbeitsstelle. Bei den Beiträgen des Arbeitgebers kommt es auf die Vertragsdetails an. Seit 2018 gilt, dass die Arbeitgeberbeiträge gesichert sind, wenn ein Mitarbeiter mindestens drei Jahre im Unternehmen gearbeitet hat und beim Jobwechsel 21 Jahre alt war. Manche Arbeitgeber räumen aber direkt von Beginn an eine Unverfallbarkeit ein.

Kein Problem bei seltenem Jobwechsel – Wechseln Sie im Lauf Ihres Berufslebens ein- oder zweimal den Arbeitgeber, lässt sich dies ganz gut bewältigen: Am besten ist es, wenn der neue Chef den alten Vertrag übernimmt. Möglich ist aber auch, dass Sie Guthaben auf einen neuen Vertrag übertragen oder den alten Vertrag ruhen lassen und in einem neuen Vertrag weitersparen.

Berufsunfähigkeit mitversichern – Wer eine Direktversicherung abschließt, kann eine Berufsunfähigkeitsversicherung (BU-Versicherung) integrieren – in der Regel ohne Gesundheitsprüfung. Das nützt allen, die wegen etwaiger Vorerkrankungen bei ihrer regulären BU-Versicherung nur einen eingeschränkten Schutz bekommen haben (mehr dazu im Kapitel 1.1.2).

Keine Beiträge für Privatversicherte – Wer privat krankenversichert ist, muss im Alter keine Krankenkassenbeiträge auf die betriebliche Rente oder die Einmalauszahlung zahlen.

▷ Nachteile für Arbeitnehmer

Volle Krankenkassenbeiträge auf die Betriebsrente – Wer als Rentner in der gesetzlichen Krankenversicherung versichert ist, muss auf Versorgungsbezüge – darunter fallen auch Zahlungen der Direktversicherung – volle Beiträge zur gesetzlichen Krankenkasse und Pflegeversicherung leisten. Volle Beiträge bedeutet: Der Rentner muss sowohl den Anteil des Arbeitnehmers als auch des Arbeitgebers bezahlen, insgesamt gut 18 Prozent (Stand 2020). Das gilt für Pflichtversicherte und freiwillig versicherte Rentner in der gesetzlichen Krankenkasse. Allerdings gibt es für **Pflichtversicherte** in der gesetzlichen Krankenversicherung **seit 2020 eine Entlastung**: Krankenkassenbeiträge auf die Betriebsrente fallen nur für Beträge an, die den Freibetrag für Versorgungsbezüge in Höhe von knapp **160 Euro im Monat** übersteigen.

Zu den Versorgungsbezügen gehören neben der Betriebsrente auch Bezüge aus einem früheren Dienstverhältnis, zum Beispiel Ruhegeld aus einer früheren Beamtentätigkeit oder Hinterbliebenen-Renten (§ 226 Abs. 1 und 2 SGB V). Wer sich seine Versorgungsbezüge auf einen Schlag auszahlen lässt, muss verteilt über zehn Jahr Abgaben bezahlen. Das gilt, wenn die auf zehn Jahre gerechnete Betriebsrente über 160 Euro pro Monat liegt.

Weniger Sozialbeiträge – Durch die Entgeltumwandlung ist Ihr Bruttolohn in der Ansparzeit niedriger. Auf der Grundlage des Bruttolohns werden aber die Beiträge zur gesetzlichen Sozialversicherungen, also für Renten-, Kranken-, Arbeitslosen- und Unfallversicherung berechnet. Dadurch kann es passieren, dass Sie später, etwa wenn Sie arbeitslos werden, geringere Leistungen aus diesen Sozialsystemen erhalten.

Kaum Kostenüberblick – Da Sie nicht selbst die Versicherung abschließen, können Sie in der Regel nicht erkennen, ob der Vertrag günstig oder teuer ist. Die Versicherungsgesellschaft ist nicht verpflichtet, Ihnen die genauen Kosten bei Abschluss auszuweisen. Sie müssen konkret danach fragen.

Häufige Jobwechsel problematisch – Wer im Laufe seines Berufslebens häufiger die Arbeitsstelle wechseln will, sollte von der Direktversicherung eher absehen. Denn er muss sich jedes Mal damit beschäftigen, was aus der bisherigen Direktversicherung wird. Wer sein Guthaben auf einen neuen Vertrag beim neuen Chef übertragen will, muss häufig schlechtere Konditionen hinnehmen und für den Übertrag oft auch Geld bezahlen. In einem solchen Fall dürften andere Formen der Altersvorsorge die bessere Wahl sein. Infrage kommen Riester-Verträge oder eine flexible Vorsorge, zum Beispiel mit einem ETF-Sparplan.

Was hat der Arbeitgeber davon?

Traditionell haben Unternehmen eine bAV angeboten, um die Belegschaft im Alter abzusichern. Ein anderes Motiv ist heute aber vielleicht wichtiger: In Zeiten, in denen Fachkräfte knapp sind, kann eine bAV Mitarbeiter langfristig an das Unternehmen **binden**.

Darüber hinaus haben Arbeitgeber auch wirtschaftliche Gründe, eine Direktversicherung anzubieten. Für jeden Euro, den ein Mitarbeiter in den bAV-Vertrag einbezahlt, sparen sich Arbeitgeber die **Sozialabgaben**. Gibt der Chef anstelle einer Lohnerhöhung einen Zuschuss zur bAV, spart er sich weitere Sozialabgaben.

Was darf die Direktversicherung kosten?

Der Arbeitgeber sucht als Direktversicherung entweder eine Kapitallebens- oder Rentenversicherung aus oder schließt eine fondsgebundene Lebensversicherung ab. Sind bis zur Rente noch viele Jahre Zeit, gibt es mit Fonds die Chance auf eine höhere Rendite. Allerdings hängt die Entwicklung dieser Altersvorsorge stark davon ab, wie sich die Finanzmärkte entwickeln. Eine Versicherung ohne Fonds bietet derzeit dagegen nur eine geringe Rendite. Im Jahr 2020 liegt der Garantiezins für Beiträge nach Abzug der Kosten bei 0,9 Prozent pro Jahr. Ein solcher Vertrag lohnt sich nur dann, wenn der **Arbeitgeber mit einzahlt**.

Egal, welche Art der Vorsorge der Arbeitgeber auswählt: Wenn Sie die Abschluss- und Verwaltungskosten kennen, sind Sie im Vorteil. Denn neben der Anlagestrategie hängt die Rentabilität der Versicherung auch maßgeblich von den Kosten ab. Zur Orientierung: Bei 100 Euro Monatsbeitrag über 35 Jahre Laufzeit sind 1.600 Euro Abschlusskosten viel, 400 Euro hingegen noch in Ordnung.

Was macht einen guten Chef aus?

HERZ — Zuhören und Empathie
HIRN — Intellekt und klares Denken
HAND — Tat- und Entschlusskraft

Befragt wurden 4000 Teilnehmer aus Deutschland, Frankreich, Spanien & Großbritannien.

Das sagen Unternehmen:

 69 %
 44 %
 25 %

Das sagen Mitarbeiter:

 37 %
 20 %
 14 %

Quelle: Handelsblatt

Manager in Deutschland

- **82 %** finden ihre Arbeit schwerer als früher
- **64 %** sind zunehmend gestresst
- **60 %** fühlen sich überarbeitet
- **28 %** würden am liebsten gar nicht mehr arbeiten

NUR 7 % der Mitarbeiter können sich vorstellen, in den kommenden 5 bis 10 Jahren eine Führungsposition zu übernehmen.

Grund: die hohen Anforderungen an eine moderne Führungsrolle. Die **Generation Y** ist gut ausgebildet und fordert ein großes Maß an Mitsprache und Beteiligung.

Wer die Wahl hat, sollte einen Vertrag ohne Abschlusskosten auswählen. Wer in Fonds investiert, sollte auch dort die Kosten im Auge behalten. Fondskosten von 1,5 Prozent pro Jahr sind hoch, 0,5 Prozent sind okay. Lassen Sie sich die Kosten aufschlüsseln.

Was ist sonst noch wichtig?

Kündigung – Eine Kündigung der Direktversicherung ist in dem Sinne nicht möglich. Wer seine Beiträge nicht weiterbezahlen will, muss den Arbeitgeber bitten, den Versicherer zu veranlassen, den Vertrag ruhend zu stellen. Scheiden Sie aus einem Arbeitsverhältnis aus und möchten Sie Ihren Vertrag nicht weiter besparen, müssen Sie mit der Versicherungsgesellschaft besprechen, ob Sie die Beiträge aussetzen können. Nur wenn die spätere Rente sehr gering ausfallen würde (etwa 30 Euro im Monat), weil noch nicht viel angespart war, können Sie sich möglicherweise abfinden lassen und sind den Vertrag los. Fragen Sie bei der Personalabteilung oder beim Versicherer nach.

Arbeitslosigkeit – Falls Sie arbeitslos werden, behalten Sie Ihre Ansprüche auf die Betriebsrente. Darüber hinaus gilt: Ansprüche aus der bAV, die per Gesetz nicht verfallen können, werden grundsätzlich nicht auf das Arbeitslosengeld II (Hartz IV) angerechnet.

Krankheit und Elternzeit – Bei Krankheit oder in der Elternzeit können Sie die Ansprüche in voller Höhe aufrechterhalten, indem Sie die Beiträge selbst weiterzahlen. Sie haben aber auch die Möglichkeit, die Beitragszahlung für längere Zeit einzustellen – was die Leistungen verringert – und den Vertrag danach wieder aufleben zu lassen.

Leistungen im Todesfall – In einigen Verträgen ist ein Todesfallschutz vereinbart. Stirbt der Versicherte, bekommen die Hinterbliebenen eine vereinbarte Summe ausgezahlt. Dazu zählen der Ehegatte beziehungsweise der Partner in einer eingetragenen Lebenspartnerschaft, die kindergeldberechtigten Kinder sowie Pflege- und Stiefkinder bis zu einem bestimmten Alter, der namentlich benannte Lebenspartner einer nicht eingetragenen Lebenspartnerschaft, die kindergeldberechtigten Enkelkinder im Haushalt bis zu einem bestimmten Alter.

Insolvenz des Arbeitgebers oder Versicherers – Bei einer Direktversicherung übernimmt ein Lebensversicherer die bAV. Geht der Arbeitgeber pleite, steht der Lebensversicherer weiter für die Zusagen ein. Bei einer Pleite des Versicherers müsste der Arbeitgeber theoretisch die vereinbarte Leistung erbringen. Praktisch würde die Auffanggesellschaft Protektor die bestehenden Verträge fortführen.

Welche Steuern und Sozialabgaben werden fällig?

Der Staat fördert die bAV in der Ansparphase mit Erleichterungen bei Sozialabgaben und bei der Einkommensteuer. Allerdings unterscheidet sich die Handhabe, je nachdem, ob der Chef die Direktversicherung für den Mitarbeiter vor oder nach 2005 abgeschlossen hat.

▷ **Neue Verträge ab 2005**
Für Verträge, die nach dem 31. Dezember 2004 abgeschlossen wurden, gilt gemäß Alterseinkünftegesetz (AltEinkG) auch bei der Direktversicherung das Prinzip der **nachgelagerten Besteuerung**.

Steuern – Jeder Arbeitnehmer darf seit 2018 pro Jahr bis zu 8 Prozent der Beitragsbemessungsgrenze der gesetzlichen Rentenversicherung steuerfrei einzahlen, das sind 2020 bis zu 552 Euro im Monat. Die Beiträge müssen Sparer in der Steuererklärung nicht extra angeben. Sie werden bereits als steuerfrei in der Lohnabrechnung berücksichtigt. Auf die spätere Rente bezahlen Sparer den persönlichen Steuersatz. Dieser ist für Rentner meist niedriger als während des Berufslebens, dadurch sparen Rentner Steuern. Betriebsrenten aus einem neuen Direktversicherungsvertrag kommen in der Anlage R der Steuererklärung in Zeile 31. Sie können sich das angesparte Kapital auch auf einen Schlag auszahlen lassen, sofern Ihr Vertrag dieses Wahlrecht vorsieht. Das hat – anders als bei Altverträgen – aber den Nachteil, dass Sie es bei Auszahlung voll versteuern müssen. Der Bundesfinanzhof hat eine Steuerermäßigung ausgeschlossen (Az. X R 23/15). Bei der Kapitalauszahlung handelt es sich um sonstige Einkünfte nach Paragraf 22 Nummer 5 Einkommensteuergesetz.

Sozialabgaben – Auf Beiträge bis 276 Euro pro Monat (im Jahr 2020) zahlen Arbeitnehmer keine Sozialversicherungsabgaben, also Krankenkasse, Pflege-, Arbeitslosen- und Rentenversicherung. Seit 2020 gilt für die spätere Rente: Der volle Beitragssatz zur Krankenversicherung wird nur noch für den Teil der Rente fällig, der den Freibetrag von rund 160 Euro übersteigt.

Der Beitragssatz zur Krankenversicherung liegt 2020 durchschnittlich bei 15,7 Prozent inklusive Zusatzbeitrag und 3,05 Prozent Pflegeversicherung für alle, die Kinder haben. Für Kinderlose beträgt im Jahr 2020 der Beitragssatz 3,3 Prozent. Das gilt für alle Rentner, die in der **gesetzlichen Rentenversicherung pflichtversichert sind**. Wer freiwillig krankenversichert ist, muss auf den Freibetrag verzichten. Wer privat krankenversichert ist, spart sich die Beiträge.

▷ **Sonderfall: Alte Verträge bis 2004**
Alte Direktversicherungen, die Arbeitnehmer bis spätestens 31. Dezember 2004 abge-

schlossen haben, werden in Sachen Steuern und Sozialabgaben anders behandelt.

Steuern – Ein Sparer zahlt pauschal 20 Prozent Steuern (plus den Solidaritätszuschlag) auf seine monatlichen Beiträge. Dafür ist die Rente später bei der Steuer bessergestellt: Als Rentner muss derjenige nur den sogenannten Ertragsanteil nach Paragraf 22 Nummer 5 Einkommensteuergesetz versteuern. Dieser hängt vom Alter des Rentners ab. Wer beispielsweise mit 67 Jahren in Rente geht, muss 17 Prozent der Rente versteuern. Wer schon ab 62 Rente bezieht, muss noch 21 Prozent dieser Rente versteuern. Betriebsrenten aus alten Direktversicherungsverträgen kommen in Zeile 42 in der Anlage R der Steuererklärung für 2020.

Lässt sich der Rentner das angesparte Kapital in einem Betrag auszahlen, bleibt dieser Betrag steuerfrei.

Sozialabgaben – Wer seine Beiträge monatlich einzahlt, muss darauf seinen Arbeitnehmeranteil an Sozialversicherungsbeiträgen entrichten. Frei von Sozialversicherungsbeiträgen sind nur jährliche Zahlungen bis 1.754 Euro.

Seit 2005 müssen auch Sparer mit einer alten Direktversicherung auf ihre Betriebsrente Sozialabgaben bezahlen. Auch wer die Einmalauszahlung wählt, muss über zehn Jahre monatlich Beiträge aufbringen. Solche Sparer zahlen in der Ansparphase den halben, in der Rentenphase den vollen Beitrag zur Krankenversicherung. Dieses Problem ist auch unter dem Schlagwort „Doppelverbeitragung" bekannt.

Neu seit 2020 ist jedoch: Sparer zahlen Krankenversicherungsbeiträge nur auf den Teil der Rente, die den neuen **Freibetrag von rund 160 Euro** im Monat übersteigt. Altsparer, die wissen, dass sie eine geringe Betriebsrente von weniger als 160 Euro pro Monat bekommen und keine weiteren Versorgungsbezüge haben, zahlen auf diese geringe Betriebsrente keine Kranken- und Pflegeversicherungsbeiträge und je nach Einkommen mit dem Ertragsanteil nur minimale Steuern. Wer sich sein angespartes Guthaben auf einmal auszahlen lässt, muss keine Sozialabgaben zahlen, wenn der Betrag geteilt durch 120 weniger als den Freibetrag von knapp 160 Euro beträgt. Die Voraussetzung: Sie müssen in der gesetzlichen Krankenversicherung pflichtversichert sein.

Was gilt, wenn Sie die Direktversicherung privat weiterführen?

Haben Sie Ihre Direktversicherung ab einem bestimmen Zeitpunkt privat fortgeführt, beispielsweise weil Sie irgendwann den Arbeitgeber gewechselt und den Vertrag auf Sie als Versicherungsnehmer umschreiben lassen haben, profitieren Sie von einer sogenannten **reduzierten Beitragspflicht**. Grundlage ist ein Beschluss des Bundesverfassungsgerichts vom September 2010 (BvR 1660/08).

Das bedeutet: Für den Teil der späteren Betriebsrente, den Sie aus privaten Mitteln finanziert haben, fallen **keine Beiträge zur Kranken- und Pflegeversicherung** an. Ihre Versicherung muss – zur Not auf Nachfrage – diese Aufschlüsselung bieten.

Was die **Steuern** auf den privaten Rentenanteil angeht, gelten die gleichen Regeln wie für eine private Kapitallebensversicherung. Den privat angesparten Teil der Betriebsrente tragen Sie in der Anlage R bei den Leibrenten aus privaten Rentenversicherungen mit ein (Zeile 15).

Neue Rechtsprechung bei Pensionskassen 2018

Auch wer eine Betriebsrente aus einer Pensionskasse bezieht, kann nun aufatmen. In einem Beschluss vom **Juni 2018** hat das **Bundesverfassungsgericht** klargestellt, dass Renten aus privat geleisteten Beiträgen ebenfalls frei von Abgaben zur Sozialversicherung sein müssen (Az. 1 BvR 100/15 und 1 BvR 249/15). Nach jahrelangem Ringen sind Betroffene nun gleichgestellt mit Sparern, die privat in eine Direktversicherung einbezahlt haben.

Sind Sie bereits Rentner und betroffen, sollten Sie handeln. Wenden Sie sich schriftlich an Ihre Pensionskasse und fordern Sie eine Neuberechnung Ihrer Versorgungsbezüge. Verlangen Sie, dass Ihnen zu viel entrichtete Beiträge an die Kranken- und Pflegeversicherung rückwirkend für vier Jahre erstattet werden (§ 27 Abs. 2 SGB IV).

Erwähnen Sie den Beschluss des Bundesverfassungsgerichts. Sie können dazu das Finanztip-Musterschreiben verwenden. Siehe:

 https://www.finanztip.de/fileadmin/images/Geldanlage/betriebliche_Altersvorsorge/musterschreiben_pensionskasse.docx

Sind Sie nicht in der gesetzlichen Krankenversicherung der Rentner Mitglied, sondern **freiwillig gesetzlich krankenversichert**, sollten Sie sich mit Ihrer Krankenkasse in Verbindung setzen. In der Regel ist die Krankenkasse in diesem Fall dafür zuständig, Ihre künftigen Beiträge zu Kranken- und Pflegeversicherung sowie Ihre Beitragserstattung zu berechnen. Achtung: Möglicherweise müssen Sie die Rückzahlung der Sozialabgaben am Ende versteuern.

2.3.1 Indexfonds (ETFs)

» Einfach und günstig in Aktien anlegen: Mit Indexfonds «

von **Hendrik Buhrs & Sara Zinnecker** Stand: 26. Juli 2021
www.finanztip.de/indexfonds-etf/

Was sind ETFs und wie funktionieren sie? // Welches sind nun die besten ETFs? // Wo und wie können Sie ETFs kaufen? // Wie sicher sind ETFs? // Sind physische ETFs sicherer als synthetische? // Sind ETFs riskanter als aktive Investmentfonds? // Wie setzen sich die Kosten bei ETFs zusammen? // Was müssen Sie bei der Steuer beachten?

 Das Wichtigste in Kürze

- Börsengehandelte Indexfonds (**ETFs**, Exchange Traded Funds) helfen Ihnen dabei, langfristig mit Aktien Vermögen aufzubauen – einfach und günstig.
- ETFs bilden Aktienlisten nach, sogenannte **Indizes** wie den Dax, S&P 500 oder den Weltaktienindex MSCI World. Mit einem ETF erzielen Sie genau so viel Rendite wie die breite Masse der Aktieninvestoren.
- ETFs sind genauso sicher wie aktiv verwaltete Fonds: Geld, das Sie in ETFs investiert haben, ist **Sondervermögen** und bei Pleiten des ETF-Anbieters geschützt.

 So gehen Sie vor

- Eröffnen Sie ein Online-Depot.
- Investieren Sie entweder einen größeren Betrag in ETF-Anteile oder sparen Sie monatlich mit einem ETF-Sparplan an.
- Um langfristig Vermögen aufzubauen, investieren Sie in einen ETF, der Dividenden automatisch für Sie anlegt (thesauriert). So profitieren Sie vom Zinseszinseffekt.

Diese drei Buchstaben begegnen einem bei der Geldanlage immer wieder: E, T und F. Ein börsengehandelter Indexfonds, auf Englisch „Exchange Traded Fund" oder kurz ETF, **folgt der Wertentwicklung bekannter Börsenindizes** wie Dax oder S&P 500.

Mit ETFs können Sie **einfach und günstig** an der **Börse** dabei sein und langfristig Vermögen aufbauen. Alles, was Sie brauchen, sind ein günstiges Depot und die folgenden Grundlagen.

Was sind ETFs und wie funktionieren sie?

Ein ETF ist ein Nachbau eines Börsenindex: Im einfachsten Fall nimmt eine Fondsgesellschaft das Geld der Anleger und kauft dafür all jene Wertpapiere, die im Index enthalten sind. Meist handelt es sich um Aktien oder Anleihen.

Nehmen wir als Beispiel den deutschen Aktienindex Dax: Dieser Index zeigt an, wie viel die 40 größten Unternehmen in Deutschland wert sind. Ein ETF, der den Dax abbildet, würde nun genau diese 40 Aktien nachkaufen – und sich dann genauso im Wert entwickeln wie der Dax.

▷ Anleger investieren „in den Markt"

Ein Aktienindex fasst oft diejenigen Unternehmen zusammen, die an der Börse **am meisten wert sind** – also deren Börsenkurs multipliziert mit der Anzahl an Aktien den größten Betrag ergibt (Börsenwert). Das sind gleichzeitig die bei der **breiten Masse an Investoren** beliebtesten Unternehmen. Man spricht daher auch davon, dass ein Aktienindex „den Markt abbildet".

Das **Ziel** eines ETF ist es, genau die Rendite zu erzielen, die der Index erzielt. Ein ETF versucht damit **gerade nicht**, durch gezielte Auswahl einzelner Aktien klüger und besser zu sein als die breite Masse der Investoren. Mit einem ETF können Sie einfach und günstig am Marktgeschehen teilhaben, Sie folgen der Mehrheit.

Welche Aktien im Index landen, wird mehrmals jährlich überprüft. Ändert sich die Zusammensetzung des Index, bessert auch der ETF nach.

▷ ETFs sind unschlagbar günstig

Diese Strategie bringt ETFs einen großen Vorteil ein: Sie kosten deutlich weniger als Fonds, bei denen ein Fondsmanager Aktien einzeln aussucht (sogenannte aktive Fonds). Nicht nur zahlen Sie deutlich weniger bis gar **keine Provision** für die Vermittlung (den Kauf) von ETFs. Auch die laufenden Kosten machen im besten Fall nur ein **Siebtel** der Kosten aktiver Fonds aus. Im ETF bleibt also von Vornherein mehr von der eigentlichen Wertentwicklung erhalten.

Diverse Studien haben gezeigt, dass es nur die wenigsten aktiv gemanagten Fonds schaffen, auch nach Abzug aller Kosten dauerhaft besser abzuschneiden als die breite Masse. Auch darum empfiehlt Finanztip bei der Aktienanlage ausschließlich Exchange Traded Funds.

Kosten-Unterschiede aktive und passive Fonds

	passive Indexfonds	aktive Aktienfonds
Anlageziel	Nachbildung eines Referenzindex	schlagen des Referenzindex
laufende Kosten	etwa 0,2 bis 0,5 % pro Jahr	etwa 1,5 % pro Jahr
Anschaffungskosten	einmalig bis 0,25 %	einmalig bis zu 5 %
Gewinnbeteiligung	entfällt	bis zu 20 % der Jahresrendite

Quellen: Anbieter (Stand: 28. Juni 2021).

▷ **Wie ein ETF funktioniert: Unterschiedliche Bauarten**

Indexfonds gehen unterschiedlich an die Aufgabe heran, einen Aktienindex nachzuempfinden: Man unterscheidet zwei verschiedene Bauarten von ETFs. Auch die Art, wie Anleger an Unternehmensgewinnen (Dividenden) beteiligt werden, kann sich unterscheiden.

Physischer ETF – Kauft ein ETF einfach die Wertpapiere (Aktien) im Index nach, sprechen Fachleute von einem physisch replizierenden ETF. Sie sind bei Anlegern in der Regel sehr beliebt, weil sie verständlich und **transparent** daherkommen: Anleger wissen immer genau, in welche Wertpapiere sie gerade Geld investiert haben. Es kann auch vorkommen, dass ein ETF nicht alle Aktien tatsächlich kauft, sondern nur eine optimierte Auswahl (englisch optimized sampling).

Synthetischer ETF – Statt Aktien einzeln nachzukaufen, kann sich der ETF-Anbieter die gewünschte Wertentwicklung auch von einer Bank zusichern lassen. Im Gegenzug erhält die Bank einen Korb bekannter Aktien vom ETF-Anbieter. Dieser Tausch kann für beide Beteiligte am Ende günstiger sein.

Ausschüttender ETF – Erwirtschaftet ein Unternehmen einen Gewinn, wird dieser regelmäßig als sogenannte Dividende an die Aktionäre ausgeschüttet. Stecken Aktien in einem Fonds, fließen die Dividenden erst an den Fonds. Er kann die Ausschüttungen dann gebündelt an die Anleger weitergeben. Das verringert den Wert, der im Fonds steckt. Dafür können Anleger mit den Dividenden zmachen, was sie möchten, zum Beispiel ihren Sparerpauschbetrag besser nutzen.

Wiederanlegender ETF – Ein ETF hat auch die Möglichkeit, die Dividenden dem Fondsvermögen gutzuschreiben. Man spricht dann von einem wieder anlegenden oder thesaurierenden ETF. Solche ETFs eignen sich für Anleger, die **langfristig Vermögen** aufbau-

Die Börse & der Dispositionseffekt

Wenn Börsenanleger sich unbewusst von Emotionen leiten lassen, tappen sie oft in Psycho-Fallstricke, z. B. indem sie Gewinne und Verluste unterschiedlich wahrnehmen und bewerten.

Hohe Börsenverluste drohen!

Lösungsansatz
Bereits vorab einen Handelsplan aufstellen mit konkreten Regeln für den Ein- und Ausstieg.

Stopp-Loss-Marke
verliert eine Aktie z. B. 20% an Wert, wird sie automatisch verkauft.
Kauf bei 100, Verkauf bei 80.

Trailing-Stopp-Loss
bei Kurs-Gewinnen wird die Stopp-Loss-Marke angepasst.
Kauf bei 100, Anstieg auf 120, Verkauf bei 96 (20% von 120).

+10% +20% +30%

Der Freude-Kick lässt bei steigenden Aktien-Gewinnen nach.

Folge: bereits wenn kleine Gewinne scheinbar in Gefahr geraten, **sinkt die Risikobereitschaft** und die Aktie wird aus Angst vor Verlusten zu früh verkauft.

Irrational: der Sunk-Cost-Effekt
Sinkt der Wert einer Aktie stark ab, werden oft weitere dieser Aktien zum "günstigen" Kurs nachgekauft, um den durchschnittlichen Einstandspreis zu "senken".

−10% −20% −30%

Nach dem ersten Schock tritt ein Gewöhnungseffekt ein.

Folge: bei wachsendem Verlust **steigt die Risikobereitschaft** und die Aktie bleibt zu lange im Depot. Der Verlust wird ignoriert – er erscheint noch nicht real.

Vermögen der privaten Haushalte
Sach- & Geldvermögen

6.440,7 Mrd. €
im Jahr 1999

16.839,0 Mrd. €
im Jahr 2021

Quelle: marktEINBLICKE

Quelle: BuBa, Statistisches Bundesamt

en wollen. Denn auch die Dividenden profitieren von einer (positiven) Wertentwicklung, ähnlich wie beim Zinseszinseffekt.

Tipp

*Übrigens werden die Begriffe Indexfonds und ETF oft gleichbedeutend benutzt. Es gibt aber einen **Unterschied**: Ein Fonds kann auch einen Index nachbilden, ohne börsengehandelt zu sein. Damit wäre er kein ETF, Sie könnten den Indexfonds nur direkt von der Fondsgesellschaft bekommen. Der Preis würde bloß einmal pro Börsentag festgestellt.*

Welches sind nun die besten ETFs?

Finanztip-Berechnungen haben gezeigt, dass Anleger, die in der Vergangenheit beliebige 15 Jahre in einen **weltweit ausgerichteten Aktien-Indexfonds** investierten, niemals Geld verloren haben. Dahinter steckt, dass ein solcher ETF Verlustrisiken **auf viele Schultern** verteilt und dadurch ausgleicht. Finanztip empfiehlt Ihnen daher, langfristig in einen ETF zu investieren, der den **globalen Aktienmarkt abdeckt** und **Dividenden wieder anlegt**. Infrage kommen ETFs, die folgende Aktienindizes nachempfinden.

- MSCI World: Er deckt die gut 1.600 größten Aktien der industrialisierten Welt ab.
- MSCI All Countries World: Er bündelt knapp 3.000 Aktien der industrialisierten Welt und aus Schwellenländern wie China, Indien und Brasilien ab.
- FTSE Developed Index und FTSE All-World: Diese beiden Indizes sind in etwa vergleichbar mit den beiden erwähnten Indizes von MSCI.
- Nachhaltige Indizes: Enthalten sind die Aktien eines globalen Index, die nachhaltig wirtschaften – also besondere Sorgfalt auf Umwelt, soziale Standards und Management legen.

Wer hinter den ETFs steckt

ETFs werden in der Regel von Banken und speziellen Fondsgesellschaften aufgelegt. In Europa am größten sind ETF der Marke **iShares**, die zum US-Vermögensverwalter Blackrock gehören. Es folgen ETFs der Marke **Xtrackers**, die über die Fondsgesellschaft DWS mehrheitlich zur Deutschen Bank gehört, und ETFs der Marke **Lyxor**, die zur französischen Société Générale gehören.

Weitere bekannte ETF-Marken sind die Großbank **UBS** aus der Schweiz, die US-amerikanischen Anbieter **SPDR** (sprich: Spider) und **Invesco**, ehemals Source, der französische Emittent Amundi und die britische **HSBC**-Bank.

Im deutschsprachigen Raum war außerdem die ETF-Marke **Comstage** bekannt, die ursprünglich zur Commerzbank gehörte. 2018 übernahm die Société Générale Comstage. 2020 wurden die ETFs angepasst, das heißt, ehemalige Comstage-ETFs firmieren jetzt unter dem Namen Lyxor.

Kriterien für die Finanztip-ETF-Empfehlung

Ausschlaggebend für die Finanztip-Empfehlung war, dass es den ETF schon mehr als **fünf Jahre** an der Börse zu kaufen gibt, mehr als **100 Millionen Euro** Anlegergeld investiert sind und wichtige Anlegerinformationen zum Produkt **auf Deutsch** zur Verfügung stehen.

Ein gewisses **Alter** eines ETF muss sein, um prüfen zu können, ob der ETF die Wertentwicklung des zugrundeliegenden Index auch wirklich getroffen hat. Ein gewisses **Anlagevolumen** ist nötig, um nicht zu riskieren, dass der ETF-Anbieter den Indexfonds wieder vom Markt nimmt, weil er sich nicht lohnt.

Die **laufenden Kosten** eines ETF sind dagegen **kein Empfehlungskriterium**. Denn Finanztip-Berechnungen über die vergangenen Jahre haben gezeigt, dass ETFs mit niedrigeren laufenden Kosten nicht systematisch jedes Jahr mehr Rendite erzielt haben als teurere ETFs. Manche ETFs verleihen zum Beispiel einen Teil der Aktien kurzfristig an andere Banken, was zusätzlichen Gewinn einbringt. Oder sie schaffen es, sich mehr Quellensteuer erstatten zu lassen. Dafür lohnen im Zweifel die höheren Kosten.

Am Ende kommt es darauf an, dass der ETF nach Kosten nah an die Wertentwicklung des sogenannten Netto-Index herankommt. Dies schaffen alle der von Finanztip empfohlenen ETFs. Der Nettoindex nimmt den Wert aller Aktien, zieht Quellensteuern davon ab und addiert Dividenden. Mehr dazu unter:

 *https://www.finanztip.de/ indexfonds-etf/quellensteuer/*

Wo und wie können Sie ETFs kaufen?

Möchten Sie ETFs kaufen und anschließend verwahren, müssen Sie nicht extra zur Filialbank gehen. Die Gebühren, die die Banken häufig für das Wertpapierdepot verlangen, können Sie sich sparen. Eröffnen Sie stattdessen ein **kostenloses Online-Depot** bei einer Direktbank oder einem Wertpapierhändler im Internet (Online-Broker).

▷ ETFs ordern leicht gemacht

Haben Sie das Depot eröffnet und sich entschieden, in welchen Aktienindex Sie investieren möchten, haben Sie es fast geschafft. Sie brauchen nun lediglich die Wertpapier-Identifikationsnummer (ISIN) oder die Kennnummer (WKN) in die Suchfunktion Ihres Depots eingeben und einige wenige einfache Schritte befolgen. Die Nummer finden Sie immer bei den ETF-Empfehlungen von Finanztip in Klammern.

Wie Sie genau vorgehen, um ETFs tatsächlich zu erwerben, hat Finanztip online zusammengestellt. Mehr dazu unter:

 *https://www.finanztip.de/ aktien/aktien-kaufen/*

▷ **Ausstiegszeitpunkt entscheidend**
Grundsätzlich haben Sie die Wahl, eine größere Summe auf einmal zu investieren oder zum Beispiel monatlich oder vierteljährlich in kleineren Raten in einem ETF-Sparplan anzusparen. Dabei ist es gar nicht so entscheidend, wann Sie zu sparen beginnen: Hauptsache, Sie bleiben langfristig dabei. Wichtiger ist dagegen der **Ausstiegszeitpunkt**.

Wissen Sie zum Beispiel, dass Sie in fünf Jahren Ihr ETF-Erspartes benötigen, sollten Sie nicht darauf vertrauen, dass die Börsenkurse genau zu diesem Zeitpunkt hoch stehen. Stattdessen empfiehlt es sich, Ihr ETF-Vermögen **schrittweise** zu reduzieren – also ETF-Anteile zu verkaufen – und das freiwerdende Geld auf einem gut verzinsten Tagesgeldkonto zu parken.

Beim **renditeorientierten Portfolio** nimmt Finanztip zum Beispiel an, dass Sparer etwa 20 Prozent ihres Ersparten auf einem Tagesgeldkonto parken, um flüssig zu sein, wenn dringende Anschaffungen anstehen. Die restlichen 80 Prozent investieren Sie in weltweit ausgerichtete Exchange Traded Funds. Ein solches Portfolio hat in der Vergangenheit über beliebige 15 Jahre niemals Verlust erzielt.

Wie sicher sind ETFs?
Grundsätzlich gilt für jeden Fonds und auch für ETFs: Geld, das in Fondsanteilen steckt, ist **Sondervermögen** und geschützt. Sie müssen sich also nicht sorgen: Sollte Ihr ETF-Anbieter **pleitegehen**, gehören Ihnen Ihre Fondsanteile weiterhin.

Im Detail schreibt das Gesetz vor, dass Fondsgesellschaften das Geld ihrer Kunden (deren Fondsanteile) getrennt vom Unternehmensvermögen aufbewahren müssen. Sie hinterlegen diese in der Regel bei **unabhängigen Depotbanken**. Bei den ETF-Anbietern Xtrackers und iShares ist das zum Beispiel die State Street Bank in Luxemburg beziehungsweise Irland, beim ETF-Anbieter Invesco die Bank Northern Trust.

Das verhindert, dass das Anlegervermögen bei einer Pleite der Fondsgesellschaft mit in die Konkursmasse fällt und daraus Ansprüche von Gläubigern bedient werden. Die Depotbank ist anschließend verpflichtet, die Verwaltung des ETF zu übernehmen – entweder dauerhaft oder so lange, bis ein anderer ETF-Anbieter die Fondsanteile aufkauft.

Sollte nicht die Fondsgesellschaft, sondern diese **Depotbank insolvent sein** ist gesetzlich vorgeschrieben, dass Fondsanteile an

So unterscheiden sich physische und synthetische ETFs

physisch replizierende ETFs	synthetische ETFs
Der ETF hält nahezu alle Aktien, die im Originalindex vertreten sind (optimized sampling).	Der ETF-Anbieter lässt sich die Indexentwicklung über ein Tauschgeschäft (Swap) von einer Bank zusichern. Er selbst baut ein Trägerportfolio mit Aktien großer Unternehmen auf.
Um mehr Einnahmen zu erzielen, verleiht der ETF-Anbieter Aktien am Kapitalmarkt.	ETF-Anbieter nutzen Tauschgeschäfte, weil sie so die Entwicklung des Index kostengünstiger nachbilden können.
Die Wertpapierleihe ist besichert und wird in der Regel täglich ausgeglichen.	Die Tauschgeschäfte sind besichert. Im Falle einer Insolvenz der Bank wird das Trägerportfolio des ETF-Anbieters und Sicherheiten der Bank – meist Staatsanleihen – liquidiert.

Quelle: Finanztip-Recherche (Stand: 15. August 2016).

einen anderen Treuhänder übergehen, der dann als neue Verwahrstelle dient. Ein solcher Vorfall sollte Ihnen keinen Nachteil bringen.

Falls Ihre Onlinebank oder Ihr Broker, bei dem Sie Ihr persönliches Wertpapierdepot führen, ausfallen sollte, besteht ebenfalls kein Grund zur Panik. Ein Treuhänder würde Ihr Depot übernehmen und als neuer Ansprechpartner dienen.

▷ **Sind physische ETFs sicherer als synthetische?**

Viele Anleger können sich besser vorstellen, dass ein ETF-Anbieter Indexaktien einfach nachkauft (physisch repliziert) – und halten dieses Vorgehen darum für sicherer. Hingegen lassen sich die Aktien-Tauschgeschäfte bei synthetischen Fonds nur schwer nachvollziehen. Manche fürchten, bei einer Pleite des ETF-Anbieters nicht den vollen Indexwert zurückzubekommen.

Am Ende ist das Risiko, im Falle einer Insolvenz eines Beteiligten (ETF-Anbieter, Bank als Tauschpartner) Geld zu verlieren, bei beiden ETF-Arten sehr **gering** – und sehr **theoretisch**. Im Detail:

Beispiel: Physischer ETF – Der ETF-Anbieter kauft nicht immer alle im Index enthaltenen Aktien an. Bei breit gestreuten Indizes, wie etwa dem MSCI World, hält der ETF-Anbieter eine optimierte Auswahl von Aktien, die ausreichen, um die Wertentwicklung des Index hinreichend gut abzubilden (auf

Englisch: optimized sampling). Gleichzeitig verleiht der ETF-Anbieter Teile seines Aktienbestands an andere Marktteilnehmer, zum Beispiel Wertpapierhändler oder Investmentbanken, die kurzfristig Aktien benötigen. So verdient der ETF ein wenig hinzu und kann mehr Rendite für Anleger rausholen.

Die **Wertpapierleihe** selbst ist besichert und streng reguliert. So muss ein Händler, der sich vom ETF-Anbieter Aktien ausleiht, dafür Sicherheiten, zum Beispiel Staatsanleihen, hinterlegen. In der Regel wird dann am Ende jedes Handelstages überprüft, ob die hinterlegten Staatsanleihen noch dem Wert der Aktien entsprechen. Tun sie das nicht, muss der Wertpapierhändler Sicherheiten nachschießen. So soll gewährleistet sein, dass der Wert des ETFs sich trotz Wertpapierleihe jederzeit nah am Indexwert bewegt.

Beispiel: Synthetischer ETF – ETF-Anbieter A lässt sich vom Swap-Partner Bank B die Wertentwicklung des Weltaktienindex MSCI World zusichern. A baut im Gegenzug ein sogenanntes **Trägerportfolio** mit einigen bekannten, häufig gehandelten Aktien auf und sichert diese Wertentwicklung wiederum Bank B zu. Unterschiedliche Wertentwicklungen gleichen die Partner regelmäßig aus. Ein Problem könnte dann entstehen, wenn Bank B insolvent würde und die Wertentwicklung des MSCI World nicht mehr wie vereinbart an ETF-Anbieter A liefern könnte.

Dann müsste ETF-Anbieter A auf das eigene Aktien-Portfolio zurückgreifen und dieses zu Geld machen. Sollte der Aktienkorb weniger wert sein als der MSCI World, müsste Anbieter A die von Bank B zu diesem Zweck hinterlegten Sicherheiten – in der Regel Staatsanleihen oder Bargeldbestände – anzapfen und sie verkaufen. In Europa ist streng reguliert, dass Differenzen im Wert der beiden Portfolios, der sogenannte **Swap-Wert**, stets besichert sein müssen. Seit März 2017 sogar zu 100 Prozent. Der Swap-Wert wird täglich bestimmt und Sicherheiten nachgezogen.

 Achtung

Beide ETF-Typen sind – wie jeder andere Aktienfonds auch – grundsätzlich dem Risiko am Aktienmarkt ausgesetzt. Müssten im Fonds befindliche Aktien verkauft werden, bekommen Anleger immer nur das Geld, das diese Aktien dann am Markt wert sind.

Sind ETFs riskanter als aktive Investmentfonds?

Je populärer ETFs werden, umso mehr kritische Stimmen melden sich zu Wort. Häufig taucht etwa die Frage auf, ob es riskanter ist, in ETFs statt in traditionelle Aktienfonds anzulegen. Um es vorweg zu nehmen: Wenn Sie in einen ETF investieren, der nicht etwa einen Nischenmarkt nachzeichnet, sondern einen bekannten, großen Aktienindex, haben Sie **nichts zu befürchten**.

Dies sind die wichtigsten Kritikpunkte und unsere Antwort dazu:

▷ **1. ETFs verstärken mit ihrer Marktmacht den Abschwung**
Wenn Anleger im Zuge eines Abschwungs Geld abziehen, müssen ETFs Aktien verkaufen. Das stimmt. Allerdings gilt das für aktiv gemanagte Fonds **genauso**. Schuld daran, dass sich ein Abschwung verstärkt, sind weniger die Fonds, sondern vielmehr das „prozyklische" Verhalten vieler Anleger, bei Panik zu verkaufen. Daher der Appell: Bleiben Sie ruhig und investieren Sie langfristig!

▷ **2. ETFs halten zu wenig Cash. In einer Abwärtsphase wird man seine Anteile nicht los.**
ETFs halten in der Regel weniger Barreserven als aktiv gemanagte Fonds. Dass die im Auftrag der ETF-Fondsgesellschaft eingesetzten speziellen ETF-Händler (Market Maker) Anlegern ihre ETF-Anteile nicht abnehmen können, ist dennoch eher **unwahrscheinlich**. Dazu könnte es nur kommen, wenn der ETF in illiquiden Nischenmärkten investiert ist, in denen kaum jemand handelt. Die ETF-Gesellschaft würde dann die Aktien, die dem ETF hinterlegt sind, am Markt gar nicht oder nur zu sehr schlechten Preisen loswerden. Setzt ein ETF auf die größten Aktienindizes der Welt, ist dies nicht zu befürchten.

▷ **3. ETFs auf den MSCI World sind riskant, weil sie auf Dollar lauten**
Einige der ETFs auf den MSCI World lauten, wie der Index selbst, auf US-Dollar. Gegenüber dem Euro besteht ein Währungsrisiko und zwar in dem Sinn, dass ein Euro-Anleger möglicherweise nicht vollständig von einer positiven Wertentwicklung des Dollar-ETFs profitieren kann. Er muss immer dann „Abschläge" hinnehmen, wenn parallel zur (positiven) Wertentwicklung des Index der Euro aufgewertet hat.

Allerdings fallen über längere Zeiträume die Wechselkursänderungen aller Erfahrung nach **nicht** so stark **ins Gewicht**. Anleger sollten außerdem auf die breite Streuung der Anlagen Wert legen. Dies schafft kein Index besser als der MSCI World, der 1.600 Einzeltitel aus 23 Ländern bündelt. Finanztip-Berechnungen zeigen: Auch ein nachträglich in Euro umgerechneter Weltaktienindex hat seinen Wert über die vergangenen 45 Jahre jedes Jahr durchschnittlich um gut 7 Prozent gesteigert.

Wie setzen sich die Kosten bei ETFs zusammen?
Anleger, die sich genauer für die Kosten von ETFs interessieren, können im Wertpapierprospekt oder auf den Übersichtsseiten im Internet die sogenannte **Total Expense Ratio (TER)** anschauen. Sie drückt aus, wie viel Prozentpunkte die Kosten die jährliche

Rendite mindern – und wird daher auch Gesamtkostenquote oder Effektivkostenquote genannt.

Die TER umfasst die pauschalen Gebühren, die beim ETF für **Verwaltung, Depotbank** und das Erstellen von **Anlegerinformationen** anfallen. Dazu kommen die **Mehrwertsteuer** und andere kleinere Gebühren. ETF-Anbieter schätzen die TER und ziehen sie in der Regel monatlich oder vierteljährlich vom Fondsvermögen ab. Bei ETFs liegt die TER meist zwischen 0,1 und 0,5 Prozent pro Jahr.

Nicht enthalten in der TER sind Transaktionskosten, die der Fonds beim An- und Verkauf von Wertpapieren bezahlen muss. Die tatsächlichen Kosten des ETFs liegen also immer etwas über der TER, die für das zurückliegende Geschäftsjahr ermittelt wird.

Was müssen Sie bei der Steuer beachten?

Wie genau bestimmte ETFs besteuert werden, war bis einschließlich 2017 noch ein Kriterium für die Auswahl bestimmter ETF-Typen. Bisweilen war es nötig, mühsam händisch Angaben in die Steuererklärung nachzutragen. Seit 2018 haben Sie es deutlich einfacher. Denn seither ist das neue **Gesetz zur Investmentbesteuerung** in Kraft. Erstmals für das Kalenderjahr 2018 werden alle Investmentfonds (Publikumsfonds) nach derselben Logik mit Abgeltungssteuer belegt. Es kommt nicht länger darauf an, in welchem Land ein Fonds aufgelegt ist und ob er Dividenden ausschüttet oder mit anspart. Mehr dazu unter:

https://www.finanztip.de/abgeltungssteuer/

Nach einer bestimmten Formel ermittelt Ihre Depotbank eine jährliche Bemessungsgrundlage für die Abgeltungssteuer in Höhe von gut 25 Prozent. Die Steuer wird direkt einbehalten, es sei denn, Sie stellen einen entsprechenden Freistellungsauftrag bei Ihrer Depotbank. Wie die neue Besteuerung genau funktioniert, lesen Sie im Finanztip-Ratgeber unter:

https://www.finanztip.de/indexfonds-etf/investmentsteuerreformgesetz/

Konkrete Produktempfehlungen finden Sie unter:

www.finanztip.de/indexfonds-etf/

2.3.2 ETF-Sparplan

» So bauen Sie in kleinen Raten ein Vermögen auf «

von Hendrik Buhrs & Sara Zinnecker Stand: 01. Februar 2022
www.finanztip.de/indexfonds-etf/fondssparplan/

Für wen eignet sich ein Sparplan? // Wie funktioniert ein Sparplan? // Worauf müssen Sie beim Sparplan achten? // In welchen Aktienindex können Sie ansparen? // Welche Sparpläne empfiehlt Finanztip? // Wie starten Sie Ihren Sparplan? // Was tun, wenn Ihr laufender Sparplan kostenpflichtig wird?

Das Wichtigste in Kürze

- Mit einem ETF-Sparplan legen Sie regelmäßig Geld in Wertpapieren an. Vor allem für den langfristigen Vermögensaufbau ist ein Sparplan sinnvoll.
- Für den Sparplan benötigen Sie lediglich ein Wertpapierdepot.
- Danach müssen Sie nur noch auswählen, in welchen Indexfonds (ETF) Sie investieren möchten.
- Anfangen können Sie in jedem Fall mit einem der empfohlenen Aktien-ETFs. Dann investiert Ihr ETF in Aktien aus der ganzen Welt.

So gehen Sie vor

- Eröffnen Sie ein Online-Depot.
- Im Depot tragen Sie die Sparrate und das Kürzel des gewünschten Fonds ein, beispielsweise einen ETF auf den Aktienindex MSCI World.

Sie haben nicht viel Geld auf der hohen Kante, würden aber gerne etwas davon anlegen, um später ein paar Sorgen weniger zu haben? Das ist überhaupt kein Problem, denn auch wenn Sie **jeden Monat nur kleine Beträge ansparen**, können Sie über die Jahre Vermögen aufbauen. Eine gute Möglichkeit dafür ist ein **Sparplan mit günstigen Aktien-Indexfonds** (ETFs). Um in einen Sparplan anzulegen, brauchen Sie ein Wertpapierdepot.

Für wen eignet sich ein Sparplan?

Ein Sparplan kann vor allem in diesen Fällen sinnvoll sein:
- Sie möchten Vermögen aufbauen, haben monatlich aber nur kleinere Beträge übrig.
- Sie wollen Zeit sparen und nicht jedes Mal einzeln Wertpapiere kaufen, sondern mit dem Sparplan quasi „auf Autopilot" gehen.
- Sie haben sich einen bestimmten Anteil Ihres Einkommens fürs Aktiensparen gedanklich reserviert und möchten diese Strategie regelmäßig durchhalten.
- Sie könnten zwar eine größere Summe anlegen, möchten sich aber erst mal mit einem Sparplan an die Börse herantasten.

Bei den meisten Banken sind Sparpläne **ab 50 Euro im Monat** möglich, bei manchen Banken auch ab 25 Euro im Monat – oder sogar mit noch kleineren Beträgen wie 10 Euro oder 1 Euro. Außerdem können Sie den Zeitraum meistens von einem Monat auf ein Quartal verlängern, Sie könnten also auch viermal jährlich beispielsweise je 50 Euro sparen.

Der Sparplan eignet sich außerdem, wenn Sie bei Ihrer Geldanlage und Altersvorsorge auf die Rendite achten, aber gleichzeitig **flexibel bleiben wollen**. Falls Sie Ihre Raten einmal nicht bedienen können oder plötzlich mehr Geld zur Verfügung haben, können Sie die Zahlungen aussetzen oder erhöhen. In einer Notlage können Sie die Wertpapiere im Sparplan außerdem jederzeit verkaufen.

Wie funktioniert ein Sparplan?

Ein Fondssparplan kauft jeden Monat Anteile an einem Investmentfonds in Höhe einer festgelegten Rate. Investieren Sie zum Beispiel 50 Euro und kostet ein Fondsanteil 25 Euro, so werden Ihrem Depot zwei Fondsanteile gutgeschrieben.

Weil der Börsenkurs Ihres Fonds täglich (genauer gesagt sogar sekündlich) schwankt, bekommen Sie nicht nur komplette Anteile, sondern auch **Bruchstücke** oder gebrochene Anteile. Ein Beispiel, über drei Monate betrachtet: Im Februar kauft Ihr Depotanbieter von Ihren 25 Euro Sparrate einen kompletten ETF-Anteil für den Kurs von 23,81 Euro. Für die übrigen 1,19 Euro bekommen Sie weitere 0,05 Anteile. Im März und April ist der Kurs höher als 25 Euro geklettert, es kommen 0,9 Anteile (zum Kurs von 27,77 Euro) beziehungsweise 0,8 Anteile (bei einem Kurs von 31,25 Euro) hinzu.

Im April würden also insgesamt **2,75 ETF-Anteile** in Ihrem Depot liegen. Wenn Sie wollten, könnten Sie sie für den Kurs von 31,25 Euro verkaufen und würden dann 85,93 Euro dafür bekommen. Das Beispiel soll nur das Prinzip erklären – ganz so schnell wird der Kurs nicht klettern.

In der Realität würden für den Verkauf je nach Depotanbieter mehrere Euro Gebühren anfallen, außerdem Steuern. Auch beim Kauf können kleine Gebühren anfallen. Davon abgesehen sollten Sie nicht schon bei dem ersten kleinen Kursplus verkaufen, sondern viele Jahre dabeibleiben.

Die Fondsanteile, die Sie per Sparplan bekommen, unterscheiden sich nicht von solchen, die Sie über einen Einzelkauf kaufen können. Wenn Sie zwischendurch mal eine größere Summe in den ETF stecken möchten, können Sie eine sogenannte Einzelorder erteilen, damit erhöht sich Ihr gesamter Bestand.

Weil ein Fonds in eine Vielzahl von Wertpapieren (Aktien) investiert ist, **verteilt** er Ihr **Risiko**: Fällt eine der im Fonds enthaltenen Aktien aus oder macht Verluste, ist das kein Drama, solange die anderen gut laufen.

Um einen Sparplan zu eröffnen, brauchen Sie erst einmal ein Wertpapierdepot.

Worauf müssen Sie beim Sparplan achten?

Wenn es um den langfristigen Vermögensaufbau geht, kommen Sie um Aktienfonds nicht herum. Finanztip zieht die sogenannten börsengehandelten Indexfonds (ETFs) den aktiv verwalteten Aktienfonds vor: ETFs sind einfach, günstig, transparent und bequem. Dies ist besonders beim langfristigen Fondssparen vorteilhaft. Deshalb konzentrieren wir uns in diesem Fondssparplan-Vergleich auf ETFs.

▷ Aktien-Indexfonds kopieren einen Aktienindex

Anleger können in Aktien-Indexfonds über Jahrzehnte einzahlen, ohne sich Gedanken darüber machen zu müssen, ob der Fondsmanager einen guten oder schlechten Job macht. Denn ETFs haben **keine Manager, die Fehlentscheidungen treffen** können. Diese Fonds entwickeln sich immer so wie der jeweilige Aktienindex, den sie kopieren – abzüglich der Verwaltungskosten, die meist einige Zehntel Prozent der Anlagesumme ausmachen.

▷ Ist ein ETF-Sparplan sinnvoll?

Wer lange durchhält, profitiert. Mit einem Sparplan auf einen Aktien-Indexfonds kaufen Sie regelmäßig Fondsanteile. Da Aktien-

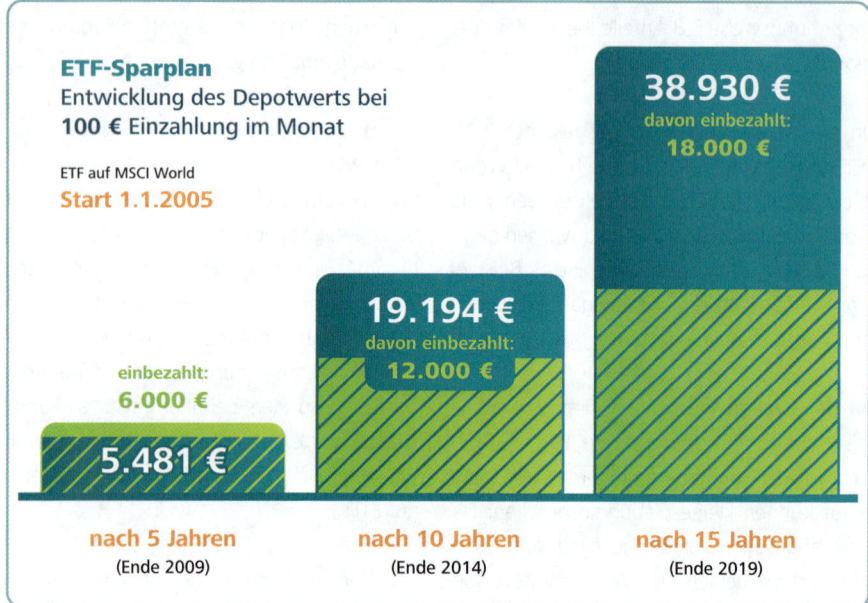

kurse zum Teil stark schwanken, schwankt auch der Wert von ETFs. Es ist also möglich, dass ein Aktien-Sparplan zwischenzeitlich ins Minus gerät. Wir raten Ihnen deswegen, nur Geld in einem solchen Sparplan anzulegen, das Sie die nächsten 10, besser **15 Jahre nicht benötigen**. Denn auf lange Sicht wurden Verluste in der Vergangenheit immer wieder aufgeholt. Ein langer Atem ist beim Fondssparen also Pflicht.

Das Durchhaltevermögen der Sparer wurde in der Vergangenheit meistens mit ansehnlichen Renditen belohnt. Ein Sparplan auf einen börsengehandelten Indexfonds, der den Weltaktienindex MSCI World nachbildet, hätte zwischen Jahresbeginn 2005 und Jahresende 2019 bei einer monatlichen Sparrate von 100 Euro eine **durchschnittliche Rendite von 9,6 Prozent** pro Jahr erzielt, nach Abzug der Kaufkosten. Nur, wer kurz nach den Krisenjahren 2007/2008 ausgestiegen ist, den Sparplan also nur fünf Jahre hat laufen lassen, verlor Geld. Die obenstehende Grafik verdeutlicht dies.

Geht man weiter zurück in die Vergangenheit, waren aber auch deutlich höhere und niedrigere Renditen möglich, wie die rechte Tabelle zeigt.

▷ **Wann Sie zu sparen beginnen, ist nicht so wichtig**
Einen Sparplan auf einen Aktien-Indexfonds können Sie unabhängig vom aktuellen Geschehen an den Börsen abschließen. Der **Einstiegszeitpunkt ist nicht so wichtig**, weil zu Beginn nur wenig Kapital in einem Sparplan steckt. Fallen zunächst die Kurse, ist das kein Grund zur Aufregung. Denn beim Sparplan kaufen Sie ja über einen langen Zeitraum verteilt Aktien ein. Falls der Kurs stark schwankt, kommen Sie also mal etwas teurer, mal etwas billiger zu Ihren Aktien.

Anders als der Einstiegs- hat der **Ausstiegszeitpunkt großen Einfluss** auf die Rendite eines Sparplans. Gegen Ende der Spardauer hat sich viel Kapital angesammelt, das mit den Kursen schwankt. Gehen die Börsen ausgerechnet dann in die Knie, kann das die Rendite mindern. Deshalb kann es vorteilhaft sein, die Fondsanteile länger zu behalten als geplant und auf eine Kurserholung zu hoffen, oder schon vorher auszusteigen, wenn das Sparziel erreicht ist.

Eine andere Möglichkeit besteht darin, Fondsanteile in den letzten Jahren der geplanten Laufzeit nach und nach in sichere Anlagen **umzuschichten**. Auf diese Weise sichern Sie Gewinne.

Mehr Information dazu erhalten Sie online im Finanztip-Ratgeber Richtig umschichten:

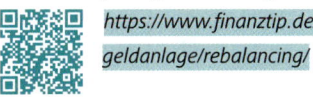 https://www.finanztip.de/geldanlage/rebalancing/

In welchen Aktienindex können Sie ansparen?
Wenn Sie in ETFs anlegen, ist es wichtig, das Risiko möglichst gut zu verteilen. Das bedeutet jedoch nicht, dass Sie mehrere Sparpläne abschließen müssen. Als Fundament für Ihre Aktienanlage genügt ein Indexfonds auf einen **international orientierten Aktienindex**. Wir empfehlen Ihnen einen Indexfonds, der den MSCI World abbildet.

Dieser setzt sich aus mehr als **1.600 Einzelunternehmen** aus **23 Ländern** zusammen. Gut 66 Prozent der Unternehmen stammen

Beispiele: Rendite von Sparplänen über 15 Jahre (100 €) im Monat

Beginn	Ende	Endbetrag	Ø Rendite pro Jahr
1969	1984	43.534 €	10,95 %
1974	1989	60.447 €	14,78 %
1979	1994	36.639 €	8,91 %
1984	1999	58.814 €	14,46 %
1989	2004	27.125 €	5,25 %
1994	2009	18.727 €	0,52 %
2000	2015	32.220 €	7,36 %
2004	2019	38.930 €	9,63 %

Quelle: MSCI, Finanztip-Berechnung auf MSCI World Net abzüglich Verwaltungskosten.
(Stand: 7. Januar 2020).

aus den USA. Es handelt sich vor allem um große Konzerne wie Apple oder Microsoft, sogenannte Standardwerte, die global tätig sind.

In der untenstehenden Tabelle haben wir noch weitere Indizes zusammengestellt, die sich für das Fondssparen mit ETFs eignen. Wir empfehlen Einsteigern Indizes, die große Unternehmen aus mehreren Ländern und verschiedenen Branchen enthalten. Einzelne Länderindizes wie der **Deutsche Aktienindex (Dax) eignen sich nicht** als Grundbaustein für ein Depot.

Auch in nachhaltig ausgerichtete, weltweit streuende Aktienindizes können Sie investieren.

Infrage kommen zum Beispiel der **MSCI World Socially Responsible Index** (MSCI World SRI) und der **Dow Jones Sustainability Index World Enlarged**, der Schwellenländer mit einschließt.

▷ **Welcher Fonds ist für den Sparplan sinnvoll?**

Für den Weltaktienindex MSCI World oder gängige europäische Indizes gibt es Indexfonds von mehreren Anbietern. Der Index FTSE (All-World) wird vom Anbieter Vanguard nachgebaut. ETFs auf denselben Index unterscheiden sich nur geringfügig in der Wertentwicklung. Die Gebühren, die die Fondsgesellschaften für die Verwaltung der Fonds berechnen, bewegen sich je nach ETF zwischen 0,2 und 0,5 Prozent des Fondsvermögens pro Jahr. ETFs sind damit **deutlich günstiger als aktiv gemanagte Fonds** – also Fonds, bei denen sich ein Fonds-Mitarbeiter um die Zusammensetzung der enthaltenen Aktien kümmert und regelmäßig

Indizes für ETF-Sparpläne

Index-Name	Region	Firmen überwiegend aus …	Unternehmensgröße
MSCI World	weltweit	USA, Japan	große und mittlere Unternehmen
MSCI All Country World	weltweit	USA, Japan, etwa 11% Schwellenländer-Anteil	große und mittlere Unternehmen
FTSE Developed Index	weltweit	USA, Japan, Großbritannien, Frankreich	große und mittlere Unternehmen
FTSE All-World	weltweit	USA, Japan, China, Großbritannien	große und mittlere Unternehmen
Stoxx Europe 600	Europa	Großbritannien, Schweiz	große, mittlere und kleine Unternehmen
MSCI Europe	Europa	Großbritannien, Schweiz	große und mittlere Unternehmen

Quellen: MSCI, Stoxx (Stand: 22. Juli 2021).

Bestände austauscht. Dadurch sind die Verwaltungskosten höher als bei ETFs.

Für den Vermögensaufbau im Sparplan ist es besser, wenn die **Dividenden** eines ETFs **wieder angelegt** werden. Sparer profitieren dann von einem Zinseszinseffekt. Manche ETFs legen Dividenden automatisch wieder mit an (thesaurieren). Andere ETFs schütten die Dividende aus, die **Depotbank kümmert sich darum**, dass Dividenden gutgeschrieben werden.

Die ISIN ist die **Wertpapier-Identifikationsnummer** (englisch: International Securities Identification Number). Sie dient dazu, Indexfonds und andere Wertpapiere ohne Verwechslungsgefahr auszuwählen und zu kaufen. Manchmal finden Sie auch die WKN, die Wertpapierkennnummer, die demselben Zweck dient, aber etwas anders aussieht.

▷ Ansparen mit dem Weltaktienindex

Für den langfristigen Vermögensaufbau eignen sich besonders gut **thesaurierende** ETFs, da sie Dividenden wieder im Fondsvermögen anlegen und Sparer von einer Art **Zinseszinseffekt** profitieren.

Alternativ zum MSCI World können Sie auch mithilfe des etwas breiter gefassten **MSCI All Countries World Index** (MSCI ACWI) ansparen. Dieser Index umfasst rund 3.000 Aktien der größten Unternehmen aus Industrie- und Schwellenländern. Der Anteil der Schwellenländer liegt bei etwa 13 Prozent.

Eine weitere Alternative sind ETFs auf die weltweiten Indizes FTSE Developed und FTSE All-World. Auch sie sind sehr breit diversifiziert, sogar noch etwas breiter als ihre Gegenstücke von MSCI. Die Wertentwicklung war in den vergangenen Jahren ähnlich.

▷ Ansparen mit nachhaltigen Aktienindizes

Wenn Ihnen Umweltschutz und soziale Verantwortung bei Ihrer Geldanlage wichtig sind, können Sie monatlich auch in sogenannte **nachhaltige ETFs** ansparen. Mehr dazu online bei Finanztip unter:

 https://www.finanztip.de/ indexfonds-etf/ nachhaltige-geldanlagen/

▷ Ansparen mit europäischen Indizes

Im Weltaktienindex haben die Aktien US-amerikanischer Unternehmen ein großes Gewicht. Ihr Anteil macht mehr als die Hälfte des Indexwerts aus. Wer europäische Aktien etwas stärker gewichten will, kann ergänzend zum MSCI World auch noch einen europäischen Index besparen.

Mehr dazu online bei Finanztip unter:

 *https://www.finanztip.de/ indexfonds-etf/etf-europa/*

Wie starten Sie Ihren Sparplan?

Haben Sie sich für einen Depotanbieter und einen ETF entschieden, mit dem Sie ansparen wollen, müssen Sie zunächst das **Depot eröffnen**, sofern Sie noch keines haben. Dazu müssen Sie persönliche Daten in ein Online-Formular eingeben und sich anschließend per Post-Ident-Verfahren in einer Postfiliale legitimieren. Dabei kann es auch mal **zwei Wochen** dauern, bis Sie Zugang zu Ihrem Depot haben.

Sobald Sie sich einloggen können, suchen Sie in der Menüleiste nach dem Stichwort ETF-Sparplan. In der Regel genügt es dann, die Identifikationsnummer des ETFs anzugeben und das Sparintervall sowie die Sparrate festzulegen. Sie können häufig wählen, ob Ihr Sparplan am **1. oder 15. eines Monats** ausgeführt wird. Das bedeutet, die Depotbank kauft dann entweder zum Monatsbeginn oder zur Monatsmitte regelmäßig für Sie ETF-Anteile. Welcher Termin Ihnen lieber ist, könnte zum Beispiel davon abhängen, wann Ihr Gehalt auf Ihrem Konto eingeht und Sie in dem Moment besonders flüssig sind. Was den Kurs angeht, sollte das Ausführungsdatum am Ende keine Rolle spielen. Bei den meisten Depotanbietern wird der Betrag für Ihre Sparplanrate **vom Verrechnungskonto abgebucht, das zu Ihrem Depot gehört** - also nicht vom Girokonto bei Ihrer Hausbank. Sie sollten einen Dauerauftrag einrichten, der sicherstellt, dass das Geld rechtzeitig auf dem Verrechnungskonto landet. Planen Sie einen Puffer von mehreren Tagen ein und denken Sie daran, dass an Wochenenden und Feiertagen keine Buchungen ausgeführt werden. Alternativ erlauben aber einige Depotanbieter auch, dass Sie die Sparplanrate **direkt** vom Girokonto bei Ihrer Hausbank einziehen lassen können.

Bei fixen Gebühren und kleinen Raten: Zahlen Sie quartalsweise ein

Die meisten Sparer wählen eine **monatliche Rate**. Sie können jedoch auch einstellen, dass nur alle drei Monate – dann eine größere Summe – abgebucht wird. Dies ist vor allem dann sinnvoll, wenn Sie nur kleine Summen, zum Beispiel 50 Euro, monatlich ansparen können.

Denn falls Sie in einen Fonds einzahlen, bei dem fixe Gebühren fällig werden, fallen diese bei einer Zahlung pro Quartal weniger ins Gewicht. Ein Beispiel: Sie zahlen 50 Euro in den Fonds ein. Die Sparplanausführung kostet aber jedes Mal 1,50 Euro. Dann zahlen Sie stolze 3 Prozent der Anlagesumme an Gebühren – das ist vergleichsweise teuer und nicht zu empfehlen.

Sparen Sie dagegen 150 Euro an und zahlen dafür 1,50 Euro, liegen die Kosten mit 1 Prozent der Sparsumme im Rahmen. Die quartalsweise Abbuchung kann auch eine Möglichkeit sein, wenn Sie eine größere Summe in mehreren Etappen investieren wollen.

Was tun, wenn Ihr laufender Sparplan kostenpflichtig wird?

Kostet ein ETF bei einer Depotbank aktuell nichts, ist dies häufig nicht für immer so. Nach ein, zwei Jahren kann es passieren, dass die Depotbank die Aktion beendet.

Das liegt daran, dass in der Regel der ETF-Anbieter die Bankgebühren für Sparplan-Sparer für eine gewisse Zeit übernimmt. Er schafft dadurch einen **Anreiz, dass Verbraucher mit dem ETF-Sparen beginnen**. Aus Gründen der Wirtschaftlichkeit wird aber kein ETF-Anbieter dauerhaft Sparpläne subventionieren. Endet eine Aktion, verlangt die Bank oder der Broker die Gebühren dann wieder von den Kunden.

Als Sparer haben Sie in einem solchen Fall immer mehrere Möglichkeiten:
Einfach weiter sparen – Sie können den bestehenden Sparplan einfach weiter besparen. Die Gebühren verringern die Wertentwicklung pro Jahr um wenige Zehntel Prozentpunkte.

Sparplan aussetzen – Alternativ können Sie Ihren laufenden Sparplan auch immer aussetzen (pausieren) oder beenden (löschen) und beim gleichen Depotanbieter mit **einem anderen kostenlosen ETF** weiter sparen. Das Guthaben im ersten ETF-Sparplan bleibt einfach liegen und entwickelt sich wie eine Einmalanlage mit dem Markt weiter.

Depotanbieter wechseln – Hat Ihre Depotbank keine weiteren kostenlosen ETF-Sparpläne auf breit gestreute, thesaurierende ETFs im Angebot, können Sie auch bei einem anderen Anbieter ein kostenloses Depot eröffnen. Sie können Ihre ETF-Anteile vom ersten Sparplan beim ursprünglichen Depotanbieter liegen lassen – oder in der Regel kostenlos auf das neue Depot übertragen. Der neue Anbieter kümmert sich um den Depotübertrag, der einige Tage dauern kann; Sie müssen in der Regel nur ein Formular ausfüllen.

Wie Sie sich entscheiden, hängt von Ihren persönlichen Präferenzen ab. Es ist nicht jedermanns Sache, alle paar Jahre das Depot zu wechseln – selbst, wenn es nichts kostet. Wen die Gebühren aber allzu sehr ärgern, hat keine andere Wahl, als sich immer mal wieder umzusehen.

Konkrete Produktempfehlungen finden Sie unter:

 *www.finanztip.de/ indexfonds-etf/fondssparplan/*

4,1 MIO STEUERZAHLER ZAHLTEN 2019 DEN SPITZENSTEUERSATZ

Der Staat: Ein Monster, das uns durch Steuern auffrisst? Nein, das Gegenteil ist der Fall: Eine neue Ifo-Studie zeigt, dass die Steuer- und Abgabenbelastung für Familien mit Kindern, Alleinerziehende und Singles heute deutlich niedriger ist als vor 35 Jahren.

Na, das ist doch mal eine schöne Aufgabe, die es jetzt anzupacken gilt – besser werden die Voraussetzungen in absehbarer Zeit sicher nicht mehr ...

WISSEN IN BESTFOR[M]

Gründe: Sie profitieren stark von
» DER ANHEBUNG DES GRUNDFREIBETRAGES
» INFLATIONSBEDINGTEN STEUERTARIFANPASSUNGEN
» UND DEM FÜR 90% DER STEUERZAHLER ABGESCHAFFTEN SOLI.

Andererseits sind:
» SOZIALBEITRÄGE LEICHT GESTIEGEN
» UND MWST-ERHÖHUNG 2005
» EEG-UMLAGE DAZUGEKOMMEN.

Vater Staat fuhr aber nicht schlecht damit: Die Steuereinnahmen nahmen vor Corona trotzdem zu, weil die Gehälter infolge der guten Wirtschaftsentwicklung v. a. im letzten Jahrzehnt stiegen. Deutlich zeigt das der Spitzensteuersatz, der ab 56.000 € Jahresverdienst und damit schon ab dem 1,4-fachen des Durchschnittslohns greift: Ihn zahlten 2019 4,1 Mio. Steuerzahler – und das sind sicher nicht alles Spitzenverdiener.

Steuern & Abgaben
1984 → 2019

Alleinerziehende, 30.000 € Jahresgehalt:
25% → 20,3%

Familien mit Kindern, 50.000 € Jahresgehalt:
22,4% → 19,7%

Singles (Gutverdiener), 100.000 € Jahresgehalt:
48,7% → 38,6%

Quelle: HB, Ifo-Institut

2.3.3 Kapitallebensversicherung

» Versicherungen zum Sparen bringen wenig und kosten viel «

von Sara Zinnecker & Martin Klotz Stand: 29. April 2021
www.finanztip.de/lebensversicherung/kapitallebensversicherung/

Warum es Kritik gibt // Die kapitalbildende Lebensversicherung // Das Problem mit dem Garantiezins // Überschussbeteiligung über Jahre gesunken // Schlussüberschuss und Effektivkosten // Altverträge belasten Neukunden // Wo überall eine Lebensversicherung enthalten sein kann // Wenn Sie bereits eine Lebens- oder Rentenversicherung haben

Das Wichtigste in Kürze

- Bei der Kapitallebensversicherung sparen Sie vor allem fürs Alter. Gleichzeitig gehört zur Versicherung auch eine Auszahlung im Todesfall.
- Heutzutage wird dieser doppelte Schutz meist noch um eine Auszahlung des Kapitals als Rente ergänzt. Dann bekommen Sie eine private Rentenversicherung.
- Früher wurden die Beiträge für diese Verträge meist „klassisch" angelegt, also vor allem in Zinsprodukten wie Anleihen.
- Bei dem niedrigen Zinsniveau, das wir zurzeit haben, lohnen sich diese Verträge nicht mehr, der Garantiezins sinkt ab 2022 auf 0,25 Prozent.

So gehen Sie vor

- Neue Kapitallebens- oder Rentenversicherung lohnen sich heute kaum noch. Lassen Sie deshalb eher die Finger davon.
- Alte Verträge können allerdings noch richtig gut sein. Wenn Sie bereits eine Lebens- oder Rentenversicherung haben, kündigen Sie nicht überstürzt, sondern prüfen Sie eher einen Verkauf.

Lebens- und Rentenversicherungen sind noch immer die Standardprodukte der privaten Altersvorsorge in Deutschland. Laut Gesamtverband der Deutschen Versicherungswirtschaft (GDV) wurden im Jahr 2019 noch knapp 2,3 Millionen kapitalbildende Verträge neu abgeschlossen. Neben 1,4 Millionen Mischverträgen waren davon rund 250.000 fondsgebundene Lebens- oder Rentenversicherungen und immerhin auch noch etwa 700.000 sind klassische Verträge. Berater präsentieren sie gerne als **langfristige und sichere** Lösungen für die Altersvorsorge. Dabei steht die Lebensversicherung **laufend in der Kritik**.

Lebens- und Rentenversicherungen sollten Sie kritisch sehen

Regelmäßig bemängeln Verbraucherschützer wie der Bund der Versicherten (BdV) oder die Zeitschrift „Öko-Test", dass die Beteiligung der Versicherten an den Gewinnen, die die Lebensversicherer erwirtschaften, nicht transparent sei. Die Versicherungswirtschaft dementiert diese Vorwürfe und wirft der Gegenseite Falschaussagen vor.

Fakt ist aber, dass aufgrund der seit Jahren niedrigen Zinsen Lebensversicherungen immer **unrentabler** werden. Die Zahlen sprechen also gegen den Neuabschluss einer Renten- oder Lebensversicherung. Und das hat auch Konsequenzen: Mehr als jeder vierte Versicherte möchte oder kann kein Geld mehr in den Vertrag einzahlen und hat seine Lebensversicherung laut Map-Report des Analysehauses Franke und Bornberg deshalb beitragsfrei gestellt. Mehr dazu unter:

 https://www.finanztip.de/lebensversicherung/lv-beitragsfreistellung/

Die kapitalbildende Lebensversicherung

Klassische Lebens- und Rentenversicherungen sind eigentlich langfristige Sparprodukte, die meistens der **Altersvorsorge** dienen. Die Lebensversicherung beinhaltet immer auch einen Todesfallschutz – die Familie bekommt also Geld, sollte der Versicherte vor Ablauf sterben. Bei der Rentenversicherung kann dieser Schutz zusätzlich abgeschlossen werden. Während eine Lebensversicherung das Geld bei Ablauf auf einen Schlag ausbezahlt, gibt es das Geld bei einer Rentenversicherung typischerweise als lebenslange Rente.

Es gibt noch weitere Formen der Lebensversicherung, wie sogenannte fondsgebundene Lebens- und Rentenversicherungen, bei denen das Geld ganz oder teilweise in Investmentfonds angelegt wird. Wir **raten** von den meisten Produkten dieser Art aufgrund der hohen Kosten **ab**. Eine neuere Variante sind Indexpolicen. Mehr dazu unter:

 https://www.finanztip.de/lebensversicherung/lebensversicherung-indexpolice/

Auch Berufsunfähigkeits- und Risikolebensversicherungen zählen im weiteren Sinn zu den Lebensversicherungen. Bei diesen handelt es sich aber um sinnvolle Versicherungsprodukte, die Finanztip grundsätzlich empfiehlt.

Das Problem mit dem Garantiezins

Ein Verkaufsargument der Versicherungswirtschaft ist die Sicherheit der klassischen Policen. Jede Lebens- und Rentenversicherung hat ab Vertragsabschluss einen Garantiezins, der bis zum Vertragsende **unverändert** bestehen bleibt. Damit garantiert die Versicherung beim Abschluss also einen Wert, den die Lebensversicherung erreichen soll. Der Garantiezins, der eigentlich Höchstrechnungszins heißt, ist von der Politik **gedeckelt**. Seit Jahren befindet er sich im Sinkflug, es wurde sogar diskutiert, ihn abzuschaffen. Noch gibt es ihn: Seit Januar 2017 darf er höchstens 0,9 Prozent betragen. Für Verträge ab 2022 hat die Bundesregierung beschlossen, den Höchstrechnungszins sogar auf 0,25 Prozent zu senken.

Die Versicherungsbranche fordert die erneute Absenkung bereits seit 2019. Denn dadurch verringern sich die garantierten Renten, die Versicherer ihren Kunden zum Ende der Vertragslaufzeit versprechen müssen. Mit niedrigeren Garantiewerten lassen sich neue Verträge dann zwar schlechter verkaufen, doch den aktuellen Rechnungszins von 0,9 Prozent können die Versicherer im Niedrigzinsumfeld – nach Abzug der häufig hohen Vertragskosten – kaum noch erwirtschaften. Daher erlaubt die Gesetzesänderung des Bundesfinanzministeriums auch ausdrücklich, dass Versicherer den Garantiezins bereits vor dem 31. Dezember 2021 anpassen dürfen.

Die erneute Senkung des Höchstrechnungszinses sorgt dafür, dass klassische Verträge noch **unattraktiver** werden.

Ein weiterer Nachteil dieser Garantieverzinsung ist, dass sie nicht für den gesamten Beitrag gilt, den ein Versicherter bezahlt. Stattdessen verzinst die Versicherung nur den Sparanteil mit dem Garantiezins. Und der Sparanteil ist der übrig gebliebene Anteil, nachdem vom gesamten Beitrag die Abschlussprovision sowie Kosten für Verwaltung und Todesfallleistung abgezogen worden sind.

Allein die **Abschlussprovision** betrug in den vergangenen Jahren bei einem 30 Jahre laufenden Vertrag mit 100 Euro Monatsbeitrag **durchschnittlich 1.440 Euro**, verteilt auf fünf Jahre. Auf Druck des Gesetzgebers mussten die Versicherer die Abschlusskosten bereits senken. In den ersten fünf Jahren dürfen sie maximal 2,5 Prozent der Gesamtsumme aller Beiträge über die Laufzeit als Kosten abziehen. Dennoch betrug 2015 die

Abschlusskostenquote von Lebens- und Rentenversicherungen im Schnitt noch 4,9 Prozent. Zusätzlich fallen für die Verwaltung des Vertrags weitere Kosten an. Im Durchschnitt lagen diese in den vergangenen Jahren laut Map-Report des Analysehauses Franke und Bornberg bei etwa 2 Prozent pro Jahr. Dabei schwankt dieser Wert erheblich: Einige Unternehmen verlangen 0,8 Prozent, andere über 10 Prozent.

Was bleibt nach diesen Kosten effektiv an garantierter Rendite übrig? Die Ratingagentur Assekurata hat für 30 Lebensversicherer ausgerechnet, welche **effektive Beitragsrendite** sich 2019 bei neuen Verträgen nach Kosten ergibt: Von versprochenen 0,9 Prozent bleiben im Durchschnitt bei klassischen Rentenversicherungen nur **0,14 Prozent** übrig. Je nach Vertrag schlagen die Kosten noch deutlicher zu Buche. In der Untersuchung von Assekurata war bei einigen Versicherern die Beitragsrendite sogar negativ. Bei diesen Verträgen ist also nicht einmal der eingezahlte Beitrag garantiert – anders als bei Riester-Verträgen. Die Garantieverzinsung, oftmals eines der wichtigsten Argumente für die Lebensversicherung, fällt also effektiv sehr mager aus.

Punkten können einzig noch geförderte Altersvorsorgeverträge wie zum Beispiel die Riester-Rente oder eine betriebliche Altersvorsorge. Beide allerdings nur unter der Voraussetzung, dass Ihr Vertrag geringe Kosten hat und Sie besonders hohe Zuschüsse vom Staat oder Ihrem Arbeitgeber bekommen. Denn die Förderung ist ausschlaggebend dafür, dass sich Ihr Vertrag gut entwickelt.

Überschussbeteiligung über Jahre gesunken

Die Garantieverzinsung bestimmt, was der Lebensversicherer seinen Kunden mindestens auszahlen muss. Das alleine macht aber noch nicht die Rendite des Vertrages aus. Zusätzlich beteiligt das Unternehmen jeden Versicherten an den laufenden Gewinnen,

Laufende Verzinsung klassischer Renten- und Lebensversicherungen

Neuabschluss im Jahr	laufende Verzinsung bei Rentenversicherung	Laufende Verzinsung bei Lebensversicherung
2010	4,20 %	4,19 %
2011	4,07 %	4,07 %
2012	3,91 %	3,90 %
2013	3,61 %	3,58 %
2014	3,40 %	3,37 %
2015	2,54 %	2,52 %
2016	2,86 %	2,84 %
2017	2,61 %	2,59 %
2018	2,47 %	2,49 %
2019	2,46 %	2,47 %
2020	2,29 %	2,31 %
2021	2,13 %	2,12 %

Laufende Verzinsung ohne Schlussüberschuss und Beteiligung an Bewertungsreserven.
Quelle: Assekurata (Stand: März 2021).

die durch die Investments und Anlagen der Versicherung entstehen. Das nennt man Überschussbeteiligung. Garantiezins und Überschussbeteiligung zusammen ergeben die laufende Verzinsung des Sparanteils. Die laufende Verzinsung ist seit Jahren rückläufig.

Die Versicherer setzen die Überschussbeteiligung jedes Jahr neu fest. Laufende Überschüsse aus den vergangenen Jahren sind dabei grundsätzlich fest zugesagt und können nicht mehr gestrichen werden. Theoretisch kann der Lebensversicherer in bestimmten Jahren gar keine Überschüsse zuteilen und nur den Garantiezins zahlen.

Schlussüberschuss und Effektivkosten

Am Ende des Vertrags gibt es außerdem noch den Schlussüberschuss und eine Beteiligung an den Bewertungsreserven des Unternehmens. Der Schlussüberschuss trägt durchschnittlich 20 Prozent zur gesamten Rendite von Lebens- und Rentenversicherungen bei. Er ist jedoch **nicht garantiert**, sondern von der Situation des Unternehmens am Ende des Vertrags abhängig. Die Ratingagentur Assekurata hat für verschiedene Musterverträge in einer Hochrechnung die Gesamtverzinsung der Verträge errechnet – samt Schlussüberschuss. Demnach beträgt die Gesamtverzinsung einer klassischen Lebensversicherung oder Rentenversicherung gut 3 Prozent im Jahr 2019.

Die Kosten der Policen drücken die Rendite deutlich. Gäbe es keinen Abzug für Verwaltung und Abschluss, fiele die Gesamtverzinsung im Durchschnitt um 0,76 Prozentpunkte höher aus.

Altverträge belasten Neukunden

Das Hauptproblem für alle neuen Lebensversicherungskunden ist aber, dass die Versicherer viel Geld in die Hand nehmen müssen für die bereits bestehenden **Altverträge mit hohen Garantieverzinsungen**, also zum Beispiel aus den Jahren 1994 bis 1999. Damals haben die Versicherer noch 4 Prozent garantiert. Und diese Garantie müssen sie heute noch erfüllen, zu Lasten der Versicherten mit niedrigeren Garantien.

Assekurata hat ermittelt, dass die Anbieter 2018 für alle Verträge zusammengenommen eine durchschnittliche Garantieverzinsung von 2,75 Prozent aufbringen mussten – das ist viel mehr als die garantierten 0,9 Prozent, die Neukunden versprochen wurden. Knapp die Hälfte aller Verträge hat einen Garantiezins von mindestens 3 Prozent.

Damit die Lebensversicherungen auch in Zukunft ihre Garantien erfüllen können, hat ihnen der Gesetzgeber die sogenannte Zinszusatzreserve auferlegt. Die Versicherer müssen diese Rücklage bilden, weil sie auch in den kommenden Jahren die hohen versprochenen Zinsen wahrscheinlich aus dem laufenden Geschäft nicht finanzieren können. Seit 2011 haben die Versicherungen etwa 65 Milliarden Euro in dieser Reserve zurückgelegt.

Dieses Geld brauchen sie vor allem, um die hoch verzinsten Altverträge bedienen zu können. Seit 2020 müssen alle Verträge mit einem Garantiezins von 1,73 Prozent oder höher aus dem Topf bezuschusst werden. Das schmälert die Aussichten für die Überschussbeteiligung für Neuverträge. Denn das Geld, das der Versicherer erwirtschaftet, fließt erstmal in die Zinszusatzreserve.

Auch der Rentenfaktor sinkt

Doch all diese Aspekte beziehen sich nur auf das Guthaben, das am Ende Ihren Vertragswert ausmacht. Wenn Sie sich für eine monatliche Rente entscheiden, spielt auch der Rentenfaktor eine entscheidende Rolle. Er gibt an, wie viel Ihnen der Versicherer aus Ihrem Vertrag auch wirklich auszahlt.

Seit Jahren sinkt der Rentenfaktor für neue Verträge ebenfalls. Das macht Lebens- und Rentenversicherungen im Vergleich zu früher noch unattraktiver.

Wo überall eine Lebensversicherung enthalten sein kann

Die Lebensversicherung steckt in vielen Verträgen, die oft für die Altersvorsorge abgeschlossen werden.

Direktversicherung oder Pensionskasse – Dies sind Formen der betrieblichen Altersvorsorge, hinter denen sich vor allem eine klassische Rentenversicherung verbergen kann. Eine Direktversicherung ist vor allem bei kleinen Unternehmen gängig. Die betriebliche Altersvorsorge kann durch die Förderung attraktiv sein, wenn der Arbeitgeber etwas dazu zahlt. Trotzdem sollten Sie genau prüfen, ob sich die Anlage in einer Rentenversicherung lohnt – und gegebenenfalls bei Ihrem Chef nach einer Alternative fragen.

Riester-Rentenversicherung – Sehr viele Riester-Verträge sind ebenfalls Rentenversicherungen, mit der dazugehörigen Förderung. Gerade hier fressen die Versicherungskosten einen großen Teil der Förderung wieder auf, was sich in einer niedrigeren durchschnittlichen Verzinsung niederschlägt, als oben beschrieben. Aber wenn Sie auf niedrige Kosten achten, gibt es durchaus auch gute Riester-Versicherungen.

Machen Sie sich aber unbedingt vorher schlau, welche andere Formen des Riesterns es gibt und welche am besten zu Ihnen passt (siehe „2.2.1 Riester-Rente" auf Seite 302).

Rürup-Rente – Die Rürup-Rente ist grundsätzlich für Selbstständige und Besserverdienende gedacht, als Ergänzung zur gesetzlichen Rente oder zu Ansprüchen aus einem Versorgungswerk. Sie ist grundsätzlich eine sehr rigide und unflexible Form der Altersvorsorge, deren Abschluss mit Vorsicht zu genießen ist und die nur bei bestimmten steuerlichen Konstellationen sinnvoll ist. Ob Sie dann die Form einer klassischen Rentenversicherung wählen sollten, müssen Sie prüfen.

Rente gegen Einmalbetrag (Sofortrente) – Dabei handelt es sich um eine spezielle Rentenversicherung, in die der Versicherte einen (hohen) einmaligen Betrag einbezahlt, der dann sofort in eine lebenslange Rente umgewandelt wird. Ein solcher Vertrag kann sinnvoll sein, wenn Sie darauf hoffen, sehr alt zu werden und sich dagegen absichern wollen, dass Ihnen im hohen Alter das Geld ausgeht.

Wie bei allen lebenslangen Renten lohnt sich diese Versicherung nur, wenn Sie deutlich älter werden als der Durchschnitt. Auch hier gilt es, stark auf die Kosten zu achten.

Wenn Sie bereits eine Lebens- oder Rentenversicherung haben

Kündigen Sie nicht vorschnell den bestehenden Vertrag. Die Finanztip-Warnung vor Lebens- und Rentenversicherungen bezieht sich ja auf neue Verträge. Für einen bestehenden Vertrag gelten andere Regeln: **Prüfen Sie in Ruhe**, ob der Vertrag zu Ihnen passt und sich für Sie rechnet. Viele alte Verträge haben hohe Garantiezinsen und sind heute eine sehr gute Geldanlage.

Wenn die Beiträge zu hoch sind, können Sie diese reduzieren oder den Vertrag ganz beitragsfrei stellen. Prüfen Sie aber, ob nicht eine Berufsunfähigkeits-Zusatzversicherung am Vertrag dranhängt und dadurch in Gefahr gerät.

Bevor Sie kündigen, sollten Sie immer versuchen, Ihre Lebensversicherung zu verkaufen. Sie haben damit die Chance, einen höheren Wert zu erzielen als durch das Kündigen. Außerdem können Sie eine Beleihung in Erwägung ziehen. Mehr dazu:

 https://www.finanztip.de/ lebensversicherung/ lebensversicherung-beleihen/

Eine Kündigung kommt vor allem infrage, wenn der Vertrag erst wenige Monate oder Jahre alt ist und Sie sich über den Abschluss ärgern, zum Beispiel, weil ein Vermittler Sie dazu gedrängt hat. Denn dann können Sie durch Kündigen immerhin einen Teil der Abschlussprovision vermeiden, da diese meistens über die ersten fünf Jahre verteilt wird. Anders gesagt: In den ersten fünf Jahren sind die Kosten bei einer Lebens- oder Rentenversicherung besonders hoch. Mehr dazu unter:

 https://www.finanztip.de/ lebensversicherung/ lebensversicherung-kuendigen/

In den **Großstädten** haben sich die **Immobilienpreise** in den letzten 10 Jahren teils mehr als **verdoppelt**. Neu ist aber, dass das jetzt auch auf dem flachen **Land** passiert – und dort auch die Bevölkerungszahlen durch den **Zuzug** junger Familien wieder ansteigen.

FOLGE: HIER STIEGEN DIE PREISE TEILS STÄRKER ALS IN DEN SPECKGÜRTELN UND IN DEN GROSSSTÄDTEN SELBST, TEILS UM MEHR ALS 50%.

50% MEHR PREISANSTIEG ALS IN DEN GROSSSTÄDTEN

Gründe für diese Entwicklung:

» **HOHE KOSTEN** IN DEN METROPOLEN UND VORORTEN

» ENTSTEHEN VIELER **ARBEITSPLÄTZE** IN LÄNDLICHEN RÄUMEN

» **HOMEOFFICE**, DENN BÜROTÄTIGKEITEN LASSEN SICH GUT AUCH AUF DEM LAND ERLEDIGEN

» INTERNET-/**GLASFASERAUSBAU**

jwd

Bedeutungen:
[1] umgangssprachlich, scherzhaft: berlinisch *"janz weit draußen"*
–> ganz weit draußen, vor der Stadt.
[2] *"Jetzt wird's deuer."*

JWD

Janz weit draussen
Hier wird's auch teuer.

FAUSTREGEL: FÜR NIEDRIGERE IMMOBILIENPREISE MINDESTENS EINE STUNDE FAHRZEIT IN DIE NÄCHSTE METROPOLE

Weil die Preise für Baumaterial vor allem Neubauten stark verteuern, werden **Bestandsimmobilien** nochmals attraktiver, von denen es genug gibt, auch wenn diese oft **renovierungsbedürftig** sind.
Für die **Umwelt** ist es auch besser, wenn die dort bereits investierte „graue Energie" durch Sanierung wieder genutzt wird. Wer diesen Aufwand und die bei Altbauten fast sicheren „Überraschungen" in Kauf nimmt, kann auf dem flachen Land noch **günstige** Immobilien finden.

Quelle: FAZ, Empirica, HB

Wissen in Bestform

2.3.4 Private Rentenversicherung

» Monatliche Zahlungen bis ans Lebensende «

von Annika Krempel Stand: 31. Mai 2021
www.finanztip.de/private-rentenversicherung/

Welche Angebote es gibt // Zwei Varianten: Aufgeschobene Rente oder Sofortrente // So wird die Rentenversicherung ausgezahlt // Der Rentenfaktor bestimmt die Höhe // So funktioniert die klassische Rentenversicherung // Die neue Klassik hat einen höheren Aktienanteil // So funktioniert die fondsgebundene Rentenversicherung // So funktioniert die Sofortrente

Früher war sie einmal der Standard für die Altersvorsorge: die private Rentenversicherung. Auch heute werden jedes Jahr noch viele Verträge verkauft. Doch die Palette der Angebote ist vielfältiger geworden. Aber **nur in den wenigsten Fällen** eignet sich eine Versicherung tatsächlich für einen finanziell entspannten Lebensabend.

Welche Angebote es gibt

Neben klassischen Produkten, die sicher anlegen und eine garantierte Rendite versprechen, werden heute meist Rentenversicherungen der „neuen Klassik" verkauft, die einen größeren Aktienanteil enthalten. Versicherungen stellen damit in Zeiten niedriger Zinsen weiterhin die Chance auf Rendite in Aussicht.

Das Wichtigste in Kürze

- Private Rentenversicherungen zahlen bis zum Lebensende einen monatlichen Betrag an den Versicherten aus. Damit galten sie lange als Grundpfeiler der privaten Altersvorsorge.
- Sie kommen in Varianten daher: als klassischer, fondsgebundener oder Vertrag der „neuen Klassik".
- Die meisten Verträge lohnen sich derzeit nicht wegen **hoher Kosten** und gleichzeitig **geringer Rendite**. Lediglich als Riester-, Rürup oder betriebliche Altersvorsorge kann ein Abschluss sinnvoll sein.
- Für die Altersvorsorge gibt es Alternativen.

Die Rentenversicherung soll eine Absicherung gegen „langes Leben" sein, wie es die Versicherungswirtschaft formuliert. Mit lebenslangen Rentenzahlungen will sie dafür sorgen, dass auch im Alter das Geld nicht knapp wird – egal, wie lange jemand lebt.

Finanztip rät in den meisten Fällen davon ab, derzeit eine Rentenversicherung für die Altersvorsorge zu wählen. Wegen hoher Kosten und geringer Rendite lohnt sich das kaum. Lediglich in der geförderten Variante, als Riester- beziehungsweise Rürup-Vertrag oder als betriebliche Altersvorsorge, kann eine Form der privaten Rentenversicherung sinnvoll sein. Zum Sparen für das Alter sind aber meistens andere Alternativen besser (siehe 2.1.1).

Zwei Varianten: Aufgeschobene Rente oder Sofortrente

Die Rentenversicherung ist eigentlich eine Variante der Lebensversicherung. Doch während es bei jeder Form der Lebensversicherung eine Gesundheitsprüfung gibt, braucht es das für den Abschluss einer privaten Rentenversicherung nicht. Das liegt daran, dass sich die Geschäftsmodelle unterscheiden. Bei der Lebensversicherung muss die Versicherung zahlen, sobald der Versicherte stirbt. Gegen einen frühen Tod und damit gegen frühzeitige Zahlungen will sich die Versicherung deshalb mit einer Gesundheitsprüfung absichern.

Bei einer Rentenversicherung haben die Versicherer dagegen einen Vorteil, wenn der Versicherte früh stirbt. Schließlich müssen sie dann viel kürzer die vereinbarte Rente auszahlen. Was dadurch an Geld übrig bleibt, können sie stattdessen dafür verwenden, das lange Leben der anderen Versicherten zu finanzieren. Das ist der Versicherungsaspekt der privaten Rentenversicherung.

Aus diesem Grund ist die Rentenversicherung kein geeignetes Produkt, um Hinterbliebene zu versorgen. Allerdings lässt sich in viele Verträge gegen Aufpreis ein solcher Schutz einbauen: die sogenannte **Rentengarantiezeit**. Erhält der Versicherte bereits Rente und stirbt innerhalb der Garantiezeit, zum Beispiel schon nach drei Jahren, dann bekommen seine Angehörigen für den Rest der Rentengarantiezeit weiterhin Geld von der Versicherung. Stirbt der Versicherte während der Ansparphase, erhalten die Hinterbliebenen meist das bisher angesparte Kapital ausgezahlt.

Grundsätzlich gibt es zwei verschiedene Formen der privaten Rentenversicherung. Bei der **„aufgeschobenen Rentenversicherung"** zahlt der Versicherte über Jahre regelmäßig Beiträge ein. Das angesparte Kapital gibt die Versicherung ab dem vereinbarten Rentenbeginn als monatliche Rente aus. In welcher Form das angesparte Kapital Rendite erwirtschaften soll, unterscheidet sich je nachdem, ob der Vertrag eine klassische Rentenversicherung, eine fondsgebundene Rentenversicherung oder eine der vielen Varianten der neuen Klassik ist.

Die zweite Grundform ist die **Sofortrente**. Statt über Jahre Kapital anzusparen, zahlt der Versicherte einmal einen hohen Betrag ein – die Einmaleinlage. Dieses Geld verrentet die Versicherung sofort, sie beginnt also meist unverzüglich damit, es wieder als monatlichen Betrag auszuzahlen. Es ist aber auch möglich, die Rente noch etwas aufzuschieben und erst nach einigen Jahren mit der Rentenzahlung zu starten.

So wird die Rentenversicherung ausgezahlt

Bei der aufgeschobenen Rente kann der Versicherte wählen, ob er sich das angesparte Kapital als lebenslange Rente auszahlen lässt oder ob er sein Kapitalwahlrecht nutzt. Letzteres bedeutet, dass er das Geld auf einen Schlag bekommt. Aber Achtung: Eine Rentenzahlung ist in aller Regel steuerlich günstiger als eine Auszahlung auf einen Schlag.

Wer sich für die Rentenzahlung entscheidet, die sogenannte Leibrente, kann oft zwischen einer dynamischen und einer konstanten Rente wählen. Bei der konstanten Rente soll die Zahlung während der gesamten Rentenphase gleich hoch bleiben. In die Rentenhöhe wird bereits eine prognostizierte Überschussbeteiligung für die gesamte Rentenzeit einberechnet. Treten die Erwartungen nicht ein, ist es möglich, dass die Rente gesenkt wird. Die konstante Rente verliert durch die Inflation mit der Zeit an Wert.

Die dynamische Rente fällt zum Rentenbeginn etwas niedriger aus als die konstante Rente. Allerdings steigt sie mit der Zeit an, sofern es die erwirtschafteten Überschüsse der Versicherung zulassen. Gesenkt werden kann die Rente nicht mehr. Aufgrund der Anpassung verliert die Rente durch die Inflation weniger an Wert. Sie lohnt sich vor allem, wenn jemand sehr alt wird.

Eine Mischform der beiden Auszahl-Varianten ist die teildynamische Rente. Ein Teil der Überschüsse ist dabei dynamisch und kann nicht abgesenkt werden. Ein anderer Teil wird vor Rentenbeginn hochgerechnet und kann wieder gesenkt werden, falls die Überschüsse nicht zur Finanzierung ausreichen.

Der Rentenfaktor bestimmt die Höhe

Wie hoch genau die Rente ausfallen wird, bestimmt der sogenannte Rentenfaktor. Er ist ein **Umrechnungswert** für das angesparte Kapital in monatliche Rente. Zum Beispiel kann der Rentenfaktor 30 betragen. Das bedeutet, dass 10.000 Euro Kapital eine monatliche Rente von 30 Euro ergeben. Wer 100.000 Euro angespart hat, bekäme in diesem Fall eine monatliche Rente von 300 Euro.

Klassische Rentenversicherung – Beim Abschluss einer klassischen Rentenversicherung garantiert der Anbieter eine Mindestrente im Alter. Diese Mindestrente errechnet sich aus dem garantierten Kapital, dementsprechend gibt es für diesen Teil der zukünftigen Rente einen Rentenfaktor, der bereits beim Vertragsabschluss feststeht. Doch die Rentenhöhe ergibt sich auch aus nicht garantierten Überschüssen. Der Rentenfaktor dafür wird erst zu Beginn der Rentenzahlung festgelegt.

Fondspolicen oder neue Klassik – Bei Verträgen, die nicht ein bestimmtes Kapital zum Rentenbeginn garantieren, gibt es auch keine garantierte Mindestrente. Oft nennt der Versicherer dennoch einen Rentenfaktor in den Versicherungsunterlagen. Diesen kann er allerdings während der Ansparphase verändern. Je nach Versicherungsbedingungen ist das mehr oder weniger kompliziert. Wirklich festgelegt ist der Faktor erst bei Rentenbeginn.

So funktioniert die klassische Rentenversicherung

Klassische Rentenversicherungen kämpfen genauso wie Kapital-Lebensversicherungen, die bei der Rendite ähnlich funktionieren, mit den niedrigen Zinsen. Ab dem Jahr 2022 sinkt der Höchstrechnungszins nach einem Beschluss der Bundesregierung auf 0,25 Prozent. Aktuell beträgt er seit 2017 0,9 Prozent. Damit ist Folgendes gemeint: Beim Abschluss verspricht die Versicherung, den Anteil des Beitrags, der nicht für Kosten oder Risikoschutz verwendet wird, mit einem **Garantiezins** zu verzinsen. Der darf höchstens dem vom Gesetzgeber vorgegebenen Höchstrechnungszins entsprechen, also 0,9 Prozent.

Laut der Branchen-Ratingagentur Assekurata liegt der Sparanteil des Beitrags typischerweise zwischen 80 und 90 Prozent. Von 100 Euro Einzahlung spart der Versicherte also nur 80 oder 90 Euro an, der Rest geht zum Beispiel für Provisionen oder die Verwaltung drauf. Nur die 80 oder 90 Euro werden mit dem Garantiezins vermehrt.

Rechnet man den Garantiezins von 0,9 Prozent um auf den insgesamt eingezahlten Beitrag, also die vollen 100 Euro, bleibt effektiv im Schnitt **nur 0,1 Prozent garantierte Rendite** übrig, wie Assekurata ermittelte. Bei elf der untersuchten Anbieter von Rentenversicherungen mit Start im Jahr 2017 war die Beitragsrendite sogar negativ, garantierte die Versicherung also nicht einmal den eingezahlten Beitrag. Tatsächlich zahlen die Versicherungen aber mehr Rendite an ihre Versicherten aus. Diese kommt von Überschüssen, die die Anbieter mit ihrer Geldanlage erwirtschaften. Die Höhe nimmt allerdings seit Jahren ab.

Laufende Verzinsung klassischer Rentenversicherungen

bei Neuabschluss	laufende Verzinsung im Jahr
2010	4,20 %
2011	4,07 %
2012	3,91 %
2013	3,61 %
2014	3,40 %
2015	2,54 %
2016	2,86 %
2017	2,61 %
2018	2,47 %
2019	2,46 %
2020	2,29 %
2021	2,13 %

Laufende Verzinsung ohne Schlussüberschuss und Beteiligung an Bewertungsreserven.
Quelle: Assekurata (Stand: März 2021).

Die Verzinsung könnte etwas höher sein, wenn die **Kosten** der Verträge nicht so hoch wären. Laut Assekurata senken die Kosten im Schnitt die Rendite um etwa 0,8 Prozentpunkte. Größere Unternehmen tendieren zu höheren Kosten als kleine. Wegen der hohen Kosten und der niedrigen Rendite ist derzeit der Abschluss einer klassischen privaten Rentenversicherung nicht zu empfehlen.

Die neue Klassik hat einen höheren Aktienanteil

Verträge der **„neuen Klassik"** sollen eine Lösung für das Zinsdilemma liefern. Einige Anbieter haben keine klassischen Rentenversicherungen mehr im Programm, sie bieten nur noch die neuen Modelle an. Sie können höhere Renditechancen versprechen, indem sie die **Garantien verringern**. Garantien kosten nämlich Rendite.

Je mehr eine Versicherung garantieren muss, desto mehr Geld investiert sie in sichere Anlagen. Sichere Anlagen bringen meist aber nur wenig Zinsen. Sind die Garantien niedriger, kann sie dagegen auch mehr in Aktien oder andere Anlageformen investieren, deren Risiko von Verlusten, aber auch deren Chance auf Gewinn höher ist.

Die Produkte sind in der neuen Klassik sehr unterschiedlich. Allen gemein ist, dass sie weiterhin einen **Rückkaufswert** und eine lebenslange Rente garantieren. Je nach Vertrag liegt der Garantiezins manchmal bei weniger als 0,9 Prozent, oftmals sogar bei 0. Der Zins in der Rentenphase, mit dem das angesparte Kapital weiterhin verzinst wird, kann sich von dem in der Ansparphase unterscheiden.

Einige Verträge garantieren den Erhalt der eingezahlten Beiträge, andere fordern dafür eine Mindestlaufzeit, wieder andere garantieren dies gar nicht. Genauso verhält es sich mit einer Garantie, dass zum Rentenbeginn ein Mindestkapital angespart ist – manche Anbieter garantieren es, andere nicht. Außerdem haben nur wenige Verträge einen garantierten Rentenfaktor.

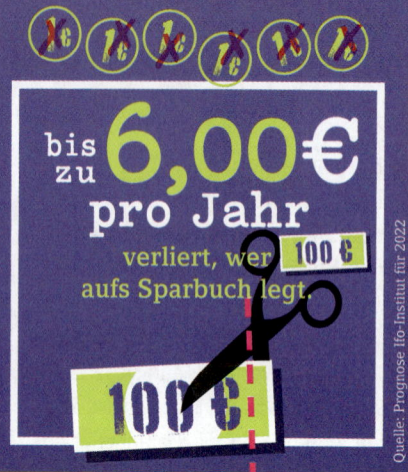

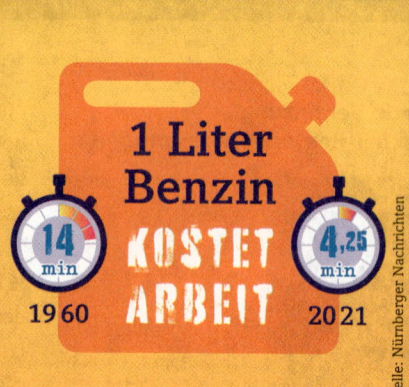

bis zu 6,00€
pro Jahr
verliert, wer 100 €
aufs Sparbuch legt.
100 €
Quelle: Prognose Ifo-Institut für 2022

1 Liter
Benzin
KOSTET
ARBEIT
14 min
1960
4,25 min
2021
Quelle: Nürnberger Nachrichten

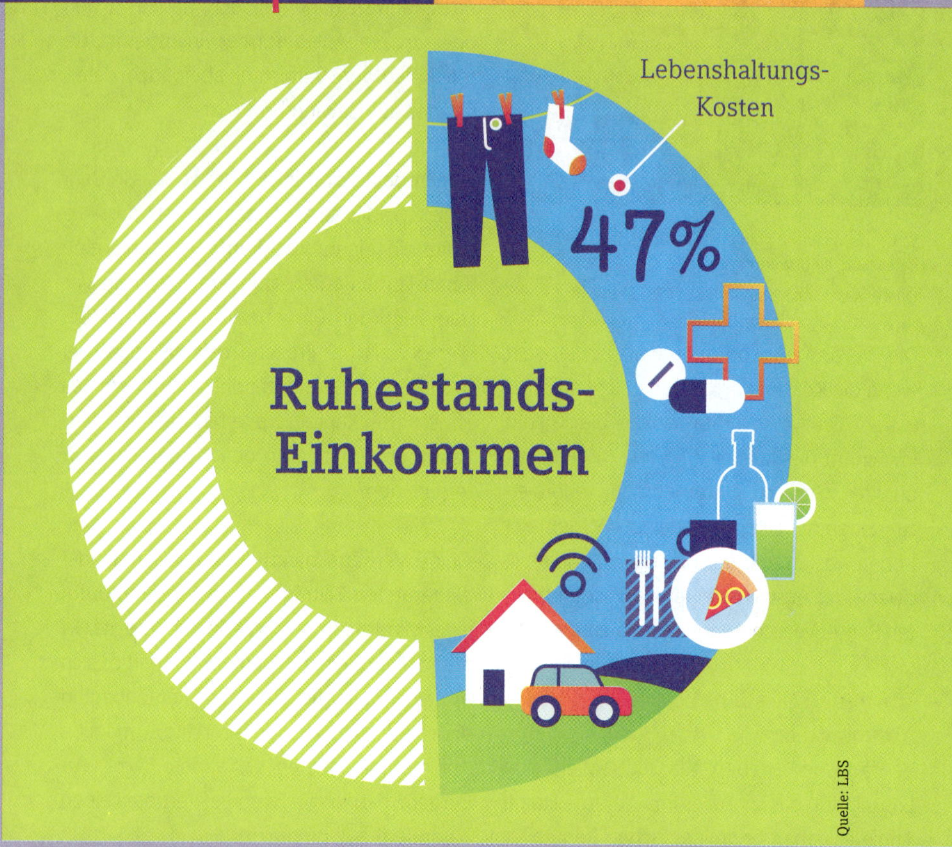
Lebenshaltungs-
Kosten
47%
Ruhestands-
Einkommen
Quelle: LBS

Durch diese Produktvielfalt fällt es schwer, Verträge zu vergleichen. Assekurata hat dennoch eine durchschnittliche laufende Verzinsung errechnet, die sich aus dem Garantiezins und den Überschüssen ergibt: Sie liegt 2017 mit 2,44 Prozent sogar unter der laufenden Verzinsung der klassischen Rentenversicherung, die 2,61 Prozent beträgt. Auch bei den Kosten schneidet die neue Klassik schlechter ab. Durchschnittlich verringern die Anbieter die Rendite um 1,02 Prozentpunkte. Damit sind sie sogar ein Viertel teurer als klassische Produkte.

▷ Index-Rentenversicherung

Eine weitere Spielart der neuen Klassik ist die sogenannte **Indexpolice**. Auch dabei investieren die Versicherungen in Aktienfonds. Dem Versicherten garantieren sie den Erhalt seiner Beiträge, aber nicht die Verzinsung.

Allerdings steckt nur ein kleiner Teil des Beitrags in Aktien. Zusätzlich ist der mögliche Gewinn pro Jahr begrenzt, während die Verluste des Fonds voll vom Versicherten zu tragen sind. Die Rendite-Aussicht der Indexpolicen ist schwer einzuschätzen, denn die Deckelung des möglichen Gewinns kann jedes Jahr neu justiert werden. Eine kleine Veränderung daran hat aber bereits große Auswirkungen auf den Gewinn des Jahres. Hohe Kosten für Vertrieb und Verwaltung schmälern die Rendite zusätzlich.

Bei Indexpolicen sowie anderen Verträgen in der neuen Klassik gilt: Wie sich die Rendite tatsächlich in Zukunft entwickelt, hängt maßgeblich von den Investments der Versicherung ab. Oft sind Investment- oder Indexfonds vorgeschrieben, in denen das Geld angelegt wird. Fest steht: Je weniger Garantien die Versicherung gibt, desto eher liegt das Risiko beim Versicherten.

So funktioniert die fondsgebundene Rentenversicherung

Fondsgebundene Rentenversicherungen bieten Versicherer typischerweise Kunden an, die Geld übrig haben und investieren wollen. Denn **Fondspolicen** haben üblicherweise keine Garantien, dadurch sind hohe Verluste möglich.

Die fondsgebundene Rentenversicherung ist ein Fondssparplan im Mantel einer Versicherung. Die Beiträge werden in Aktien-, Renten- oder Immobilienfonds investiert. Die Wertentwicklung der Versicherung richtet sich entsprechend nach der Wertentwicklung der Fonds. Stehen die Aktien zum Rentenstart schlecht, gibt es auch nur wenig Rente. Da dies nicht vorhersehbar ist, gibt es in der Regel keine garantierte Rentenhöhe, meist nur eine prognostizierte.

Wer sich entscheidet, einen Vertrag abzuschließen, muss gute Nerven haben, denn der Wert der Police kann auch mal ins Minus drehen. Am ehesten lohnt sich die fondsgebundene Rentenversicherung daher für junge Menschen, die mit einem langen Anlagehorizont Marktschwankungen aussitzen können. Provisionen und Verwaltung sind meist teuer, daher ist es sinnvoll, solche Verträge ausschließlich als **Nettopolice** abzuschließen.

So funktioniert die Sofortrente

Wer einen größeren Batzen Geld übrig hat und für das Alter vorsorgen möchte, kann dies mit einer Sofortrente tun. Sinnvoll ist das vor allem für ältere Menschen, deren Lebensstandard durch monatliche Zahlungen etwa aus der gesetzlichen Rentenversicherung oder einer anderen lebenslangen Versorgung noch nicht gesichert ist.

Die Sofortrente eignet sich vor allem für **fitte Senioren**, die erwarten, noch lange zu leben – so dass sich die lebenslange Rente auszahlt. Die Höhe der Auszahlung hängt natürlich von der Summe der Einmalanlage ab. Die Versicherung rechnet diese um in eine lebenslang garantierte Mindestrente. Zusätzlich werden Überschüsse ausgezahlt. Diese stehen aber nicht fest und sind nicht garantiert.

Mehr Rente, länger leben!

Besserverdienende leben durchschnittlich 5 Jahre länger als gleichaltrige männliche Arbeitnehmer mit niedrigerem Lebenseinkommen (Stand 2016) – laut Statistik. 1997 betrug der Unterschied noch 3 Jahre.

Somit werden **hohe Renten** als Folge eines hohen Lebenseinkommens im Schnitt auch **länger** ausbezahlt.

In allen Einkommensschichten ist die Lebenserwartung gestiegen. In den unteren um ca. 1,8 Jahre – in den oberen fast doppelt so viel.

Quelle: DIW Berlin

ERBSCHAFTEN IN DEUTSCHLAND

Vererbt p. a.: ca. 200-400 Mrd. €

Davon ca.:
- 45% als GELDVERMÖGEN (BANKGUTHABEN, WERTPAPIERE, BARGELD),
- 42% als IMMOBILIENVERMÖGEN
- ca. 13% als SACHWERTE (GOLD, TEPPICHE ETC.)

Im Durchschnitt vererbt
- DAS ÄRMSTE FÜNFTEL DER DEUTSCHEN: CA. 10.000 €
- DAS REICHSTE FÜNFTEL DER DEUTSCHEN: CA. 220.000 €,
- DER MEDIAN LIEGT BEI: 71.500 €.
- ETWA BEI JEDER 50. ERBSCHAFT LIEGT DAS ERBE: ÜBER 1 MIO. €

Erbschaftsteueraufkommen p. a. insgesamt: 7 Mrd. € (Stand 2019).

Daher sollten alle, die etwas zu vererben haben, sich **v o r** dem Gang zum Notar unbedingt steuerlich beraten lassen – sonst kann das sehr teuer werden.

Quelle: FAZ, BMF, Destatis, HB

nur **0,87 Prozent** des gesamten Steueraufkommens entfällt auf die **Erbschaftsteuer**.

(Anteil an allen Steuereinnahmen von Bund, Ländern und Kommunen im Jahr 2019)

SmartKnowHow

2.4.1 Mieten oder Kaufen

» Lohnen sich die eigenen vier Wände? «

von Dirk Eilinghoff Stand: 16. September 2020
www.finanztip.de/baufinanzierung/mieten-oder-kaufen/

Was Sie vorab bedenken sollten // Mieten oder kaufen: Das ist eine Typfrage // Der Vergleich von Miete und Bankrate ist trügerisch // Berechnen Sie das Kaufpreis-Miete-Verhältnis // Stadt und Land entwickeln sich unterschiedlich // Der langfristige Vermögensvergleich zählt // Die Entwicklung der Preise bestimmt das Ergebnis // Fazit: Kaufen hat Vorteile, aber auch der Mieter kann vorne liegen

 Das Wichtigste in Kürze
- Ob Mieten oder Kaufen die bessere Lösung für Sie ist, hängt vor allem davon ab, wie sich die Immobilienpreise und Mieten weiter entwickeln.
- Die Finanztip-Analyse zeigt: Sie sollen kaufen, wenn Sie eine günstige Immobilie finden, und die Immobilienpreise weiter steigen.
- Als Mieter stehen Sie nur dann gut da, wenn Sie Geld zur Seite legen und auf eine breit gestreute Anlage in Aktien setzen.

 So gehen Sie vor
- Lassen Sie sich von Immobilienverkäufern, Maklern und Bauträgern nicht einreden, Kaufen sei in jedem Fall besser als Mieten.
- Wann Sie besser Mieter bleiben, erfahren Sie in diesem Ratgeber.
- Haben Sie ein passendes Angebot gefunden, so lassen Sie sich von einem der großen Kreditvermittler beraten. Welche Finanztip empfiehlt, finden Sie online unter:

 https://www.finanztip.de/baufinanzierung/

Mieten oder kaufen? Steigende Mieten und niedrige Hypothekenzinsen haben in den vergangenen Jahren dafür gesorgt, dass immer mehr Menschen bei **der Altersvorsorge** als Erstes an Immobilien denken. Gerade Menschen, die zur Miete wohnen, stellen sich diese Frage jeden Monat beim Blick auf den Kontoauszug. Denn die Kosten für die Wohnung verschlingen den größten Teil des Haushaltsbudgets. Da liegt der Gedanke nahe, das Geld nicht an den Vermieter zu überweisen, sondern für den **Vermögensaufbau** in Form der eigenen vier Wände zu nutzen.

Was Sie vorab bedenken sollten

Die **Immobilienpreise** in vielen Städten und Regionen Deutschlands sind in den vergangenen Jahren deutlich **angestiegen**: In den sieben größten Städten haben sich die Preise für Wohnimmobilien zwischen 2010 und Ende 2018 fast verdoppelt. Selbst Menschen mit mittleren und gehobenen Einkommen können ihre Wohnträume nicht mehr verwirklichen. Wer dagegen auf dem Land oder in einer kleineren Stadt noch ein günstiges Angebot findet, stellt sich die Frage, ob sich der Kauf einer Immobilie langfristig rechnet.

Ob Mieten oder Kaufen einer Wohnung oder eines Hauses für Sie besser ist, hängt nicht nur von Ihrer aktuellen Monatsmiete und der Höhe der Immobilienzinsen ab. Vielmehr spielt eine Reihe weiterer Faktoren eine Rolle. Manche – wie die Verzinsung Ihres Eigenkapitals – lassen sich in harten Zahlen ausdrücken, andere sind Ausdruck Ihrer persönlichen Vorlieben und Lebensentscheidungen. Sie sollten also wissen, wo bei einer kurzfristigen Betrachtung die Fallen lauern, und worauf es langfristig bei der Entscheidung „Mieten oder kaufen?" wirklich ankommt.

 Video-Ratgeber: Kaufen oder mieten? 3 fatale Denkfehler

Mieten oder kaufen: Das ist eine Typfrage

Bevor Sie aber auf das Geld schauen, sollten Sie grundsätzlich abwägen, ob Sie sich in den nächsten Jahrzehnten eher als Eigentümer oder als Mieter sehen. Wie unterschiedlich das Grundgefühl beider Gruppen ist, erleben besonders Bewohner von Mehrfamilienhäusern, in denen Eigentümer und Mieter nebeneinander wohnen. Während die einen häufig mit dem Hausgeld und den Kosten für Instandhaltung hadern, bemängeln die anderen zu hohe Nebenkosten, ausbleibende Reparaturen und steigende Mieten.

Auf der anderen Seite verweisen beide Gruppen gern auf die **Vorteile**, die ihre Position mit sich bringt: Der Eigentümer lebt in dem Selbstverständnis, dass er mit jeder Monatsrate an die Bank auch Vermögen aufbaut. Der Mieter kann dagegen darauf verweisen,

Kaufen oder Mieten?

Sie sollten kaufen, wenn …

Bleiben Sie Mieter, wenn …

…Sie langfristig an einem Ort bleiben möchten

…Sie eher flexibel bleiben wollen oder müssen

…Sie die finanzielle Belastung einer Immobilie gut ertragen können

…Sie mit Schulden eher schlecht schlafen würden

…Sie ein günstiges Objekt gefunden haben

…es in Ihrer Stadt bereits keine günstigen Objekte mehr gibt

…Sie bereit sind, unerwartete Ausgaben z. B. für Reparaturen zu tragen

…Sie keine unerwarteten Ausgaben haben möchten

…Sie sich gerne um Ihre Immobilie kümmern möchten

…Sie Ihre Wohnung einfach nutzen wollen

Quelle: Finanztip

dass er mit der Monatsmiete die Nutzung – und Abnutzung – der Wohnung vollständig bezahlt hat. Bei Schäden und Reparaturbedarf muss er sich nicht selbst kümmern, sondern kann den Vermieter oder Verwalter kontaktieren.

Dicke Luft I

Das Rauchen auf Balkon und Terrasse ist grundsätzlich erlaubt. Wenn jedoch Nachbarn durch herüberziehenden Zigarettenrauch massiv beeinträchtigt werden, können sie dagegen vorgehen.

Findet sich kein Kompromiss, beschließt das Gericht häufig eine Gebrauchsregelung, die besagt, wann und wo geraucht werden darf.

Leidet ein Mieter unter dem Zigarettenrauch des Nachbarn, kann unter Umständen eine Mietminderung angemessen sein oder das Rauchen gerichtlich teilweise untersagt werden.

Quelle: Mein schöner Garten

Dicke Luft II

Wer auf seinem Grundstück einen Komposthaufen anlegt, muss die Regelungen des jeweiligen Bundeslandes beachten: u. a. dürfen dort nur Gartenabfälle, aber keine Essensreste entsorgt werden.

Befindet sich der Komposthaufen zu nah am Zaun des Nachbarn und wird dieser durch den Geruch übermäßig belästigt, hat er unter Umständen Anspruch auf Verlegung oder Beseitigung.

Quelle: Mein schöner Garten

Das häufig gehörte Argument, als Eigentümer eines Hauses oder einer Wohnung sei man unabhängiger, stimmt dabei nur zum Teil. Einerseits fällt mit dem Kauf die Abhängigkeit vom Vermieter weg; an dessen Stellen treten andererseits in der Regel die Bank, die Gemeinde und die Nachbarn, mit denen sich ein Eigentümer für die nächsten Jahrzehnte arrangieren muss. Hinzu kommt, dass man sich schlicht ständig auf irgendeine Weise um die Immobilie kümmern muss.

▷ **Mehr Flexibilität beim Mieten**

Mieter führen dagegen häufig an, dass sie flexibel bleiben wollen oder müssen. Wer etwa aus beruflichen Gründen in den nächsten Jahren mit einem Umzug in eine andere Stadt rechnen muss, benötigt diese Flexibilität. Denn wie der Vermögensvergleich zeigt, ist ein Wiederverkauf nach wenigen Jahren zumeist ein schlechtes Geschäft.

Allerdings sind Sie auch als Mieter in vielen Städten inzwischen nicht mehr so flexibel wie in der Vergangenheit: Die Angebotsmieten liegen trotz Mietpreisbremse deutlich über dem Mietspiegel. Wer also umziehen möchte, muss mit deutlich höheren Mieten kalkulieren.

Die Entscheidung über das Mieten oder Kaufen ist also ein Stück weit eine Typfrage, und Sie sollten genau überlegen, was besser zu Ihnen und Ihren Plänen passt. Bei dieser Bauchentscheidung sollten Sie den Kopf, also den kurzfristigen und langfristigen Blick auf die Finanzen, aber keinesfalls außer Acht lassen.

Der Vergleich von Miete und Bankrate ist trügerisch

Wer zur Miete wohnt und sich für den Kauf eines Hauses oder einer Wohnung interessiert, schaut zumeist als Erstes auf seine monatlichen Mietausgaben und vergleicht diese mit einer möglichen Darlehensrate nach einem Kauf. Die **einfache Überlegung**: Wenn die Monatsrate für die Bank nicht höher ist als die bisherige Miete, lohnt es sich zu kaufen.

Allerdings greift diese Regel viel **zu kurz**. Denn sowohl die Monatsmiete als auch die Rate für die Bank sind nur eine Momentaufnahme. Eine Baufinanzierung läuft in der Regel über mehrere Jahrzehnte. Welche Lösung langfristig besser ist, hängt also nicht nur von den aktuellen Mieten, Kaufpreisen und Zinsen ab, sondern auch von deren Entwicklung in den kommenden Jahrzehnten.

▷ **Zinsen sinken, Nachfrage steigt**

Trotzdem haben die sinkenden Zinsen seit der Finanzkrise 2008 dazu geführt, dass die Nachfrage nach Immobilien in Deutschland gestiegen ist. Davon **profitieren** in erster Linie die Verkäufer der Immobilien und alle, die an dem Geschäft selbst verdienen: Makler, Bauträger, Projektentwickler und Banken. Die Käufer zahlen dagegen deutlich höhere Preise, haben entsprechend höhere Schulden und tragen das Risiko wieder steigender Zinsen – mit dem entsprechenden Rückgang der Nachfrage. Dieser Rückgang wiederum kann perspektivisch den Wert der Immobilie drücken.

Die niedrigen Zinsen führen zudem dazu, dass sich **Mieten** und **Kaufpreise auseinanderentwickeln**: Mieter denken eher darüber nach, bei einem Wohnungswechsel gleich zu kaufen. Die Mieten steigen dann langsamer als die Kaufpreise. Statt also Mietzahlungen und mögliche Darlehensraten zu vergleichen, sollten Sie vielmehr Mieten und Kaufpreise miteinander vergleichen. Denn das Verhältnis von Jahreskaltmieten mit den angebotenen Kaufpreisen ist ein guter Gradmesser für das Preisniveau in einer bestimmten Stadt oder Region.

Berechnen Sie das Kaufpreis-Miete-Verhältnis

Wer als Mieter mit dem Gedanken spielt, ein Haus oder eine Wohnung zu kaufen, hat meist eine klare Vorstellung davon, in welcher Stadt die Immobilie liegen soll. In größeren Städten suchen Interessenten meist sogar nur in bestimmten Stadtteilen, die sie entweder bereits kennen oder für attraktiv halten. Entsprechend groß sind die Unterschiede sowohl bei den Mieten als auch bei den Kaufpreisen.

Wenn Sie einschätzen möchten, ob Kaufen oder Mieten in Ihrer Wunschregion oder Ihrem Wunschviertel günstiger ist, sollten Sie also zunächst darauf achten, dass Sie für beide Wege möglichst identische Häuser oder Wohnungen vergleichen: gleiche Wohnfläche, gleiches Alter, gleiches Niveau bei der Ausstattung und so weiter. Wenn Sie sich bereits für eine bestimmte Immobilie interessieren, kennen Sie ja vorab den Kaufpreis – und benötigen dann noch eine Angabe zur Miete.

> **Beispiel**
> Eine Wohnung mit 100 Quadratmetern Wohnfläche wird für 240.000 Euro angeboten. Die Kaltmiete beträgt 10 Euro pro Quadratmeter. Das ergibt eine Kaltmiete von 1.000 Euro pro Monat. Die Jahreskaltmiete beträgt dann 12.000 Euro. Der Kaufpreis beträgt das 20-fache der Miete. Bei einem Kaufpreis von 300.000 Euro läge der Faktor dagegen bei 25. Dies gilt auch für den Fall, dass der Kaufpreis 240.000 Euro beträgt, die erzielbare Miete aber nur 8 Euro pro Quadratmeter.

Achten Sie darauf, dass Sie für einen Vergleich mit einer aktuellen Angebotsmiete für eine vergleichbare Immobilie rechnen und nicht etwa mit Zahlen aus den vergangenen Jahren. Wichtig ist die Kaltmiete, die ein Mieter zahlen müsste, also die Miete ohne sämtliche Neben- oder Betriebskosten. Teilen Sie dann den angebotenen Kaufpreis durch die Jahreskaltmiete für die Immobilie.

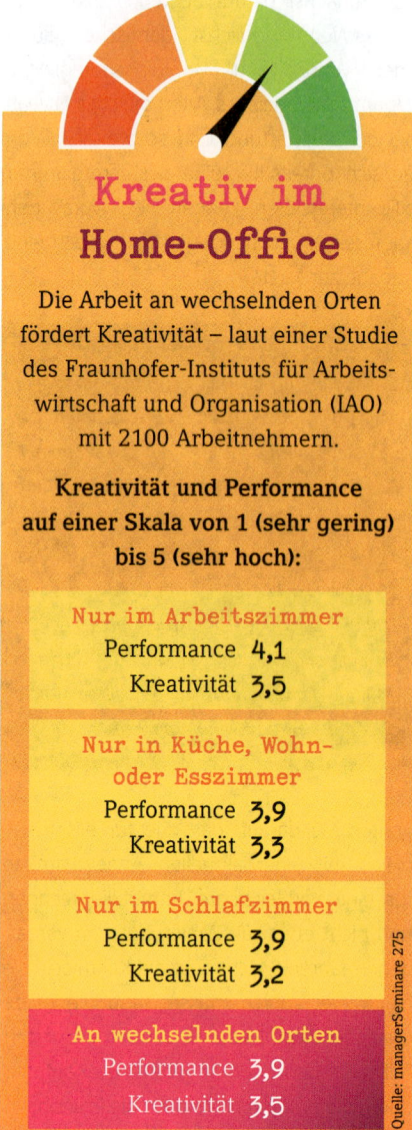

Als **Faustregel** gilt dann: Bis zum Faktor 20 sind die Kaufpreise im Vergleich zur Miete relativ günstig, ab 25 relativ teuer.

▷ **Vergleich mit Rendite anderer Anlagen**

Hintergrund dieser Faustregel ist die Bedeutung des **Kaufpreis-Miete-Verhältnisses** für Kapitalanleger. Wer eine Wohnung als Geldanlage kauft, vergleicht die erzielbaren Überschüsse mit der Rendite anderer Anlageformen. Das Kaufpreis-Miete-Verhältnis ist nichts anderes als der Kehrwert der Bruttomietrendite. Mit dieser berechnet der Kapitalanleger, wie viel die Immobilie pro Jahr vor Kosten abwirft. Eine Jahresmiete von 12.000 Euro bei einem Kaufpreis von 240.000 Euro (Faktor 20) entspricht dann einer Bruttomietrendite von 5 Prozent, ein Faktor von 25 dagegen einer Bruttomietrendite von 4 Prozent. Bezieht der Kapitalanleger noch die Kaufnebenkosten und laufende Ausgaben für Verwaltung und Instandhaltung in seine Rechnung ein, sinkt diese anfängliche Mietrendite. Je höher also der Faktor, desto geringer ist die Mietrendite – und umso eher wird der Kapitalanleger abwinken. Und so sollten Sie es auch halten, wenn Sie überlegen, selbst in das Haus oder die Wohnung einzuziehen.

Kurzfristig ermöglicht Ihnen das Kaufpreis-Miete-Verhältnis eine erste Einschätzung darüber, ob ein Kaufpreis eher günstig oder

Anfang 2022 leisteten **27,9 %** aller Beschäftigten ihre Arbeitszeit im **HOME OFFICE**

Quelle: Ifo-Institut

CORONA

Mehr Homeoffice, weniger Pendeln.

Ermöglicht die **Erweiterung des Umkreises** bei der Wohnungssuche und somit eine Entlastung der angespannten Wohnungsmärkte in Metropolen.

1 m² Bürofläche kostet Ø **34,30 €** Miete inkl. Nebenkosten in den 7 Top-Bürostandorten Deutschlands 2020/21.

Quelle: Statista

Ø **190** Tage pro Jahr werden die Schreibtische genutzt.

Quelle: Nürnberger Nachrichten / Deutsche Zentralgenossenschaftsbank

Rund 2 von 3 Arbeitnehmern wollen auch nach der Pandemie zumindest einige Tage pro Woche mobil arbeiten.

Quelle: Reuters/Bundesarbeitsministerium

überzogen ist. Trotzdem ist eine günstig erworbene Immobilie keine Garantie dafür, dass Sie langfristig besser fahren, wenn Sie kaufen. Stattdessen müssen Sie Ihren Blick darauf richten, wann Sie nach Jahrzehnten das größere Vermögen haben – ob Sie Mieter bleiben oder auf die Seite der Eigentümer wechseln.

Stadt und Land entwickeln sich unterschiedlich

Selbst wenn Sie Ihre Immobilie günstig kaufen, so ist diese Situation nur eine **Momentaufnahme**. Für die Entscheidung über Mieten oder Kaufen sollten Sie auch einen Blick in die **Zukunft** wagen. Mittel- und langfristig wird sich die Situation auf dem Wohnungsmarkt verändern: Mit den steigenden Immobilienpreisen in den Städten wird dort auch die Bautätigkeit zunehmen – und damit das Angebot.

Ein weiterer wichtiger Faktor ist die **Entwicklung der Bevölkerung**. Weniger Menschen benötigen auch weniger Wohnraum. Auch ein steigendes Durchschnittsalter wirkt sich auf die Wohnungsnachfrage aus. Bereits heute geben viele ältere Menschen ihre großen Wohnungen zugunsten kleinerer Einheiten oder neuer Wohnformen auf.

▷ **Regionale Unterschiede nehmen zu**
Zwar lässt sich die genaue Entwicklung noch nicht voraussagen, aber es zeichnet sich bereits ab, dass sich in den kommenden Jahrzehnten die **Unterschiede** zwischen den einzelnen Städten und Regionen noch **verstärken** werden: Dynamischen Regionen mit vielen Zuzügen werden Städte und Regionen mit stark sinkender Bevölkerung gegenüberstehen, zeigen Daten der Bertelsmann-Stiftung. Daraus ergeben sich unterschiedliche Perspektiven beim Wiederverkauf einer Immobilie nach 10, 20 oder gar 30 Jahren.

In den attraktiven Regionen dürften Immobilien zumindest ihren Nominalwert behalten, selbst wenn die Bautätigkeit – und damit das Angebot – zunimmt. In vielen schrumpfenden Regionen kann es dagegen sein, dass sich in Zukunft ältere Immobilien nicht mehr verkaufen lassen. Gerade falls Sie überlegen, in einer ländlichen Region ein Haus oder eine Wohnung zu kaufen, sollten Sie sich daher die Frage stellen: Wird es in dieser Gegend in 20 oder 30 Jahren Menschen geben, die meine Immobilie dann kaufen werden?

Der langfristige Vermögensvergleich zählt

Beim langfristigen Vermögensvergleich von Mieter und Käufer gerät der Käufer zunächst in Rückstand: Wer eine Immobilie finanziert, benötigt Eigenkapital. Beim Kauf werden als Erstes Grunderwerbssteuer und Notarkosten fällig. Dazu kommt in vielen Fällen die Courtage des Maklers. Diese Anschaffungsnebenkosten liegen je nach Bundesland und Maklerbeteiligung insgesamt zwischen 5 und 15 Prozent. Diese Ausgaben muss der Käufer mit vorhandenem Geld bestreiten. Beim Mieter in der gleichen Ausgangslage bleibt dieses Guthaben dagegen erhalten.

Zusätzlich zu den Nebenkosten für den Kauf benötigt der Käufer weiteres Eigenkapital für die Finanzierung. Ideal ist ein Anteil von etwa 20 Prozent.

Auch mit einem geringeren Anteil erhält der Käufer einen Baukredit, allerdings verlangt die Bank dann einen höheren Zinssatz. Diesen zweiten Teil seines Eigenkapitals wandelt der Käufer also sofort in Immobilienvermögen um. Der Rest des Hauses oder der Wohnung gehört im Grunde erst einmal der Bank. Erst mit den Tilgungszahlungen der nächsten Jahre und Jahrzehnte sinkt die Restschuld, und das Vermögen des Käufers steigt nach und nach an. Der Mieter wiederum behält sein Guthaben und kann es langfristig am Kapitalmarkt anlegen.

▷ **Nutzung versus Tilgung und Instandhaltung**
Sowohl der Mieter als auch der Käufer verwendet in den kommenden Jahrzehnten einen großen Teil seines Einkommens für das Thema Wohnen: Während es bei Betriebs- und Heizkosten keine Unterschiede geben sollte, zahlt der Mieter für die Nutzung der

Aus dem Gericht
Az: 485 C 12677/17

Kinderspiel

Ein großes Gartentrampolin stellt zwar eine optische Störung dar – da es sich aber abbauen lässt, ist es keine bauliche Veränderung und bedarf somit keiner gesonderten Zustimmung der Miteigentümer eines Mehrfamilienhauses.

Das Aufstellen von Spielgeräten gehört zur typischen Nutzung von Gartenanteilen, in denen Kinder spielen und ist damit auch in einem Ziergarten zulässig.

Wohnung, während der Käufer eine Monatsrate aus Zins und Tilgung an die Bank überweist. Dazu kommen beim Käufer Kosten für die Instandhaltung.

Vergleichbar werden die beiden Wege allerdings nur dann, wenn auf beiden Seiten gleiche Ausgaben stehen. Liegen die Ausgaben des Mieters also unter denen des Käufers, so legt der Mieter diesen Überschuss langfristig an und baut damit Vermögen auf. Zahlt er mehr, so muss er auf sein Guthaben zurückgreifen.

Die Entwicklung der Preise bestimmt das Ergebnis

Wie der Vergleich zu einem bestimmten Zeitpunkt – etwa zum Renteneintritt – ausgeht, hängt vor allem von der Entwicklung der Preise ab: der Preise für die Überlassung von Wohnraum (Miete), für die Überlassung von Baugeld (Zins) und für die Instandhaltung von Haus oder Wohnung. Dazu kommen die Preise von Grundstücken und von Wohnraum, denn sie bestimmen den Wert der Immobilie – und damit das Vermögen des Käufers. Das Vermögen des Mieters hängt dagegen von der Rendite seiner Geldanlage ab.

Die einzelnen Preise beeinflussen sich nicht nur gegenseitig, sondern hängen auch noch von weiteren Faktoren ab. So verringert etwa eine geringere Kinderzahl langfristig die Nachfrage nach Wohnraum, Zuwanderung vergrößert sie dagegen. Je länger der Zeitraum, desto schwieriger ist es, solche Entwicklungen vorauszusehen und die richtigen Annahmen zu treffen.

Ein Beispiel für den Vermögensvergleich: Damit Sie sich davon trotzdem eine Vorstellung machen können, zeigen wir die mögliche Vermögensentwicklung von Mietern und Käufern an einem Beispiel. Wir gehen in unserer Berechnung davon aus, dass ein Paar die Wohnung wechselt und nach einem Blick auf die Immobilienportale vor der Entscheidung steht, entweder wieder in eine Mietwohnung zu ziehen oder direkt eine Eigentumswohnung zu kaufen. Für die Entwicklung der Bauzinsen gehen wir – angesichts der derzeitigen Niedrigzinsphase – von einem moderaten Zinsanstieg in den nächsten 20 Jahren aus.

Grunddaten für den Vermögensausgleich

Angebotspreis Wohnung	320.000 €
Kaufpreis nach Verhandeln	300.000 €
Wohnfläche	100 qm
Kaltmiete	1.000 €
Kaufpreis-Miete-Verhältnis	25
Eigenkapital	75.000 €
Zinssatz der Baufinanzierung	2 %
anfänglicher Tilgungssatz	2 %
Instandhaltung	1,5 €/qm pro Monat
Anstieg Instandhaltung	1 % im Jahr
Zinsentwicklung Baufinanzierung	anfangs 2 % nach 10 Jahren 3 % nach 20 Jahren 3,5 %
Zinsentwicklung Geldanlage	anfangs 1 % oder 5 %, **Anstiege:** nach 10 Jahren +1 %, nach 20 Jahren: +0,5 %

Der Kaufpreis liegt also beim 25-Fachen der Jahreskaltmiete, und es fallen vergleichsweise hohe Nebenkosten an, weil in diesem Beispiel allein für den Makler – so wie in Berlin und Brandenburg üblich – 3,5 bis 4 Prozent Courtage anfallen. Grundsätzlich liegen die Nebenkosten beim Immobilienerwerb zwischen 5 und 12 Prozent des Kaufpreises.

▷ **Ein Verkauf nach wenigen Jahren bringt fast immer Verluste**
Es gibt eine Reihe von Lebenssituationen, bei denen das Einkommen sinkt und Eigentümer von Immobilien ihre monatliche Rate an die Bank nicht mehr aufbringen können. Trennung, Krankheit, oder Arbeitslosigkeit sind meistens nicht vorhersehbar, können aber zum zwangsweisen Verkauf der Immobilie führen. In anderen Fällen verlegt der Arbeitgeber plötzlich seinen Sitz – und der Hausbesitzer steht vor der Entscheidung, sich einen anderen Arbeitsplatz zu suchen oder umzuziehen. Oder jemand kommt nach einigen Jahren selbst auf den Gedanken, sich beruflich verändern zu wollen.

Ergeben sich in den ersten Jahren und Jahrzehnten nach dem Kauf solche Änderungen, wird die selbst genutzte Immobilie in der Regel zum Verlustgeschäft: Die Anschaffungsnebenkosten wirken sich besonders stark aus – und ein kurzfristiger Verkauf drückt in der Regel den Kaufpreis.

Fazit: Kaufen hat Vorteile, aber auch der Mieter kann vorne liegen
Beim Kauf einer Immobilie geht es ums Geld, aber auch um Gefühle. So ist etwa die Unabhängigkeit vom Vermieter für viele Menschen ein wichtiger Grund, vom Mieter zum Eigentümer zu werden. Solche Gründe sind berechtigt und verständlich, sie sollten allerdings die finanziellen Aspekte nicht komplett überlagern. Wer etwa zu teuer einkauft, riskiert, langfristig viel Geld zu verlieren. Wer aber zu einem guten Preis vom Mieter zum Käufer wird, hat den Vorteil, dass er automatisch für die Altersvorsorge spart.

Als Mieter müssen Sie dagegen einige Entscheidungen treffen, damit der Vermögensaufbau gelingt: Gerade wenn Sie noch günstig zur Miete wohnen, sollten Sie so bald wie möglich anfangen zu sparen. Und: Sie sollten das Geld nicht langfristig auf Sparkonten liegen lassen, sondern langfristig und renditeorientiert anlegen. Die Geldanlage wird dann allerdings im Wert schwanken – auch das müssen Sie aushalten.

Wer allerdings so vorgeht, kann auch als Mieter langfristig Vermögen aufbauen, in manchen Szenarien sogar ein höheres als beim Immobilienkauf. Insbesondere vermeidet er, den Großteil seines Vermögens in nur einer einzelnen Geldanlage zu halten. Denn sinkt die Immobilie im Wert, weil es etwa in der Wohngegend in einigen Jahrzehnten keine Nachfrage nach Wohnungen oder Häusern gibt, so trifft den Eigentümer diese Entwicklung besonders hart. Eine Immobilie ist also keineswegs eine risikofreie Geldanlage.

Und schließlich: Wenn Sie bereits absehen können, dass Sie beruflich häufiger umziehen werden, sollten Sie sich nicht länger mit der Kaufvariante beschäftigen. Immer, wenn Sie das Immobilienprojekt wieder abbrechen müssen, schlagen die Anfangskosten zu Buche – und Sie machen in der Regel kein gutes Geschäft. Gleiches gilt auch, wenn Sie die Immobilienfinanzierung wegen Krankheit, Scheidung oder Arbeitslosigkeit abbrechen müssen.

Aus dem Gericht
Az: V ZR 203/17

Feuchtigkeitsschaden

Laut Auffassung des Gerichts muss für die Sanierung der stark durchfeuchteten Außenwände eines Mehrfamilienhauses die *gesamte Eigentümergemeinschaft* aufkommen.

Die Außenmauern sind Gemeinschaftseigentum und müssen instand gehalten werden. Geklagt hatten die drei betroffenen Eigentümer im Souterrain.

Weitere Informationen finden Sie unter:

 *www.finanztip.de/ baufinanzierung/ mieten-oder-kaufen/*

☑ Checkliste: die wichtigsten Faktoren im Überblick

Sie sollten kaufen, wenn…	Sie sollten Mieter bleiben, wenn…
☐ …Sie langfristig an einem Ort bleiben möchten.	☐ …Sie eher flexibel bleiben möchten oder müssen.
☐ …Sie die finanzielle Belastung einer Immobilie gut ertragen können.	☐ …Sie mit Schulden eher schlecht schlafen würden.
☐ …Sie ein günstiges Objekt gefunden haben.	☐ …es in Ihrer Stadt bereits keine günstigen Objekte mehr gibt.
☐ …Sie bereit sind, unerwartete Ausgaben für Reparaturen zu tragen.	☐ …Sie keine unerwarteten Ausgaben haben möchten.
☐ …Sie sich gern um Ihre Immobilie kümmern möchten.	☐ …Sie Ihre Wohnung einfach nutzen möchten.
☐ …Sie ansonsten nicht ergänzend zur gesetzlichen Rente für das Alter vorsorgen würden.	☐ …Sie auch ohne Immobilie diszipliniert Geld fürs Alter zurücklegen.
☐ …Sie nicht an die Chancen des Aktienmarktes glauben.	☐ …Sie bereit sind, Ihre Rücklagen langfristig am Aktienmarkt zu investieren.
☐ …Sie verstanden haben, dass eine Immobilie nicht automatisch wertstabil ist.	☐ …Sie Ihr Vermögen lieber aufteilen möchten, anstatt es in einen einzelnen Vermögensgegenstand zu investieren.

2021 1. Quartal

MIET-WOHNUNGEN € pro m²

Stadt	€ pro m²
München	16,27
Stuttgart	11,81
Frankfurt a. Main	11,73
Hamburg	10,60
Köln	10,29
Düsseldorf	10,19
Münster	9,12
Berlin	8,34
Hannover	8,28
Kiel	7,66
Osnabrück	7,61
Rostock	6,95
Dresden	6,60
Leipzig	5,71

EIGENTUMS-WOHNUNGEN € pro m²

Stadt	€ pro m²
München	7.032
Frankfurt a. Main	5.435
Hamburg	5.170
Stuttgart	5.063
Düsseldorf	4.351
Münster	4.110
Berlin	4.043
Köln	4.037
Hannover	3.603
Kiel	3.355
Osnabrück	2.812
Rostock	2.659
Dresden	2.471
Leipzig	2.023

Quelle: F + B Marktmonitor

Mieten oder Kaufen?

Miet- oder Eigentumswohnung?
In DE wohnen mehr als die Hälfte der Haushalte zur Miete. Und viele wollen das auch weiterhin, nur jetzt wegen Corona eben ... schöner. Also nichts wie raus aufs Land – aber heißt das automatisch auch mehr Platz und günstigere Mieten?

Wieso Großstädte an Popularität verlieren:
→ Corona-Pandemie verstärkt Wunsch nach mehr Platz, Balkon oder Garten
→ Zu wenig Raum für alle Familienmitglieder und steigende Kosten
→ Vororte versprechen mehr Platz und günstigeren Wohnraum
→ Der Traum vom eigenen Häuschen

Vororte haben auch Nachteile:
→ Längere Pendlerzeiten
→ Preise steigen auch dort, da viele aufs Land ziehen wollen
→ Mieten steigen dort prozentual noch stärker als in den Großstädten selbst

Blick aufs Geld:
→ Die teuerste Stadt – egal ob Miete oder Kauf – ist mit großem Abstand München
→ Erst weit dahinter folgen Stuttgart und Frankfurt

WISSEN IN BESTFORM

2.4.2 Baufinanzierung

» So klappt es mit dem Baukredit «

von Dirk Eilinghoff Stand: 28. Januar 2022
www.finanztip.de/baufinanzierung/

Wie viel darf die Immobilie kosten? // Wie viel Eigenkapital benötigen Sie? // Gibt es feste Vorgaben für die Höhe des Eigenkapitals? // Wie hoch sind die Nebenkosten? // Wo gibt es günstige Immobilienfinanzierungen? // Welche Vorteile haben die großen Kreditvermittler? // Welche Bank sollten Sie auswählen? // Wie viel Prozent des Einkommens dürfen Sie ausgeben? // Was sind die Grundbegriffe der Baufinanzierung?

Das Wichtigste in Kürze

- Mit der günstigsten Baufinanzierung für Ihre Immobilie sparen Sie Tausende Euro an Zinsen.
- Die Bauzinsen liegen Ende Januar 2022 bei etwa 1,15 Prozent (Zinsbindung: 10 Jahre, Beleihung: 80 Prozent).
- Bauzinsen für 15 Jahre liegen zurzeit bei etwa 1,45 Prozent.
- Vergleichen Sie das Angebot Ihrer Bank mit dem eines großen Kreditvermittlers.

So gehen Sie vor

- Prüfen Sie Ihr Budget mit einem Hypothekenrechner z. B. dem Finanztip-Hypothekenrechner:

 https://www.finanztip.de/baufinanzierung/

- Holen Sie ein erstes Angebot ein: Die großen Kreditvermittler bieten einen guten Marktüberblick.
- Sofern Sie eine Hausbank haben oder eine einzelne Bank besonders gut finden, können Sie auch mit ihr über Ihre Baufinanzierung sprechen.

Wenn Sie eine **Immobilie neu finanzieren** wollen, um **selbst darin zu wohnen**, dann ist dieser Ratgeber genau der richtige für Sie. Haben Sie bereits eine Baufinanzierung, finden Sie wichtige Hinweise in unserem Ratgeber Anschlussfinanzierung. Wollen Sie eine Immobilie als Kapitalanlage nutzen, lesen Sie dazu mehr im Kapitel 2.4.4.

Wie viel darf die Immobilie kosten?

Vom ersten Gedanken an die eigenen vier Wände bis zum Einzug vergehen oft Jahre. Geld spielt dabei eine wichtige Rolle: vom passenden **Budget** bis zur **Finanzierung** der Immobilie.

Finanztip-Rechner:
Wie viel darf die Immobilie kosten?

Mit diesem Rechner können Sie die zwei wichtigsten Zahlen für Ihren Immobilienkauf ermitteln: den **Kaufpreis**, den Sie bei der Suche nach dem Haus oder der Wohnung nicht überschreiten sollten, und die **Kreditsumme**, die Sie finanzieren. Damit ist sichergestellt, dass Sie sich bei der Finanzierung nicht übernehmen – und Sie können sich nun auf die Suche nach der passenden Immobilie machen.

Weitere Hinweise dazu, wie Sie die **monatliche Rate** für Ihre Baufinanzierung festlegen und welchen **Teil des Einkommens** Sie höchstens für das Thema Wohnen ausgeben sollten, finden Sie weiter hinten in diesem Kapitel.

Wie viel Eigenkapital benötigen Sie?

Eigenkapital ist eines der wichtigsten Themen bei der Immobilienfinanzierung. Mit dem Eigenkapital finanzieren Sie einerseits die direkten **Kaufnebenkosten**, andererseits einen Teil des **Kaufpreises**. Das zeigt die nachfolgende Tabelle.

Kleine Bilanz beim Kauf von Immobilien

Wofür wird das Geld benötigt?	Wo kommt es her?
Kasse für Kaufnebenkosten	Eigenkapital
Neues Haus / neue Wohnung	Baukredit

Quelle: Finanztip, eigene Darstellung.

Als Eigenkapital können Sie alles einsetzen, was Sie **zu Geld machen** können, um den Kaufpreis oder die Nebenkosten zu bezahlen. Dazu gehören vor allem **Guthaben** auf Giro-, Spar- und Tagesgeldkonten, aber auch Guthaben aus Bausparverträgen. Besonders praktisch ist es, wenn der Bausparvertrag bereits zuteilungsreif ist (mehr dazu im Kapitel 2.4.3). Dann können Sie dieses Geld kurzfristig abrufen. Ein Bauspardarlehen aus einem alten Vertrag lohnt sich dagegen meist nicht.

Eine weitere Quelle für Eigenkapital sind Aktien und andere Wertpapiere etwa Investmentfonds. Die meisten dieser Papiere lassen sich kurzfristig verkaufen. Ist Ihr Eigenkapital eher knapp bemessen, dürfte ein Verkauf meist sinnvoll sein. Können Sie die Finanzierung dagegen bequem stemmen, sollten Sie abwägen, ob Sie eine Wertsteigerung erwarten.

Weiteres angespartes Kapital finden Sie in privaten Lebensversicherungen und Riester-Verträgen. Beide liefern einerseits Eigenkapital, andererseits müssen Sie **Abschläge** auf Ihr Guthaben hinnehmen oder (bei der Wohn-Riester-Entnahme) umfangreiche Regeln beachten.

▷ Gibt es feste Vorgaben für die Höhe des Eigenkapitals?

Grundsätzlich gilt: **Mindestens die Nebenkosten** des Immobilienkaufs sollten Sie aus dem Eigenkapital bestreiten können. Ansonsten wird es schwierig, überhaupt einen Darlehensgeber zu finden.

Ideal ist es, wenn das Eigenkapital mindestens die **Nebenkosten und 20 Prozent des Kaufpreises** abdeckt. Dann sinkt das Risiko für die Bank so deutlich, dass Sie die niedrigen Bauzinsen **optimal** nutzen. Sollte es für die Formel „Nebenkosten plus 20 Prozent des Kaufpreises" nicht reichen, geben sich die Banken allerdings auch mit deutlich weniger zufrieden.

Bedenken sie aber auch, dass Sie nach der Finanzierung eine **Notreserve** vorhalten sollten. Als Faustregel werden häufig zwei bis drei Monatsgehälter empfohlen. Alternativ dazu können Sie mit einem Abruf- oder Rahmenkredit sicherstellen, dass Sie schnell an Geld kommen, wenn etwa eine größere Reparatur ansteht.

Wie hoch sind die Nebenkosten?

Die Nebenkosten eines Immobilienerwerbs **betragen etwa 5 und 12 Prozent** – je nachdem, wie hoch die Grunderwerbsteuer ist und ob ein Makler beteiligt ist.

Die Kosten setzen sich zusammen aus:
- den **Notar- und Grundbuchkosten**: Sie liegen (als Richtwert) bei etwa 2 Prozent.
- der **Grunderwerbsteuer**: Sie liegt (je nach Bundesland) zwischen 3,5 und 6,5 Prozent.
- der **Maklerprovision**: Die Höhe ist nicht gesetzlich geregelt. Häufig verlangt der Makler vom Käufer 3 Prozent plus MwSt., also 3,57 Prozent.

Bei einem Verkauf ohne Makler in einem Bundesland mit niedriger **Grunderwerbsteuer** (Bayern oder Sachsen) müssen Sie also insgesamt nur 5,5 Prozent ansetzen. Mit Makler und hoher **Grunderwerbsteuer** liegen Sie dagegen bei 12 Prozent.

Immerhin: Durch eine **gesetzliche Änderung zur Maklerprovision**, die seit dem

Ende 2020 in Kraft ist, muss ein Verkäufer, der einen Makler beauftragt, inzwischen eine Maklerprovision **in gleicher Höhe** zahlen wie der Käufer. Dadurch ist in Bundesländern wie Berlin, Brandenburg, Hamburg und Hessen die Käuferprovision im Vergleich zur alten Regelung deutlich gesunken.

Wo gibt es günstige Immobilienfinanzierungen?

Wenn das Objekt **gefunden** ist und die Kreditsumme feststeht, sollten Sie bei einer **Bank** oder einem **Vermittler** ein erstes Angebot für eine Immobilienfinanzierung einholen. Grundsätzlich können Sie im ersten Schritt auch zu einer **Bausparkasse** gehen.

Lassen Sie sich in jedem Fall erläutern, warum der Berater ein bestimmtes Finanzierungskonzept vorschlägt. Dies betrifft besonders **Finanzierungen mit Bausparverträgen** (sogenannte Bauspar-Sofortfinanzierungen). Mehr dazu unter:

https://www.finanztip.de/bausparvertrag/bausparen-sofortfinanzierung/

Auch wenn die Zinssätze auf den ersten Blick besonders günstig erscheinen: Finanzierungen mit Bausparverträgen sind meist unnötig **kompliziert** und häufig **teurer** als ein einfacher Bankkredit mit festen Raten (ein sogenanntes Annuitätendarlehen).

Das sehen Banken positiv	Das sehen Banken kritisch
▪ Angestelltenverhältnis	▪ Selbstständigkeit
▪ Beamtenstatus	▪ Probezeit bei Angestellten
▪ hoher fester Gehaltsanteil	▪ hohe variable Gehaltsanteile
▪ eigene Nutzung der Immobilie	▪ Objekte, die vermietet werden (nicht bei allen Banken relevant)
▪ Immobilien in guten Lagen ▪ Neubauobjekte beziehungsweise Immobilien in gutem Zustand	▪ Immobilien in weniger guten Lagen oder in schlechtem Zustand
▪ hoher Schufa-Score	▪ niedriger Schufa-Score / negative Einträge

Nehmen Sie zu einem ersten Finanzierungsgespräch in jedem Fall Unterlagen über Ihr Wunschobjekt mit, mindestens das **Exposé**. Wenn Sie besser verstehen wollen, wie Zins und Tilgung in das Finanzierungskonzept einfließen, lesen Sie vorab den Abschnitt über Grundbegriffe bei der Baufinanzierung in diesem Kapitel durch.

Beim ersten Finanzierungsgespräch werden Sie häufig feststellen, dass ihr **persönlicher Zinssatz** höher ist als die Angebote aus der Werbung. Das liegt daran, dass die Zinssätze aus der Werbung meist nur für Finanzierungen mit sehr viel Eigenkapital gelten. Außerdem erhalten Sie ohne weitere Unterlagen zu Ihrem Einkommen und Vermögen zunächst nur ein **unverbindliches** Finanzierungsangebot. Welche Eigenschaften Banken für ein verbindliches Angebot näher betrachten, zeigt die links aufgeführte Übersicht.

Lassen Sie sich auch ein erstes Angebot so **erläutern**, dass Sie es (etwa mit Blick auf Zinssätze und Laufzeiten) vollständig nachvollzogen haben. Erst dann sind Sie in der Lage, dieses Angebot mit denen anderer Banken zu **vergleichen**.

Welche Vorteile haben die großen Kreditvermittler?

Egal, ob Sie im ersten Schritt bei einer Bank, Bausparkasse oder bereits bei einem Kreditvermittler waren: In jedem Fall sollten Sie die Gespräche **so organisieren**, dass Sie auf Ihrem Weg einen **aktuellen Überblick** über die Angebote möglichst **vieler Banken** erhalten.

Das bedeutet: Waren Sie für das Erstgespräch bei einer Bank oder Bausparkasse, sollten Sie anschließend zu einem der **großen Kreditvermittler** gehen. Die bundesweit tätigen Baufinanzierungsvermittler haben den Vorteil, dass sie die Angebote mehrerer Hundert Banken, Versicherungen und Bausparkassen vergleichen können.

Welche Bank sollten Sie auswählen?

Wer hart kalkuliert, sollte am Ende die Bank auswählen, die das **beste Angebot** macht, sprich: am wenigsten Zinsen verlangt. Ein guter Maßstab für den Vergleich ist der Zinssatz oder auch die **Restschuld** am Ende der Zinsbindungsfrist. Die Festzins-Zeit muss aber bei einem solchen Vergleich mehrerer Angebote jeweils **gleich** sein. Für Sie macht es also keinen Unterschied, ob Sie den Baukredit direkt von einer Bank oder über einen Kreditvermittler erhalten.

Ein wichtiger Punkt ist dagegen die **Bearbeitungszeit** der gewählten Bank. Bei dem knappen Angebot an Immobilien, wie es heutzutage an vielen Standorten herrscht, ist es wichtig, besonders **rasch** eine **verbindliche Kreditentscheidung** oder Kreditzusage vorweisen zu können. Fragen Sie also

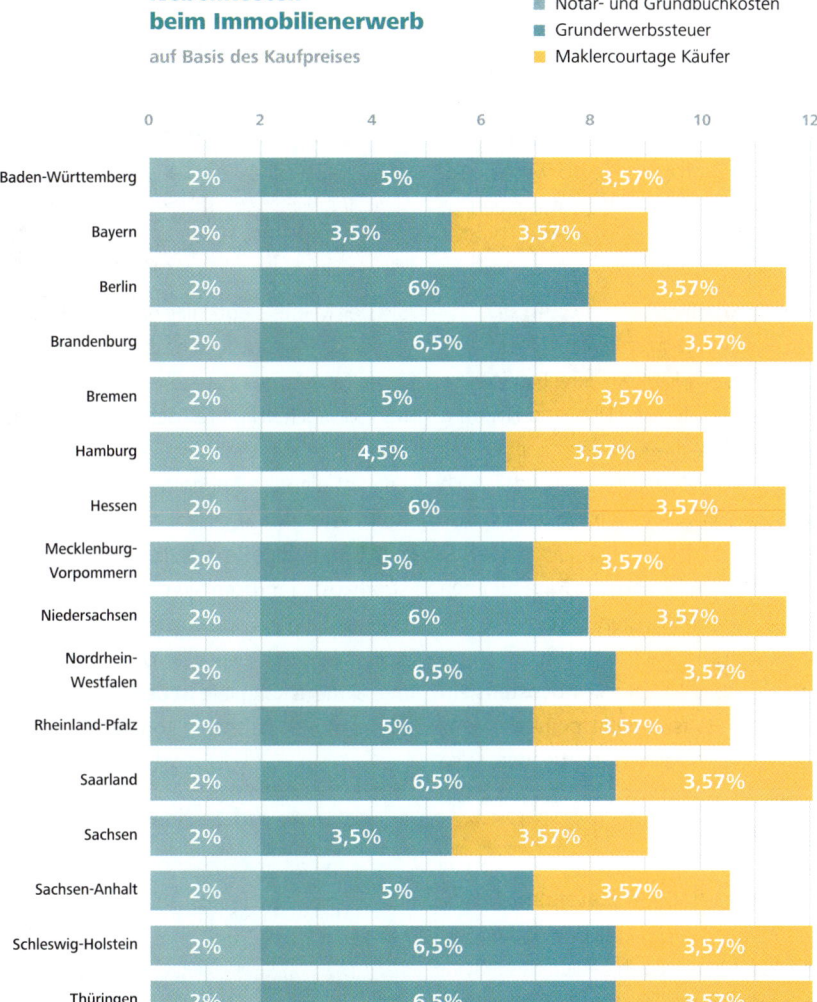

Notar- und Grundbuchkosten richten sich immer nach dem tatsächlichen Aufwand des Grundbuchamts und des Notars. Die hier angegebenen 2 Prozent sind ein Richtwert; die Höhe der Käuferprovision ist nicht gesetzlich geregelt.
Quelle: Finanztip-Berechnung (Stand: 23. Dezember 2021).

in jedem Fall danach, wie lange die günstigste Bank für die Bearbeitung des Kreditantrags benötigt. Manchmal (aber keineswegs immer) ist eine Bank, bei der Sie Ihr **Gehaltskonto** führen, etwas **schneller**. Sie kann bei der Bearbeitung Ihres Antrags noch schnell einen Blick in Ihr Konto werfen, um Einkommen und regelmäßige Ausgaben zu überprüfen.

Wie viel Prozent des Einkommens dürfen Sie ausgeben?

Wenn Sie das **Budget** für Ihre Baufinanzierung nicht mithilfe des Finanztip-Hypothekenrechners festlegen wollen, können Sie sich an eine Faustformel halten oder auch von Ihrer persönlichen Situation ausgehen.

Das betrifft etwa die mögliche **Rate** für Ihren Baukredit: Am einfachsten können Sie diese mit dieser Faustregel festlegen: Es gilt als finanziell „gesund", wenn Sie **höchstens ein Drittel** des **Haushaltsnettoeinkommens** für das Thema Wohnen aufwenden, also entweder für die Miete oder eben für die Baufinanzierung an die Bank.

Ihren Ursprung hat diese Faustformel wahrscheinlich in der **tatsächlichen Belastung** der meisten Mieter. Nach Zahlen des Statistischen Bundesamts liegt diese Mietbelastung häufig um die 30 Prozent. Allerdings sind die „kalten" **Nebenkosten** oder Betriebskosten (wie Wasser, Grundsteuer oder Müllabfuhr),

Beispielrechnung:
Monatsrate nach einer Faustformel

Haushaltseinkommen	+ 4.500 €
Davon ein Drittel für Wohnen:	= 1.500 €
Abzug „kalte" Nebenkosten / Betriebskosten	- 200 €
Abzug Hausgeld für Eigentumswohnung	- 200 €
So hoch darf Ihre Kreditrate (Zins und Tilgung) pro Monat sein	**= 1.100 €**

die der Mieter trägt, hier bereits **enthalten**. Wenn Sie die mögliche Kreditrate nicht nach einer Faustformel berechnen möchten, können Sie auch von Ihrer **persönlichen Situation** ausgehen. Wohnen Sie noch zur Miete, beginnt die Berechnung mit Ihrer **aktuellen Kaltmiete**. Diese entfällt nach dem Umzug in die neue Immobilie. Heizungs- und Stromkosten müssen Sie dagegen weiterhin bezahlen, ebenso die Kosten für Müllabfuhr oder die Grundsteuer. Ebenso individuell wie Ihre aktuelle Kaltmiete ist der Betrag, den Sie bisher monatlich sparen konnten.

Beispielrechnung:
Monatsrate auf Basis Kaltmiete

Ihre aktuelle Kaltmiete pro Monat	+ 1.000 €
Wie viel Geld sparen Sie im Schnitt pro Monat?	+ 600 €
Abzug „kalte" Nebenkosten / Betriebskosten	- 200 €
Abzug Hausgeld	- 200 €
So hoch darf Ihre Kreditrate (Zins und Tilgung) pro Monat sein	**= 1.200 €**

Das Ergebnis der individuellen Berechnung muss also nicht unbedingt dem der Faustformel entsprechen.

▷ So kommen Sie von der Monatsrate zu Ihrem Budget

Wie viel an **Kredit** Sie sich mit dieser Monatsrate leisten können, hängt dann unter anderem davon ab, wie viel **Zeit** Sie sich für die Rückzahlung des Kredits geben wollen: Je **länger** Sie Monat für Monat diesen Betrag aufbringen, umso **höher** ist die Kreditsumme.

Viele Eigenheim-Besitzer planen, im Alter **mietfrei** zu wohnen. Dann muss das Haus oder die Wohnung **spätestens zum Renteneintritt** abbezahlt sein. Wer also mit 40 Jahren seine Baufinanzierung beginnt, und mit 65 oder 67 Jahren in Rente gehen möchte, hat 25 oder 27 Jahre Zeit.

Wie hoch die Kreditsumme für eine vorgegebene Monatsrate und einen vorgegebenen Zins ist, können Sie leicht mit dem Finanztip-Hypothekenrechner ermitteln. Für eine Rate von 820 Euro und einer Laufzeit von 30 Jahren, errechnet sich so bei einem Zinssatz von 2,5 Prozent pro Jahr eine maximale Kreditsumme von 215.000 Euro.

Was sind die Grundbegriffe der Baufinanzierung?

Zu einer Baufinanzierung werden Sie noch einige Begriffe von Ihrem Finanzierungsberater hören. Es ist gut, sie zu kennen.

Sollzins, effektiver Jahreszins, Nominalzins – Früher unterschieden sich bei den meisten Bankdarlehen Effektivzins und Nominalzins hauptsächlich wegen der unterjährigen Verzinsung. Der Effektivzins war etwas höher als der Nominalzins.

Seitdem hat sich aber einiges geändert: Im Jahr 2010 ersetzte die Verbraucherkreditrichtlinie den Nominalzins durch den Sollzins. Der Sollzinssatz ist der Prozentsatz, der pro Jahr auf das Darlehen angewendet wird. Der Effektivzins berücksichtigt dagegen weitere Kosten der Baufinanzierung. Seit dem Jahr 2016 müssen die Banken etwa die Kosten für die Wertermittlung und Besicherung der Immobilie in den Effektivzins einbeziehen. Und: Der Effektivzins wird für die Gesamtlaufzeit des Darlehens berechnet. Die Bank muss also festlegen, mit welchem Zinssatz sie nach dem Ende der Zinsbindung weiter rechnet. Wählt sie einen niedrigen Sollzins, sinkt der angegebene effektive Jahreszins.

Die Zinsangaben sind also in den vergangenen Jahren unübersichtlicher geworden. Manche Vermittler geben daher einen Vergleichszins an, der sich nur auf die Dauer der Sollzinsbindung bezieht.

SO VIEL KOSTET EIN NEUBAU
Beispielrechnung

Baugenehmigung (0,5%)	1500 €
Erschließung	17.000 €
Vermessung	2.500 €
Baustrom	750 €
Bauherren-Versicherung	600 €
Abnahme / Gutachter	1.500 €
Nebenkosten gesamt	**23.850 €**
Einfamilienhaus 140 m² inkl. Bodenplatte (Dt. Durchschnitt: 1.866 € pro m²)	262.000 €
Garage	10.000 €
Garten	16.000 €
Aushub	2.000 €
Baukosten gesamt	**290.000 €**
Keller optional	25.000 €

zzgl. Grundstückskosten

1/2 Million fürs Eigenheim

Preisentwicklung 2020 gegenüber 2019 bei Grundstücken und Immobilien in Nürnberg, basierend auf „tatsächlichen Kauffällen"

Grundstücke
Neubaugrundstücke für Einfamilienhäuser:
480 – 1.000 € pro m²   **+12%**

Einfamilienhäuser
Bestand:
450.000 – 1.500.000 €   **+11%**
Neubau:
650.000 – 1.500.000 €   **+11%**

DHH und Reihenhäuser
Bestand:
360.000 – 750.000 €   **+9%**
Neubau:
410.000 – 880.000 €   **+9%**

Eigentumswohnungen
Bestand:
2.400 – 4.000 € pro m²   **+11%**
Neubau:
4.300 – 7.200 € pro m²   **+7%**

Quelle: Nürnberger Nachrichten, Gutachterausschuss für Grundstückswerte in Nürnberg, Grundstücksmarktbericht 2020, eigene Berechnungen

Zinsbindungsfrist oder Sollzinsbindung – Bei der Erstfinanzierung vereinbaren Sie mit dem Kreditgeber einen festen Zinssatz, der für eine bestimmte Dauer festgeschrieben wird – die Zinsbindungsfrist oder Sollzinsbindung. Ist der Baukredit bis zum Ende dieser Frist noch nicht zurückgezahlt, vereinbaren Bank und Kunde bei der Anschlussfinanzierung einen neuen Zins.

Grundsätzlich gilt: Je kürzer die Zinsbindungsfrist, desto günstiger der Zinssatz, den die Bank anbietet. Gleichzeitig steigt mit einer kurzen Frist die Unsicherheit: Bis zum Zeitpunkt der Anschlussfinanzierung können die Zinsen steigen, und damit – trotz gesunkener Restschuld – auch die monatliche Rate.

Deshalb gilt es abzuwägen: Eine lange Zinsbindungsfrist macht das Darlehen teurer als eine kurze, dafür sinkt das Zinsänderungsrisiko. Wer dieses Risiko ganz vermeiden möchte, sollte anstreben, das Darlehen bis zum Ende der Zinsbindung vollständig zurückzuzahlen. In jedem Fall kann ein guter Berater berechnen, wie hoch die Zinsen steigen müssen, damit etwa eine 15-Jahres-Kondition günstiger ist als der Zinssatz für zehn Jahre.

Tilgungssatz – Bei einem üblichen Bankdarlehen wird eine feste monatliche Rate vereinbart, die sich aus einem Zins- und einem Tilgungsteil zusammensetzt. Wie sich die Rate für ein solches Annuitätendarlehen errechnet, sehen Sie in folgendem Beispiel für ein Darlehen von 100.000 Euro (bei einem Zinssatz von 2 Prozent und einem anfänglichen Tilgungssatz von ebenfalls 2 Prozent):

So errechnen Sie die Monatsrate aus der Darlehenssumme

Darlehensbetrag		100.000 €
Sollzins pro Jahr	x	2,00 %
in Euro pro Jahr	=	2.000 €
in Euro pro Monat	: 12	167 €
Darlehensbetrag		100.000 €
anfängliche Tilgung pro Jahr	x	2,00 %
in Euro pro Jahr	=	2.000 €
in Euro pro Monat	: 12	167 €
Gesamtrate pro Monat (Annuität)		**334 €**

Mit jeder Monatsrate verringert sich die Restschuld. Da immer der gleiche Betrag überwiesen wird, steigt somit der Tilgungsanteil. Mit welchem Tilgungssatz Sie beginnen sollten, haben Sie bereits bei der Berechnung des maximalen Kaufpreises festgelegt. Die Standard-Bankfinanzierung wird meist mit einem Tilgungssatz von 2 Prozent angeboten. Das ist meist zu wenig, um bei Rentenbeginn schuldenfrei zu sein.

Art der Tilgung – Anstelle eines Annuitätendarlehens empfehlen Bankvertreter oder Vermittler gelegentlich eine Baufinanzierung, bei der die Tilgung nicht für den Baukredit genutzt wird, sondern für einen anderen Sparvertrag – einen Bausparvertrag, einen Fondssparplan oder eine Lebensversicherung. Diese Tilgungsarten können jedoch riskant sein. Die Rechnung geht nur dann auf, wenn der Sparvertrag nach Abzug von Kosten und Steuern mehr Wertzuwachs bringt, als das Darlehen kostet. Wer Nachfinanzierungen auf jeden Fall vermeiden möchte, sollte solche Konzepte zurückweisen. Ausnahme von dieser Regel sind Bauspar-Sofortfinanzierungen. Sie können gelegentlich günstig sein. Allerdings ist der Vergleich mit einem Bankkredit nicht einfach, weil die Bausparkassen den Effektivzins für das gesamte Konzept bislang meistens nicht angeben.

Sondertilgungen – Sondertilgungen sind eine gute Gelegenheit, die Rückzahlung des Darlehens zu beschleunigen. Die meisten Banken bieten von sich aus Möglichkeiten zur Sondertilgung an, zum Beispiel 5 Prozent der anfänglichen Darlehenssumme. Für eine höhere Sondertilgung verlangen sie mitunter auch einen höheren Zins. Eine höhere laufende Tilgung belohnen die Kreditinstitute dagegen meist mit einem besseren Angebot. Sie müssen also abwägen, welche Rate Sie langfristig tragen können. Möglichkeiten zur Sondertilgung bringen in jedem Fall mehr Flexibilität; Sie sollten aber nur dann (mit einem höheren Zinssatz) dafür bezahlen, wenn Sie sie auch wirklich nutzen können – also Überschüsse aus Weihnachtsgeld, Boni oder Erbschaften erwarten.

Nun wissen Sie grob, wie die Struktur Ihrer Immobilienfinanzierung aussehen soll. Finanztip empfiehlt Ihnen, Ihre Planung mit dem Finanztip-Tilgungsrechner zu kontrollieren. Anschließend können Sie sich auf die Suche nach den günstigsten Baugeld-Anbietern machen.

Einen detaillierten Tilgungsplan liefert der Tilgungsrechner. Er rechnet für einen Kredit die monatliche Belastung sowie die Restschuld aus, die Sie nach Ablauf der Zinsbindung noch abzahlen müssen. Mehr dazu unter:

 https://www.finanztip.de/tilgungsrechner/

Konkrete Produktempfehlungen finden Sie unter:

 *www.finanztip.de/baufinanzierung/*

2.4.3 Bausparvertrag

» Wann sich Bausparen lohnt «

von **Dirk Eilinghoff** Stand: 07. Juli 2021
www.finanztip.de/bausparvertrag/

Was ist ein Bausparvertrag? // Welche Bauspartarife gibt es? // Warum macht die Förderung Bausparen interessant? // Wie finden Sie den passenden Bausparvertrag? // Wann sollten Sie (nicht) mit der Bausparkasse finanzieren? // Wie sicher sind Bausparverträge? // Was sollten Sie noch über den Bausparvertrag wissen? // Was ist besser: Bausparvertrag oder Bankkredit?

Das Wichtigste in Kürze

- Bei einem Bausparvertrag sparen Sie zunächst etwa die Hälfte der Bausparsumme an, die andere Hälfte gibt es dann als Darlehen zu einem festen Zins.
- Bausparen lohnt sich nur, wenn Sie später einen Baukredit aufnehmen und Baukredite dann viel teurer sind als heute.
- Jede Bausparkasse hat eigene Bauspartarife. Ein Vergleich lohnt sich.

So gehen Sie vor

- Wenn Sie die staatliche Bausparförderung (wie die Wohnungsbauprämie) nutzen wollen, reicht ein kleiner Bausparvertrag bis etwa 20.000 Euro.
- Sprechen Sie bei größeren Summen nicht nur mit einer Bausparkasse, sondern auch mit einem Kreditvermittler.

Viele Millionen Menschen in Deutschland haben einen Bausparvertrag. Sie auch? Knapp **27 Millionen Verträge** zählte die Bundesbank Anfang 2019. Das bedeutet aber nicht, dass sich diese Verträge immer lohnen. Es gibt **bestimmte Situationen**, in denen ein Bausparvertrag eine sinnvolle Lösung ist – und andere, bei denen **andere Finanzprodukte** sich entweder besser verzinsen, kostengünstiger oder flexibler sind.

Außerdem gibt es **große Unterschiede** zwischen den Tarifen der Bausparkassen. Ein **Vergleich** von Bausparverträgen verschiedener Anbieter lohnt sich also.

Was ist ein Bausparvertrag?

Der Grundgedanke des Bausparens ist einfach und genial. Alle Sparer zahlen in einen Topf ein. Sobald genug Geld zusammengekommen ist, kann die Bausparkasse das Geld als Kredit an die ersten Bausparer herausgeben. Da alle Sparer weiter fleißig einzahlen, können nach und nach alle bauen, und zwar schneller, als wenn jeder nur für sich sparen würde.

Heutzutage läuft dies über ein ausgeklügeltes System, bei dem die Bausparkassen genau vorausberechnen, welche Verträge ausgezahlt werden, und was an frischem Geld wieder hereinkommt. Damit das funktioniert, werden zwei Verträge kombiniert: ein Sparplan und ein Immobiliendarlehen.

In der Sparphase ist der Zins meist geringer als marktüblich. Es gibt zwar Abschluss- und Verwaltungskosten, dafür sind die Zinsen beim Bauspardarlehen meist etwas günstiger als die, die die Banken zum Zeitpunkt des Vertragsabschlusses bieten.

Zunächst wird die **Bausparsumme festgelegt**. Sie entspricht dem Betrag, den der Sparer in seine Immobilie investieren will. Nach Angaben des Verbands der privaten Bausparkassen lag die durchschnittliche Bausparsumme bei Neuverträgen im Jahr 2017 bei 49.900 Euro. Beim Kauf oder Bau einer durchschnittlichen Immobilie deckt der Bausparvertrag also nur einen Teil der gesamten Finanzierung ab.

▷ **Wie ist der Ablauf bei einem Bausparvertrag?**

Zunächst muss der Kunde einen Teil **der Bausparsumme** ansparen, in der Regel 30 bis 50 Prozent. Nach einer gewissen Zeit – beispielsweise nach sieben oder zehn Jahren – ist der Vertrag dann „zuteilungsreif". Das bedeutet, dass der Sparer **Darlehen für die Baufinanzierung** abrufen kann. Dieses Geld darf er dann für sogenannte wohnwirtschaftliche Zwecke ausgeben, wie im Bausparkassengesetz festgelegt ist (§1 Abs. 3 BauSparkG).

Die Rückzahlung des Bausparkredits läuft dann ebenfalls wieder über einige Jahre.

Bei vielen Verträgen kann der Bausparkunde wählen, über welchen Zeitraum er den Kredit zurückzahlen möchte. Dabei gilt: Je schneller die Rückzahlung erfolgt, umso niedriger ist in der Regel der Kreditzins.

Anders gesagt: Den beworbenen Zins gibt es meist nur bei sehr schneller Rückzahlung.

Bei der Zuteilung eines Vertrags muss sich der Bausparer aber nicht unbedingt für das Darlehen entscheiden. Er kann auch nur die **Auszahlung seines Bausparguthabens** beantragen. Dann endet der Vertrag.

Es gibt auch eine dritte Möglichkeit: Der Bausparer kann nach der Zuteilung einfach **weiter sparen**. Dann wird das mögliche Baudarlehen im Laufe der Zeit zwar immer kleiner, gleichzeitig verzinst sich aber das Guthaben weiter. Gerade bei gutverzinsten Altverträgen ist dies für den Bausparer eine interessante Möglichkeit. Zehn Jahre nach der Zuteilung hat die Bausparkasse dann allerdings ein Kündigungsrecht.

▷ Welche Kosten entstehen bei einem Bausparvertrag?

Für einen Bausparvertrag fallen Kosten an, und zwar meist eine **Abschlussgebühr und Kontoführungsgebühren.** Die Abschlusskosten liegen allgemein zwischen 1,0 und 1,6 Prozent der Bausparsumme – bei einer Bausparsumme von 50.000 Euro werden also mindestens 500 Euro fällig. Außerdem zahlen Sie meist jährliche Kosten für das Konto von bis zu 24 Euro pro Jahr.

 Achtung
Neu: Nachträgliche Servicepauschale unwirksam

Die **Debeka** hatte zum 1. Januar 2017 nachträglich für laufende Verträge eine Service-Pauschale in zwei Tarifen von **jährlich 24 Euro und 12 Euro** eingeführt. Die Gebühr in der **Ansparphase** ist gleich aus **zwei Gründen** unzulässig:

■ Die Bausparkasse durfte ohne ausdrückliches Einverständnis keine Gebühren einführen – eine **fingierte Zustimmung** reicht nicht. Das Grundsatzurteil des Bundesgerichtshofs zur einseitigen Änderung von Allgemeinen Geschäftsbedingungen gilt nach unserer Einschätzung auch für Bausparkassen (BGH, Urteil vom 27. April 2021, Az 26/20).

■ **Unwirksam** ist die Pauschale aber auch, weil die Bausparkasse ihren organisatorischen Aufwand nicht einfach auf die Bausparer abwälzen darf. So entschied das **Oberlandesgericht Koblenz** (Az. 2 U 1/19). Das Urteil ist mittlerweile **rechtskräftig**. Die Debeka zog zwar noch vor den BGH, doch kurz vor der mündlichen Verhandlung nahm sie die Revision zurück und akzeptierte das Urteil aus Koblenz.

Welche Bauspartarife gibt es?

Der Bausparvertrag wird oft als Vertrag für fast alle Lebenslagen angeboten – geeignet sowohl für Sparer, zukünftige Finanzierer oder auch für Unentschlossene. Jede Bausparkasse hat deshalb zwei bis drei **unterschiedliche Tarife oder Tarifgruppen** im Angebot. Dazu kommen dann noch mal die staatlich zertifizierten Riester-Bausparverträge.

Mit dem Sparargument können die Bausparkassen heutzutage aber nicht mehr punkten. Schließlich sind sie von den sinkenden Zinsen der letzten Jahre überrascht worden.

Im Vordergrund der Werbung stehen jetzt meist niedrige Zinsen für das Bauspardarlehen und die staatliche Förderung.

Mit Blick auf die Zinsen kann es bei einem Baukredit sinnvoll sein, den Zinssatz bis zur letzten Rate zu kennen und festzulegen – insbesondere wenn man von steigenden Zinsen ausgeht. Dafür gibt es die Variante der Bausparsofortfinanzierung. Sie ist auch unter den Begriffen Kombidarlehen oder Konstantdarlehen bekannt: Dabei wird ein Bausparvertrag mit einem weiteren Darlehen kombiniert. Diese Konstruktion ist eine Alternative zu einer Baufinanzierung über die Bank und kommt zum Einsatz, wenn der Kreditnehmer sofort finanzieren möchte.

Vorteilhaft sind insbesondere Altverträge, die vor der Finanzkrise 2008 abgeschlossen wurden. Seit dem Jahr 2011 versuchen Bausparkassen gelegentlich, diese gut verzinsten Verträge zu kündigen. Was Sie tun können, wenn die Bausparkasse Ihren Vertrag gekündigt hat, lesen Sie unter:

 https://www.finanztip.de/ bausparvertrag/ bausparvertrag-gekuendigt/

Folgende Tabelle gibt Ihnen eine Übersicht über die verschiedenen Varianten:

Verwendungsmöglichkeiten für Bausparverträge

Variante	Lohnt sich, wenn ...
Versicherung gegen steigende Bauzinsen	... der spätere Immobilienerwerb fest eingeplant ist ... die Bauzinsen deutlich ansteigen
Bausparsofortfinanzierung	... die Zinsen für die gesamte Baufinanzierung festgeschrieben werden sollen ... der Gesamteffektivzins niedriger ist als ein vergleichbares Annuitätendarlehen
Sparvertrag	... hohe Zinsen geboten werden ... das Geld nicht benötigt wird ... die Sparraten genau eingehalten werden können

Warum macht die Förderung Bausparen interessant?

Bei neuen Bausparverträgen gibt es (fast) **keine Zinsen** mehr. Die Zinssätze liegen in der Regel deutlich unter den jeweils besten Angeboten beim Tagesgeld. Dazu kommen beim Bausparvertrag die Abschlusskosten von mindestens einem Prozent der Bausparsumme. Einziger Vorteil des Bausparvertrags: Als Ausgleich für die niedrigen Zinsen in der Sparphase können Bausparer später das Bauspardarlehen zu einem garantierten Zins beantragen.

Tagesgeld-Sparer, die später einen Baukredit benötigen, müssen dagegen ein Angebot zum aktuellen Zinsniveau beantragen. Die Zinsen können dann immer noch so niedrig sein wie im Herbst 2020, aber auch deutlich höher. Ob sich ein Bausparvertrag am Ende gelohnt hat, hängt von der Entwicklung der Hypothekenzinsen ab. Dies zeigt beispielhaft die Berechnung am Ende des Kapitels.

In dieser Bausparwelt ohne Zinsen dient die **staatliche Förderung** als eine Art von Ersatzzins. Allerdings gilt: Wenn der Staat über Steuern oder Zuschüsse in die privaten Finanzen eingreift, verschieben sich die Vor- und Nachteile für den Verbraucher. Beim Bausparvertrag gibt es vier Fördertöpfe: die Arbeitnehmersparzulage, die Wohnungs-

Vergleich zwischen Bausparvertrag und Tagesgeldkonto plus Darlehen

	Szenario 1 Zinsen bleiben niedrig	Szenario 2 Zinsen steigen moderat	Szenario 3 Zinsen steigen stark
Tagesgeldkonto plus Darlehen			
Verzinsung pro Jahr	1 %	1 %	1,5 %
Guthaben nach Ansparzeit	15.158 €	15.158 €	15.472 €
Höhe Darlehen	21.842 €	21.842 €	21.472 €
Sollzins pro Jahr (nom.)	2 % / 2,02 %	3,69 % / 3,75 %	5 % / 5,12 %
Darlehensrate pro Monat	246 €	266 €	275 €
Aufwand	23.635 €	25.208 €	26.113 €
Bausparvertrag Aufwand	25.208 €	25.208 €	25.208 €
Differenz	1.573 € Vorteil Tagesgeldkonto plus Darlehen	0 € kein Vorteil oder Nachteil	905 € Vorteil Bausparvertrag

Quelle: Finanztip-Berechnung.

bauprämie, vermögenswirksame Leistungen und die Riester-Förderung. Ein Riester-Bausparvertrag ist die bekannteste Variante des sogenannten Wohn-Riester (mehr dazu im Kapitel 2.2.1).

In allen diesen Fällen ist ein Bausparvertrag zumindest eine einfache und sichere Lösung. Ob es jeweils auch die beste Lösung ist, hängt davon ab, wofür der Bausparvertrag eingesetzt werden soll.

Achten Sie in jedem Fall darauf, dass die Bausparkasse Ihnen einen **günstigen Bausparvertrag** verkauft. Günstig wird ein Bausparvertrag vor allem dann, wenn die Bausparsumme überschaubar bleibt.

Wenn Sie die Arbeitnehmersparzulage, Wohnungsbauprämie oder vermögenswirksame Leistungen nutzen wollen, reicht dafür meistens eine Bausparsumme von 10.000 oder 12.000 Euro. Mehr als 20.000 Euro sollten es nicht sein. Wählen Sie die Bausparsumme so, dass der Vertrag ausgehend vom monatlichen Sparbetrag in spätestens sieben bis zehn Jahren zuteilungsreif wird.

Wie finden Sie den passenden Bausparvertrag?

Die Tarife der einzelnen Bausparkassen unterscheiden sich zum Teil deutlich voneinander. Achten Sie nicht nur auf den Darlehenszins, sondern auch auf die Verzinsung des Guthabens. Darüber hinaus gibt es weitere Eckdaten, die Sie berücksichtigen sollten.

Doch selbst mit allen Daten lassen sich die einzelnen Angebote von Bausparkassen nur schwer miteinander vergleichen. Das liegt an den unterschiedlichen Zinsen in Kombination mit den erwarteten Anspar- und Tilgungszeiträumen. So kann ein Angebot mit einem deutlich höheren Darlehenszins manchmal die bessere Wahl sein, da etwa die Zeit bis zur Zuteilung des Darlehens kürzer ist als bei anderen Varianten. Wir empfehlen daher grundsätzlich einen **Vergleich von Bausparverträgen**: Holen Sie für eine bestimme Bausparsumme Angebote unterschiedlicher Anbieter ein.

Für einige wichtige Situationen hat Finanztip die Vorteile allerdings berechnen können und spricht daher eine **eingeschränkte Empfehlung** aus: für Sparverträge für Jugendliche, für die späteren Finanzierung einer Modernisierung und zur Nutzung der Riester-Förderung.

▷ **Die Wohnbauprämie verbessert die Verzinsung**

Staatliche Förderungen können die Verzinsung von Bausparverträgen verbessern. Wie sich die Förderung auswirkt, zeigt das Beispiel der Wohnungsbauprämie. Diese Förderung können Sie direkt über die Bausparkasse beantragen. Erfüllen Sie die **Vor-**

aussetzungen – wichtig sind hier besonders die Einkommensgrenzen und ein Mindestalter von 16 Jahren – schreibt die Finanzverwaltung dem Vertrag maximal 70 Euro ab Januar 2021 (vorher 45,06 Euro) bei Einzelpersonen beziehungsweise das Doppelte bei Ehepaaren gut und zahlt diese später dann bei wohnwirtschaftlicher Verwendung aus.

Für die **Maximalförderung** müssen Singles ab Januar 2021 700 Euro pro Jahr einzahlen, Ehepaare 1.400 Euro (vorher 512 oder 1.024 Euro). Mit diesen zusätzlichen Beträgen steigt die Gesamtverzinsung des Vertrags auf ein akzeptables Niveau.

Da Sparer nur eine Maximalprämie von 70 Euro im Jahr erhalten, bringt eine höhere Sparrate keine extra Förderung. Eine höhere Sparsumme lohnt sich somit nicht und der Sparbetrag bleibt nach sieben bis acht Jahren überschaubar. Für eine wohnwirtschaftliche Nutzung lohnt sich das meist nicht.

▷ Bausparvertrag als Sparvertrag für Jugendliche

Anders verhält es sich bei Jugendlichen. Sie haben den **Vorteil des Bausparprivilegs**. Wer zwischen 16 und 25 Jahre alt ist, kann die Wohnungsbauprämie erhalten, ohne sie wohnwirtschaftlich nutzen zu müssen: Sie können einen Bausparvertrag als reinen Sparvertrag abschließen und staatliche Förderung erhalten.

Zur Wohnungsbauprämie erhalten junge Leute bei vielen Bausparkassen **spezielle Bonuszahlungen**. Beides zusammen erhöht die Gesamtverzinsung des Vertrags auf ein akzeptables Niveau. Während also ein Bausparvertrag für die Meisten keine sinnvolle Lösung mehr ist, können Jugendliche ab 16 Jahre mit dem Bausparvertrag für junge Leute eine annehmbare Rendite erzielen und die Summe frei nutzen. Ansonsten bieten gut verzinste Tages- und Festgeldkonten deutlich höhere Renditen.
Mehr dazu unter:

 *https://www.finanztip.de/ bausparvertrag/ bausparen-junge-leute/*

▷ Bausparvertrag zum Modernisieren

Für diesen Zweck einen **Bausparvertrag einzusetzen, ist meist einfacher** als einen Immobilienkredit über wenige Zehntausend Euro bei einer Bank zu beantragen. Denn bei einem Finanzierungsbedarf unterhalb von 50.000 Euro machen viele Banken überhaupt kein Angebot, oder nur ein schlechtes.

Für Bausparkassen gehören diese Darlehenssummen dagegen zum täglichen Geschäft. Darüber hinaus können sie Darlehen unter 30.000 Euro auch ohne Grundschuld vergeben. Gerade wenn eine Modernisierung absehbar ist, hilft ein Bausparvertrag, diese Finanzierung vorzubereiten. Denn die Kosten – und häufig auch der Zeitpunkt – für die

Modernisierung lassen sich gut abschätzen. Bausparsumme und Spardauer stehen also fest, und die Eckdaten des Bausparvertrags lassen sich genau einstellen.

Wer also absehbar für eine Modernisierung eine mittlere Finanzierungssumme über 15.000 bis 50.000 Euro benötigt, sollte sich die Angebote der Bausparkassen näher ansehen. Dies gilt umso mehr, wenn Sie die Voraussetzung für die staatliche Förderung erfüllen und davon ausgehen, dass die Zinsen in den kommenden Jahren wieder steigen.

▷ **Mit dem Bausparvertrag die Riester-Förderung nutzen**

Wer sich dafür entschieden hat, die Riester-Förderung zu nutzen, kann zwischen verschiedenen Vertragsformen wählen: es gibt zum Beispiel die Riester-Rentenversicherung, den Riester-Fondssparplan, den Banksparplan oder den Bausparvertrag als Wohn-Riester. Sofern ein Bausparvertrag grundsätzlich infrage kommt – etwa weil Sie später einen Kauf, Bau oder eine Modernisierung planen, kann er eine sinnvolle Lösung sein. Mehr dazu im Kapitel 2.2.1.

Wann sollten Sie (nicht) mit der Bausparkasse finanzieren?

Wenn Sie sich für den Kauf oder Bau einer Immobilie entschieden haben, sollten Sie neben Bausparkassen **auch mit Banken reden**. Dies gilt auch dann, wenn Sie bereits einen Bausparvertrag bei einer Bausparkasse abgeschlossen haben.

Gerade bei der Erstfinanzierung ist der Bausparvertrag und das darin enthaltene Bauspardarlehen meist deutlich kleiner als die Gesamtfinanzierung. Das liegt daran, dass Bausparverträge im Durchschnitt eine Bausparsumme von weniger als 50.000 Euro haben. Wenn Sie dann aber 200.000 Euro benötigen, müssen Sie weitere 150.000 Euro finanzieren: entweder über die Bausparkasse oder über eine Bank.

Für den noch offenen Teil oder den Gesamtbetrag ist aber ein **Baukredit von der Bank häufig günstiger** als die komplizierten Modelle der Bausparkassen. Gerade wenn Sie eine größere Darlehenssumme benötigen, sollten Sie sich also auch an einen Kreditvermittler oder an eine Bank wenden.

Wie sicher sind Bausparverträge?

Grundsätzlich sind ihre Einlagen bei Bausparkassen ähnlich sicher wie Sparkonten bei Banken für Tagesgeld und Festgeld: Ihr Guthaben ist **bis 100.000 Euro** gesetzlich abgesichert. Die zwölf privaten Bausparkassen sind Mitglieder in der Entschädigungseinrichtung deutscher Banken GmbH (EdB). Die Schwäbisch Hall gehört als Bausparkasse der Volks- und Raiffeisenbanken deren Einlagensicherung an. Die Landesbausparkassen (LBS) sind an den Haftungsverbund des Deutschen Sparkassen- und Giroverbandes angeschlossen, der Einlagen in unbegrenzter Höhe absichert.

Was sollten Sie noch über den Bausparvertrag wissen?

Wer sich das erste Mal mit einem Bausparvertrag beschäftigt, wird auf eine Reihe an Fachwörtern treffen, die einer Erklärung bedürfen. Wir haben die wichtigsten Begriffe eines Bausparvertrags zusammengestellt:

Bausparkollektiv – Bausparen beruht auf einem Kollektivgedanken. Die Bausparwilligen schließen sich zu einer Bauspargemeinschaft zusammen. Sie besteht aus den Einzahlern, die Guthaben in ihre Verträge sparen und aus den Darlehensnehmern, die die eingezahlten Beträge als Darlehen in Anspruch nehmen. Das kann zu folgendem Problem führen: Gibt es nicht genug Sparer, die in das Kollektiv einzahlen, können nicht allen Darlehensnehmern die entsprechenden Kredite zugeteilt werden.

Bausparsumme – Die Bausparsumme ist die wichtigste Kenngröße des Vertrags. Sie gibt die Höhe an, über die der Vertrag abgeschlossen wird. Der Betrag setzt sich zusammen aus dem angesparten Guthaben und dem nach einigen Jahren aufgenommenen Darlehen. Wenn Sie eine Immobilie finanzieren wollen, können Sie also die Höhe der Bausparsumme in Ihre Finanzierung einplanen.

Bewertungszahl – Die Bewertungszahl gibt Aufschluss darüber, wann Ihnen das Darlehen zugeteilt werden kann. Überschreitet Ihre Bewertungszahl die von der Bausparkasse festgelegte Zielbewertungszahl, können Sie das Darlehen in Anspruch nehmen. Die Bewertungszahl wächst im Laufe der Ansparphase an – zu Beginn nur recht langsam, nach einiger Zeit umso schneller. Sie ist umso höher, je mehr Geld Sie eingezahlt haben, je geringer die Höhe und je kürzer die Laufzeit des vereinbarten Darlehens ist.

Kosten – Für einen Bausparvertrag fallen Kosten an, und zwar meist eine Abschlussgebühr und Kontoführungsgebühren. Die Abschlusskosten liegen allgemein zwischen 1 und 1,6 Prozent der Bausparsumme – bei einer Bausparsumme von 50.000 Euro werden also mindestens 500 Euro fällig. Die Abschlussgebühr wurde von vielen Gerichten bereits für zulässig erklärt. Es handelt sich dabei nicht um pauschale Kreditbearbeitungsgebühren, die mittlerweile unzulässig sind. Außerdem zahlen Sie häufig Gebühren für die Kontoführung, die bei etwa 10 bis 20 Euro pro Jahr liegen.

Mindestspargutshaben – Um ein Darlehen zu erhalten, müssen Sie einen bestimmten Teil der Bausparsumme angespart haben. Dieses Mindestspargutshaben beträgt je nach Vertrag meist 30 bis 50 Prozent der Bausparsumme.

Regelsparbeitrag – In jedem Bausparvertrag ist eine Regelsparrate oder ein Regelsparbeitrag festgelegt. Er richtet sich nach der Höhe der Bausparsumme. Bei Standardtarifen beläuft er sich auf 4 bis 5 Prozent der Bausparsumme. Der Bausparer erreicht so nach etwa sechseinhalb bis siebeneinhalb Jahren das zur Zuteilung erforderliche Mindestsparguthaben. Monatliche Sonderzahlungen darf er meist mit Zustimmung der Bausparkasse leisten.

 Achtung

Auch wenn Sie seit längerem eine höhere Rate als die Regelsparrate einzahlen, kann die Bausparkasse die Rate auf den Regelsparbetrag reduzieren. Diese Art der Sonderzahlung darf sie immer ablehnen, wenn dadurch ein Ungleichgewicht im Tarif entsteht. Die Bausparkassen versuchen damit, auf die Niedrigzinsphase zu reagieren und ihre Zinslast zu verringern.

Was ist besser: Bausparvertrag oder Bankkredit?

Das folgende Beispiel vergleicht einen Bausparvertrag mit einer Kombination aus Tagesgeld und Bankdarlehen. Dabei gehen die Finanztip-Experten davon aus, dass der Kunde acht Jahre lang monatlich 150 Euro sparen kann und Guthaben und Darlehen anschießend für den Kauf oder die Modernisierung seiner Immobilie einsetzen möchte.

Der Sparer erhält keine staatliche Förderung und zahlt keine Kapitalertragssteuer.

Für eine Modellrechnung nutzen die Finanztip-Experten einen Vertrag der BHW Bausparkasse, Tarif Wohnbausparen.

Eckdaten Bausparvertrag	
Bausparsumme	37.000 €
Spardauer	8 Jahre, 1 Monat (97 Monate)
Sparrate pro Monat	150 €
Guthabenverzinsung	0,1 %
Abschlussgebühr	1,6 % der Bausparsumme 592 €
Guthaben nach Ansparzeit	14.012 €
Höhe Bauspardarlehen	22.988 €
Höhe Darlehenszins	2,80 %
Darlehensrate pro Monat	266 €
Laufzeit des Darlehens	7 Jahre, 11 Monate (95 Monate)

Quelle: BHW Bausparkasse, Finanztip-Berechnung (Stand: 9. Februar 2016).

Die Zahlungen des Bausparvertrags werden nun mit der zweistufigen Lösung verglichen: Der Sparer zahlt seine monatliche Rate zunächst auf ein Tagesgeldkonto ein. Nach derselben Zeit wie beim Bausparvertrag nimmt er dann ein Darlehen auf, um ebenfalls auf 37.000 Euro zu kommen. Dabei untersuchen wir drei verschiedene Zinsniveaus.

Das **Ergebnis**: Bei einem Anstieg der Bauzinsen auf 3,75 Prozent pro Jahr sind beide Lösung gleich gut (Szenario 2). Bleiben die Zinsen auf gleichem Niveau (Szenario 1), schneidet der Bausparer um mehr als 1.500 Euro schlechter ab als der Tagesgeld-Sparer. Für den Fall, dass die Bauzinsen deutlich ansteigen, und das Tagesgeld im Schnitt bei 1,5 Prozent liegt (Szenario 3), spielt der Bausparvertrag seinen Vorteil aus. Gut 900 Euro spart der Bausparer bei den Zinsen.

Ein Bausparvertrag ist also eine Versicherung gegen steigende Zinsen. Wenn Sie Planungssicherheit wollen und befürchten, dass die Zinsen in den nächsten Jahren um etwa zwei Prozentpunkte zulegen, lohnt sich in diesem Beispiel der Bausparvertrag. Außerdem sollten Sie sich möglichst sicher sein, dass Sie das Baudarlehen auch in Anspruch nehmen. Mehr dazu unter:

https://www.finanztip.de/ baufinanzierung/ hypothekenzinsen/

sowie als Video unter:

Video-Ratgeber: „Ein Bausparvertrag ist eine Wette?! Bausparen erklärt"

Konkrete Produktempfehlungen finden Sie unter:

www.finanztip.de/ bausparvertrag/

Fertighausanteil 2021 auf neuem Allzeithoch: Fast ein Viertel aller neugebauten 1-und 2-Familienhäuser wird vorgefertigt. V. a. der Süden setzt auf den Trendsetter: In Baden-Württemberg und Hessen liegt der Anteil schon bei fast 40 Prozent – Tendenz: Steigend

Und warum?

Vorteile der Fertigbauweise mit Holz:
- → Besonders gutes Raumklima
- → Viel kürzere Rohbauzeiten (kein Austrocknen über den Winter)
- → Höhere Nachhaltigkeit, da
  - → CO₂-neutral
  - → Nachwachsend
- → Hohes Isolationsvermögen
- → Verbraucht bei Herstellung kaum Energie

Fertigbau ist Technologieführer bei
- » INNOVATIONSFREUDIGKEIT
- » QUALITÄT
- » RATIONALISIERUNG
- » KOSTENEFFIZIENZ
- » ARCHITEKTUR
- » DESIGN

Und die Kosten?
- → Mindestens so hoch wie beim Nassbau
- → Aber: Langjährig bundesweit tätige Fertighausunternehmen haben Ruf zu verlieren. Das schützt Baufamilien vor
  - → Pfusch am Bau
  - → Bauträgerpleiten
  - → Insolvenzbetrug durch windige Baufirmen

Jedes Vierte ist ein Fertighaus

SmartKnowHow

Quelle: LBS, Gesund Wohnen, Statista

2.4.4 Immobilien als Kapitalanlage

» So viel bringt eine Immobilie als Kapitalanlage «

von Dirk Eilinghoff Stand: 14. September 2020
www.finanztip.de/baufinanzierung/immobilie-kapitalanlage/

Rendite von Immobilien: Das sind die wichtigsten Faktoren // Immobilien zur Vermietung sind meist kreditfinanziert // So berechnet sich die Rendite einer vermieteten Immobilie // Gesamtrendite passt nur bei hohem Verkaufspreis // Rendite kann weiter sinken // Fazit: Alternativen prüfen lohnt sich

Das Wichtigste in Kürze

- Das niedrige Zinsniveau lässt viele Menschen über geeignete Anlagemöglichkeiten nachdenken.
- Der Kauf einer Immobilie gilt dabei als risikoarme und lohnenswerte Investition.
- Makler und Bauträger machen jedoch häufig zu positive Annahmen.
- Achten Sie bei Musterberechnungen auf die Einmalkosten beim Kauf, den Erhaltungsaufwand, den angenommenen Wiederverkaufspreis und die Steuern.

So gehen Sie vor

- Lassen Sie sich in jedem Fall eine Musterberechnung zur Rendite der Immobilie zeigen und hinterfragen Sie die Annahmen.
- Vergleichen Sie die Rendite beim Immobilienkauf mit jener bei anderen Geldanlagen.
- Nutzen Sie bei der Baufinanzierung grundsätzlich den Wettbewerb unter den Anbietern.

In Zeiten niedriger Zinsen betrachten immer mehr Menschen eine Immobilie als **ideale Kapitalanlage**. Häuser und Wohnungen gelten nicht nur als wertbeständig, sondern versprechen zusätzlich beachtliche Renditen. Regelmäßig nennen Projektentwickler und Makler eine Spanne von **4 bis 6 Prozent** pro Jahr.

Damit liegt die Rendite etwa im Bereich jener Verzinsung, die Sparer in Deutschland in den 1980er und 1990er Jahren auf ihren Sparkonten erzielen konnten. Privatanleger, die mit dem Gedanken spielen, eine Immobilie als Kapitalanlage zu kaufen, sollten allerdings einschätzen können, ob diese **Traumrenditen realistisch** sind.

Rendite von Immobilien: Das sind die wichtigsten Faktoren

Heutzutage vermehrt sich Guthaben auf Sparbüchern nicht mehr. Nur die besten Tagesgelder und Festgelder übertreffen noch die Inflation. Wer dagegen 4 oder 6 Prozent Rendite sucht, schaut sich nach Alternativen um, etwa nach einer Investition in „Betongold".

Wer sich für eine Immobilie als Kapitalanlage interessiert, erhält von den Verkäufern häufig eine Modellrechnung oder zumindest eine Angabe zur erwarteten Rendite. Wie unsere beispielhafte Rendite-Berechnung zeigt, erfüllen sich die hohen Erwartungen der Anleger vor allem dann, wenn der Immobilienwert und die Miete bis zum Verkauf deutlich steigen und der Erhaltungsaufwand gering bleibt. Häufig sind diese Annahmen aber sehr optimistisch.

Im Einzelnen sollten Sie vor der Entscheidung für eine Immobilie als Kapitalanlage die folgenden Fragen für sich beantworten.

▷ **Wichtige Fragen im Überblick**

Kaufpreis – Wie hoch ist der Kaufpreis im Verhältnis zur Jahreskaltmiete? Ist das für den Standort ein übliches Verhältnis? Ein Faktor von 20 ist günstig, 25 inzwischen in den meisten Lagen üblich, 30 auf jeden Fall teuer, aber häufig anzutreffen.

Nebenkosten (Anschaffung) – Wie hoch sind Grunderwerbsteuer, Notarkosten und Maklerprovision für die Immobilie?

Nutzungsdauer – Können Sie heute bereits sagen, für wie lange Sie die Immobilie behalten möchten? Wann und wie wollen Sie die Investition abschließen?

Mieteinnahmen – Mit welcher Kaltmiete pro Quadratmeter rechnen Sie? Ist diese Miete im Standort bei vergleichbaren Immobilien zu erzielen? Wer kümmert sich um neue Mieter, wenn die Wohnung leer steht?

Verwaltungskosten – Wie hoch sind die Verwaltungskosten für die Wohnung?

Erhaltungsaufwand – Welcher gemeinschaftliche Erhaltungsaufwand ist voraussehbar? Wie hoch ist das Hausgeld dafür? Welche Summe sollte man darüber hinaus für die Wohnung zurückstellen?

Steuern – Wie ist die Aufteilung von Grundstück und Gebäude für steuerliche Zwecke? Wie hoch ist dann die Abschreibung? Wie hoch ist Ihr Grenzsteuersatz?

Finanzierung – Ist die Zinsbindung für die geplante Finanzierung länger als die Nutzungsdauer? Dann benötigen Sie nach der Zinsbindungsfrist eine Anschlussfinanzierung. Lassen Sie sich zeigen, wie sich ein Zinsanstieg auf Ihre Monatsrate und die Rendite auswirken.

Wiederverkauf – Welche Faktoren beeinflussen bereits heute die Wertentwicklung der Immobilie? Gibt es absehbare Risiken? Können Sie erwarten, die Immobilie zum gleichen Faktor (Kaufpreis zu Jahresmiete) zu verkaufen, wie Sie sie selbst gekauft haben?

Sofern Sie die Antworten zu diesen Fragen nicht mit Hilfe des **Exposés** zur Immobilie beantworten können, sollten Sie den Verkäufer oder Vermittler befragen. Gerade wenn er Ihnen eine Rendite-Erwartung für das Objekt genannt hat, weiß er genau, wie er diese Fragen für seine Berechnung beantwortet hat. Sie erhalten damit wichtige Hinweise dazu, **wie realistisch** diese Annahmen sind. Die Grundüberlegungen zur Rendite sind dabei übrigens für alle angebotenen Immobilien gleich, egal, ob es sich um eine gewöhnliche Eigentumswohnung zur Vermietung oder Appartements in einer Seniorenresidenz, einem Pflegeheim oder einem Studentenwohnheim handelt.

Podcast zum Thema: Auf Geldreise „Eine Wohnung als Altersvorsorge?– Teil eins (#83)"

Immobilien zur Vermietung sind meist kreditfinanziert

Immobilien gehören zu den teuersten Objekten, die die meisten Menschen in ihrem Leben je erwerben. Wer aber nicht selbst einzieht, sondern die Immobilie als Kapitalanlage kauft, übersieht häufig die finanzielle Dimension der Investition. Schuld daran ist das gängige Finanzierungsmodell, wonach Anleger lediglich das notwendige Eigenkapital für den Kauf und die Nebenkosten einsetzen. Für den größeren Teil der Investition nehmen sie dagegen einen Baukredit bei einer Bank oder Bausparkasse auf. Dann reichen bereits einige Zehntausend Euro an Ersparnissen, um eine Immobilie als Kapitalanlage zu finanzieren.

Vorteile hat dieses Modell vor allem für die Anbieter der Immobilien: Sie können mehr potenzielle Anleger ansprechen und erzielen höhere Verkaufspreise. Im Gegenzug versprechen sie den Käufern stets ein attraktives Geschäft: den Aufbau von Vermögen auf Kosten der zukünftigen Mieter. Deren Mietzahlungen sollen die Ausgaben für den Kredit und sonstige Kosten decken. Abgesehen vom eingesetzten Eigenkapital soll sich die Immobilie also **weitgehend selbst finanzieren**.

Die Baufinanzierung wird damit zum Hebel der Rendite, der allerdings in beide Richtungen wirken kann: Liegt die Rendite über dem Hypothekenzins (nach Steuern), so steigert der Baukredit die Rendite. Denn für das geliehene Geld zahlt der Käufer weniger, als er insgesamt mit dem Objekt verdient. Liegt die Rendite aber unter dem Hypothekenzins, so ziehen die Kosten für die Finanzierung die Rendite für das selbst eingesetzte Geld nach unten. Dies verdeutlicht auch die nachfolgende Rendite-Berechnung.

So berechnet sich die Rendite einer vermieteten Immobilie

Als Beispiel für die Rendite-Berechnung dient der Kauf einer Drei-Zimmer-Wohnung mit 70 Quadratmetern Wohnfläche zum Preis von 210.000 Euro. Für diesen Kaufpreis können Immobilienkäufer zwar keine Eigentumswohnung in attraktiven Lagen der Großstädte erwarten, Wohnungen zu diesem Preis lassen sich aber problemlos in der nächstgrößeren Städtekategorie – den sogenannten Mittelstädten oder B-Städten – finden.

In diesem Beispiel gehen wir davon aus, dass der Anleger die Wohnung provisionsfrei vom Bauträger erwirbt. Die Grunderwerbssteuer soll bei 6 Prozent liegen. Im Vergleich zu einem Kauf über einen Immobilienmakler sind die Nebenkosten also deutlich niedriger. Der Anleger hat rund 100.000 Euro angespart. Dieses Geld setzt er als Eigenkapital bei der Finanzierung der Immobilie ein. Bei der Renditeberechnung geht es zunächst um die **Gesamtkosten** des Projekts, dann um die Einnahmen und Ausgaben einschließlich der Steuern. Zum Kaufpreis kommen noch die Nebenkosten.

Berechnung Gesamtkosten des Wohnungskaufs

Kaufpreis	210.000 €
Grunderwerbssteuer (6%)	12.600 €
Notar und Grundbuchamt (2%)	4.200 €
Makler (Courtage)	0 €
Nebenkosten gesamt	16.800 €
Gesamtkosten	**226.800 €**
Eigenkapital des Anlegers	101.800 €

Quelle: Finanztip-Berechnung (Stand: November 2019).

Miete: Die Mieteinnahmen sollen einen möglichst großen Anteil der Kreditraten finanzieren. Der Kaufpreis für die Wohnung beträgt in unserem Beispiel etwa das 25-fache der Jahreskaltmiete. Das liegt eher im mittleren Bereich dessen, was in den besseren Lagen deutscher Großstädte zurzeit

Preisentwicklung der Mieten

Ø für 1m² in Nürnberg

4,71 € — 2000

11,46 € — 2022

Quelle: Nürnberger Nachrichten, Mietspiegel Nürnberg 2022

Wohnungsbestand 2020
42,8 Mio Wohnungen in Deutschland
Ø-Größe: 92 m²
47,4 m² je Einwohner

Quelle: Statistisches Bundesamt

Preisentwicklung am Immobilienmarkt
am Beispiel Nürnberg
Herbst 2019 bis Frühjahr 2020

- **+4,5%** Freistehende Einfamilienhäuser
- **+4,1%** Reihenmittelhäuser (Ø 449.000 €)
- **+3,8%** Eigentumswohnungen (Ø 3.050 € pro m²)

Flaute im Frühjahr 2020
Coronabedingter Rückgang der Kaufobjekte – zunehmende Rückkehr der Dynamik seit Beginn der Lockerungen.

Quelle: Nürnberger Nachrichten

Achtung beim Verkauf

Nutzung als Mietobjekt: der Gewinn ist steuerpflichtig, wenn zwischen Kauf und Verkauf nicht mehr als 10 Jahre liegen (Notartermin ausschlaggebend).

Selbst bewohnte Immobilie: der Gewinn ist steuerfrei. Gilt auch bei Nutzung als Zweitwohnsitz oder bei mietfreier Nutzung durch ein unterhaltspflichtiges Kind – mindestens im Jahr des Verkaufs und in den beiden vorhergehenden Jahren.

Quelle: LBS

Annahmen über Miete und Mietentwicklung

erzielbare Kaltmiete pro Quadratmeter	10 €
Monatskaltmiete	700 €
Jahreskaltmiete	8.400 €

Quelle: Finanztip-Berechnung (Stand: November 2019).

gefordert wird. Liegt dieses Verhältnis höher, verschlechtern sich die Rendite-Erwartungen.

Kosten: Die tatsächlichen Kosten einer Immobilie liegen meist über den Werten, die Verkäufer und Immobilienmakler bei ihren Berechnungen ansetzen. Grundsätzlich kann der Eigentümer der Wohnung ja den größeren Teil des Hausgelds, das er selbst zahlt, als Nebenkosten auf seinen Mieter umlegen. Die Kosten für den Hausverwalter und die Erhaltung der Wohnung muss er allerdings selbst tragen. Außerdem kann es beim Wechsel oder bei Zahlungsproblemen der Mieter zu Ausfällen kommen. Anders als die Verwaltungskosten fällt der Erhaltungsaufwand für Bauteile, wie das Dach, die Heizung oder die Badeinrichtung nicht regelmäßig an. Wenn diese Gebäudeteile aber erneuert werden müssen, entstehen hohe Kosten. Mehr dazu online unter:

 https://www.finanztip.de/erhaltungsaufwand/

Nach einer alten **Faustformel** sollten Vermieter mindestens 1 Prozent des Kaufpreises ansetzen, also in unserem Fall 2.100 Euro pro Jahr. Legt man aber die gestiegenen Baupreise der vergangenen Jahre zugrunde, dürfte dieser Wert (je nach Alter der Wohnung) eher niedrig angesetzt sein, falls es wirklich einmal zu größeren Reparaturen kommt. Banken und Bausparkassen berücksichtigen den Erhaltungsaufwand bei ihren Berechnungen meist gar nicht oder mit sehr viel niedrigeren Pauschalen (zum Beispiel 1 Euro pro Monat und Quadratmeter, das würde also im Beispiel nur 840 Euro pro Jahr machen).

In diesem Beispiel bleiben wir bei der Faustformel. Die Kosten für den Verwalter sollen darin enthalten sein. Wir gehen davon aus, dass keine Mietausfälle durch Leerstand oder Zahlungsschwierigkeiten der Mieter entstehen. Obgleich wir also bei weitem nicht mit dem schlechtesten Szenario rechnen, setzen wir in dieser Rendite-Berechnung deutlich höhere Kosten an als die meisten Anbieter und Banken in ihren Modellrechnungen. Dies geht zu Lasten der Rendite, ist aber sachgerecht: Nur ein gut erhaltener Altbau kann sich beim Verkauf gegen Neubauten behaupten.

Erhaltungsaufwand (1 % des Kaufpreises): 2.100 € p. a.

Steuern: Der Gesetzgeber sieht eine Abschreibung von 2 Prozent pro Jahr über 50 Jahre vor. Angerechnet wird dies allerdings nur auf die Gebäudekosten. Der Käufer muss daher für das Finanzamt eine Aufteilung von Grundstücks- und Gebäudewert vornehmen. In unserem Beispiel gehen wir von einer Aufteilung von 40 zu 60 Prozent aus. Die Abschreibung vermindert die Bemessungsgrundlage für die Steuern.

Auch die Kosten für Erhalt und Verwaltung der Wohnung mindern den Mietüberschuss. Gleiches gilt für die Zinsen des Darlehens, allerdings nicht für die Tilgungsleistungen.

Steuern	
Wert des Grundstücks	84.000 € (40 %)
Wert des Gebäudes	126.000 € (60 %)
Anteil Gebäude an Nebenkosten	10.080 €
Grundlage für Abschreibung	136.080 €
Abschreibung pro Jahr (50 Jahre)	2.722 €
Grenzsteuersatz des Anlegers	42 %

Quelle: Finanztip-Berechung (Stand: November 2019).

Finanzierung: Wir gehen davon aus, dass der Anleger die Immobilie nach 15 Jahren wieder verkaufen möchte. Denkbar ist also ein 50-jähriger Anleger, der die Wohnung bis zum Rentenantritt halten möchte. Er benötigt also einen Hypothekenkredit über 15 Jahre. Die Bank verlangt einen anfänglichen Tilgungssatz von 3 Prozent. Die Auswirkungen einer geänderten Zinsentwicklung (also besonders steigender Hypothekenzinsen) betrachten wir in diesem Musterfall nicht.

Finanzierung	
Gesamtkosten	226.800 €
Eigenkapital	101.800 €
Kreditsumme (60 %)	125.000 €
Sollzins	2,5 %
anfängliche Tilgung	3 %
Dauer der Zinsbindung	15 Jahre
Restschuld nach 15 Jahren	57.755 €
Monatsrate	573 €

Quelle: Finanztip-Berechung (Stand: November 2019).

Wertentwicklungen: Wie hoch oder niedrig die Rendite der Immobilie am Ende ausfällt, hängt entscheidend davon ab, welchen Verkaufspreis der Anleger am Ende erzielen kann. Über einen Zeitraum von 15 Jahren entwickeln sich Mieten, Kosten und Immobilienpreise weiter – und dies nicht immer unbedingt im Gleichklang. In Phasen eines Immobilienbooms steigen die Verkaufspreise etwa schneller als die Mieten: Immer mehr Menschen setzen dann auf weiter steigende Immobilienpreise, und die Preise steigen. Geht die Nachfrage nach Kaufimmobilien dagegen zurück, reagieren die Mieten erst mit einiger Verzögerung.

In unserem Grundszenario gehen wir davon aus, dass Mieten, Kosten und Immobilienpreise in den nächsten Jahren moderat steigen.

Wert- und Preisentwicklungen in der Übersicht

Anstieg Miete	1 % pro Jahr
Anstieg Kosten	1 % pro Jahr
Anstieg Immobilienpreise	1 % pro Jahr

Quelle: Finanztip-Analyse (Stand: November 2019).

Steigen die Immobilienpreise im gleichen Maß wie Kosten und Mieten, so ergibt sich nach 15 Jahren wieder das gleiche Kaufpreis/Kaltmiete-Verhältnis wie beim Kauf: Der Anleger verkauft dann wieder zum 25-fachen der Nettokaltmiete. Der Verkaufspreis läge dann bei 243.803 Euro, also um 16 Prozent über dem Preis, den der Anleger selbst bezahlt hat (210.000 Euro).

Gesamtrendite passt nur bei hohem Verkaufspreis

Bei diesen Annahmen ist die Rendite auf das eingesetzte Kapital nach 15 Jahren zwar nicht so hoch wie vielleicht erwartet, aber attraktiv. Die einzelnen Positionen entwickeln sich wie folgt:

Der Immobilienkäufer setzt also zu Beginn sein Eigenkapital ein und muss dann Jahr für Jahr zusätzliche Ersparnisse einbringen, um die laufenden Kosten und den Baukredit zu bezahlen. Die Rendite liegt bei einer realistischen Kalkulation des Erhaltungsaufwands bei 3,41 Prozent. Wer diese Kosten aus der Berechnung streicht, kommt sogar auf eine Rendite von 4,39 Prozent und damit in Bereiche, wie sie Immobilienmakler und Projektentwickler gern nennen.

Rendite kann weiter sinken

Auch wenn wir im Grundszenario bereits den Erhaltungsaufwand berücksichtigt haben, ist es immer noch recht optimistisch, denn es geht davon aus, dass der normale Verlauf nicht **gestört** wird. Der Alltag eines Vermieters sieht allerdings häufig anders aus: Mieter zahlen plötzlich nicht mehr, Reparaturen sind kostspieliger als erwartet. Vor allem aber kann der Verkaufspreis hinter den Erwartungen zurückbleiben.

Rendite-Berechnung für eine Eigentumswohnung mit Baukredit

Jahr	Immobilie	Mieten	Kosten	Kredit	davon Zinsen	Abschreibung	Zufluss / Abfluss
2019	210.000 €	8.400 €	2.100 €	6.875 €	3.125 €	190 €	- 101.800
2020	212.100 €	8.484 €	2.121 €	6.875 €	3.031 €	256 €	- 765
2021	214.221 €	8.569 €	2.142 €	6.875 €	2.935 €	323 €	- 768
2022	216.363 €	8.655 €	2.164 €	6.875 €	2.837 €	392 €	- 771
...	...	...	...	...	...	...	...
2034	241.390 €	9.656 €	2.414 €	6.875 €	1.576 €	1.236 €	+ 182.765
						Rendite	+ 3,41 %

Damit der Anleger 15 Jahre nach dem Kauf der Wohnung wieder das 25-fache der Jahreskaltmiete erzielt, muss die Nachfrage nach Immobilien am gewählten Standort zum Zeitpunkt des Verkaufs hoch sein: Neue Käufer müssen also bereit sein, wieder einen so hohen Preis zu zahlen, obwohl Zuschnitt und Ausstattung von Wohnungen irgendwann als veraltet gelten und Bodenbeläge, Türen und Keramik sich abnutzen.

Neben dem Alter und der Abnutzung gibt es noch eine Vielzahl von Faktoren, die die Immobilienpreise am Standort und in Deutschland insgesamt beeinflussen, etwa die wirtschaftliche Entwicklung vor Ort und im Land und die Altersstruktur der Bevölkerung. Einer der wichtigsten Faktoren ist sicherlich die allgemeine Zinsentwicklung. In Zeiten niedriger Zinsen sind auch die Hypothekenzinsen niedrig, und andere Anlageformen versprechen nur niedrige Renditen.

Wie sich die Rendite verändert, wenn der Anleger bei gleicher Miet- und Kostenentwicklung einen niedrigeren Verkaufspreis erzielt, zeigt die untenstehende Tabelle.

Im Grundszenario erzielt der Anleger also in etwa die erhoffte Rendite. Der Schlüssel dazu ist die Wertsteigerung der Immobilie in den nächsten 15 Jahren. Damit sich diese Hoffnung erfüllt, muss die Nachfrage nach Immobilien in 15 Jahren hoch sein und das konkurrierende Angebot klein.

Die meisten Menschen können sich aber auch noch an lange Phasen in den vergangenen Jahrzehnten erinnern, als die Nachfrage nach Immobilien eher mäßig und das Angebot ausreichend oder sogar hoch war. In einer solchen Phase liegt der Verkaufspreis für eine 15 Jahre alte Immobilie wahrscheinlich unter dem Kaufpreis. Das pessimistische Szenario zeigt: Die Rendite sinkt bei einer

Rendite bei optimistischem und pessimistischem Szenario

	Szenario 1	Szenario 2	Szenario 3
	optimistisch	pessimistisch	pessimistisch mit Mietausfällen und niedrigerem Verkaufspreis
Beschreibung	Verkauf zum gleichen Faktor wie Kauf	Verkaufspreis niedriger als Kaufpreis	zusätzlich: Ausfall von 4,2 % der Nettokaltmiete (0,5 Monatsmieten pro Jahr)
Kaufpreis / Kaltmiete Verhältnis pro Jahr	25	22	20
Verkaufspreis	243.803 €	212.423 €	193.112 €
Rendite	3,41 %	2,18 %	1,04 %

weniger optimistischen Berechnung deutlich. Erhöhen sich die Kosten und sinkt der Verkaufspreis noch weiter, bleibt von der versprochenen Rendite nicht mehr viel übrig.

Die Gesamtwirkung der verschiedenen Einflussfaktoren ist auf 15 Jahre nicht vorhersehbar. Fest steht aber, dass der Anleger sein Eigenkapital von mehr als 100.000 Euro in die Immobilie investiert und nicht über verschiedene Anlageklassen gestreut hat. Man spricht in diesem Fall von einem **Klumpenrisiko**.

Fazit: Alternativen prüfen lohnt sich

Eine Immobilie zur Kapitalanlage ist keineswegs immer eine lohnenswerte Investition. Die Rendite der Immobilie steht (anders als von Branchenvertretern gern behauptet) keinesfalls von Anfang an fest. Vielmehr hängt sie eng mit der **Wertentwicklung** der Immobilie zusammen. Wer seine gesamten Ersparnisse in eine Immobilie zur Vermietung steckt, läuft Gefahr, am Ende viel schlechter abzuschneiden als erhofft.

Neben den finanziellen Aspekten geht es bei einer Immobilie zur Vermietung auch immer um **Menschen**: Manche Mieter kümmern sich um das fremde Eigentum so, als wäre es die eigene Wohnung. Andere zahlen monatelang ihre Miete nicht und gehen nicht sehr pfleglich mit der Mietsache um. Ähnlich unterschiedliche Erfahrungen machten Vermieter mit dem Verwalter und den anderen Eigentümern in ihrem Haus. Auch diese Seite einer Immobilie zur Kapitalanlage sollten Sie bedenken.

Wer Verluste in jedem Fall vermeiden möchte, sollte daher bei möglichst gut verzinsten Festgeldern bleiben. Der sichere Zins bei den besten Festgeldern liegt gar nicht weit von Renditen einer Immobilie entfernt, und das ohne Sorgen um Mieter, Verwaltung und Wiederverkauf. Wer Schwankungen bei seiner Geldanlage insgesamt besser verkraftet, findet bei der Geldanlage mit Wertpapieren ähnlich hohe Rendite-Erwartungen wie bei einem optimistischen Szenario mit Immobilien.

Gute Aussichten, auch mit Immobilien eine bessere Rendite als beim Festgeld zu erzielen, hat der Anleger vor allem dann, wenn der **Standort** nicht von vornherein gut (und teuer) ist, sondern sich während der Nutzungsdauer positiv entwickelt. Nur dann besteht die Aussicht, günstig einzukaufen und teuer zu verkaufen. Das bedeutet aber, dass der Anleger an einem eher günstigen Standort kauft und nicht genau weiß, ob sich der Standort wirklich wie gewünscht entwickelt. Gerade Anleger, die mit ihren gesamten Ersparnissen in vermietete Immobilien investieren, sollten sich also bei ihrer Entscheidung nicht von Werbeversprechen und Rendite-Angaben der Anbieter leiten lassen.

Quelle: Nürnberger Nachrichten

2020–2021

Wenig Wohnraum, viel Nachfrage.
Der Zuzug in die Ballungszentren aus ländlichen Regionen und aus dem Ausland hält an.

Extra Push durch Corona:
eine Immobilie gilt als Inflationsschutz.

Niedrige Zinsen
sorgen anhaltend für eine attraktive Finanzierung.

Platzt jetzt die Immobilien-Blase?

Eigentumswohnungen +12,1%

Ein & Zwei-Familienhäuser +12,5%

Wohn-Immobilien +10,7%

Aus dem Gericht
Az.: 67 S 345/18

Eigenbedarf: Hohes Alter kann Mieter schützen

Der Mieter kann einer Kündigung wegen Eigenbedarfs widersprechen, wenn ein besonderer Härtegrund vorliegt – in diesem Fall das hohe Alter des Mieters: vom Verlust der Wohnung wäre er in dieser Lebensphase besonders hart betroffen.

Der Vermieter kann die Kündigung dann nur aus besonders schwerwiegenden persönlichen oder wirtschaftlichen Gründen durchsetzen – was hier jedoch nicht der Fall war.

Starker Preisanstieg

Bei Neubauten, Bestandsimmobilien (Eigentumswohnungen, Ein- und Zweifamilienhäusern) – und auch bei den Mieten, jedoch moderater.

Quelle: vdp, empirica

PREISINDEX
Neubauten in Deutschland
— Eigentumswohnung
— Ein & Zweifamilienhaus
···· Miete

2021
192 Punkte
188 Punkte

2003
100 Punkte

PUNKTE: 190, 180, 170, 160, 150, 140, 130, 120, 110, 100, 90, 80

2.4.5 Immobilienrente

» So beleihen oder verkaufen Sie Ihr Haus und bleiben drin wohnen «

von Barbara Weber Stand: 16. Dezember 2021
https://www.finanztip.de/immobilienverrentung/

Haus verkaufen und wohnen bleiben – Wie geht das? // Die Formen der Immobilienverrentung // Gründe für eine Immobilienverrentung // Was ist eine Leibrente? // Was ist ein Teilverkauf? // Wie funktioniert die Umkehrhypothek?

 Das Wichtigste in Kürze
- Es gibt verschiedene Formen der Immobilienverrentung: Leibrente, Teilverkauf und Umkehrhypothek.
- Mit einem Nießbrauch sichern Sie sich bei einem Verkauf ein Vermietungs- und Wohnrecht.
- Bevor Sie Ihr Haus verkaufen, sollten Sie prüfen, ob nicht ein Baukredit die bessere Lösung ist.

 So gehen Sie vor
- Informieren Sie sich zunächst über die verschiedenen Modelle. Beraten Sie sich mit Ihrem Partner und Ihrer Familie.
- Baukredite bekommen Sie u. a. über Kreditvermittler.
- Für den altersgerechten Umbau können Sie außerdem Programme der KfW-Förderbank nutzen: KfW 455-B (Barrierereduzierung – Investitionszuschuss) oder KfW 159 (Altersgerecht umbauen – Kredit).

Der Ruhestand ist erreicht und das Haus abbezahlt. Doch wenn Reparaturen anfallen oder das Haus einen altersgerechten Umbau benötigt, kommen Rentner schnell an ihre finanziellen Grenzen. Die scheinbar letzte Möglichkeit: Das Haus verkaufen und eine günstigere Wohnung beziehen.

In diesem Ratgeber zeigen wir Ihnen, wie Sie Ihr Haus zu Geld machen können, ohne Ihr gewohntes Umfeld verlassen zu müssen.

Haus verkaufen und wohnen bleiben – Wie geht das?

Allen Modellen der Immobilienverrentung ist gemeinsam, dass Sie in Ihrer Immobilie wohnen bleiben können. Bei den meisten Modellen sind das lebenslange Wohnrecht und der Nießbrauch die Grundlage für die Immobilienverrentung.

Mit einem **lebenslangen Wohnrecht** können Sie bis an Ihr Lebensende in der Immobilie bleiben. Bei Verkauf der Immobilie wird das Wohnrecht in das Grundbuch eingetragen und ist Ihnen damit rechtlich zugesichert. Sollten Sie allerdings in ein Seniorenheim ziehen, verlieren Sie Ihr Wohnrecht an der Immobilie.

Daher raten wir zu einem **Nießbrauch**. Das Nießbrauchsrecht garantiert Ihnen ein lebenslanges Wohn- und Nutzungsrecht an der Immobilie. Bei Umzug in ein Seniorenheim können Sie Ihr Zuhause vermieten und die Mieteinnahmen behalten.

Die Formen der Immobilienverrentung

Es gibt verschiedene Möglichkeiten, mit Ihrer Immobilie im Alter Geld zu machen, ohne ausziehen zu müssen. Die meisten Modelle gehen mit einem Verkauf der Immobilie einher.

Wir raten Ihnen: Möchten Sie Ihr Eigenheim behalten, holen Sie **immer erst** ein Angebot für einen **Baukredit** ein. Denn haben Sie Ihre Immobilie erst einmal verkauft, lässt sich das nicht mehr rückgängig machen, sprich: Ihr Eigentum ist weg, und Sie können die Immobilie auch nicht mehr vererben. Und manche Angebote halten wir schlichtweg für zu teuer.

▷ Leibrente

Die Leibrente ist eine **Zusatzrente**, die Sie sich mit Hilfe Ihrer Immobilie verschaffen: Sie verkaufen Ihre Immobilie an einen Leibrenten-Anbieter oder an nahestehende Verwandte und erhalten dafür eine lebenslange Rente. Zusätzlich können Sie bis an Ihr Lebensende in Ihrer Immobilie **wohnen bleiben**.

Für die Immobilie und ihre **Instandhaltung** geben Sie alle Verantwortung ab. Der Käufer Ihrer Immobilie zahlt sämtliche Kosten rund um Ihre Immobilie: Die notwendigen Reparaturen, Sanierungen und die **Grundsteuer**.

▷ **Verkauf und Nießbrauch**
Sie können Ihre Immobilie auch an eine **Privatperson verkaufen**, den Kaufpreis bekommen und einen **Nießbrauch** vereinbaren. Wenn Sie eine Rente erhalten möchten, können Sie den Kaufpreis anschließend bei einem Versicherer einzahlen, der Ihnen dafür eine lebenslange **Sofortrente** zahlt.

Der Verkauf mit Nießbrauch ist allerdings ein Modell, das wir Ihnen **nicht empfehlen**. Zum einen ist es schwierig, eine Immobilie mit einem Nießbrauch zu verkaufen. Denn der Käufer hat bis zu Ihrem Tod keine Möglichkeit, die Immobilie selbst zu nutzen. Dieser Umstand wird den **Kaufpreis** nach unten **drücken**.

Und nach wie vor müssen Sie die **Kosten** für die Immobilie, wie Instandhaltung und Grundsteuer, **selbst zahlen**. Außergewöhnliche Reparaturen muss zwar der Käufer zahlen, trotzdem können anstehende Reparaturen und deren Bezahlung zu **Streitigkeiten** führen.

▷ **Teilverkauf**
Beim **Teilverkauf** verkaufen Sie nicht sofort Ihre gesamte Immobilie, sondern nur einen Teil (**bis zu 50 Prozent**). Trotzdem dürfen Sie weiterhin die komplette Immobilie allein nutzen.

Aber auch dieses Modell **empfehlen wir** Ihnen **nicht**. Den Kaufpreis für den verkauften Teil bekommen Sie zwar auf einen Schlag. Doch mit dem Teilverkauf sind **viele Kosten** verbunden: Damit Sie den verkauften Teil nutzen dürfen, müssen Sie eine Art Miete zahlen. Und Sie sind weiterhin dafür verantwortlich, dass Ihr Haus in einem guten Zustand bleibt.

▷ **Umkehrhypothek**
Vereinzelte Banken zahlen Ihnen eine Zusatzrente in Form eines Darlehens (die sogenannte Umkehrhypothek). Hier verkaufen Sie aber nicht Ihre Immobilie, sondern **beleihen** sie nur. Ihre Immobilie dient wie bei einem Baukredit als Sicherheit für die Bank. Zu Lebzeiten zahlen Sie nur die **Zinsen**, aber nicht die Tilgung zurück.

Wenn Sie mehr zur Umkehrhypothek erfahren möchten, finden Sie dies in unserem Ratgeber zur **Umkehrhypothek**.

https://www.finanztip.de/immobilienverrentung/umkehrhypothek/

Gründe für eine Immobilienverrentung

Die Gründe für eine Immobilienverrentung sind vielfältig. Mit Ihrer selbstbewohnten Immobilie sparen Sie sich die monatlichen Mietzahlungen. Haben Sie auch Ihren Baukredit getilgt, zahlen Sie nur noch die Nebenkosten für **Strom**, **Heizung** und **Grundsteuer**. Sie wohnen also insgesamt sehr günstig. Doch im Alter kommen **weitere Ausgaben** auf Sie zu.

▷ Instandhaltungen und Renovierungen

Auch wenn Sie Rentner sind, muss das Haus renoviert und repariert werden: Ab und zu müssen Teile des Hauses oder der Wohnung **erneuert** werden, weil sie nicht mehr zeitgemäß oder einfach kaputt sind. Mal ist es das Bad, mal der neue Wintergarten, das Dach oder die Heizung. Doch oft fehlt hierfür das Geld.

▷ Altersgerechter Umbau

Das Bad ist nicht barrierefrei oder Sie benötigen einen **Treppenlift** für Ihr Haus. Wenn ein altersgerechter Umbau ansteht, kann Sie das viele Tausend Euro kosten.

▷ Haushaltshilfe und medizinische Behandlungen

Sozialversicherungen decken nicht immer alle Leistungen im Alter ab. Viele Medikamente und Hilfen im Alltag müssen Sie selbst zahlen. Eine Haushaltshilfe, die Sie bei Ihren alltäglichen Aufgaben unterstützt, kostet Sie viel Geld. Eine **Pflege zuhause** ist manchmal unbezahlbar, denn je nach Pflegegrad beteiligen sich die Pflegekassen nur mit einem geringen Betrag. Das Geld aus der Immobilie kann genau für diese Leistungen eingesetzt werden.

▷ Wünsche erfüllen

Vielleicht haben Sie auch den Wunsch nach **finanzieller Freiheit**. Sie möchten mit Ihrem Lebensgefährten verreisen, dem Golfclub beitreten oder den Enkelkindern hin und wieder eine Freude bereiten. Das sind Kosten, die mit einer „Standardrente" manchmal nicht zu stemmen sind.

Was ist eine Leibrente?

Die Leibrente ist eine **Zusatzrente**, die Sie bis an Ihr **Lebensende** erhalten.

Das Prinzip der Leibrente ist einfach: Sie **verkaufen** einer Person Ihre **Immobilie**. Die Person zahlt Ihnen **im Gegenzug** eine **Rente**. Die Zahlung kann monatlich, quartalsweise oder jährlich erfolgen. Sie müssen sich keine Gedanken darüber machen, wie Sie in 10, 15 oder 20 Jahren über die Runden kommen. Die Leibrente ist Ihnen bis zu Ihrem Tod garantiert. Mit einer Leibrente können Sie also Ihre Immobilie (etwa Ihr Haus) verkaufen und darin wohnen bleiben.

Die meisten Leibrenten-Anbieter vereinbaren mit Ihnen einen **Nießbrauch**, so dass Sie für immer in Ihren eigenen vier Wänden bleiben können.

Um **Instandhaltungen** müssen Sie sich nicht mehr kümmern. Deren Kosten übernehmen die Anbieter für Sie.

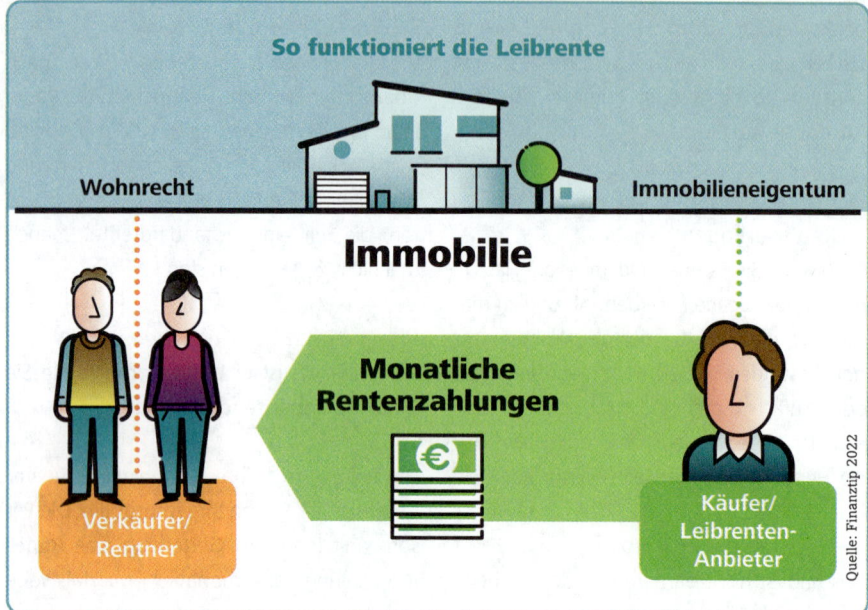

Wie das Modell der Immobilienrente im Detail funktioniert, erfahren Sie in unserem Ratgeber zur **Leibrente**.

 https://www.finanztip.de/immobilienverrentung/leibrente/

Was ist ein Teilverkauf?

Beim Teilverkauf bekommen Sie keine monatliche Rente, sondern den **Kaufpreis** auf einen Schlag. Unternehmen erwerben einen Teil Ihres Hauses (bis zu 50 Prozent) und zahlen Ihnen den Kaufpreis dafür. Auch in diesem Modell können Sie in der Immobilie wohnen bleiben.

Unserer Einschätzung nach ist der Teilverkauf **nicht empfehlenswert**. Das Modell hat **viele Tücken** und **unüberschaubare Kosten**.

Neben einer monatlichen Nutzungsgebühr für den verkauften Teil müssen Sie alle Instandhaltungen selbst zahlen. Und bei einem späteren Weiterverkauf der Immobilie werden Sie nochmals zur Kasse gebeten: Gegen Zahlung eines sogenannten Durchführungsentgelts wickeln die Teilverkauf-Anbieter den Verkauf für Sie ab.

Wie funktioniert die Umkehrhypothek?

Bevor Sie Ihr Haus in fremde Hände geben, sollten Sie ein Angebot für einen Immobilienkredit im Alter einholen. Neben dem klassischen Baukredit, bei dem Sie Tilgung und Zinsen monatlich zahlen, gibt es die sogenannte Umkehrhypothek.

Ihren Ursprung hat die Umkehrhypothek in den **USA**: Dort hat sie sich als ein bekanntes Modell der Immobilienverrentung etabliert. Rentner erhalten ein **Darlehen** von der Bank, ähnlich wie bei einem Baukredit. Das Darlehen wird monatlich als Zusatzrente oder einmalig ausgezahlt. Die Immobilie dient der Bank dabei als Sicherheit. Der **Unterschied** zu einem normalen Baukredit: Der Rentner muss **weder Zinsen noch Tilgung zahlen**. Die Schulden werden nach dem Tod des Rentners mit dem **Verkauf** der Immobilie beglichen.

In Deutschland gibt es **ähnliche Modelle**, bei denen Sie **nur** die **Zinsen zahlen** müssen. Die Tilgung übernehmen später Ihre Erben, wenn sie die Immobilie behalten möchten. Oder Ihre Immobilie wird nach Ihrem

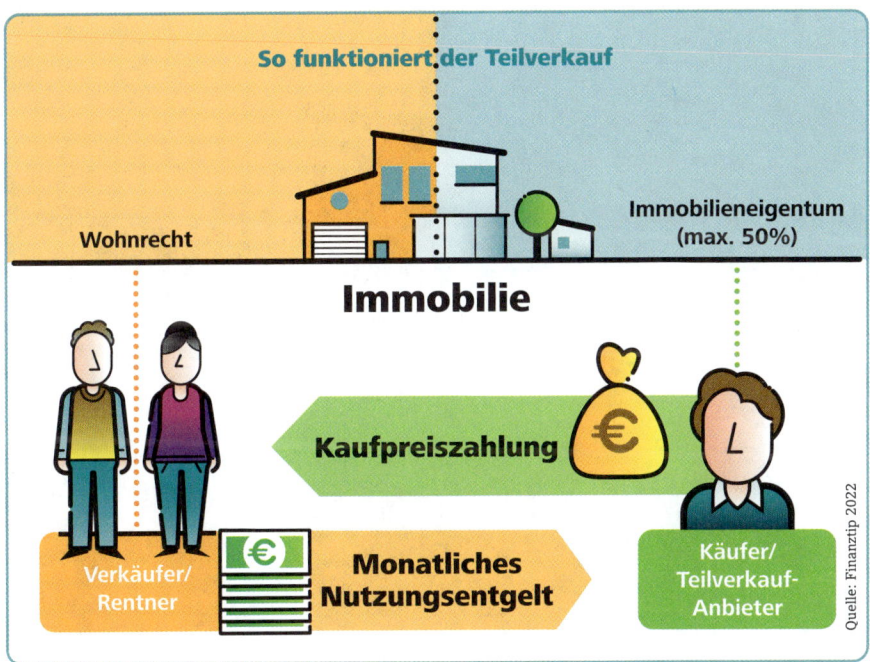

Quelle: Finanztip 2022

Tod verkauft. Dann wird das Darlehen mit dem Verkaufserlös beglichen.

Sie möchten mehr zur Umkehrhypothek erfahren? Dann sehen Sie in unseren Ratgeber zur **Umkehrhypothek:**

https://www.finanztip.de/ immobilienverrentung/ umkehrhypothek/

Zuhause
alt werden

Immobilie als Leibrente zur Finanzierung der Pflege im eigenen Heim

Käufer verpflichtet sich zur monatlichen Rentenzahlung

Mietfreies Wohnrecht des Verkäufers

Quelle: LBS

- ✓ Geeignet für ältere Menschen ab 70 Jahren mit Kapitalbedarf
- ✓ insbesondere für Senioren ohne eigene Erben
- ✓ zur Aufbesserung der Altersrente
- ✓ je älter der Eigentümer, desto höher die Leibrente
- ✓ notarielle Beurkundung mit Eintrag ins Grundbuch
- ✓ große Unterschiede bei der monatlichen Rentenleistung: Führen Sie unbedingt einen Angebotsvergleich mit einem qualifizierten Experten durch!

Beispielrechnung

Paar, beide 75 Jahre alt
Wert des Eigenheims: 250.000 €

Wert des mietfreien Wohnrechts
ca. 800 € / Monat

Leibrente
ca. 650 € / Monat

ca. **1.450 €** / Monat
Gesamtwert der Leibrente

3.1.1 Ehevertrag

» In guten Zeiten eine mögliche Trennung regeln «

von Dr. Britta Beate Schön Stand: 03. August 2020
www.finanztip.de/ehevertrag/

Welche Folgen hat eine Heirat nach dem Gesetz? // Wann ist ein Ehevertrag sinnvoll? // Welche Regelungen zum Zugewinnausgleich sind möglich? // Was können Sie im Ehevertrag zum Unterhalt regeln? // Was können Sie im Ehevertrag zur Altersvorsorge regeln? // Wann brauche ich keinen Ehevertrag? // Welche Form müssen Sie bei einem Ehevertrag beachten? // Was kostet ein Ehevertrag? // Wann ist ein Ehevertrag unwirksam?

Das Wichtigste in Kürze

- Ein Ehevertrag kann sinnvoll sein, wenn die gesetzlichen Vorschriften für Ihre Ehe nicht gut passen und Sie die Folgen der Ehe individuell regeln möchten.
- Sie können eventuelle spätere Unterhaltsforderungen und die Versorgung im Alter mit einem Ehevertrag regeln. Damit er wirksam ist, müssen Sie immer zu einem **Notar**.
- In den meisten Fällen brauchen Sie keinen Ehevertrag. Das gilt vor allem, wenn Sie sich Kinder wünschen und am Anfang Ihrer beruflichen Laufbahn stehen.

So gehen Sie vor

- Erkundigen Sie sich schon vor der Heirat, welche steuerlichen und rechtlichen Folgen die Ehe hat.
- Sind Sie unsicher, ob für Sie ein Ehevertrag sinnvoll ist, lassen Sie sich von einem Notar oder Rechtsanwalt beraten.
- Klären Sie, welcher Güterstand für Sie günstig ist. Sie können einen vertraglichen Güterstand vereinbaren oder den gesetzlichen Güterstand der Zugewinngemeinschaft an Ihre Situation anpassen.

Sie haben sich entschlossen zu heiraten und fragen sich, ob Sie einen Ehevertrag brauchen. Dieses Thema stellt die Beziehung bereits vor der Hochzeit auf die Probe.

Sie können einen Ehevertrag vor der Heirat abschließen, aber **auch jederzeit danach**. Aber auch ohne Ehevertrag leben Sie **nicht in einem rechtsfreien Raum**, sondern in einer Zugewinngemeinschaft.

Welche Folgen hat eine Heirat nach dem Gesetz?

Das Bürgerliche Gesetzbuch enthält im Eherecht klare Regelungen zum Zugewinnausgleich, zu Unterhaltsansprüchen und zum Versorgungsausgleich. Diese führen im Fall einer Trennung bei den meisten Familien zu einem gerechten und fairen Ausgleich. Die meisten Ehepaare verlassen sich daher auf das Gesetz, und das ist auch sinnvoll.

Nichtsdestotrotz haben Ehepaare **viele Gestaltungsmöglichkeiten** und können die gesetzlichen Regelungen durch einen notariell beglaubigten Ehevertrag abändern oder sogar ganz ausschließen (§ 1408 BGB). Es gibt Situationen, in denen ein Ehevertrag eine gute Wahl ist.

Wann ist ein Ehevertrag sinnvoll?

Viele Ehen sehen heute anders aus als die klassische Familie, die der Gesetzgeber vor Augen hatte.

Kein Kinderwunsch und Berufsfindung abgeschlossen – Beide Ehegatten sind finanziell selbstständig, erleiden durch die Ehe **keine beruflichen Nachteile** und wollen deshalb im Falle einer Scheidung ohne finanzielle Forderungen auseinandergehen. In diesem Fall ist der vom Gesetzgeber vorgesehene Versorgungsausgleich sowie Zugewinnausgleich eigentlich nicht notwendig. Ein Ehevertrag kann unter diesen Umständen deshalb **durchaus sinnvoll** sein.

Verschiedene Nationalitäten oder im Ausland lebend – Haben die Ehegatten verschiedene Staatsangehörigkeiten, dann gilt das Recht des Aufenthaltslandes oder des Landes, in dem **beide zuletzt gemeinsam gelebt** haben – so ist es jedenfalls in Deutschland. Einige Staaten wenden allerdings immer ihre Gesetze an, egal welche Staatsangehörigkeit die Eheleute haben, zum Beispiel die USA. Es ist ratsam, per Ehevertrag zu regeln, **welches Recht gelten soll**. Das ist auch deutschen Ehegatten zu empfehlen, die im Ausland leben.

Unterschiedliches Vermögen – Verfügt ein Ehegatte über ein wesentlich größeres Vermögen als der andere, spricht man von einer **Diskrepanz-Ehe**. Ein Ehevertrag kann in diesen Fällen sinnvoll sein, wenn der wohlhabende Ehegatte verhindern möchte, dass der andere ihn nur heiratet, um im Falle einer Scheidung versorgt zu sein. Oder andersherum: Der weniger wohlhabende Partner will den Eindruck vermeiden, er heirate nur, um ausgesorgt zu haben.

Ehen von Unternehmern – Einer der Ehegatten ist Unternehmer und will nicht, dass der Partner im Falle der Scheidung oder des Todes vom Betriebsvermögen profitiert und das Unternehmen dadurch gefährdet. Auch in einem solchen Fall ist ein Ehevertrag durchaus sinnvoll.

Podcast zum Thema
Auf Geldreise
Ehevertrag - alles, was Ihr wissen wollt - Teil 1

Welche Regelungen zum Zugewinnausgleich sind möglich?

Ohne Ehevertrag leben Eheleute in einer sogenannten Zugewinngemeinschaft. Die Vermögen der beiden Partner bleiben dabei **grundsätzlich getrennt**, und jeder Ehegatte kann frei über sein Vermögen entscheiden. Gegenüber Dritten haften beide Ehepartner nur, wenn sie das besonders vereinbart haben wie bei einer gemeinsamen Kreditaufnahme.

Im Fall einer Scheidung findet ein Zugewinnausgleich statt. Derjenige, der während der Ehe mehr Vermögen hinzugewonnen hat, muss dann die Hälfte der Differenz an den Partner zahlen. Paare können davon **in einem Ehevertrag abweichen**.

Gegenständliche oder wertmäßige Beschränkung – Sie können im Ehevertrag vereinbaren, dass der Zugewinn nur teilweise ausgeglichen werden soll. So können Sie etwa bei einer Erbschaft, die während der Ehe einem Ehegatten zufällt, zwischenzeitliche Wertsteigerungen vom Zugewinnausgleich ausnehmen.

Bei einer Unternehmer-Ehe beispielsweise wird das Betriebsvermögen oft vom Zugewinnausgleich ausgeschlossen, um den Bestand des Unternehmens nicht zu gefährden. Die Eheleute können auch vereinbaren, dass der Anspruch auf Zugewinnausgleich begrenzt wird, zum Beispiel auf eine Höhe von maximal 200.000 Euro.

Abweichende Ausgleichsquote – Eigentlich bekommt im Fall der Scheidung jeder die Hälfte dessen, was der andere während der Ehe erwirtschaftet hat. Statt der gesetzlichen Ausgleichsquote könnten Sie vereinbaren, dass im Fall der Trennung zum Beispiel nur ein Viertel oder ein Achtel des Wertunterschieds auszugleichen ist. Der Anspruch auf Ausgleich sinkt dadurch.

Festlegung des Anfangsvermögens – Um späteren Streit darüber zu vermeiden, wie hoch das Anfangsvermögen war, empfiehlt es sich, den Wert des Anfangsvermögens im Vertrag festzulegen.

Gütertrennung – Wollen Sie im Fall einer Scheidung überhaupt keinen Ausgleich des Zugewinns, müssen Sie eine sogenannte Gütertrennung vereinbaren. Dadurch bleibt das jeweilige Vermögen der Ehegatten getrennt. Bei der Scheidung findet auch **kein Ausgleich des Vermögenszuwachses** während der Ehe statt. Stirbt ein Ehepartner, erbt der andere Ehegatte nur ein Viertel des Nachlasses. Die Vorteile der Zugewinngemeinschaft bei der Erbschaftsteuer gehen dabei allerdings verloren. Ob in Ihrem Fall eine Gütertrennung oder eine sogenannte modifizierte Zugewinngemeinschaft sinnvoller ist, sollten Sie unbedingt mit einem Notar klären, der Sie beim Aufsetzen des Vertrags berät.

> **» Zugewinnausgleich «**
>
> *Wer sich scheiden lässt und vorher in einer Zugewinngemeinschaft gelebt hat, kann die Hälfte des während der Ehe erwirtschafteten Vermögens verlangen. Nicht alles wird ausgeglichen, sondern nur der Vermögenszuwachs nach der Heirat. Bei einer Erbschaft oder Schenkung wird nur der Wertzuwachs ausgeglichen, die Erbschaft selbst aber nicht. Es ist den Eheleuten freigestellt, ob sie ein formelles Zugewinnausgleichsverfahren im Rahmen der Scheidung durchführen wollen. Mehr dazu unter:*
>
>  *https://www.finanztip.de/zugewinnausgleich/*

Was können Sie im Ehevertrag zum Unterhalt regeln?

In der Praxis kämpfen Ehepaare oft um Unterhaltsansprüche, denn nach einer Scheidung kann der soziale Abstieg drohen oder es finanziell sehr eng werden. Wer Unterhalt fordert, orientiert sich meist am ehelichen Lebensstandard. Das sieht der Zahlende oft anders. Mit einem Ehevertrag lassen sich solche **Streitigkeiten vermeiden**.

Sie können die gesetzlichen Regeln zum Ehegattenunterhalt **abändern**, **erweitern** oder **ausschließen**. Unterhaltsansprüche eines Ehegatten gegen den anderen kommen nach einer Scheidung vor allem dann in Betracht, wenn ein Ehegatte nicht in der Lage ist, für seinen Unterhalt selbst zu sorgen. Das kann etwa wegen der Betreuung gemeinsamer Kinder, aus Altersgründen oder wegen Krankheit der Fall sein.

Ausschluss von Unterhaltsansprüchen – An einen Unterhaltsausschluss nach einer Scheidung können Sie denken, wenn beide Ehegatten ausreichend eigenes Einkommen haben oder ausreichend anderweitig versorgt sind. Sie dürfen im Ehevertrag allerdings nicht auf einen Trennungsunterhalt für die Zeit zwischen Trennung und Scheidung verzichten (mehr dazu im Kapitel 3.1.2, Seite 449). Das **wäre unzulässig**. Auch wenn der wirtschaftlich schlechter gestellte Ehegatte auf seinen nachehelichen Betreuungsunterhalt komplett verzichtet, obwohl er sich um die gemeinsamen Kinder kümmert, könnte der Vertrag **unwirksam** werden.

Begrenzung und Erweiterung von Unterhaltsansprüchen – Bei überdurchschnittlich hohen Einkünften eines Partners kann es ratsam sein, einen Unterhaltsanspruch der Höhe nach zu begrenzen. Sie können durch den Ehevertrag aber auch vereinbaren, dass wegen der Betreuung eines gemeinsamen Kindes über das dritte Lebensjahrs des Kindes hinaus Ehegattenunterhalt gezahlt wird.

Was können Sie im Ehevertrag zur Altersvorsorge regeln?

Der Gesetzgeber sieht im Versorgungsausgleichsgesetz vor, dass bei einer Scheidung die während der Ehe erworbenen **Rentenanwartschaften** zur Hälfte jeweils dem anderen gutgeschrieben werden. Arbeitet der eine und zahlt deshalb Rentenversicherungsbeiträge, während der andere nicht oder nur in Teilzeit arbeitet, weil er sich um die gemeinsamen Kinder kümmert, ist ein Ausgleich nur gerecht. Das Gesetz unterscheidet aber nicht, ob der Ausgleichsberechtigte auf die Rentenzahlungen tatsächlich angewiesen ist.

Verzicht auf Versorgungsausgleich – Haben beide Eheleute bereits ausreichende eigene Versorgungsanwartschaften erworben, empfiehlt es sich, den Versorgungsausgleich auszuschließen. Das gilt auch, wenn beide Eheleute während der Ehe **etwa gleich viel gearbeitet** haben. In einem solchen Fall erleidet ja keiner der Ehegatten durch die Ehe einen Nachteil. Wer den Versorgungsausgleich ausschließt, kann eine Scheidung erheblich beschleunigen. In manchen Fällen kann der Versorgungsausgleich auch schlicht ungerecht sein und sollte deshalb ausgeschlossen werden.

> **Beispiel**
>
> Einer der Ehegatten ist selbstständig und zahlt während der Ehe nicht in die eigene Altersvorsorge ein. In diesem Fall hat er wahrscheinlich keine oder nur geringe Rentenanwartschaften erworben. Ist die Ehefrau während der Ehe erwerbstätig, vielleicht sogar neben der Kindererziehung, und hat deshalb Rentenanwartschaften erworben, müsste sie diese bei der Scheidung ausgleichen. Gerecht wäre in diesen Fällen, auf einen Versorgungsausgleich zu verzichten.

Möglicherweise hat der Ausgleichsberechtigte auch deutlich höhere **Rücklagen** fürs Alter als der Ausgleichspflichtige. Dann empfiehlt sich ebenfalls ein Ausschluss. Es werden nur während der Ehe erworbene Rentenansprüche berücksichtigt, nicht dagegen solche, die aus einmaligen Kapitalzahlungen bestehen, beispielsweise Lebensversicherungen. Dies kann im Einzelfall zu **ungerechten Ergebnissen** führen und lässt sich durch individuelle Vereinbarungen im Ehevertrag korrigieren. Ihr Notar sollte Sie auf die Risiken einer solchen Vereinbarung hinweisen und Alternativsicherungen vorstellen.

Wann brauche ich keinen Ehevertrag?

Wollen Sie heiraten und gemeinsam Kinder haben, entspricht Ihre Ehe dem Ideal des Gesetzgebers. Sie brauchen daher meist keinen Ehevertrag. Einer der beiden Eheleute wird wegen der Kinderbetreuung in aller Regel beruflich zurückstecken, auch wenn beide das möglichst vermeiden möchten. Der Gesetzgeber will mit den Eherechtsregelungen genau diesen Ehegatten schützen, der wegen der Betreuung im Beruf Abstriche in Kauf nimmt, und für einen **gerechten Ausgleich** sorgen.

Schulden sind kein Grund – Geht es nur darum, dass der eine nicht für die Schulden des anderen aufkommen soll, sind ein Ehevertrag und die Gütertrennung nicht nötig. Das ist beim gesetzlichen Güterstand der Zugewinngemeinschaft nämlich genauso vorgesehen. Solange Sie nicht ausdrücklich für die Schulden mitunterschrieben haben, haften Sie nach den gesetzlichen Regelungen nicht für Verbindlichkeiten des anderen – auch wenn manche Bankberater Ihnen das anders erklären.

Erbschaft ist kein Grund – Wenn einem Ehepartner wahrscheinlich während der Ehe eine größere Erbschaft zufallen wird, ist das nicht unbedingt ein Anlass für einen Ehevertrag. Ererbtes oder geschenktes Vermögen wird nicht als Zugewinn ausgeglichen. Es wird dem sogenannten Anfangsvermögen hinzugerechnet. Handelt es sich dabei allerdings etwa um eine Immobilie, deren Wert stark steigt, wäre diese Wertsteigerung auszugleichen.

Sind Sie sich **nicht sicher**, ob ein Ehevertrag die bessere Alternative ist, wenden Sie sich an einen **Notar**. Der berät Sie neutral und hat meist viel Erfahrung mit Eheverträgen. Falls Sie keinen Notar an Ihrem Wohnort kennen, können Sie auf der Website der Bundesnotarkammer nach Notaren vor Ort suchen.

Welche Form müssen Sie bei einem Ehevertrag beachten?

Sie haben weitgehende Gestaltungsmöglichkeiten für Ihren Ehevertrag. Die Regelungen können massive wirtschaftliche und rechtliche Folgen haben.

Der Gesetzgeber hat deshalb festgelegt, dass ein Ehevertrag **von einem Notar beurkundet** werden muss (§ 1410 BGB). Der Notar berät Sie aber auch umfassend, erläutert die Risiken und Vorteile für jeden Partner und erstellt nach Ihren Anforderungen einen Vertragsentwurf.

▷ **Eheverträge lassen sich nachträglich ändern**

Ein einmal geschlossener Ehevertrag ist nicht in Stein gemeißelt. Er lässt sich nachträglich abändern und an die entsprechenden Lebensverhältnisse anpassen. Haben Sie einen alten Ehevertrag in der Schublade liegen, können Sie diesen jederzeit von einem Notar daraufhin überprüfen lassen, ob **Anpassungen notwendig** sind. Das ist vor allem dann sinnvoll, wenn sich die **familiäre Situation anders** entwickelt hat, als die Eheleute bei Unterzeichnung des Vertrags gedacht hatten.

Beispiel

*Bei Unterzeichnung des Ehevertrags, der einen Verzicht auf den Versorgungsausgleich und den Ehegattenunterhalt umfasst, gingen beide Eheleute davon aus, dass sie während der Ehe berufstätig sein werden. Kinder wollten sie nicht. Später kam dann doch ein Kind, und die Ehefrau setzte wegen des Kindes längere Zeit im Beruf aus. In einem solchen Fall kann es sein, dass eine Berufung auf den Ehevertrag unwirksam ist, eben weil sich die **Verhältnisse grundlegend geändert** haben.*

Das ist dann auch eine Gelegenheit, den Vertrag anzupassen.

Was kostet ein Ehevertrag?

Was Sie für einen Ehevertrag zahlen müssen, hängt davon ab, ob Sie nur zu einem Notar gehen oder auch einen Rechtsanwalt vorab mit der Prüfung beauftragen wollen. Notwendig ist der Weg zum Rechtsanwalt eigentlich nicht, da der Notar Sie neutral beraten muss. Außerdem fallen zusätzliche Anwaltskosten an. Zusätzlicher Kostenvorteil beim Notar: Die Beratung einschließlich des Verfassens des Vertrags ist unabhängig von der Schwierigkeit und dem Aufwand in der späteren Beurkundungsgebühr enthalten. Im Gerichts- und Notarkostengesetz (GNotKG) sind die Gebührensätze der Notare festgelegt. Für die Beurkundung eines Ehevertrags fällt eine doppelte Gebühr nach Anlage 1 Nr. 21100 GNotKG an.

Grundlage für die Berechnung ist der sogenannte **Geschäftswert des Ehevertrags**. Dieser setzt sich aus dem ermittelten Vermögen beider Ehegatten zusammen. Dabei werden auch Schulden berücksichtigt und bis zur Hälfte des maßgeblichen Wertes abgezogen. Die Summe wird dann als Reinvermögen bezeichnet. Das so berechnete Vermögen ist der Geschäftswert.

In der Anlage 2 zum GNotKG sind den Geschäftswerten einzelne Gebühren gestaffelt zugeordnet. Die jeweilige Gebühr wird mit dem Gebührensatz multipliziert. Hinzu kommen Auslagen und die Mehrwertsteuer.

Entscheiden Sie sich nach der Beratung durch den Notar gegen einen Ehevertrag, darf Ihnen der Notar nur die Gebühren für die Beratung in Rechnung stellen. Die kann sich abhängig vom Geschäftswert auf **maximal eine Gebühr** belaufen (Anlage 1 zum GNotKG Nr. 24200). In unserem Beispiel mit einem Reinvermögen von 80.000 Euro könnte der Notar damit 219 Euro zuzüglich Auslagen und Mehrwertsteuer verlangen.

Beispiel

Die Eheleute verfügen über ein Reinvermögen von 80.000 Euro. Eine einfache Gebühr beläuft sich nach Anlage 2 zum GNotKG bei diesem Geschäftswert auf 219 Euro. Für die Beratung und Beurkundung stellt der Notar eine doppelte Gebühr in Rechnung, also 438 Euro. Hinzu kommen Auslagen und Mehrwertsteuer, so dass insgesamt Kosten in Höhe von etwa 530 Euro anfallen.

Wann ist ein Ehevertrag unwirksam?

Nicht alle Eheverträge halten, was sie versprechen. Das gilt für die Fälle, in denen ein Gericht den Ehevertrag für unwirksam erklärt, weil der eine Partner den anderen schlicht übervorteilt hat (§ 138 Abs. 1 BGB). Obwohl ein Ehepaar die einzelnen Scheidungsfolgen ausschließen darf, kann der Vertrag insgesamt **sittenwidrig** sein. Der Bundesgerichtshof hat Leitlinien aufgestellt, was in Eheverträgen möglich ist und was nicht (BGH, Beschluss vom 11. Februar 2004, Az. XII ZR 265/02).

Betreuungsunterhalt – Diesen Anspruch auf Unterhalt kann ein Ehepaar schon im Interesse der gemeinsamen Kinder nicht insgesamt ausschließen. Er entsteht, wenn der Vater oder die Mutter die Kinder betreut und deshalb nicht oder nicht in Vollzeit arbeiten kann.

Unterhalt wegen Alter und Krankheit – Eheleute können für den Fall der Scheidung grundsätzlich regeln, dass auch im Fall von Krankheit oder Alter der eine für den anderen keinen Unterhalt zahlen muss. Das ist zumindest dann rechtens, wenn beide bei Abschluss des Ehevertrages gesund und jung sind.

Versorgungsausgleich – Im Ehevertrag kann auch der Versorgungsausgleich ausgeschlossen sein, also die automatische Aufteilung der Rentenanwartschaften zwischen den Ex-Partnern im Zuge einer Scheidung. Allein durch das Ausschließen wird der Vertrag nicht sittenwidrig. Ein Komplett-Ausschluss ist aber dann kritisch, wenn kein Ausgleich vorgesehen ist, zum Beispiel durch eine Lebensversicherung oder eine Immobilie. Das gilt insbesondere, wenn das Ehepaar gemeinsame Kinder hat (BGH, Beschluss vom 29. Januar 2014, Az. XII ZB 303/13).

Zugewinnausgleich – Auch diese Scheidungsfolge können Eheleute im Vertrag ausschließen. Beim Zugewinnausgleich geht es darum, dass ein Partner vom anderen bei einer Trennung die Hälfte des während der Ehe erwirtschafteten Vermögens verlangen kann. Das vertraglich auszuschließen, ist am wenigsten kritisch.

Gesamtschau – Selbst wenn die einzelnen Regelungen im Ehevertrag isoliert betrachtet zulässig sind, kann der Vertrag dennoch insgesamt unwirksam sein, sofern er allein darauf abzielt, einen Partner einseitig zu benachteiligen (BGH, Beschluss vom 15. März 2017, Az. XII ZB 109/18). Dabei ist auch wichtig, wie der Vertrag zustande kam, ob beide auf Augenhöhe den Vertrag besprochen haben oder ob einer in die Vertragsverhandlungen gar nicht einbezogen war. So können eine große wirtschaftliche Abhängigkeit oder Unerfahrenheit in geschäftlichen Dingen Indizien dafür sein, dass der Vertrag insgesamt sittenwidrig ist. An die Stelle des Vertrages treten dann die gesetzlichen Regelungen.

3.1.2 Trennung

» Wenn Sie Ihrer Ehe keine Zukunft mehr geben «

von Dr. Britta Beate Schön Stand: 04. August 2020
www.finanztip.de/trennung/

Was versteht man unter dem Trennungsjahr? // Kann man sich auch vor Ablauf des Trennungsjahrs scheiden lassen? // Wer zieht aus der gemeinsamen Wohnung aus? // Welche Fragen rund um die Kinder müssen Ehepaare klären? // Wer bekommt Trennungsunterhalt?

 Das Wichtigste in Kürze
- Vor einer Scheidung müssen Ehepaare mindestens ein Jahr getrennt leben.
- Der Elternteil, bei dem die gemeinsamen Kinder überwiegend wohnen, hat Anspruch auf Unterhalt für die Kinder nach der Düsseldorfer Tabelle.
- In der Trennungszeit bekommen Sie eventuell noch Unterhalt vom Partner, wenn der mehr verdient.

 So gehen Sie vor
- Klären Sie, wer in der gemeinsamen Wohnung oder im gemeinsamen Haus bleiben soll und wer auszieht.
- Wenn Sie als Paar bisher ein gemeinsames Konto hatten, sollten Sie eigene Girokonten einrichten, auf welche die eigenen Einkünfte fließen.
- Die Finanztip-Checkliste fasst alle wichtigen Punkte zusammen, an die Sie bei einer Trennung denken sollten.

In jeder Ehe gibt es Krisen. Aber manchmal kriselt es in der Beziehung so heftig, dass eine Trennung im Raum steht. Bevor Sie diesen Schritt gehen, sollten Sie sich überlegen, was für Folgen eine Trennung mit sich bringt: Wer soll **ausziehen**? Bei wem sollen die **Kinder wohnen**? Und wie sieht es **finanziell** aus?

Was versteht man unter dem Trennungsjahr?

Vor einer Scheidung müssen Ehepaare in der Regel **mindestens ein Jahr** getrennt leben. Erst dann wird vermutet, dass die Ehe gescheitert ist. Beide können nach dem Trennungsjahr entweder gemeinsam die Scheidung beantragen oder der eine beantragt sie und der andere stimmt zu. Stimmt ein Partner nicht zu, kann das Gericht dennoch die Scheidung aussprechen, wenn beide seit **drei Jahren** getrennt leben (§ 1566 Abs. 2 BGB). Die Dauer sollte der scheidungswillige Ehegatte nachweisen können.

▷ Trennung von Tisch und Bett

Getrennt leben bedeutet, dass es **keine häusliche Gemeinschaft** mehr zwischen den Eheleuten gibt (§ 1567 BGB). Es reicht nicht aus, dass das Paar nicht mehr versteht oder nicht mehr miteinander redet. Vielmehr müssen Beide getrennte Wege gehen und auch nichts mehr miteinander zu tun haben wollen. Sie müssen aber auch nicht völlig verfeindet sein. Selbstverständlich dürfen sie noch Kontakt miteinander haben, eben nur nicht mehr wie ein Ehepaar. Hinreichend klar ist die Trennung, sobald einer aus dem gemeinsamen Haus oder der Wohnung auszieht und beide dadurch räumlich getrennt sind.

▷ Getrennt innerhalb der Wohnung

Unter bestimmen Bedingungen kann es für das Trennungsjahr sogar ausreichen, dass beide weiter in derselben Wohnung leben, aber keinen gemeinsamen Haushalt mehr führen. Das setzt voraus, dass die Ex-Partner in verschiedenen Zimmern schlafen, getrennt wirtschaften und keine alltäglichen Dinge mehr füreinander erledigen wie kochen, Wäsche waschen oder einkaufen.

In der Regel müssen Sie das nicht nachweisen. Kein Richter kommt zu Ihnen nach Hause, um nachzuschauen, wie Sie die Trennung innerhalb der Wohnung organisiert haben. Probleme kann es nur geben, falls ein Ehepartner die Trennung bestreitet. Dann brauchen Sie einen Nachweis.

▷ Scheidungsantrag erst nach Trennungsjahr

Erst nach dem Trennungsjahr können Eheleute den Scheidungsantrag stellen. Das Gericht kann dann die Ehe einverständlich scheiden. Von seltenen Ausnahmefällen abgesehen muss das Trennungsjahr immer eingehalten werden, auch bei sehr kurzen

Ehen. Selbst wenn sich die Eheleute schon in der Hochzeitsnacht trennen, können Sie grundsätzlich erst nach einem Trennungsjahr die Scheidung beantragen.

Das Gericht prüft die Voraussetzungen für eine Scheidung und damit bei einer einverständlichen Scheidung auch das Trennungsjahr. Ist das noch nicht abgelaufen, kann das Gericht den Antrag kostenpflichtig zurückweisen. Deshalb ist ein Scheidungsantrag nach sechs Monaten Trennung zu früh. In der Praxis beantragen Anwälte aber auch schon bis zu **acht Wochen vor Ablauf des Trennungsjahres** die Scheidung. Dagegen ist nichts einzuwenden, da bis zur mündlichen Verhandlung noch einige Wochen vergehen können.

Manchmal behaupten die Eheleute, sie seien bereits seit einem Jahr getrennt, obwohl das nicht stimmt. Sofern beide übereinstimmende Angaben machen, prüft das Gericht nicht weiter. Ein Beweis ist nicht nötig.

▷ **Nachweis des Trennungsjahrs**
Erst wenn sich das Ehepaar uneins ist, seit wann es getrennt lebt, ist ein Nachweis wichtig. Geben beide unterschiedliche Trennungstermine an, die aber beide mindestens ein Jahr zurückliegen, ist das kein Problem. Anders ist es, wenn einer bestreitet, dass sie schon ein Jahr getrennt leben. Dann kann das Gericht die Scheidung nicht aussprechen, es sei denn, der andere ist in der Lage, das Trennungsjahr zu beweisen.

Es gibt keine offizielle Stelle, bei der Eheleute eine Trennung anzeigen könnten. Als Nachweis eignet sich der **neue Mietvertrag** oder eine **Meldebescheinigung**. Auch Zeugen können bestätigen, seit wann das Ehepaar getrennt lebt. Schwieriger ist es, wenn die Trennung innerhalb der gemeinsamen Wohnung oder des gemeinsamen Hauses stattgefunden hat. In diesem Fall empfiehlt es sich, die Trennung zu dokumentieren.

Beide Eheleute können schriftlich vereinbaren, dass sie seit einem bestimmten Datum innerhalb der Wohnung getrennt leben. Verweigert der eine die Unterschrift, sollte der andere ein kurzes Schreiben an den Ehepartner schicken, in dem das Getrenntleben festgestellt wird – dann allerdings am besten per Einschreiben.

Kann man sich auch vor Ablauf des Trennungsjahrs scheiden lassen?

In **seltenen Ausnahmefällen** ist eine Scheidung möglich, obwohl die Eheleute weniger als ein Jahr getrennt leben. Derjenige, der die Scheidung beantragt, muss dazu erklären, dass es ihm **unzumutbar** ist, weiter mit dem anderen verheiratet zu sein (§ 1565 Abs. 2 BGB).

Mögliche Gründe sind unter anderem: Misshandlung in der Ehe; ein Partner erwartet ein Kind mit einem neuen Partner; Alkohol-, Drogen oder Spielsucht. Auch jahrelange Demütigungen können dazu führen, dass die Grundlage für ein weiteres Zusammenleben zerstört ist. Ein Trennungsjahr kann deshalb unzumutbar sein (OLG Oldenburg, Hinweisbeschluss vom 26. April 2018, Az. 4 UF 44/18).

Es muss sich immer um einen Umstand handeln, der in der anderen Person liegt. Deshalb kann nicht derjenige Ehegatte eine schnelle Scheidung verlangen, der selber neuen Nachwuchs erwartet.

Wer zieht aus der gemeinsamen Wohnung aus?

Wer sich trennen will, braucht meist auch räumlichen Abstand. So früh wie möglich sollten Sie die **Wohnverhältnisse klären**. Um die Frage, wer in der gemeinsamen Wohnung oder dem gemeinsamen Haus bleibt, wird oft hart gekämpft – vor allem, wenn noch kleine Kinder zur Familie gehören. Auch wenn sich die Eheleute einig sind, dass eine Trennung das Beste für beide ist, so trennt sich der Ausziehende auch immer räumlich von seinen Kindern.

▷ Auszug aus der Mietwohnung

Wohnen Eheleute gemeinsam in einer Mietwohnung, haben sie meist auch beide den Mietvertrag unterschrieben. Zieht nur einer aus, endet der Mietvertrag dadurch nicht. Er kann den Vertrag auch nicht nur für seine Person kündigen, das können nur beide Mieter gemeinsam.

Der Partner, der auszieht, hat dadurch viele Nachteile. Er haftet weiter in voller Höhe für die Miete und die Mietwohnung, wohnt aber selbst nicht mehr dort. Er hat auch keinen Anspruch darauf, dass der Vermieter ihm zumindest teilweise die Mietkaution zurückzahlt. In dieser Situation hat der Ausziehende **drei Möglichkeiten**, um die bestehenden Nachteile etwas auszugleichen.

Änderung des Mietvertrags – Fragen Sie beim Vermieter an, ob er Sie als Ausziehenden aus dem Mietvertrag entlässt. Das ist eine Vertragsänderung, der sowohl der Vermieter als auch beide Mieter zustimmen müssen. Es reicht nicht aus, wenn Sie allein mit Ihrem Ex-Partner vereinbaren, dass einer von Ihnen aus dem Mietvertrag ausscheiden soll. Auch wenn der Vermieter mit dem ausgezogenen Ehegatten eine solche Vereinbarung trifft, muss der in der Wohnung verbleibende Mieter zustimmen. Oft ist das unproblematisch möglich.

Freistellung vereinbaren – Manchmal besteht der Vermieter darauf, dass beide weiterhin Mieter sind, damit er bei Zahlungsschwierigkeiten einen **zweiten Schuldner** hat.

In diesem Fall sollten Sie eine schriftliche Vereinbarung aufsetzen, wonach der in der Wohnung verbleibende Mieter den anderen aus etwaigen Ansprüchen aus dem Mietverhältnis freistellt. Das wirkt aber nur im Innenverhältnis, also zwischen den Ehepartnern. Der Vermieter kann sich trotzdem an den ausgezogenen Ehegatten halten, und der muss im Zweifel auch zahlen. Er kann aber das an den Vermieter gezahlte Geld vom anderen zurückverlangen.

Mietvertrag kündigen – Natürlich können die Eheleute den Mietvertrag gemeinsam unter Einhaltung der Kündigungsfrist kündigen. Dann müssen allerdings beide umziehen und beide eine neue Wohnung finden. Aus diesem Grund weigert sich oft einer, die einst gemeinsam angemietete Wohnung zu verlassen – und verhindert so die Kündigung.

Während des Trennungsjahrs hat der ausgezogene Ehegatte **keine Möglichkeit**, den anderen zu zwingen, mit ihm gemeinsam die Wohnung zu kündigen. Nach Ablauf des Trennungsjahres kann der andere sich aber nicht mehr wehren. Verweigert er dann weiterhin seine Mitwirkung, darf ihn der ausgezogene Ehegatte auf **Zustimmung zur gemeinsamen Kündigung** verklagen.

Alternativ können Sie beim Gericht einen **Antrag auf Wohnungszuweisung** stellen. Das Gericht kann dann bestimmen, dass das Mietverhältnis künftig nur noch mit demjenigen Ehegatten fortgesetzt wird, der in der Wohnung bleibt. Der Vermieter darf daran nichts ändern. Allerdings wird das Gericht die Wohnung nur dann dem verbleibenden Ehegatten zuweisen, wenn dieser auch finanziell dazu in der Lage ist.

▷ Auszug aus dem eigenen Haus

Wer im eigenen Haus oder der eigenen Wohnung wohnt, hat zumindest keinen Ärger mit dem Vermieter. Die Frage, wer in dem Haus wohnen bleiben kann, ist aber deshalb nicht einfacher. Stehen beide Eheleute als Eigentümer im Grundbuch, gehört ihnen das Haus gemeinsam. Daran ändert die Trennung nichts.

 Achtung

Der Ehegatte, der auszieht, muss sich beim Einwohnermeldeamt ummelden und sollte auch an die Umschreibung von Telefonanschluss, Strom, Heizung, Pay-TV und ähnliches denken.

Zieht einer der Eigentümer aus, kann er von demjenigen, der weiter im gemeinsamen Haus wohnen bleibt, eine **Miete** verlangen. Dazu muss er ihn zu einer Zahlung auffordern, erst ab diesem Zeitpunkt muss der andere zahlen. Rückwirkend kann er keine Nutzungsentschädigung verlangen (§ 1361 b Absatz 3 BGB, § 745 Absatz 2 BGB).

Bleibt ein einkommensloser Ehegatte in der Eigentumswohnung oder dem Haus und betreut er die gemeinsamen Kinder, muss er keine Miete an den Ex-Partner zahlen.

Immobilienkredite – Haben Sie gemeinsam mit Ihrem Ex-Partner eine Baufinanzierung aufgenommen, sind Sie weiter verpflichtet, die Kreditraten zu bedienen, auch wenn Sie sich getrennt haben. Die Bank interessiert es nicht, ob einer der Eheleute ausgezogen ist. Wer ausgezogen ist und während der Trennung allein die Kreditraten bezahlt, kann sich das beim Unterhaltsanspruch anrechnen lassen.

Umgang mit dem Haus – Wie Sie mit dem gemeinsamen Haus weiter umgehen wollen, sollten Sie sich während der Trennungszeit überlegen: Will einer Alleineigentümer werden und den anderen auszahlen oder soll das Haus verkauft werden? Dabei sind viele Faktoren zu berücksichtigen, brechen Sie die Entscheidung daher nicht übers Knie.

Achtung

*Wer auszieht, ohne etwas zu regeln, und sechs Monate wegbleibt, **verwirkt** das Recht, wieder einzuziehen. Daran ändert auch das Miteigentum nichts.*

Welche Fragen rund um die Kinder müssen Ehepaare klären?

Sind von der Trennung auch Kinder betroffen, stellen sich Fragen nach dem Umgangsrecht und nach dem Kindesunterhalt.

Umgangsrecht – Nach Möglichkeit sollten Sie mit den Kindern zusammen klären, wie der weitere Kontakt zum ausziehenden Elternteil erfolgen soll. Sollen die Kinder hauptsächlich bei einem Elternteil wohnen oder abwechselnd eine Woche beim Vater und eine Woche bei der Mutter? Können Sie sich nicht einigen, müssen Sie einen Antrag auf Umgangsregelung beim Familiengericht stellen.

Sorgerecht – Nach einer Trennung bleiben verheiratete Eltern grundsätzlich gemeinschaftlich sorgeberechtigt. Dies bedeutet, dass die Eltern alle wichtigen Entscheidungen für die Kinder gemeinschaftlich zu treffen haben. In täglichen Angelegenheiten entscheidet der Elternteil, bei dem sich die Kinder tatsächlich aufhalten.

Kindesunterhalt – Der Elternteil, der die minderjährigen Kinder betreut und versorgt, erfüllt dadurch seine Unterhaltsverpflichtung. Der andere Elternteil ist verpflichtet, Barunterhalt zu leisten. Die Höhe des Kindesunterhalts bestimmt sich nach der Düsseldorfer Tabelle (mehr dazu im Kapitel 3.2.4, Seite 504). Maßgeblich für die Einstufung in die Düsseldorfer Tabelle sind das Einkommen, das Alter des Kindes und die Anzahl der unterhaltsberechtigten Personen.

Wer bekommt Trennungsunterhalt?

In der ersten Zeit nach der Trennung bis zur rechtskräftigen Ehescheidung haben Sie einen Anspruch auf Trennungsunterhalt, wenn Sie sich selbst nicht finanzieren können und Ihr Partner genug Geld verdient, um Ihnen Unterhalt zu zahlen (§ 1361 BGB). Sie müssen den Unterhalt aber **schriftlich einfordern**. Können Sie Ihren Unterhalt nicht beziffern, weil Sie nicht genau wissen, über welches Einkommen Ihr Ehepartner verfügt, müssen Sie von ihm zunächst Auskunft über sein Einkommen verlangen. Mehr dazu unter:

https://www.finanztip.de/ trennungsunterhalt/

Lassen Sie sich dabei von einem Anwalt für Familienrecht beraten. So ist gewährleistet, dass Sie auf nichts verzichten, was Ihnen zustünde. Der Anspruch auf Trennungsunterhalt endet mit der Scheidung. Danach kann unter besonderen Voraussetzungen nachehelicher Ehegattenunterhalt fällig sein. Mehr dazu unter:

https://www.finanztip.de/ ehegattenunterhalt/

Checkliste für die Trennung vom Ehepartner

- **1. Wohnsituation klären:** Klären Sie, wer in der gemeinsamen Wohnung bleibt und wer auszieht. Wohnen Sie zur Miete, sollten Sie Vertragliches regeln. Eine Trennung innerhalb der gemeinsamen Wohnung ist auch möglich, sofern das Konfliktpotenzial nicht groß ist. Sie dürfen dann aber keinen gemeinsamen Haushalt mehr führen.

- **2. Umgangsrecht mit den Kindern regeln:** Klären Sie am besten gemeinsam mit den Kindern, wer sie hauptsächlich betreut und bei wem sie wohnen. Legen Sie fest, wann und wie oft die Kinder an den Wochenenden, den Feiertagen oder in den Ferien bei dem Elternteil sind, der ausgezogen ist.

- **3. Hausrat aufteilen:** Schon beim Auszug sollten Sie überlegen, wer welche Haushaltsgegenstände bekommt. Gemeinschaftlich angeschaffte Dinge sollten Sie so schnell und so gerecht wie möglich aufteilen. Sind Sie sich nicht einig, können Sie zunächst auch eine vorläufige Lösung wählen. Auch das Familienauto kann zum Hausrat gehören.

- **4. Eigene Konten einrichten:** Wenn Sie als Paar bisher ein gemeinsames Konto hatten, sollten Sie so schnell wie möglich

Checkliste
Trennung vom Ehepartner

01 Wohnsituation klären: Klären Sie, wer in der gemeinsamen Wohnung bleibt und wer auszieht. Wohnen Sie zur Miete, sollten Sie Vertragliches regeln. Eine Trennung innerhalb der gemeinsamen Wohnung ist auch möglich, sofern das Konfliktpotenzial nicht groß ist. Sie dürfen dann aber keinen gemeinsamen Haushalt mehr führen.

02 Umgangsrecht mit den Kindern regeln: Klären Sie am besten gemeinsam mit den Kindern, wer sie hauptsächlich betreut und bei wem sie wohnen. Legen Sie fest, wann und wie oft die Kinder an den Wochenenden, den Feiertagen oder in den Ferien bei dem Elternteil sind, der ausgezogen ist.

03 Hausrat aufteilen: Schon beim Auszug sollten Sie überlegen, wer welche Haushaltsgegenstände bekommt. Gemeinschaftlich angeschaffte Dinge sollten Sie so schnell und so gerecht wie möglich aufteilen. Sind Sie sich nicht einig, können Sie zunächst auch eine vorläufige Lösung wählen. Auch das Familienauto kann zum Hausrat gehören.

04 Eigene Konten einrichten: Wenn Sie als Paar bisher ein gemeinsames Konto hatten, sollten Sie so schnell wie möglich eigene Girokonten einrichten, auf welches dann jeweils die eigenen Einkünfte fließen. Wer seinem Partner eine Kontovollmacht erteilt hat, sollte sie gegenüber der Bank widerrufen.

05 Unterhalt für die Kinder berechnen: Der ausziehende Elternteil ist verpflichtet, Barunterhalt zu leisten. Die Höhe des Kindesunterhalts bestimmt sich nach der aktuellen Düsseldorfer Tabelle.

06 Trennungsunterhalt überprüfen: Während der Trennungsphase bis zur rechtskräftigen Ehescheidung hat derjenige einen Anspruch auf Trennungsunterhalt, der sich selbst nicht finanzieren kann, etwa weil er sich um die minderjährigen Kinder kümmert. Den Unterhalt muss er aber schriftlich einfordern.

07 Versicherungsverträge überprüfen: Prüfen Sie, wer Versicherungsnehmer der bisherigen Versicherungsverträge ist und ob die Verträge anzupassen sind oder neu abgeschlossen werden müssen. Denken Sie dabei besonders an Hausrat, Haftpflicht und Rechtsschutz. Vielleicht ist es auch sinnvoll, bei Lebensversicherungen einen anderen Bezugsberechtigten zu benennen.

08 Krankenversicherung kontaktieren: Sind Sie gesetzlich krankenversichert im Rahmen einer Familienversicherung, bleibt bis zur rechtskräftigen Scheidung alles wie bisher. Auch in der Trennungsphase sind Sie weiterhin mitversichert. Sie sollten sich aber währenddessen überlegen, bei welcher Krankenversicherung Sie sich dann selbst versichern wollen.

09 Unterlagen für Zugewinnausgleich und Versorgungsausgleich ordnen: Auch wenn Sie mit der Trennung und der neuen Wohnsituation genug um die Ohren haben, sollten Sie schon während der Trennungsphase an den Zugewinn- und Versorgungsausgleich denken. Ordnen Sie alle Unterlagen, die Sie zu Versorgungsanwartschaften haben, etwa Renteninformationen oder Unterlagen zu einer Riester-Rente. Sichten Sie auch alle Sparverträge und erstellen Sie gegebenenfalls Kopien.

10 Erbrechtliche Situation klären: Die Trennung hat auf das Erbrecht des Ehegatten keine unmittelbare Auswirkung. Stirbt also ein Ehepartner vor Ablauf des Trennungsjahres, so wird sein Partner Erbe, sofern sich aus Erb- oder Ehevertrag nichts anderes ergibt (siehe dazu Kapitel 3.1.1). Wer das verhindern will, kann den Ex-Partner durch ein Testament enterben (siehe dazu Kapitel 3.4.1 Seite 519). Dem oder der Ex steht allerdings trotzdem sein oder ihr Pflichtteil zu. Erst wenn die Voraussetzungen für die Scheidung vorliegen, hat der frühere Ehegatten keine Erbansprüche mehr.

11 Steuerklasse überprüfen: Trennt sich ein Ehepaar im Laufe eines Kalenderjahres, bleiben die gewählten Steuerklassen noch bis zum Ende des Jahres erhalten. Die Partner können sich bei der Steuererklärung im Trennungsjahr zusammen veranlagen lassen. Ab dem 1. Januar des Folgejahres müssen sich beide Ehepartner steuerrechtlich so behandeln lassen, als wären sie Singles, sie bekommen deshalb die Steuerklasse I. Sollten aus der Ehe Kinder hervorgegangen sein, erhält derjenige Ehepartner die Steuerklasse II, bei dem die Kinder bleiben. Ein Steuerklassenwechsel kann bereits während des Trennungsjahres in bestimmten Fällen sinnvoll sein. Lassen Sie sich dazu von einem Steuerberater beraten.

12 Einen guten Anwalt suchen: Lassen Sie sich von einem Rechtsanwalt beraten, der Sie in allen rechtlichen Fragen rund um die Trennung bis zur Scheidung unterstützt. Ein Fachanwalt für Familienrecht ist darauf spezialisiert.

eigene Girokonten einrichten, auf welches dann jeweils die eigenen Einkünfte fließen. Wer seinem Partner eine Kontovollmacht erteilt hat, sollte sie gegenüber der Bank widerrufen.

- **5. Unterhalt für die Kinder berechnen:** Der ausziehende Elternteil ist verpflichtet, Barunterhalt zu leisten. Die Höhe des Kindesunterhalts bestimmt sich nach der aktuellen Düsseldorfer Tabelle.

- **6. Trennungsunterhalt überprüfen:** Während der Trennungsphase bis zur rechtskräftigen Ehescheidung hat derjenige einen Anspruch auf Trennungsunterhalt, der sich selbst nicht finanzieren kann, etwa weil er sich um die minderjährigen Kinder kümmert. Den Unterhalt muss er aber schriftlich einfordern.

- **7. Versicherungsverträge überprüfen:** Prüfen Sie, wer Versicherungsnehmer der bisherigen Versicherungsverträge ist und ob die Verträge anzupassen sind oder neu abgeschlossen werden müssen. Denken Sie dabei besonders an Hausrat, Haftpflicht und Rechtsschutz. Vielleicht ist es auch sinnvoll, bei Lebensversicherungen einen anderen Bezugsberechtigten zu benennen.

- **8. Krankenversicherung kontaktieren:** Sind Sie gesetzlich krankenversichert im Rahmen einer Familienversicherung, bleibt bis zur rechtskräftigen Scheidung alles wie bisher. Auch in der Trennungsphase sind Sie weiterhin mitversichert. Sie sollten sich aber währenddessen überlegen, bei welcher Krankenversicherung Sie sich dann selbst versichern wollen.

- **9. Unterlagen für Zugewinnausgleich und Versorgungsausgleich ordnen:** Auch wenn Sie mit der Trennung und der neuen Wohnsituation genug um die Ohren haben, sollten Sie schon während der Trennungsphase an den Zugewinn- und Versorgungsausgleich denken.

Ordnen Sie alle Unterlagen, die Sie zu Versorgungsanwartschaften haben, etwa Renteninformationen oder Unterlagen zu einer Riester-Rente. Sichten Sie auch alle Sparverträge und erstellen Sie gegebenenfalls Kopien.

- **10. Erbrechtliche Situation klären:** Die Trennung hat auf das Erbrecht des Ehegatten keine unmittelbare Auswirkung. Stirbt also ein Ehepartner vor Ablauf des Trennungsjahres, so wird sein Partner Erbe, sofern sich aus Erb- oder Ehevertrag nichts anderes ergibt (siehe dazu Kapitel 3.1.1). Wer das verhindern will, kann den Ex-Partner durch ein Testament enterben (siehe dazu Kapitel 3.4.1 Seite 541). Dem oder der Ex steht allerdings trotzdem sein oder ihr Pflichtteil zu. Erst wenn die Voraussetzungen für die Scheidung vorliegen, hat der frühere Ehegatten keine Erbansprüche mehr.

- **11. Steuerklasse überprüfen:** Trennt sich ein Ehepaar im Laufe eines Kalenderjahres, bleiben die gewählten Steuerklassen noch bis zum Ende des Jahres erhalten. Die Partner können sich bei der Steuererklärung im Trennungsjahr zusammen veranlagen lassen. Ab dem 1. Januar des Folgejahres müssen sich beide Ehepartner steuerrechtlich so behandeln lassen, als wären sie Singles, sie bekommen deshalb die Steuerklasse I. Sollten aus der Ehe Kinder hervorgegangen sein, erhält derjenige Ehepartner die Steuerklasse II, bei dem die Kinder bleiben. Ein Steuerklassenwechsel kann bereits während des Trennungsjahres in bestimmten Fällen sinnvoll sein. Lassen Sie sich dazu von einem Steuerberater beraten.

- **12. Einen guten Anwalt suchen:** Lassen Sie sich von einem Rechtsanwalt beraten, der Sie in allen rechtlichen Fragen rund um die Trennung bis zur Scheidung unterstützt. Ein Fachanwalt für Familienrecht ist darauf spezialisiert.

Aus dem Gericht

Az.: 18 UF 57/19

Herausgabe und Zuweisung eines Hundes

Ehescheidungen mit Hund richten sich nach den Vorschriften für Haushaltsgegenstände.

Wurde das Tier während der Ehe angeschafft, gehört es beiden Partnern.

Hat ein Partner das Tier vor der Hochzeit gekauft, ist er Eigentümer.

Für Hunde gibt es kein Umgangsrecht: Der Eigentümer kann den Kontakt verwehren.

Az.: X ZR 107/16

Schenkung bei Trennung

Die Schwiegereltern können möglicherweise bereits gemachte Geldgeschenke zurückverlangen.

Dabei kommt es aber auf die Dauer der Beziehung an.

Erweiterung: Az.: 18 UF 62/14

Das Tier entscheidet selbst

Ein Richter ließ den Hund im Gerichtssaal frei und überließ das Tier dem Partner, zu dem es lief.

Quelle: LEXinform

3.1.3 Ehegattenunterhalt

» Wann es für den Ex-Partner Unterhalt nach der Scheidung gibt «

von Dr. Britta Beate Schön & Co-Autor Stand: 03. August 2020
www.finanztip.de/ehegattenunterhalt/

Unter welchen Voraussetzungen gibt es Unterhalt nach der Scheidung? // Welche Unterhaltsgründe nennt das Gesetz? // Zeitpunkt und Wechsel des Unterhaltsgrunds // Wer ist bedürftig? // Wer ist leistungsfähig? // Wie viel Unterhalt gibt es? // Wie lange kann es Unterhalt nach der Scheidung geben?

Das Wichtigste in Kürze

- Nach der Scheidung gehen Eheleute auch finanziell getrennte Wege. Unterhalt muss ein Partner dem anderen nur zahlen, wenn es dafür einen besonderen Grund gibt – zum Beispiel, wenn einer noch kleine Kinder betreut.
- Ab dem dritten Geburtstag des Kindes müssen Unterhaltsberechtigte zumindest wieder in Teilzeit arbeiten.
- Wer Unterhalt an den Ex-Partner zahlen muss und arbeitet, darf mindestens 1.280 Euro im Monat für sich behalten.

So gehen Sie vor

- Prüfen Sie anhand der typischen Unterhaltsgründe, ob Sie oder Ihr Ehegatte einen Anspruch auf Unterhalt haben.
- Sie können sich mit Ihrem geschiedenen Partner auch auf einen regelmäßigen Unterhalt einigen.
- Lassen Sie sich im Zweifel von einem Fachanwalt für Familienrecht beraten.

Im Jahr 2019 wurden laut Statistischem Bundesamt in Deutschland **rund 150.000 Ehen** geschieden. Im Durchschnitt blickten die Paare auf 14 Jahre und zehn Monate Ehe zurück. Bei jeder Scheidung geht es auch um die Frage, ob einer dem anderen weiter Unterhalt zahlen muss.

Unter welchen Voraussetzungen gibt es Unterhalt nach der Scheidung?

In der Zeit zwischen Trennung und rechtskräftiger Ehescheidung gibt es meist Trennungsunterhalt für den Ehegatten, der weniger verdient (siehe dazu Kapitel 3.2.1, Seite 470).

Nach der Scheidung sollte eigentlich jeder Ehegatte für seinen Lebensunterhalt selbst sorgen (§ 1569 BGB). Es gibt aber Ausnahmen, zum Beispiel wenn einer die gemeinsamen Kinder betreut und deshalb nicht oder nur in Teilzeit arbeiten kann. Daneben gib es noch Unterhalt wegen Alters oder Krankheit, Erwerbslosenunterhalt, Aufstockungsunterhalt, Ausbildungsunterhalt und Unterhalt aus Billigkeitsgründen.

Obwohl es gesetzlich die Ausnahme sein soll, dass nach der Scheidung der eine den anderen Ex-Partner finanziell unterstützt, ist das in der Praxis oft die Regel. Dazu muss aber derjenige, der Unterhalt verlangt, **bedürftig sein** und **einen besonderen Grund** dafür haben, warum er finanziell nicht auf eigenen Beinen stehen kann. Zusätzlich muss der geschiedene Partner **leistungsfähig** sein. Je länger die Ehe gedauert hat, umso eher besteht ein Unterhaltsanspruch.

Welche Unterhaltsgründe nennt das Gesetz?

Unterhalt nach der Scheidung gibt es grundsätzlich nur, wenn einer der Unterhaltsgründe zum Zeitpunkt der Scheidung vorliegt.

▷ Betreuungsunterhalt

Wer nach der Scheidung nicht arbeiten kann, weil er kleine Kinder betreuen muss, hat einen Anspruch auf sogenannten Betreuungsunterhalt (§ 1570 BGB). Dieser Basisunterhalt ist grundsätzlich für **mindestens drei Jahre** nach der Geburt des Kindes zu zahlen. Auch wenn etwa Großeltern oder eine Krabbelstube sich um die Kinder kümmern könnten, kann sich der betreuende Elternteil dafür entscheiden, zu Hause zu bleiben (BGH, Urteil vom 15. September 2010, Az. XII ZR 20/09).

Bei älteren Kindern ist das anders. Ab dem dritten Geburtstag des Kindes muss derjenige, der Unterhalt bekommt, grundsätzlich wieder arbeiten. Er muss allerdings nicht sofort eine Vollzeitstelle annehmen, sondern kann **zunächst in Teilzeit** beginnen.

Das Alter der Kinder ist nicht allein entscheidend (BGH, Urteil vom 15. Juni 2011, Az. XII ZR 94/09). Hat ein Kind Schwierigkeiten in der Schule oder ist es gesundheitlich beeinträchtigt, kann Betreuungsunterhalt auch **nach dem vollendeten dritten Lebensjahr** des Kindes noch gerechtfertigt sein.

Letztlich ist das eine Entscheidung im Einzelfall, bei der das Wohl des Kindes und die konkreten Betreuungsmöglichkeiten berücksichtigt werden. Wer länger Unterhalt will, muss das begründen. Dazu drei **Beispiele** aus der **Rechtsprechung**:

- Bei **drei Kindern** im Alter von 12, 15, und 17 Jahren ist dem alleinerziehenden Elternteil keine Vollzeitbeschäftigung zumutbar. Wenn die betreuende Person die Kinder zu sportlichen oder musischen Aktivitäten am Nachmittag bringen muss, ist das in Ordnung. Ihr kann nur eine Beschäftigung von 30 Stunden zugemutet werden (BGH, Urteil vom 18. April 2012, Az. XII ZR 65/10).

- Bei **zwei Kindern** im Alter von 12 und 14 Jahren, von denen ein Kind unter ADHS leidet, hat der betreuende Elternteil darzulegen, dass es im Einzugsgebiet keine Einrichtung gibt, die das Kind während der Hausaufgaben und am Nachmittag kindgerecht betreut. Nur dann bleibt ein Unterhaltsanspruch wegen Betreuung der Kinder bestehen (BGH, Urteil vom 6. Mai 2009, Az. XII ZR 114/08).

- Wird ein volljähriges, **behindertes Kind** betreut, kann der Unterhaltsanspruch zum Wohl des Kindes über den Basisunterhalt hinaus verlängert werden (BGH, Urteil vom 17. März 2010, Az. XII ZR 204/08).

Unterhalt wegen Krankheit – Falls jemand wegen einer Erkrankung keine Erwerbstätigkeit aufnehmen kann, kann er von seinem geschiedenen Ehepartner Unterhalt verlangen (§ 1572 BGB). Art und Umfang der gesundheitlichen Beeinträchtigungen oder des Leidens muss er anhand **ärztlicher Atteste** belegen. Ein Anspruch auf Unterhalt wegen Krankheit kann sich direkt an Betreuungsunterhalt anschließen.

Altersunterhalt – Wer wegen seines Alters keine Arbeit mehr findet, kann weiterhin Anspruch auf Unterhalt gegen den geschiedenen Ehepartner haben (§ 1571 BGB). Es gibt keine starre Altersgrenze. Als Richtschnur kann die **Regelaltersgrenze** für die gesetzliche Rente gelten. Der Altersunterhalt kann sich an andere Gründe für den Unterhalt anschließen. Noch jüngere Menschen müssen nachweisen, dass sie typischerweise in den möglichen Berufssparten altersbedingt keine angemessene Arbeit mehr finden können.

Unterhalt wegen Arbeitslosigkeit – Ein geschiedener Ehegatte kann von dem anderen

Unterhalt verlangen, solange und soweit er nach der Scheidung keine angemessene Arbeitsstelle findet (§ 1573 Abs. 1, 3 und 4 BGB). Einen solchen Anspruch hat er aber nur, sofern er keinen Betreuungsunterhalt oder Unterhalt wegen Alter oder Krankheit fordern kann. Die bloße Meldung bei der Arbeitsagentur genügt nicht, um nachzuweisen, dass kein Arbeitsplatz zu finden ist. Derjenige, der Unterhalt aus diesem Grund will, muss **konkret nachweisen**, dass er sich ernsthaft um eine Stelle bemüht hat.

▷ Aufstockungsunterhalt

Verfügt der unterhaltspflichtige Ehegatte über ein höheres, die ehelichen Lebensverhältnisse prägendes Einkommen, kann Aufstockungsunterhalt fällig werden. Dazu dürfen die eigenen Einkünfte nicht ausreichen, um die Lebensverhältnisse zu erhalten (§ 1573 Abs. 2 BGB).

Dazu eine **Beispielrechnung**: Ein Ehepaar lässt sich nach zehn Jahren kinderloser Ehe scheiden. Der eine hat in der Ehe ein unterhaltsrelevantes Monatseinkommen in Höhe von 4.500 Euro erwirtschaftet. Der andere geht einer angemessenen Erwerbstätigkeit nach und erzielt hieraus monatliche Einkünfte in Höhe von 1.500 Euro. Ein nachehelicher Anspruch auf Betreuungsunterhalt oder Unterhalt wegen Krankheit besteht nicht, aber ein Anspruch auf Aufstockungsunterhalt.

Der Bedarf ermittelt sich nach dem sogenannten **Halbteilungsgrundsatz** (§ 1578 BGB). Danach beläuft sich der Bedarf des jeweiligen Ehegatten auf (4.500 Euro + 1.500 Euro) x 1/2 = 3.000 Euro. Der Aufstockungsunterhalt nach § 1573 Abs. 2 BGB liegt bei 3.000 Euro - 1.500 Euro = 1.500 €. Die Zahlung kann aber befristet oder herabgesetzt werden (§ 1578b BGB).

▷ Ausbildungsunterhalt

Wer nach Erwartung der Ehe oder während der Ehe eine Ausbildung abgebrochen oder nicht aufgenommen hat, kann im Falle der Scheidung Unterhalt bis zum Abschluss einer neuen Ausbildung verlangen (§ 1575 BGB).

Tipp

*Unterhaltsleistungen an Ihren Ex-Partner können Sie als **Sonderausgaben** von der Steuer absetzen. Sie können bis zu 13.805 Euro im Jahr geltend machen.*

Dazu muss er sobald wie möglich nach der Scheidung die **Ausbildung beginnen** oder **fortsetzen**. Sie sollte notwendig sein, um eine angemessene Erwerbstätigkeit zu erlangen, die den Unterhalt nachhaltig sichert. Der Fortbildungs- oder Umschulungsunterhalt ist zeitlich begrenzt auf die durchschnittliche Dauer der Fortbildung oder Umschulung.

▷ **Unterhalt aus Billigkeitsgründen**
Darüber hinaus kann es Unterhalt geben, solange vom Ex-Partner aus schwerwiegenden Gründen eine Erwerbstätigkeit nicht erwartet werden kann und es **grob unbillig** wäre, ihm keinen Unterhalt zu zahlen (§ 1576 BGB).

Wer sich zum Beispiel um ein gemeinsam vor der Trennung aufgenommenes **Pflegekind** kümmert, könnte unter Umständen Unterhalt aus Billigkeitsgründen verlangen (BGH, Urteil vom 25. Januar 1984, Az. IVb ZR 28/82). Auch die Betreuung eines eigenen, nicht gemeinschaftlichen Kindes kann einen Unterhaltsanspruch aus Billigkeitsgründen rechtfertigen (LSG Bayern, Urteil vom 13. April 2007, Az. L 7 AS 40/07).

Falls Sie keinen Unterhalt wegen Krankheit bekommen, da beispielsweise eine Krankheit erst nach der Scheidung aufgetreten ist, können Sie möglicherweise dennoch Unterhalt aus Billigkeitsgründen bekommen, weil sonst eine **besondere Härte** entstünde (BGH, Urteil vom 17. September 2003, Az. XII ZR 184/01).

Zeitpunkt und Wechsel des Unterhaltsgrunds
Unterhalt nach der Scheidung gibt es grundsätzlich nur, wenn einer der Unterhaltsgründe zum **Zeitpunkt der Scheidung** vorliegt. Dagegen gibt es keinen Unterhalt, wenn der Bedarf erst später entsteht.

Beispiel
Nach der Scheidung verdient der eine Partner so viel, dass er nicht unterhaltsbedürftig ist. Nach einigen Jahren wird er arbeitsunfähig krank. Er hat dann keinen Unterhaltsanspruch gegen den mehr verdienenden Ex-Partner, denn die Unterhaltsbedürftigkeit ist erst nach der Scheidung eingetreten.

Der Grund für einen Unterhaltsanspruch kann **auch wechseln**. Dann muss aber der neue Unterhaltsgrund ohne zeitliche Lücke an den vorherigen anknüpfen.

Beispiel
Nach der Scheidung betreut der Unterhaltsberechtigte zunächst gemeinsame Kinder. Als diese groß genug sind, wird der Unterhaltsberechtigte berufsunfähig. Damit besteht der Anspruch weiter.

Wer ist bedürftig?
Unterhalt bekommt nur derjenige, der bedürftig ist und sich nicht aus eigenen Einkünften und Vermögen selbst unterhalten kann. Anders als beim Trennungsunterhalt muss derjenge, der Unterhalt will, aber versuchen, eine **angemessene Erwerbstätigkeit** zu finden. Angemessen ist sie dann, wenn sie der Ausbildung, den Fähigkeiten, dem Lebensalter und dem Gesundheitszustand entspricht.

Wer **nicht arbeitet**, obwohl es zumutbar wäre, bekommt ein **fiktives Einkommen** zugerechnet: Er wird so behandelt, als ob er gearbeitet und mit dieser Tätigkeit ein durchschnittliches Einkommen erzielt hätte.

Zieht derjenige, der Unterhalt verlangt, mit einem **neuen Partner** zusammen, kann der Unterhaltsanspruch entfallen (§ 1579 Nr. 2 BGB). Die Rechtsprechung geht davon aus, dass eine neue Lebensgemeinschaft nicht vor Ablauf von zwei Jahren als **feste neue Partnerschaft** gilt.

Wer ist leistungsfähig?

Leistungsfähig ist, wer Unterhalt zahlen kann, ohne seinen eigenen angemessenen Lebensunterhalt zu gefährden. Dem Zahlenden muss immer ein **Selbstbehalt** verbleiben. Der monatliche Eigenbedarf oder Selbstbehalt orientiert sich an der Düsseldorfer Tabelle.

Treffen **mehrere Unterhaltsberechtigte** aufeinander – etwa Ex-Partner, Kinder oder Eltern – und reicht das Einkommen des Unterhaltsverpflichteten nicht für alle aus, wird das zur Verfügung stehende Einkommen unter allen Berechtigten anteilsmäßig **aufgeteilt**. Auf der ersten Stufe stehen minderjährige und diesen gleichgestellte Kinder, zum Beispiel solche mit Behinderung. Auf der zweiten Stufe stehen die Ehegatten, die Kinder betreuen, sowie geschiedene Ehegatten aus einer langen Ehe. Auf den weiteren Stufen dann die übrigen Ehegatten, volljährige Kinder, Enkelkinder und Eltern.

Wie viel Unterhalt gibt es?

Die **Gerichte** berechnen Unterhaltsansprüche nach **besonderen Leitlinien**, die das entsprechende Oberlandesgericht veröffentlicht hat. Zunächst ist das unterhaltsrelevante Einkommen von beiden zu ermitteln. Das geschieht in gleicher Weise wie beim Trennungsunterhalt. Vom Bruttoeinkommen sind Steuern, Sozialabgaben und angemessene,

 Achtung

Wenn Sie und die Kinder bisher in der gesetzlichen Krankenkasse über Ihren Ehepartner familienversichert waren, ändert sich durch die Scheidung für die Kinder nichts. Für Sie selbst schließt sich an die Familienversicherung eine freiwillige Mitgliedschaft in der GKV an. Klären Sie die Höhe der Beiträge unbedingt mit Ihrer Krankenkasse.

berufsbedingte Aufwendungen in Höhe von pauschal 5 Prozent, sowie Aufwendungen für die Altersvorsorge abzuziehen. Das Einkommen, das für die Berechnung des Unterhalts bei Arbeitnehmern relevant ist, ist deshalb in der Regel niedriger als das Nettogehalt. Zahlt der Ex-Partner Kindesunterhalt nach der Düsseldorfer Tabelle, so ist dieser Betrag ebenfalls abzuziehen.

Als nachehelichen Unterhalt gibt es grundsätzlich **drei Siebtel** des bereinigten Nettoeinkommens (knapp 43 Prozent) des geschiedenen Partners, wenn der andere nicht erwerbstätig ist. Nach den Süddeutschen Unterhaltsrichtlinien hat der Unterhaltsberechtigte allerdings einen Anspruch auf 45 Prozent des bereinigten Nettoeinkommens. Dabei darf der Unterhaltsverpflichtete derzeit einen Betrag von 1.280 Euro als Selbstbehalt abziehen, wenn er erwerbstätig ist. Der Unterhalt kann nach einer umfassenden Prüfung herabgesetzt oder zeitlich befristet werden. Die konkrete Berechnung des Ehegattenunterhalts ist immer vom **Einzelfall** abhängig.

Beispiel

Ein Ehepaar lässt sich scheiden. Der Mann hat kein Einkommen, die Frau hat ein bereinigtes unterhaltsrelevantes Nettoeinkommen von 3.000 Euro. Das Ehepaar hat zwei gemeinsame Kinder im Alter von zwei und fünf Jahren, die beim Vater leben. Das Kindergeld in Höhe von insgesamt 408 Euro wird an den Vater ausgezahlt (Stand: August 2020).

Von den 3.000 Euro hat die Mutter Kindesunterhalt für jedes Kind in Höhe von 323 Euro zu zahlen, insgesamt also 646 Euro. Für die Berechnung des Ehegattenunterhalts verbleiben 2.354 Euro. Davon schuldet die Mutter drei Siebtel als Ehegatten-Elementarunterhalt, also 1.009 Euro. Das bedeutet: die Mutter hat einen Gesamtunterhalt von 1.655 Euro zu zahlen. Ihr verbleiben für sich allein 1.345 Euro und damit mehr als der Selbstbehalt in Höhe von 1.280 Euro.

Dem Vater stehen Kindesunterhalt, Kindergeld und Ehegattenunterhalt für sich und die zwei Kinder von insgesamt 2.063 Euro im Monat zur Verfügung (Stand: August 2020).

Wie lange kann es Unterhalt nach der Scheidung geben?

Im Gesetz fehlt eine Regelung, wie lange sich Geschiedene Unterhalt zahlen müssen und wann der nacheheliche Unterhalt endet. Ein **lebenslanger Unterhaltsanspruch** besteht grundsätzlich **nicht**. Nach der Scheidung können die Zahlungen zeitlich befristet, oder in der Höhe begrenzt werden bzw. ganz entfallen.

Für die Unterhaltsbegrenzung ist entscheidend, ob der unterhaltsberechtigte Partner **ehebedingte Nachteile** erlitten hat. Das kann der Fall sein, wenn er heute wegen der Ehe geringere Einkünfte erzielen kann, weil er einen Karriereknick in Kauf genommen hat, um die gemeinsamen Kinder zu betreuen. Solange ehebedingte Nachteile bestehen, scheidet eine Befristung fast immer aus.

Bei langer Ehe von mehr **als 20 Jahren** kann das Familiengericht Unterhalt auch unbefristet zusprechen (§ 1587b BGB). Allerdings kommt es auch hier auf den Einzelfall an.

Haben Sie in einem Ehevertrag geregelt, dass Sie Ihrem geschiedenen Partner monatlich einen festen Betrag zahlen, können Sie die Vereinbarung auch **für die Zukunft abändern**. Das ist sinnvoll, wenn sich Ihre Lebenssituation ändert und Sie als Unterhaltsschuldner nur noch geringe Einkünfte erzielen, da Sie nicht mehr arbeiten (OLG Karlsruhe, Beschluss vom 18. Juni 2014, Az. 9 UF 34/14).

TOP VERDIENER IN DEUTSCHLAND

Nettoeinkommen 2017
pro Monat und Haushalt in €

Ab diesem Einkommen zählt man zu den TOP...	ALLEIN-STEHENDE	PAAR ohne Kinder	FAMILIE mit zwei Kindern unter 14 Jahren
1%	7.044	10.567	14.793
5%	4.282	6.423	8.992
10%	3.529	5.294	7.412
MEDIAN — Eine Hälfte der Deutschen verdient mehr, die andere Hälfte weniger.	1.946	2.919	4.086

Quelle: IWD, HB, FAZ

SmartKnowHow

3.2.1 Kindergeld

» So viel Kindergeld steht Ihnen zu «

von Dr. Britta Beate Schön Stand: 21. Dezember 2021
www.finanztip.de/kindergeld/

Wer bekommt Kindergeld und wie viel? // Wie beantragen Sie Kindergeld? // Wie lange erhalten Sie Kindergeld? // Wer bekommt das Kindergeld? // Was passiert mit dem Kindergeld, wenn sich Eltern trennen? // Wie können Sie sich gegen den Kindergeldbescheid wehren?

Wer Kinder hat, weiß, dass der Nachwuchs ganz schön viel kostet. Das Kindergeld ist daher eine **wichtige Geldquelle** für die meisten Eltern. Es wird **unabhängig vom Einkommen** gezahlt. Im Jahr 2022 erhöht sich das Kindergeld nicht.

Wer bekommt Kindergeld und wie viel?

Im Jahr 2020 hat der Staat über 45 Milliarden Euro Kindergeld für mehr als 16 Millionen Kinder gezahlt. Eltern mit **deutscher Staatsangehörigkeit** bekommen für ihre Kin-

Das Wichtigste in Kürze
- Sie haben grundsätzlich Anspruch auf Kindergeld, wenn Sie mit Ihrem Kind in Deutschland wohnen.
- Für das erste und zweite Kind bekommen Sie monatlich je 219 Euro, für das dritte Kind 225 Euro und für jedes weitere Kind 250 Euro.
- Wird Ihr Kind 18 Jahre alt, müssen Sie nachweisen, dass es noch in der Schule, in der Ausbildung oder im Studium ist – längstens bis zum 25. Geburtstag.

So gehen Sie vor
- Beantragen Sie das Kindergeld bei der Familienkasse der Bundesagentur für Arbeit, am besten **gleich nach der Geburt**.
- Sie können den Antrag **online ausfüllen** und vorab an die Familienkasse übermitteln. Dann müssen Sie ihn nur noch ausdrucken, unterschreiben und auch als Brief losschicken.
- Wird Ihr Kind **volljährig**, sollten Sie vor dessen Geburtstag einen neuen Antrag stellen, damit das Kindergeld ohne Unterbrechung weiterfließt.

der jeden Monat Kindergeld, wenn sie in Deutschland wohnen.

Auch mit einer **ausländischen Staatsangehörigkeit** können Sie Kindergeld bekommen, wenn Sie in Deutschland wohnen und eine der folgenden Voraussetzungen erfüllen:

- Sie sind EU-Staatsbürgerin oder haben die Staatsangehörigkeit von Norwegen, Island, Liechtenstein, der Schweiz oder von Großbritannien.
- Sie sind Staatsangehörige von Algerien, Bosnien-Herzegowina, Kosovo, Marokko, Montenegro, Serbien, Tunesien oder Türkei. Dann müssen Sie zusätzlich in Deutschland arbeiten und Abgaben in die Renten-, Kranken- und Arbeitslosenversicherung zahlen. Auch wenn Sie Arbeitslosengeld oder Krankengeld beziehen, können Sie für Ihre Kinder Kindergeld bekommen.
- Sie besitzen eine gültige Niederlassungs- oder Aufenthaltserlaubnis, mit der Sie in Deutschland arbeiten dürfen.
- Sie sind unanfechtbar anerkannter Flüchtling oder Asylberechtigter.

Kindergeld steht in direktem Zusammenhang mit dem **Kinderfreibetrag** (mehr dazu im Kapitel 3.2.2, Seite 480). Grundsätzlich gilt: Sie können nicht Kindergeld erhalten und zusätzlich die vollen Kinderfreibeträge von der Steuer absetzen. Das Finanzamt verrechnet nämlich das schon ausgezahlte Kindergeld mit dem Steuervorteil, der sich durch die Kinderfreibeträge ergibt.

Wie beantragen Sie Kindergeld?

Am besten beantragen Sie Kindergeld gleich **nach der Geburt** bei der Familienkasse der Bundesagentur für Arbeit. Das geht in drei Schritten:

- Antrag online ausfüllen und vorab verschlüsselt an die Familienkasse übermitteln. Möglich ist dies unter:

 https://web.arbeitsagentur.de/opal/kgo-antraggeburt-ui/auswahl

- Antrag ausdrucken und unterschreiben und
- Antrag per Post versenden.

Sie müssen nicht jedes Jahr einen neuen Antrag stellen: Die Familienkasse zahlt weiter, solange es keine Veränderungen gibt. **Aber**: Sie müssen der Familienkasse mitteilen, wenn Sie zum Beispiel umgezogen sind.

▷ Rückwirkende Zahlung von Kindergeld

Achtung: Die Familienkasse zahlt nur **sechs Monate rückwirkend** Kindergeld aus – ab Eingang des Antrags (§ 70 Abs. 1 EStG).

Hat die Familienkasse im Bescheid das Kindergeld über den Sechs-Monats-Zeitraum hinaus **rückwirkend festgesetzt,** muss sie das Geld auch für den gesamten Zeitraum auszahlen (BFH, Urteil vom 19. Februar 2020, Az. III R 66/18).

▷ Steueridentifikationsnummer

Seit 2016 verlangt die Familienkasse zur Bearbeitung Ihre Steueridentifikationsnummer und die Ihres Kindes. Sollten Sie die Nummern in Ihren Unterlagen nicht finden, können Sie sich diese nochmal zuschicken lassen. Nutzen Sie dazu das Eingabeformular im Internetportal des Bundeszentralamts für Steuern.

Wie lange erhalten Sie Kindergeld?

Von der Geburt **bis zur Volljährigkeit** zahlt der Staat Kindergeld **für alle Kinder.** Die Zahlung endet in dem Monat, in dem das Kind seinen 18. Geburtstag feiert. Ein paar Monate zuvor bekommen Sie von der Familienkasse per Post das neue Antragsformular. Das können Sie ausfüllen, wenn Ihr Kind noch in der Schule oder Ausbildung ist, einen Ausbildungsplatz sucht oder einen Freiwilligendienst ableistet.

▷ Kinder in Ausbildung und Studium

Die Familienkasse will einen Ausbildungsnachweis oder eine Bescheinigung der Hochschule sehen (§ 32 Abs. 4 Nr. 2a EStG). Jedes Jahr müssen Sie nachweisen, dass die Ausbildung oder das Studium noch andauert und zwar immer **spätestens im Oktober.**

Studiert Ihr Kind im **Ausland**, zahlt die Familienkasse weiter Kindergeld, wenn Ihr Sohn oder Ihre Tochter weiter in Deutschland gemeldet ist und die Semesterferien überwiegend zuhause verbringt (BFH, Urteil vom 23. Juni 2015, Az. III R 38/14).

Für Ihr **volljähriges Kind** haben Sie sogar Anspruch auf Kindergeld, wenn es verheiratet ist, sich aber in der Erstausbildung befindet und das 25. Lebensjahr noch nicht vollendet hat (BFH, Urteil vom 17. Oktober 2013, Az. III R 22/13). Auf die Höhe der Einkünfte des Kindes und auf einen etwaigen Unterhaltsanspruch gegen den Ehemann oder die Ehefrau kommt es nicht an.

Ende der Ausbildung - Kindergeld gibt es bis zum Ende der Ausbildung. Sind Lehre oder Studium vor dem 25. Geburtstag beendet, gibt es auch kein Kindergeld mehr.

Ein **Studium** ist spätestens **beendet**, wenn das Prüfungsamt die erfolgreichen Prüfungsergebnisse **bekannt gegeben hat**. Das setzt voraus, dass die Studenten von der Hochschule eine **schriftliche Bestätigung** über den erfolgreichen Abschluss mit Abschlussnoten bekommen haben oder sich über ein **Online-Portal** die Bestätigung selbst ausdrucken können. Für das Ende der Kindergeldzahlung ist immer der frühere Zeitpunkt der Bekanntgabe entscheidend (BFH, Urteil vom 7. Juli 2021, Az. III R 40/19). Eine mündliche

Übersicht: Bis wann es für wen Kindergeld gibt

Welche Kinder?	In welchem Alter?
für alle Kinder	von der Geburt bis zum 18. Geburtstag
Kinder mit abgeschlossener Berufsausbildung ohne Arbeitsplatz	vom 18. bis zum 21. Geburtstag
Kinder in der Ausbildung	vom 18. bis zum 25. Geburtstag
Kinder in der Übergangszeit von bis zu vier Monaten, etwa zwischen Schulabschluss und Beginn der Ausbildung oder eines Freiwilligendienstes	vom 18. bis zum 25. Geburtstag
Kinder ohne Ausbildungsplatz	vom 18. bis zum 25. Geburtstag
Kinder im freiwilligen sozialen oder ökologischen Jahr, im Bundesfreiwilligendienst oder in einem anderen anerkannten Freiwilligendienst	vom 18. bis zum 25. Geburtstag
behinderte Kinder, die sich nicht selbst unterhalten können	über das 25. Lebensjahr hinaus

Quellen: Finanztip-Recherche, § 32 Abs. 4 EStG (Stand: Dezember 2021).

Information reicht nicht. Bis zum Ablauf des Monats der Bekanntgabe fließt noch Kindergeld (FG Sachsen, Urteil vom 17. Juni 2015, Az. 4 K 357/11).

Will das Kind zur **Notenverbesserung** das Studium fortsetzen, bleibt der Anspruch auf Kindergeld bestehen – auch wenn der Student das Studienziel schon erreicht hat.

Eine **Ausbildung ist beendet**, wenn das Ausbildungsverhältnis **laut Vertrag beendet ist**. Liegen die Prüfungsergebnisse schon vor, läuft aber der Ausbildungsvertrag noch, muss die Familienkasse weiter zahlen (Finanzgericht Baden-Württemberg, Urteil vom 19. Oktober 2016, Az. 7 K 407/16).

Ist das Ende der Ausbildung **in einem Gesetz festgelegt**, dann gibt es bis zu dem in der Regelung vorgesehenen Ende Kindergeld, auch wenn das Prüfungsamt die Prüfungsergebnisse schon eher versendet hat (BFH, Urteil vom 14. September 2017, Az. III R 19/16).

> **Beispiel**
>
> *Die Ausbildung zur staatlich anerkannten Heilerziehungspflegerin dauert nach der Verordnung in Baden-Württemberg drei Jahre. Auch wenn der Auszubildende zwei Monate vor Ablauf dieser Zeit seine Ergebnisse bekommt, endet die Kindergeldzahlung genau nach drei Jahren.*

Besonderheit bei Zweitausbildung – Für den Anspruch auf Kindergeld kommt es grundsätzlich nicht darauf an, ob es sich um die erste, zweite oder dritte Ausbildung handelt. Aber: Der Anspruch entfällt, wenn Ihr Kind nach der Erstausbildung eine weitere Ausbildung absolviert und daneben regelmäßig mehr als 20 Stunden pro Woche arbeitet (§ 32 Abs. 4 Satz 2 EstG). Nur in diesen Fällen ist entscheidend, ob es sich um eine Erst- oder Zweitausbildung handelt.

Bei **besonderen Studiengängen** kann es länger Kindergeld geben, auch wenn Sohn oder Tochter mehr als 20 Stunden in der Woche arbeiten. **Ein Masterstudium** kann Teil einer einheitlichen Erstausbildung sein, falls es zeitlich und inhaltlich auf das vorangegangene Bachelorstudium angepasst ist (BFH, Urteil vom 3. September 2015, Az. VI R 9/15). Das gilt natürlich nur, wenn der Student noch unter 25 Jahre alt ist.

Bei einem **dualen Studium** (Ausbildung parallel zum Studium) kann es auch nach der Lehre weiterhin Kindergeld geben (FG Münster, Urteil vom 22. August 2014, Az. 4 K 1914/14 Kg). Dazu muss das Studium aber Teil der Erstausbildung sein. In einem solchen Fall spielt es keine Rolle, wenn Ihr Kind mehr als 20 Stunden in der Woche arbeitet. Setzt allerdings ein berufsbegleitendes Studium voraus, dass der Student vorher mindestens ein Jahr berufstätig war, handelt es sich um einen **Weiterbildungsstudiengang** und damit um eine Zweitausbildung. Arbeitet der Student dann während des Studiums **mehr als 20 Stunden**, besteht kein Anspruch auf Kindergeld mehr (BFH, Urteil vom 4. Februar 2016, Az. III R 14/15). Beim **Unterhalt für volljährige Kinder** ist die Frage der Erst- oder Zweitausbildung wichtig.

▷ Zeit zwischen den Ausbildungsabschnitten

Meist vergehen ein paar Monate zwischen Schulabschluss und Beginn von Ausbildung oder Studium. In dieser Zeit von höchstens **vier Monaten** steht Ihnen weiter Kindergeld zu (§ 32 Abs. 4 Nr. 2b EStG). Liegen fünf oder mehr Monate zwischen den Ausbildungsabschnitten, bekommen Sie auch für die ersten vier Monate kein Kindergeld (BFH, Urteil vom 23. Februar 2006, Az. III R 82/03).

▷ **Kinder ohne Ausbildungsplatz**
Findet Ihr Kind keinen Ausbildungsplatz, obwohl es sich bemüht, zahlt die Kasse weiter Kindergeld. Als Nachweis für die **ernsthaften Bemühungen**, genügen zum Beispiel die Absagen der Ausbildungsunternehmen (§ 32 Abs. 4 Nr. 2c EStG).

 Achtung
Will Ihr Kind nach der Schule eine *größere Reise* unternehmen, die länger als vier Monate dauert, oder als **Au-pair** im Ausland arbeiten oder an einem Work-and-Travel-Programm teilnehmen, entfällt der Anspruch auf Kindergeld. Auch wenn die Familienkasse das Kindergeld während dieser Zeit weiter überweist, müssen Sie sich auf Rückforderungen einstellen.

Ist Ihr Kind hingegen **krank** und kann deshalb keine Ausbildung beginnen, dann besteht kein Anspruch auf Kindergeld, sofern ein Ende der Erkrankung nicht absehbar ist (BFH, Urteil vom 12. November 2020, Az. III R 49/18).

▷ **Kinder im Freiwilligen Sozialen (FSJ) oder Ökologischen Jahr (FÖJ)**
Hat sich Ihr volljähriges Kind für ein Freiwilliges **Soziales oder Ökologisches** Jahr entschieden, steht Ihnen auch für diese Zeit Kindergeld zu. Gleiches gilt für eine Zeit im **Bundesfreiwilligendienst** (§ 32 Abs. 4 Nr. 2d EStG).

▷ **Kinder mit abgeschlossener Berufsausbildung ohne Arbeitsplatz**
Auch wenn Ihr Kind schon älter als 18 Jahre ist und die Ausbildung abgeschlossen hat, bekommen Sie unter Umständen Kindergeld. Voraussetzung: Der Nachwuchs hat keine Arbeit und ist bei der Agentur für Arbeit als arbeitssuchend gemeldet (§ 32 Abs. 4 Nr. 1 EStG). Das gilt allerdings **nur bis zum 21. Geburtstag** des Kindes.

Es reicht, wenn das Kind der Agentur für Arbeit persönlich mitteilt, dass es arbeitslos ist. Ein Nachweis, dass es tatsächlich eine Arbeit sucht, ist nicht erforderlich (BFH, Urteil vom 18. Februar 2016, Az. V R 22/15). **Wichtig**: Ein Minijob schließt den Anspruch auf Kindergeld nicht aus.

▷ **Kinder mit Behinderung**
Für Kinder mit Behinderung gibt es Kindergeld über das 25. Lebensjahr hinaus **ohne Altersbegrenzung**. Voraussetzung ist, dass Ihr Kind wegen körperlicher, geistiger oder seelischer Behinderung außerstande ist, sich selbst zu versorgen. Die Behinderung muss vor Vollendung des 25. Lebensjahres eingetreten sein (§ 32 Abs. 4 Nr. 3 EStG).

Wer bekommt das Kindergeld?
Die Familienkasse zahlt Kindergeld immer nur an einen Berechtigten – meist ist es **entweder der Vater oder die Mutter**. Lebt das Kind im gemeinsamen Haushalt der Eltern,

müssen Sie klären, an wen oder auf welches Konto die Kindergeldkasse das Geld überweisen soll.

Das können Eltern rückwirkend nicht mehr ändern. Auch den Großeltern kann Kindergeld zustehen, wenn sie mit dem Enkelkind zusammenwohnen.

Beispiel
Das Kind lebt bei seiner Mutter in Polen, hat damit in Deutschland keinen Wohnsitz. Der in Deutschland lebende von der Mutter geschiedene Vater hat keinen Anspruch auf Kindergeld. Anspruchsberechtigt ist die in Polen lebende Mutter.

Leben die Eltern des Kindes in **unterschiedlichen EU-Staaten** und besteht kein gemeinsamer Haushalt, steht dem Elternteil Kindergeld zu, bei dem das Kind überwiegend wohnt. Das kann auch in einem anderen EU-Staat sein (BFH, Urteil vom 4. Februar 2016, Az. III R 17/13).

▷ Auszahlungstermine

Nicht alle Eltern erhalten das Kindergeld am selben Tag. Auf der Website der Bundesagentur für Arbeit finden Sie die Auszahlungstermine. Das Gesetz schreibt vor, dass die Zahlung des Kindergelds **im Laufe des jeweiligen Monats** erfolgt, für den der Anspruch besteht.

Was passiert mit dem Kindergeld, wenn sich Eltern trennen?

Trennen sich Vater und Mutter, erhält derjenige das Kindergeld, bei dem **das Kind wohnt**. Falls die Mutter das Kind betreut, ist sie allein kindergeldberechtigt. Auch wenn das Kind annähernd zu gleichen Teilen bei beiden Eltern wohnt, wird das Kindergeld nur vollständig an einen Elternteil ausgezahlt. **Unterhaltsrechtlich** wird das Kindergeld dem Kind zugeordnet. Folge: In aller Regel mindert das Kindergeld nach der Düsseldorfer Tabelle (siehe hierzu Kapitel 3.2.4, Seite 504) den Betrag, den der Unterhaltspflichtige zahlen muss – im obigen Beispiel wäre das der Vater.

Anders behandelt werden die steuerlichen Freibeträge: Der **Kinderfreibetrag** und der sogenannte **BEA-Freibetrag** für Betreuung, Erziehung und Ausbildung. Grundsätzlich stehen die Freibeträge beiden Elternteilen gleichermaßen zu. Deshalb gibt es steuerrechtlich halbe Kinder: Wenn nämlich ein Kinderfreibetrag für ein Kind zwischen Vater und Mutter mit je 0,5 aufgeteilt wird.

Wie können Sie sich gegen den Kindergeldbescheid wehren?

Nicht jede Entscheidung der Familienkasse müssen Sie hinnehmen. Sollte der Bescheid falsch sein oder handelt es sich um einen Ablehnungsbescheid, können Sie **Einspruch einlegen**. Grundsätzlich haben Sie dazu **einen Monat nach Bekanntgabe** des Bescheids Zeit (§ 355 AO). Ist allerdings die Rechtsbehelfsbelehrung fehlerhaft, können Sie sich sogar noch länger wehren. Sie müssen innerhalb eines Jahres tätig werden – und zwar nach Ablauf des Monats, in dem Sie den Bescheid bekommen haben. (§ 356 Abs. 2 AO). So haben zwei Finanzgerichte entschieden, die die Belehrung der Familienkassen für irreführend hielten (FG Münster, Urteil vom 9. Januar 2014, Az. 3 K 742/13 Kg, AO; Urteil vom 9. Januar 2014, Az. 3 K 3794/13 Kg). Einspruch einlegen können Sie grundsätzlich auch **per E-Mail**. Wenn die Familienkasse eine solche bekannt gibt, dürfen Sie an diese auch Ihren Einspruch schicken (BFH, Urteil vom 13. Mai 2015, Az. III R 26/14).

Kinderzuschlag und Kinderfreibetrag

Neben dem Kindergeld können Sie Anspruch auf Kinderzuschlag haben von bis zu 205 Euro im Monat, wenn Sie wenig verdienen und kein Arbeitslosengeld II bekommen. Das gilt, wenn Ihre Kinder **unter 25 Jahre alt** sind und mit Ihnen zusammenleben.

Weitere Informationen zur Berechnung und wie Sie den Zuschlag beantragen, finden Sie unter:

 *https://www.finanztip.de/kindergeld/kindergeldzuschlag/.*

Seit Anfang 2021 liegt der Kinderfreibetrag für Familien bei 8.388 Euro (§ 32 Abs. 6 EStG). Er setzt sich zusammen aus dem Freibetrag für das Existenzminimum in Höhe von 2.730 Euro und dem Freibetrag für Betreuung, Erziehung und Ausbildung (BEA) in Höhe von 1.464 Euro. Bei Ehegatten, die zusammen zur Einkommensteuer veranlagt werden, verdoppeln sich die Beträge.

Grundsätzlich verrechnet das Finanzamt das schon ausgezahlte Kindergeld mit dem Steuervorteil, der sich durch die Kinderfreibeträge ergibt. Ihnen bleibt daher nur die Differenz zwischen Kindergeld und Steuerfreibeträgen. Die Kinderfreibeträge führen übrigens nur bei etwa 5 Prozent aller Steuerzahler zu einem zusätzlichen Steuervorteil.

773.144 Lebendgeborene
-4.946 weniger als 2019

Kinder & Haushalte 2020

Quelle: Statistisches Bundesamt

30,2 Jahre
Alter der Mutter beim 1. Kind

Stand: 31.01.2022

11.649.000 Familien mit Kindern
davon:

5.867.000 Einzelkinder

1,53 Kinder je Frau

2.534.000 Alleinerziehende

3.2.2 Kinderfreibetrag

» Von diesen Steuervorteilen profitieren Eltern «

von Udo Reuß Stand: 10. Dezember 2021
www.finanztip.de/steuervorteile-fuer-eltern/

Wem stehen Kindergeld oder ein Kinderfreibetrag zu? // Bis wann bekommen Sie Kindergeld oder Kinderfreibeträge? // Wie können Sie Ausgaben für Kinder geltend machen? // Was ist der Ausbildungsfreibetrag? // Was ist der Entlastungsbetrag für Alleinerziehende? // Wie können Sie Kinderbetreuungskosten absetzen? // Wie können Sie Schulgeld absetzen? // Wie werden Kinder bei einem Riester-Vertrag berücksichtigt? // Welche Folgen haben Trennung und Scheidung? // So lassen sich der volle Kinderfreibetrag und BEA-Freibetrag auf Sie übertragen

 Das Wichtigste in Kürze

- Wenn Sie Kinder haben, können Sie eine Reihe steuerlicher Vergünstigungen erhalten. So steht Ihnen entweder Kindergeld oder der Kinderfreibetrag zu. Zusätzlich zum Kindergeld bekommen Geringverdiener auf Antrag den sogenannten Kinderzuschlag.
- Darüber hinaus können der Ausbildungsfreibetrag, der Entlastungsbetrag für Alleinerziehende und Kinderbetreuungskosten die Steuern senken.
- Bekommen Sie Kindergeld und haben in einen Riester-Vertrag eingezahlt, können Sie von der Kinderzulage profitieren.

 So gehen Sie vor

- Kindergeld und Kinderzuschlag beantragen Sie bei der Familienkasse.
- In der Steuererklärung füllen Sie für jedes Kind die Anlage Kind aus. Damit beantragen Sie den Abzug von Kinderbetreuungskosten, Schulgeld und auch den Ausbildungsfreibetrag für ein auswärts wohnendes, volljähriges Kind in Berufsausbildung.
- Nach Trennung und Scheidung gilt: Während das Kindergeld nur ein Elternteil bekommt, können sich die Eltern die steuerlichen kinderbezogenen Freibeträge aufteilen.

Kinder schenken viel Freude, kosten aber auch viel Geld. Einen Teil davon können sich Eltern über die Steuererklärung zurückholen, weil der Staat Familien mit Kindern und Alleinerziehende unterstützt. Eines der wichtigsten Förderinstrumente ist das Kindergeld. Darüber hinaus können Eltern aber auch zahlreiche **Steuervorteile nutzen**, weil der Staat Familien mit Kindern und Alleinerziehende unterstützt. Das Einzige, was sie dafür tun müssen, ist, eine **Steuererklärung abzugeben**. Wer die **Anlage Kind** sorgfältig ausfüllt, hat die größte Hürde schon genommen.

Wem stehen Kindergeld oder ein Kinderfreibetrag zu?

Sie können für Ihr Kind nur entweder **Kindergeld oder den Kinderfreibetrag** erhalten. Für einige Steuerzahler bringen die Kinderfreibeträge einen zusätzlichen steuerlichen Vorteil. Wenn Sie eine Steuererklärung samt **Anlage Kind für jedes Kind** ausfüllen, dann wendet das Finanzamt automatisch die für Sie günstigste Variante an.

Kindergeld steht Ihnen ab der Geburt Ihres Kindes zu. Es wird **monatlich** ausgezahlt. In welcher Höhe dieses ausbezahlt wird und weitere Informationen dazu lesen Sie im Kapitel 3.2.1 auf Seite 470.

▷ Kinderfreibeträge

Für die meisten Eltern bringt die Auszahlung des Kindergelds mehr als der Kinderfreibetrag. Wenn Sie eine Steuererklärung abgeben, prüft das Finanzamt automatisch, was für Sie günstiger ist. Falls für Sie die Kinderfreibeträge günstiger sind, rechnet es im Steuerbescheid das Kindergeld hinzu, um die festzusetzende Einkommensteuer zu berechnen. Die Kinderfreibeträge spielen zudem bei der Berechnung der Kirchensteuer und des Solidaritätszuschlags eine Rolle.

Der gesamte Kinderfreibetrag besteht aus **zwei Teilen**:
- dem Freibetrag für das Existenzminimum des Kindes (sächlicher Kinderfreibetrag);
- dem Freibetrag für den Betreuungs- und Erziehungs- oder Ausbildungsbedarf (BEA).

Den **Freibetrag für das Existenzminimum** passt der Gesetzgeber regelmäßig an, weil sich die Preise, zum Beispiel für Lebensmittel, ändern können. Er beträgt seit 2021

Kinderfreibeträge seit 2018

	2019	2020	2021
Freibetrag für das Existenzminimum des Kindes	2.490 €	2.586 €	2.730 €
Freibetrag für den Betreuungs- und Erziehungs- oder Ausbildungsbedarf (BEA)	1.320 €	1.320 €	1.464 €
Summe pro Elternteil:	3.810 €	3.906 €	4.194 €
insgesamt für Eltern:	7.620 €	7.812 €	8.388 €

Quelle: § 32 Absatz 6 Einkommensteuergesetz (Stand: 10. Dezember 2021).

2.730 € pro Kind und Elternteil. Der **Betreuungsfreibetrag**, der lange Jahre konstant blieb, stieg ab 2021 für jedes Elternteil auf **1.464 €**.

Diese Freibeträge verdoppeln sich, wenn die Eltern verheiratet sind und zusammenveranlagt werden.

Die Kinderfreibeträge pro Kind setzen sich seit 2018 folgendermaßen zusammen: Kinder- und BEA-Freibetrag stehen grundsätzlich jedem der beiden Elternteile zu. Anspruch auf den vollen Kinderfreibetrag besteht dann, wenn der andere Elternteil des Kindes verstorben oder nicht unbeschränkt einkommensteuerpflichtig ist. Das gilt ebenfalls, sofern der andere Elternteil „untergetaucht" ist oder sich der Vater nicht amtlich feststellen lässt.

Bis wann bekommen Sie Kindergeld oder Kinderfreibeträge?

Für jedes Kind füllen Sie eine eigene **Anlage Kind** in Ihrer Einkommensteuererklärung aus. Mit diesem Steuerformular müssen Sie sich auch auseinandersetzen, wenn Ihre Lohnsteuerbescheinigung Angaben zu Ihren Kindern enthält. Dieser Eintrag spielt für den monatlichen Lohnsteuerabzug und für die Höhe der Einkommensteuer keine Rolle. Im Laufe des Jahres wirken sich die eingetragenen Kinderfreibeträge aber auf die Höhe der Kirchensteuer und des Solidaritätszuschlags aus, die Ihr Arbeitgeber einbehält.

▷ **Vergleichsrechnung bei Kindergeld und Kinderfreibeträgen**

Der Regelfall ist, dass Eltern Kindergeld erhalten. Mit der Steuererklärung lassen sie dann vom Finanzamt überprüfen, ob für sie die Kinderfreibeträge günstiger sind. Grundsätzlich gilt: Sie können nicht Kindergeld erhalten und zusätzlich die vollen Kinderfreibeträge von der Steuer absetzen. Das **Finanzamt verrechnet** nämlich das Kindergeld mit dem Steuervorteil, der sich durch die Kinderfreibeträge ergibt. Ihnen bleibt daher nur die Differenz zwischen Kindergeld

 **Achtung**

*Beim steuerlichen **Familienleistungsausgleich** zieht das Finanzamt aber generell den **Anspruch auf das Kindergeld** heran und nicht das tatsächlich gezahlte Kindergeld.*

und Steuerfreibeträgen. Das Finanzamt prüft nach der Einkommensteuererklärung mit Anlage Kind automatisch, was günstiger ist: Kindergeld oder Kinderfreibetrag.

Falls sich verheiratete Eltern zusammen zur Einkommensteuer veranlagen lassen, profitieren sie 2021 erst ab einem zu versteuernden Einkommen von zirka **77.500 Euro** von einer **zusätzlichen Steuerentlastung** (nach Anrechnung des im Mai 2021 ausgezahlten Kinderbonus von 150 Euro). Diese Grenze kann sich verschieben, wenn die Bundesregierung das Kindergeld erhöht.

Lebt das Kind nur bei einem Elternteil und lässt sich dieser den Betreuungsfreibetrag (BEA) des anderen Elternteils übertragen, dann bringt der Kinderfreibetrag bereits bei einem zu versteuernden Einkommen von mehr als 17.000 Euro eine zusätzliche Steuerersparnis.

Wenn ein Kind im gesamten Jahr **2020** kindergeldberechtigt ist, zahlt die Familienkasse insgesamt 2.748 Euro aus (2.448 Euro Kindergeld + 300 Euro Kinderbonus). Dieser Betrag wird aber im Rahmen des Familienleistungsausgleichs mit dem Kinderfreibetrag verrechnet. Folglich profitieren **gutverdienende Eltern** nach der Steuererklärung nur teilweise oder überhaupt nicht vom Corona-Kinderbonus. Letzteres ist der Fall für ein Ehepaar mit einem Kind und einem zu versteuernden Einkommen von insgesamt über 86.000 Euro. Ungekürzt verbleibt der Corona-Kinderbonus bis zu einem Jahreseinkommen von knapp 68.000 Euro.

Ein zusammenveranlagtes Ehepaar mit zwei Kindern bekam im Mai 2021 insgesamt 300 Euro Kinderbonus ausgezahlt. Bis zu einem Einkommen von 69.040 Euro profitiert es in voller Höhe davon. Verdient es mehr, wird der Kinderbonus durch die Verrechnung mit den zwei Kinderfreibeträgen abgeschmolzen. Bei einem Einkommen ab knapp 86.000 Euro bleibt vom Kinderbonus nichts mehr übrig.

▷ Altersgrenzen bei Kindern

Das Kindergeld fließt ohne Weiteres, solange Ihr Nachwuchs das 18. Lebensjahr noch nicht vollendet hat. Von Kindergeld und Kinderfreibeträgen können Sie auch bei volljährigen Nachkommen **bis zur Vollendung des 25. Lebensjahres** profitieren. Das ist möglich, wenn Ihr Kind eine Berufsausbildung macht (einschließlich Schulausbildung). Auch falls Ihr Sohn oder Ihre Tochter keinen Ausbildungsplatz hat und deshalb die Berufsausbildung nicht beginnen oder fortsetzen konnte, zahlt die Finanzkasse weiter. Darüber hinaus erhalten Sie Kindergeld für ein volljähriges Kind, sofern es einen der folgenden Dienste leistet:
- freiwilliges soziales oder ökologisches Jahr,
- europäischer/entwicklungspolitischer Freiwilligendienst,
- Freiwilligendienst aller Generationen,
- internationaler Jugendfreiwilligendienst,
- Bundesfreiwilligendienst oder
- einen anderen Dienst im Ausland.

Ihr Kindergeldanspruch bleibt auch dann erhalten, wenn sich Ihr Nachwuchs in einer **Übergangszeit** zwischen einem Ausbildungsabschnitt und einem der oben genannten Dienste befunden hat. Dabei sind höchstens **vier Monate** zulässig. Eine Besonderheit gilt für arbeitslose Kinder, die das 21. Lebensjahr noch nicht vollendet haben: Sie müssen bei einer Agentur für Arbeit als arbeitssuchend gemeldet sein, und zwar in Deutschland, der Schweiz, in der Europäischen Union oder in einem Land, das zum Europäischen Wirtschaftsraum gehört.

▷ **Abgeschlossene Berufsausbildung**
Auch nachdem Ihr volljähriges Kind unter 25 seine erste Berufsausbildung oder sein Erststudium **abgeschlossen hat**, können Sie weiterhin Kindergeld beziehen und von den Freibeträgen profitieren. Das geht unter anderem, solange das Kind einer weiteren Ausbildung nachgeht, etwa ein Bachelor- oder ein Masterstudium absolviert. Oder nach seiner Erstausbildung beispielsweise einen Freiwilligendienst leistet.

In diesen Fällen kommt allerdings eine wichtige Einschränkung hinzu: Ihr Kind darf **keiner Erwerbstätigkeit** nachgehen.

Darunter versteht das Finanzamt alles, was **über 20 Stunden** vertraglich vereinbarte, regelmäßige wöchentliche Arbeitszeit hinausgeht. Ein Ausbildungsdienstverhältnis oder ein 450-Euro-Job schaden nicht. Bei solchen geringfügig entlohnten Beschäftigungen spielt die wöchentliche Arbeitszeit keine Rolle. Das Kind darf allerdings nicht mehrere Jobs haben, bei denen es insgesamt mehr als 450 Euro (**ab 1. Oktober 2022: 520 Euro**) verdient.

Von einer geringfügigen oder kurzfristigen Beschäftigung geht das Finanzamt auch aus, sofern das Kind zwar mehr als 450 Euro im Monat verdient, innerhalb des gesamten Jahres aber **höchstens drei Monate** oder 70 Arbeitstage arbeitet.

Ihr Sohn oder Ihre Tochter darf auch eine geringfügige Beschäftigung neben einer anderen Erwerbstätigkeit ausüben, solange dadurch insgesamt nicht die 20-Stunden-Grenze überschritten wird. Erlaubt ist auch eine vorübergehende (höchstens drei Monate lange) Ausweitung der Beschäftigung auf mehr als 20 Stunden, wenn den Rest des Jahres durchschnittlich die wöchentliche Arbeitszeit eingehalten wird.

Das Finanzamt versteht unter „Erwerbstätigkeit" nicht nur das Arbeitnehmerdasein. Auch eine land- und forstwirtschaftliche, eine gewerbliche und eine selbstständige Tätigkeit gehören dazu. Wenn Ihr Kind schon laut Arbeitsvertrag 20 Stunden die Woche arbeitet, sollte es also nicht zusätzlich noch eine freiberufliche Tätigkeit oder Nebengewerbe anmelden.

▷ **Für behinderte Kinder gelten Sonderregeln**
Sollte Ihr Kind nicht selbst für sich sorgen können, weil es körperlich, geistig oder seelisch behindert ist, wird es **auch nach Vollendung des 25. Lebensjahres unbegrenzt berücksichtigt**. Voraussetzung ist allerdings, dass die Behinderung schon vor dem 25. Geburtstag eingetreten ist.

Ein Kind ist außerstande, sich selbst finanziell zu unterhalten, wenn es mit seinen eigenen Mitteln nicht seinen Lebensunterhalt bestreiten kann. Gemeint ist damit:
- der allgemeine **Lebensbedarf** (Grundfreibetrag in Höhe von 9.744 Euro im Jahr 2021, 9.984 Euro im Jahr 2022) und
- zusätzlich der individuelle behinderungsbedingte **Mehrbedarf** (unter anderem Kosten für eine Heimunterbringung, Pflegebedarf in Höhe des gezahlten Pflegegelds, gegebenenfalls Behinderten-Pauschbetrag).

Dazu verlangt das Finanzamt eine Gegenüberstellung des notwendigen Lebensbedarfs mit den eigenen finanziellen Mitteln des Kindes. Die ergeben sich aus dem verfügbaren Nettoeinkommen und den Leistungen Dritter. Bei der Ermittlung des verfügbaren Nettoeinkommens sind alle steuerpflichtigen Einkünfte zu berücksichtigen, alle steuerfreien Einnahmen und etwaige Steuererstattungen. Abzuziehen sind tatsächlich gezahlte Steuern und Vorsorgeaufwendungen, das heißt, die Beiträge zu einer Basiskranken- und Pflege-Pflichtversicherung sowie gesetzliche Sozialabgaben bei Arbeitnehmern.

▷ **Kindergeld wird nur sechs Monate rückwirkend gezahlt**

Eltern mit Kindergeldanspruch sollten sich für ihren Antrag bei der Familienkasse nicht allzu viel Zeit lassen. Seit 2018 wird Kindergeld ab Antragstellung **längstens sechs Monate** rückwirkend gezahlt.

Insbesondere Eltern, deren volljährige Kinder auf den gewünschten Ausbildungs- oder Studienplatz warten müssen, kann es passieren, dass sie den **Antrag verspätet** stellen und trotz eines längeren Anspruchs nur für die letzten sechs Monate Kindergeld erhalten.

Bis Mitte 2019 durften die Finanzämter das Kindergeld bei der Günstigerprüfung auch dann anrechnen, wenn es gar nicht gezahlt wurde – etwa weil die Eltern den Antrag zu spät gestellt hatten. Dadurch ging für viele betroffene Eltern die steuerliche Entlastung verloren. Denn wenn die **Vergleichsberechnung** des Finanzamts ergibt, dass sich die **Kinderfreibeträge** steuerlich **günstiger** auswirken als das Kindergeld, dann bekommen die Eltern die steuerliche Differenz ausbezahlt.

Haben auch Sie Kindergeld zu spät beantragt, können Sie jetzt von einer **Gesetzesänderung** profitieren, müssen dafür aber eventuell selbst **aktiv werden**. Der Bundesrat hat am 28. Juni 2019 dem Gesetz gegen illegale Beschäftigung und Sozialleistungsmissbrauch zugestimmt. Darin ist geregelt, dass das Finanzamt Kindergeld, das die Familienkasse wegen eines verspäteten Antrags nicht gezahlt hat, **nicht mehr** auf die Steuerentlastung durch die Kinderfreibeträge **anrechnen darf.** Das Finanzamt darf **nur tatsächlich ausgezahltes Kindergeld** berücksichtigen.

Der Bundesverband der Lohnsteuerhilfevereine weist darauf hin, dass die Regelung für alle **noch nicht bestandskräftigen Veranlagungen** gilt. Das sind Steuerbescheide, die das Finanzamt als vorläufig gekennzeichnet hat und diejenigen, gegen die Sie noch Einspruch einlegen können. Eltern, denen aufgrund eines verspäteten Antrags die rückwirkende Kindergeldauszahlung versagt wurde, sollten Einspruch einlegen, falls das Finanzamt im Steuerbescheid nicht gezahltes Kindergeld auf den Kinderfreibetrag angerechnet hat. Sie sollten dem Finanzamt mit dem Kindergeldbescheid oder einer Bescheinigung der Familienkasse die **Differenz** zwischen dem Anspruch aufs Kindergeld und dem tatsächlich ausgezahlten Kindergeld **nachweisen.** Dann erst kann das Finanzamt die Steuerentlastung durch die Kinderfreibeträge im Steuerbescheid korrekt ausweisen.

Wie können Sie Ausgaben für Kinder geltend machen?

Die **Beiträge zur Kranken- und Pflegeversicherung** für Ihr Kind können Sie als Sonderausgaben von der Steuer abziehen. Sofern Sie für dieses Kind Anspruch auf Kindergeld oder Kinderfreibetrag haben, gehören die gezahlten Beiträge in die **Anlage Kind.**

Auch wenn Ihr Kind Auszubildender mit eigenem Einkommen ist, dürfen Sie die Kosten absetzen. Vorausgesetzt, dass Sie die Beiträge für Ihr Kind wirtschaftlich getragen haben. Tragen Sie die Kranken- und Pflegeversicherungsbeiträge, die Sie für Ihr Kind zahlen oder ihm erstatten, bei den Vorsorgeaufwendungen in Ihrer Steuererklärung ein (**Anlage Vorsorgeaufwand**). Das gilt, wenn Sie keinen Anspruch auf Kindergeld haben.

▷ **Unterhaltsleistungen für ältere Kinder absetzen**

Sie müssen steuerlich nicht unbedingt leer ausgehen, wenn Ihr Nachwuchs die maßgebende Altersgrenze überschritten hat und Sie **kein Kindergeld** mehr erhalten. Ihre Kosten für den **Unterhalt** und eine Berufsausbildung Ihrer Kinder können Sie als außergewöhnliche Belastungen geltend machen.

Als **Höchstbetrag** gilt der im jeweiligen Jahr geltende Grundfreibetrag – für das Jahr 2022 liegt der Unterhaltshöchstbetrag bei 9.984 Euro. Der absetzbare Betrag erhöht sich noch um die Kosten, die Sie gezahlt haben für die Basisabsicherung Ihres unterhaltsberechtigten Kindes in der Krankenversicherung und der gesetzlichen Pflegeversicherung.

Allerdings wird das eigene Einkommen des Unterstützten angerechnet, soweit es oberhalb von 624 Euro im Jahr beträgt.

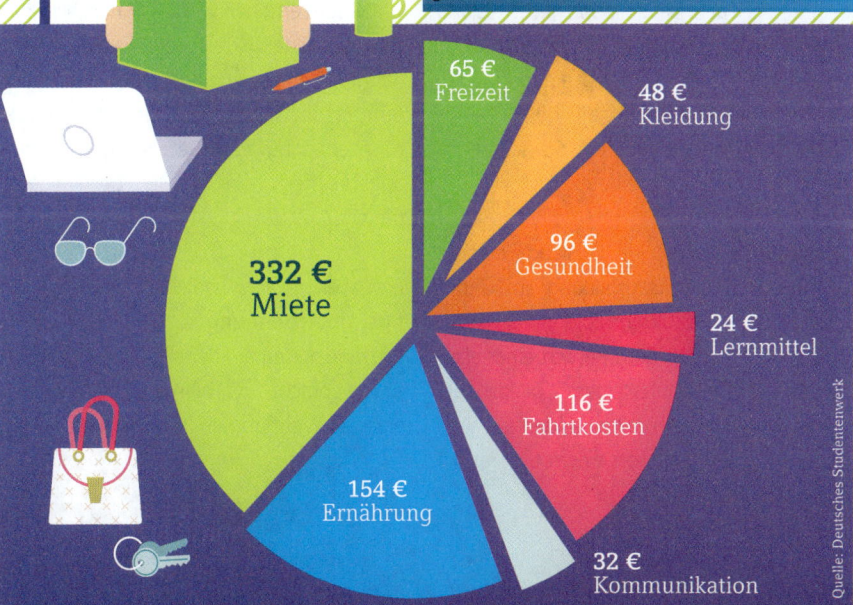

Es reduziert den abzugsfähigen Betrag dementsprechend.

▷ **Sonderfall Ausland**
Die Kinderfreibeträge stehen Ihnen auch dann zu, wenn Ihr Nachwuchs nicht in Deutschland lebt. Das Finanzamt berücksichtigt dabei allerdings die wirtschaftlichen Verhältnisse des Staates, in dem Ihr Kind wohnt. Je nach Land kürzt es die Freibeträge um ein Viertel, die Hälfte oder drei Viertel. Ausschlaggebend dafür ist die sogenannte Ländergruppeneinteilung, die das Bundesfinanzministerium veröffentlicht hat.

Möglicherweise erbringt der ausländische Staat dem Kindergeld vergleichbare Zahlungen. Dann erhalten Sie entweder in Deutschland kein Kindergeld oder das im Ausland gezahlte wird auf das deutsche Kindergeld **angerechnet**. Wenn Ihr Kind sich nur wegen seiner Berufsausbildung im Ausland aufhält, aber weiterhin zu Ihrem Haushalt gehört oder in Deutschland einen eigenen Haushalt hat, tragen Sie die deutsche Anschrift in der Anlage Kind ein. So sichern Sie sich die vollen Kinderfreibeträge.

Sprachaufenthalte im Ausland erkennt der Fiskus als Berufsausbildung an. Unproblematisch ist es, wenn die Sprachferien verbunden sind mit dem Besuch einer allgemeinbildenden Schule, einem College oder einer Universität. In allen anderen Fällen muss der Aufenthalt von einem theoretisch-systematischen Fremdsprachenunterricht mit wöchentlich zehn Stunden begleitet werden. Das gilt vor allem bei Auslandsaufenthalten im Rahmen von Au-pair-Verhältnissen.

Was ist der Ausbildungsfreibetrag?
Solange sich Ihr volljähriges Kind noch in der **Berufsausbildung** befindet und **auswärtig untergebracht** ist, können Sie eine weitere Steuersparmöglichkeit nutzen: den Freibetrag zur Abgeltung eines Sonderbedarfs bei Berufsausbildung. Dieser **Ausbildungsfreibetrag** schlägt jährlich mit **924 Euro** zu Buche. Voraussetzung ist, dass Sie Anspruch auf Kindergeld beziehungsweise Kinderfreibeträge haben. Zur Ausbildung gehört übrigens auch die Schulausbildung oder ein Studium.

Im Koalitionsvertrag steht, dass die Bundesregierung den Ausbildungsfreibetrag auf 1.200 Euro erhöhen will. Das Finanzamt kürzt den Ausbildungsfreibetrag, wenn die genannten Voraussetzungen nicht das **ganze Jahr erfüllt** waren. Hat Ihr Kind seine Berufsausbildung zum Beispiel im Dezember abgebrochen, verringert sich der Freibetrag um ein Zwölftel.

Eine weitere Voraussetzung ist die **auswärtige Unterbringung**. Das ist erfüllt, wenn das Kind außerhalb der elterlichen Wohnung untergebracht ist, beispielsweise in einer eigenen Wohnung, im Studentenwohnheim, in einer Wohngemeinschaft oder bei Verwandten.

Falls Sie geschieden sind oder dauernd getrennt leben, kann jeder Elternteil den Freibetrag zur Hälfte in Anspruch nehmen. Sie können ihn aber auch in einem anderen Verhältnis aufteilen. Dazu geben Sie einfach in der **Anlage Kind** einen Anteil in Prozent an und fügen Ihrer Steuererklärung einen formlosen Antrag beider Elternteile bei, aus dem Ihre Aufteilung hervorgeht.

Was ist der Entlastungsbetrag für Alleinerziehende?

Singles, die ein Kind erziehen, für das sie Anspruch auf Kindergeld oder einen Kinderfreibetrag haben, können einen weiteren Entlastungsbetrag von **1.908 Euro** (+ 240 Euro für jedes weitere Kind) steuerlich geltend machen. Seit **2020** hat der Gesetzgeber den Entlastungsbetrag auf **4.008 Euro** erhöht.

Für diesen Freibetrag gibt es jedoch einige **Voraussetzungen**: In Ihrem Haushalt muss mindestens ein Kind wohnen und bei Ihnen **gemeldet** sein, für das Kindergeld gezahlt wird. An wen die Zahlung tatsächlich erfolgt, ist unerheblich. Den Entlastungsbetrag kann aber **nur einer** der beiden Elternteile bekommen.

Ist das Kind bei beiden gemeldet und erhalten beide den Kinderfreibetrag, sollten sich die Eltern absprechen, wer den Freibetrag beantragt. Bei demjenigen mit dem höheren Einkommen würde in der Regel ein größerer Steuervorteil herauskommen. Das Finanzamt geht normalerweise davon aus, dass der Kindergeldempfänger auch den Alleinerziehungsfreibetrag beantragt. Davon können Sie abweichen, müssen aber mit Rückfragen vom Finanzamt rechnen. In diesem Fall verweisen Sie auf § 24b Absatz 1 Satz 3 Einkommensteuergesetz.

Im Lohnsteuerabzugsverfahren entspricht der Entlastungsbetrag für Alleinerziehende der **Steuerklasse II**. Diese können Sie beim Finanzamt mit einem Antrag auf Lohnsteuerermäßigung bekommen. Den Entlastungsbetrag bekommen Sie auch, wenn Sie eine Steuererklärung mit der **Anlage Kind** abgeben.

Das Formular finden Sie online im Formularcenter der Bundesfinanzverwaltung. Der Entlastungsbetrag steht Ihnen **nicht** zu, wenn Sie oder Ihr Kind mit einem anderen Volljährigen zusammenwohnen, beispielsweise mit einem Lebenspartner oder in einer Wohngemeinschaft.

Wie können Sie Kinderbetreuungskosten absetzen?

Sie können zwei Drittel Ihrer Kosten für die Kinderbetreuung bis maximal 6.000 Euro, also **höchstens 4.000 Euro je Kind und Jahr**, als Sonderausgaben von der Steuer ab-

setzen. Dafür müssen folgende **Voraussetzungen** erfüllt sein:
- Es handelt sich um Ihr **eigenes Kind** oder Pflegekind.
- Das Kind gehört zu Ihrem Haushalt. (Bei nicht zusammenlebenden Eltern ist die Meldeadresse des Nachwuchses entscheidend).
- Das Kind hat sein **14. Lebensjahr noch nicht vollendet**.

Diese Altersgrenze gilt **nicht**, wenn das Kind sich wegen einer vor Vollendung des 25. Lebensjahres eingetretenen körperlichen, geistigen oder seelischen Behinderung nicht selbst unterhalten kann.

Folgende **Aufwendungen** können Sie beispielsweise in der **Anlage Kind** Ihrer Steuererklärung angeben:
- die **Unterbringungskosten** von Kindern in Kindertagesstätten, -horten und -krippen, Internaten sowie bei Tagesmüttern und in Ganztagspflegestellen;
- die Beschäftigung von Kinderpflegerinnen, Erzieherinnen und Kinderschwestern;
- die Beschäftigung von Haushaltshilfen, soweit sie Kinder betreuen;
- die Beaufsichtigung von Kindern bei der Erledigung der häuslichen Schulaufgaben.

Nicht berücksichtigt werden allerdings Kosten für (Nachhilfe-)Unterricht, für sportliche und andere Freizeitbetätigungen sowie für die Verpflegung des Kindes.

Der Abzug von Kinderbetreuungskosten setzt voraus, dass Sie dafür eine **Rechnung** erhalten haben und den Betrag an die Betreuungsperson **überwiesen** haben. Barzahlungen und Barschecks erkennt der Fiskus nicht an. Die Rechnung und die Zahlungsnachweise müssen Sie zwar nur auf Verlangen des Finanzamts vorlegen, trotzdem sollten Sie sie gut aufbewahren.

Häufig übernehmen nahe **Angehörige** die Kinderbetreuung. Sofern Sie dafür Geld überwiesen und klare und schriftliche Vereinbarungen getroffen haben, die Sie auch tatsächlich umsetzen, können Sie auch diese Art der Kinderbetreuungskosten von der Steuer absetzen. Die Betreuungsperson darf allerdings nicht mit Ihnen und Ihrem Kind in einem Haushalt leben.

Denkbar ist zum Beispiel, dass die Oma ihren Enkel ohne Vergütung betreut, dafür aber ihre **Fahrtkosten** in Rechnung stellt, die Sie überweisen. Diesen Aufwendungsersatz können Sie als Kinderbetreuungskosten absetzen.

Falls Sie im Rahmen eines sozialversicherungspflichtigen Beschäftigungsverhältnisses oder eines Minijobs als Arbeitgeber der Betreuungsperson fungieren, reicht als Nachweis der schriftliche **Arbeitsvertrag**. Beschäftigen Sie in Ihrem Privathaushalt einen Minijobber, dann können Sie für die Haushaltshilfe als Steuerermäßigung 20 Prozent von höchstens 2.550 Euro erhalten, also bis zu 510 Euro. Geregelt ist dies im Paragraf 35a Absatz 1 Einkommensteuergesetz.

Haben Sie das Kind in einem Kindergarten oder Hort betreuen lassen, genügen der Bescheid des öffentlichen oder privaten Trägers über die Gebühren und Ihr Überweisungsbeleg.

Wie können Sie Schulgeld absetzen?
Geht Ihr Kind auf eine Privatschule, für die Sie Schulgeld bezahlt haben? Dann dürfen Sie **30 Prozent** des Schulgelds als Sonderausgaben absetzen. Als jährlicher Höchstbetrag gelten **5.000 Euro für jedes Kind**. Die entsprechenden Angaben machen Sie in der **Anlage Kind**. Wann das Schulgeld abzugsfähig ist, haben wir in einem extra Ratgeber zusammengefasst.

https://www.finanztip.de/schulgeld/

Wie werden Kinder bei einem Riester-Vertrag berücksichtigt?
Viele Steuerzahler haben für ihre private Altersvorsorge Riester-Verträge abschlossen. Diese werden steuerlich besonders gefördert: Es gibt jährlich pro Kind 300 Euro Zulage, wenn es 2008 oder später geboren wurde. Für ein älteres Kind sind 185 Euro **Kinderzulage** drin. Als Riester-Sparer können Sie die Kinderzulage selbst dann beanspruchen, wenn Sie für Ihren Sohn oder Ihre Tochter nur einen Monat lang im Jahr Kindergeld bezogen hatten. Dafür stellen Sie am besten einen **Dauerzulagenantrag** bei Ihrem Anbieter.

Für die vollen Förderbeträge müssen Sie **mindestens 4 Prozent** des rentenversicherungspflichtigen Bruttoeinkommens abzüglich der Grund- und Kinderzulagen in Ihren Sparvertrag einzahlen. Ansonsten wird die Zulage gekürzt.

Eigenbeiträge und Zulagen bis zu 2.100 Euro im Jahr sind zudem als Sonderausgaben abzugsfähig. Besserverdienende können sich so noch einen zusätzlichen Steuervorteil sichern. In der Steuererklärung ist dafür die **Anlage AV** auszufüllen.

Welche Folgen haben Trennung und Scheidung?
Trennen sich Eltern, müssen sie auch die Steuererklärung neu durchdenken. Kindergeld kann **nur einer** der beiden Ex-Partner erhalten. Bleibt das Kind zum Beispiel bei der Mutter, dann steht ihr auch das Kindergeld zu.

Zahlt beispielsweise der Mann Unterhalt für das Kind, wird das Kindergeld aber angerechnet. Der Vater schuldet dem Kind Barunterhalt. Davon kann er jedoch die Hälfte des Kindergelds abziehen. Folglich reduziert sich der monatlich zu zahlende Kindesunterhalt. Steuerlich absetzen kann der Vater aber den Kindesunterhalt nicht.

Anders behandelt werden die steuerlichen Freibeträge: der Kinderfreibetrag und der sogenannte BEA-Freibetrag für Betreuung, Erziehung und Ausbildung. Grundsätzlich stehen diese Freibeträge **beiden Elternteilen** gleichmäßig zu. Deshalb gibt es steuerrechtlich halbe Kinder: wenn nämlich der Freibetrag für ein Kind zwischen Vater und Mutter aufgeteilt werden muss.

 Achtung

Das Kind darf beim unterhaltsverpflichteten Elternteil (in diesem Beispiel der Vater) nicht gemeldet sein. Ein einziger Tag wäre schon schädlich.

▷ **Wem nach der Trennung der volle Kinderfreibetrag zusteht**

Unter bestimmten Umständen kann der betreuende Elternteil für das Kind oder die Kinder den vollen Freibetrag absetzen:
- Der andere Elternteil ist bereits vor Beginn des Kalenderjahres verstorben.
- Der andere Elternteil lebt dauerhaft im Ausland und ist deshalb nicht unbeschränkt einkommensteuerpflichtig.
- Der Aufenthalt des anderen Elternteils ist nicht zu ermitteln.
- Der Vater des Kindes ist amtlich nicht feststellbar.
- Der betreuende Elternteil hat allein das Kind adoptiert oder als Pflegekind aufgenommen.
- Die Mutter gibt den Behörden den Namen des Vaters nicht preis.

So lassen sich der volle Kinderfreibetrag und BEA-Freibetrag auf Sie übertragen

In bestimmten Fällen kann der betreuende Elternteil den halben Kinderfreibetrag des anderen Elternteils auf sich übertragen lassen. Dazu ist ein **Antrag in der Einkommensteuererklärung** nötig.

Die Voraussetzungen sind:
- Der Unterhaltsverpflichtete zahlt weniger als 75 Prozent des fälligen Kindesunterhalts.
- Mangels Leistungsfähigkeit ist dieser gar nicht unterhaltspflichtig.

Wenn in unserem Beispielfall die Mutter das Kind betreut, kann sie in einer solchen Situation die kompletten Kinder- und BEA-Freibeträge beantragen. Das gilt auch für die weiteren kinderbezogenen Freibeträge wie Kinderzulage, Ausbildungsfreibetrag, Behinderten-Pauschbetrag und Hinterbliebenen-Pauschbetrag. Für Kinder unter 18 Jahren lässt sich der **BEA-Freibetrag** von einem zum anderen Elternteil übertragen. Oft ist es so, dass die Mutter, die das Kind allein betreut, diesen einseitigen Antrag stellt und dann den BEA-Freibetrag alleine bekommt. Dafür verlangt das Finanzamt keinerlei Nachweise, denn der andere Elternteil muss nicht zustimmen.

Nach einem Urteil des Bundesfinanzhofs kann jedoch der unterhaltsverpflichtete Elternteil **widersprechen**, dass sein halber BEA-Freibetrags übertragen wird (BFH, Urteil vom 8. November 2017, Az. III R 2/16). Der Widerspruch ist immer dann erfolgreich möglich, wenn der Elternteil sein minderjähriges Kind regelmäßig betreut und dabei auf insgesamt mindestens 10 Prozent der Betreuungszeit kommt. Eine Vereinbarung, dass er das Kind jedes zweite Wochenende und in den Ferien betreut, ist ein gleichmäßiger Betreuungsrhythmus. Praktiziert er diesen tatsächlich, dann würde er das Kind an mehr als 37 Tagen im Jahr betreuen und läge damit oberhalb der 10-Prozent-Grenze. Ihm steht dann der halbe BEA-Freibetrag zu.

TOP 10

SmartKnowHow

VERDIENSTE FÜR FACHKRÄFTE

Höchste **Bruttoeinkommen** pro Monat im Median für Fachkräfte unter 30 Jahren

→ Junge Fachkräfte unter 30 können in einigen Bereichen beim Einstieg überdurchschnittlich verdienen

→ Mittleres Bruttogehalt liegt bei dieser Altersgruppe bei 2.900 € mtl.

→ Vor allem in der Metall- und Elektroindustrie können sie mehr als gut verdienen

Branche	Median €
Technische Produktionsplanung & -steuerung	4.307
Luft- & Raumfahrttechnik	4.194
Versicherungs- & Finanzdienstleistungen	4.141
Chemie- & Pharmatechnik	4.038
Brandschutz	4.018
Operations-/medizintechnische Assistenz	3.937
Energie- & Kraftwerkstechnik	3.928
Berg- & Tagebau	3.836
Hüttentechnik	3.730
Maschinenbau- & Betriebstechnik (mit Spezialisierungen)	3.696

Median: eine Hälfte verdient mehr, eine weniger.

Quelle: Institut der deutschen Wirtschaft, IW Medien / iwd

Berufsabhängige Verdienste in dieser Altersgruppe im Median:

→ Produktionsplaner und -steuerer rd. 4.300€ brutto

→ Bei Fachkräften in der Luft- und Raumfahrttechnik sieht es ähnlich aus

→ Bei Banken und Versicherungen sowie in der Chemie- und Pharmaindustrie lagen die Gehälter auch über der 4.000er-Marke

Gründe für diese hohen Gehälter:

→ Eklatanter Fachkräftemangel in diesen Bereichen (Grund dafür auch Corona und die schwächere Konjunktur)

AUCH IN BEREICHEN, IN DENEN KEIN SO OFFENSICHTLICHER ENGPASS BESTEHT, GIBT ES HOCHBEZAHLTE JOBS – BSPW. IN DER ENERGIE- UND KRAFTWERKSTECHNIK.

Quelle: IWD, HB, FAZ

3.2.3 Elternzeit

» Für die Familie befristet zuhause bleiben «

von Dr. Britta Beate Schön Stand: 14. Juli 2021
www.finanztip.de/elternzeit/

Wer hat Anspruch auf Elternzeit? // Wie lange können Sie in Elternzeit gehen? // Wie beantragen Sie Elternzeit? // Dürfen Sie während der Elternzeit in Teilzeit arbeiten? // Erwerben Sie Urlaubsansprüche während der Elternzeit? // Wie sind Sie während der Elternzeit kranken- und pflegeversichert? // Was passiert nach der Elternzeit?

 Das Wichtigste in Kürze

- Als Arbeitnehmer haben Sie einen Anspruch auf Elternzeit: Sie können sich für die Kinderbetreuung bei jedem Kind bis zu drei Jahre unbezahlt von der Arbeit freistellen lassen.
- Seit September 2021 dürfen Sie bis zu 32 Stunden in der Woche während der Elternzeit arbeiten.

 So gehen Sie vor

- Überlegen Sie, wer sich um die Kinderbetreuung kümmern soll und wie lange Sie zu Hause bleiben möchten.
- Falls Sie in Elternzeit gehen wollen, müssen Sie dies dem Arbeitgeber spätestens sieben Wochen vor Beginn schriftlich mitteilen.
- Zur Anmeldung können Sie das **Musterschreiben** „Antrag auf Elternzeit" von Finanztip verwenden. Dieses finden Sie online unter:

 https://www.finanztip.de/elternzeit/

- Damit Sie finanziell in der Elternzeit abgesichert sind, sollten Sie Elterngeld beantragen.

Elternzeit ist wichtig, damit sich Mütter und Väter in den ersten Jahren um ihre Kinder kümmern können und gleichzeitig den Kontakt zur Arbeitswelt halten. Genutzt wird sie immer noch häufiger von Müttern: Im Jahr 2019 waren fast ein Viertel aller Mütter, deren jüngstes Kind unter 6 Jahren ist, in Elternzeit. Bei den Vätern traf dies nur auf 1,6 Prozent zu.

Wer hat Anspruch auf Elternzeit?
Alle Mütter und Väter, die **als Arbeitnehmer** beschäftigt sind, haben einen gesetzlichen Anspruch auf Elternzeit (§ 15 Abs. 1 BEEG). Dabei ist es egal, ob sie noch in der Ausbildung sind, Teilzeit arbeiten oder das Arbeitsverhältnis befristet ist. Auch Beamte können Elternzeit verlangen (MuSchEltZV).

Nicht nur die leiblichen Eltern können in Elternzeit gehen, sondern alle, die das **Sorgerecht** für ein Kind übernommen haben, zum Beispiel wenn dessen Eltern schwer erkrankt, behindert oder gestorben sind.

Auch **Großeltern** können sich für die Erziehung eines Enkelkindes für einen Zeitraum von bis zu drei Jahren freistellen lassen (§ 15 Abs. 1a BEEG). Die Elternzeit für Großväter und -mütter ist jedoch an **drei Voraussetzungen** geknüpft:
- Das Enkelkind lebt mit dem Großelternteil in einem Haushalt.
- Der Vater oder die Mutter des Kindes ist minderjährig oder befindet sich in einer Ausbildung, die vor seinem oder ihrem 18. Geburtstag begonnen hat.
- Beide leiblichen Eltern nehmen selbst keine Elternzeit.

Großeltern bekommen kein Elterngeld, auch wenn sie in Elternzeit gehen. Denn aus dem Anspruch auf Elternzeit folgt nicht automatisch der Bezug von Elterngeld.

▷ Ohne Arbeitgeber gibt es keine Elternzeit
Alle Mütter und Väter, die nicht als Arbeitnehmer angestellt sind, können nicht in Elternzeit gehen. Das betrifft Selbstständige, Studentinnen und Studenten, Schülerinnen und Schüler, aber auch Teilnehmende am Freiwilligen Sozialen Jahr (FSJ), Freiwillig Ökologischen Jahr (FÖJ) und Bundesfreiwilligendienst (BFD).

Wie lange können Sie in Elternzeit gehen?
Die Eltern können bei jedem Kind gleichzeitig oder nacheinander jeweils **bis zu drei Jahre** Elternzeit nehmen. Dabei wird die Mutterschutzfrist, also die ersten beiden Monate nach der Geburt des Kindes, auf die Elternzeit angerechnet. Müttern bleiben damit nach dem Mutterschutz zwei Jahre und zehn Monate Elternzeit.

▷ **Aufteilung der Elternzeit**
Sie können die drei Jahre Elternzeit in den ersten drei Lebensjahren des Kindes **zusammenhängend** nehmen oder aber die drei Jahre in **einzelne Abschnitte aufteilen.**

Ist Ihr Kind **vor dem 1. Juli 2015** auf die Welt gekommen, können Sie die Elternzeit in **zwei Abschnitte** aufteilen. Der erste Abschnitt beginnt zum Beispiel mit der Geburt. Den zweiten Abschnitt von bis zu zwölf Monaten können Sie aufsparen und **bis zum achten Geburtstag** Ihres Kindes nehmen, etwa im ersten Grundschuljahr. Ihr Arbeitgeber muss aber damit **einverstanden** sein.

Ist Ihr Kind **nach dem 1. Juli 2015** geboren, sind Sie flexibler: Sie können Ihre Elternzeit in **drei Abschnitte** aufteilen und bis zu zwei Jahre Elternzeit zwischen dem dritten und achten Geburtstag des Kindes nehmen. Eine Zustimmung Ihres Arbeitgebers ist nicht nötig. Ablehnen kann er die Elternzeit nach dem dritten Lebensjahr nur aus dringenden betrieblichen Gründen. Ein **Jobwechsel während der Elternzeit** mischt die Karten neu: Der neue Arbeitgeber ist nicht an die Zustimmung zur Elternzeit des vorherigen Betriebs gebunden.

Wie beantragen Sie Elternzeit?
Eigentlich müssen Sie die Elternzeit nicht beantragen. Denn Sie haben einen gesetzlichen Anspruch auf Elternzeit, den der Arbeitgeber nicht ablehnen darf. Es reicht deshalb, wenn Sie Ihren Arbeitgeber rechtzeitig darüber **informieren**, dass und wie lange Sie in Elternzeit gehen möchten. Umgangssprachlich wird das aber oft als Antrag bezeichnet. Die Elternzeit innerhalb der ersten drei Lebensjahre des Kindes müssen Sie spätestens **sieben Wochen vor deren Beginn** schriftlich der Personalabteilung mitteilen. (§ 16 Abs. 1 BEEG).

 Achtung
Sie sollten die Elternzeitmitteilung auf keinen Fall nur per E-Mail schicken. Das genügt der strengen Schriftform nicht und ist damit laut Bundesarbeitsgericht nichtig.
(BAG, Urteil vom 10. Mai 2016, Az. 9 AZR 145/15). Unterschreiben Sie den Antrag an Ihren Arbeitgeber unbedingt von Hand.

Wenn Sie als Mutter die Elternzeit direkt im Anschluss an die acht Wochen Mutterschutz nehmen möchten, müssen Sie den Antrag auf Elternzeit **spätestens eine Woche nach der Geburt** stellen. Besser ist es aber, wenn Sie die Elternzeit schon vor der Geburt beantragen und dabei den voraussichtlichen Geburtstermin angeben.

Wollen Sie zwischen dem dritten und dem achten Geburtstag des Kindes Elternzeit nehmen, müssen Sie den Antrag 13 Wochen vor deren geplantem Beginn einreichen.

Der Arbeitgeber kann Ihren Antrag übrigens **nicht ablehnen**: Sie haben einen gesetzlichen Anspruch auf Elternzeit.

Für den Antrag auf Elternzeit können Sie das Musterschreiben Elternzeit von Finanztip nutzen. Dieses finden Sie online unter:

https://www.finanztip.de/elternzeit/

▷ Kündigungsschutz während der Elternzeit

Während der Elternzeit darf der Arbeitgeber das Arbeitsverhältnis prinzipiell nicht kündigen. Mehr dazu unter:

https://www.finanztip.de/ordentliche-kuendigung/

Dieser **besondere Kündigungsschutz** beginnt bereits, wenn der Mitarbeiter die Elternzeit verlangt hat – höchstens jedoch **acht Wochen** vor Beginn der Elternzeit (§ 18 BEEG). Wer die Elternzeit nach dem dritten Geburtstag des Kindes nimmt, für den beginnt der Kündigungsschutz frühestens 14 Wochen vorher.

Wenn die Elternzeit **aufgeteilt** wird, gilt der Kündigungsschutz mit der achtwöchigen Schonfrist vor der Elternzeit für jeden dieser Zeitabschnitte (LAG Mecklenburg-Vorpommern, Urteil vom 13. April 2021, Az. 2 Sa 300/20).

Nur in **Ausnahmefällen** darf der Arbeitgeber auch während der Elternzeit kündigen. Die Zulässigkeit der Kündigung muss er dann beantragen. Dafür sind spezielle Aufsichtsbehörden für Arbeitsschutz zuständig. Dies kann zum Beispiel bei Insolvenz des Arbeitgebers passieren.

In allen Fällen **endet** der Kündigungsschutz mit Ablauf der Elternzeit. Der Arbeitnehmer kann das Arbeitsverhältnis zum Ende der Elternzeit kündigen, wenn er eine Kündigungsfrist von drei Monaten einhält.

Dürfen Sie während der Elternzeit in Teilzeit arbeiten?

Während der Elternzeit müssen Mütter und Väter nicht arbeiten, sie dürfen aber **bis zu 30 Stunden** in der Woche arbeiten, wenn sie das möchten (§ 15 Abs. 7 BEEG). Eltern, deren Kinder ab **1. September 2021** geboren wurden, dürfen bis zu **32 Stunden** pro Woche arbeiten.

Wenn Sie in Teilzeit arbeiten wollen, müssen Sie sich nicht damit abspeisen lassen, dass es keine passende Stelle gebe. Ihr Arbeitgeber ist verpflichtet, Ihnen Ihren Teilzeitwunsch zu erfüllen. Dafür müssen Sie ihm nur die gewünschte Arbeitszeit und den Zeitraum mitteilen. **Ausnahme**: In Unternehmen mit **weniger als 15 Beschäftigten** besteht allerdings kein Anspruch auf Teilzeit in der Elternzeit. Beide Seiten können sich aber darauf einigen.

Die höchsten Gehälter
der Bundesrepublik

Bildungsabschlüsse
Ø-Lebensverdienst

1. Hochschule: 2.320.000 €
2. Fachhochschule: 2.002.000 €
3. Abitur: 1.561.000 €
4. Berufsausbildung: 1.325.000 €
5. ohne Ausbildung: 1.083.000 €

Unternehmensgrößen
Je mehr Mitarbeiter, umso höher die Ø-Gehälter.

Anzahl der Mitarbeiter

Quelle: Statista, IAB

Top-Branchen
Ø-Jahresbruttogehalt

1. Halbleiter: 76.320 €
2. Biotechnologie: 74.340 €
3. Großhandel: 65.890 €
4. Luftfahrt: 64.260 €
5. Banken: 63.790 €
6. Pharmaindustrie: 63.430 €
7. Autoindustrie: 62.120 €

Top-Berufe
Ø-Jahresbruttogehalt

1. Ärzte: 92.600 €
2. Ingenieurwesen: 64.330 €
3. IT: 61.670 €
4. (Unternehmens-)Beratung: 60.670 €
5. Personalwesen: 54.420 €
6. Marketing & PR: 52.560 €
7. Finanzen: 52.010 €

Quelle: Gehaltsreport 2022, Stand: 21.02.2022

Sie dürfen auch bei einem **anderen Arbeitgeber** während der Elternzeit in Teilzeit arbeiten, wenn Ihr Haupt-Arbeitgeber damit einverstanden ist. Auch selbstständig können Sie in der Elternzeit tätig sein.

Wichtig: Sie müssen Ihren Arbeitgeber um Zustimmung bitten. Der kann sie aber nur innerhalb von vier Wochen aus dringenden betrieblichen Gründen schriftlich ablehnen (§ 15 Abs. 4 BEEG).

Sie dürfen als Arbeitnehmer nur **zweimal** verlangen, dass sich Ihre Arbeitszeit während der gesamten Elternzeit **verringert** (§ 15 Abs. 6 BEEG). Ein drittes Mal können Sie nicht reduzieren (LAG Hamburg, Urteil vom 18. Mai 2011, Az. 5 Sa 93/10).

Nach der Elternzeit können Sie wieder zu der Arbeitszeit zurückkehren, die vor Beginn der Elternzeit vereinbart war.

Erwerben Sie Urlaubsansprüche während der Elternzeit?

Grundsätzlich **entstehen** auch während der Elternzeit Urlaubsansprüche, obwohl Sie von der Arbeit freigestellt sind. Aber: Der Arbeitgeber kann den Jahresurlaub, der Ihnen zusteht, für jeden vollen Kalendermonat der Elternzeit **kürzen** – um ein Zwölftel. Das passiert **nicht automatisch**. Ihr Arbeitgeber muss Ihnen die **Kürzung** mitteilen, wenn er von der Möglichkeit Gebrauch machen möchte. Oft erklärt er die Kürzung in der Bescheinigung der Elternzeit. Er ist mit seiner Erklärung allerdings zu spät dran, wenn das Arbeitsverhältnis schon beendet ist (LAG Rheinland-Pfalz, Urteil vom 17. Februar 2021, Az. 7 Sa 245/20).

Den restlichen Urlaub, den Sie **vor der Elternzeit** nicht mehr nehmen konnten, muss er im laufenden Urlaubsjahr oder im Folgejahr nach der Elternzeit gewähren (§ 17 Abs. 1 BEEG).

Arbeiten Sie während der Elternzeit in Teilzeit, haben Sie denselben Urlaubsanspruch wie Ihre Kollegen ohne Elternzeit. Endet das Arbeitsverhältnis in der Elternzeit oder wird es im Anschluss nicht fortgesetzt, muss der Betrieb Urlaubstage ausbezahlen, die Sie nicht genommen haben.

Wie sind Sie während der Elternzeit kranken- und pflegeversichert?

Ob Sie **gesetzlich oder privat krankenversichert** sind, ist entscheidend für die Frage, wie viel Sie in der Elternzeit für Ihre Krankenversicherung zahlen müssen.

Als Mitglied einer gesetzlichen Krankenkasse sind Sie während der Elternzeit **beitragsfrei** versichert, aber nur, wenn Sie **pflichtversichert** sind.

Sind Sie **freiwillig gesetzlich versichert**, bleiben Sie während der Elternzeit zwar Mitglied in der gesetzlichen Krankenkasse, Sie müssen aber **weiterhin Beiträge** zahlen, es sei denn, Sie erfüllen die Voraussetzungen für die kostenfreie Familienversicherung.

Sind Sie hingegen **privat krankenversichert**, müssen Sie auch während der Elternzeit den **vollen Beitrag** zahlen: Der Beitragszuschuss des Arbeitgebers zur Kranken- und Pflegeversicherung entfällt in der Elternzeit. Der Wechsel eines Elternteils in die kostenfreie Familienversicherung ist während der Elternzeit nicht möglich. Mehr zu diesem Thema unter:

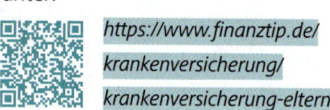
https://www.finanztip.de/krankenversicherung/krankenversicherung-elternzeit/

Was passiert nach der Elternzeit?
Nach dem Ablauf der vereinbarten Elternzeit haben Sie ein Anrecht auf die Rückkehr auf Ihren alten oder einen zumindest vergleichbaren Arbeitsplatz.

▷ **Keine Diskriminierung nach Rückkehr aus der Elternzeit**

In der Praxis ist das nicht immer einfach umsetzbar, da sich Prozesse und Strukturen bei Ihrem Arbeitgeber in Ihrer Elternzeit verändern können. Er darf Sie aber nicht auf irgendeinen freien Arbeitsplatz versetzen, wenn er Sie dadurch **schlechter behandelt** als andere Mitarbeiter. Er muss bei der Versetzung auch Ihre **Interessen berücksichtigen**, etwa dass Sie kleine Kinder haben und deshalb nicht ohne Weiteres an einem anderen Ort arbeiten können.

Weniger Geld müssen Sie keinesfalls akzeptieren. Das gilt auch für Beamte. Der Dienstherr darf Sie nach der Elternzeit nicht niedriger einstufen, auch wenn Ihre Stellenbeschreibung nach der Rückkehr aus der Elternzeit die Einstufung nicht mehr rechtfertigt (EuGH, Urteil vom 7. September 2017, Az. C-174/16).

Werden Sie nach einer längeren Elternzeit nicht auf Ihrem alten Arbeitsplatz weiterbeschäftigt, sondern auf einen unattraktiven Arbeitsplatz verwiesen, kann dies einen **Entschädigungsanspruch** nach dem Allgemeinen Gleichbehandlungsgesetz (**AGG**) auslösen (ArbG Wiesbaden, Urteil vom 18. Dezember 2008, Az. 5 Ca 46/08). Gerichtsprozesse um derartige Streitigkeiten enden oft mit einem Vergleich.

▷ **Vorzeitiges Ende der Elternzeit wegen weiterer Schwangerschaft**

Ein **vorzeitiges Ende** der Elternzeit müssen Sie mit Ihrem Arbeitgeber abstimmen. Dieser muss der Bitte aber entsprechen, wenn ihr keine betrieblichen Belange entgegenstehen. Das vorzeitige Ende **wegen der Geburt eines weiteren Kindes** kann der Arbeitgeber nur aus **dringenden** betrieblichen Gründen ablehnen.

Beenden Sie Ihre Elternzeit vorzeitig, dann gelten wieder dieselben Regelungen wie vor der Elternzeit. Das gilt auch für alle Regelungen zum Mutterschutz, also auch für Ihren Anspruch auf den **Arbeitgeberzuschuss zum Mutterschaftsgeld**. Mit diesem Zuschuss entspricht das Mutterschaftsgeld Ihrem bisherigen Nettogehalt und ist damit deutlich höher als das Elterngeld. Es lohnt sich also finanziell, die Elternzeit vorzeitig zu beenden.

Es kommt nicht darauf an, ob Sie nach Beendigung der Elternzeit nochmals **tatsächlich** gearbeitet haben. Die Höhe des Arbeitgeberzuschusses richtet sich in diesem Fall nach dem Arbeitsentgelt, das Sie nach der Elternzeit bekommen hätten.

▷ Teilzeit nach der Elternzeit

Nach der Elternzeit haben Sie keinen besonderen Anspruch auf Teilzeit mehr. Möglicherweise können Sie von Ihrem Arbeitgeber trotzdem Teilzeit verlangen nach dem **Teilzeit-Befristungsgesetz** (TzBfG). Das funktioniert nach dem Gesetz allerdings nur unter bestimmten Voraussetzungen. Dazu zählt, dass Sie schon länger als sechs Monate bei Ihrem Arbeitgeber sind und dass er in der Regel mehr als 15 Arbeitnehmerinnen oder Arbeitnehmer beschäftigt.

▷ Arbeitslosengeld nach der Elternzeit

Wenn Sie nach einer langen Elternzeit arbeitslos werden, bekommen Sie unter Umständen keine oder nur eine geringe finanzielle Unterstützung. Anspruch auf Arbeitslosengeld haben Sie nur, wenn in den **letzten zwei Jahren** in mindestens **zwölf Monaten** ein Versicherungsverhältnis mit der Agentur für Arbeit bestand. Das ist der Fall, wenn Sie ein Kind erziehen, das jünger als drei Jahre ist. Wenn Sie die Elternzeit dagegen zwischen dem dritten und achten Geburtstag des Kindes nehmen, sind Sie nicht arbeitslosenversichert. Das kann den Bezug von Arbeitslosengeld gefährden.

Auch wenn Sie die zwölfmonatige Anwartschaftszeit erfüllen, müssen Sie mit **Abschlägen** beim Arbeitslosengeld rechnen. Denn die Höhe der Leistung richtet sich keineswegs immer nach dem letzten Gehalt vor der Elternzeit: Haben Sie in den zwei Jahren zuvor an weniger als 150 Kalendertagen gearbeitet, kann die Agentur für Arbeit stattdessen ein **fiktives Arbeitsentgelt** ansetzen. Das Bundessozialgericht hat das bestätigt (Urteil vom 25. August 2011, Az. B 11 AL 19/10 R). Die Klägerin hatte nach vier Jahren Elternzeit ihre Arbeit verloren. Weil sie danach nur rund drei Monate lang beschäftigt war, berechnete die Behörde ihr Arbeitslosengeld auf Basis eines fiktiven Einkommens.

3.2.4 Kindesunterhalt

» So viel Unterhalt steht Scheidungskindern zu «

von Dr. Britta Beate Schön Stand: 07. Januar 2022
www.finanztip.de/duesseldorfer-tabelle/

Was ist die Düsseldorfer Tabelle? // Wer muss Unterhalt zahlen? // Wie viel Unterhalt pro Kind gibt es mindestens? // Wie finden Sie heraus, wieviel Unterhalt Sie zahlen müssen? // Wie wird das Kindergeld berücksichtigt? // Wie sind die Zahlbeträge 2022? // Wie berechnen Sie das unterhaltsrelevante Nettoeinkommen? // Wann wird die Düsseldorfer Tabelle wieder aktualisiert?

 Das Wichtigste in Kürze

- Die Düsseldorfer Tabelle zeigt Ihnen, wie viel Unterhalt Eltern nach einer Trennung oder Scheidung für die Kinder zahlen müssen.
- Seit 1. Januar 2022 muss der Elternteil, bei dem das Kind nicht wohnt, mindestens 396 Euro im Monat zahlen, wenn es unter sechs Jahre alt ist. Für ältere Kinder mehr.
- Wer Unterhalt zahlen muss und arbeitet, darf mindestens 1.160 Euro für sich behalten.

 So gehen Sie vor

- Wollen Sie herausfinden, wie viel Unterhalt für Ihre Kinder fällig wird, müssen Sie Ihr Nettoeinkommen in der aktuellen Düsseldorfer Tabelle einordnen.
- Anhand des Alters Ihre Kindes können Sie den monatlichen Unterhalt in der Tabelle ablesen.
- Tatsächlich müssen Sie weniger zahlen, da Ihnen die Hälfte des Kindergelds zusteht. Welchen Betrag Sie genau überweisen müssen, finden Sie in der Übersicht zu den Zahlbeträgen.

Wenn Sie wissen möchten, **wie viel Unterhalt** Sie nach einer Trennung und anschließenden Scheidung für **gemeinsame Kinder** zahlen müssten, dann gibt Ihnen die Düsseldorfer Tabelle Auskunft. Darin lässt sich auch ablesen, was Sie nach einer Scheidung an Unterhalt für die bei Ihnen wohnenden Kinder vom anderen Elternteil bekommen müssten.

Was ist die Düsseldorfer Tabelle?

Die Düsseldorfer Tabelle ist eine bundesweit **anerkannte Richtlinie zum Unterhaltsbedarf**. Das Oberlandesgericht (OLG) Düsseldorf aktualisiert sie in Zusammenarbeit mit dem Deutschen Familiengerichtstag. Die Leitlinien vereinheitlichen die Rechtsprechung zum Unterhalt und enthalten neben dem Tabellenwerk auch ergänzende Anmerkungen. Die **Düsseldorfer Tabellen** der vergangenen Jahre finden Sie auf der Website des Oberlandesgerichts Düsseldorf. Die neue Original-Tabelle, die seit dem **1. Januar 2022** gilt, finden Sie in diesem Kapitel.

Wer muss Unterhalt zahlen?

Der Elternteil, bei dem sich das minderjährige gemeinsame Kind **nicht ständig aufhält**, ist zum sogenannten Barunterhalt verpflichtet (§ 1612a BGB). Bei volljährigen Kindern, die in der Ausbildung oder im Studium sind, sind beide Elternteile entsprechend ihrer Leistungsfähigkeit zum Unterhalt verpflichtet. Betreuen Vater und Mutter die Kinder im Wechsel nach dem sogenannten **Wechselmodell**, berechnet sich der Unterhalt anders. Weitere Informationen dazu finden Sie hier:

 https://www.finanztip.de/barunterhalt/

▷ So hoch ist der Selbstbehalt

Müssen Sie für Ihre schulpflichtigen **Kinder bis zu deren 21. Geburtstag** Unterhalt zahlen, dürfen Sie im Monat 1.160 Euro als Existenzminimum für sich behalten, wenn Sie arbeiten. Sind Sie nicht erwerbstätig, sollen Ihnen mindestens **960 Euro** monatlich verbleiben. Darin sind bis zu 430 Euro für Unterkunft, Nebenkosten und Heizung enthalten. Das ändert sich im Jahr **2022** nicht.

Wie viel Unterhalt pro Kind gibt es mindestens?

Der **Mindestunterhalt** für minderjährige Kinder nach der Trennung der Eltern richtet sich nach dem **Existenzminimum des Kindes** und der sogenannten Mindestunterhaltsverordnung (§ 1612a BGB).

Seit 1. Januar 2022 gelten diese Mindestunterhaltssätze für **minderjährige** Kinder im Monat:

- bis zur Vollendung des 6. Lebensjahres: 396 Euro;
- bis zur Vollendung des 12. Lebensjahres: 455 Euro;
- bis zur Vollendung des 18. Lebensjahres: 533 Euro;

Düsseldorfer Tabelle 2022

Nettoeinkommen des unterhaltspflichtigen Elternteils	Unterhalt nach Altersstufen				Prozentsatz	Bedarfskontrollbetrag
	0 – 5 Jahre	6 – 11 Jahre	12 – 17 Jahre	ab 18 Jahren		
bis 1.900 €	396 €	455 €	533 €	569 €	100%	960/1.160 €
1.901 – 2.300 €	416 €	478 €	560 €	598 €	105%	1.400 €
2.301 – 2.700 €	436 €	501 €	587 €	626 €	110%	1.500 €
2.701 – 3.100 €	456 €	524 €	613 €	655 €	115%	1.600 €
3.101 – 3.500 €	476 €	546 €	640 €	683 €	120%	1.700 €
3.501 – 3.900 €	507 €	583 €	683 €	729 €	128%	1.800 €
3.901 – 4.300 €	539 €	619 €	725 €	774 €	136%	1.900 €
4.301 – 4.700 €	571 €	656 €	768 €	820 €	144%	2.000 €
4.701 – 5.100 €	602 €	692 €	811 €	865 €	152%	2.100 €
5.101 – 5.500 €	634 €	728 €	853 €	911 €	160%	2.200 €
5.501 – 6.200 €	666 €	765 €	896 €	956 €	168%	2.500 €
6.201 – 7.000 €	697 €	801 €	939 €	1.002 €	176%	2.900 €
7.001 – 8.000 €	729 €	838 €	981 €	1.047 €	184%	3.400 €
8.001 – 9.500 €	761 €	874 €	1.024 €	1.093 €	192%	4.000 €
9.501 – 11.000 €	792 €	910 €	1.066 €	1.138 €	200%	4.700 €

Quelle: OLG Düsseldorf (Stand: 1. Januar 2022).

Diese Beträge müssen Sie nach Möglichkeit **mindestens** zahlen. Je nachdem, wie hoch Ihr Einkommen ist, kann es aber auch mehr sein. Können Sie den Mindestunterhalt nicht zahlen, gibt es mit dem **Unterhaltsvorschuss** eine Unterstützung vom Staat. Beantragen kann den Vorschuss die Person, bei der die Kinder überwiegend wohnen. Zuständig ist das Jugendamt am Wohnort. Den Vorschuss muss der Unterhaltspflichtige aber zurückzahlen, falls er wieder mehr verdient.

Wie finden Sie heraus, wieviel Unterhalt Sie zahlen müssen?

In der Düsseldorfer Tabelle finden Sie die jeweiligen **monatlichen Beträge** für den Kindesunterhalt gestaffelt nach dem **Nettoeinkommen** des Unterhaltspflichtigen und dem **Alter der betroffenen Kinder**. Es gab **bis Ende 2021** zehn Einkommens- und vier Altersstufen.

Neu: Die **Düsseldorfer Tabelle** ist **seit 2022** um **fünf weitere Einkommensgruppen** ergänzt worden. Die ersten zehn Gruppen der Tabelle bis zu einem Einkommen von

5.500 Euro im Monat bleiben unverändert. Die Tabelle endet jetzt mit einem bereinigten Einkommen von **11.000 Euro**.

In diese Stufen ordnen Sie sich mit Ihrem unterhaltsrelevanten Einkommen und Ihre Kinder nach deren Alter ein. So können Sie die monatlichen Unterhaltsbeträge ablesen.

> **Beispiel**
>
> Ihr unterhaltsrelevantes Einkommen beläuft sich auf 2.600 Euro. Damit sind Sie in der dritten Einkommensstufe zwischen 2.301 Euro und 2.700 Euro. Ihr Kind ist sieben Jahre alt, damit in der zweiten Altersstufe. Die Düsseldorfer Tabelle 2022 weist einen Unterhaltsanspruch in Höhe von 501 Euro im Monat aus.

Im Jahr 2021 stiegen die Regelsätze für den Kindesunterhalt um rund 30 Euro. **2022** erhöhen sich die Unterhaltsansprüche nur geringfügig: Ab der zweiten bis fünften Einkommensgruppe um jeweils 5 Prozent und in den folgenden Gruppen um jeweils 8 Prozent des Mindestunterhalts.

Wie viel genau fällig wird, können Sie in der aktuellen **Düsseldorfer Tabelle 2022** ablesen. Auch der Unterhalt für volljährige Kinder ändert sich entsprechend.

▷ **Anzahl der Kinder**

Die Unterhaltssätze in der Tabelle gehen von zwei unterhaltspflichtigen Kindern aus. Haben Sie mehr als zwei Kinder oder nur ein Kind, so müssen Sie eventuell weniger oder mehr Unterhalt zahlen als Sie in der Tabelle ablesen. Sie werden dann entsprechend in eine niedrigere oder höhere Nettoeinkommensgruppe (Spalte 1) eingeordnet.

▷ **Spitzenverdiener müssen mehr zahlen**

Bisher ergab sich der Unterhalt **nicht direkt** aus der Düsseldorfer Tabelle, wenn Sie mehr als 5.501 Euro netto im Monat verdient haben. Nach der Rechtsprechung des Bundesgerichtshofs musste der Unterhaltspflichtige konkrete Auskunft geben, was er verdient, um dann die Höhe des Unterhalts in **Fortschreibung der Tabelle** berechnen zu können (BGH, Beschluss vom 16. September 2020, Az. XII ZB 499/19).

Ab 2022 hat die Tabelle nun **15 Einkommensstufen** bis zu einem Nettoeinkommen von 11.000 Euro.

▷ **Was bedeuten Bedarfskontrollbetrag und Prozentsatz?**

Mit steigendem Einkommen verbleibt dem Unterhaltspflichtigen selbst ein höherer Betrag für den Lebensunterhalt. Das ist der sogenannte **Bedarfskontrollbetrag**, den Sie in der Düsseldorfer Tabelle in der **letzten**

Spalte finden. Der **Prozentsatz** in der **vorletzten Spalte** drückt die Steigerung des Unterhalts der jeweiligen Einkommensgruppe gegenüber dem **Mindestunterhalt**. Aus der Multiplikation des Mindestunterhalts mit dem jeweiligen Prozentsatz ergibt sich die Höhe des Unterhaltsanspruchs, den Sie als entsprechenden Eurobetrag in der Tabelle ablesen können.

▷ Mehrbedarf und Sonderbedarf

In den Unterhaltsbeträgen sind die Beiträge zur Kranken- und Pflegeversicherung sowie Studiengebühren nicht enthalten. Beide sind Beispiele für einen **Mehrbedarf**, den Sie zusätzlich zahlen müssen. Als **Sonderbedarf** gelten einmalige, unerwartete, hohe, notwendige Ausgaben, die der Unterhaltsverpflichtete im Einzelfall auch zahlen muss – zum Beispiel Kosten für den Kieferorthopäden oder Anschaffung eines eigenen Computers für den Distanzunterricht.

Wie wird das Kindergeld berücksichtigt?

Das Kindergeld für ein minderjähriges Kind steht den Eltern zu – und zwar beiden Elternteilen je zur Hälfte. Es wird jedoch in voller Höhe an den Elternteil ausbezahlt, bei dem das Kind wohnt. Deshalb darf der Elternteil, der den Kindesunterhalt zahlen muss, die Hälfte des Kindergelds vom Unterhalt abziehen. Aus der Düsseldorfer Tabelle ergibt sich also nicht der **Zahlbetrag**. Den erhalten Sie erst nach Abzug der Hälfte des monatlichen Kindergelds.

Das Kindergeld beträgt in **2022** für das erste und zweite Kind **219 Euro** im Monat (§ 66 Abs. 1 EStG, § 6 Abs. 1 BKGG). Die **Hälfte** davon – 109,50 Euro – ist zu verrechnen mit dem Kindesunterhalt. Ab dem **dritten Kind** beträgt das Kindergeld 225 Euro, es sind

> **Beispiel**
>
> *Der Unterhaltszahler verfügt über ein für den Unterhalt rechtlich relevantes Nettoeinkommen von 3.400 Euro (Einkommensstufe 5) und hat ein achtjähriges Kind (K1) und ein zwölfjähriges Kind (K2). Der Unterhalt für K1 beläuft sich nach der Düsseldorfer Tabelle 2022 auf 546 Euro und für K2 auf 640 Euro. Bei beiden Kindern ist jeweils die Hälfte des Kindergelds abzuziehen, also jeweils 109,50 Euro. Der Unterhaltspflichtige zahlt daher 436,50 Euro für K1 und 530,50 Euro für K2, insgesamt macht das im Monat 967 Euro für beide Kinder. Das sind 10 Euro mehr als im vergangenen Jahr.*

dann also 112,50 Euro abzuziehen. Ab dem vierten Kind gibt es **250 Euro** Kindergeld, die Hälfte (125 Euro) wird mit dem Unterhalt verrechnet.

▷ Kindergeld-Anrechnung bei volljährigen Kindern

Bei volljährigen Kindern wird das Kindergeld in voller Höhe vom Tabellenbetrag der Düsseldorfer Tabelle abgezogen. Eigentlich steigt zwar die Unterhaltspflicht ab Volljährigkeit. Dennoch verringert sich der Unterhalt, den die Eltern zahlen müssen. Grund ist, dass das Kindergeld vollständig **auf den Bedarf angerechnet** wird.

Der Unterhalt für ein volljähriges Kind wird anders berechnet als der Unterhalt für ein minderjähriges Kind. Zwar gilt für beide die Düsseldorfer Tabelle. Ab Volljährigkeit zählt aber nicht nur das Einkommen eines Elternteils, sondern das Einkommen beider Elternteile.

Wichtig: Die Unterhaltsverpflichtung ist auch ein Fall für die Einkommensteuer, zum Beispiel als außergewöhnliche Belastung.

Wie sind die Zahlbeträge 2022?

Die im Folgenden abgebildeten Tabellen zeigen, was Sie nach Abzug des halben Kindergelds seit Januar 2022 tatsächlich für das erste und zweite Kind zahlen müssen – sowie die Zahlbeträge für das dritte und ab dem vierten Kind.

Wie berechnen Sie das unterhaltsrelevante Nettoeinkommen?

Die größte Schwierigkeit besteht in der Praxis darin, das **Nettoeinkommen** zu ermitteln, das für den Unterhalt relevant ist. Es stimmt selten mit dem Nettoeinkommen auf der Gehalts- oder Lohnabrechnung überein. In der Düsseldorfer Tabelle findet sich kein Hinweis auf die Berechnung. **Sämtliche Einkünfte** zählen dazu, zum Beispiel auch Einkünfte aus Vermietung und Verpachtung, aber auch Sozialleistungen und Renten.

In den **Unterhaltsleitlinien der verschiedenen Oberlandesgerichte** finden Sie die wesentlichen Grundsätze, wie sich das relevante Einkommen berechnen lässt. **Berufsbedingte Aufwendungen**, die sich von den privaten Lebenshaltungskosten nach objektiven Merkmalen eindeutig abgrenzen lassen, dürfen Sie vom Einkommen abziehen. Dabei können Sie auch eine Pauschale von **5 Prozent des Nettoeinkommens** schätzen – mindestens 50 Euro, bei geringfügiger Teilzeitarbeit auch weniger, und **höchstens 150 Euro** monatlich.

Übersteigen Ihre Ausgaben für den Beruf die Pauschale, müssen Sie insgesamt die Ausgaben **nachweisen, um sie abziehen zu dürfen**. Schulden dürfen Sie in der Regel vom Einkommen abziehen.

 Achtung
Es gibt regionale Abweichungen, da einzelne Oberlandesgerichte ihre eigenen Regelungen festlegen.

Zahlbeträge ab dem 1. Januar 2022 für erstes und zweites Kind

Netto-einkommen	0 – 5 Jahre	6 – 11 Jahre	12 – 17 Jahre	ab 18 Jahren
bis 1.900 €	286,50 €	345,50 €	423,50 €	350 €
1.901 – 2.300 €	306,50 €	368,50 €	450,50 €	379 €
2.301 – 2.700 €	326,50 €	391,50 €	477,50 €	407 €
2.701 – 3.100 €	346,50 €	414,50 €	503,50 €	436 €
3.101 – 3.500 €	366,50 €	436,50 €	530,50 €	464 €
3.501 – 3.900 €	397,50 €	473,50 €	573,50 €	510 €
3.901 – 4.300 €	429,50 €	509,50 €	615,50 €	555 €
4.301 – 4.700 €	461,50 €	546,50 €	658,50 €	601 €
4.701 – 5.100 €	492,50 €	582,50 €	701,50 €	646 €
5.101 – 5.500 €	524,50 €	618,50 €	743,50 €	692 €
5.501 – 6.200 €	556,50 €	655,50 €	786,50 €	737 €
6.201 – 7.000 €	587,50 €	691,50 €	829,50 €	783 €
7.001 – 8.000 €	619,50 €	728,50 €	871,50 €	828 €
8.001 – 9.500 €	651,50 €	764,50 €	914,50 €	874 €
9.501 – 11.000 €	682,50 €	800,50 €	956,50 €	919 €

Quelle: OLG Düsseldorf (Stand: 1. Januar 2022).

Zahlbeträge ab dem 1. Januar 2022 für das dritte Kind

Netto-einkommen	0 – 5 Jahre	6 – 11 Jahre	12 – 17 Jahre	ab 18 Jahren
bis 1.900 €	283,50 €	342,50 €	420,50 €	344 €
1.901 – 2.300 €	303,50 €	365,50 €	447,50 €	373 €
2.301 – 2.700 €	323,50 €	388,50 €	474,50 €	401 €
2.701 – 3.100 €	343,50 €	411,50 €	500,50 €	430 €
3.101 – 3.500 €	363,50 €	433,50 €	527,50 €	459 €
3.501 – 3.900 €	394,50 €	470,50 €	570,50 €	510 €
3.901 – 4.300 €	426,50 €	506,50 €	612,50 €	549 €
4.301 – 4.700 €	458,50 €	543,50 €	655,50 €	595 €
4.701 – 5.100 €	489,50 €	579,50 €	698,50 €	640 €
5.101 – 5.500 €	521,50 €	615,50 €	740,50 €	686 €
5.501 – 6.200 €	553,50 €	652,50 €	783,50 €	731 €
6.201 – 7.000 €	584,50 €	688,50 €	826,50 €	777 €
7.001 – 8.000 €	616,50 €	725,50 €	868,50 €	822 €
8.001 – 9.500 €	648,50 €	761,50 €	911,50 €	868 €
9.501 – 11.000 €	679,50 €	797,50 €	953,50 €	913 €

Quelle: OLG Düsseldorf (Stand: 1. Januar 2022).

Zahlbeträge ab dem 1. Januar 2022 ab dem vierten Kind

Netto-einkommen	0 – 5 Jahre	6 – 11 Jahre	12 – 17 Jahre	ab 18 Jahren
bis 1.900 €	271 €	330 €	408 €	319 €
1.901 – 2.300 €	291 €	353 €	435 €	348 €
2.301 – 2.700 €	311 €	376 €	462 €	376 €
2.701 – 3.100 €	331 €	399 €	488 €	405 €
3.101 – 3.500 €	351 €	421 €	515 €	433 €
3.501 – 3.900 €	382 €	458 €	558 €	479 €
3.901 – 4.300 €	414 €	494 €	600 €	524 €
4.301 – 4.700 €	446 €	531 €	643 €	570 €
4.701 – 5.100 €	477 €	567 €	686 €	615 €
5.101 – 5.500 €	509 €	603 €	728 €	661 €
5.501 – 6.200 €	541 €	640 €	771 €	706 €
6.201 – 7.000 €	572 €	676 €	814 €	752 €
7.001 – 8.000 €	604 €	713 €	856 €	797 €
8.001 – 9.500 €	636 €	779 €	899 €	843 €
9.501 – 11.000 €	667 €	785 €	941 €	888 €

Quelle: OLG Düsseldorf (Stand: 1. Januar 2022).

▷ Unterhaltsrechner

Auf einigen Websites finden Sie **kostenlose Unterhaltsrechner**, die alle auf der Düsseldorfer Tabelle basieren. Diese können aber nur einen **ersten Anhaltspunkt** liefern. Das Unterhaltsrecht ist komplex und lässt sich nur sehr bedingt durch einen Rechner abbilden. Meist entspricht das, was Sie mit dem Unterhaltsrechner ausgerechnet haben, nicht dem, was Sie tatsächlich zahlen müssen.

Wann wird die Düsseldorfer Tabelle wieder aktualisiert?

Die Düsseldorfer Tabelle wird etwa alle zwei Jahre aktualisiert, die Zahlbeträge ändern sich zudem immer dann, wenn es mehr Kindergeld gibt. Die jüngste Anpassung erfolgte zum 1. Januar 2022.

Im **Jahr 2023** wird die Düsseldorfer Tabelle erneut aktualisiert, da sich der Mindestunterhalt erhöht. Auch die Selbstbehaltssätze für 2023 werden wahrscheinlich angepasst, der Wohnkostenanteil wird überprüft.

3.3.1 Vorsorgevollmacht

» Festlegen, wer im Notfall alles regeln soll «

von Dr. Britta Beate Schön Stand: 16. Dezember 2021
www.finanztip.de/vorsorgevollmacht/

Warum ist eine Vorsorgevollmacht sinnvoll? // Wie wählen Sie einen Bevollmächtigten aus? // Was ist bei mehreren Bevollmächtigten zu beachten? // General- oder Teilvollmacht – was ist sinnvoll? // Wie erstellen Sie eine Vorsorgevollmacht? // Wann müssen Sie wegen der Vollmacht zum Notar? // Ist eine Registrierung sinnvoll?

 Das Wichtigste in Kürze
- Mit einer Vorsorgevollmacht bestimmen Sie, wer Sie vertritt, wenn Sie Ihre Angelegenheiten nicht mehr allein regeln können.
- Ihr Ehepartner oder Ihre Kinder sind nicht automatisch Ihre Vertreter.
- Ohne Vorsorgevollmacht wird im Notfall ein Gericht einen Betreuer bestellen. Das kostet Zeit und Geld.

 So gehen Sie vor
- Überlegen Sie sich, wer Sie im Notfall vertreten soll. Dieser Person sollten Sie uneingeschränkt vertrauen.
- Sie können Ihre Vorsorgevollmacht selbst schreiben. Wir empfehlen Ihnen dazu das **Muster des Bundesjustizministeriums**.
- Registrieren Sie die Vollmacht im Zentralen Vorsorgeregister der Bundesnotarkammer.

Wer kümmert sich um Ihre Angelegenheiten, falls Sie selbst dazu nicht mehr in der Lage sind? Ehepartner und Kinder sind **nicht automatisch** dazu berechtigt. Deshalb sollten Sie **neben** einer **Patientenverfügung** auch eine **Vorsorgevollmacht** haben – nicht nur in **Corona-Zeiten**.

Warum ist eine Vorsorgevollmacht sinnvoll?

Mit einer Vorsorgevollmacht können Sie in gesunden Tagen **bestimmen**, wer für Sie handeln und entscheiden soll, wenn Sie es nicht mehr können. Vorausschauend zu handeln, zahlt sich aus.

Es ist gut, wenn Freunde und Angehörige sich gegenseitig unterstützen. Das gilt im **Alter**, nach einem **Unfall** oder im **Krankheitsfall**. Doch selbst bei nahen Verwandten gilt: Rechtlich wirksam handeln kann ein anderer nur dann für Sie, wenn Sie ihn wirksam bevollmächtigt haben. Eine Vorsorgevollmacht **erleichtert** in diesen schwierigen Situationen **den Alltag**.

Wenn Sie nicht selbst einen Vertreter bestimmen, wird ein Betreuungsgericht für Sie einen Betreuer bestellen, falls Sie hilflos werden – etwa nach einem Schlaganfall.

Zwar wählt der Richter in aller Regel einen Familienangehörigen aus – also eine Person, die Sie eventuell ohnehin selbst einsetzen würden. Doch die Bestellung ist ein **gerichtliches Verfahren**, mit Anhörung und ärztlichem oder psychiatrischem Gutachten. Dadurch entstehen Kosten. Das Gericht und das Geld können Sie sich mit einer Vorsorgevollmacht sparen. Denn wenn sie wirksam erteilt ist, darf kein Gericht einen Betreuer bestellen (§ 1896 Abs. 2 Satz 2 BGB).

Trotz all der Vorteile: Im **Zentralen Vorsorgeregister** waren laut Jahresbericht 2020 nur knapp fünf Millionen Vollmachten registriert – das heißt, etwa 7 Prozent der Erwachsenen in Deutschland haben dort eine Vorsorgevollmacht gemeldet. Daraus lässt sich allerdings nicht ableiten, wie viele nicht registrierte Vollmachten in deutschen Aktenordnern liegen.

 Achtung

Eine Vorsorgevollmacht ist etwas anderes als eine **Patientenverfügung**. *Mit dieser können Sie verfügen, welche* **medizinischen Maßnahmen** *Ärzte bei einem Unfall oder einer unheilbaren Krankheit ergreifen sollen. Sie legen auch fest, wer Ihre Wünsche gegenüber dem Krankenhaus durchsetzen soll. Das kann dieselbe Person sein, die Sie auch mit der Vorsorgevollmacht bevollmächtigen.*

Wie wählen Sie einen Bevollmächtigten aus?

Eine Vollmacht sollten Sie nicht leichtfertig erteilen, denn sie ist praktisch sofort wirksam, wenn Sie sie im Original an den Bevollmächtigten übergeben haben. Niemand prüft, ob Sie als Betroffener tatsächlich nicht mehr in der Lage sind, Ihre Angelegenheiten selbst zu regeln. Ein Gericht kontrolliert das nicht. Falls Ihnen niemand einfällt, dem Sie uneingeschränkt vertrauen, sollten Sie sich **eher** für eine **Betreuungsverfügung** entscheiden.

Häufig benennen sich **Eheleute oder Partner** gegenseitig als Bevollmächtigte. Üblich ist auch, die **erwachsenen Kinder zusätzlich** zu bevollmächtigen. Das ist sinnvoll, denn es kann durchaus sein, dass im Ernstfall auch der Partner gesundheitlich nicht mehr in der Lage ist, für den anderen zu entscheiden. Dann können immer noch die Kinder handeln.

Außerdem ist es für einen Bevollmächtigten in der Regel eine Erleichterung, wenn er nicht alles allein schultern muss. Ansonsten kann schon eine längere Reise zum Problem werden.

Bedenken Sie auch: Niemand ist verpflichtet, eine Vollmachtstätigkeit gegen seinen Willen zu übernehmen. Es empfiehlt sich daher, den Bevollmächtigten **ebenfalls unterschreiben** zu lassen, um sicherzugehen, dass er tatsächlich dazu bereit ist.

Neu: Ab 1. Januar 2023 gibt es ein **gesetzliches Notvertretungsrecht für Ehegatten**, aber nur in gesundheitlichen Angelegenheiten und auf sechs Monate befristet (§ 1358 BGB-neu). Das ersetzt eine individuell gestaltete Vorsorgevollmacht allerdings nicht.

Was ist bei mehreren Bevollmächtigten zu beachten?

Wenn Sie mehreren Menschen eine Vorsorgevollmacht erteilen, sollten Sie festlegen, ob jeder Bevollmächtigte **allein handeln** kann oder ob **nur alle gemeinsam** entscheiden dürfen. Müssen alle gemeinsam entscheiden (die sogenannte Gesamtvertretung), sichert das zwar das Vier-Augen-Prinzip, richtig praktikabel ist es im Alltag aber nicht. Deshalb raten viele Notare grundsätzlich davon ab.

Der Bevollmächtigte muss und soll handlungsfähig sein, deshalb sollte jeder allein handeln können. Ist Ihnen ein Punkt besonders wichtig, können Sie bestimmen, dass zwei Bevollmächtigte diese Frage gemeinsam entscheiden sollen, zum Beispiel, ob Sie in ein Pflegeheim müssen.

Eine mögliche Lösung: Sie können **mehrere Bevollmächtigte** für **unterschiedliche Bereiche** benennen. Schließlich ist nicht jeder gleich talentiert, wenn es um finanzielle Dinge geht. Anderen fehlt die Empathie oder das Durchsetzungsvermögen in Fragen der medizinischen Behandlung oder Pflege.

Seien Sie sich aber klar darüber, dass es zu **Schwierigkeiten** bei der Abgrenzung kommen kann – die Unterbringung im Pflegeheim ist zum Beispiel nicht nur eine Frage des Aufenthaltsorts, sondern auch eine finanzielle.

General- oder Teilvollmacht

Die Vorsorgevollmacht sollte **möglichst weit** gefasst sein. Sie können Ihrem Bevollmächtigten eine Generalvollmacht erteilen oder einzelne Lebensbereiche benennen, in denen er für Sie entscheiden soll. Die nachfolgende Auflistung der Situationen soll verdeutlichen, wie **umfassend** eine Vorsorgevollmacht sein kann.

Aufenthalt und Wohnung – In der Vorsorgevollmacht können Sie bestimmen, dass Ihr Vertreter alles im Zusammenhang mit Ihrem Mietvertrag regeln darf, also auch die Wohnung kündigen. Wenn Sie möchten, dass er auch einen Vertrag mit einem Pflegeheim für Sie abschließen kann, können Sie das angeben.

Behörden – Wichtig ist, dass der Bevollmächtigte Sie gegenüber der Rentenversicherung, aber auch dem Finanzamt sowie allen anderen Behörden und Versicherungen vertreten kann. Ihre Vollmacht sollte sich daher auch auf diesen Bereich erstrecken.

Vermögenssorge – Sie sollten festlegen, ob Sie dem Bevollmächtigten die komplette Betreuung Ihres Vermögens überlassen oder ihn nur ermächtigen, Rechnungen zu bezahlen. Falls Sie nicht wollen, dass Ihr Vertreter in Ihrem Namen Vermögen verschenkt, können Sie Schenkungen ausschließen.

Für **Bankangelegenheiten** sollten Sie auf eine Kontovollmacht Ihrer Bank oder Sparkasse zurückgreifen. Mehr dazu online unter:

https://www.finanztip.de/ girokonto/bankvollmacht-kontovollmacht/

Die Bank muss aber auch eine allgemeine Vorsorgevollmacht akzeptieren (LG Detmold, Urteil vom 14. Januar 2015, Az. 10 S 110/14).

Soll der Bevollmächtigte auch Grundstücksgeschäfte wie Kauf, Verkauf oder Belastung mit einer Grundschuld tätigen können, müssen Sie zu einem Notar, der die Vollmacht beurkundet (§ 311b BGB). Gleiches gilt für gesellschaftliche Beteiligungen an Unternehmen (§ 15 Abs. 4 GmbHG).

Post und Telefon – Soll Ihr Bevollmächtigter Ihre Post entgegennehmen und lesen, halten Sie auch das am besten schriftlich fest. Ist etwa ein Telefonanschluss nicht mehr notwendig, können Sie bestimmen, dass Ihre Vertrauensperson diesen kündigen darf.

Gesundheit und Pflege – Sie können bestimmen, dass der Bevollmächtigte in alle medizinischen Maßnahmen einwilligen kann und Ihre Wünsche aus der Patientenverfügung umsetzt, aber auch Einsicht in alle Krankenunterlagen nehmen darf.

Tipp
Die Vorsorgevollmacht regelt die medizinischen Fragen allerdings nur unvollständig. Es empfiehlt sich, die eigenen Wünsche zusätzlich in einer Patientenverfügung festzuhalten.

Mit der Vorsorgevollmacht lässt sich regeln, wer über freiheitsentziehende Maßnahmen wie Gitter am Pflegebett oder Fixierung und gefährliche Heilbehandlungen entscheiden darf (§§ 1904, 1906 Abs. 4 BGB). Sofern Sie das wollen, müssen genau diese Befugnisse ausdrücklich in der Vollmacht enthalten sein. Eine medizinische Generalvollmacht reicht dafür nicht aus.

In wenigen, aber besonders wichtigen Fällen unterliegt auch der Bevollmächtigte der richterlichen Kontrolle: Eine **Genehmigung des Gerichts** ist nötig bei gewissen risikoreichen ärztlichen Eingriffen, beim Abbruch lebenserhaltender Maßnahmen sowie regelmäßig bei freiheitsentziehenden Maßnahmen (Unterbringung in der geschlossenen Abteilung einer Klinik oder eines Pflegeheims).

Vertretung vor Gericht – Sie können bestimmen, ob Ihr Vertreter Sie auch vor Gericht vertreten soll – etwa falls Sie verklagt werden oder in andere juristische Auseinandersetzungen verwickelt sind.

Untervollmacht – Sofern Sie nicht möchten, dass Ihr Bevollmächtigter einem Dritten gestattet, in Ihrem Namen zu handeln, sollten Sie ausschließen, dass er Untervollmachten erteilen kann. Das ist durchaus üblich, da Sie ja zu Ihrem Bevollmächtigten ein besonderes Vertrauen haben, zu einem Unterbevollmächtigten möglicherweise nicht.

Geltung über den Tod hinaus – Es kann sinnvoll sein, dass die Vollmacht auch über den Tod hinaus gilt. Dann können die Bevollmächtigten nach dem Todesfall auch ohne Erbschein zum Beispiel die Beerdigung organisieren und bezahlen.

Beispiel
Sie sind als Vollmachtgeber bereits betreuungsbedürftig und bekommen Pflegegeld auf Ihr Konto, um die Pflegekraft zu bezahlen. Werden Sie von Ihrem bevollmächtigten Ehepartner gepflegt, kann er sich das Pflegegeld auf sein Konto überweisen. Dies wäre ein In-sich-Geschäft. In Vorsorgevollmachten für den Ehepartner sind solche Geschäfte regelmäßig gestattet, damit auch solche familieninternen Rechtsgeschäfte möglich sind.

In-sich-Geschäft – Der Begriff des In-sich-Geschäfts klingt komplizierter als es ist (§ 181 BGB). Es geht um die Frage, ob der Bevollmächtigte in Ihrem Namen mit sich selbst ein Geschäft abschließen darf.

Wie erstellen Sie eine Vorsorgevollmacht?

Sie könnten eine Vollmacht auch wirksam mündlich aussprechen. Doch aus **Beweisgründen** sollten Sie immer die **Schriftform** wählen. Sie können das Dokument anhand eines Musters selbst erstellen.

▷ Muster des Bundesjustizministeriums nutzen

Es gibt gute Vorlagen, die Sie verwenden können. Für Ihre Vorsorgevollmacht empfehlen wir das Muster des Justizministeriums, das zum Download bereitsteht, nachdem Sie die Hinweise dazu gelesen haben. Das ist die **preiswerteste Variante**.

In der Mustervollmacht sind die einzelnen **Lebensbereiche detailliert** aufgelistet, die Sie ankreuzen können. Bedenken Sie jedoch, dass so ein Kreuzchen schnell gemacht ist. Besser ist es daher, die einzelnen Punkte der Vollmacht abzuschreiben und sich dabei zu überlegen, wie Sie das regeln wollen. Aber auch eine Vollmacht zum Ankreuzen ist rechtssicher.

Ob abgeschrieben oder angekreuzt, Sie müssen die Vollmacht **eigenhändig unterschreiben**. Die zusätzliche Unterschrift des Bevollmächtigten ist keine Pflicht, aber eine Empfehlung. Damit die Vollmacht wirksam ist, muss sie der Bevollmächtigte in den Händen halten. Sie sollten die Vollmacht im **Original** Ihrer Vertrauensperson **aushändigen** und eine Kopie für sich behalten.

Falls Ihnen bei Ihrer Vollmacht etwas nicht klar ist, können Sie sich an eine **Beratungsstelle** in Ihrer Stadt, Gemeinde oder dem Landkreis wenden – die ist meist dem Sozialamt angegliedert und beglaubigt Ihre Vollmacht auch (§ 129 BGB). **Betreuungsbehörden** bieten eine **öffentliche Beglaubigung** für 10 Euro an (§ 6 Abs. 2 BtBG). Eine solche von der Behörde beglaubigte Vollmacht endet mit dem Tod (OLG Köln, Beschluss vom 30. Oktober 2019, Az. 2 Wx 327/19).

▷ Bei Rechtsschutzversicherung anfragen

Sind Sie rechtsschutzversichert, sollten Sie sich bei Ihrer Versicherung erkundigen. Einige bieten Serviceleistungen bei der Notfallvorsorge an. Von der Erstellung bis zur Registrierung der Dokumente kann man sich an den Versicherer wenden.

Wann müssen Sie wegen der Vollmacht zum Notar?

Auch ein Notar unterstützt Sie bei einer Vorsorgevollmacht. Er berät Sie und erläutert Vor- und Nachteile einzelner Regelungen. Eine notarielle Beurkundung ist rechtlich sicherer als die Beglaubigung (§ 128 BGB). Sie ist nicht verpflichtend, kann aber durchaus sinnvoll sein. Denn der Notar muss von Amts wegen auch die **Geschäftsfähigkeit** prüfen. Dies ist besonders wichtig, weil es ansonsten zum Streit kommen kann, ob Sie überhaupt noch geschäftsfähig waren, als Sie die Vollmacht erteilt haben.

Für **bestimmte Rechtsgeschäfte**, zum Beispiel die Aufnahme eines Darlehens, um Pflegekosten vorzufinanzieren, ist die notarielle Beurkundung unumgänglich (§ 492 Abs. 4 BGB).

Auch für Immobilienangelegenheiten muss die Vollmacht zumindest notariell beglaubigt sein. Hat der Notar die Vollmacht für Sie erstellt, behält er die **Original-Urkunde**. Die **Ausfertigung** für den Rechtsverkehr gibt er nur an Sie oder **auf Ihre Anweisung** an den Bevollmächtigten heraus. Für Ihre eigenen Unterlagen können Sie eine Abschrift bekommen, die aber keinesfalls als Vollmacht gilt. Sollte die Vollmacht verloren gehen, kann der Notar eine neue Ausfertigung erstellen. Damit ist die bei einem Notar hinterlegte Vorsorgevollmacht **fälschungssicher**.

Die **Kosten einer Beurkundung** sind abhängig vom Umfang des Vermögens. Bei einem Geschäftswert von 100.000 Euro kostet die Beurkundung rund 200 Euro inklusive Mehrwertsteuer und Kosten für Auslagen und Porto (KV-Nr. 21200 GnotKG).

Ist eine Registrierung sinnvoll?

Die Registrierung ist **zu empfehlen**. So stellen Sie sicher, dass Ihre Vorsorgevollmacht **gefunden** wird. Melden Sie Ihre Vollmacht dem **Zentralen Vorsorgeregister**. Das stellt sicher, dass das Betreuungsgericht im Notfall keinen Betreuer bestellt, da Sie selbst bereits eine Vertrauensperson benannt haben. Denn bevor das Gericht jemanden bestellt, fragt es beim Register ab, ob und welche Vorsorgeurkunden eingetragen sind. Im Jahr 2020 haben die Gerichte in rund 200.000 Fällen um Auskunft gefragt.

Beurkundet der Notar die Vollmacht, lässt er sie in aller Regel auch registrieren – das waren im Jahr 2020 rund **80 Prozent** aller Anträge. Wer die Vorsorgevollmacht ohne Notar aufgesetzt hat, sollte sie ebenfalls registrieren lassen. Das machen allerdings nur wenige – im Jahr 2020 waren es knapp **9 Prozent** aller Anträge.

Die Registrierung geht **online** über die Website des **Vorsorgeregisters der Bundesnotarkammer** (www.zvr-online.de). Sie können den Antrag aber auch schriftlich stellen.

Vom Bundesjustizministerium gibt es dazu ein Datenblatt, das Sie ausfüllen und per Post an das Register schicken können. Die Internetmeldung einer Vollmacht kostet 13 Euro. Schicken Sie den Antrag mit der Post, fallen 16 Euro an. Das gilt, wenn Sie die Gebühr abbuchen lassen. Wollen Sie überweisen, fallen zusätzlich 2,50 Euro an (Stand: Dezember 2021).

Sie geben Ihre Daten ein und die Namen, Adressen, Geburtsdaten und Telefonnummern der Bevollmächtigten. Bei der Registrierung geben Sie an, ob und wann Sie jemanden bevollmächtigt haben, bestimmte Angelegenheiten, etwa Vermögensfragen, zu erledigen. Wie die Vollmacht konkret ausgestaltet ist, erfährt das Register nicht.

Es wird jedoch abgefragt, ob die **Genehmigung** von besonderen **ärztlichen Maßnahmen** erfasst ist, für die ansonsten das Gericht einen Betreuer bestellen müsste. Darunter fallen Operationen, bei denen die Gefahr besteht, dass der Patient stirbt oder einen schweren und länger dauernden gesundheitlichen Schaden erleidet (§ 1904 Abs. 1 Satz 1 BGB).

Wichtig ist auch die Frage, ob Sie dem Bevollmächtigten die Erlaubnis erteilt haben, Sie in eine geschlossene Klinik einweisen zu lassen oder ärztliche Zwangsmaßnahmen wie Bettgitter zuzulassen (§ 1906 Abs. 1, 3 und 4 BGB).

In dem Formular zur Registrierung wird nur auf die Paragrafen verwiesen, ohne dass sie näher erläutert sind.

Tipp
*Wenn Sie mit den Bevollmächtigten alle Angelegenheiten besprechen, sollten Sie ihnen auch sagen, wo Sie alle **wichtigen Unterlagen** wie Verträge, Versicherungsscheine, Bank- und Steuerunterlagen aufbewahren. Legen Sie außerdem eine **Liste** mit Ihren verschiedenen **Benutzernamen und Passwörtern** von E-Mail- und anderen Konten im Internet an. Das bedeutet im Ernstfall eine große Erleichterung für die Personen, die sich um Ihre Angelegenheiten kümmern sollen, falls Sie es selbst nicht mehr können.*

Haben Sie diese besonderen Situationen in der Vorsorgevollmacht geregelt, setzt das Gericht zwar keinen Betreuer ein, es muss diese Entscheidungen aber genehmigen.

Die Vorsorgevollmacht regelmäßig überprüfen

In **regelmäßigen Abständen** sollten Sie überprüfen, ob **Ihre Vorsorgedokumente** immer noch Ihren Wünschen entsprechen – am besten einmal im Jahr.

Sie können die Vollmacht **jederzeit ändern oder widerrufen**. Manchmal ist das notwendig: etwa wenn sich Eheleute gegenseitig als Bevollmächtigte eingesetzt haben und ein Partner so krank geworden ist, dass er sich nicht mehr um den anderen kümmern kann. Dann sollten Sie alle ausgehändigten Vollmachtsurkunden zurückverlangen und einen anderen Bevollmächtigten einsetzen.

Mehr dazu online unter:

www.finanztip.de/ vorsorgevollmacht/

3.3.2 Patientenverfügung

» Wichtige Entscheidungen für den Krankheitsfall treffen «

von Dr. Britta Beate Schön Stand: 17. Dezember 2021
www.finanztip.de/patientenverfuegung/

Warum ist eine Patientenverfügung sinnvoll? // Was sollte in einer Patientenverfügung stehen? // Wann ist eine Patientenverfügung rechtssicher? // Wie erstellen Sie Ihre Patientenverfügung? // Wie oft müssen Sie Ihre Patientenverfügung aktualisieren?

Das Wichtigste in Kürze

- Mit einer Patientenverfügung legen Sie fest, welche medizinischen Behandlungen Sie wünschen oder ablehnen, falls Sie sich wegen Unfall, Krankheit oder Alter nicht mehr dazu äußern können.
- Das Dokument hilft Ihren Angehörigen, Ihre Wünsche im **Notfall** umzusetzen.
- Haben Sie Ihren vorletzten Willen schon aufgeschrieben, müssen Sie in aller Regel wegen Corona daran nichts ändern oder ergänzen.

So gehen Sie vor

- Sie können Ihre Patientenverfügung selbst schreiben. Wir empfehlen Ihnen dazu das **Muster** des Bundesjustizministeriums oder die Online-Patientenverfügung der Verbraucherzentralen.
- Besprechen Sie Ihre Festlegungen mit Ihrem Hausarzt.
- Geben Sie eine Kopie der Patientenverfügung an eine Person, die mit den Ärzten sprechen kann.

Haben Sie schon mal darüber nachgedacht, was passiert, wenn Sie **richtig krank** werden, vielleicht im Koma liegen und nicht mehr selbst entscheiden können? Wahrscheinlich haben Sie eine klare Vorstellung davon, welche **medizinische Behandlung** Sie in einer solchen Situation wünschen – und welche nicht. Es ist sehr **sinnvoll**, für Situationen Vorsorge zu treffen, in denen das gewohnte Leben völlig aus der Bahn gerät.

Warum ist eine Patientenverfügung sinnvoll?

Jeder Mensch sollte **neben** einer **Vorsorgevollmacht** auch eine Patientenverfügung haben – nicht nur in Corona-Zeiten. Damit bleiben Sie als Patient **selbstbestimmt**, auch wenn Sie nicht mehr sagen können, was Sie möchten. Das kann im Endstadium einer unheilbaren Krankheit sein, bei Gehirnschäden etwa durch Unfall oder Schlaganfall, aber auch bei fortschreitender Demenzerkrankung.

Sie **helfen** damit aber auch **Ihren Angehörigen** und nehmen ihnen die Last von sehr schweren Entscheidungen ab. Spätestens wenn eine Operation ansteht, sollten Sie eine Patientenverfügung aufsetzen.

Mit einer Patientenverfügung legen Sie schriftlich fest, welche Maßnahmen die behandelnden Ärzte ergreifen sollen, falls Sie zum Beispiel im Koma liegen (§ 1901a BGB).

Sie sind an Ihre Wünsche gebunden und müssen die Wahl der Behandlung auch von Ihren **Heilungschancen** abhängig machen. Dabei müssen Sie sich immer mit einem Betreuer oder Ihrem Bevollmächtigten abstimmen, der darüber wacht, dass Ihr Wille umgesetzt wird (§ 1901b BGB).

 Achtung

In einem **Notfall** beachten die Ärzte die Patientenverfügung in aller Regel **nicht**. Notärzte und Ersthelfer werden in solchen Fällen regelmäßig die gebotenen Notfallmaßnahmen treffen, da keine Zeit bleibt für die gründliche Prüfung einer Patientenverfügung.

Was sollte in einer Patientenverfügung stehen?

Es gibt einige wichtige Punkte, die in jeder Patientenverfügung enthalten sein sollten:

Lebenserhaltende Maßnahmen – Sie können bestimmen, dass alles medizinisch Mögliche und Sinnvolle getan werden soll, um Ihr Leben zu erhalten. Sie können aber auch auf lebenserhaltende Maßnahmen verzichten. Ob Sie solche Maßnahmen wünschen, sollten Sie von der konkreten Behandlungssituation abhängig machen. Möglicherweise wünschen Sie bei einem Unfall sehr wohl diese Maßnahmen, im Endstadium einer Krebserkrankung vielleicht nicht.

Schmerz- und Symptombehandlung – Sie sollten festlegen, wie Ihre Schmerz- und Symptom-Behandlung aussehen soll. Wollen Sie Morphium oder andere Medikamente, auch wenn dadurch Ihr Bewusstsein gedämpft werden sollte oder Mittel, die Ihr Leben verkürzen? Auch dann sollte klar sein, in welchen Situationen Sie eine solche Schmerzbehandlung wünschen.

Künstliche Ernährung und Beatmung – In der Patientenverfügung können Sie festlegen, ob und gegebenenfalls wann Sie künstlich ernährt oder beatmet werden wollen.

Wiederbelebung – Auch zu Wiederbelebungsversuchen können Sie etwas festlegen, zum Beispiel, dass Sie solche wünschen oder ablehnen.

Gabe von Antibiotika oder Blutübertragungen – Sie können bestimmen, ob Sie Antibiotika oder Blutübertragungen bekommen wollen oder nur zur Beschwerdelinderung wünschen.

Ort der Behandlung – Üblich ist auch, dass Patienten festlegen, ob sie zum Sterben ins Krankenhaus verlegt werden wollen oder, wenn möglich, zu Hause oder in einem Hospiz sterben möchten.

Bevollmächtigter – In der Patientenverfügung sollten Sie darauf hinweisen, wenn Sie zusätzlich eine **Vorsorgevollmacht** oder eine **Betreuungsverfügung** aufgesetzt haben (siehe dazu auch die entsprechenden Kapitel 3.3.1 und 3.3.3 auf Seite 512 und Seite 528). Das ist sehr sinnvoll. Der Bevollmächtigte ist dann Ansprechpartner für die behandelnden Ärzte und stellt sicher, dass Ihr Wille entsprechend der Verfügung beachtet wird.

Achtung

Ehepartner oder Kinder sind bisher nicht automatisch bevollmächtigt. Auch die nächsten Angehörigen benötigen von Ihnen einen schriftlichen Auftrag, um Ihren Willen im Fall von Krankheit oder schwerwiegenden medizinischen Eingriffen durchsetzen zu können. Dazu benötigen sie eine separate Vorsorgevollmacht, die auch auf den medizinischen Bereich beschränkt sein kann.

Neu: Ab **1. Januar 2023** haben Eheleute für sechs Monate in Angelegenheiten der Gesundheitssorge ein sogenanntes **Notvertretungsrecht** (§ 1358 BGB-neu). In Zukunft wird es möglich sein, dem Ehegatten beizustehen und schnell die notwendigen Hilfen in die Wege zu leiten, ohne sogleich den Weg über ein gerichtliches Betreuungsverfahren gehen zu müssen – auch dann, wenn zuvor keine Vorsorgevollmacht ausgestellt wurde.

Ärztliche Schweigepflicht – Ärzte dürfen gegenüber Dritten nichts über den Gesundheitszustand ihrer Patienten preisgeben. Es empfiehlt sich daher, Ihren Arzt gegenüber dem Bevollmächtigten von seiner ärztlichen Schweigepflicht zu entbinden. Es ist sinnvoll, dies in Ihrer Patientenverfügung schriftlich zu regeln. Sie können darin detailliert festlegen, gegenüber wem und in welchen Fragen der behandelnde Arzt von seiner Schweigepflicht entbunden ist.

Organspende – In der Patientenverfügung können Sie auch Ihre Zustimmung zur Organspende erklären. Die ist wirksam, auch wenn Sie keinen Organspende-Ausweis haben. Das ist aber keine Pflicht und steht nicht in direktem Zusammenhang mit der Patientenverfügung. Angesichts der niedrigen Spenderzahlen soll die gesetzliche Grundlage für Organspenden so bald wie möglich verändert werden.

Diskutiert wird auch das **Widerspruchsmodell** – solange Sie nicht widersprechen, erklären Sie sich zur Organspende bereit. Sollte eine neue Regelung kommen, können Sie in der Patientenverfügung Ihre Wünsche zur Organspende festlegen – und auch widersprechen, falls Sie Ihre Organe nicht spenden möchten.

▷ **Mit dem Hausarzt sprechen**
Sie sollten sich von einer fachkundigen Person beraten lassen. Ihr Hausarzt ist der richtige Ansprechpartner, wenn Sie **medizinische Rückfragen** haben. Sie können den Arzt das Dokument unterschreiben lassen. Er bestätigt damit, dass Sie in vollem Umfang einwilligungsfähig waren, als Sie Ihre Wünsche schriftlich festgehalten haben.

Wann ist eine Patientenverfügung rechtssicher?

Damit eine Patientenverfügung **formell** rechtsgültig ist, muss der Verfasser sie eigenhändig **unterschreiben**. Eine Beglaubigung vom Notar ist auch möglich. Weitere formelle Voraussetzungen gibt es nicht.

Nach der Rechtsprechung des **Bundesgerichtshofs** muss eine Patientenverfügung inhaltlich bestimmt und konkret sein, damit sie wirksam ist. Wichtig ist deshalb, dass der Verfasser zum einen genau beschreibt, in welchen Behandlungssituationen die Verfügung gelten soll. Zum anderen soll er die ärztlichen Maßnahmen genau bezeichnen, die er möchte oder die er ablehnt (§ 1901a BGB).

Natürlich können Sie nicht alle Krankheiten und Krankheitsverläufe voraussehen. Daher dürfen die Anforderungen an die konkreten Formulierungen auch **nicht überspannt** werden (BGH, Beschluss vom

8. Februar 2017, Az. XII ZB 604/15). Es reicht, wenn der Patient bestimmte Lebens- und Behandlungssituationen umschreibt (vergleiche auch BGH, Beschluss vom 14. November 2018, Az. XII ZB 107/18).

Klar ist aber: Nur zu sagen, dass man keine lebenserhaltenden Maßnahmen wünscht, reicht nicht (BGH, Beschluss vom 6. Juli 2016, Az. XII ZB 61/16). Auch allgemeine Anweisungen sind nicht bestimmt genug, etwa die Aufforderung, ein würdevolles Sterben zu ermöglichen oder zuzulassen, **wenn ein Therapieerfolg nicht mehr zu erwarten ist** (BGH, Beschluss vom 8. Februar 2017, Az. XII ZB 604/15). Daraus ist nicht ohne weiteres der Wille zu entnehmen, dass der Patient zum Beispiel keine künstliche Ernährung wünscht.

Hat ein Patient für seine gegenwärtige Lebenssituation eine **wirksame Patientenverfügung** erstellt, dann muss kein Gericht den Abbruch von lebenserhaltenen Maßnahmen genehmigen. Die Entscheidung des Patienten haben Ärzte und Angehörige zu akzeptieren (BGH, Beschluss vom 14. November 2018, Az. XII ZB 107/18).

Wie erstellen Sie Ihre Patientenverfügung?

Sie können Ihre Patientenverfügung anhand eines guten **Musters** selbst erstellen. Das ist eine **preiswerte** und geeignete Möglichkeit.

Nach der Rechtsprechung des Bundesgerichtshofs stehen allerdings **ältere Muster unter Generalverdacht**, im Zweifel doch nicht zu helfen, da sie zu allgemein formuliert sind.

▷ Muster des Justizministeriums nutzen

Wir empfehlen Ihnen das Muster des Justizministeriums. Es enthält **Textbausteine**, mit denen Sie Ihre eigene Verfügung als Word-Dokument erstellen können. In dem Dokument finden Sie verschiedene Varianten, zwischen denen Sie sich entscheiden können. Die Erklärung müssen Sie eigenhändig unterschreiben (§ 1901a BGB).

https://www.bmjv.de/SharedDocs/ Downloads/DE/Service/Formulare/ Patientenverfuegung_Textbausteine_ word.doc;jsessionid=B26E620B4B- F9C1FCC4902EEF4436BA14.2_ cid297?__blob=publicationFile&v=9

▷ Online-Tool der Verbraucherzentralen

Die Verbraucherzentralen haben **mit den Textbausteinen des Ministeriums** ein Online-Tool gestartet, mit dem Sie Schritt für Schritt Ihre Patientenverfügung erstellen können. Der Service „**Selbstbestimmt - die Online-Patientenverfügung**" enthält zusätzliche Erläuterungen, die Ihnen die Tragweite getroffener Entscheidungen verdeutlichen.

▷ **Service von Rechtsschutzversicherung nutzen**
Sind Sie rechtsschutzversichert, sollten Sie sich bei Ihrer Versicherung erkundigen. Einige bieten im Rahmen des Privatrechtsschutzes Serviceleistungen bei der Notfallvorsorge an und übernehmen dann die Erstellung und die Registrierung der Dokumente.

▷ **Service von Krankenkasse nutzen**
Oft bieten auch Krankenkassen als zusätzlichen Service viele Informationen rund um die Patientenverfügung an. Einige Kassen haben eine Kooperation mit einem Dienstleister und empfehlen ihren Mitgliedern die Erstellung einer Patientenverfügung mit dem Kooperationspartner. Die **elektronische Gesundheitskarte** soll in der **Zukunft** auch die Möglichkeit bieten, die Patientenverfügung zu hinterlegen.

▷ **Rechtsdienstleister, Rechtsanwälte und Notare**
Es gibt auch einige Dienstleister, die online ein Frage-Antwort-Tool zur Verfügung stellen, das sich an einem Anwaltsgespräch orientiert. Anhand Ihrer Antworten erstellt der Anbieter dann eine Patientenverfügung. Möchten Sie eine Beratung, dann sind Sie bei einem Rechtsanwalt oder Notar gut aufgehoben. Das ist teurer als ein Rechtsdienstleister.

Kopie an eine Person Ihres Vertrauens geben – Wichtig ist, dass die Person Ihres Vertrauens eine Ausfertigung Ihrer Patientenverfügung in den Händen hält. Denn im Zweifel fragen die Ärzte im Krankenhaus auf der Intensivstation nach einer.

Registrieren lassen – Im Zentralen Vorsorgeregister können Sie Ihre Patientenverfügung zusammen mit einer Vorsorgevollmacht registrieren lassen. Notwendig ist das Registrieren aber nicht. **Ärzte** können derzeit auf das Register **nicht zugreifen**.

 http://www.vorsorgeregister.de

Wie oft müssen Sie Ihre Patientenverfügung aktualisieren?

Generell gilt, dass Sie in regelmäßigen Abständen überprüfen sollten, ob die Festlegungen in Ihrer eigenen Patientenverfügung immer noch Ihren Wünschen entsprechen.

Sie können Ihre Verfügung jederzeit ändern oder widerrufen. Manchmal ist das notwendig. Zum Beispiel wenn sich Eheleute gegenseitig als Bevollmächtigte eingesetzt haben und ein Ehepartner so krank geworden ist, dass er sich nicht mehr um den anderen kümmern kann. Auch wenn nichts Besonderes geschehen ist, ist es sinnvoll, etwa **alle zwei Jahre** die Verfügung nochmal kritisch zu lesen und dann mit einer neuen Unterschrift zu bestätigen oder eben abzuändern.

Das **Bundesjustizministerium** berichtete, dass viele Bürger sich zu Beginn der Pandemie fragten, ob sie ihre Patientenverfügung **ergänzen** sollen – für den Fall, dass sie wegen einer Covid-19-Erkrankung ins Krankenhaus müssen und vielleicht sogar auf die Intensivstation. Haben Sie eine differenzierte Patientenverfügung aufgesetzt – wie wir es hier in diesem Ratgeber beschreiben –, dann müssen Sie sie anlässlich der Corona-Pandemie nicht ergänzen.

Es ist auch heute auf jeden Fall **sinnvoll**, Ihr Vorsorgedokument zur Hand zu nehmen und noch einmal **durchzulesen, was Sie festgelegt haben**.

Häufig steht in Patientenverfügungen etwas zur Frage einer künstlichen Beatmung. Ein Fall, der bei einer Covid-19-Erkrankung eintreten kann. Jedoch berührt die Festlegung in der Patientenverfügung in aller Regel nicht die künstliche Beatmung bei Covid. Denn selbst wenn Sie in bestimmten Situationen eine künstliche Beatmung ausgeschlossen haben, gilt dieser Ausschluss nicht für eine **vorübergehende künstliche Beatmung**, die auf eine völlige Heilung einer Lungenentzündung abzielt – wie das bei einer Covid-19-Erkrankung der Fall sein dürfte. Der Ausschluss in der Patientenverfügung wäre erst bei einem sehr schweren, eventuell tödlichen Verlauf der Krankheit entscheidend.

Haben Sie Bedenken, dass Sie im Zweifel während der Corona-Pandemie keine künstliche Beatmung bekommen, können Sie einen Absatz in der Patientenverfügung **zur Klarstellung** ergänzen – Sie sollten sich aber dazu am besten mit einem Arzt oder einem anderen Berater besprechen.

3.3.3 Betreuungsverfügung

» Mitentscheiden, wen das Gericht als Betreuer bestellt «

von Dr. Britta Beate Schön Stand: 16. Dezember 2021
www.finanztip.de/betreuungsverfuegung/

Wann bestimmt das Gericht einen Betreuer? // Warum ist eine Betreuungsverfügung sinnvoll? // Welche Aufgaben übernimmt der Betreuer? // Wie erstellen Sie eine Betreuungsverfügung? // Was sind die Unterschiede zur Vorsorgevollmacht? // Was bringt die Reform des Betreuungsrechts?

 Das Wichtigste in Kürze

- Wenn Sie Ihre Angelegenheiten nicht mehr selbst regeln können, weil Sie krank oder stark beeinträchtigt sind, bekommen Sie ohne Vorsorgevollmacht einen Betreuer an die Seite gestellt. Den wählt das Betreuungsgericht aus, bestellt und kontrolliert ihn.
- Mit einer Betreuungsverfügung können Sie eine Person benennen, die Ihr Betreuer werden soll, falls das nötig wird. Das Gericht wird sich an Ihren Vorschlag halten.

 So gehen Sie vor

- Überlegen Sie sich, ob Sie eine weitreichende Vorsorgevollmacht oder eine Betreuungsverfügung abgeben wollen. Gibt es jemanden, der Ihr volles Vertrauen genießt, sollten Sie eine Vorsorgevollmacht erteilen.
- Haben Sie keinen besonders Vertrauten, können Sie jemanden benennen, den Ihnen das Gericht im Notfall als Betreuer zur Seite stellen soll.
- Verwenden Sie für Ihre Betreuungsverfügung am besten ein Muster. Finanztip empfiehlt das **Muster des Bundesjustizministeriums**.

Jedem kann es passieren, dass er eines Tages auf die Hilfe von anderen angewiesen ist. Wer soll sich dann um alles kümmern? Das können Sie selbst entscheiden. Entweder Sie benennen in einer Vorsorgevollmacht jemanden, der rechtlich **Ihr Vertreter** ist (mehr dazu im Kapitel 3.3.1, Seite 512). Oder Sie bestimmen eine Person, die das Amtsgericht im Notfall zu Ihrem Betreuer bestellt.

Wann bestimmt das Gericht einen Betreuer?

Falls Sie Ihre Ihre Angelegenheiten **nicht mehr selbst regeln** können, stellt Ihnen das Gericht einen Betreuer zur Seite. Aber erst dann, wenn es das für notwendig hält – etwa bei einer psychischen Krankheit, bei Demenz, nach einem Schlaganfall oder wegen einer körperlichen, geistigen oder seelischen Behinderung (§ 1896 BGB). Früher gab es in solchen Fällen Entmündigungen, heute gibt es einen rechtlichen Betreuer. Als Betreuer sind Sie nach wie vor geschäftsfähig, Sie können zum Beispiel Verträge unterzeichnen. 2016 standen rund **1,3 Millionen Menschen** in Deutschland unter Betreuung. Das Gericht kann von Ihrer Situation auf verschiedenen Wegen erfahren: Ihr Pflegeheim oder das Krankenhaus, in dem Sie behandelt werden, können das Gericht informieren. Aber auch Ihre Familie kann aktiv werden. Das Betreuungsgericht beauftragt dann einen Sachverständigen, der ein **Gutachten zu Ihrer Gesundheit** und zu Ihrer Lebenssituation erstellt. Sie werden dazu auch angehört. Brauchen Sie nach der Einschätzung des Gutachters Unterstützung, dann bestimmt das Gericht einen Betreuer für Sie.

Eine Betreuung kostet Geld, mindestens **200 Euro Gerichtskosten** im Jahr, selbst wenn Ihr Ehegatte Ihre Betreuung übernimmt. Die Kosten sind abhängig vom Vermögen. Das Geld und das Gerichtsverfahren können Sie sich sparen, wenn Sie jemandem eine Vorsorgevollmacht erteilen. Das Gericht sieht dann nämlich davon ab, einen Betreuer einzusetzen (§ 1896 Abs. 2 Satz 2 BGB).

Es kann aber auch sein, dass das Gericht **trotz Vorsorgevollmacht** einen Betreuer bestellt. Etwa wenn Eheleute sich gegenseitig bevollmächtigt hatten und der Verdacht besteht, dass auch der Bevollmächtigte aus gesundheitlichen Gründen nicht mehr in der Lage ist, alles selbst zu entscheiden.

Sollte es zwischen den Angehörigen und dem Bevollmächtigten **dauernd Streit** geben, kann das Gericht zusätzlich einen Betreuer bestellen, obwohl eigentlich eine Vorsorgevollmacht vorliegt (BGH, Beschluss vom 7. August 2013, Az. XII ZB 671/12). Oder wenn Geld verschwindet und Angehörige den Vorsorgebevollmächtigten im Verdacht haben (BGH, Beschluss vom 26. Februar 2014, Az. XII ZB 301/13).

Warum ist eine Betreuungsverfügung sinnvoll?

Haben Sie keine nahen Angehörigen oder fällt Ihnen niemand ein, dem Sie so sehr vertrauen, dass Sie ihm eine weitreichende Vollmacht für Ihre Konten und Ihr Vermögen geben möchten, ist eine Betreuungsverfügung sinnvoll. Die Person, die Sie darin nennen, bestimmt das Amtsgericht im Notfall zu Ihrem Betreuer (§ 1897 Abs. 4 BGB).

Ohne Vorsorgevollmacht und Betreuungsverfügung bestimmt das Gericht einen **Betreuer, den Sie vielleicht gar nicht kennen** – etwa ein Mitglied eines Betreuungsvereins oder einen selbstständigen Berufsbetreuer.

Welche Aufgaben übernimmt der Betreuer?

Ihr Betreuer unterstützt Sie als Ihr gesetzlicher Vertreter bei Ihren Finanzen, beim kompletten Papierkram, bei allen Anträgen für Sozialleistungen und auch bei der Organisation der Pflege. Dabei ordnet das Gericht an, in welchen **Aufgabenbereichen** der Betreuer tätig werden soll:
- Vermögensangelegenheiten,
- Gesundheitsfürsorge,
- Bestimmung des Aufenthalts,
- Wohnungsangelegenheiten,
- Vertretung gegenüber Behörden, Versicherungen und Sozialleistungsträgern.

Ein Betreuer muss die ihm übertragenen Aufgaben so erledigen, wie es dem Wohl des Betreuten entspricht (§ 1901 Abs. 2 BGB). Dazu gehört auch, dass er nichts über Ihren Kopf hinweg entscheidet.

In der Betreuungsverfügung können Sie zum Beispiel festlegen, welche Ihrer Wünsche und Gewohnheiten der Betreuer **respektieren** soll. Dabei kann es sich um die Frage handeln, ob Sie zu Hause oder in einem Pflegeheim versorgt werden wollen. Auch ein bestimmtes Senioren- oder Pflegeheim, in dem Sie leben möchten, können Sie angeben.

In der Betreuungsverfügung können Sie zum Beispiel festlegen, welche Wünsche und Gewohnheiten Ihr Betreuer **respektieren** soll. Zum Beispiel, ob Sie zuhause oder in einem Pflegeheim versorgt werden wollen. Auch ein bestimmtes Senioren- oder Pflegeheim, in dem Sie leben möchten, können Sie angeben.

Kümmert sich Ihr Betreuer auch um Ihr Vermögen, so darf er nur **in Ihrem Interesse** handeln. Sein eigenes und Ihr Geld muss er auf **getrennten Konten** verwalten. Außerdem darf er in Ihrem Namen nur kleine Geschenke machen und das auch nur dann, wenn Sie es möchten und die Geschenke üblich sind – etwa Geburtstagsgeschenke an Ihre Familie.

Wie erstellen Sie eine Betreuungsverfügung?

Sie können **bestimmen**, wer Ihr Betreuer werden soll. Dafür sollten Sie eine Betreuungsverfügung aufsetzen, mit Ort und Datum versehen und dann unterschreiben.

▷ Muster für Betreuungsverfügung nutzen

Wir empfehlen Ihnen für eine Betreuungsverfügung das Muster des Justizministeriums. In der **Broschüre Betreuungsrecht** finden Sie unter Formular C das richtige Dokument. Dort können Sie festlegen, wer für Sie als Betreuer bestellt werden soll. Wichtig ist, dass Sie auch angeben, wann die Person geboren ist und wo, damit das Gericht Ihren Wunschbetreuer eindeutig identifizieren und finden kann. Deshalb sind auch die Kontaktdaten wichtig.

Gibt es jemanden, den Sie auf keinen Fall als Ihren Betreuer wünschen, können Sie das auch in dem Muster vermerken.

Haben Sie Fragen rund um das Betreuungsrecht, sind die **Betreuungsbehörden** am Wohnort mögliche Ansprechpartner. Sie können sich auch an einen **Betreuungsverein** wenden. Das sind eingetragene Vereine, die alle Interessierten und auch ehrenamtliche Betreuer beraten. Die Beratung ist **kostenlos**.

▷ Verfügung registrieren

Im **Zentralen Vorsorgeregister** können Sie Ihre Verfügung auch registrieren lassen. Geht dann beim Vormundschaftsgericht der Antrag ein, dass Sie einen Betreuer bekommen, fragt das Gericht bei der Bundesnotarkammer nach, ob dort eine Betreuungsverfügung registriert ist. Es erfährt so von Ihrem Willen.

Um die Betreuungsverfügung registrieren zu lassen, müssen Sie eine **Gebühr** zahlen. Deren Höhe hängt vom gewählten Eintragungsverfahren ab und liegt zwischen 10 und 20 Euro.

▷ Betreuungsverfügung regelmäßig überprüfen

Sie können die Verfügung jederzeit ändern und jemand anderen als Betreuer bestimmen. Manchmal ist das erforderlich, gerade wenn sich Eheleute gegenseitig als Betreuer einsetzen. So kann es passieren, dass einer der beiden etwa an Demenz erkrankt ist und sich um den anderen nicht mehr kümmern kann. Überprüfen Sie am besten **einmal im Jahr** Ihre Betreuungsverfügung und auch andere Vorsorgedokumente wie etwa eine Patientenverfügung.

Was sind die Unterschiede zur Vorsorgevollmacht?

Eine **Vorsorgevollmacht** und eine **Betreuungsverfügung** überschneiden sich teilweise.

Überblick Vorsorgevollmacht versus Betreuungsverfügung

	Vorsorgevollmacht	Betreuungsverfügung
Voraussetzungen	Unbedingtes Vertrauen zum Bevollmächtigten ratsam.	Vertrauen zum Betreuer reicht.
	Betroffener muss geschäftsfähig sein, wenn er die Vorsorgevollmacht aufsetzt.	Geschäftsfähigkeit ist keine Bedingung für Nennung eines Betreuers.
Vorteile	Kein gerichtliches Betreuungsverfahren nötig. Sie sparen Zeit und Kosten.	Gericht kontrolliert den Betreuer.
Nachteile	Bevollmächtigte Person unterliegt keiner Kontrolle.	Der Betreuer darf erst handeln, wenn das Gericht ihn bestellt hat; es fallen jährliche Kosten an.

Quelle: Finanztip-Recherche (Stand: Dezember 2021).

Sowohl der Betreuer als auch der Bevollmächtigte sind **rechtliche Vertreter** des Betroffenen. Beide helfen, falls der Betroffene seine Angelegenheiten nicht mehr selbst regeln kann. Ein Vorsorgebevollmächtigter kann alle Aufgaben übernehmen, für die auch eine Betreuung möglich ist. Es gibt aber auch **Unterschiede**:

Gericht benennt Betreuer – Wer eine Vorsorgevollmacht verfasst hat, bestimmt seinen Vertreter selbst. Den Betreuer als gesetzlichen Vertreter bestimmt ein Gericht.

Gericht kontrolliert Betreuer – Bei der Vorsorgevollmacht ist der Betroffene auf sein Vertrauen zum Bevollmächtigten angewiesen, denn er ist im Zweifel nicht mehr in der Lage, zu prüfen, ob jener die Vorgaben einhält. Anders als bei der Vorsorgevollmacht wird der Betreuer vom Betreuungsgericht kontrolliert. Soll der Betreuer auch zum Beispiel die Vermögensangelegenheiten für den Betroffenen verwalten, muss er dem Gericht regelmäßig Bericht erstatten und eventuell Vermögensverzeichnisse erstellen. Er muss die Einnahmen und Ausgaben des Betreuten durch Kontoauszüge und Belege nachweisen. Der Betreuer braucht darüber hinaus eine **Genehmigung des Betreuungsgerichts**, um einen Wohnungsmietvertrag zu kündigen, den der Betreute geschlossen hat.

Gericht legt fest, ab wann der Betreuer handeln darf – Da die Vorsorgevollmacht ab Ausstellung gilt, ist nicht garantiert, dass der Bevollmächtigte nur dann handelt, wenn es wirklich erforderlich ist. Die Betreuungsverfügung hingegen berechtigt die Person, die als Betreuer vorgeschlagen wurde, noch nicht zum Handeln. Erst wenn sie vom Betreuungsgericht bestellt wurde, hat sie die dafür nötige Grundlage.

Geschäftsfähigkeit nur für Vollmacht nötig – Wer eine Person als Betreuer benennen will, braucht selbst nicht geschäftsfähig sein (§ 104 BGB). Die Wünsche muss das Gericht grundsätzlich auch dann beachten, wenn sie ein Geschäftsunfähiger geäußert hat (BGH, Beschluss vom 15. Dezember 2010, Az. XII ZB 165/10). Das ist bei einer Vorsorgevollmacht **anders** – nur eine erwachsene, geschäftsfähige Person kann jemanden bevollmächtigen.

Was bringt die Reform des Betreuungsrechts?

Im Mai 2021 wurde die **Reform des Vormundschafts- und Betreuungsrechts** beschlossen. Die neuen Regelungen treten zum **1. Januar 2023** in Kraft. Die Selbstbestimmung des Betreuten soll stärker im Vordergrund stehen.

Das Gericht darf demnach eine Betreuung nur dann anordnen, wenn sämtliche sozialrechtlichen Hilfen nicht mehr ausreichen, um den zu Betreuenden hinreichend zu versorgen. Gegen den **frei gebildeten Willen** eines volljährigen Betroffenen darf das Gericht keinen Betreuer bestellen.

Neu eingeführt wird ein **Betreuerregister**. Dort werden nur solche Betreuer registriert, die persönlich geeignet, zuverlässig und sachkundig sind.

3.3.4 Elternunterhalt

» Nur noch wenige müssen für ihre pflegebedürftigen Eltern zahlen «

von Dr. Britta Beate Schön Stand: 21. Februar 2020
www.finanztip.de/elternunterhalt/

Was kostet eine Unterbringung im Pflegeheim? // Wie werden Einkommen und Vermögen der Eltern berücksichtigt? // Wann müssen Kinder für Eltern Unterhalt zahlen? // Wie berechnet sich der Elternunterhalt bei mehr als 100.000 Euro? // Wie wird das unterhaltsrechtlich relevante Einkommen berechnet? // Wie hoch ist der Selbstbehalt beim Elternunterhalt? // Was müssen Kinder tatsächlich zahlen? // Gibt es Ausnahmen beim Elternunterhalt? // Gibt es Grenzen bei der Verwertung des Vermögens? // Was passiert, wenn mehrere Kinder Unterhalt leisten können? // Was kostet eine Unterbringung im Pflegeheim?

Das Wichtigste in Kürze

- Eine Pflege im Heim ist meist so teuer, dass Pflegeversicherung, Rente und Erspartes nicht ausreichen.
- Den Rest der Pflegekosten zahlt der Sozialhilfeträger und fordert das Geld manchmal von den Kindern zurück. Seit Januar 2020 werden Kinder aber erst in die Pflicht genommen, wenn sie **mehr als 100.000 Euro** im Jahr verdienen.
- Auf das Einkommen des Schwiegersohns oder der Schwiegertochter kommt es bei dieser Grenze nicht an.

So gehen Sie vor

- Beschäftigen Sie sich frühzeitig mit der Frage, wer sich kümmern soll, wenn die Eltern pflegebedürftig werden. Informieren Sie sich bei den Pflegeheimen in der Nähe und reservieren Sie vorsorglich schon einen Platz.
- Reichen Rente, Pflegeversicherung und Vermögen nicht aus, stellen Sie oder ein Bevollmächtigter einen Antrag auf Übernahme der Pflegekosten.

Deutschland wird älter. Immer mehr Senioren leben in Alten- und Pflegeheimen. Ende 2017 wurden laut Statistischem Bundesamt rund 818.000 Menschen in Pflegeheimen vollstationär betreut, knapp 24 Prozent der Pflegebedürftigen.

Was kostet eine Unterbringung im Pflegeheim?

Im Bundesdurchschnitt kostete ein Heimaufenthalt bei Pflegegrad 4 oder 5 laut Pflegestatistik des Statistischen Bundesamts monatlich etwa **3.350 Euro**. Seit Januar 2017 kommen aus der Pflegeversicherung nach der neuen Einteilung bei Pflegegrad 4 im Monat 1.775 Euro, bei Pflegegrad 5 gibt es 2.005 Euro (mehr dazu im Kapitel 1.3, Seite 223).

Jeder Heimbewohner muss einen Teil der Pflegekosten selbst zahlen. Dabei handelt es sich um den sogenannten **einrichtungseinheitlichen Eigenanteil** (EEE). Er ist für jeden Bewohner gleich – unabhängig vom Pflegegrad. Hinzukommen noch Kosten für Unterkunft und Verpflegung, Investitionskosten sowie weitere Zusatzkosten. Wie hoch der tatsächliche Eigenanteil ist, variiert von Heim zu Heim.

Laut Verband der Ersatzkassen (VDEK) lag die finanzielle Belastung eines Pflegebedürftigen im Monat bei durchschnittlich **1.940 Euro** (Stand: Januar 2020). Diesen Eigenanteil müssen Pflegebedürftige aus eigener Tasche zahlen, falls keine private Pflegezusatzversicherung vorhanden ist.

Reichen Rente, Pflegeversicherung und Erspartes nicht aus, um das Heim zu bezahlen, können Betroffene einen Antrag auf Übernahme der Pflegekosten stellen. Im Jahr 2018 haben rund 388.000 Pflegebedürftige staatliche **Hilfe zur Pflege** bekommen. **Seit Januar 2020** müssen sich die Kinder erst an den Pflegekosten beteiligen, wenn sie mehr als **100.000 Euro** im Jahr verdienen – das regelt das neue **Angehörigen-Entlastungsgesetz**.

Wie werden Einkommen und Vermögen der Eltern berücksichtigt?

Bevor der Staat die Pflegekosten übernimmt, muss der Pflegebedürftige sämtliche Einkünfte aus gesetzlicher und privater Rente und Pflegeversicherung für die Pflege ausgeben. Auch seine Vermögenserträge sowie das Vermögen selbst muss er verwenden, bevor er Hilfe zur Pflege bekommen kann. Leben Ehegatten in einem gemeinsamen Haushalt, stehen sie auch finanziell für einander ein. Das Einkommen des Ehepartners ist nicht durch das neue Angehörigen-Entlastungsgesetz geschützt. Einen **kleinen Schonbetrag** als Vermögensreserve dürfen Pflegebedürftige allerdings behalten, das sogenannte unverwertbare Vermögen von derzeit 5.000 Euro (§ 90 Abs. 2 Nr. 9 SGB XII,

19,8 %

der Pflegebedürftigen wurden im Jahr 2019 in **Pflegeheimen** vollstationär betreut.

Quelle: Statistisches Bundesamt, Stand: 15.12.2020

Aus dem Gericht

Az.: 36 S 3100/17 WEG
Fahrräder dürfen nicht in der Wohnung geparkt werden.

Räder gehören nicht zum bestimmungsgemäßen Gebrauch von Wohnraum – **Rollatoren, Rollstühle** und **Kinderwägen** können dagegen nützlich sein.

2.125 €
pro Monat

beträgt der Eigenanteil eines Pflegebedürftigen ohne private Pflegezusatzversicherung (Stand: Juli 2021).

Quelle: VDEK

Quelle: LBS

Seit Januar 2020 werden Kinder erst bei einem Jahresbruttoeinkommen von mehr als

100.000 €

an den Pflegekosten ihrer Eltern beteiligt, falls deren **Rente, Pflegeversicherung** und **Erspartes** nicht ausreichen.

Bisherige Grenze (netto)
Ledige: 21.600 €
Verheiratete: 38.800 €

Bei geschätzten

90 %

zahlt jetzt der Staat!

Quelle: Der Tagesspiegel

§ 1 Barbetragsverordnung). Verheirateten Paaren stehen damit 10.000 Euro als eiserne Reserve zu.

▷ **Eigene Immobilie**
Ziehen Sie als Alleinstehender aus Ihrem Haus oder Ihrer Eigentumswohnung in ein Pflegeheim, so müssten Sie zunächst Ihr Immobilienvermögen verwerten, bevor das Sozialamt Hilfe zur Pflege leistet. Gegebenenfalls kann sich das Amt auch eine Grundschuld eintragen lassen. Da kann es durchaus **sinnvoll** sein, die **Immobilie** schon auf die nächste Generation zu **übertragen, bevor** Sie **ins Pflegeheim** müssen. Falls der Ehepartner im eigenen Haus oder in der eigenen Wohnung wohnt, fällt die Immobilie allerdings unter das Schonvermögen.

Wann müssen Kinder für Eltern Unterhalt zahlen?

Eltern müssen in der Regel nicht mehr befürchten, dass das Sozialamt ihre Kinder zu Unterhaltszahlungen verpflichtet, wenn sie selbst auf Sozialhilfe angewiesen sind. Seit Januar 2020 müssen sich Kinder erst ab einem Bruttojahreseinkommen von **100.000 Euro** an den Pflegekosten der Eltern beteiligen (§ 94 Abs. 1a SGB XII).

Die 100.000-Euro-Grenze umfasst das gesamte **Jahresbrutto-Einkommen**. Das bedeutet, dass neben dem Gewinn aus selbstständiger Arbeit auch Einkünfte aus Kapitalvermögen oder Vermietung und Verpachtung dazuzählen. Entscheidend ist das **jährliche Gesamteinkommen** im Sinne **des Einkommensteuerrechts** (§ 16 SGB IV). Arbeitnehmer können ihre Werbungskosten vom Jahresbruttolohn abziehen.

Wer weniger Einkommen, aber viel Vermögen zum Beispiel an Immobilien besitzt, ist auch durch das neue Gesetz geschützt. Denn vorhandenes **Vermögen** wird bei der 100.000-Euro-Grenze **nicht berücksichtigt**. Das Sozialamt geht immer davon aus, dass das Einkommen des Kindes unter dieser Grenze liegt. Es prüft erst die Einkommensverhältnisse, wenn es Anhaltspunkte für ein höheres Einkommen gibt.

▷ **Keine Rückwirkung**
Wer bisher an den Sozialhilfeträger für die Pflege der Eltern gezahlt hat, kann für die Vergangenheit keine Rückzahlung fordern. Die Regelungen sind zum 1. Januar 2020 in Kraft getreten und gelten ab diesem Zeitpunkt. Wer eine Vereinbarung zur Ratenzahlung unterschrieben hat, um Unterhaltsrückstände für die Vergangenheit zu begleichen, muss entsprechend der Vereinbarung weiterzahlen.

Wie berechnet sich der Elternunterhalt bei mehr als 100.000 Euro?

Nur wenn die Grenze von 100.000 Euro beim Jahresbrutto-Einkommen überschritten wird, finden die bestehenden Regelungen zur Ermittlung der Höhe des Elternunterhalts weiterhin Anwendung. Dann müssen Kinder im Rahmen ihrer finanziellen Möglichkeiten Elternunterhalt zahlen (§ 1601 BGB). **Unterhaltspflichtig** sind nur die **Kinder**. Für die Schwiegereltern müssen sie nicht zahlen (BGH, Urteil vom 14. Januar 2004, Az. XII ZR 69/01). Es kann aber sein, dass ihr Einkommen bei der Berechnung des sogenannten individuellen Familienbedarfs berücksichtigt wird und es dadurch zu einer indirekten Schwiegerkind-Haftung kommt (BGH, Beschluss vom 5. Februar 2014, Az. XII ZB 25/13).

Wie wird das unterhaltsrechtlich relevante Einkommen berechnet?

Wer mehr als 100.000 Euro brutto verdient, muss sich an den Pflegekosten seiner Eltern beteiligen. Was Sie tatsächlich zahlen müssen, hängt vom unterhaltsrechtlich relevanten Einkommen und dem Selbstbehalt ab.

So gehen Sie bei der Berechnung vor:

▷ **1. Durchschnittliches Nettoeinkommen ermitteln**
Rechnen Sie Ihre tatsächlich erzielten Einkünfte zusammen (§ 1603 Abs. 1 BGB):
Arbeitnehmer: Sind Sie Arbeitnehmer, müssen Sie den Durchschnitt Ihres Nettogehalts aus zwölf zusammenhängenden Monaten vor Eintritt des Unterhaltsbedarfs bilden.

Selbstständige: Falls Sie selbstständig sind, ist das durchschnittliche Einkommen der zurückliegenden drei bis fünf Jahre heranzuziehen. Entscheidend ist das Nettoeinkommen.

▷ **2. Abziehbare Posten ermitteln**
Vom so ermittelten Nettoeinkommen können Sie folgende Kosten abziehen:
- berufsbedingte Aufwendungen (zum Beispiel Fahrtkosten),
- Kosten der allgemeinen Krankenvorsorge und krankheitsbedingte Aufwendungen,
- Darlehensverbindlichkeiten, insbesondere Zins- und Tilgungszahlungen einer Baufinanzierung für Wohneigentum, jedoch höchstens bis zur Höhe des angerechneten Wohnvorteils (BGH, Beschluss vom 18. Januar 2017, Az. XII ZB 118/16),
- private Altersvorsorgekosten bis zu 5 % des Bruttoeinkommens (BGH, Urteil vom 28. Juli 2010, Az. XII ZR 140/07),
- Aufwendungen für regelmäßige Besuche des Elternteils (BGH, Urteil vom 17. Oktober 2012, Az. XII ZR 17/11).

▷ **3. Diese Posten können Sie nicht abziehen**
Folgende Kosten sind nicht abziehbar, weil sie bereits im Selbstbehalt berücksichtigt sind:
- Beiträge für Hausrats- und Haftpflichtversicherungen,
- Rundfunkgebühren,
- Miete und Mietnebenkosten in Höhe von 480 Euro.

Zahlen Sie mehr Miete, müssen Sie Ihre tatsächlichen Mietkosten nachweisen. Dann können Sie sie ebenfalls abziehen.

Außerdem abgezogen werden andere Unterhaltspflichten, die Sie gegenüber Ihrem Ehepartner sowie eigenen Kindern haben. Denn diese Verpflichtungen haben Vorrang vor dem Elternunterhalt (§ 1609 BGB).

Wie hoch ist der Selbstbehalt beim Elternunterhalt?

Vom bereinigten Nettoeinkommen können Sie noch Ihren Selbstbehalt abziehen. Dieser berechnet sich nach der Düsseldorfer Tabelle 2021 (mehr dazu im Kapitel 3.2.4, Seite 504).

Dem Unterhaltspflichtigen steht ein Selbstbehalt von **2.000 Euro** zu (einschließlich 700 Euro Warmmiete). Bei verheirateten Kindern kommt für den Ehepartner ein Betrag von 1.600 Euro pro Monat hinzu. Der Familienselbstbehalt beläuft sich damit derzeit monatlich auf **3.600 Euro**.

Die aktuelle Tabelle hat das Angehörigen-Entlastungsgesetz jedoch noch nicht berücksichtigt. Es ist davon auszugehen, dass der Selbstbehalt noch stärker angehoben wird.

Wer ohne Trauschein mit seinem Partner zusammenlebt, kann den erhöhten Familienselbstbehalt nicht für sich beanspruchen

(BGH, Beschluss vom 9. März 2016, Az. XII ZB 693/14). Hinzu kommen Freibeträge für eigene Kinder, die sich ebenfalls nach der Düsseldorfer Tabelle richten.

Was müssen Kinder tatsächlich zahlen?

Kinder müssen von diesem bereinigten und um den Selbstbehalt verminderten Nettoeinkommen die Hälfte an Elternunterhalt zahlen.

> **Beispiel**
>
> *Bei einem bereinigten Nettoeinkommen von 4.800 Euro und einem Selbstbehalt von 2.000 Euro ergibt sich ein Unterhaltsanspruch in Höhe von 50 Prozent von 2.800 Euro, also 1.400 Euro im Monat.*

Gibt es Ausnahmen beim Elternunterhalt?

Als Kind müssen Sie keinen Elternunterhalt zahlen, wenn Ihr Vater oder Ihre Mutter schwere Verfehlungen gegen Sie begangen hat (§ 1611 BGB). Das ist jedoch auf Ausnahmefälle beschränkt (BGH, Urteil vom 15. September 2010, Az. XII ZR 148/09). Eine schwere Verfehlung liegt selbst dann nicht vor, wenn der Vater den Kontakt zu seinem Kind vor 40 Jahren abgebrochen hat und es durch sein Testament bis auf den gesetzlichen Pflichtteil enterbt hat (BGH, Urteil vom 12. Februar 2014, Az. XII ZB 607/12). Das

Kind musste in diesem Fall trotzdem Unterhalt zahlen. Anders sieht es aus, wenn seit Jahren kein Kontakt mehr besteht und das Elternteil seine eigene, frühere Unterhaltsverpflichtung gegenüber dem Kind grob vernachlässigt hatte. In einem solchen Fall musste die Tochter als Erwachsene nicht mehr für den Vater einstehen (OLG Oldenburg, Beschluss vom 4. Januar 2017, Az. 4 UF 166/15).

Tipp
Kinder, die ihren Vater oder ihre Mutter pflegen, können nach deren Tod bei der Erbschaft den sogenannten **Pflegefreibetrag** von bis zu 20.000 Euro beanspruchen (BFH, Urteil vom 10. Mai 2017, Az. II R 37/15). Die Finanzverwaltung hatte bislang den Freibetrag nicht gewährt, wenn der Erbe gesetzlich zur Pflege oder zum Elternunterhalt verpflichtet war.

Gibt es Grenzen bei der Verwertung des Vermögens?
Unterhaltspflichtige Kinder müssen auch mit dem eigenen Vermögen für den Unterhalt der Eltern einstehen – allerdings nur dann, wenn sie mehr als 100.000 Euro Gesamteinkünfte haben und daraus den Unterhalt nicht begleichen können. Ausgenommen ist davon – wie bisher – das sogenannte Schonvermögen beim Elternunterhalt. Soweit das Vermögen nachweislich der eigenen Alterssicherung dient, bleibt es unangetastet.

In angemessener Höhe dürfen dann auch finanzielle Reserven für Reparaturen am Haus, für Urlaub, für Ersatz eines kaputten Pkw und anderes gebildet werden. Feste Schongrenzen gibt es nicht. Sie müssen gegenüber dem Sozialhilfeträger darlegen, in welcher Höhe Sie Geld zurücklegen und für welche Zwecke. Den stärksten Schutz genießt laut BGH die selbst genutzte Immobilie (Urteil vom 7. August 2013, Az. XII ZB 269/12).

Was passiert, wenn mehrere Kinder Unterhalt leisten können?
Sind mehrere Kinder mit genügend Einkünften vorhanden, haften alle Kinder anteilig (§ 1606 Abs. 3 BGB) – allerdings auch nur, wenn sie die 100.000-Euro-Grenze des Angehörigen-Entlastungsgesetzes überschreiten. Kommt ein Kind allein für den Elternunterhalt auf, weil die anderen Geschwister weniger als 100.000 Euro Einkünfte haben, zahlt es nur nach seinen Möglichkeiten. Es muss den Anteil von den Geschwistern nicht mittragen.

Tipp
Pflegeheimkosten für die Eltern können Sie unter Umständen von der Steuer absetzen.

Familie/Erben/**Testament**

3.4.1 Testament

» So setzen Sie Ihr Testament auf «

von Dr. Britta Beate Schön Stand: 20. Dezember 2021
www.finanztip.de/testament-checkliste/

Wann ist ein Testament sinnvoll? // Was muss in Ihrem Testament stehen? // Wie können Sie selbst Ihr Testament aufsetzen? // Was ist ein öffentliches Testament?

Das Wichtigste in Kürze

- Mit einem Testament können Sie selbst Ihren Nachlass regeln und bestimmen, wer was erbt. Ein eigenhändiges Testament ist nur wirksam, wenn Sie es selbst mit der Hand schreiben und unterschreiben.
- Sie können auch zu einem Notar gehen und ein sogenanntes öffentliches oder notarielles Testament errichten.
- Das eigenhändige Testament ist flexibler, ein öffentliches hingegen sicherer, da der Notar nach einer Beratung den Willen des Erblassers rechtssicher formuliert und es amtlich verwahren lässt.

So gehen Sie vor

- Finden Sie heraus, wer in Ihrer Familie wie viel nach der gesetzlichen Erbfolge erben würde. Sind Sie damit nicht einverstanden, müssen Sie ein Testament verfassen.
- Haben Sie viel zu vererben und zählen dazu auch Immobilien oder leben Sie in einer besonderen familiären Situation, wenden Sie sich am besten an einen Notar.

In Deutschland werden enorme Summen vererbt. Das Deutsche Institut für Altersvorsorge geht für den Zeitraum bis 2027 von 3,1 Billionen Euro aus. Je höher der Nachlass, desto größer das Streitpotenzial. Mit einem **Testament** und einer **guten Nachlassplanung** lässt sich Streit innerhalb der Familie in Grenzen halten.

Wann ist ein Testament sinnvoll?

Jeder kann durch ein Testament oder einen Erbvertrag selbst bestimmen, wer erben soll und wer nicht. Jeder vierte Deutsche hat ein Testament gemacht. In allen anderen Fällen greift die gesetzliche Erbfolge (mehr dazu im Kapitel 3.4.3, Seite 558), die in vielen Familien zu einer gerechten Verteilung des Nachlasses führt. Bevor Sie also Ihren letzten Willen aufschreiben, sollten Sie überprüfen, wer nach der gesetzlichen Erbfolge erben würde.

Sind Sie damit nicht in allen Punkten einverstanden, möchten Sie einen Angehörigen enterben oder jemanden bedenken, der nicht zur Familie gehört, dann müssen Sie ein Testament aufsetzen. Dazu müssen Sie eine **eigenhändig verfasste** und **unterschriebene** Erklärung zu Papier bringen (§ 2247 BGB). Mehr dazu online unter:

https://www.finanztip.de/ enterbung-pflichtteil/

Wer noch nicht volljährig, aber mindestens 16 Jahre alt ist, kann ebenfalls ein Testament machen, allerdings nur vor einem Notar. Menschen, die nicht lesen können, können kein eigenhändiges Testament errichten (§ 2247 Abs. 4 BGB).

Worauf Sie achten müssen, wenn Sie ein Testament errichten, hat Finanztip Schritt für Schritt in einer Checkliste für Sie zusammengefasst. Diese finden Sie online unter:

https://www.finanztip.de/ testament-checkliste/

Was muss in Ihrem Testament stehen?

Mit Ihrem Testament können Sie selbst bestimmen, wer Erbe werden und wer nur den **Pflichtteil** erhalten soll. Sie können ebenfalls entscheiden, ob Sie jemandem einen besonderen Gegenstand vermachen wollen und wer an die Stelle eines Erben treten soll, falls dieser inzwischen ebenfalls verstorben ist. Das sind nur Beispiele – darüber hinaus können Sie viele weitere Dinge in Ihrem letzten Willen regeln. Wichtig ist immer, dass die Formulierungen klar und eindeutig sind.

▷ **Erben einsetzen**

Das Wichtigste in einem Testament ist, dass Sie eine oder mehrere Personen als Erben festlegen. Das können der Ehepartner, die Kinder, aber auch jede andere Person sein.

Der Erbe oder die Erbengemeinschaft wird Ihr Rechtsnachfolger, die Erben treten in alle Rechte und Pflichten ein.

Sie können eine Person als Alleinerben einsetzen. Dadurch vermeiden Sie Konflikte in einer Erbengemeinschaft. Mehr dazu online unter:

 https://www.finanztip.de/erbengemeinschaft/

Der Alleinerbe wird Ihr Rechtsnachfolger, er erbt nicht nur die Guthaben, sondern auch die Schulden. Das könnte im Testament so lauten:

 Beispiel
Alleinerbeneinsetzung: „Mein Ehemann soll Alleinerbe sein."

Es **reicht nicht**, wenn im Testament Folgendes steht: „Der mich pflegt und begleitet, soll Alleinerbe sein". Das ist keine Erbeinsetzung. Es ist **nicht klar**, was mit Pflege gemeint ist. Soll das Kind Erbe sein, das die Pflege organisiert hat, oder soll der Pflegedienst erben?

Das Oberlandesgericht Köln hat eine solche Regelung für unwirksam erklärt (Beschluss vom 14. November 2016, Az. 2 Wx 536/16). Statt des Testaments ist in diesem Fall die gesetzliche Erbfolge zum Tragen gekommen.

Sie können auch **mehrere Erben** bestimmen, entweder zu gleichen Teilen oder mit unterschiedlichen Anteilen. Achten Sie dabei aber darauf, dass die Erbengemeinschaft nicht zu groß wird. Je mehr Erben sich einigen müssen, desto schwieriger wird die Auseinandersetzung.

 Beispiel
Einsetzung Erbengemeinschaft: „Meine drei Kinder sollen jeweils zu gleichen Teilen erben."

▷ **Einzelne Dinge vermachen**
Sie können in Ihrem Testament bestimmte Dinge auch jemandem vermachen, der nicht Erbe werden soll. Der Erbe muss dann dem

 Beispiel
*Der Erblasser will beide Kinder zu Erben einsetzen, die Tochter soll das Wertpapierdepot bekommen. Ist dieser Punkt unklar formuliert, stellt sich die Frage, ob das Depot auf den Erbteil angerechnet werden soll oder aber ob sie das Depot zusätzlich zu ihrem Erbteil erhalten soll. Letztere Regelung wäre ein sogenanntes **Vorausvermächtnis** (§ 2150 BGB).*

Beschenkten das Vermächtnis herausgeben. Das kann ein guter Weg sein, um Konflikte innerhalb einer Erbengemeinschaft zu vermeiden.

Weitere Informationen rund um diese Form der Schenkung, lesen Sie online im Finanztip-Ratgeber Vermächtnis. Mehr dazu unter:

https://www.finanztip.de/vermaechtnis/

Wollen Sie einem Erben einen bestimmten Vermögensgegenstand vermachen – etwa einem Ihrer Kinder das Aktiendepot, müssen Sie deutlich schreiben, ob diese Zuwendung auf den Erbteil angerechnet werden soll oder nicht.

So könnten Sie ein **Vorausvermächtnis** formulieren: „Meine beiden Kinder setze ich zu meinen Vollerben jeweils zu gleichen Teilen ein. Meine Tochter erhält darüber hinaus im Wege des Vorausvermächtnisses, also ohne Anrechnung auf ihren Erbteil, mein Wertpapierdepot."

Eine **Teilungsanordnung** könnten Sie so festlegen (§ 2048 BGB): „Meine beiden Kinder setze ich zu meinen Vollerben jeweils zu gleichen Teilen ein. Meine Tochter erhält im Wege der Teilungsanordnung, und somit in Anrechnung auf ihren Erbteil, mein Wertpapierdepot."

▷ Ersatzerben im Testament benennen

Erben kann nur derjenige, der Sie überlebt. Da niemand in die Zukunft schauen kann, ist nicht auszuschließen, dass der eingesetzte Erbe vor Ihnen verstirbt. Bestimmen Sie daher im Testament bei Bedarf einen oder mehrere Ersatzerben (§ 2096 BGB).

 Beispiel
„Hiermit setze ich meinen einzigen Sohn zu meinem Alleinerben ein, ersatzweise meine einzige Schwester."

▷ Testamentsvollstrecker bestimmen

Sie können im Testament einen Testamentsvollstrecker bestimmen, der Ihren letzten Willen ausführen soll. Ein Testamentsvollstrecker hilft, das **Erbe zu verwalten** und zu **verteilen**, er soll Streit zwischen den Erben verhindern. Anstelle der Erben nimmt er den Nachlass für die Zeit der Abwicklung in Besitz und darf über den Nachlass verfügen. Wie weit seine Befugnisse gehen, richtet sich nach dem, was Sie im Testament anordnen. Geeignet sind Personen, die sich im Erb- und Steuerrecht gut auskennen.

 Beispiel
„Zum Testamentsvollstrecker bestimme ich Frau A. Sie soll die Auseinandersetzung unter den Miterben bewirken und für die Erfüllung der Vermächtnisse und Auflagen sorgen."

Aus dem Gericht

Az.: 31 Wx 557/19
Das Testament besser deutlich unterschreiben!

Ein Erbschein wurde entzogen, weil das Schriftbild und eine mit Bleistift vorgezeichnete Unterschrift für Zweifel sorgte.

Quelle: Nürnberger Nachrichten

Erbteil bei Gütertrennung

Bei einem Kind — 1/2 Ehegatte
Bei zwei Kindern — 1/3 Ehegatte
Bei 3 und mehr Kindern — 1/4 Ehegatte

Testament in Zahlen

39% der potenziellen Erblasser haben in 2018 ein Testament gemacht.
(im Vergleich: 31% in 2012)

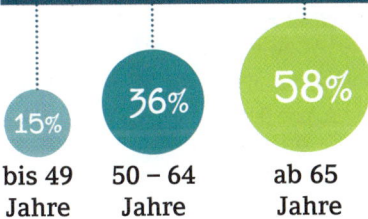

- 15% bis 49 Jahre
- 36% 50 – 64 Jahre
- 58% ab 65 Jahre

36% haben schon einmal über ein Testament nachgedacht
11% haben sich noch keine Gedanken gemacht
5% planen gar kein Testament
9% keine Angabe

Quelle: Deutsche Bank, Allensbach

▷ **Auflagen und Bedingungen im Testament**

Sie können in Ihrem Testament auch Wünsche äußern, Bedingungen stellen und Aufgaben verteilen. Soll Ihre Enkelin zum Beispiel die Eigentumswohnung erst bekommen, wenn sie ihr Studium abgeschlossen hat, dürfen Sie das so formulieren. Sie können auch festlegen, dass ein hoher Geldbetrag als Vermächtnis erst an den Enkel ausgezahlt werden soll, wenn der volljährig ist.

Sie sollten den Bogen aber nicht überspannen, indem Sie Ihre Erben zu einem Verhalten nötigen – etwa zu regelmäßigen Besuchen. Einen solchen Fall hatte das Oberlandesgericht Frankfurt am Main zu bewerten. Die beiden Enkel sollten nach dem Willen des Großvaters nur erben, wenn sie ihn mindestens sechs Mal im Jahr besuchten. Diese Bedingung hielten die Richter für **sittenwidrig** (Beschluss vom 5. Februar 2019, Az. 20 W 98/18).

Sie können Ihren Erben auch nicht vorschreiben, dass sie heiraten oder wen sie heiraten sollen. Solche Auflagen sind ebenfalls sittenwidrig und damit **unwirksam**.

Wie können Sie selbst Ihr Testament aufsetzen?

Sie müssen den gesamten Text selbst **mit der Hand schreiben** und **unterzeichnen**, da sich nur anhand der individuellen Züge der Handschrift die Echtheit des Testaments überprüfen lässt. Es genügt nicht, den Text am Computer aufzusetzen, auszudrucken und dann zu signieren. Unterschreiben Sie mit Vornamen und Nachnamen. Umfasst das Testament mehrere Seiten, sollten Sie es auf jeder Seite rechts unten unterzeichnen. Unwirksam ist also ein Testament, das eine dritte Person geschrieben hat und dann vom Erblasser unterzeichnet wurde, etwa weil die Hand des Testierenden schon sehr zittrig war (OLG Frankfurt am Main, Beschluss vom 12. Dezember 2013, Az. 20 W 281/12).

Die sogenannte **Testierfähigkeit** fehlt ausnahmsweise, wenn eine Person schon **so krank** ist, dass sie sich **kein klares Urteil** darüber bilden kann, welche Tragweite und Auswirkungen die testamentarischen Anordnungen haben, oder wenn sie nicht frei von Einflüssen Dritter handeln kann (OLG Celle, Urteil vom 7. Januar 202, Az. 6 U 22/20). Ein solches Testament ist **unwirksam**. Stehen solche Bedenken im Raum, ist Streit mit Gutachten und ärztlichen Berichten vorprogrammiert.

▷ **Gemeinsames Testament**

Ehegatten dürfen hingegen für einander unterzeichnen. Das geht, indem sie ein gemeinschaftliches Testament aufsetzen. Dieses muss zumindest ein Ehepartner eigenhändig schreiben und der andere Ehepartner braucht es nur noch unterschreiben (§ 2267 BGB).

▷ **Ort und Datum**
Sie sollten in der Erklärung angeben, **wann** und an **welchem Ort** Sie Ihren letzten Willen niedergeschrieben haben. Das ist wichtig, falls mehrere Testamente auftauchen. Denn ein jüngeres Testament hebt ein älteres auf. Fehlen die Angaben, ist es zwar nicht unwirksam, es können dadurch aber Zweifel an der Gültigkeit aufkommen.

Bei Dokumenten, die nicht mit „Testament" oder „Mein letzter Wille" überschrieben sind, ist es bisweilen **nicht eindeutig**, ob der Verfasser wirklich seinen Nachlass regeln wollte. Definitiv nicht als Testament gilt eine entsprechend gekennzeichnete Erklärung, falls der Erblasser im Rahmen einer Patientenverfügung oder Vorsorgevollmacht jemand anders eine Generalvollmacht erteilt hat, die auch über den Tod hinaus wirksam ist

Vergleich von Testamenten: Selbst schreiben oder zum Notar?

	eigenhändiges Testament	öffentliches Testament
Vorteile	Es ist keine andere Person nötig.	Sie können alles besprechen und sich vom Notar beraten lassen.
	Sie können es jederzeit und an jedem Ort verfassen.	Durch amtliche Verwahrung wird sichergestellt, dass das Testament auch gefunden und nicht gefälscht wird.
	Es entstehen keine Kosten	Es ersetzt in der Regel den Erbschein. Die Erben haben keine weiteren Kosten.
	Sie können es auch beim Amtsgericht verwahren lassen.	
	Das Testament lässt sich jederzeit ändern oder vernichten.	
Nachteile	Es kann verloren gehen oder nicht gefunden werden.	Es fallen Notarkosten an.
	Es besteht das Risiko, dass das Testament unklar oder unwirksam ist.	Sie müssen einen Termin vereinbaren.

Quelle: Finanztip-Recherche (Stand: August 2019).

(OLG Frankfurt am Main, Beschluss vom 11. Juni 2015, Az. 20 W 155/15). Zu diesen Themen siehe auch Kapitel 3.3.2 und 3.3.1, Seite 521 sowie Seite 512.

▷ Vorlagen und Muster

Da Sie Ihr Testament **mit der Hand** selbst schreiben müssen, **stellen wir Ihnen kein Muster zur Verfügung**. Ein mit dem Computer erstelltes Testament ist nicht wirksam, auch wenn Sie es ausdrucken und persönlich unterschreiben.

Jeder Erblasser, jede Familie und jeder Nachlass ist anders, so dass eine allgemeine Vorlage in den meisten Fällen nicht hilfreich ist.

▷ Nachträgliche Ergänzungen

Sie können ein bestehendes Testament nachträglich ergänzen. Diese Nachträge sollten Sie **ebenfalls mit der Hand schreiben** und mit Ort und aktuellem Datum sowie Vor- und Familiennamen unterzeichnen, um spätere Schwierigkeiten und Rechtsstreitigkeiten unter den Begünstigten zu vermeiden.

Selbst wenn der Erblasser die Ergänzung **nicht gesondert unterschreibt**, kann sie **wirksam** sein. Wichtig ist dann, dass die **Unterschrift unterhalb der Ergänzung** steht. Denn die Unterschrift muss die gesamten Erklärungen in dem Testament abdecken. Nimmt der Erblasser später Ergänzungen im vorhandenen Text vor, die sich in den Text der Erklärung einfügen, muss er die Ergänzung nicht mehr gesondert unterschreiben. Dann ist das gesamte Testament formwirksam errichtet (OLG Brandenburg, Beschluss vom 31. Mai 2021, Az. 3 W 53/21).

Was ist ein öffentliches Testament?

Für ein öffentliches oder notarielles Testament müssen Sie zum **Notar**. Dazu können Sie in seiner Kanzlei Ihren letzten Willen erklären, den dieser dann dokumentiert. Sie dürfen Ihr Testament auch selbst verfassen oder verfassen lassen und dann dieses Schriftstück mit Ihrem letzten Willen einem Notar übergeben (§ 2232 BGB).

Gut jeder Zweite hat sich bei der Abfassung des Testaments bei einem Notar **zumindest Ratschläge** geholt, wobei in den meisten Fällen der Notar bei der Erstellung direkt beteiligt oder das Testament zumindest überprüft hat.

▷ Kosten für ein öffentliches Testament

Für das notarielle Testament müssen Sie eine Gebühr zahlen, die sich nach dem Wert Ihres Vermögens richtet, über das Sie zum Zeitpunkt der Errichtung des Testaments verfügen. Beläuft sich Ihr Nachlass zum Beispiel auf 25.000 Euro, fallen Gebühren an in Höhe von 115 Euro; bei einem Nachlasswert von 100.000 Euro zahlen Sie 273 Euro, jeweils zuzüglich Auslagen und Mehrwertsteuer.

Hinweis: Wer für seine Bestattung vorsorgen möchte, denkt meist an eine teure **Sterbegeldversicherung**. Doch es gibt bessere Alternativen – mehr dazu unter:

 https://www.finanztip.de/ risikolebensversicherung/ sterbegeldversicherung/

Vor- und Nachteile eines öffentlichen und eigenhändigen Testaments

Beide Testamente haben zwar den **gleichen Rang**, es gibt aber jeweils Vor- und Nachteile. Sehen Sie sich dazu auch die Tabelle auf den vorhergehenden Seiten an.

3.4.2 Erbrecht

» So regelt das Gesetz das Erben und Vererben «

von Dr. Britta Beate Schön Stand: 01. März 2022
www.finanztip.de/erbrecht/

Was regelt das Erbrecht? // Wie können Sie Ihre Erben selbst bestimmen? // Wann lohnt sich der Gang zum Notar? // Wofür ist das Nachlassgericht zuständig?

 Das Wichtigste in Kürze

- Das Erbrecht regelt, wer das Vermögen eines Verstorbenen bekommt.
- Das Nachlassgericht ist in allen Belangen rund um das Erbrecht eine wichtige Adresse für die Eröffnung von Testamenten, um einen Erbschein zu erteilen und wenn Erben das Erbe ausschlagen wollen.
- Jeder kann mit einem Testament oder in einem Erbvertrag seine Erben selbst bestimmen. Ohne Testament greift die gesetzliche Erbfolge.
- Überlegen Sie sich zunächst, wer von Ihren Angehörigen wieviel nach dem Gesetz erben würde.
- Möchten Sie Ihren Nachlass anders verteilen, dann müssen Sie Ihr Testament schreiben. Sie können sich an unserer Checkliste orientieren.
- In einigen Fällen kann sich der Weg zum Notar lohnen. Damit ersparen Sie unter Umständen Ihren Erben viel Ärger und die Kosten für den Erbschein.

Die Deutschen erben nach einer Hochrechnung der Hans-Böckler-Stiftung bis 2027 etwa **400 Milliarden Euro** pro Jahr. Eine durchschnittliche Erbschaft liegt bei rund **80.000 Euro**. Früher oder später betrifft auch Sie das Thema Erbrecht – wenn ein naher Angehöriger stirbt oder wenn Sie Ihre Lieben finanziell absichern wollen. Wir erklären Ihnen die **Grundregeln im deutschen Erbrecht** und was sie für Sie bedeuten.

Was regelt das Erbrecht?

Das Erbrecht regelt, **wer** das Vermögen eines Verstorbenen erhält und **wie** dies geschieht: Der Erbe (oder die Erbengemeinschaft, falls es mehrere Erben sind) tritt **automatisch** mit dem Tod des Verstorbenen in dessen Fußstapfen. Das gesamte Vermögen – wie Immobilien, Wertpapiere, Bargeld, aber auch alle Schulden und Verträge – geht auf den oder die Erben über. Eine Erbschaft müssen Sie nicht einmal konkret annehmen, sie fällt Ihnen einfach zu (§ 1922 BGB).

▷ Testierfreiheit

Jeder Mensch kann in einem Testament **allein** oder **gemeinsam** mit einer anderen Person bestimmen, wer nach seinem Tod sein Vermögen bekommen soll. Diese Freiheit nennt sich Testierfreiheit. Davon machen allerdings nur wenige Menschen Gebrauch. Umfragen zufolge haben nur rund **40 Prozent** der Deutschen ein Testament gemacht. Genaue Zahlen gibt es nicht. Aber wer erbt, wenn es keinen schriftlichen letzten Willen gibt?

▷ Erben ohne Testament

Stirbt eine Person, ohne ein Testament hinterlassen zu haben, dann greift die gesetzliche Erbfolge. Sie ist im Bürgerlichen Gesetzbuch geregelt und bestimmt, wer den Nachlass bekommt.

Viele Menschen vertrauen darauf, dass das Gesetz schon das Nötige festlegt. In einigen Fällen sind die Regelungen zur gesetzlichen Erbfolge gut geeignet und führen zu **fairen Lösungen**.

Aber oft passen die **Regelungen** im Gesetz auch **nicht**, zum Beispiel wenn neben der Familie auch ein Lebensgefährte, Stief- und Patenkinder oder Freunde etwas bekommen sollen. Wer diesen Personen Vermögen hinterlassen möchte, muss ein Testament machen.

Wichtig auch: Wenn ein **Ehegatte verstirbt**, erbt der andere nicht automatisch alles. Gibt es Kinder, bekommt er nach dem Ehegattenerbrecht die eine Hälfte des Vermögens, die andere steht den Kindern zu. Es entsteht eine **Erbengemeinschaft**. Das bedeutet: Allen Erben gehört alles gemeinsam – Haus, Geld, Auto, Wertpapiere. Und das müssen die Erben dann mühsam auseinanderdividieren und sich etwa darüber einigen, ob sie das Haus, in dem alle aufgewachsen sind, verkaufen wollen oder nicht. Nicht in den Nachlass fällt hingegen die Auszahlung einer Lebensversicherung. Die geht an den sogenannten Bezugsberechtigten.

Um abschätzen zu können, ob Sie etwas regeln sollten, fragen Sie sich zuerst: Wer ist mein gesetzlicher Erbe? Weitere Informationen dazu finden Sie in unserem Ratgeber zur gesetzlichen Erbfolge.

▷ Pflegende Angehörige bekommen mehr vom Erbe

Viele wissen es nicht: Haben Kinder oder Enkel die Eltern oder Großeltern gepflegt, dann können sie von den Erben dafür einen **Ausgleich** verlangen (§ 2057a BGB). Das ist auch nur gerecht. Den Ausgleich durchzusetzen, ist aber nicht einfach. Denn im Gesetz findet sich nichts dazu, wie der Pflegebonus berechnet werden soll. Es kommt allerdings darauf an, wie lange und intensiv die Pflege war.

Eine solche Ausgleichspflicht **besteht nur**, wenn der Nachlass nach der **gesetzlichen Erbfolge** verteilt wird. Hat der Erblasser also ein Testament geschrieben und steht darin nichts von der Pflege, dann kann der Pflegende auch nicht von den Erben einen Ausgleich dafür verlangen. Ein Ausgleich scheidet auch aus, wenn der Abkömmling für seine Leistungen **bereits einen Gegenwert** aus dem Vermögen des Erblassers bekommen hat.

Wie können Sie Ihre Erben selbst bestimmen?

Oft geht es nicht ohne Testament. Wichtig ist die **Form** des letzten Willens. Ein am Computer geschriebenes Testament, das Sie ausdrucken und mit der Hand unterschreiben, ist ungültig. Das Gesetz schreibt vor, dass das Testament vollständig mit der Hand geschrieben sein muss. Was Sie bei einem Testament beachten sollten und viele Formulierungshilfen finden Sie in unserer Checkliste Testament.

Nicht klug ist es, **einzelne Vermögensgegenstände** aufzulisten und dann einer Person zuzuordnen, ohne dass klar ist, wer Erbe sein soll. Sie sollten zuerst in einem Testament den oder die Erben benennen. Dann können Sie in einem zweiten Schritt jemandem zum Beispiel einen besonderen Gegenstand vermachen.

Durch ein Testament können Sie auch jemanden enterben. Dem **nächsten Angehörigen** steht aber der sogenannte **Pflichtteil** zu – das ist die Hälfte dessen, was ihm nach dem Gesetz zustünde. Den bekommt er aber nicht automatisch, sondern erst, wenn er den Pflichtteil von den Erben **einfordert**. **Geschwister** haben **keinen** Pflichtteilsanspruch.

▷ **Gemeinschaftliches Testament für Ehepaare**

Wer verheiratet oder verpartnert ist, möchte meist auch **zusammen entscheiden**, was passiert, wenn einer stirbt. Dazu bietet sich ein Berliner Testament an. Damit setzen Sie den jeweils anderen zunächst als **Alleinerben** ein. Die gemeinsamen Kinder sollen erst nach dem Tod des zweiten Partners erben. Streng genommen enterben die Eltern damit die Kinder. Das kann sinnvoll sein, wenn Sie den Lebensstandard des anderen nach dem eigenen Tod sichern und eine **Erbauseinandersetzung** mit anderen Erben verhindern möchten. Die Kinder erben dann das gesamte Vermögen, wenn beide Eltern verstorben sind. Sie haben aber schon nach dem ersten Erbfall einen Anspruch auf ihren Pflichtteil.

Das Berliner Testament hat bei großen Vermögen einen entscheidenden **Nachteil**: Dasselbe Vermögen wird auf dem Weg zur nächsten Generation zweimal der Erbschaftsteuer unterworfen. Nach dem Tod des Elternteils, der zuerst stirbt, bleiben die **steuerlichen Freibeträge** der Kinder ungenutzt. Wer das nicht will, kann zum Beispiel mit einer vorzeitigen Schenkung Erbschaftssteuer sparen.

Wann lohnt sich der Gang zum Notar?

Auch wenn es keine Statistik dazu gibt: Viele Testamente sind nicht in der vorgeschriebenen Form verfasst und damit unwirksam oder zumindest streitanfällig. Das kann mit **unklaren Formulierungen** zusammenhängen, aber auch damit, ob der Verstorbene überhaupt noch in der Lage war, ein Testament zu verfassen.

Solchen Ärger unter Ihren Erben können Sie sicher vermeiden, indem Sie Ihr Testament vor einer Notarin oder einem Notar errichten. Angehörige können dann später **keine Zweifel** an Ihrer **Testierfähigkeit** äußern. Mit klaren rechtlichen Formulierungen können Sie das Streitrisiko unter Ihren Nachkommen zumindest reduzieren.

Der Notar kostet **Geld**, wobei sich die Gebühr nach dem Wert des Erbes richtet – bei einem Vermögen von 500.000 Euro sind es etwa 1.000 Euro. Zusätzliche Beratungskosten fallen nicht an, denn die Beratung ist in den Gebühren für die Beurkundung bereits enthalten.

Zudem kümmert sich der Notar bei einem Testament oder Erbverträgen auch um die **Hinterlegung beim Nachlassgericht**. Er lässt es auch beim Zentralen Testamentsregister registrieren.

Leben Sie in einer **Partnerschaft**, ohne verheiratet zu sein, dann sollten Sie über einen **Erbvertrag** nachdenken. Ein solcher Vertrag ist eine gute Möglichkeit, Ihre Partnerin oder

Ihren Partner finanziell abzusichern, falls Ihnen etwas zustößt. Ein Erbvertrag kann nur vor einem Notar errichtet werden.

Wer **Vermögen oder Familie im Ausland** hat oder seinen Altersruhesitz in ein anderes Land verlegt hat, bei dem kann das Erben oder Vererben kompliziert werden. Bei sogenannten Auslandssachverhalten können unterschiedliche Rechtsordnungen gelten. Bei solchen Konstellationen lohnt sich der Gang zum Notar.

Wer **Immobilien vererbt** und eine rechtssichere Lösung will, sollte einen Notar aufsuchen. Sind mehrere Häuser zu vererben, kann man jedem Kind ein Haus vererben. Das muss allerdings nicht unbedingt gerecht sein, da nicht jedes Haus gleich viel wert sein wird. Vielleicht finden Sie nach der Beratung im Notariat eine kluge, rechtssichere Lösung für Ihre Nachkommen.

Der Weg zum Notar bringt einen weiteren Vorteil: Das öffentliche Testament kann **den Erbschein ersetzen** und den Erben einiges an Gerichtsgebühren ersparen. Oft ist das Testament um einiges **günstiger**, als später einen Erbschein beantragen zu müssen.

Wofür ist das Nachlassgericht zuständig?

Erben haben in der Regel immer auch mit dem Nachlassgericht zu tun. Es ist in allen Belangen und Fragen rund um das Erbrecht eine wichtige Instanz.

Das Nachlassgericht ist eine Abteilung des jeweiligen Amtsgerichts; es ist für Nachlasssachen zuständig (§ 342 FamFG). In Deutschland gibt es 533 Nachlassgerichte. In Baden-Württemberg waren bis zum 1. Januar 2018 noch die staatlichen Notariate dafür zuständig.

Erben müssen sich an das Nachlassgericht wenden, in dessen Bezirk der Erblasser im Zeitpunkt seines Todes gewohnt hat (§ 343 FamFG). Wohnte der Verstorbene im Ausland, ist das Gericht zuständig, in dessen Bezirk er zuletzt in Deutschland gewohnt hat.

Das Nachlassgericht hat viele Funktionen. Dazu einige **Beispiele**:

▷ Verwahrung von Testamenten
Das Nachlassgericht verwahrt Testamente. Das nennt sich **amtliche Verwahrung** (§ 2248 BGB). Sie können dementsprechend Ihren letzten Willen zum Gericht an Ihrem Wohnort bringen. So stellen Sie sicher, dass das Dokument gefunden und nicht gefälscht wird.

Für die Hinterlegung benötigen Sie folgende **Unterlagen**:
- Ihr Testament – Sie können es in einem verschlossenen Umschlag abgeben. Da-

rauf sollten Sie schreiben, an welchem Datum Sie das Testament errichtet haben.
- Antrag auf Hinterlegung – Sie können ihn schriftlich oder auch in der Geschäftsstelle des Gerichts mündlich stellen. Dazu wird dann ein Protokoll aufgenommen.
- Ihre Geburtsurkunde in Kopie.
- Ihren Personalausweis in Kopie (Vorder- und Rückseite).

Die Hinterlegung kostet bundesweit einheitlich 75 Euro. Als Beleg bekommen Sie einen Hinterlegungsschein.

Falls Sie an Ihrem hinterlegten Testament später **etwas ändern** wollen, weil etwa eine Person bereits verstorben ist, die Sie als Erbe benannt haben, so können Sie das Gericht jederzeit um **Rückgabe des Testaments** bitten. Lassen Sie sich Ihr **privates** Testament wieder zurückgeben, bleibt es **wirksam** (§ 2256 Abs. 3 BGB). Wollen Sie es ändern, dann müssen Sie entweder ein neues aufsetzen oder aber Ihr Testament ergänzen und dann die Ergänzung wieder mit Datum unterschreiben.

 Achtung
Wenn Sie an einem **notariellen** Testament etwas ändern wollen und es sich deshalb vom Gericht aushändigen lassen, dann gilt es als **widerrufen**.

▷ **Entgegennahme und Eröffnung von Testamenten**
Haben Sie im Nachlass eines Verstorbenen ein Testament gefunden, dann müssen Sie es sofort beim Nachlassgericht **abliefern**. Zuständig ist das Gericht am Wohnort des Verstorbenen (§ 2259 BGB).

Wird das Gericht über den Tod einer Person informiert – meist durch eine Mitteilung vom Standesamt –, dann eröffnet es ein abgeliefertes oder hinterlegtes Testament der verstorbenen Person. Das geschieht allerdings nicht so, wie man es aus vielen Filmen kennt.

Zur Eröffnung werden die Erben in der Regel nicht geladen. Das Nachlassgericht erstellt ein sogenanntes **Eröffnungsprotokoll**, prüft aber nicht, ob das Testament wirksam ist. Dann versendet es eine Abschrift des Testaments und die Niederschrift an die Erben. Beides können Sie zum Beispiel bei einer Bank vorlegen, um die Erbenstellung nachzuweisen. Dann brauchen Sie keinen Erbschein. Die **Eröffnung** kostet pauschal **100 Euro**.

Wie lange es **dauern** kann, bis Sie als Erbe Post vom Nachlassgericht bekommen, ist schwer zu sagen. Denn das hängt vom jeweiligen Gericht ab, aber auch davon, ob mehrere Testamente vorliegen. Am besten rufen Sie beim Nachlassgericht an und erkundigen sich, wie lange die Bearbeitung des Erbfalls voraussichtlich dauern wird.

▷ Ausschlagung einer Erbschaft

Das Nachlassgericht nimmt Ihre Erklärung entgegen, wenn Sie eine Erbschaft ausschlagen wollen. Das ist vor allem dann wichtig, wenn das Erbe überwiegend aus Schulden besteht. Ein einfacher Brief ans Amtsgericht reicht dazu nicht. Achten Sie unbedingt auf die Frist von sechs Wochen.

Sie erklären entweder die Ausschlagung vor dem Nachlassgericht und dieses fertigt darüber ein Protokoll an. Oder Sie wenden sich an einen Notar, der Ihre Unterschrift unter die Erbausschlagung beglaubigt.

Tipp
Sie könnens die Ausschlagung des Erbes auch vor dem Nachlassgericht erklären, in dessen Bezirk Sie wohnen (§ 344 Abs. 7 FamFG). Sie müssen dazu also nicht extra an den Wohnort des Verstorbenen reisen.

▷ Erteilung von Erbscheinen

Das Nachlassgericht erteilt Ihnen auf Antrag einen Erbschein. Den brauchen Sie als Erbe auf jeden Fall, falls der Verstorbene kein Testament gemacht hat. Dann greift die gesetzliche Erbfolge, die Sie mit dem Erbschein nachweisen können.

▷ Erbenermittlung

Das Nachlassgericht hat die **Pflicht**, Erben zu ermitteln. Erst wenn es feststellt, dass keine Erben auffindbar sind, erbt der Fiskus (§ 1964 BGB). Selbst wenn der Nachlass geringwertig oder überschuldet ist, muss das Nachlassgericht ermitteln. Es liegt allerdings im **Ermessen** des Gerichts, welche Maßnahmen es ergreift, um Erben ausfindig zu machen. Einen Erbenermittler muss es nicht beauftragen. Liegen Informationen zu einem nahen Angehörigen des Erblassers vor, so muss das Amtsgericht weitere Ermittlungen anstellen (OLG Celle, Beschluss vom 20. April 2021, Az. 6 W 60/21). Oft bestellt das Gericht einen Nachlasspfleger, wenn keine Erben auffindbar sind. Der sichert nicht nur den Nachlass, sondern versucht auch, einen Erben zu finden.

▷ Dafür ist das Nachlassgericht nicht zuständig

Viele Menschen gehen davon aus, dass das Nachlassgericht für alles rund um das Erben zuständig ist. Ganz so ist es allerdings nicht.

Das Gericht stellt nicht fest, wie umfangreich der Nachlass ist. Es gibt also keine Pflicht gegenüber dem Gericht, den Umfang des Vermögens anzugeben. Diese Angaben müssen Sie als Erbe allerdings gegenüber dem Finanzamt machen. Das überprüft, inwieweit Schenkungssteuer anfällt.

Für die **Verteilung der Erbschaft** ist das Gericht nicht der richtige Ansprechpartner. Auch nicht für die Auseinandersetzung innerhalb einer Erbengemeinschaft. Das Gericht stellt keine Pflichtteilsansprüche fest und hilft den Erben nicht bei der Durchsetzung ihrer Ansprüche.

Auch wenn alle Erben gegenüber dem Gericht das Erbe ausgeschlagen haben, und der Staat an die Stelle des Verstorbenen tritt, dann ist das Nachlassgericht nicht dafür zuständig, die Wohnung des Verstorbenen zu räumen.

> ### Aus dem Gericht
> *Az.: 3 U 24/18*
>
> ## (Ur-) Enkel sind Abkömmlinge
>
> Ehegatten hatten sich laut gemeinsamen Testament gegenseitig als Alleinerben eingesetzt. Nach dem Ableben des letzten Partners sollten die **"gemeinsamen Abkömmlinge"** als gleichberechtigte Erben eingesetzt werden.
>
> Später setzte die Witwe in einem **zweiten Testament** eine Tochter und deren Sohn als Erben ein. Laut erstem Testament war sie zur Änderung der Erbfolge unter den "gemeinsamen Abkömmlingen" berechtigt.
>
> Eine weitere Tochter klagte gegen die Beerbung durch den Enkel, da er kein gemeinsamer Abkömmling sei – und verlor: laut Gericht gelten nicht nur direkte Kinder, sondern auch (Ur-) Enkel als Abkömmlinge.

3.4.3 Gesetzliche Erbfolge

» Wer erbt eigentlich was? «

von Dr. Britta Beate Schön Stand: 28. Juni 2021
www.finanztip.de/erbfolge/

Wie funktioniert die gesetzliche Erbfolge? // Wer ist Erbe erster Ordnung? // Wer ist Erbe zweiter Ordnung? // Wer ist Erbe dritter Ordnung? // Wie erben adoptierte Kinder? // Wann erbt der Staat?

 Das Wichtigste in Kürze

- Die engsten Verwandten sind nach dem Gesetz zuerst dran: Kinder und Enkel. Dann Eltern und Geschwister. Schließlich Onkel und Tanten.
- Ihre Enkel erben nicht, solange Ihr Kind noch lebt.
- Ehegatten beerben einander. Sie bekommen in der Regel die Hälfte neben den Kindern.
- Von der Familie des Partners bekommen Angeheiratete nichts.

 So gehen Sie vor

- Machen Sie eine Skizze über Ihre Familienverhältnisse. Orientieren Sie sich dabei an unserer Beispielgrafik.
- Geht es Ihnen speziell um den Ehepartner, finden Sie dazu online mehr Informationen unter:

 https://www.finanztip.de/ehegattenerbrecht/

Jeder kann seine **Erben selbst** bestimmen. Wer aber ohne Testament oder Erbvertrag stirbt, für den **bestimmt das Gesetz** die Erbfolge. Dabei werden in erster Linie Kinder und Ehegatten berücksichtigt.

Wie funktioniert die gesetzliche Erbfolge?

Wer als Erbe wie viel genau bekommt, richtet sich nach dem **Verwandtschaftsverhältnis**: Zunächst erben die nächsten Verwandten, also Kinder und Enkel, dann weiter entfernte Verwandte wie Geschwister, Neffen und Nichten. Schließlich erben Onkel und Tanten sowie Cousins und Cousinen. Nähere Verwandte schließen dabei grundsätzlich die weiter entfernten Verwandten von der Erbfolge aus.

Wer zu welcher Quote erbt, wird im Erbschein dokumentiert.

Das gesetzliche Erbrecht der Verwandten richtet sich nach dem sogenannten **Parentel- oder Ordnungssystem**. Danach werden Verwandte je nach Abstammung in Ordnungen aufgeteilt (siehe dazu: § 1924ff. BGB):

- **1. Ordnung** (§ 1924 BGB): Kinder des Erblassers und Enkelkinder.
- **2. Ordnung** (§ 1925 BGB): Eltern des Erblassers, Geschwister und Nichten und Neffen, auch geschiedene Elternteile der verstorbenen Person sind Erben zweiter Ordnung.
- **3. Ordnung** (§ 1926 BGB): Großeltern des Erblassers, Onkel und Tanten, Cousins und Cousinen.

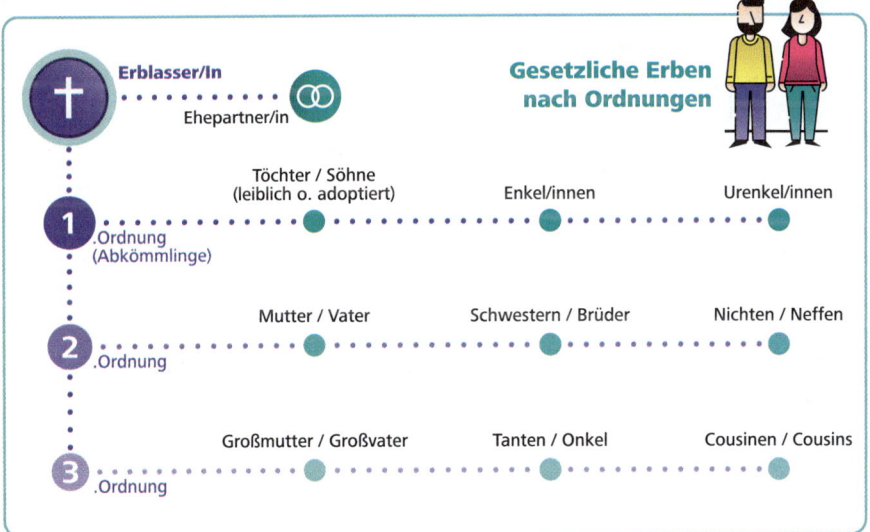

Beispiel zu Erbe erster Ordnung

Der Verstorbene war nie verheiratet, hatte drei Kinder und vier Enkelkinder. Als er stirbt, leben noch seine Mutter, ein Kind, das verheiratet ist und selbst zwei Kinder hat, ein lediges Kind sowie zwei Enkelkinder, die von dem vorher verstorbenen dritten Kind abstammen.

Da die Mutter des Erblassers zur zweiten Ordnung gehört, aber Erben erster Ordnung vorhanden sind, erbt die Mutter nicht (§ 1930 BGB). Die Kinder des ersten Kindes erben als Enkel des Erblassers nicht, da das erste Kind zur Zeit des Erbfalls noch lebt (§ 1924 Abs. 2 BGB). Die beiden anderen Enkel sind Erben, da sie an die Stelle des vorher verstorbenen dritten Kindes treten (§ 1924 Abs. 3 BGB).

Sie erben zusammen das, was das dritte Kind geerbt hätte, wenn es noch gelebt hätte.

Gesetzliche Erben sind damit die beiden noch lebenden Kinder und die beiden Enkelkinder, die von dem verstorbenen dritten Kind abstammen. Würden alle drei Kinder noch leben, so würde jeder ein Drittel erben – Kinder erben immer zu gleichen Teilen (§ 1924 Abs. 3 BGB). **Die beiden Kinder** erben demnach **je ein Drittel** und die **beiden Enkelkinder** teilen sich das Drittel, das ihrer Mutter zustand, und erben damit **je ein Sechstel**.

Keine Verwandten sind Ehepartner, Schwiegereltern oder Schwägerin und Schwager. Ehegatten steht ein gesetzliches Ehegattenerbrecht zu. Verwandte der vorhergehenden Ordnung schließen Verwandte einer nachfolgenden Ordnung aus (§ 1930 BGB).

Hatte der Verstorbene Kinder, erben weder die Eltern noch die Geschwister als Erben zweiter Ordnung. War der Verstorbene kinderlos, gibt es keine Erben erster Ordnung, sodass die Eltern des Erblassers als gesetzliche Erben zweiter Ordnung eingesetzt sind.

Innerhalb einer Ordnung gilt das **Repräsentationsprinzip**. Stirbt zum Beispiel der Großvater, dann erben als Erben erster Ordnung dessen Kinder, nicht aber die Enkelkinder. Solange ein Bruder oder eine Schwester als Erben zweiter Ordnung noch leben, können die Neffen und Nichten nicht erben. Andersherum treten die Kinder an die Stelle eines vorher verstorbenen Verwandten. Das nennt sich **Eintrittsprinzip**.

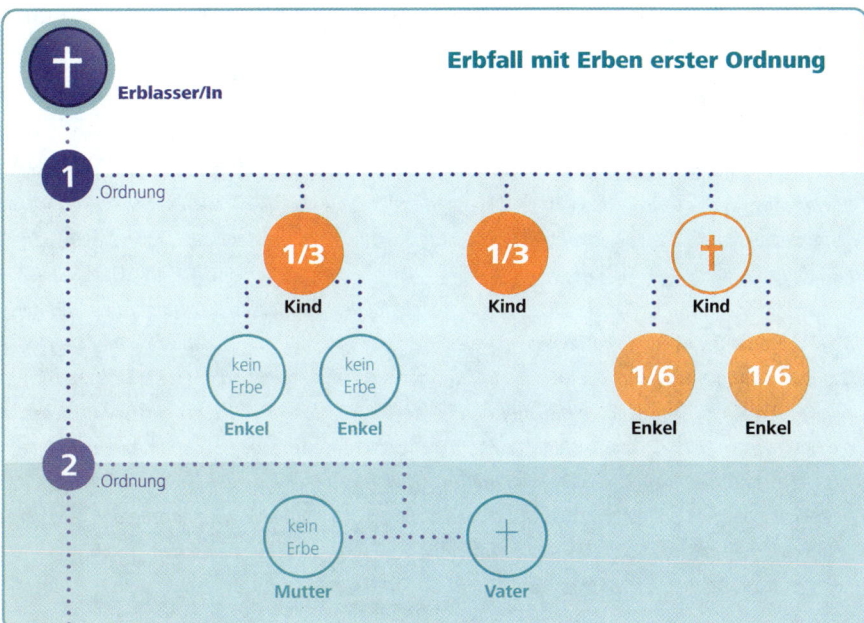

▷ **Ehegattenerbrecht schränkt das Erbrecht der Verwandten ein**

Neben den Verwandten erbt auch der überlebende Ehegatte. Das Ehegattenerbrecht schränkt das Erbrecht der Verwandten ein (§ 1931 BGB). Gleiches gilt für den eingetragenen Lebenspartner, der weitgehend dem Ehegatten gleichgestellt ist (§ 10 LPartG).

Um zu berechnen, welcher Erbe wieviel erbt, ist als erstes der Erbteil des überlebenden Ehegatten wichtig. Denn davon hängt die Erbquote der übrigen Erben ab.

Der überlebende Ehegatte des Verstorbenen ist neben Verwandten
- der 1. Ordnung zu **einem Viertel** und
- neben Verwandten der 2. Ordnung oder neben Großeltern **zur Hälfte** als gesetzlicher Erbe berufen.

In aller Regel erhöht sich der Erbanteil des Ehegatten auf die Hälfte, wenn die Eheleute in einer Zugewinngemeinschaft gelebt haben (§§ 1931 Abs. 3 , 1371 BGB). Das ist automatisch der Fall, wenn das Ehepaar keinen Ehevertrag aufgesetzt hat.

Beispiel zu Erbe zweiter Ordnung

Der Erblasser war nicht verheiratet, hat keine Kinder und von seinen Eltern lebt nur noch die Mutter. Zudem hatte der Verstorbene einen Bruder und eine Schwester sowie einen Halbbruder aus der zweiten Ehe seines bereits verstorbenen Vaters. Seine verstorbene Schwester hatte zwei Kinder.

Da kein Erbe erster Ordnung vorhanden ist – der Erblasser hatte keine Kinder –, erben die Erben zweiter Ordnung. Dazu gehören die Eltern und die Geschwister (§ 1925 Abs. 1 BGB). Die Eltern des Erblassers erben nach Linien: Die eine Hälfte des Nachlasses fällt an die Linie der Mutter, die andere an die Linie des Vaters. Weil die Mutter noch lebt, bekommen die Kinder gemäß dem Repräsentationsprinzip nichts und sie wird Erbin der Hälfte des Nachlasses.

Da der Vater nicht mehr lebt, treten an seine Stelle seine Nachfahren. Das sind der Bruder, die Schwester und der Halbbruder. Die drei Kinder des Vaters erben anstelle des Vaters dessen Hälfte des Nachlasses. Der Halbbruder und der Bruder erben je 1/6 und anstelle der verstorbenen Schwester erben der Neffe und die Nichte je 1/12. Nach dem Gesetz entsteht in diesem Beispiel eine Erbengemeinschaft mit fünf Erben. Mehr dazu online unter:

 https://www.finanztip.de/erbengemeinschaft/

Wer ist Erbe erster Ordnung?

Erben erster Ordnung sind **immer die Nachkommen des Erblassers**. Lebt zum Zeitpunkt des Todesfalls ein Kind des Erblassers, erbt dieses Kind neben dem überlebenden Ehegatten des Verstorbenen.

Leben mehrere Kinder, teilen sie das Erbe unter sich und dem überlebenden Ehegatten auf. Innerhalb der ersten Ordnung werden die Erben nach sogenannten Stämmen eingeteilt. Jedes Kind bildet mit seinen Nachkommen einen Stamm. Und jeder Stamm erhält den gleichen Erbteil.

Sind die Kinder des Erblassers bereits verstorben, erben die Enkelkinder. Bei mehreren Enkelkindern erben diese wiederum anteilig. Ist ein Kind von mehreren Kindern bereits verstorben, geht der Erbanspruch dieses Kindes auf die Enkelkinder über. Nichteheliche Kinder, die nach dem 1. Juli 1949 geboren sind, sind genauso erbberechtigt wie eheliche Kinder.

Wer ist Erbe zweiter Ordnung?

Erben zweiter Ordnung sind immer die **Vorfahren des Erblassers und deren Abkömmlinge**. Hatte der Verstorbene keine Kinder oder sind diese schon vorher gestorben,

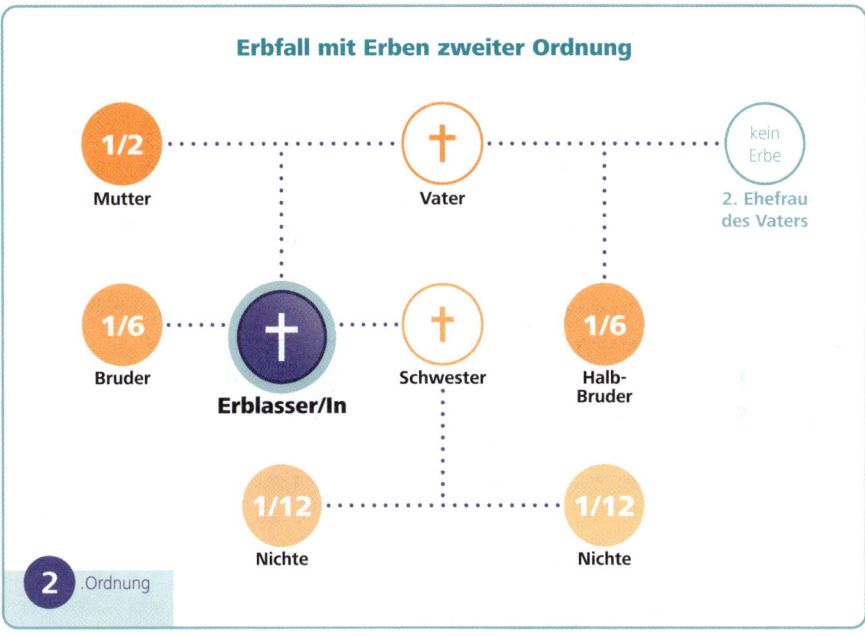
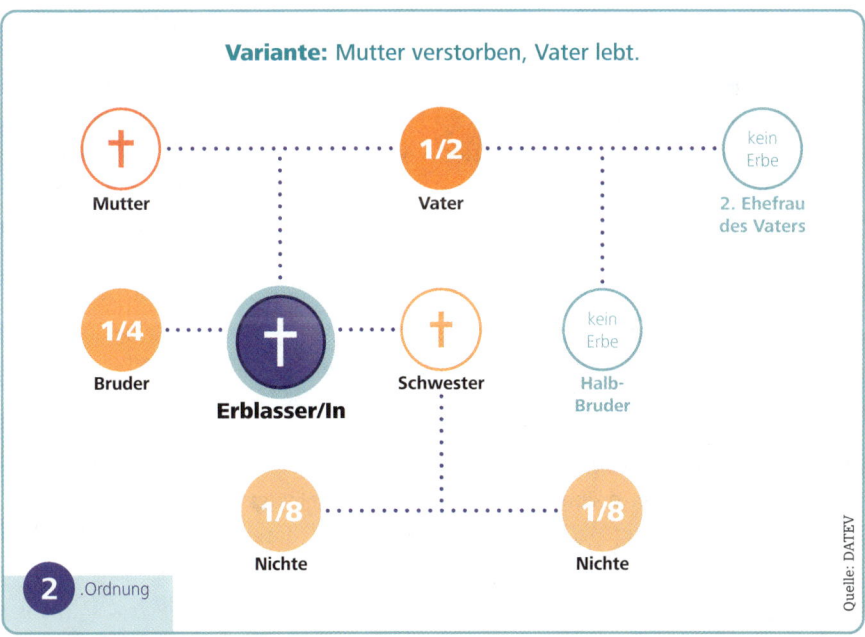

ohne selber Kinder zu haben, kommen die Erben zweiter Ordnung zum Zuge. Das sind die Eltern und deren Abkömmlinge. In der zweiten Ordnung werden die Erben nach sogenannten **Linien** bestimmt. Jeder Elternteil bildet zusammen mit seinen Nachkommen eine Linie. Jede Linie erbt zu gleichen Teilen.

Leben noch beide Eltern des Verstorbenen, erben sie zu gleichen Teilen jeweils die Hälfte des Nachlasses. Ist ein Elternteil bereits verstorben, treten an die Stelle des verstorbenen Elternteils dessen Nachkommen – in diesem Fall also die Geschwister des Erblassers und deren Kinder, also Nichten und Neffen.

Wer ist Erbe dritter Ordnung?
Eher selten gibt es Erbfälle, bei denen sehr **weit entfernte Verwandte** erben. Das ist möglich, wenn der Verstorbene keine eigenen Kinder oder Enkel hinterlässt und auch die Eltern des Erblassers bereits verstorben sind. Zudem leben weder Geschwister noch Nichten oder Neffen. Erst dann kommen die sogenannten Erben dritter Ordnung zum Zuge.

Die Erbschaft fällt den Großeltern und deren Abkömmlingen zu. Ist ein Großelternteil bereits verstorben, treten die Nachkommen, also die **Tanten und Onkel** des Erblassers und deren Abkömmlinge, die **Cousins und Cousinen**, an die Stelle des verstorbenen Großelternteils.

Wie erben adoptierte Kinder?
Wer ein Kind adoptiert, wird dadurch rechtlich mit ihm verwandt. Ein **adoptiertes, minderjähriges Kind** erlangt die Stellung eines gemeinschaftlichen Kindes der Ehegatten (§ 1754 BGB). Es gehört damit zu den Erben erster Ordnung.

Mit der Adoption erlischt das Verwandtschaftsverhältnis des Kindes zu den bisherigen Verwandten und damit auch alle sich daraus ergebenden Rechte und Pflichten (§ 1755 BGB). Das Kind ist gegenüber den leiblichen Eltern nicht mehr erbberechtigt. Das bedeutet auch: Stirbt das Adoptivkind vor den neuen Eltern, erben die Adoptiveltern.

Für ein **adoptiertes volljähriges Kind** gelten besondere Regeln. So erlöschen anders als bei minderjährigen Adoptivkindern die verwandtschaftlichen Beziehungen zu den leiblichen Eltern nicht (§ 1770 Abs. 2 BGB). Ein volljähriges adoptiertes Kind kann also gesetzlicher Erbe von bis zu vier Erbteilen sein: denen der leiblichen Eltern und denen der Adoptiveltern. Gegenüber den Verwandten der Adoptiveltern bestehen aber keine gesetzlichen Erbrechte.

Wann erbt der Staat?
Ist kein Testament oder Erbvertrag vorhanden und gibt es auch keine gesetzlichen Erben oder haben alle Erben die Erbschaft

zum Beispiel wegen Überschuldung ausgeschlagen, erbt das **Bundesland**, in dem der Erblasser zur Zeit seines Todes seinen Wohnsitz oder gewöhnlichen Aufenthalt hatte. Lebte der Verstorbene vor seinem Tod im Ausland oder ist kein gewöhnlicher Wohnsitz feststellbar, erbt der **Bund** (§ 1936 BGB). Dabei haftet der Staat für Nachlassschulden nur beschränkt.

Aus dem Gericht
Az.: II R 5/17

Seitensprung-Kinder zahlen mehr Erbschaftssteuer

Erbe und Schenkungen vom biologischen, aber nicht rechtlichen Vater fallen unter **Steuerklasse III**. Bei ehelichen Kindern und Stiefkindern gilt die weit günstigere **Steuerklasse I**.

3.4.4 Pflichtteil

» Auch wer enterbt ist, hat Rechte «

von **Dr. Britta Beate Schön** Stand: 11. Februar 2022
www.finanztip.de/enterbung-pflichtteil/

Wie können Sie jemanden enterben? // Wer hat Anspruch auf den Pflichtteil? // Wie bekommen Sie den Pflichtteil? // Wie groß ist der Pflichtteil? // Wann gibt es mehr als den Pflichtteil? // Können Sie auch den Pflichtteil entziehen? // Wann verjährt Ihr Anspruch auf den Pflichtteil?

 Das Wichtigste in Kürze
- Jeder Erblasser kann Angehörige per Testament enterben und muss dafür nicht mal einen Grund nennen.
- Mit einem Berliner Testament enterben Eheleute ihre Kinder. Die erben erst, wenn beide Eltern verstorben sind.
- Wer als nächster Angehöriger oder Ehepartner enterbt ist, geht nicht unbedingt leer aus. Er kann seinen Pflichtteil verlangen, die Hälfte seines gesetzlichen Erbteils.

 So gehen Sie vor
- Sind Sie enterbt worden, können Sie von den Erben Ihren Pflichtteil einfordern.
- Setzen Sie dazu einen Brief an die Erben auf und verlangen Sie Auskunft über den **Umfang** der Erbschaft. Dazu haben Sie drei Jahre Zeit, bis Ihr Anspruch verjährt.

Konflikte gibt es in jeder Familie. Manchmal endet ein Streit dann damit, dass Eltern androhen, Sohn oder Tochter zu enterben. Doch wie funktioniert das und was bedeutet das genau? Geht dann der Enterbte ganz leer aus? Die **wichtigsten Fragen** rund um das Thema **Enterbung und Pflichtteil** haben wir für Sie beantwortet.

Wie können Sie jemanden enterben?

Sie sollten zunächst überprüfen, wer Sie nach der gesetzlichen Erbfolge beerben würde. Sind Sie damit nicht einverstanden, weil eine Person von Ihrem Nachlasse nichts bekommen soll, dann können Sie sie enterben. Denn Sie können frei entscheiden, wen Sie als Erben einsetzen und wen nicht. Das geht allerdings nur schriftlich in Form eines **Testaments**.

Sie müssen Ihren letzten Willen aufsetzen und erklären, wer Sie beerben soll und wen Sie enterben. Eine **Begründung** ist **nicht nötig**, warum Sie jemanden von der gesetzlichen Erbfolge ausschließen.

Beispiele: Um Ihre Kinder zu enterben, könnten Sie folgende Formulierung wählen: *„Meine Kinder sollen mich nicht beerben".* Wollen Sie nur Ihre Tochter enterben, könnten Sie im Testament folgenden Satz schreiben: *„Erbe ist mein Sohn, meine Tochter setze ich auf den Pflichtteil".* Diese Aussage wird so ausgelegt, dass Sie Ihre Tochter enterben wollen (§ 2304 BGB).

Setzen Sie jemanden in Ihrem Testament zum Alleinerben ein, erklären Sie damit einerseits, dass der gesamte Nachlass diesem Menschen zufallen soll. Andererseits bringen Sie damit klar zum Ausdruck, dass niemand anders erben soll.

Das ist die typische Situation, die ein Ehepaar mit einem Berliner Testament regelt: *„Wir setzen uns gegenseitig als Alleinerben ein. Nach dem Tode von uns beiden sollen unsere Kinder zu gleichen Teilen erben".* Der länger lebende Ehepartner soll Alleinerbe werden. Die Kinder werden enterbt.

> **Beispiel**
>
> Ein Witwer hat einen Sohn und eine Tochter mit zwei Enkelkindern. In seinem Testament enterbt der Vater die Tochter. Der Anteil, den die Tochter eigentlich geerbt hätte, fällt jetzt nicht automatisch dem Bruder zu, sondern den beiden Kindern der Tochter.

▷ Folgen der Enterbung für andere Personen

Ist jemand enterbt, so fällt dessen Anteil einer anderen Person zu. Enterbt der Erblasser einen gesetzlichen Erben, kann er einen neuen Erben an dessen Stelle einsetzen. Setzt er keinen Ersatzerben ein, wird der Anteil der enterbten Person nach der gesetzlichen Erbfolge bestimmt. Der Nachlass geht dann **an die Abkömmlinge** der enterbten Person.

Wohnhaus vererben

Beispiel

Ausgangssituation: Nur ein Kind will im Elternhaus wohnen bleiben und soll die beiden Geschwister auszahlen.

Unter steuerlichen Aspekten die einfachste Lösung: **Erbengemeinschaft**

Erbschaftsteuer Freigrenze

400.000 €
pro Kind

Quelle: Capital

Übernimmt ein Kind das Elternhaus allein, bleibt es steuerfrei wenn …

… es bereits im Haus wohnt oder sofort dort einzieht.

… es mindestens **10 Jahre** dort wohnen bleibt.

… die Wohnfläche max. **200 m²** beträgt, ansonsten müssen die überzähligen m² versteuert werden, sofern der Freibetrag überschritten wird.

Teilungsanordnung samt Quoten eindeutig im Testament festlegen:

„Ein Kind soll im Haus wohnen und die anderen entschädigen."

Erben haben Anspruch auf Steuerbefreiung

Wenig Liquidität? Entschädigungsbetrag kann für 10 Jahre gestundet oder als Miete abgezahlt werden

Man behandelt die enterbte Person so, als ob sie gestorben wäre.

Bei der Auslegung von Testamenten kommt es immer auf den **Willen des Erblassers** an. Wird ein Verwandter von der Erbfolge ausgeschlossen, dann treten die Kinder an dessen Stelle, es sei denn, dass der Erblasser auch diese ausschließen wollte. Dafür sind aber konkrete Anhaltspunkte erforderlich. In der Regel ist **nur der Genannte ausgeschlossen** (BayOLG, Urteil vom 10. April 1989, Az. BReg. 1a Z 72/88).

Wer hat Anspruch auf den Pflichtteil?

Auch wenn der Erblasser nahe Angehörige enterbt hat, haben sie zumindest Anspruch auf einen Teil des Vermögens. Das basiert auf dem Gedanken, dass jeder Mensch für seine nahen Angehörigen **Fürsorgepflichten** hat – auch nach dem Tod. Anspruch auf einen Pflichtteil haben nur die **nächsten Angehörigen** (§ 2303 BGB):

Beispiel
Der Erblasser hat seinen Sohn als Alleinerben eingesetzt und seine Tochter enterbt. Die hat zwei Kinder. Der Anteil, den die Tochter eigentlich geerbt hätte, fällt jetzt nicht dem Bruder zu, sondern ihren beiden Kindern.

- **Kinder**, unabhängig davon, ob sie nichtehelich oder adoptiert sind;
- **der Ehegatte**, falls zum Zeitpunkt des Erbfalls die Ehe noch wirksam bestand;
- **die Eltern**, sofern die verstorbene Person selbst keine Kinder hatte.

Enkel und Urenkel haben nur dann einen Pflichtteilsanspruch, wenn sie von der Erbfolge ausgeschlossen sind und deren Eltern nicht mehr leben.
Geschwister des Erblassers haben **keinen Anspruch auf einen Pflichtteil**. Die Großeltern sind auch nicht pflichtteilsberechtigt.

Wie bekommen Sie den Pflichtteil?

Wer enterbt ist, muss seine Rechte gegenüber den Erben geltend machen. Das Nachlassgericht spricht den Pflichtteil **nicht automatisch** zu.

In einem ersten Schritt können Sie schriftlich um **Auskunft** bitten, damit Sie den Wert des Pflichtteils bestimmen können. Den konkret berechneten Pflichtteil können Sie dann vom Erben oder der Erbengemeinschaft verlangen. Weigern die sich, den Pflichtteil zu zahlen, müssen Sie Ihren Anspruch einklagen und vor Gericht ziehen.

▷ Verzicht auf den Pflichtteil
Kinder verlangen eher selten ihren Pflichtteil, wenn sie von den Eltern durch ein Berliner Testament enterbt wurden. Sie verzichten gewöhnlich auf ihren Pflichtteil. Damit könnten sie den überlebenden Elternteil nämlich in finanzielle Schwierigkeiten bringen – etwa,

wenn der Nachlass im Wesentlichen aus einer Immobilie besteht, die verkauft werden müsste, um den Pflichtteil bezahlen zu können.

▷ Pflichtteil und Sozialleistungen

Ist eine Person in der Erbfolge stark verschuldet oder lebt sie von Sozialleistungen, kann es sein, dass der Erblasser sein Vermögen vor dem Zugriff Dritter schützen will – er enterbt die Person, zum Beispiel seine Tochter, durch ein Berliner Testament. Das Jobcenter kann in einer solchen Konstellation grundsätzlich nicht verlangen, dass die enterbte Person ihren Pflichtteilsanspruch geltend macht. Denn damit würde der ausdrückliche Wille der Eltern unterlaufen werden.

Anders ist es, wenn im Nachlass ausreichendes Barvermögen vorhanden ist, um den Erben auszuzahlen. Dann **muss** das enterbte Kind von den Erben seinen Pflichtteil einfordern (SG Mainz, Urteil vom 23. August 2016, Az. S 4 AS 921/15).

Wichtig
Wer auf sein Erbe in einem Vertrag mit dem Erblasser schon zu dessen Lebzeiten verzichtet hat, wird nicht mitgezählt (§ 2346 BGB).

Wie groß ist der Pflichtteil?

Wie viel Sie als Pflichtteilsberechtigter tatsächlich bekommen, ergibt sich aus dem **Wert der gesamten Erbschaft** und Ihrer **Pflichtteilsquote**.

▷ Pflichtteilsquote ermitteln

Der Pflichtteil beläuft sich immer auf die **Hälfte des gesetzlichen Erbteils**. Bei der Berechnung müssen alle Verwandten berücksichtigt werden, auch die, die von der gesetzlichen Erbfolge ausgeschlossen sind (§ 2310 BGB). Das ist der Fall, wenn sie erbunwürdig sind, enterbt wurden oder die Erbschaft ausgeschlagen haben.

Beispiel zur Berechnung des Pflichtteils:
Die Witwe Adele verstirbt und hinterlässt die drei Kinder Berta, Christoph und Dirk. Berta hat schon zu Lebzeiten der Erblasserin auf ihr Erbe **verzichtet**. Christoph ist **Alleinerbe**. Dirk wurde **enterbt**. Wie hoch ist der Pflichtteil, den Dirk von Christoph verlangen kann?

Um den Pflichtteil zu berechnen, müssen die gesetzlichen Erben feststehen. Ohne Testament wären die Kinder jeweils zu einem Drittel Erbe geworden. Berta hat verzichtet, so dass ihr gesetzlicher Erbteil bei der Berechnung des Pflichtteils nicht berücksichtigt wird. Nach der gesetzlichen Erbfolge (ohne Berta) stünde Christoph und Dirk **jeweils die Hälfte des Nachlasses** zu. Da die Mutter Dirk enterbt hat, erhält er aber nur die Hälfte des gesetzlichen Erbteils als Pflichtteil, also **ein Viertel** des Nachlasses.

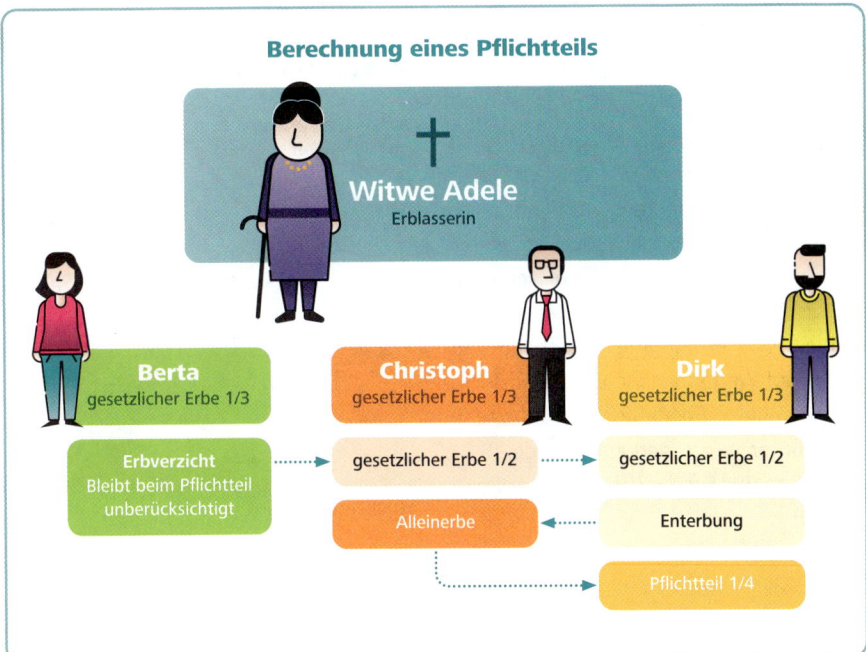

▷ **Nachlassverzeichnis und Wertermittlung**

Ist die Quote klar, die dem Pflichtteilsberechtigten zusteht, muss der Wert des Nachlasses bestimmt werden (§ 2314 BGB).

Der Pflichtteilsberechtigte kann von den Erben verlangen, dass sie ein **Nachlassverzeichnis** erstellen. Darin muss das Vermögen zum Zeitpunkt des Erbfalls aufgenommen sein, aber auch **alle Schenkungen** innerhalb der vergangenen zehn Jahre vor dem Todesfall. Bei der Anfertigung darf der Pflichtteilsberechtigte anwesend sein. Wer befürchtet, dass das Verzeichnis unvollständig ist, kann die Erben zur Abgabe einer **eidesstattlichen Versicherung** auffordern. Sie müssen dann versichern, dass alle Angaben wahrhaftig und korrekt sind.

Nachlassverbindlichkeiten und Kosten müssen immer vom Verkehrswert abgezogen werden. Auch wenn die **Kosten für die Beerdigung** vom Erben zu zahlen sind, können sie als sogenannte Nachlassverbindlichkeit bei der Berechnung des Pflichtteils abgezogen werden. Grabpflegekosten dürfen die Erben nicht vom Nachlass abziehen, wenn sie den Pflichtteil berechnen (BGH, Urteil vom 6. Mai 2021, Az. IV ZR 174/20).

Die **Wertermittlung bei Grundstücken** oder Unternehmen ist oft schwierig. Maßgeblich ist der **Verkehrswert**, der sich danach richtet, was die Erben bei einem Verkauf erzielen könnten. Auch wenn das Grundstück bereits durch die Erben verkauft wurde, hat der Pflichtteilsberechtigte Anspruch auf Wertermittlung des Grundstücks. Nur so kann er überprüfen, ob das Grundstück **unter Wert verkauft** wurde (BGH, Urteil vom 29. September 2021, Az. IV ZR 328/20).

▷ **Kosten für Sachverständige**
Die Erben müssen die Kosten für die Wertermittlung **aus dem Nachlass** bezahlen. Das mindert auch den Pflichtteilsanspruch. Bei kleineren Nachlässen ist es daher sinnvoll, dass sich alle Beteiligten auf einen Wert einigen.

Ansonsten darf der Pflichtteilsberechtigte fordern, dass ein **Sachverständiger** den Wert der Nachlassgegenstände ermittelt. Allerdings muss das Gutachten nicht von einem öffentlich bestellten und vereidigten Sachverständigen erstellt werden. Es reicht, wenn die Erben einen **unparteiischen Sachverständigen** beauftragen (BGH, Urteil vom 29. September 2021, Az. IV ZR 328/20).

Berücksichtigung von Schenkungen zur Ergänzung des Pflichtteils

Schenkung erfolgt innerhalb des	Berücksichtigung der Schenkung zu
1. Jahres vor dem Erbfall	100 %
2. Jahres vor dem Erbfall	90 %
3. Jahres vor dem Erbfall	80 %
4. Jahres vor dem Erbfall	70 %
5. Jahres vor dem Erbfall	60 %
6. Jahres vor dem Erbfall	50 %
7. Jahres vor dem Erbfall	40 %
8. Jahres vor dem Erbfall	30 %
9. Jahres vor dem Erbfall	20 %
10. Jahres vor dem Erbfall	10 %
11. Jahres vor dem Erbfall oder früher	keine Berücksichtigung

Quelle: Finanztip, § 2325 Abs. 3 BGB (Stand: August 2019).

Als Pflichtteilsberechtigter können Sie auch selbst einen Sachverständigen **beauftragen**, wenn Sie der Ansicht sind, dass die Werte im Nachlassverzeichnis zu niedrig angesetzt wurden. Die Kosten für das Gutachten können Sie den Erben dann in Rechnung stellen (LG Arnsberg, Urteil vom 17. September 2021, Az. 1 O 261/19).

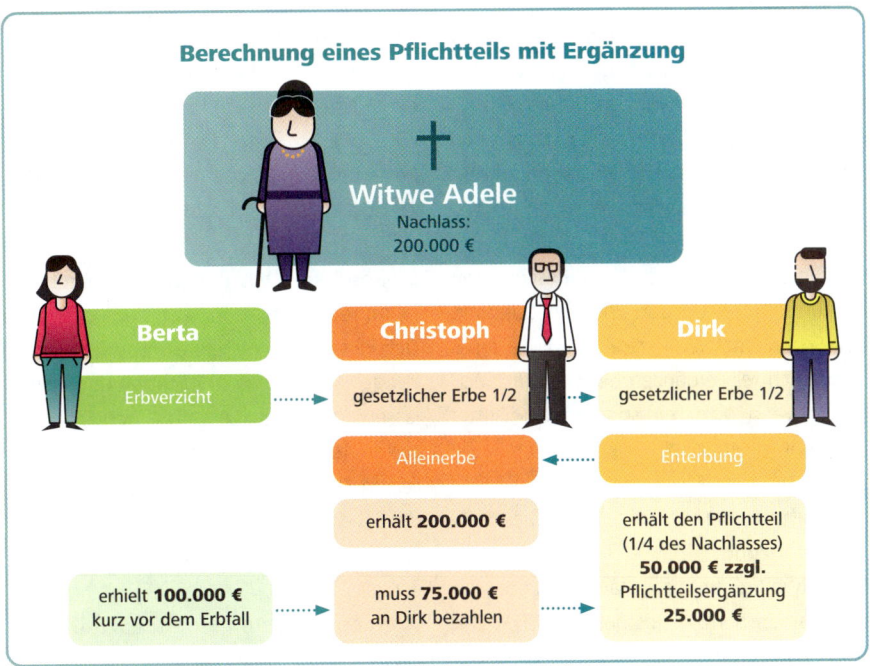

Wann gibt es mehr als den Pflichtteil?

Hat der Erblasser vor seinem Tode sein Vermögen ganz oder zum Teil verschenkt, hat der Pflichtteilsberechtigte unter Umständen einen sogenannten **Pflichtteilsergänzungsanspruch** (§§ 2325 bis 2329 BGB). Das heißt, er kann verlangen, so gestellt zu werden, wie er ohne die Schenkungen gestanden hätte – er bekäme also mehr Geld.

Dieser Anspruch besteht jedoch nur, wenn zwischen Erbfall und Schenkung **nicht mehr als zehn Jahre** liegen. Hat der Erblasser zu Lebzeiten ein Grundstück verschenkt, beginnt die Zehn-Jahres-Frist mit der Umschreibung im Grundbuch. Behält sich der Erblasser bei der Schenkung eines Grundstücks ein Wohnrecht an diesem oder Teilen daran vor, so kann hierdurch ausnahmsweise der Beginn des Fristablaufs gehindert sein (BGH, Urteil vom 29. Juni 2016, Az. IV ZR 474/15).

Bei **Schenkungen an den Ehegatten** endet die Frist erst zehn Jahre nach Auflösung der Ehe. Bestand die Ehe zum Todeszeitpunkt noch, gibt es gar keine Frist.

Eine Schenkung wird in Stufen bei der Ergänzung des Pflichtteils herangezogen (§ 2325 Abs. 3 BGB): Im Jahr vor dem Todesfall fließt die Schenkung in voller Höhe ein, im zweiten Jahr davor zu 90 Prozent, im dritten Jahr davor zu 80 Prozent und so weiter.

Der Enterbte kann von den Beschenkten Auskunft über die Höhe und den Zeitpunkt der Schenkung verlangen. Der Erbe muss den Pflichtteil ergänzen, und zwar auch dann, wenn nicht er, sondern ein Dritter beschenkt worden ist.

Beispiel zur Berechnung des Pflichtteils mit Ergänzung:
Die Witwe Arens hat ebenfalls drei Kinder mit den Namen Berta, Christoph und Dirk. Der Nachlass beläuft sich auf 200.000 Euro. Die Mutter hat kurz vor ihrem Tod der Tochter Berta weitere 100.000 Euro geschenkt. Berta hat deshalb auf ihr Erbe verzichtet, Christoph soll laut Testament Alleinerbe sein, und Dirk ist enterbt. Was kann Dirk verlangen?

Ohne Testament wären die drei Kinder der Witwe jeweils zu einem Drittel Erbe geworden. Berta hat verzichtet, so dass ihr gesetzlicher Erbteil bei der Berechnung des Pflichtteils nicht berücksichtigt wird. Nach der gesetzlichen Erbfolge stünde Christoph und Dirk jeweils die Hälfte des Nachlasses zu. Dirk erhält als Pflichtteil die Hälfte seines gesetzlichen Erbteils, also **ein Viertel** des Nachlasses. Zudem bekommt er noch eine Ergänzung des Pflichtteils, die ihm auch ein Viertel der Schenkung sichert: also 25.000 Euro von den 100.000 Euro, die Berta bekommen hat. Insgesamt kann Dirk **75.000 Euro** von Christoph verlangen.

▷ **Geschenke werden auf den Pflichtteil angerechnet**
Der Pflichtteilsberechtigte muss sich Schenkungen auf seinen Pflichtteil anrechnen lassen, die er zu Lebzeiten des Erblassers bekommen hat – etwa als Voraus auf seinen Pflichtteil (§ 2315 BGB). Das muss der Schenkende nicht ausdrücklich sagen. Es kann sich auch aus den Umständen ergeben.

Können Sie auch den Pflichtteil entziehen?
Eltern können ihre Kinder **nur unter ganz besonderen Umständen** komplett enterben, also ihnen auch den Pflichtteil entziehen. Das müssen sie im Testament ausdrücklich anordnen und **auch die Gründe** dafür anführen. Die **Hürden** für einen **Pflichtteilsentzug** sind **sehr hoch**.

Wer seine Eltern getötet hat, bekommt nichts (BVerfG, Beschluss vom 19. April 2005, Az. 1 BvR 1644/00 sowie 188/03).

Das sind weitere Gründe, warum ein Pflichtteilsberechtigter leer ausgehen kann (§ 2333 BGB):

- Der Pflichtteilsberechtigte trachtet dem Erblasser, einem nahen Angehörigen oder einer ähnlich nahestehenden Person nach dem Leben.

- Er hat sich eines Verbrechens oder eines schweren Vergehens gegen den Erblasser oder einen nahestehenden Menschen schuldig gemacht. Das können ein Diebstahl oder eine Körperverletzung sein. Eine Beleidigung reicht dafür nicht.

- Er ist wegen einer Straftat zu einer Freiheitsstrafe von mindestens einem Jahr ohne Bewährung verurteilt worden oder ist deshalb in einem psychiatrischen Krankenhaus oder einer Entziehungsanstalt untergebracht. Es muss dem Erblasser im Einzelfall unzumutbar sein, dem Pflichtteilsberechtigten seinen Anteil als wirtschaftliche Mindestbeteiligung hinterlassen zu müssen.

Nicht komplett enterbt werden kann ein Kind, das jeglichen Kontakt abgebrochen hat und sich überhaupt nicht um die Eltern kümmert. Verzeiht der Erblasser dem Pflichtteilsberechtigten, darf er den Pflichtteil nicht mehr entziehen (§ 2337 BGB). Steht eine solche Festlegung noch im Testament, so wird sie dann unwirksam.

Wann verjährt Ihr Anspruch auf den Pflichtteil?

Pflichtteilsansprüche verjähren in einer Frist von **drei Jahren** Mehr dazu online unter:

 *https://www.finanztip.de/verjaehrungsfristen-bgb/*

Die Verjährungsfrist beginnt mit dem Schluss des Jahres, in dem der Anspruch entstanden ist (§ 199 Abs. 1 BGB). Die Frist beginnt also in der Regel am 1. Januar des Jahres zu laufen, das auf den Todesfall folgt und nachdem der Pflichtteilsberechtigte von der Enterbung erfahren hat.

Beispiel

Der Erblasser ist im November 2016 verstorben. Das Nachlassgericht hat das Testament im März 2017 eröffnet und das dazu gehörige Protokoll auch an die Pflichtteilsberechtigten verschickt. In diesem Fall verjährt der Anspruch auf den Pflichtteil am 31. Dezember 2020.

3.4.5 Erbe ausschlagen

» Wann es sich lohnt, ein Erbe auszuschlagen «

von Dr. Britta Beate Schön Stand: 26. Januar 2022
www.finanztip.de/erbausschlagung/

Wann ist es sinnvoll, eine Erbschaft auszuschlagen? // Wie schlagen Sie ein Erbe aus? // Welche Folgen hat eine Ausschlagung? // Können Sie die Annahme einer Erbschaft widerrufen? // Gibt es Alternativen zur Ausschlagung des Erbes?

 Das Wichtigste in Kürze
- Wer etwas erbt, bekommt nicht nur das Vermögen, sondern auch die Schulden des Verstorbenen.
- Erben müssen die Erbschaft nicht annehmen. Sie können das Erbe innerhalb von sechs Wochen ausschlagen.
- Mit der Ausschlagung der Erbschaft sparen sich Angehörige aber nicht unbedingt die Beerdigungskosten.

 So gehen Sie vor
- Verschaffen Sie sich einen Überblick über die Erbschaft. Stellen Sie das Vermögen den Schulden gegenüber.
- Entscheiden Sie sich innerhalb von sechs Wochen, ob Sie das Erbe antreten wollen oder nicht.

Wenn es ums Erben geht, haben viele Menschen die **romantische Vorstellung** von ungeahnten Reichtümern, Häusern in bester Lage und prall gefüllten Bankkonten. Doch in der **Realität** sieht das **oft anders** aus. Als Erbe wird man nicht immer reich. Tatsächlich kann der Nachlass aus lauter Schulden bestehen oder aus einer baufälligen Immobilie. In solchen Fällen haben Sie die Möglichkeit, das **Erbe auszuschlagen**. Dabei gibt es einiges zu beachten.

Wann ist es sinnvoll, eine Erbschaft auszuschlagen?

Niemand ist dazu verpflichtet, ein Erbe anzutreten. Jeder hat die Möglichkeit, Nein zu der Hinterlassenschaft zu sagen. Dieses Recht **schützt** den **Erben**, denn er bekommt nicht nur das **Vermögen**, sondern **auch die Schulden** des Verstorbenen. Für diese haftet er mit seinem eigenen Privatvermögen.

Es gibt **typische Konstellationen**, in denen die Ausschlagung des Erbes sinnvoll sein kann. Das sind die **Gründe** für eine Erbausschlagung:

Nachlass überschuldet – Hat der Verstorbene mehr Soll als Haben hinterlassen, sollten Sie die Erbschaft ausschlagen. Eine überschuldete Erbschaft kann unter Umständen den finanziellen Ruin bedeuten.

Sanierungsbedürftige Immobilie – Wenn Sie ein Haus erben, das alt ist und lange nicht renoviert wurde, sollten Sie sich genau überlegen, ob Sie die Immobilie haben wollen. Denn es kommen **Folgekosten** auf Sie zu: Neues Dach, moderne Elektrik, eine neue Heizung oder eine Altlasten-Entsorgung. Prüfen Sie also genau, ob Sie sich den Erhalt der Immobilie leisten können, ob Sie selbst einziehen oder sich um eine Vermietung kümmern wollen. Vielleicht ist auch der **Verkauf** eine Option. Überfordern Sie der Unterhalt und Erhalt der Immobilie, können Sie die Erbschaft ausschlagen.

Privatinsolvenz – Befindet sich der Erbe im Verfahren der Verbraucherinsolvenz, fällt eine Erbschaft in der **Wohlverhaltensperiode zur Hälfte an den Insolvenzverwalter** (§ 295 Abs. 1 Nr. 2 InsO). Wenn Sie das nicht möchten, ist es möglich, das Erbe abzulehnen. Ihren Anteil bekäme dann der nächste in der Erbfolge.

Schulden – Ist der **Erbe selbst überschuldet**, hat er meist wenig Lust, mit der Erbschaft seine Gläubiger zu bezahlen. Auch Miterben haben in der Regel wenig Verständnis dafür, dass sie den verschuldeten Erben auszahlen müssen, damit der seine Schulden bezahlen kann. Verständlich, dass er zunächst darüber nachdenkt, das Erbe auszuschlagen. Seinen Anteil bekäme dann der nächste in der Erbfolge. Die Gläubiger blieben auf ihren Schulden sitzen. Das, was der oder die Verstorbene über Jahrzehnte angespart hat, würde weiter **in der Familie bleiben**. Aber eine Erbschaft kann auch die Chance auf einen **Neustart** sein, selbst wenn fast nichts übrigbleibt und alles für die eigenen Schulden verwendet wird.

▷ Vermögensübersicht erstellen
Bevor Sie die Erbschaft ausschlagen, sollten Sie sich – eventuell zusammen mit den **anderen Erben** – einen genauen **Überblick** über den Nachlass **verschaffen**. Es bleibt Ihnen nicht erspart, Kontoauszüge und andere Papiere zu durchforsten. Nur so können Sie eine Vermögensübersicht erstellen.

Zum **Erbe** gehören Bankguthaben, Wertpapiere, Wertgegenstände, Grundstücke und Immobilien. Aber auch Bestattungskosten, Kredite, Unterhaltsrückstände oder Pflichtteilsansprüche. Die Kosten für eine Testamentseröffnung oder eine Nachlassverwaltung können hinzukommen.

Sie haben zwar als Erbe ein Recht darauf, **Auskunft über die Kontoverhältnisse** des Verstorbenen zu bekommen. Allerdings wollen Banken dafür die Sterbeurkunde oder den Erbschein sehen. Letzteres kann für Sie zum Problem werden. Grund: Wer einen **Erbschein** beantragt, hat das **Erbe bereits angenommen** und kann es nicht mehr ausschlagen.

Der **Bundesgerichtshof** hat deshalb entschieden, dass Geldinstitute nicht immer einen Erbschein verlangen können (Urteil vom 8. Oktober 2013, Az. XI ZR 401/12). Es **reicht**, wenn der Erbe seine Erbenstellung durch ein **notarielles Testament** oder einen **Erbvertrag** in Verbindung mit dem gerichtlichen Eröffnungsprotokoll nachweist. Am einfachsten ist es, wenn Sie bereits zu Lebzeiten über eine Kontovollmacht oder eine Vorsorgevollmacht des Erblassers verfügen, die über den Tod hinaus gelten sollen. So können Sie ganz ohne Erbschein die aktuellen Kontostände herausfinden.

Wichtig: Sie können **immer nur das ganze Erbe** ausschlagen. Es ist nicht erlaubt, das Wertpapierdepot anzunehmen und gleichzeitig die sanierungsbedürftige Wohnung abzulehnen.

Wer die Erbschaft **ausschlägt**, bekommt **gar nichts**, auch nicht den Pflichtteil, der Ihnen bei einer Enterbung nach dem Gesetz zusteht.

Wie schlagen Sie ein Erbe aus?
Wer sein Erbe ausschlagen will, muss sich an bestimmte Vorschriften halten. Es reicht nicht aus, der Familie zu sagen, dass man nichts haben will oder sich einfach nicht zu melden.

Form – Die Ausschlagungserklärung kann in öffentlich beglaubigter Form abgegeben

Todesfall – was nun?
Checkliste für Erben

1 Ausstellung des **Totenscheins** (durch Klinik oder Arzt).

2 **Sterbeurkunde** für weitere Formalitäten (vom Standesamt).

3 Ablieferung des **Testaments** beim örtlichen Nachlassgericht.

4 **Erbe ausschlagen?** Es gilt eine Frist von 6 Wochen ab Kenntnisnahme.

5 **Erbe annehmen?** Beantragung eines **Erbscheins**.

6 Vorsicht bei der **Lebensversicherungs-Police**: Überprüfung der Bezugsberechtigung.

7 **Erbschaftssteuer**: Erbschaften müssen innerhalb von drei Monaten beim zuständigen Finanzamt angezeigt werden.

Quelle: Nürnberger Nachrichten

werden. Dazu setzen Sie selbst ein Schreiben auf und lassen Ihre Unterschrift von einem Notar beglaubigen. Oder Sie erklären die Ausschlagung gegenüber dem Nachlassgericht zur Niederschrift (§ 1945 BGB). Dazu müssen Sie persönlich zum Nachlassgericht gehen und Ihr Anliegen dort erklären. Der Rechtspfleger hält das schriftlich fest und gibt Ihnen die Aufzeichnung zur Unterschrift. Bringen Sie die Sterbeurkunde des Verstorbenen am besten gleich mit. Zuständig ist jeweils das Amtsgericht, in dessen Bezirk der Verstorbene seinen letzten Wohnsitz hatte. Leben Sie in einer anderen Stadt, können Sie die Ausschlagungserklärung aber auch bei dem Nachlassgericht abgeben, in dessen Nähe Sie wohnen (§ 344 Abs. 7 FamFG). Aufgrund der Notariatsreform sind in Baden-Württemberg seit 1. Januar 2018 auch die Amtsgerichte zuständig.

Ist der Verstorbene Deutscher, hatte aber seinen Wohnsitz im Ausland, ist das Amtsgericht Berlin-Schöneberg der richtige Ansprechpartner.

Inhalt – Es empfiehlt sich, die Gründe für das Nicht-Antreten des Erbes anzugeben. Sie könnten zum Beispiel schreiben, dass die Hinterlassenschaft überwiegend aus Schulden besteht. Sie können dazu das Finanztip-Muster verwenden oder einen Notar um Hilfe bitten.

Sechs-Wochen-Frist – Sie haben nicht viel Zeit, sich für oder gegen die Erbschaft zu entscheiden. Wenn Sie es nicht haben wollen, muss die entsprechende Erklärung innerhalb von sechs Wochen **beim zuständigen Nachlassgericht** vorliegen (§ 1944 BGB). Sonst gilt das Erbe als angenommen.

Die Sechs-Wochen-Frist beginnt mit dem Tag, an dem Sie von der Erbschaft erfahren haben. Nur in **Ausnahmefällen** verlängert sich die Frist: Nämlich dann, wenn der Verstorbene im Ausland gelebt hat oder wenn sich der Erbe an dem Tag, an dem die Frist zu laufen beginnt, selbst im Ausland aufgehalten hat (§ 1944 Abs. 3 BGB). Ein Tagesausflug nach Dänemark führt nicht zu einer Verlängerung der Erbausschlagungsfrist, auch wenn an diesem Tag die Frist beginnt (BGH, Beschluss vom 16. Januar 2019, Az. IV ZB 20/18).

Zudem ist das Nachlassgericht **nicht** in der **Bringschuld**. Sie werden nur dann angeschrieben, wenn es ein Testament gibt oder wenn Sie als Erbe nachrücken, weil es bereits jemand anderes ausgeschlagen hat. Ansonsten geht das Gericht davon aus, dass Sie selbst wissen, ob Sie etwas erben, wenn ein naher Verwandter gestorben ist.

▷ **Minderjährige Erben**
Ist der Erbe noch nicht 18 Jahre alt, kann er die Erbschaft nicht selbst ablehnen. Das müssen seine gesetzlichen Vertreter tun –

also meist die Eltern. **Zusätzlich** muss das **Familiengericht** die Ausschlagung **genehmigen**. Das kann dauern, allerdings wird die Bearbeitungszeit bei der Sechs-Wochen-Frist nicht eingerechnet.

Welche Folgen hat eine Ausschlagung?

Wenn Sie die Erbschaft ausschlagen, rückt jemand anderes an Ihre Stelle (§ 1953 BGB). Die Erbschaft fällt dann demjenigen zu, der Erbe geworden wäre, wenn Sie zur Zeit des Erbfalls nicht gelebt hätten. Wer das ist, bestimmt sich nach der gesetzlichen Erbfolge. Hat der Verstorbene ein Testament gemacht, kann sich auch daraus ergeben, wer nachrückt. Wenn Sie die Erbschaft ausschlagen und selbst Kinder haben, dann sind Ihre Kinder in der Erbfolge nach Ihnen an der Reihe. **Volljährige Kinder** müssen dann ebenfalls ausschlagen, wenn sie die Erbschaft nicht wollen.

Rücken **minderjährige Kinder** durch eine Erbausschlagung der Eltern in der Erbfolge nach, dann können die Eltern beim Notar gleich einen Antrag auf Ausschlagung für ihren Nachwuchs stellen. Wichtig: In diesem Sonderfall muss das Familiengericht die Ausschlagung nicht zusätzlich genehmigen.

Möchte niemand die Hinterlassenschaft haben, landet das überschuldete Erbe am **Ende beim Staat**. Er wird das Vermögen (sofern vorhanden) verwerten und damit vielleicht einen Teil der Schulden tilgen. Für den Rest haftet der Staat nicht. Die Gläubiger des Verstorbenen gehen in diesem Fall leer aus.

▷ Bestattungskosten bei Erbausschlagung

Schlägt nur eine erbberechtigte Person die Erbschaft aus, tragen **die anderen Erben** die **Beerdigungskosten**, wenn sie die Erbschaft angenommen haben. Schlagen alle Erbberechtigten aus, geht die Erbschaft an den Staat, aber die Kosten für die Beerdigung muss er nicht übernehmen. Die Gemeinde kann die Kosten der Beerdigung mit der Erbschaft bezahlen. Reicht die Erbschaft nicht, kann der Staat die **Beerdigungskosten** den potenziellen Erben **in Rechnung stellen** – auch wenn diese das Erbe **ausgeschlagen** haben. Wer also die Erbschaft ausgeschlagen hat, kommt nicht unbedingt um die Kosten der Beerdigung herum.

Welche Personen die Kosten tragen müssen, wenn keine Erben vorhanden sind, ergibt sich aus den Bestattungsgesetzen der Bundesländer. Dann müssen in **gesetzlich festgelegter Reihenfolge** Ehepartner, Kinder, Eltern oder Geschwister für die Beerdigung zahlen. Das gilt auch bei gestörten Familienverhältnissen oder wenn die Angehörigen die Erbschaft ausgeschlagen haben (VG Bayreuth, Gerichtsbescheid vom 8. August 2017, Az. B 5 K 17.273).

▷ **Was kostet eine Erbausschlagung?**
Die Gebühr für die Ausschlagung beim Nachlassgericht beträgt **mindestens 30 Euro** (KV 21201 Nr. 7 GNotKG). Für den unwahrscheinlichen Fall, dass Sie ein Erbe ablehnst, das sich finanziell lohnt, fallen Kosten nach dem Gerichts- und Notarkostengesetz an. Je höher der Wert der Erbschaft ist, desto teurer ist die Ausschlagung (§ 103 Abs. 1 GNotKG).

Können Sie die Annahme einer Erbschaft widerrufen?

Haben Sie ein Erbe angenommen oder ist die Ausschlagungsfrist abgelaufen, dann gibt es so gut wie kein Zurück mehr. Nur in besonderen Einzelfällen ist es möglich, dass Sie vom Erbe doch noch zurücktreten können.

Nach Annahme der Erbschaft – Unter bestimmten Umständen können Sie die Annahme der Erbschaft anfechten (§ 1957 Abs. 1 BGB), zum Beispiel, wenn Sie nichts von einem hohen Kredit des Verstorbenen oder von Gläubigern wussten und davon überzeugt waren, dass der Nachlass schuldenfrei oder zumindest nicht überschuldet ist (OLG Köln, Beschluss vom 15. Mai 2017, Az. 2 Wx 109/17).

Eine Anfechtung ist ausgeschlossen, wenn ein Erbe die Erbschaft angenommen hat, ohne eine konkrete Vorstellung vom Nachlass gehabt zu haben. Wenn sich dann später herausstellt, dass der Nachlass überschuldet ist, kann der Erbe die Annahme nicht mehr rückgängig machen (OLG Düsseldorf, Beschluss vom 17. Oktober 2016, Az. I-3 Wx 155/15). Das kann eine Gratwanderung sein. Wissen die Erben nichts von Steuerschulden, können sie die Erbschaft nicht wieder loswerden. Wer ein Grundstück geerbt hat und davon ausgegangen ist, es handele sich um Bauland, obwohl es sich tatsächlich um eine rein landwirtschaftliche Fläche handelt, kann die Annahme der Erbschaft ebenfalls nicht anfechten.

Nach Ablauf der Frist – Haben Sie die Sechs-Wochen-Frist verstreichen lassen, weil Sie sie nicht kannten oder dachten, sie sei länger, können Sie dies anfechten (§ 1956 BGB). Dazu brauchen Sie aber im Regelfall einen guten Anwalt, der Sie unterstützt.

▷ **Anfechtung der Erbausschlagung**
Stellen Sie sich vor, Sie haben eine Erbschaft ausgeschlagen, weil sie augenscheinlich überschuldet war. Aber dann stellt sich heraus, dass Sie sich geirrt haben und der Nachlass doch einiges abwirft. Klar, dass Sie Ihre Entscheidung rückgängig machen möchten. Manchmal ist das möglich.

Anfechtungsgrund – Wenn Sie herausfinden, dass der Verstorbene weitaus weniger Schulden hat, als zunächst angenommen, gilt das nicht als Anfechtungsgrund.

Wussten Sie beispielsweise aber nicht von einem Haus oder einem Wertpapierdepot, das zum Nachlass gehört, dann dürfen Sie Ihre Ausschlagung anfechten. Die Grenzen sind nicht immer klar zu ziehen. Es ist auch in einer solchen Situation sinnvoll, sich anwaltlich beraten zu lassen.

Anfechtungsfrist – Nachdem der Erbe seinen Irrtum erkannt hat, darf er innerhalb von **sechs Wochen** seine Ausschlagung anfechten und damit rückgängig machen (§ 1954 Abs. 1 BGB). Der Erbe muss sich dazu gegenüber dem Nachlassgericht schriftlich erklären und auch eine Begründung dazu abgeben.

Gibt es Alternativen zur Ausschlagung des Erbes?

Ein Erbe abzulehnen, ist nicht die einzige Möglichkeit, sich vor den Schulden des Verstorbenen zu schützen. Sieht es danach aus, dass nach Abzug aller Schulden noch etwas übrig bleibt, kann eine sogenannte **Haftungsbeschränkung** helfen. Dann werden die Schulden des Verstorbenen aus dem vorhandenen Erbe bezahlt, Sie selbst stehen aber finanziell nicht in der Pflicht. Dazu gibt es verschiedene Möglichkeiten:

▷ **Nachlassverwaltung**
Wenn nicht klar ist, was an Vermögen und Schulden vorhanden ist, können Sie eine sogenannte Nachlassverwaltung beim Gericht beantragen. Das Gericht setzt dann einen Verwalter ein, der das gesamte Erbe ordnet. Er bezahlt alle Schulden mit dem Geld, das vorhanden ist. Was übrig bleibt, steht Ihnen als Erbe zu. Das Verfahren kostet zwar etwas, schützt Sie aber auch: Sie kommen für die Schulden des Verstorbenen nicht mit Ihrem privaten Vermögen auf, haben aber dennoch die Chance, etwas ausgezahlt zu bekommen (§ 1975 BGB).

▷ **Nachlassinsolvenzverfahren**
Für den Fall, dass Sie die Erbschaft nicht ausgeschlagen haben, sich aber später herausstellt, dass das Erbe überschuldet ist, können Sie eine Nachlassinsolvenz beantragen (§ 1980 BGB). Das ist dann die letzte Rettung vor den Schulden. Das Verfahren kostet Gerichtsgebühren und ist aufwendig. Es bewirkt aber, dass Sie für die Schulden nicht haften. Ein Muster-Antrag für dieses Verfahren finden Sie online unter:

 https://www.justiz.nrw.de/BS/formulare/insolvenz/eroeffnung_insolvenzverfahren/Antragsformular_-_Nachlassinsolvenzverfahren.pdf

▷ **Wenn sich der Aufwand nicht lohnt**
Bei einer Nachlassverwaltung oder Nachlassinsolvenz fallen Gebühren an. Reicht das Erbe zur Deckung dieser Kosten nicht aus, können Sie sich dennoch gegen die Gläubiger wehren. Dazu müssen Sie beweisen, dass das Erbe nicht reicht, um die Schulden zu begleichen. Am einfachsten

ist es, wenn Sie bei Gericht einen **Antrag auf Nachlassverwaltung** oder **Nachlassinsolvenz** stellen. Das Gericht wird den Antrag dann ablehnen, weil nicht genug Vermögen vorhanden war, um die Kosten des Verfahrens zu decken (§ 1982 BGB, § 26 InsO). Diesen Gerichtsbeschluss können Sie dann all denjenigen vorlegen, die Schulden bei Ihnen als Erbe eintreiben wollen.

▷ Schonfrist von drei Monaten

Wenn die Gläubiger an Sie herantreten und die Schulden des Verstorbenen eintreiben, müssen Sie erst mal nicht zahlen. Die Schonfrist beträgt drei Monate nach Annahme der Erbschaft (§ 2014 BGB). Danach müssen Sie aber **auf die Forderungen eingehen**. Anders als die Ausschlagung oder die Nachlassverwaltung bietet die Einrede also nur einen kurzen zeitlichen Aufschub.

▷ Vor der Ausschlagung gut überlegen

Bevor Sie leichtfertig eine Erbschaft ausschlagen, sollten Sie andere Möglichkeiten in Erwägung ziehen. Bei einem größeren, eher unübersichtlichen Nachlass sollten Sie juristischen Rat einholen.

Jenseits des Tellerrands: Beratung mit Umsicht

Sprechen wir von „wirtschaftlichen Belangen", dann sind dies häufig Themen wie Hausbau, Vermögens- oder Firmenaufbau, die mehrere Bereiche von der Finanzierung bis zur steuerlichen oder rechtlichen Absicherung gleichzeitig berühren.

Wie kann ich als Ratsuchender in dieser Situation zu einer übergreifenden Beratung kommen, die alle Aspekte einschließt?

Indem ich mich an einen Spezialisten wende, hinter dem viele verschiedene Experten stehen – die alle zusammen über den sprichwörtlichen Tellerrand hinausschauen. Ein Prinzip, das in den Angeboten des Deutscher Verband vermögensberatender Steuerberater e.V. (DVVS) und dem Bund der Fachberater in Steuern, Recht und Wirtschaft e.V. zukunftsweisend umgesetzt ist.

Ihr „2 in 1"-Mehrwert: der DVVS

Vermögensaufbau, Vererben, Übertragen, Schenken ... – es gibt viele Situationen, in denen sowohl eine Steuer- als auch eine Vermögensberatung sinnvoll ist. Wie praktisch ist es dann, wenn Ihr Steuerberater auch ein Vermögensberater ist? Alle Mitglieder des DVVS sind Experten mit diesem erweiterten Horizont und bringen damit doppelte Expertise in die Beratung ein.

Dieser doppelte Nutzen zahlt sich für Mandanten aus, ja: ist für den einen oder anderen sogar ein guter Grund, überhaupt erst Mandant zu werden. Für vermögensberatende Steuerberater ist der DVVS die optimale Möglichkeit, ihr Fachwissen gezielt an den Mann bzw. die Frau zu bringen.

Darf's noch etwas mehr sein? Ihr Bund der Fachberater

Den Gedanken, über den Tellerrand zu schauen und dadurch wirklich umfassend beraten zu können, führt der Bund der Fachberater in Steuern, Recht und Wirtschaft e.V. noch weiter. In dieser Fachvereinigung haben sich Steuerberater, Rechtsanwälte, Wirtschaftsprüfer und andere Experten zusammengeschlossen, um genau dann kompetent helfen zu können, wenn eine Fragestellung die Grenzen eines einzelnen oder sogar mehrerer Fachgebiete überschreitet.

Nutzer dieses Angebots haben die Garantie, schnell und ohne zusätzlichen Aufwand auf die richtigen Fachleute zugreifen zu können. Mitglieder des Bunds der Fachberater in Steuern, Recht und Wirtschaft e.V. profitieren wiederum von seriösen, hochwertigen und transparenten Verbindungen ... Kompetenz statt Klüngel.

**Ein Ansprechpartner – volle Kompetenz:
Das ist der Pluspunkt von DVVS und dem Bund der Fachberater
in Steuern, Recht und Wirtschaft e.V.!**

Notizen

Notizen

Notizen

Notizen

Notizen

Notizen

Notizen

Notizen

Notizen

Notizen

Notizen

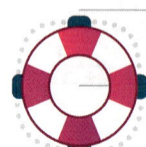

Notizen

Notizen